—— 云亭法律实务书系 ——

企业家必知的100个法律风险

李 斌 王静澄 张德荣 赵宝荣◎编著

100
LEGAL RISKS
THAT EVERY
ENTREPRENEUR
MUST KNOW

中国法制出版社
CHINA LEGAL PUBLISHING HOUSE

企业家如何避免陷入“泥潭”

这本书的写作初衷，来源于我们在办案过程中观察到的一个现象。我们认识的很多企业家朋友，经常遇到各类法律争议，需要不断寻求律师的帮助，他们的对手方，往往是创业伙伴、当地政府、投资人，甚至是自己的亲兄弟。让人难以理解的是，这些企业家善良、忠厚、重视信义、富有商业经验，有的还具备一定的法律知识，但仍然诉讼缠身、损失颇大。

为什么会产生这样的现象？我们反复思考，有两个最为核心的原因：

其一，企业家如果缺乏必要的信任管控机制，就会为他人的错误埋单。

我们的一位企业家客户，2005 年在外省买了两宗土地，出让协议书一共只有两页，签协议时土地还没征收。但土地直至十多年后还没有征收，更无法交付。其间书记县长更换了好几任，每有新领导上任，这位老板就去沟通协调，然后苦苦等待。十几年这样折腾下来，他觉得当地营商环境非常不好，经常在朋友圈发布不要去该省投资的忠告。

我们认识的很多企业家朋友，都有过类似的遭遇：基于对亲戚朋友、创业伙伴的信任，将公司或重大财产交由他人管理，结果发现找错了人、自己被辜负；基于对某位朋友可以托人找关系、肯定能解决某事的信任，花费重金疏通关系，结果事与愿违，赔了夫人又折兵。

其实，错误的不是信任，而是将全部命运均委于信任，而缺乏对信任的管控机制。我们经常建议企业家朋友问自己，“如果你得到的建议、承诺是错误的，怎么办?”如何管控信任？是每一位企业家都应当思考的问题。

其二，企业家对商业规则的朴素理解往往与法律的精准规定存在偏差。

我们另一名企业家客户，为政府房产局下属的供暖公司垫资购煤。因供暖公司资金能力较差，由房产局提供保证担保，区政府“提供信誉担保，并监督协议的执行”。这份协议履行了三个供暖季，企业家总共垫资代购15万吨煤，每吨600元，总计9000万元。供暖公司无力偿还购煤款，拖欠达十年之久，企业家只能寄希望于区政府承担担保责任。问题是，区政府有无义务承担担保责任?

企业家的理解是，房产局明文签订担保合同，当然要承担担保责任。区政府提供“信誉担保”，“信誉”一词置于“担保”之前，强调的是区政府以自身信誉的方式提供担保，即保证担保，所以区政府也要承担担保责任。

企业家的理解有道理吗？如果我没有在法学院经过系统学习，以及在律师执业中不断积累的经验，我会认为企业家的理解非常有道理！《民法典》第六百八十一条规定：“保证合同是为保障债权的实现，保证人和债权人约定，当债务人不履行到期债务或者发生当事人约定的情形时，保证人履行债务或者承担责任的合同”。区政府所承诺的“信誉担保、监督执行”，并无明确的承担保证责任或代为还款的意思表示，因此不能在双方之间形成保证合同关系。同时，《民法典》第六百八十三条规定，“机关法人不得为保证人”，房产局签订的担保合同也是无效的。

我们敢打赌，大部分的企业家不知道政府提供的担保是无效担保，更不知道约定的“信誉担保”毫无担保效力。我们这名企业家客户，就是基于自己对商业规则的朴素理解，最终落入巨大陷阱。

这个规则仅是成千上万个法律、司法解释、指导案例、裁判政策所确立的万千法律规则中很小很小的一部分。这些规则，既是法律规则，更是商业规则，很可能某个具体的规则最终就影响了一个企业的生死存亡、牵动着企业家的胜败兴衰。但是，企业家真的有能力全面掌握这些规则吗?

企业家朋友们应记住这一条规则：“所有的正在有效实施的法律法规（其实

还包括各类政策及复杂的裁判规则）均已经对外公布，在我国范围内从事民事活动的一切组织和个人均有知晓并遵守法律的义务。因此，当事人不得以不知晓法律为由，拒绝承担法律规定的不利后果。”

基于“不知法律不宽宥”这一原则，企业家朋友们应该意识到：没有经过专业的训练，自己内心中关于商业规则及公平正义的理解，往往是不准确的，甚至是错误的。为了躲避巨大的陷阱，任何重大的商业决策事项都需要法律专业人士的建议，因为他们能将别人的教训转化为你的经验。

以上这些，是我们坚持本书写作的最强动力来源。本书提炼了100个企业家常见的法律风险，每一个法律风险都对应活生生的现实案例，我们也尽己所能帮助企业家总结教训经验。我们真诚地希望，读到这本书的企业家朋友们能够看到他人的失败如何发生、如何蔓延，并建立有效的信任管控机制、风险管控机制，避免自己在同一个地方掉进“泥潭”之中。本书不足之处，还请不吝指教，更欢迎与作者团队交流探讨。

目　录

第一章　公司设立中必知的法律风险

第二章　出资过程中必知的法律风险

第三章 公司治理中必知的法律风险

第四章 合同订立与履行中必知的法律风险

第五章 借贷与担保中必知的法律风险

第六章　电子商业汇票必知的法律风险

第七章　诉讼保全与执行中必知的法律风险

第八章 企业家婚姻家庭必知的法律风险

第九章 企业家必知的刑事法律风险

第一章　公司设立中必知的法律风险

001 夫妻店、父子兵公司是一人公司吗？

☞ **阅读提示**

公司人格独立和股东有限责任是公司法的基本原则。在一般情况下，股东对公司债务不承担清偿责任。但是，对于一人有限责任公司，《中华人民共和国公司法》（以下简称《公司法》）明确规定，“一人有限责任公司的股东不能证明公司财产独立于股东自己的财产的，应当对公司债务承担连带责任”。

实践中，某些公司登记的股东为两人或多人，但股东之间系夫妻、父母、兄弟等亲属关系，且实际由一人控制公司。该等情况下，是否应当认定公司属于一人公司，进而判决股东对公司债务承担连带责任？对此问题，司法实践中，存在不同认识。

本文引用的案例中，公司两股东系婆媳关系，公司经营管理完全由儿媳负责，最终被法院认定实质上构成“一人有限公司”，判决股东对公司债务承担连带责任。本案例提醒企业家，“夫妻店”“父子兵”公司具有一定的法律风险，公司经营中必须建立独立规范的财务制度、划清公司支付与股东的界限。

裁判要旨

公司登记的股东为两人或多人，但股东之间系夫妻、父母、兄弟等亲属关系，且实际由一方股东控制公司，且存在股东无偿占用公司资金等情形的，可以认定实为一人有限公司，由股东承担其财产独立于公司财产的举证责任。

案情简介

一、乾某公司股东分别为宋某和孙某兰，其中宋某持股90%、孙某兰持股

10%，宋某系孙某兰之儿媳，宋某担任公司法定代表人。

二、乾某公司欠付永某公司货款70余万元。乾某公司与永某公司开展涉案业务过程中，均由宋某作为乾某公司的负责人，其中有部分合同、往来文件加盖乾某公司公章，亦有部分合同、往来文件只有宋某本人签名。

三、永某公司提起诉讼，要求乾某公司偿还欠付货款本息，且宋某对上述债务承担连带清偿责任。

四、诉讼过程中，宋某将股权无偿转让给其丈夫的父亲赵某坤，并将法定代表人变更为赵某坤。在解释上述行为原因时，宋某明确陈述，是因为宋某继续担任股东及法定代表人将可能承担责任。

五、法院最终判决乾某公司偿还永某公司货款本息，宋某承担连带清偿责任。

裁判要点

在本案涉案债务发生期间，乾某公司登记股东为宋某和孙某兰，但宋某系乾某公司占股90%的股东及法定代表人，且宋某一直代表乾某公司与永某公司开展涉案业务。乾某公司系宋某与其家庭成员所设立，宋某在乾某公司已负债务的情况下以逃避债务为目的将股权无偿转让给其年事已高、明显不具备经营和偿债能力的其他家庭成员势必会损害债权人的利益。同时结合孙某兰的年龄、与宋某系婆媳关系及双方的举证情况，法院综合认定乾某公司实际由宋某一人控制、经营，且宋某并未提交有效证据证明乾某公司的财产独立于其个人财产，因此法院判决宋某对涉案债务承担连带清偿责任。

经验总结

一、对于一人公司的股东来讲，务必做到自己的财产与公司的财产完全独立，避免出现以下情形：（1）股东无偿使用公司资金或者财产，不作财务记载的；（2）股东用公司的资金偿还股东的债务，或者将公司的资金供关联公司无偿使用，不作财务记载的；（3）公司账簿与股东账簿不分，致使公司财产与股东财产无法区分的；（4）股东自身收益与公司盈利不加区分，致使双方利益不清的；（5）公司的财产记载于股东名下，由股东占有、使用的；（6）未建立独立规范的财务制度的。

二、对于“夫妻店”“父子兵”类型的有限责任公司，虽然表面上看其并不是一人公司，但如果在公司注册时未提供家庭财产的分割证明，或在经营过程中存在由一人把控公司经营管理情况的，部分法院直接将其认定为夫妻股东或父子股东的出资视为家庭单一体出资，进而将公司实质上认定为一人公司，当股东不能证明家庭财产独立于公司财产时需要承担连带责任，如此一来，设立公司承担有限责任的目的就落空了。“夫妻店”“父子兵”的公司股东应当对此风险予以特别关注。

相关法条

《中华人民共和国公司法》（2018 年修正）

第二十条 公司股东应当遵守法律、行政法规和公司章程，依法行使股东权利，不得滥用股东权利损害公司或者其他股东的利益；不得滥用公司法人独立地位和股东有限责任损害公司债权人的利益。

公司股东滥用股东权利给公司或者其他股东造成损失的，应当依法承担赔偿责任。

公司股东滥用公司法人独立地位和股东有限责任，逃避债务，严重损害公司债权人利益的，应当对公司债务承担连带责任。

第六十三条 一人有限责任公司的股东不能证明公司财产独立于股东自己的财产的，应当对公司债务承担连带责任。

本案链接

济南市中级人民法院·济南永某工贸有限公司等与济南乾某机械制造有限公司买卖合同纠纷二审民事判决书［（2018）鲁 01 民终 7033 号］

以下为该案在法院审理阶段，判决书中“本院认为”就该问题的论述：

关于宋某是否应当承担连带还款责任的问题。根据《公司法》第二十条第三款规定，公司股东滥用公司独立法人独立地位和股东有限责任，逃避债务，严重损害公司债权人利益的，应当对公司债务承担连带责任。系对法人人格否认制度的规定，系为阻止公司独立法人人格和滥用，保护公司债权人利益及社会公共利益，就具体法律关系中的特定事实，否认公司与其背后的股东各自独立的人格及股东的有限责任，责令公司的股东对公司的债权或公共利益直接负责，以实现公平、正义目标之要求而设置的一种法律措施。在本案涉案债务发生期间，乾某公司登记股东为宋某和孙某兰，但宋某系乾某公司占股90%的股东及法定代表人，且宋某一直代表乾某公司与永某公司开展涉案业务，其中有合同、往来文件加盖乾某公司的公章，亦有部分合同、往来文件只有宋某本人签名。本院二审期间，宋某对其将股权无偿转让给其丈夫的父亲赵某坤，并将法定代表人变更为赵某坤的原因作出解释时明确陈述，是因为宋某继续担任股东及法定代表人将可能承担责任。乾某公司系宋某与其家庭成员所设立，宋某在乾某公司已负债务的情况下以逃避债务为目的将股权无偿转让与其年事已高、明显不具备经营和偿债能力的其他家庭成员势必会损害债权人的利益。同时结合孙某兰的年龄、与宋某系婆媳关系及双方的举证情况，本院综合认定乾某公司实际由宋某一人控制、经营，宋某虽主张孙某兰不参与公司管理，但未提交有效证据证明孙某兰作为公司股东投资后的收益或分红情况。综上，宋某并未提交有效证据证明乾某公司的财产独立于其个人财产，因此，一审法院认定宋某对涉案债务承担连带还款责任并无不当，本院予以维持。

延伸阅读

关于“夫妻店”“父子兵”公司，股东是否应对公司债务承担连带责任，实务中存在不同认识和裁判观点。

裁判观点1：股东未提供财产分割证明，实质为一人公司，股东不能证明财产独立的，应当承担连带责任。（与主文案例观点相同）

案例1：陕西省略阳县人民法院·某县农村信用合作联社与汉中李某农业科技有限公司、李某锐、李某柏、李某、某县睿某农业发展有限公司，略阳县浩某农业发展有限公司、谭某、陈某借款合同纠纷一审民事判决书［（2016）陕0727民初684号］

根据《公司登记管理若干问题的规定》① 第二十三条规定：家庭成员共同出资设立有限责任公司，必须以各自拥有的财产作为注册资本，并各自承担相应的责任，登记时需提交财产分割的书面证明或者协议。被告李某柏与李某锐系父子关系，在设立李某公司时，未向工商部门提交分割财产的证明。该公司出资人的财产为家庭成员共同财产，其出资体是单一的，实质为一人公司。《公司法》第六十三条规定：一人有限责任公司的股东不能证明公司财产独立于股东自己的财产的，应当对公司债务承担连带责任。因此，原告某县农村信用合作联社要求被

---

① 编者按：已失效。

告李某锐、李某柏承担连带还款责任的诉讼请求，符合法律规定，本院予以支持。

案例2：湖北省十堰市郧阳区人民法院·王某兵与郧县大某劳务派遣有限公司、肖某国承揽合同纠纷审判监督民事判决书［（2015）鄂郧阳民再初字第00005号］

第一，虽然大某公司登记股东为肖某国和肖某发二人，但庭审中肖某国自认肖某发是其侄儿，肖某发既没有投资也没有参与经营，大某公司实际由其一人经营。故大某公司实为一人有限责任公司。第二，从本案承揽合同实际履行过程中，既有大某公司给王某兵出具的债权凭证，也有肖某国个人给王某兵出具的债权凭证的事实可以看出，大某公司和肖某国个人在履行合同过程中相互混同。另外，肖某国亦未提供证据证明大某公司的财产独立于其个人财产。综上所述，根据《公司法》第六十三条“一人有限责任公司的股东不能证明公司财产独立于股东自己的财产的，应当对公司债务承担连带责任”之规定，大某公司和肖某国对本案债务依法应当承担连带责任。

裁判观点2：公司股东虽系夫妻关系，但不能据此否定夫或妻任何一方的股东资格，故不属一人公司。（与主文案例观点相反）

案例3：重庆市第四中级人民法院·林某诚、林某成与石柱土家族自治县银某建材有限责任公司、刘某琼等合同纠纷二审民事判决书［（2016）渝04民终954号］

本案中，银某建材公司的二股东虽系夫妻关系，但不能据此否定夫或妻任何一方的股东资格，故不属一人公司。《公司法》第三条规定，公司是企业法人，有独立的法人财产，享有法人财产权。公司以其全部财产对公司的债务承担责任。有限责任公司的股东以其认缴的出资额为限对公司承担责任。本案中，银某建材公司属于有限责任公司，其股东只以其认缴的出资额为限对公司债务负责，且没有证据证明公司股东未足额认缴出资的情形，也没有证据证明公司与股东之间有人格混同的情形，故被上诉人谭某银、刘某琼对公司债务不应承担连带责任。

002 一人公司是否必须年度审计？如何证明股东财产独立于公司财产？

☞ **阅读提示**

本文分析的案例“剧情”非常有意思：公司欠债，债权人以股东和公司财务混同为由，要求股东对公司债务承担连带责任。最高法院认为债权人不能证明混同情形，故仅判决公司还债，股东不担责。

没想到刚进入执行阶段，欠债的公司调整了股权结构，股东由夫妻二人变更为一人。债权人申请追加股东为被执行人，最高法院最终支持了债权人的主张，判令股东对公司债务承担责任。

也许被判令担责的股东并不服气，会认为最高法院的判决前后矛盾。但实际上，这完全是其一次错误的股权调整所导致的后果，股权调整前证明股东和公司财务混同的举证责任在债权人，调整后公司转变为一人公司举证责任即依法转移给了公司股东。“花钱买教训”，这个教训对于股东而言未免有些大了。

裁判要旨

一人有限责任公司应当在每一会计年度结束时编制财务会计报告，并进行审计形成年度报告。如一人有限责任公司的股东不能证明公司财产独立于股东自己的财产的，应当对公司债务承担连带责任。

案情简介

一、明某发公司股东原为韵某明、赵某萍夫妇二人。

二、因明某发公司欠付元某公司煤炭货款，元某公司起诉明某发公司、韵某明、赵某萍，最高人民法院于2016年12月作出判决，判令明某发公司偿还货款，但认为元某公司未能提交充分证据证明韵某明存在滥用公司人格、逃避债务、严重损害公司债权人利益的行为，故未予支持元某公司请求韵某明对明某发公司欠付煤炭货款承担连带责任的主张。

三、该判决执行阶段，明某发公司股东于2017年9月25日变更为韵某明一人。经元某公司申请，青海高院追加韵某明为被执行人。

四、韵某明不服，提起执行异议之诉。诉讼中，法院要求韵某明提交明某发公司 2017 年、2018 年财务账册，韵某明以可能造成商业秘密泄露为由不予提交。明某发公司向法院提交了一份审计报告，用以证明公司财产与韵某明个人财产相互独立，但审计报告不包括 2017 年度财务会计资料。

五、法院在审理中另查明，明某发公司在与其他公司交易中，存在以韵某明个人账户代收明某发公司款项的行为。

六、最高法院最终判决驳回韵某明不予追加其为被执行人的诉讼请求。

裁判要点

明某发公司于 2017 年变更为一人有限责任公司，则应当在每一会计年度结束时编制财务会计报告，并进行审计形成年度报告。现明某发公司未依法进行年度财务会计审计（提交的审计报告也不包括 2017 年度财务会计资料），违反法律规定的强制性义务。且韵某明未提交证据证明其收到明某发公司往来款项后，将该款项转付给明某发公司。因此，现有证据不足以证明明某发公司财产独立于韵某明个人财产，应当由韵某明承担举证不能的不利后果。据此，最高法院认为应当追加韵某明为本案被执行人。

经验总结

一、一人有限公司务必建立独立规范的财务制度、清晰明确的财务支付记录，并且按照法律规定在每一会计年度终了时编制财务会计报告，聘请专业的会计师事务所进行审计，以便做到自证清白，防止债权人启动公司人格否认制度，为公司债务埋单。

二、即使股东在诉讼阶段取得胜诉判决，未被判令承担责任，也不可疏忽大意。只要公司还存在未清偿债务，就应注意避免随意将公司调整为一人有限公司，否则剧情就有可能如本案发生全面反转。

三、哪怕是自己持股 100% 的公司，股东也不要代收公司款项。一人公司并非股东的私有财产，公司债权人在诉讼和执行中完全可以查账，一旦发现股东和公司财务存在混同情形，股东必将对公司债务承担连带责任。

相关法条

《中华人民共和国公司法》（2018年修正）

第六十二条 一人有限责任公司应当在每一会计年度终了时编制财务会计报告，并经会计师事务所审计。

第六十三条 一人有限责任公司的股东不能证明公司财产独立于股东自己的财产的，应当对公司债务承担连带责任。

《最高人民法院关于民事执行中变更、追加当事人若干问题的规定》（法释〔2020〕21号 2020年修正）

第二十条 作为被执行人的一人有限责任公司，财产不足以清偿生效法律文书确定的债务，股东不能证明公司财产独立于自己的财产，申请执行人申请变更、追加该股东为被执行人，对公司债务承担连带责任的，人民法院应予支持。

本案链接

最高人民法院·韵某明、青海元某矿业有限公司二审民事判决书［（2019）最高法民终1364号］

首先，明某发公司于2017年变更为一人有限责任公司，则应当在每一会计年度结束时编制财务会计报告，并进行审计形成年度报告。现明某发公司未依法进行年度财务会计审计，违反法律规定的强制性义务，足以令人对明某发公司股东韵某明的个人财产是否独立于明某发公司财产形成合理怀疑。

其次，明某发公司股东韵某明提交山西某会计师事务所《审计报告》，用以证明公司财产与韵某明个人财产相互独立。该会计师事务所出具说明称该报告系对明某发公司2017年1月1日至2018年12月31日的财务进行审计，但《审计报告》所附财务报表仅为明某发公司2018年12月31日资产负债表、2018年度利润表及财务报表附注等资料，不包括2017年度财务会计资料。该审计报告不能反映明某发公司2017年度财务状况。且在一审中一审法院要求韵某明提交明某发公司财务账册，韵某明未予提交，《审计报告》依据的财务资料的真实性存疑，故一审法院未予采信《审计报告》并无不当。同时，根据查明的事实，明某发公司在对外经营过程中，有使用韵某明个人账户收取公司往来款项的情形，与公司之间的经济往来应当通过公司账户结算的会计准则相悖，且韵某明未提交证据证明其收到明某发公司往来款项后，将该款项转付给明某发公司。因此，现有证据不足以证明明某发公司财产独立于韵某明个人财产，应当由韵某明承担举证不能的不利后果。

最后，本院（2016）最高法民终577号民事判决系2016年12月作出，该判决认定韵某明不应对明某发公司债务承担连带责任的理由是元某公司提交的证据不足以证明韵某明存在《公司法》第二十条第三款规定的情形。但该判决作出后，相关事实发生了变化，即明某发公司变更为一人有限公司；韵某明以个人账户收取明某发公司交易往来款项；明某发公司未能履行前述判决确定的债务。且因明某发公司性质发生变化，本案与前案的举证证明责任分配亦发生变化。本案中，作为一人有限责任公司股东的韵某明未能提交充分证据证明明某发公司财产独立于其个人财产，而明某发公司未能履行生效裁判文书确定的债务，债权人元某公司利益受损，一审法院追加韵某明作为被执行人，符合《公司法》第六十三条及《最高人民法院关于民事执行中变更、追加当事人若干问题的规定》第二十条“作为被执行人的一人有限责任公司，财产不足以清偿生效法律文书确定的债务，股东不能证明公司财产独立于自己的财产，申请执行人申请变更、追加该股东为被执行人，对公司债务承担连带责任的，人民法院应予支持”之规定。故韵某明认为一审判决与（2016）最高法民终577号民事判决冲突的主张不能成立。

延伸阅读

裁判观点1：一人有限责任公司股东未提交真实、完整、准确的年度财会审计报告，亦未提交账册资料等司法鉴定所需材料的，应当对公司债务承担连带责任。

案例1：云南省高级人民法院 · 云南盛某房地产开发有限公司、刘某成民间借贷纠纷二审民事判决书［（2017）云民终583号］

恒某公司作为一人有限责任公司，负有编制年度会计报告并进行年度会计审计的法定义务；盛某公司作为恒某公司的一人股东，享有对恒某公司经营、财务事务完全的管理权和监督权，提交恒某公司的真实、完整、准确的年度财会审计报告完全在盛某公司的举证范围和举证能力之内。盛某公司未能提交从其成为恒某公司唯一股东时起至今的完整财务账册资料，恒某公司应本院要求所提供的材料亦不能满足进行公司与股东财产独立的司法鉴定的条件；且盛某公司所主张的不能提交账册资料的原因也缺乏相应证据证实，不能成立，故盛某公司未能举证证明其财产与恒某公司的财产相互独立，依法应承担举证不能的不利后果。

案例2：河南省高级人民法院·江苏瑞某投资有限公司、河南金某林业园艺规划设计有限公司技术咨询合同纠纷二审民事判决书［（2019）豫民终4号］

瑞某公司依法应当提供金某公司相关年度所编制的经审计的财务会计报告，并对金某公司的财产独立于股东自己的财产承担证明责任。瑞某公司提供的审计报告系2016年度瑞某公司财务情况的相关证据，并非金某公司相关年度所编制的经审计的财务会计报告，不足以证明金某公司财产独立于股东自己的财产，故瑞某公司应当对金某公司债务承担连带责任。

裁判观点2：一人有限责任公司股东提交年度财会审计报告，可以说明股东财产独立于公司财产的，股东对公司债务不承担责任。

案例3：重庆市高级人民法院·力某实业（集团）股份有限公司与杭州铁某信息科技有限公司等买卖合同纠纷二审民事判决书［（2020）渝民终19号］

力某乘用车公司举示了该公司2019年度审计报告，能够证明其依法进行了年度审计。虽然尹某地、陈某凤同为力某乘用车公司、力某集团公司的董事，但不应仅凭二公司的部分董事成员相同即认定二公司人格混同。在《力某乘用车公司审计报告》（2019）中，明确记载了该公司与其股东力某集团公司之间的关联交易、担保、应收应付款项情况；《力某集团公司审计报告》（2019）中，审计机构还专门就其子公司力某乘用车公司生产基地搬迁事宜出具了账务处理、列报与披露均适当的审计意见。前述记载能够证明二公司之间的交易往来规范、财务账目清晰。力某集团公司亦举示了登记于各自名下的房地产，证明二公司有独立的财产。因此，从二审举示的证据看，力某乘用车公司与力某集团公司之间没有发生财产混同，力某乘用车公司的财产独立于其股东力某集团公司的财产，力某集团公司不应对力某乘用车公司的债务承担连带清偿责任。

裁判观点3：判定一人有限责任公司股东应否对公司债务承担连带责任的标准是股东与公司财产是否存在混同，并非债权形成的时间是否与股东持股时间重合。

案例4：云南省高级人民法院·云南盛某房地产开发有限公司、刘某成民间借贷纠纷二审民事判决书［（2017）云民终583号］

根据法律规定，判定一人有限责任公司股东应否对公司债务承担连带责任的标准是股东与公司财产是否存在混同，并非债权形成的时间是否与股东持股时间重合或股东是否知晓该债权发生，故盛某公司关于其持股时间晚于债权形成时间及无从知晓本案借贷关系的抗辩理由，缺乏法律依据，不能成立，本院不予支持。

003 合伙经营个人独资企业，合伙人是否对企业债务承担责任？

☞ 阅读提示

三四个好朋友合伙做生意，究竟是选择公司、有限合伙还是个人独资企业？不同形式的企业在运行模式、责任方式、责任范围等方面均有所不同，实践中多有出资人对于公司形式所对应的法律责任不清楚而盲目设立的情况。

本文分析的案例中，合伙人决定共用一块个人独资企业的牌照，私下签订合伙企业共同经营。最终，被法院认定“名为个人独资企业，实为合伙企业”，合伙人应对企业债务（哪怕是入伙前发生的债务）承担清偿责任。

我们通过本文案例提醒广大创业者，申请成立企业前先对不同形式的企业优劣作基本了解，选择适合自己出资目的、经营预期、管理能力的企业形式。

裁判要旨

名为个人独资企业，但实为多名合伙人合伙经营的企业，应据实认定企业性质为合伙企业。即使企业债务发生于合伙人入伙之前，合伙人也应对企业债务承担无限连带责任。

案情简介

一、彩某厂原系林某海投资的个人独资企业，彩某厂于2014年欠付浩某森公司货款，后双方在法院主持下达成了调解协议，法院出具了调解书。

二、2017年6月30日，林某海与孙某峰、陈某建、罗某君签订了一份《合伙经营协议》，约定由四方共同经营彩某厂。

三、2018年9月30日，林某海与陈某健签订《转让协议》，约定林某海将彩某厂转让给陈某健，转让后彩某厂未披露的债务应由林某海继续承担。同日，林某海与孙某峰、陈某建、罗某君签订了一份《协议书》，同意四方在2017年6月30日签订的《合伙经营协议》于当日作废。

四、2019年4月，陈某健获悉彩某厂拖欠浩某森公司货款、诉讼费、执行费。随后，陈某健于2019年5月支付了款项合计361417元。

五、陈某健认为林某海故意隐瞒上述债务，请求林某海向其赔偿财产损失，孙某峰、陈某建、罗某君对林某海所负赔偿款承担连带清偿责任。

六、本案的争议焦点为孙某峰等三人是否应承担连带责任。一审法院认为其不承担责任，二审法院改判其应当承担连带责任。

裁判要点

彩某厂在2017年6月30日至2018年9月30日名为林某海投资的个人独资企业，但实为林某海、孙某峰、陈某建、罗某君合伙经营的企业。虽孙某峰、陈某建、罗某君入伙前彩某厂为林某海投资的个人独资企业，但个人独资企业的投资人与合伙企业的合伙人在对外部债务承担方面并无本质区别，均须承担无限责任，由此，参照《中华人民共和国合伙企业法》（以下简称《合伙企业法》）第四十四条第二款关于“新合伙人对入伙前合伙企业的债务承担无限连带责任”的规定，陈某健有权主张孙某峰、陈某建、罗某君对林某海本案所负债务承担连带清偿责任。

经验总结

一、个人独资企业需要加入合伙人的，建议及时将企业性质变更为合伙企业，并办理变更登记。如未做变更登记，即使登记记载的仍为个人独资企业，也不影响各合伙人对企业债务承担连带责任。

二、合伙经营合伙企业或者个人独资企业，都应当十分谨慎。因为合伙人不仅需要对于合伙期间的企业债务负责，也需要对入伙之间的企业债务承担清偿责任。为避免承担额外债务，建议可以考虑选择有限合伙或有限责任公司的形式，有限合伙人（LP）和股东仅在出资范围内承担责任。

相关法条

《中华人民共和国合伙企业法》（2006 年修正）

第三十九条 合伙企业不能清偿到期债务的，合伙人承担无限连带责任。

第四十四条 入伙的新合伙人与原合伙人享有同等权利，承担同等责任。入伙协议另有约定的，从其约定。

新合伙人对入伙前合伙企业的债务承担无限连带责任。

本案链接

佛山市中级人民法院·陈某健与林某海、孙某峰、陈某建等合同纠纷一案民事二审判决书［（2020）粤 06 民终 1341 号］

虽孙某峰、陈某建、罗某君原审所举企业信用信息公示资料载明彩某厂登记的企业类型自设立后未曾发生变更，均为个人独资企业，而依林某海与孙某峰、陈某建、罗某君所签订《协议书》中关于“经四方协商一致，同意四方在 2017 年 6 月 30 日签订的《合伙经营协议》于 2018 年 9 月 30 日作废”的记载内容，孙某峰、陈某建、罗某君原审所作合伙时间“与协议书记载一致，即从 2017 年 6 月 30 日起至 2018 年 9 月 30 日止”，以及林某海所作“合伙体存续期间”等诉讼陈述，结合《合伙经营协议》的缔约当事人林某海、孙某峰、陈某建、罗某君理应持有该协议，而并未在本案中加以举示等，可予认定，彩某厂在 2017 年 6 月 30 日至 2018 年 9 月 30 日名为林某海投资的个人独资企业，但实为林某海、孙某峰、陈某建、罗某君合伙经营的企业。

经审理查明，上海市嘉定区人民法院（2017）沪 0114 民初 5801 号案中，浩某森涂料（上海）有限公司诉请主张彩某厂所欠的债务发生在林某海、孙某峰、陈某建、罗某君合伙经营该厂之前。虽孙某峰、陈某建、罗某君入伙前彩某厂为林某海投资的个人独资企业，但个人独资企业的投资人与合伙企业的合伙人在对外部债务承担方面并无本质区别，均须承担无限责任，由此，参照《合伙企业法》第四十四条第二款关于“新合伙人对入伙前合伙企业的债务承担无限连带责任”的规定，孙某峰、陈某建、罗某君须对上海市嘉定区人民法院（2017）沪 0114 民初 5801 号案中彩某厂所负债务担责。是故，陈某健有权主张孙某峰、陈某建、罗某君对林某海本案所负债务承担连带清偿责任。

延伸阅读

裁判观点：名义上为个人独资企业实际上由各合伙人共同经营的，个人独资企业的性质不影响各合伙人的责任承担。合伙企业债务的承担分为两个层次：第一顺序的债务承担人是合伙企业，第二顺序的债务承担人是全体合伙人。《合伙企业法》第三十九条中的“连带责任”，是指合伙人在第二顺序的责任承担中相互之间所负的连带责任，而非合伙人与合伙企业之间的连带责任。

案例：江苏省高级人民法院 · 南通双某贸易有限公司诉镇江市丹徒区联某机械厂、魏某聂等六人买卖合同纠纷二审案（《最高人民法院公报》2011 年第 7 期）

原审被告联某厂虽在工商行政管理部门登记为个人独资企业，但实质系上诉人卞某、原审被告魏某聂、蒋某伟、祝某兵、尹某祥、洪某合伙经营的企业。联某厂欠被上诉人双某公司的 121378595 元货款发生于合伙期间，属于合伙企业的债务……合伙企业债务的承担分为两个层次：第一顺序的债务承担人是合伙企业，第二顺序的债务承担人是全体合伙人。由于债权人的交易对象是合伙企业而非合伙人，合伙企业作为与债权人有直接法律关系的主体，应先以其全部财产进行清偿。因合伙企业不具备法人资格，普通合伙人不享受有限责任的保护，合伙企业的财产不足以清偿债务的，全体普通合伙人应对合伙企业未能清偿的债务部分承担无限连带清偿责任。因而，《合伙企业法》第三十九条中的“连带责任”，是指合伙人在第二顺序的责任承担中相互之间所负的连带责任，而非合伙人与合伙企业之间的连带责任。本案中，对于联某厂欠双某公司的货款，联某厂应先以其全部财产进行清偿。联某厂的财产不足以清偿该债务的，卞某等合伙人对不能清偿的部分承担无限连带清偿责任。

004 合伙协议中约定“一方包赚不赔”，究竟是合伙还是借贷?

☞ **阅读提示**

生意伙伴签署“合伙协议”，但约定一方享有“包赚不赔”的权利，即无论项目运转如何，另一方均保证其享有固定收益。该等情况下，双方究竟是合伙关系，还是借贷关系，实务中经常出现争议。实际上，不管合同名称是什么，只要合伙协议约定“包赚不赔”，法院一律认定为借贷关系。

可见，“包赚不赔”条款对双方都是一把“双刃剑”：项目亏钱了，作出承诺的一方也要落实“包赚不赔”的承诺，给对方兑付本息，独自承担项目亏损；项目挣钱了，接受承诺一方也无权要求利润分配，而只能主张对方支付相对“微薄”的利息（利息标准不得高于法律保护的上限）。

裁判要旨

合伙协议约定当事人不参与经营管理，不承担经营风险，仅享受固定利益的，应认定为民间借贷合同。

案情简介

一、兰某与刘某签订合作协议，约定共同内部承包某政府机关大楼的外装工程，确定刘某为第一负责人。刘某向兰某承诺：本工程运营结算无论任何情况，刘某对兰某投入本工程的资金额以月利率5%作为利润保底。

二、协议签订后，兰某与刘某均进行了投资，其中兰某投入100余万元。

三、兰某提起诉讼，要求刘某向其返还投资款本息。

四、刘某主张：兰某参与了整个工程的施工和管理。双方系合伙关系，应当对双方实际投资及案涉工程项目收支进行清算，确认各自承担的责任。

五、法院最终认定双方系借贷关系，支持了兰某的诉讼请求。

裁判要点

合伙具有共同出资、共同经营、共负盈亏、共担风险的法律特征，但本案协议约定明显不具备上述特征，违背利益共享、风险共担的合伙原则，且兰某在本案所涉工程中未参与实质性的经营管理。因此，法院认定刘某与兰某之间是名为合伙，实为借贷关系，据此支持了兰某的诉讼请求。

经验总结

一、投资者在签署合同时一定要明确自己真实的交易目的：如欲实现真正的合伙经营，一定要在合伙协议中明确约定共同出资、共同经营、共担风险、共负盈亏。如果是当事人无权参与合伙项目的经营管理，也无权分享合伙项目的收益。反之，如果只是想出借资金，收取固定利息，可以直接签署借贷合同，约定借款偿还期限和利息计算方式。

二、如合伙协议约定一方当事人“包赚不赔”的，法院一般会认定为成立借贷关系，即“包赚不赔”条款所约定的投资收益计算方式仍具有一定的约束力（当然，不得高于法律保护的借贷利率上限），因此需谨慎订立“包赚不赔”条款。

相关法条

《中华人民共和国民法典》（2021年1月1日实施）

第九百六十七条 合伙合同是两个以上合伙人为了共同的事业目的，订立的共享利益、共担风险的协议。

第九百七十二条 合伙的利润分配和亏损分担，按照合伙合同的约定办理；合伙合同没有约定或者约定不明确的，由合伙人协商决定；协商不成的，由合伙人按照实缴出资比例分配、分担；无法确定出资比例的，由合伙人平均分配、分担。

本案链接

四川省高级人民法院·刘某与兰某合伙协议纠纷申请再审民事裁定书［（2016）川民申1796号］

根据《中华人民共和国民法通则》① （以下简称《民法通则》）的有关规定，个人合伙是指两个以上公民按照协议，各自提供资金、实物、技术等，合伙经营、共同劳动。合伙人投入的财产，由合伙人统一管理和使用。合伙经营积累的财产，归合伙人共有。合伙的债务，由合伙人按照出资比例或者协议的约定，以各自的财产承担清偿责任。

本案中，刘某与兰某签订《合作协议》及相关《补充协议》，双方约定刘某为项目负责人，负责对工程的财务、材料等进行全权管理，且约定“工程运营结算无论任何情况，刘某对兰某投入的工程资金额以月利率5%作为利润保底”“无论工程经营情况如何，乙方（兰某）不承担亏损责任……同时甲方（刘某）承诺给乙方的保底利润为玖拾万元整”。

① 编者按：已失效，被《民法典》吸收。

此种约定明显不符合个人合伙特有的共同出资、共同经营、共负盈亏、共担风险的法律特征，违背利益共享、风险共担的合伙原则。本案中也无充分证据证明兰某在本案所涉工程中参与了实质性的经营管理。因此，二审判决认定本案纠纷中，刘某与兰某之间是名为合伙，实为借贷关系并无不当。

延伸阅读

裁判观点：如果合伙协议约定一方当事人不承担经营风险，只收取固定利润，应认定为借贷关系，对此问题全国各地法院的裁判规则较为一致。

案例1：新疆维吾尔自治区高级人民法院·孙某宣与陆某民间借贷纠纷再审审查与审判监督民事裁定书［（2016）新民申1041号］

本案中，双方在《合作协议》中约定，陆某投资50万元，孙某宣向陆某支付30万元的利润分成，孙某宣需在四个月内支付给陆某本金加利润80万元。该约定表明，陆某并不承担任何经营风险，而只收取固定的收益，且该收益不以工程的利润多少为计算标准。孙某宣与陆某之间不具备共负盈亏、共担风险的个人合伙要件，双方之间非合伙关系……孙某宣与陆某之间的《合作协议》在性质上应当属于借款合同，所约定的“30万元利润”应当为利息。

案例2：四川省高级人民法院·赖某勇与赖某治合伙协议纠纷民事再审判决书［（2016）川民再133号］

根据双方签订的协议书内容，赖某治不承担经营风险，但在规定时间内收回投入的保证金10万元和收取约定好的工程利润款20万元，故该协议书不符合合伙关系关于合伙双方共同出资、共同经营、共享收益、共担风险的法律特征。赖某勇和赖某治约定赖某治只投资，不承担合伙的风险责任，不论盈亏均按期收回本金，按期收取固定利润，符合民间借贷关系的法律特征，因此赖某勇和赖某治签订协议书的内容，表明双方名为合伙，实为借贷关系。

案例3：广东省高级人民法院·某镇宏某马铃薯种植专业合作社、唐某珍与某镇某村村民委员会借款合同纠纷申诉、申请民事裁定书［（2015）粤高法民二申字第241号］

从《种植基地股份合同》的内容来看，该村委会并不参与经营，也不承担经营风险，只是按期收取分红，这显然不符合合伙应当共同经营、共担风险、共享收益的特征。一、二审法院据此认定该合同名为合伙，实为借贷关系，投资款作为借款本金应予返还，借款的合理利息应予保护，亦无不当。

005 小股东可否放弃分红，由大股东给予固定收益？同股不同权是否可行？

☞ **阅读提示**

我们在实务中经常遇到这样的问题，对于普通的有限责任公司，法律是否支持同股不同权？很多朋友对此问题存在误解，认为同股不同权是上市公司的专利。

但实际上，我国公司法允许有限责任公司对同股不同权问题作出特殊设计，即只要全体股东一致同意，就可以决定股东不按股权比例行使表决权和分红权。

本文引用的案例中，95%的大股东获得公司全部分红，并按每年20万元的标准向5%的小股东支付固定收益，此类约定最终被法院认定为合法有效。

裁判要旨

公司股东间约定一方股东放弃分红，而由另一方股东向其每年支付固定收益的，该约定不违反公司法的强制性规定，应为有效。

案情简介

一、郑某系广州云某公司股东，持股100%。

二、2016年5月5日，李某滨与郑某签订《合资经营合同》，约定：郑某向李某滨转让广州云某公司5%的股权，转让价格为100万元；自李某滨支付股权转让总价之日起的整三年时间内，每年李某滨有权获得固定利润20万元，即股权转让总价的20%；除上述固定利润外，在这三年时间内，李某滨不参与广州云某公司的经营获利分配和经营亏损的分摊。

三、协议签订后，李某滨向郑某支付股权转让款100万元，但郑某未依合同约定向李某滨支付每年20万元的固定利润。

四、李某滨提起诉讼，要求郑某支付利润款60万元。广州中院最终支持了李某滨的诉讼请求。

裁判要点

关于本案合同效力，实践中存在不同观点。一种观点认为，固定收益条款违反了公司法关于共担风险、共享收益的规定，应属无效。对此，法院认为，《合资经营合同》系李某滨、郑某自愿签订，内容并不违反法律、行政法规的效力性强制性规定，合法有效。

经验总结

一、股东间可以约定一方股东放弃分红，而由其他股东向其支付固定收益，该约定是有效的。

二、股东间并不能约定股东有权每年从公司获取固定的收益。这是因为，只有在公司有净利润并弥补此前亏损后才能进行分红，如股东在不符合分红条件的情况下从公司获取固定收益，将构成抽逃出资，此类约定是被法律禁止的。

三、起草股东协议是一整套系统性工程。例如，约定其他股东向某一股东支付固定收益的，还应约定股东是否放弃从公司分红，其他股东如何分红，以及如遇股东退出时该等固定收益如何处理等，避免产生争议。否则，就是一份有缺陷的合同，可能会带来很大的分歧和困扰，甚至陷入无尽的诉讼之中。

相关法条

《中华人民共和国合同法》（已失效）

第五十二条　有下列情形之一的，合同无效：

（一）一方以欺诈、胁迫的手段订立合同，损害国家利益；

（二）恶意串通，损害国家、集体或者第三人利益；

（三）以合法形式掩盖非法目的；

（四）损害社会公共利益；

（五）违反法律、行政法规的强制性规定。

《中华人民共和国公司法》（2018 年修正）

第三十四条　股东按照实缴的出资比例分取红利；公司新增资本时，股东有权优先按照实缴的出资比例认缴出资。但是，全体股东约定不按照出资比例分取红利或者不按照出资比例优先认缴出资的除外。

本案链接

广州市中级人民法院·李某滨、郑某合同纠纷二审民事判决书［（2020）粤01民终14318号］

关于《合资经营合同》及《合资经营合同补充协议》的解除问题。《合资经营合同》及《合资经营合同补充协议》系李某滨、郑某自愿签订，内容并不违反法律、行政法规的效力性强制性规定，合法有效。

关于李某滨是否有权向郑某主张固定年利润600000元的问题。《合资经营合同》系由郑某（甲方）与李某滨（乙方）签订，《合资经营合同》明确约定，自乙方支付股权转让总价之日起的整三年时间内，每年乙方有权获得固定利润200000元，即股权转让总价的20%；甲方每年支付固定利润即股权转让总价的20%给乙方的支付时间和金额：2017年5月31日200000元，2018年5月31日200000元，2019年5月31日200000元。现上述600000元利润款的支付时间均已届满，李某滨主张郑某向其支付利润款600000元符合合同约定，本院予以支持。

延伸阅读

裁判观点：公司股东间约定一方股东放弃分红，而由另一方股东向其每年支付固定收益的，该约定应为有效。

案例：上海市高级人民法院·绿某能源集团有限公司与陆某伟其他合同纠纷二审民事判决书［（2016）沪民终497号］

当事人之间所订立的《框架协议》《股权转让合同》及《股东协议》均为真实意思表示，不违反法律规定，具有法律约束力，双方均应恪守。系争约定收益条款是上述一系列股权转让协议中不可分割的部分，是股东间平等、自愿协商后对于公司管理权、股东分红权及一方股东支付另一方股东固定收益等的特别安排。该约定不违反公司法的强制性规定，亦不损害国家、集体以及第三人和公司的合法权益，应为有效。绿某公司认为，约定收益条款涉及的固定收益表面是由一方股东绿某公司支付给另一方股东陆某伟，实质是公司支付给陆某伟的分红，并无事实和法律依据，本院对此不予采信。

006 公司章程“离职即退股”的约定是否有效?

☞ 阅读提示

为了保持有限责任公司的人合性和稳定性，部分公司章程中规定：员工脱离公司的，包括调离、退休、自动离职、停薪留职、被辞退或解聘、被开除或死亡等，其股权由公司回购。那么，公司章程约定的此类“霸道”的“离职即退股”条款是否合法有效呢?

裁判要旨

公司“设立章程”中“离职即退股”的条款是公司自治的结果，若不违反法律强制性规定，以公平合理的方式计算股权回购价格，并经全体股东意思表示一致通过，则“离职即退股”条款合法有效，其约束力及于所有股东。但在公司设立之后股东会作出“离职即退股”等对股东最基本的身份限制或者剥夺的决议，决议内容需要得到现有全部股东的同意，否则决议无效。

案情简介

一、2008 年 3 月 31 日，金某公司系有限责任公司，该公司设立时的章程中不存在“离职即退股”的相关条款。

二、2017 年 3 月 17 日，金某公司召开 2017 年第一次临时股东会，会议通过了关于修改《北京金某鑫农生物科技有限公司章程》的议案。修改后的公司章程中详细规定了“离职即退股”制度。

三、李某荣、史某智、温某娟、徐某系金某公司股东，在股东会表决过程中对上述议案投了反对票。

四、李某荣、史某智、温某娟、徐某认为股东会决议内容损害了股东的意思自治和小股东的合法权益，故诉至法院请求法院认定决议内容无效。

五、北京市第二中级人民法院最终判决金某公司 2017 年 3 月 17 日第一次临时股东会审议通过的公司章程涉及“离职即退股”的内容无效。

裁判要点

金某公司的股东会以特别多数决的形式作出“离职即退股”的决议。这种对股东最基本的身份限制或剥夺的决议内容没有得到李某荣、史某智、温某娟、徐某四位股东的同意，相当于强制剥夺了他们对自己股东权利的自由处分权，这属于公司控股股东滥用资本多数决，恶意操纵股东会，随意修改公司章程，强制驱逐不同意见的小股东的情形，所以北京市第二中级人民法院判决金某公司章程涉及“离职即退股”的内容无效。

经验总结

一、无论是在制定公司章程还是在修正公司章程的股东会中，股东会决议“离职即退股”条款，应当经过全体股东同意确认，并应严格遵循《公司法》相关规定，确保股东会程序合法合规。

二、公司章程中规定“离职即退股”条款需要对股东退股作出具体的个性化规定：

1. 明确“离职”的具体情形，一般包括持股人退休、辞职、被公司辞退、开除、除名、调离公司、死亡等情形。

2. 明确“离职即退股”的股权受让主体，一般认为存在两种操作方式：公司回购和其他股东受让。前者因为《公司法》第一百四十二条的规定而存在一定争议，当然该法条是对股份有限公司收购本公司股份的限制，目前通说认为有限责任公司原则上可以回购股权，但在股权回购之后公司需要尽快安排其他股东受让股权或者进行减资。相较而言，“其他股东受让”的方式实践中并无太大争议。

3. 在充分考虑公司净资产、退股股东的原始出资以及公司运营过程中股东的分红等因素的基础上明确股权转让（回购）价格公平合理的计算方式，以避免产生争议后须通过审计评估方能确认股权回购价款的情况。

相关法条

《中华人民共和国公司法》（2018年修正）

第十一条 设立公司必须依法制定公司章程。公司章程对公司、股东、董事、监事、高级管理人员具有约束力。

第二十二条第一款　公司股东会或者股东大会、董事会的决议内容违反法律、行政法规的无效。

本案链接

北京市第二中级人民法院·徐某等与北京金某鑫农生物科技有限公司公司决议效力确认纠纷二审民事判决书［（2018）京02民终1332号］

本院认为，合伙企业是完全的人合性，企业经营的所有决定必须经全体合伙人一致通过才有效。股份有限公司是完全的资合性，只要公司决议达到了公司章程规定的多数通过，决议就有效。而有限责任公司不同于两者之处就是既有资合性也有人合性，人合性为其本质属性，资合性为其外在表现形式。在决定公司经营策略、收购、合并、分立、清算或者变更公司形式等具体经营上更多体现的是有限责任公司的资合性，只要按照公司章程规定，完成了召集、通知、表决等《公司法》规定的程序，决议内容多数通过就生效。在这种情况下，异议股东可以通过行使股东知情权了解公司运营情况，或者依照《公司法》第七十一条转让股份，从而来表达自己的意见，维护自己的权益，自由行使自己的股东权利。而在通过类似于限定股东资格身份、现有股东如何退出等内容的决议时，本院认为应该更多地体现有限责任公司的人合性，类似于合伙企业，必须经现有股东一致通过方可有效，不然就会出现有限责任公司控股股东恶意操纵股东会，随意修改公司章程，强制驱逐不同意见的小股东的行为。但如果相关内容条款是在有限责任公司设立之初就已经在公司章程约定的，那么就可以认定此内容得到所有股东的一致同意，对所有的股东都有约束力。

具体到本案，金某公司按照法定程序召开股东大会，全体参加股东行使了自己的表决权，按照达到三分之二多数通过的公司章程规定，通过了相关的公司决议，修改公司章程，程序上完全符合《公司法》规定。但是，金某公司的决议内容是修改公司章程，对股东资格进行限制，要求不符合资格的股东必须退出公司，将股份转让。这种对股东最基本的身份限制的决议内容没有得到现有股东的全部同意，相当于强制剥夺了小股东对自己股东权利的自由处分。

《公司法》第二十二条第一款规定："公司股东会或者股东大会、董事会的决议内容违反法律、行政法规的无效。"

金某公司2017年3月17日第一次临时股东会审议通过的《北京金某鑫农生

物科技有限公司章程》第七条新增内容、第二十二条、第二十三条内容，损害了李某荣、史某智、温某娟、徐某股东权益，违法剥夺了李某荣、史某智、温某娟、徐某对自己股份权利处分的意思自治，违反了民法总则中的公平原则和自愿原则，决议内容无效。

延伸阅读

裁判观点1：国有企业改制为有限责任公司，其初始章程对股权转让进行限制，明确约定公司回购条款，只要不违反《公司法》等法律强制性规定，可认定为有效。有限责任公司按照初始章程约定，支付合理对价回购股东股权，且通过转让给其他股东等方式进行合理处置的，人民法院应予支持。

案例1：指导案例96号：陕西省高级人民法院·宋某军诉西安市大某餐饮有限公司股东资格确认纠纷案裁定书［（2014）陕民二申字第00215号］

首先依照《公司法》第二十五条第二款“股东应当在公司章程上签名、盖章”的规定，有限公司章程系公司设立时全体股东一致同意并对公司及全体股东产生约束力的规则性文件，宋某军在公司章程上签名的行为，应视为其对前述规定的认可和同意，该章程对大某公司及宋某军均产生约束力。其次，基于有限责任公司封闭性和人合性的特点，由公司章程对公司股东转让股权作出某些限制性规定，系公司自治的体现。在本案中，大某公司进行企业改制时，宋某军之所以成为大某公司的股东，其原因在于宋某军与大某公司具有劳动合同关系，如果宋某军与大某公司没有建立劳动关系，宋某军则没有成为大某公司股东的可能性。同理，大某公司章程将是否与公司具有劳动合同关系作为取得股东身份的依据继而作出“人走股留”的规定，符合有限责任公司封闭性和人合性的特点，亦系公司自治原则的体现，不违反《公司法》的禁止性规定。最后，大某公司章程第十四条关于股权转让的规定，属于对股东转让股权的限制性规定而非禁止性规定，宋某军依法转让股权的权利没有被公司章程所禁止，大某公司章程不存在侵害宋某军股权转让权利的情形。综上，本案一、二审法院均认定大某公司章程不违反《公司法》的禁止性规定，应为有效的结论正确，宋某军的这一再审申请理由不能成立。

裁判观点2：公司需按照合理价格向被回购股东支付转让款，股权回购（转让）价格的计算方式应公平合理，遵循“有约定从约定→无约定则协商或者以市场合理价格为基准→从法定”的原则处理。章程中的约定需要符合公平原则，

比如约定“股价按照当年公司净资产额计算”。所谓“从法定”，是指如未明确约定转让价格或计价方式，则通过审计评估方式确定股权价值，以此确定股权转让价格。

案例2：江苏省常州市中级人民法院·常州市天某百货有限公司与胡某芳公司收购股份纠纷上诉案判决书［（2016）苏04民终362号］

天某公司的章程中明确约定，“股东入股后到达法定退休年龄或个人原因离开公司，由公司回购股份，股价按当年公司净资产额确定”。胡某芳于2012年5月办理退休，已经符合天某公司章程中所约定的要求公司回购股权的条件，且不违反法律规定。因此，胡某芳有权要求天某公司回购其股权。

案例3：湖南省高级人民法院·邓某生与某建筑设计院有限公司、谢某股权转让纠纷再审民事判决书［（2016）湘民再1号］

某建筑设计院的《公司章程》及《股权管理办法》关于股份回购的具体内容，不违反《公司法》中有关注册资本维持的基本原则，也不损害第三人的合法权益，是有效条款。除此之外，《公司章程》和《股权管理办法》没有规定可以溢价转让于其他股东。对离职股东的股份进行回购，目的在于维持公司“生命”，公司的“生命”高于股东利益，但公司将按不高于股本原值回购的股份溢价盈利，则势必违背股权平等原则，显然也违背股东会议设定回购规则的初衷与真实意思。某建筑设计院将强制回购的谢某所持有9万股股份溢价转让给公司其他股东，不符合《公司章程》的规定，不属于谢某应当让渡自己利益的范围，其收益应归谢某享有。

案例4：安徽省滁州市中级人民法院·章某萍与某市中某实业有限责任公司股东资格确认纠纷二审民事判决书［（2016）皖11民终2596号］

中某公司2014年章程第七条的规定是否无效。该章程第七条规定包含两部分内容，第一部分是股东资格的取得、丧失条款，规定以公司员工身份为条件，股东同公司终止或解除劳动关系，即丧失股东资格。该部分内容符合有限责任公司的人合性特点，合法有效。第二部分是股东资格丧失后股权的转让条款，规定在股东未办理或拒绝办理股份转让手续时，强制性用公司公积金按股东会议通过的股权转让指导价进行收购，该条款实质为股权转让强制性条款。尽管《公司法》第七十二条[①]第四款规定“公司章程对股权转让另有规定的，从其规定”，但并不意味在此事项上章程可以不受任何限制。股权是公司股东的财产，《物权

① 编者按：《公司法》（2018年修正）第71条。

法》第六十六条规定“私人的合法财产受法律保护，禁止任何单位和个人侵占、哄抢、破坏”①。章某萍作为劳动者与公司解除劳动关系后，其作为股东的财产权也应当予以公平保护，股权应当以合理的市场价格转让，或协商确定股权转让价格，协商不成的，应当进行评估，而该强制性条款剥夺了股东的权利，违反法律禁止性规定。另外，中某公司有相当一部分原破产企业员工，是与章某萍一样的小股东，保护小股东合法利益也是《公司法》应有之义。综上，该强制性条款应当认定为无效。故对章某萍要求确认2014年章程第七条内容全部无效的诉讼请求，部分支持。

007 公务员委托他人持股，签订的代持协议是否有效?

☞ 阅读提示

《中华人民共和国公务员法》（以下简称《公务员法》）对公务员的市场准入资格进行了限制，其中第五十九条禁止公务员进行营利性活动，禁止公务员在营利性组织中兼职。实践中，公务员委托他人代持公司股权的行为毫无疑问违反了前述禁止性规定，那么在此等情况下，双方之间的代持协议效力如何呢?

裁判要旨

“公务员不得从事或者参与营利性活动，在企业或者其他营利性组织中兼任职务”的规定，系管理性强制性规范，并不是效力性强制性规范；公务员作为隐名股东与名义股东签订的股权代持协议并不因违反前述规定而无效。

案情简介

一、2013年12月29日，可某公司与公务员葛某逸签订委托持股协议，约定可某公司代葛某逸持有三家非上市股份公司共计1.2%的股权，并代为行使相关股东权利。

① 编者按：《民法典》第267条。

二、2017年10月20日，可某公司、葛某逸、徐某签订股权转让协议，协议约定，可某公司以755520元受让可某公司代葛某逸持有1.2%的股权，徐某与可某公司对前述股权转让款承担连带清偿责任。

三、2020年6月15日，葛某逸与潘某文签订债权转让协议，协议载明：葛某逸将自己对可某公司以及共同债务人徐某享有的债权转让给潘某文。债权转让协议签订后，葛某逸告知可某公司和徐某债权转让事宜。此后，潘某文多次向可某公司、徐某催讨股权转让款，但一直未获清偿。

四、之后潘某文向法院提起诉讼，请求法院判令可某公司和徐某共同清偿债务。可某公司和徐某以“葛某逸系公务员，其持有非上市公司股票的行为违反我国公务员法，因此股权代持协议无效，后续股权转让以及债权转让协议亦无效”为由进行抗辩。一审浙江省新昌县人民法院和二审浙江省绍兴市中级人民法院均支持潘某文的诉请，对可某公司和徐某的抗辩理由不予支持。

裁判要点

案涉委托持股协议的双方系葛某逸、可某公司，葛某逸虽系公务员，其委托可某公司持股的行为违反了《公务员法》相关规定，但该规定系管理性规定，而非效力性规定，故其与可某公司之间的委托持股协议系双方真实意思表示，并不违反国家法律法规的效力性强制性规定，合法有效。

经验总结

一、公务员可以作为隐名股东投资入股公司，但不能进行工商登记，其与显名股东之间签订的股权代持协议，原则上是有效的，公务员可以就代持协议向名义股东主张相应的投资利益。

二、公务员作为隐名股东投资入股公司，会面临以下风险：

1. 公务员作为隐名股东，一旦被披露出来将受到《公务员法》的惩戒。

2. 股权代持协议仅在代持双方之间具有法律约束力，对公司无效，且公务员因为市场准入的限制无法通过工商登记使得股东身份显名化，所以在公司违法未分红，公司董监高人员或者实际控制人损害公司利益等情形下，公务员将难以直接以公司为对象进行维权。

3. 如果名义股东成为被执行人，名义股东代持股权可能被作为被执行财产，遭到法院的冻结拍卖。

4. 在代持股权被转让或者质押的情景下，善意第三人的信赖利益优于隐名股东的利益受法律保护。

三、为了维护投资利益，隐名股东应尽可能与名义股东及被投资的公司签署三方协议，明确自身实际出资、如何从公司获取分红、自身的股东资格及股权比例、如何行使股东权利等事项，并保留好出资、分红、参与公司管理、参加公司股东会等各类证据，换言之，隐名股东尽量对外隐名，对内显名。

相关法条

《中华人民共和国公务员法》（2018年修订）

第五十九条 公务员应当遵纪守法，不得有下列行为：

……

（十六）违反有关规定从事或者参与营利性活动，在企业或者其他营利性组织中兼任职务；

……

《中华人民共和国民法典》（2021年1月1日实施）

第一百四十三条 具备下列条件的民事法律行为有效：

（一）行为人具有相应的民事行为能力；

（二）意思表示真实；

（三）不违反法律、行政法规的强制性规定，不违背公序良俗。

《最高人民法院关于印发〈全国法院民商事审判工作会议纪要〉的通知》（法〔2019〕254号 2019年11月8日实施）

30. **【强制性规定的识别】** 合同法施行后，针对一些人民法院动辄以违反法律、行政法规的强制性规定为由认定合同无效，不当扩大无效合同范围的情形，合同法司法解释（二）第14条将《合同法》第52条第5项[①]规定的“强制性规定”明确限于“效力性强制性规定”。此后，《最高人民法院关于当前形势下审理民商事合同纠纷案件若干问题的指导意见》进一步提出了“管理性强制性规定”的概念，指出违反管理性强制性规定的，人民法院应当根据具体情形认定合同效力。随着这一概念的提出，审判实践中又出现了另一种倾向，有的人民法院

① 编者按：《民法典》第143条。

认为凡是行政管理性质的强制性规定都属于“管理性强制性规定”，不影响合同效力。这种望文生义的认定方法，应予纠正。

人民法院在审理合同纠纷案件时，要依据《民法总则》第153条第1款和合同法司法解释（二）第14条的规定慎重判断“强制性规定”的性质，特别是要在考量强制性规定所保护的法益类型、违法行为的法律后果以及交易安全保护等因素的基础上认定其性质，并在裁判文书中充分说明理由。下列强制性规定，应当认定为“效力性强制性规定”：强制性规定涉及金融安全、市场秩序、国家宏观政策等公序良俗的；交易标的禁止买卖的，如禁止人体器官、毒品、枪支等买卖；违反特许经营规定的，如场外配资合同；交易方式严重违法的，如违反招投标等竞争性缔约方式订立的合同；交易场所违法的，如在批准的交易场所之外进行期货交易。关于经营范围、交易时间、交易数量等行政管理性质的强制性规定，一般应当认定为“管理性强制性规定”。

本案链接

浙江省绍兴市中级人民法院·某县可某日用品有限公司、徐某股权转让纠纷二审民事判决书［（2020）浙06民终3911号］

关于焦点一，本案诉讼中，可某公司、徐某以葛某逸系公务员，其持有非上市公司股票的行为违反我国《公务员法》为由而主张案涉相关协议均无效。我国《公务员法》中规定的公务员必须遵纪守法，不得从事或者参与营利性活动，在企业或者其他营利性组织中兼任职务，该规定属于管理性禁止性规定，并不属于效力性强制性规范，故并不能以此影响合同效力。本案中的相关协议并不存在合同法规定的合同无效的情形，因此，一审法院认定案涉协议有效，符合法律规定。

延伸阅读

裁判观点1：《公务员法》中关于公务员不得“从事或者参与营利性活动，在企业或者其他营利性组织中兼任职务”的规定系管理性强制性规范，非效力性强制性规范，因此公务员与其他民事主体订立的股权代持协议不会因为违反前述规定而无效。（与主文案例观点相同）

案例1：江西省高级人民法院·李某、江西创某房地产开发有限公司股权转让纠纷二审民事判决书［（2020）赣民终632号］

关于李某与李某建之间的股权代持关系的效力问题。虽然李某建属于国家公职人员，其委托李某代持创某公司股份的行为属于《公务员法》规定的“从事或者参与营利性活动”，但《公务员法》的有关规定属于管理性强制性规定，且李某建已实际出资，经综合考量《公务员法》所保护的法益类型、股权代持行为的法律后果以及交易安全保护等因素，宜认定李某与李某建签订的《委托持股协议》有效。至于李某建的行为是否应追究法律责任，不属于本案审理范围。基于股权代持关系有效，李某建与李某签订的《代持股份转让协议书》《还款协议书》及《补充还款协议书》系双方的真实意思表示，不违反法律法规的强制性规定，应为有效。在本案审理过程中，即使双方在电话联系中提及“债权转股权”的内容，也因为没有签订书面协议，仅系单方的意思表示而已。故李某及创某公司认为双方之间仍存在股权代持关系的答辩意见缺乏充分的事实根据，不予采纳。李某建提出李某支付股权转让款的诉讼请求，依法应予支持。李某未向李某建依约支付股权转让款，依法应承担违约责任。

案例2：北京市第一中级人民法院·北京问某科技有限公司与高某股东资格确认纠纷二审民事判决书［（2015）一中民（商）终字第5296号］

问某公司及葛某均主张持股协议书签订之时，高某的身份为公务员，根据《公务员法》第五十三条[①]关于公务员不得从事或者参与营利性活动，在企业或者其他营利性组织中兼任职务的规定，本案的持股协议书应当认定无效。就此本院认为，首先，问某公司就高某签订持股协议书时的身份问题，未能提交证据予以证明。其次，《公务员法》中的相关规定属管理性规范，并非效力性规范，若高某违反上述法律规定，可按《公务员法》的相关规定承担相应的法律责任，但并不导致本案的持股协议书无效。综上，本院认为，2013年8月28日，高某与葛某签订的持股协议书应为有效，问某公司的该项上诉理由，缺乏法律依据，本院不予采信。

裁判观点2：公务员违反《公务员法》第五十九条第十六项规定与其他民事主体订立的股权代持协议原则上有效，但是上述管理性禁止性规定与公务员的“市场准入”资格有关，为了维护社会秩序，公务员根据代持协议要求股东身份显名，法院不予支持。

案例3：上海市第二中级人民法院·上海弓某木业有限公司、陈某斌等股东

① 编者按：《公务员法》（2018年修正）第59条。

资格确认纠纷二审民事判决书［（2014）沪二中民四（商）终字第489号］

本院认为，首先，《公务员法》第五十三条[①]第十四项关于公务员不得“从事或者参与营利性活动，在企业或者其他营利性组织中兼任职务”的规定，属管理性禁止性规范，并不属于效力性强制性规范。其次，公务员若违反了该规范，应由其管理机关追究其相应责任，但并不能以此影响合同效力。故弓某公司以陈某斌、张某霞违反前述规定为由，认为涉案股东协议无效的观点，本院不予采纳。最后，《公务员法》的前述管理性禁止性规范，是与当事人的“市场准入”资格有关，该类规范目的之一在于由特定管理机关依法履行其管理职能，以维护社会秩序。有鉴于此，陈某斌、张某霞上诉提出请求成为具有公示效力的工商登记股东的主张，与前述法律规定相悖，不能成立，本院不予支持。尽管陈某斌、张某霞不能成为工商登记股东，但是其应当可以享有在涉案股东协议项下相应股权所对应的财产权益。

裁判观点3：公务员作为隐名股东认为名义股东行为侵害其投资收益时，其无权基于双方的股权代持协议越过显名程序而直接请求公司分红，只能基于同名义股东的代持协议主张相应的权利。

案例4：福建省三明市中级人民法院·林某飞、吴某发合同纠纷二审民事判决书［（2020）闽04民终752号］

关于吴某发是否应当向林某飞支付投资收益的问题。林某飞虽系公务员，不得从事或参与营利性活动，其在本案中将出资隐名在吴某发名下并获取收益，应根据《公务员法》的有关规定由相关单位予以处理。但林某飞与吴某发形成事实上的代持股关系，不违反法律、行政法规的强制性规定。《公务员法》第五十三条[②]第十四项规定属于管理性强制性规范，不影响本案中代持股关系的效力。由于林某飞与吴某发系代持股关系，吴某发系双某口公司的股东，林某飞无权直接向双某口公司主张投资收益，而吴某发可以向双某口公司主张分红款，因此，在双某口公司已向部分出资人支付2015年度、2016年度、2017年度投资收益的情形下，吴某发系双某口公司的法定代表人及林某飞股权代持人，其怠于向双某口公司主张分红款，损害了林某飞委托其持股所应获得的权益，其应当向林某飞支付前述三个年度的投资收益。因此吴某发应当向林某飞支付投资收益。

---

①② 编者按：《公务员法》（2018年修正）第59条。

008 对外隐名、对内显名的出资人可否直接要求确认股东资格？

☞ 阅读提示

实践中，一部分实际出资人虽然在公司章程、股东名册以及工商登记中未能体现其姓名或者名称，但是其隐名投资的事实系为公司以及公司其他股东所知晓的，即实际出资人对外隐名但是对内显名，在此等情况下，实际出资人是否可以直接要求公司确认其股东资格，实现显名呢？

裁判要旨

公司实际出资人显名需经过其他股东半数以上同意，同意的意思表示既可以明示的方式作出，也可以默示的方式作出。当实际出资人对外隐名、对内显名时，如果其能举证证明自己以股东名义在公司中持续行使股东权利，则实际出资人即符合登记为公司股东的要件。

案情简介

一、2013 年 4 月 28 日，高某林与昕某公司签订合伙框架协议书，双方约定共建奕某公司开展业务，股东为昕某公司和周某（高某林的儿媳）。

二、2013 年 8 月 21 日，奕某公司成立，工商登记的股东为周某和昕某公司，其中前者持股 25%，后者持股 75%。

三、2014 年 4 月 28 日，奕某公司、昕某公司、高某林签署《奕某公司股东间协议》，约定“高某林享有奕某公司 25%股权，由其儿媳周某代持”。

四、2018 年 6 月 4 日，周某提起股东资格否认之诉，要求确认其不是奕某公司的股东，该案中法院认为周某没有被冒用身份的情形，判决驳回了其诉讼请求。

五、在此之后，高某林以奕某公司为被告向法院起诉，请求法院确认登记在周某名下 25%股权归自己所有，一审上海市闵行区人民法院判决支持了高某林的诉讼请求，二审上海市第一中级人民法院则判决撤销一审判决，驳回高某林的诉讼请求。

裁判要点

一、一审上海市闵行区人民法院的裁判思路为“因为奕某公司及昕某公司均始终知悉高某林与周某之间的代持股关系，因此高某林符合登记为公司股东的要件”，二审上海市第一中级人民法院不认可前述裁判思路。

二、二审法院认为公司以及其他股东知悉实际出资人与名义股东之间的股权代持情况并不足以使得实际出资人显名，对外隐名、对内显名的实际出资人如果不能举证证明自己在公司中以股东名义持续行使股东权利，也未举证证明公司其他股东半数以上以明示的方式同意其显名的，则实际出资人不符合登记为公司股东的要件。高某林的举证未达到证明标准，因此二审法院不支持其显名。

经验总结

一、公司中对外隐名、对内显名的实际出资人，如果单纯以“公司以及其他股东知悉自己与名义股东之间的股权代持关系且未予以反对”为由主张显名，则法院不予支持。如果实际出资人意欲通过诉讼确认自身股东身份，则其需举证证明以下事实：

1. 实际出资人向公司实际出资；

2. 公司中其他股东半数以上知悉实际出资人与名义股东之间的股权代持关系且未予以反对；

3. 实际出资人以股东名义在公司中持续行使股东权利。

二、基于前述举证责任的要求，建议实际出资人至少做到以下两点：

1. 实际出资人与名义股东以及公司签订三方股权代持协议，协议中明确隐名股东实际出资、股东资格、如何行使股东权利、约定直接接受分红以及显名路径等，并尽可能要求其他股东在代持协议上签名确认。在公司股东人数较少时，则建议实际出资人与名义股东、公司、其他股东签订多方协议。

2. 在公司的经营过程中，实际出资人切忌做甩手掌柜。比较稳妥的做法系以实际出资人的名义指派人员担任公司董事、法定代表人、财务负责人等；此外，亲自参加股东会、直接参与公司分红、以实际出资人的名义直接担任前述公司要职亦是可行的举措；同时，在行使股东权利的过程中，实际出资人要注意留存痕迹以便日后显名。

相关法条

《最高人民法院关于适用〈中华人民共和国公司法〉若干问题的规定（三）》（法释〔2020〕18号 2020年修正）

第二十四条第三款 实际出资人未经公司其他股东半数以上同意，请求公司变更股东、签发出资证明书、记载于股东名册、记载于公司章程并办理公司登记机关登记的，人民法院不予支持。

《最高人民法院关于印发〈全国法院民商事审判工作会议纪要〉的通知》（法〔2019〕254号 2019年11月8日实施）

28.**【实际出资人显名的条件】**实际出资人能够提供证据证明有限责任公司过半数的其他股东知道其实际出资的事实，且对其实际行使股东权利未曾提出异议的，对实际出资人提出的登记为公司股东的请求，人民法院依法予以支持。公司以实际出资人的请求不符合公司法司法解释（三）第24条的规定为由抗辩的，人民法院不予支持。

本案链接

上海市第一中级人民法院·上海奕某金属科技有限公司与高某林股东资格确认纠纷二审民事判决书［（2019）沪01民终13146号］

首先，在本案中，高某林主张要求确认周某名下的股权为其所有，而非对投资权益的归属发生争议，根据《最高人民法院关于适用〈中华人民共和国公司法〉若干问题的规定（三）》（以下简称《公司法司法解释三》）第二十四条第三款之规定，高某林应当举证证明该请求已经公司其他股东半数以上同意。本院注意到，（2018）沪01民终12875号生效民事判决已经认定周某为奕某公司在工商机关登记的股东，而一审法院以奕某公司设立筹备阶段及设立之后以及昕某公司均知晓高某林与周某之间的代持关系为由，认为昕某公司不能反对高某林成为奕某公司股东之请求。对该阐述，本院实难以认同。

其次，公司其他股东半数以上同意既包括明示的同意，也包括默示的同意，即公司其他半数以上股东在知晓实际出资人的存在，且实际行使股东权利的情况下，未曾提出过异议，即可推定为其认可实际出资人的股东身份，实际出资人即符合登记为公司股东的要件。综观本案，昕某公司知晓高某林与周某之间的代持关系，但代持关系与隐名股东要求显名系两个不同的法律关系，在一审、二审中，昕某公司明确反对高某林的主张，高某林亦未提供证明半数以上股东明示同意将其登记为公司股东的证据。因此，本院着重审查是否存在默示的同意，即高某林在奕某公司实际以股东身份行使股东权利。

再次，高某林应当举证证明自己行使股东权利的状态一直在持续，如正常地从公司分配利润、指派的人员仍在参与经营管理、参与公司的重大决策等。本院注意到，奕某公司召开过董事会，参加人员中有周某和周某丈夫，会议记录上也有周某的签名，虽然高某林辩称周某丈夫系代其参加，周某的签名系假冒，但均未提供相应证据予以证明，故对高某林的该辩称，本院难以采信。

最后，高某林未举证证明其要求显名的主张已经奕某公司其他股东半数以上同意，亦未举证证明其以股东身份行使过权利，如以实际出资人的名义担任或指派人员担任公司董事、法定代表人、财务负责人等超过一定的合理期限，因此，现有证据不足以证明高某林的诉讼请求具有事实依据，高某林应承担举证责任的不利后果。一审法院对此未能正确分配举证责任，本院依法予以纠正。故奕某公司的上诉理由，具有事实和法律依据，本院予以认可。

延伸阅读

裁判观点：公司其他半数以上股东知晓实际出资人的存在，实际出资人确属实际出资，且以股东身份行使股东权利的，实际出资人可直接要求公司确认其股东资格，并办理股权变更登记。

案例 1：陕西省宝鸡市中级人民法院·陈某康、某县宇某矿业有限责任公司、李某忠与焦某股东资格确认纠纷二审民事判决书［（2020）陕 03 民终 1954 号］

关于焦某请求股东显名应否支持的问题。本院认为，《公司法司法解释三》第二十四条规定的“公司其他股东半数以上同意”既包括明示的同意，也包括默示的同意，即公司其他半数以上股东在知晓实际出资人的存在，且实际行使股东权利的情况下，未曾提出过异议，即可推定为其认可实际出资人的股东身份，实际出资人即符合登记为公司股东的要件。本案股权代持期间，焦某及其指派人员参与宇某公司经营管理的事实，有陕西和润某业发展有限公司证明、个人参保证明、用款申请单、银行转账流水、短信记录、韩某某微信截图等证据在卷佐证，以上证据相互印证形成证据链条，可以认定。支付案涉矿山协议款系宇某公司向李某忠负有的合同义务。李某忠作为宇某公司股东，其否认知道焦某为宇某公司实际出资人的陈述，与焦某直接向其支付部分转让款的事实，以及其向焦某催要矿山协议款的行为矛盾。结合上述焦某及其指派人员实际参与宇某公司经营管理而李某忠未曾提出异议的事实，一审法院对李某忠陈述不予采信并推定其知晓焦某为宇某公司实际出资人，支持焦某提出的登记为宇某公司股东的请求，有事实和法律依据，并无不当。

案例2：上海市第一中级人民法院·上海乐某投资管理有限公司等与田某股东资格确认纠纷二审案件二审民事判决书［（2021）沪01民终82号］

首先，在本案中，乐某公司现登记股东为田某、陈某、陈某三人，分别占股20%、20%、60%。现田某主张要求确认陈某名下的10%股权为其所有，而非对投资权益的归属发生争议，根据《公司法司法解释三》第二十四条第三款之规定，田某应当举证证明该请求已经公司其他股东半数以上同意。其次，实际出资人能够提供证据证明有限责任公司过半数的其他股东知道其实际出资的事实，且对其实际行使股东权利未曾提出异议的，对实际出资人提出的登记为公司股东的请求，人民法院依法予以支持。公司其他股东半数以上同意既包括明示的同意，也包括默示的同意，即公司其他半数以上股东在知晓实际出资人的存在，且实际行使股东权利的情况下，未曾提出过异议，即可推定为其认可实际出资人的股东身份，实际出资人即符合登记为公司股东的要件。纵观本案，代持关系与隐名股东要求显名系两个不同的法律关系。田某虽主张其参与乐某公司分红的比例是30%，但其在乐某公司股东会实际行使的表决权比例仅为20%。在本案二审审理过程中，田某亦未能向本院提供公司半数以上股东已明示或默示同意将其登记为公司股东的证据，本院对田某的主张难以采信。最后，田某未举证证明其要求显名的主张已经乐某公司其他股东半数以上同意，亦未举证证明其以股东身份行使过30%的表决权，因此，现有证据不足以证明田某的诉讼请求具有事实依据，田某应承担举证责任的不利后果。一审法院对此未能正确分配举证责任，本院依法予以纠正。故乐某公司与陈某的上诉理由，具有事实和法律依据，本院予以认可。

009 隐名股东是否可以略过显名程序直接向公司主张分红？

☞ 阅读提示

盈余分配请求权系股东的基本权利，通过分红获取经营回报通常也是股权投资的基本初衷。实践中，存在实际出资人因各种原因不便直接持股而与他人订立合同，约定由他人代为持有股权的情况，隐名股东通过此种方式间接取得股权收益。当隐名股东认为公司违法未分红、侵害其投资收益，而名义股东怠于行使盈余分配请求权时，隐名股东是否可以略过显名程序直接向公司主张分配盈余？

裁判要旨

盈余分配请求权是公司股东基于其股东资格和地位所享有的专属性自益权利，原则上隐名股东须先显名后方可行使公司盈余分配请求权。除非另有约定，隐名股东无权直接向公司主张分配盈余，而只能依据与名义股东之间的代持协议向名义股东主张权利。

案情简介

一、永某公司设立于2012年，注册资本为100万元，工商部门备案的股东为屠某良和陈某。根据永某公司的章程，陈某实缴出资5万元，屠某良实缴出资95万元；章程第八条约定“公司股东会审议批准公司的利润分配方案”，章程第二十八条约定“股东按照实缴的出资比例分取红利”。

二、2016年2月27日，郭某胜和屠某良形成书面文件一份，载明“郭某胜合计投入1450万元”，屠某良注明“以上款项为郭某胜投资散堆箱股份款”。

三、2016年3月1日，郭某胜和屠某良签署《永某公司原始股份划分》载明“郭某胜原始股投资1450万元，应得股份45.66%，屠某良原始股投资17255901.97元，应得股份54.34%”。

四、同日，郭某胜和屠某良又签署《永某公司账面利润、借款、应得利润欠款确认》，载明“截止于2015年12月30日，郭某胜应得利润6741918.99元，实际分配利润4961195.50元，屠某良应得利润8023562.81元，实际分配利润

10104286.30元，屠某良欠郭某胜1849213.49元，以上款项待公司有利润后先前期还上，上述款项待屠阅陈账后，经屠、郭确认后可调整，暂按此落实。”

五、因一直未能取得《永某公司账面利润、借款、应得利润欠款确认》中列明的款项，郭某胜遂基于隐名股东身份提起公司盈余分配之诉，请求法院判令永某公司、屠某良共同支付公司利润分配款及逾期付款利息等费用。

六、一审上海市浦东新区人民法院和二审上海市第一中级人民法院均判决驳回郭某胜的诉讼请求。

裁判要点

本案争议的焦点在于郭某胜是否可以以股东的名义直接向公司主张盈余分配。根据公司法的规定，盈余分配请求权的行使必须以具备公司合法股东身份为前提。本案中郭某胜提起公司盈余分配之诉的基础应当是郭某胜为永某公司的合法股东，并且永某公司依法作出盈余分配的股东会决议。而郭某胜未能提供任何法律文件以确认其为永某公司的合法股东，《永某公司账面利润、借款、应得利润欠款确认》亦非公司股东会决议。此外即使郭某胜有证据证明其为隐名股东，按照法律程序，其也应先通过合法途径显名，然后再根据盈余分配请求权的规定主张分红权，即隐名股东不能略过显名程序直接向公司主张分配盈余。

经验总结

一、盈余分配纠纷属于公司内部纠纷，判断实际出资人是否有权请求分配利润或者按分配方案支付利润，关键不在于工商登记的股东信息，而在于公司章程、股东名册等对内具有优先效力的法律文件如何记录。如果实际出资人作为股东被记载于公司章程或者股东名册，应当有权向公司主张分配或支付利润。否则，司法实务中法院基本上不支持实际出资人直接要求公司盈余分配的请求，除非公司与实际出资人、名义股东另有约定。因此为了保障隐名股东的投资收益，建议隐名股东至少做到以下几点：

1. 隐名股东与名义股东及被投资的公司应签署三方协议，明确隐名股东的实际出资，以及如何从公司获取分红，换言之隐名股东尽量对外隐名，对内显名，比如约定“名义股东为公司的在册股东；实际出资人在成为正式股东之前按照其出资比例分得股息、红利；待实际出资人作为正式股东的条件成就时，名义股东和公司共同完成使实际出资人成为正式股东的工作”。

2. 如果隐名股东是有限责任公司的创始股东，应形成有效的股东会决议，确认隐名股东存在的事实。

3. 对于有限公司来说，如果是通过股权让与成为隐名股东，为避免事后隐名股东显名化时，遭遇其他股东行使优先购买权的窒碍，隐名股东需要尽量取得其他股东明确放弃优先购买权的证明材料，比如尽可能要求其他过半数股东在三方股权代持协议上签字确认。

4. 在上述三点的基础上，如果隐名股东认为公司有违法未分红侵害其投资收益的情形，隐名股东可以基于三方股权代持协议向法院提起诉讼，并将名义股东与公司列为共同被告。

二、公司和名义股东应知悉这个规则：当各方已签署“在隐名股东成为正式股东前由公司直接向隐名股东支付红利”的条款时，公司无权以隐名股东无股东资格为由，擅自将红利支付给名义股东；当隐名股东就三方股权代持协议提起诉讼时，公司和名义股东以“隐名股东不享有盈余分配请求权”进行抗辩为无效抗辩。

三、公司在进行利润分配时应依照一定的顺序，履行相应的程序，即有限责任公司的董事会制订公司的利润分配和弥补亏损方案，经股东会批准形成决议后，再弥补亏损和提取法定公积金，最后方能进行利润分配。

相关法条

《中华人民共和国公司法》（2018 年修正）

第三十四条 股东按照实缴的出资比例分取红利；公司新增资本时，股东有权优先按照实缴的出资比例认缴出资。但是，全体股东约定不按照出资比例分取红利或者不按照出资比例优先认缴出资的除外。

《最高人民法院关于适用〈中华人民共和国公司法〉若干问题的规定（三）》（法释〔2020〕18 号 2020 年修正）

第二十四条 有限责任公司的实际出资人与名义出资人订立合同，约定由实际出资人出资并享有投资权益，以名义出资人为名义股东，实际出资人与名义股东对该合同效力发生争议的，如无法律规定的无效情形，人民法院应当认定该合同有效。

前款规定的实际出资人与名义股东因投资权益的归属发生争议，实际出资人以其实际履行了出资义务为由向名义股东主张权利的，人民法院应予支持。名义股东以公司股东名册记载、公司登记机关登记为由否认实际出资人权利的，人民法院不予支持。

实际出资人未经公司其他股东半数以上同意，请求公司变更股东、签发出资证明书、记载于股东名册、记载于公司章程并办理公司登记机关登记的，人民法院不予支持。

《最高人民法院关于适用〈中华人民共和国公司法〉若干问题的规定（四）》（法释〔2020〕18号　2020年修正）

第十五条　股东未提交载明具体分配方案的股东会或者股东大会决议，请求公司分配利润的，人民法院应当驳回其诉讼请求，但违反法律规定滥用股东权利导致公司不分配利润，给其他股东造成损失的除外。

本案链接

上海市第一中级人民法院·郭某胜诉上海永某实业有限公司公司盈余分配纠纷一案二审民事判决书［（2017）沪01民终7021号］

一审法院认为：当事人对自己提出的诉讼请求所依据的事实或者反驳对方诉讼请求所依据的事实有责任提供证据加以证明。在本案管辖异议阶段，郭某胜已明确本案为其基于公司股东身份提起的公司盈余分配纠纷，故郭某胜应对其系永某公司股东的事实承担证明责任。从永某公司章程以及工商备案信息来看，郭某胜并非永某公司的股东。郭某胜虽称其股权由屠某良代持，但屠某良并不认可该观点，郭某胜诉称的代持股权一节事实并无代持协议予以证明，郭某胜虽然提供了《上海永某实业有限公司原始股份划分》，但其中的投资情况显然与永某公司的注册资本情况不一致，亦未直接明确代持协议；况且，即使存在代持情况，郭某胜在显名之前也无权直接行使股东权利，而仅能依据其与代持方的协议向代持方主张相关权利。因此，郭某胜在目前无权提起公司盈余分配之诉。此外，根据永某公司的章程，公司盈余分配应由股东会决议，但本案中郭某胜并未提供永某公司的股东会决议，郭某胜和屠某良签署的《永某公司账面利润、借款、应得利润欠款确认》目前并不能直接认定为永某公司股东会决议。郭某胜另认为屠某良擅自领取了永某公司给郭某胜的款项，但此意见不足以支持郭某胜向永某公司提起公司盈余分配之诉，若如郭某胜所述，其应以屠某良为被告提起诉讼，并据此确定管辖。一审法院注意到，郭某胜、屠某良之间存在一定的经济关系，但郭某胜依股东身份提起公司盈余分配之诉，在目前是缺乏依据的，双方之间的纠纷，可以另行选择正确的诉讼方向解决。

二审法院认为：郭某胜提起本案公司盈余分配的请求权基础应当是郭某胜为永某公司的合法股东且永某公司依法作出盈余分配的股东会决议。就郭某胜的举证而言，仅能证明郭某胜与屠某良个人之间针对投资散堆箱事宜存在共同投资、共享收益的关系，而无法证实郭某胜诉称的其与屠某良之间就永某公司的股份存在代持关系或郭某胜系永某公司的隐名股东。即便上述事实成立，郭某胜亦应当通过合法途径据此实现显名确权。目前，尚无任何法律文件确认郭某胜为永某公司的合法股东。同时，公司盈余分配依法属于公司的重大事项，不是公司内部股东分钱的简单事宜，而是涉及公司经营、决算、税收、计提、会计等各项制度，故必须经股东会决议才能有效实行。

延伸阅读

裁判观点 1：如果股权代持协议不违反效力性强制性规定，也不存在法定可撤销事由，则其在名义股东与实际出资人（隐名股东）之间具有约束力，实际出资人应当依据合同约定向名义股东主张投资收益，在未经显名程序的情况下，其无权直接向公司主张盈余分配。（与主文案例观点相同）

案例 1：最高人民法院 · 陈某苗与胜某（福清）房地产开发有限公司合同纠纷二审民事判决书［（2015）民四终字第 41 号］

关于陈某苗是否是胜某公司的实际投资人问题。本案审理过程中，陈某苗未提供其为胜某公司实际投资人的投资凭证。从陈某苗提交的《确认书》内容看，陈某苗是沙某公司的控制人，沙某公司将其持有的胜某公司 35%股份转让给金某山公司后，在没有其他协议安排的情况下，陈某苗不再享有间接持股胜某公司的权益。而且，陈某苗即使是胜某公司的实际投资人，亦应按照其与胜某公司的约定获得其隐名投资收益。《最高人民法院关于审理外商投资企业纠纷案件若干问题的规定（一）》第十五条是针对隐名股东与名义股东就隐名投资问题订立书面协议而作出的规定，实际投资人应当根据合同约定或者未约定利益分配时名义股东已从目标公司获得利益的情形主张相应的权益。而胜某公司并非《协议书》的当事人，陈某苗以《协议书》的内容请求胜某公司给付投资收益缺乏事实和法律依据，本院亦不予支持。

案例2：陕西省西安市中级人民法院·寇某弟与薛某民合伙合同纠纷申诉、申请再审民事裁定书［（2021）陕01民申236号］

名义股东与实际出资人合同约定由实际出资人出资，名义股东出面行使股权，但由实际出资人享受股权收益时，此种约定属于双方间的自由约定，根据契约自由之原则，如无《合同法》[①] 第五十二条规定之违法情形时，该合同约定应为有效，在名义股东与实际出资人之间产生拘束力，实际出资人可以依据合同约定向名义股东主张相关权益。该权益为投资权益，并不同于股东权益，股东权益只能由名义股东直接行使，实际出资人只能假名义股东之手间接行使股东权益来实现其投资权益。

裁判观点2：股东享有公司盈余分配请求权，该请求权是股东基于其股东身份所依法享有的权利，故当事人是否具有股东身份是认定其是否享有公司盈余分配请求权的基本事实。当事人主张其为公司隐名股东，法院应就其是否与公司之间具有股权代持关系，实际出资额以及资金性质等进行审理，从而确定是否具有股东身份并因此享有公司盈余分配请求权。（该判例裁判精神较为模糊，在实务中争议较大，并未得到推广，在一定程度上与主文案例观点相反）

案例3：最高人民法院·湖南省中某房地产开发有限公司、严某针公司盈余分配纠纷再审民事裁定书［（2019）最高法民再88号］

首先，依照《公司法》第四条规定："公司股东依法享有资产收益、参与重大决策和选择管理者等权利。"股东享有公司盈余分配请求权，该请求权是股东基于其股东身份所依法享有的权利。故严某针、杨某辉是否出资，是否具有股东身份是认定其二人是否享有公司盈余分配请求权的基本事实，也是认定本案法律关系性质的前提。本案中，严某针、杨某辉主张其为中某公司隐名股东，原判决应当就其是否与厦门嘉某公司之间具有股权代持关系，实际出资额以及资金性质等进行审理。原判决对于上述事实未予查明，属于基本事实认定不清。其次，公司应当在提取当年法定公积金、弥补亏损之后向股东分配税后利润。换言之，公司盈余分配决议内容应当反映当年法定公积金提取、弥补亏损的内容。执行公司盈余分配方案也应当具备已经提取当年法定公积金、弥补亏损的条件。原判决未查明上述事实，即认定中某公司应按照案涉《股东协议》《会议纪要》向严某针、杨某辉分配公司盈余，存有不当。

---

① 编者按：已失效，被《民法典》吸收。

裁判观点3：名义股东、实际出资人与公司共同约定“实际出资人在成为正式股东之前按照其出资比例分得股息、红利”系各方真实意思表示的，应认定有效，实际投资人根据合同约定获得股份分红，与其是否为股东身份无关。因此，实际投资人有权基于合同约定获得股份分红。

案例4：最高人民法院·华某银行股份有限公司与润某集团股份有限公司、联某集团有限公司股权确认纠纷案［（2006）民二终字第6号］

华某银行股份公司、联某集团、汽车销售公司三方于1997年8月15日签订的《协议书》《补充协议》《协议》，以及汽车销售公司与华某银行就出售汽贸大厦而签订的房屋转让合同，反映了在华某银行股份公司成立时，联某集团、汽车销售公司共同出资3亿元，其中汽车销售公司出资2亿元的基本事实。三方在协议中关于“分派股息、红利”以及待“条件允许”“汽车销售公司正式成为华某银行股份公司股东”的约定，系当事人真实的意思表示，且不违反当时相关的法律、行政法规的禁止性规定，应认定有效。在三方签订的《协议》中，华某银行股份公司承诺在历次分红派息时直接向联某集团、汽车销售公司支付股息、红利。联某集团、汽车销售公司同意并确认。汽车销售公司变更为润某集团后，华某银行股份公司依约向润某集团支付了1998年、1999年和2000年的红利。但在分派2003年下半年和2004年红利时，华某银行股份公司将全部股息支付给了联某集团，并用于扣收联某集团在该行的贷款，而未向润某集团支付。本院认为，华某银行股份公司的上述行为违反了其在三方《协议》中的承诺，未经润某集团同意而擅自变更《协议》约定其应承担的义务，属于违约行为。华某银行股份公司关于其“根据联某集团的指示将其2003年、2004年的红利直接向联某集团支付或清偿债务，应视为其对三方协议中相关约定的变更，该变更无须征得润某集团的同意”的上诉理由，没有法律根据，本院不予采纳。润某集团获取该部分红利的依据是其真实的出资行为及三方当事人的协议约定，而不是以其是否为华某银行股份公司的在册股东为条件。华某银行股份公司关于“润某集团与华某银行股份公司之间未形成股权投资关系，无权从华某银行股份公司获得投资收益”的上诉理由与本案的基本事实不符。原审判决按照润某集团的实际出资比例计算并认定2003年下半年和2004年全年的红利为25178203.83元，并判决其直接给付润某集团正确，应予以维持。

案例 5：福建省建瓯市人民法院·傅某珍与福建省建某金燕针织有限公司公司盈余分配纠纷一审民事判决书［（2017）闽 0783 民初 1996 号］

本案原告系被告公司成立时的实际投资人之一（隐名股东），对此双方均无异议。需要明确的是，隐名股东不是严格意义上的公司股东，公司章程对其没有约束力，相应地，通常情况下，隐名股东也没有直接向公司主张股东权益的权利，但公司认可或与隐名股东及显名股东另有约定的除外。本案中，被告公司成立时，所有隐名股东及其相应的股金均已登记造册在公司备案。在对是否同意就市政府征收公司房屋和土地以及补偿款如何分配等事项进行表决时，也是征求包括所有隐名股东在内的全体股东的意见，并认可隐名股东对公司收益的分配权。故本案原告作为公司的隐名股东同样享有公司收益的分配权。据被告在庭审中陈述，被告公司的土地厂房被征收后，除征收补偿费，公司已无其他财产。被告公司的注册资本为 607.5736 万元。根据公司法的规定，公司成立之后，股东不得抽回出资。原告虽为隐名股东，但既然享有了收益分配的权利，则应当承担不得抽回出资的法定义务。因此，对于征收补偿费，超出注册资本的部分，可视为公司的盈利并予以分配。而对于注册资本的部分，可在依法减少注册资本或者依法解散公司并对公司的债权债务进行清算之后，再行分配。故原告的诉讼请求中，其登记的股金（出资额）部分为 16500 元，本院不予支持。其他部分，予以支持。

010 被冒名登记为股东，如何否认股东身份？

☞ 阅读提示

冒名登记是指实际出资人自己行使股权，但虚构法律主体或者盗用他人名义并将该主体或他人作为股东在公司登记机关登记的行为。

实践中，因为有些地区设立公司并不要求股东必须到场，所以工商登记材料中股东签名由他人代签的情况不在少数，这就导致不少人在毫不知情的情况下被登记为公司股东，可谓是“人在家中坐，祸从天上来”。向法院提起股东资格否认之诉是被冒名者经常会选择的救济路径，那么在此等情况下，法院一般会如何认定股东资格呢？

裁判要旨

对冒名股东的认定应当审慎，主张被冒名者需要承担“自身对被登记为公司股东的事实不知情且无成为股东意思表示”的证明责任。被登记者单纯举证证明“工商登记档案材料的签名系他人代签或者伪造”的，法院一般会认为其举证未到达证明标准。此外，被登记为股东的期限、被登记者与公司要职人员的关系等也是法院重点审查的要素。

案情简介

一、朱某与田某生于2006年11月8日登记结婚。2018年10月17日，朱某与田某生离婚。

二、2012年2月13日，融某公司成立，公司章程中记载：田某生出资5万元，朱某出资5万元。在融某公司章程全体股东签字页有“田某生”“朱某”的签名。

三、2016年3月10日，融某公司召开股东会，并形成如下决议：将融某公司注册资本由10万元变更为100万元。在决议中有“田某生”“朱某”的签字。

四、同年8月26日，融某公司召开股东会，并形成如下决议：将融某公司注册资本由100万元变更为500万元。在决议中有“田某生”“朱某”的签字。

五、2018年，朱某以融某公司为被告向法院提起诉讼，请求法院确认自己不是融某公司的股东。一审江苏省南京市建邺区人民法院和二审江苏省南京市中级人民法院均判决驳回了朱某的诉讼请求。

裁判要点

一、工商登记的股东身份及出资具有对外公示效力。股东资格否认关系到公司债权人及其他股东的重大利益，从维护工商登记的公示效力以及债权人利益的角度出发，对于冒名股东的认定应当审慎，主张被冒名者需要承担“自身对被登记为公司股东的事实不知情且无成为股东的意思表示”的证明责任。

二、工商登记档案材料的签字并非被登记者本人所签，而是他人冒名代签的，仅能作为认定被登记者不具有股东身份的间接证据。

三、对于公司章程记载的股东，其是否实际履行了出资义务并不直接影响其股东资格。

四、股东资格消极确认之诉中，在不具有身份证件丢失或者被废止等情形未做直接证据来认定案件事实的情况下，签名笔迹的真伪、原告被登记为公司股东的期限、其是否与公司的要职人员熟识或者具有亲属关系以及其他亲密关系是法院审查的重要要素。

经验总结

一、居民身份证是公民的法定身份证明，公民要妥善保管身份证，不可轻易将其借予他人使用，以防个人身份信息被冒用；在需要身份证复印件的场合，建议在复印件上标注用途、有效期间；在身份证遗失后要及时去常住户口所在地派出所申报丢失并补领。

二、司法实践中，法院在认定股东是否被冒名时，会综合考察以下因素：被登记者身份证是否丢失或者被废止，登记资料中签名是否系本人所签，被登记者是否与公司中要职人员熟识或者具有亲属关系以及其他亲密关系，被登记者是否具有逃废债务的嫌疑，被登记者是否实际出资行使股东权利等。因此一旦发现自己身份被冒用登记为公司股东，可以从前述因素入手收集证据以完成诉讼中的举证责任。

相关法条

《最高人民法院关于适用〈中华人民共和国公司法〉若干问题的规定（三）》（法释〔2020〕18号　2020年修正）

第二十八条　冒用他人名义出资并将该他人作为股东在公司登记机关登记的，冒名登记行为人应当承担相应责任；公司、其他股东或者公司债权人以未履行出资义务为由，请求被冒名登记为股东的承担补足出资责任或者对公司债务不能清偿部分的赔偿责任的，人民法院不予支持。

本案链接

江苏省南京市中级人民法院·朱某与南京融某广告有限公司股东资格确认纠纷二审民事判决书［（2020）苏01民终3301号］

本案属股东资格确认纠纷，朱某主张其被冒名登记为融某公司股东，请求确认其不是融某公司的股东，属于消极确认之诉。根据《公司法司法解释三》第二十八条的规定，冒用他人名义出资并将该他人作为股东在公司登记机关登记的，冒名登记行为人应当承担相应责任；公司、其他股东或者公司债权人以未履行出资义务为由，请求被冒名登记为股东的承担补足出资责任或者对公司债务不能清偿部分的赔偿责任的，人民法院不予支持。从上述规定可知，登记股东若确有证据证明其系被冒名登记为股东，而其对此一无所知，且从未有要成为该公司股东的意思表示，则可依法主张其并非公司股东。然而，工商行政管理机关登记的公司股东信息具有较强的公信力，如若轻易否定登记股东的身份，一方面涉及公司债权人、投资人等利害关系人的债权保护，另一方面则有损于该登记之公示公信效力，冲击公司登记信息的信赖外观，甚至动摇公司法制度关于有限责任之立法根基。因此，对于冒名股东的认定应当审慎，并应对主张己方被冒名的股东科以必要的举证义务。

本案中，结合在案证据，本院认为朱某的主张不能成立，理由如下：1. 朱某主张工商登记材料均系他人代签，即便朱某签名系代签，但对于代签之原因，朱某未能充分证明其观点。对于 2016 年 1 月 18 日工商登记材料中的“陈某”签字，田某生一审中已作出合理解释，故朱某据此主张其非融某公司股东，依据不足。2. 朱某于 2012 年即被登记为融某公司股东，该登记信息系对社会公开的信息，且股权登记信息于多年内发生多次变更。而朱某直至 2018 年才提起本案诉讼主张其被冒名，其在其前夫田某生担任法定代表人并实际经营六年间，对其身份被冒用一事一直一无所知，有违常理及一般社会经验法则。3. 朱某主张其未向融某公司出资，虽然一审中田某生明确 10 万元是其个人出资，但融某公司注册成立在朱某与田某生夫妻关系存续期间，10 万元出资款无法区分是田某生的个人财产还是夫妻共有财产。对于家庭收入来源，朱某亦未提交其他证据予以印证其主张。故朱某主张一审判决认定 10 万元无法区分是否夫妻共同财产，逻辑有误，应不予支持。综上，朱某主张其从未有要成为融某公司股东的意思表示，不是融某公司股东，无事实和法律依据，一审判决驳回朱某的诉请，并无不当。

综上所述，朱某的上诉请求不能成立，应予驳回。

延伸阅读

裁判观点1：被登记者单纯地举证证明公司工商登记档案材料上非本人签字，不能直接得出被登记的股东非股东的结论。

案例1：上海市嘉定区人民法院·王某泽与上海亿某麟餐饮有限公司股东资格确认纠纷一审民事判决书［（2019）沪0114民初993号］（一审终审）

本院认为，本案争议焦点在于，原告被登记为被告股东是否他人冒用原告名义所致，原告要求确认其不是被告股东的主张能否成立？原告的主要理由为被告所有的公司设立文件上原告的签名均非其本人签署，其将身份证借给张某某使用，但未授权张某某设立公司，其并不知道也不同意成为被告的股东。本院认为，首先，被告设立时，设立公司并不要求投资人必须到场，工商登记材料中投资人的签字由他人代签的情况亦不在少数，故即便工商登记资料中“王某泽”的签字非原告本人所签，也不足以否认其股东资格。其次，根据《公司法司法解释三》第二十八条规定：“冒用他人名义出资并将该他人作为股东在公司登记机关登记的，冒名登记行为人应当承担相应责任；公司、其他股东或者公司债权人以未履行出资义务为由，请求被冒名登记为股东的承担补足出资责任或者对公司债务不能清偿部分的赔偿责任的，人民法院不予支持。”本案中，原告系被告的登记股东，其股东身份已对外产生公示效力，现原告要求确认其不是被告的股东，则原告应对其系被冒名登记为被告股东的事实负举证责任。公司设立登记时需要股东提供身份证原件，被告工商内档资料中也留存原告的身份证复印件，对于该事实，原告的解释是其曾将身份证借给张某某使用，但未授权张某某使用该身份证用于设立被告公司。本院认为，原告将身份证交予被告法定代表人张某某使用的事实客观存在，原告虽否认有设立公司的意愿，但仅凭言辞否认尚不足以证明原告的主张，即原告对其身份被冒名登记设立公司的事实未能尽到充分的举证责任。公司的工商登记信息对外具有公示效力，对债权人而言，公司登记机关登记的内容系其要求股东承担责任的重要依据，从此角度而言，原告股东资格的确认与否关系到债权人的利益实现与否。因此，在原告未能提供充分证据否定其股东资格的情况下，从维护工商登记的公示效力及债权人利益的角度考量，本院对原告要求否认其股东资格的诉讼请求难以支持。审理中，被告经本院合法传唤无正当理由拒不到庭系无视法律之行为，应视为其放弃答辩、质证等诉讼权利，亦应承担一定的法律后果。

裁判观点2：在被登记者能举证证明工商登记档案材料非本人签字且档案中留存的身份证信息系来自当时已经遗失或者作废的身份证，则法院认可其不具有股东身份。

案例2：上海市奉贤区（县）人民法院·姚某波与上海青某塑料有限公司股东资格确认纠纷一审民事判决书［（2019）沪0120民初15910号］（一审终审）

本院认为，经鉴定，上海市奉贤区市场监督管理局留存的被告青某公司《股东会决议》《上海青某塑料有限公司章程》上的"姚某波"签名字样不是姚某波本人书写，且被告工商内档中留存的姚某波身份证是其遗失的证件，在被告公司注册时其已经换领新的身份证，故在周某、青某公司未提供其他证据证明姚某波曾授权他人签署上述文件或事后追认该行为的情形之下，根据现有证据，本院有理由相信，姚某波虽被工商登记列为股东，但实质上，姚某波既无出资设立青某公司、参与经营、分享利润和承担风险的意思表示，也无与第三人唐某娟共同设立青某公司的合意。姚某波在不知情的情况下，被冒名登记为青某公司股东，故姚某波不是青某公司法律上的股东。姚某波要求确认其不具有青某公司股东资格，于法有据，本院予以支持。青某公司、唐某娟、周某经本院合法传唤无正当理由拒不到庭参加诉讼，其行为是对原告诉讼请求及事实理由进行答辩权利的放弃。

案例3：上海市奉贤区人民法院·李某友与上海番某贸易有限公司，第三人王某明、王某、何某会股东资格确认纠纷一审民事判决书［（2015）奉民二（商）初字第1860号］（一审终审）

本院认为，形式上原告虽系被告工商登记的股东，但实质上原告并非被告的股东。具体理由如下：第一，被告的设立手续系由第三人王某明、王某办理，且被告工商内档资料上原告的签字与原告诉状上的签字明显不同，加之，被告设立时，公司登记机关对登记申请材料的真实性并不作实质审查，故本院有理由相信，被告工商内档资料上的签字并非原告本人所签。第二，因原告从未在被告工商内档资料上签字，且被告工商内档资料上原告的身份证复印件是一代身份证，而在被告设立前两年原告已重新办理二代身份证，无须再行使用一代身份证设立被告，故由此可知，原告并未实际参与设立被告，其并不存在出资、参与经营管理、分享利润和承担风险的意思表示，亦无为自己或他人与被告其他股东设立公司的合意，且其自己并不知晓其名义被冒用。第三，现有证据并不能证明原告曾参与被告的经营管理并履行出资等义务，亦不能证明原告知晓被告的存在而放任不管，也即，原告从未曾履行股东应尽的出资义务及其他义务，亦未享有任何股东权利。综上，原告既无成为被告股东之意思表示，亦未行使任何股东权利，不应将其视为被告法律上的股东，继而不应赋予其任何股东之权利与义务。

裁判观点3：在股东资格消极确认之诉中，被登记为公司股东的持续时间、被登记者与公司要职人员是否熟识或者具有亲属关系以及其他亲密关系、被登记者是否具有逃废债务的嫌疑等因素会对法院的裁判结果产生重大影响。

案例4：上海市第一中级人民法院·丁某与肇某（上海）贸易有限公司等股东资格确认纠纷案件二审民事判决书［（2019）沪01民终9577号］

本院认为，本案二审的争议焦点在于：在肇某公司成立之日至2018年12月6日丁某是否具有肇某公司的股东资格。本案中，丁某作为肇某公司的登记股东，其股东身份已对外产生公示效力，现丁某要求确认其不是肇某公司的股东，不承担相应股东责任，应对其系被冒名登记为肇某公司股东的事实承担举证责任。丁某自2011年被登记为肇某公司的股东后已数年，其间从未提出异议。直至厚某公司因向肇某公司主张实现债权，继而向丁某及丁某作为肇某公司股东主张权利，丁某才提起本案诉讼。丁某主张其身份遭丁某冒用，鉴于其与丁某系母女关系，故一审法院认为除了丁某和丁某的一致陈述，丁某还应当提供其他证据印证其身份遭冒用的事实，本院予以认同。现丁某关于其身份被冒名登记的事实未能提供相应证据予以证实。一审法院基于本案的实际情况，从保护善意债权人的角度，对丁某要求确认其在2011年11月14日至2018年12月6日不具有肇某公司股东资格的诉讼请求未予支持，并无不当。

案例5：江苏省徐州市中级人民法院·黄某与徐州德某投资管理咨询服务有限公司股东资格确认纠纷二审民事判决书［（2020）苏03民终7780号］

本院认为：根据《公司法司法解释三》第二十八条的规定，若公司登记股东被依法认定为被冒名股东，则公司债权人以未履行出资义务为由，请求被冒名股东对公司债务承担赔偿责任的，被冒名股东可以免责。黄某提起本案诉讼便是此意。因被冒名股东的认定关系到利害关系人的合法权益，应予严格审查。冒名股东是指以根本不存在的人的名义（如去世者或者虚构者）出资登记，或者盗用真实人的名义出资登记的投资者。而被冒名者既无出资之意，也无经营之实，但股东名册、公司章程及工商登记等却将其列明为股东。判断登记股东是否为被冒名股东，应着重审查被冒名者有无出资设立公司、参与经营管理、分享利润承担风险的意思表示，有无为自己或者他人与公司其他股东设立公司的合意，是否知晓其名义被冒用。黄某虽主张其为被冒名股东，但未提供充分证据证明德某公司相关工商登记资料中“黄某”的签名均不是其本人所签。而即便相关签字不是黄某本人所签，仍应判断该签字行为是否系经过黄某本人明示或默认的“代签”，若为“代签”则不应认定为被冒名。德某公司法定代表人董某军与黄某存在亲属关系，黄某有条件也有能力要求董某军对德某公司设立情况进行说明，但德某公司却未应诉。自德某公司 2010 年设立至黄某 2019 年提起本案诉讼已近 9 年时间，黄某陈述其对于亲属董某军作为法定代表人经营德某公司，且冒用黄某名义登记为股东完全不知情，明显不合常理。综合以上分析，黄某要求确认其为被冒名股东的主张，不能成立，其上诉请求应予驳回。

案例 6：北京市第一中级人民法院 · 许某文与德某投资有限公司股东资格确认纠纷二审民事判决书［（2017）京 01 民终 2107 号］

本案中，《德某公司章程》和工商行政管理部门的登记材料均记载许某文为德某公司股东，这是认定许某文具有德某公司股东资格的重要依据，特别是工商登记相关的材料，使得公司以外的善意第三人对许某文的德某公司股东身份产生真实、合法的信赖。股东资格确认原本属于公司内部纠纷，但因为许某文、德某公司、许某标与华某明之间存在民间借贷纠纷，许某文是否具有德某公司股东身份，很可能影响到民间借贷案件中华某明的权益。在德某公司、许某文与华某明存在民间借贷纠纷的情况下，许某文提出其并非德某公司股东之诉讼，显然不能排除其逃废债务之嫌疑。因此，本案的处理必须充分注意这一因素，避免损害德某公司已知或未知的债权人的合法利益。

基于以上考量，综合分析许某文的上诉理由，许某文关于其未向德某公司出资，未参与德某公司经营管理等意见，显然不构成其并非德某公司股东的有效抗辩。许某文关于德某公司工商登记档案材料的签字并非其本人所签，而是许某标冒名代签等意见应为本案审查的重点，一审法院对此已经进行了全面、细致、充分的论述，本院亦深以为然，故不再赘述。许某文的上诉意见缺乏事实和法律依据，本院均不予采信。

第二章　出资过程中必知的法律风险

011 股东未出资/抽逃出资，公司如何将其除名？可否约定“出资不到位，视为放弃股权”？

☞ **阅读提示**

出资问题引起的股权/股东资格纠纷法律关系复杂，往往成为大小股东之间博弈的手段，实务中是一类争议很大的问题。编者在某省高院办理的一起出资纠纷案件，与承办法官交流案情时其表示该院审委会对这一问题都存在争议，复杂性可见一斑。本文以最高院一个案例对此问题进行探讨。

裁判要旨

有限责任公司的股东未履行出资义务或者抽逃全部出资，公司有权以股东会决议形式解除其股东资格。但需要具备以下两个要件：一是需要符合《公司法司法解释三》第十七条的规定，具体包括股东未履行出资义务或者抽逃全部出资，以及经公司催告缴纳或者返还在合理期间内仍未缴纳或者返还出资。二是股东会决议的作出需要符合《公司法》以及公司章程的规定。若上述条件不具备则该决议无效。“出资不到位视为放弃股权”或类似约定不违反法律法规强制性规定应属有效，但也需严格履行上述程序。

案情简介

一、凯某公司原股东为陈某坤、薛某纪、臧某存、刘某、马某花、逄某强、山东省服装进出口公司黄某公司、李某国，公司注册资本500万元。2008年1月3日，凯某公司召开股东会并作出决议：公司注册资本由6500万元增至10000万元，增加的3500万元由新增股东张某萍出资。

二、2014年5月5日，凯某公司召开股东会，决议解除张某萍、李某国的股东资格，并将相应的股份转给臧某存。后经法院判决，因该股权转让协议中张某萍的签字不真实，确认该股权转让协议无效。2015年10月28日，凯某公司召开董事会，决议向张某萍送达《催告返还抽逃出资函》，称其将增资的3500万元抽逃。2015年11月27日，凯某公司召开股东会，李某国、张某萍未到会，参加会议的股东持股比例共计30%。经参会股东具有三分之二以上表决权的股东同意，通过决议解除张某萍公司股东资格。该决议经公证机构公证。

三、公司股东臧某存向山东省青岛市中级人民法院起诉，请求确认凯某公司于2015年11月27日股东会决议中关于解除张某萍公司股东资格的决议有效。一、二审法院均支持了其诉讼请求。

四、最高院再审认为，青岛中院及山东高院判决认定事实清楚，但适用法律错误。该股东会决议未按照法律规定的程序作出，确认无效。

裁判要点

本案主要争议焦点为案涉股东会决议效力如何，具体涉及以下两个问题：一是解除张某萍的股东资格是否符合《公司法司法解释三》第十七条的规定，二是案涉股东会决议是否符合《公司法》以及凯某公司章程的规定。

对于第一个问题，最高院认为首先张某萍构成抽逃出资；其次凯某公司先后通过手机短信、特快专递以及在相关媒体刊载公告等方式向张某萍发送《催告返还抽逃出资函》，尽管没有直接证据证明张某萍收到了前述函件，给其预留的5天还款期限也难谓合理。但考虑到早在2014年双方就股东资格纠纷已经过诉讼，张某萍对凯某公司要求其返还出资并在其未及时返还情况下决议将其除名是知情的。在此情况下，对催告是否合法不宜过苛，故原审法院认为凯某公司已经履行合法的催告程序并无不当。因此，解除张某萍的股东资格符合《公司法司法解释三》第十七条的规定。

对于第二个问题，首先，最高院认为涉及被除名的股东不享有表决权，主要理由为：一是股权来自出资，在拟被除名股东没有任何出资或者抽逃全部出资的情况下，其不应享有股权，自然也不享有表决权；二是除名权是形成权，在符合一定条件下，公司即享有单方面解除未履行出资义务或抽逃全部出资股东的股东资格的权利。如果认为被除名的大股东仍然享有表决权，那么《公司法司法解释三》第十七条的规定将会被虚置，失去其意义。其次，张某萍不享有表决权，该项决议应由剩余65%表决权的三分之二以上表决权多数通过才合法有效。但原审并未查明股东李某国是否存在抽逃出资且公司是否履行了法定的催收及通知程序，在决议解除张某萍的股东资格时，李某国尚属于有表决权的股东。但李某国既未参加此次股东会并行使表决权，亦未委托他人代为行使所持的35%表决权，股东会决议仅有代表30%表决权的股东通过，未达到法定表决权比例，根据《最高人民法院关于适用〈中华人民共和国公司法〉若干问题的规定（四）》（以下简称《公司法司法解释四》）第五条之规定，案涉股东会决议不成立。

经验总结

一、解除股东资格是非常严厉的措施，有严格的法律要件和法定程序。首先该种程序只适用于股东完全未出资或抽逃全部出资情形，部分出资或未全部抽逃出资的不能适用。其次要经催告并给予充分的期限仍未履行缴纳义务。最后还必须通过适当程序以股东会决议形式决定。

二、对于股东而言，只有完全未出资或抽逃全部出资才有被解除股东资格的风险。但需要注意的是，如股东之间有“出资不到位视为放弃股权”或类似约定，则股东会也可以适用上述程序解除股东身份。尤其在公司增资过程中，股东对于该类条款一定要慎重签署，否则极有可能丧失股东身份。对此本文在“延伸阅读”部分加以详述。

本案确认股东抽逃全部出资，股东会也履行了告知义务，但由于股东会决议作出程序不合法，仍然被认定无效。由此可见法院对此类案件程序要求极为严格，股东会作出此类决议时应极为慎重，最好在专业律师指导下进行。

相关法条

《最高人民法院关于适用〈中华人民共和国公司法〉若干问题的规定（三）》（法释〔2020〕18号 2020年修正）

第十七条第一款 有限责任公司的股东未履行出资义务或者抽逃全部出资，经公司催告缴纳或者返还，其在合理期间内仍未缴纳或者返还出资，公司以股东会决议解除该股东的股东资格，该股东请求确认该解除行为无效的，人民法院不予支持。

《最高人民法院关于适用〈中华人民共和国公司法〉若干问题的规定（四）》（法释〔2020〕18 号 2020 年修正）

第五条 股东会或者股东大会、董事会决议存在下列情形之一，当事人主张决议不成立的，人民法院应当予以支持：

（一）公司未召开会议的，但依据公司法第三十七条第二款或者公司章程规定可以不召开股东会或者股东大会而直接作出决定，并由全体股东在决定文件上签名、盖章的除外；

（二）会议未对决议事项进行表决的；

（三）出席会议的人数或者股东所持表决权不符合公司法或者公司章程规定的；

（四）会议的表决结果未达到公司法或者公司章程规定的通过比例的；

（五）导致决议不成立的其他情形。

本案链接

最高人民法院·张某萍、臧某存公司决议纠纷再审民事判决书［（2018）最高法民再 328 号］

本院认为，本案主要争议焦点为案涉股东会决议效力如何，具体又涉及以下两个问题：一是解除张某萍的股东资格是否符合《公司法司法解释三》第十七条的规定；二是案涉股东会决议是否符合《公司法》以及凯某公司章程的规定。

一、关于解除张某萍的股东资格是否符合《公司法司法解释三》第十七条之规定的问题

根据《公司法司法解释三》第十七条之规定，以股东会决议方式解除股东资格需要具备以下要件：一是股东未履行出资义务或者抽逃全部出资，二是经公司催告缴纳或者返还，在合理期间内仍未缴纳或者返还出资。现分述如下：

……

一是原审判决认定其抽逃全部出资并无不当。

二是……在股东抽逃全部出资的情况下，公司要想以股东会决议方式解除股东资格，还要催告股东返还抽逃的出资，并给其合理的期限。本案中，凯某公司先后通过手机短信、特快专递以及在相关媒体刊载公告等方式向张某萍发送《催告返还抽逃出资函》，尽管没有直接证据证明张某萍收到了前述函件，给其预留的 5 天还款期限也难谓合理。但考虑到毕竟是张某萍抽逃出资在先，且凯某公司

早在2014年就曾通过召开股东会决议方式解除张某萍的股东资格，张某萍通过诉讼方式撤销了该股东会决议，由此可以证明张某萍对凯某公司要求其返还出资并在其未及时返还情况下决议将其除名是知情的。在此情况下，对催告是否合法不宜过苛，故原审法院认为凯某公司已经履行合法的催告程序并无不当。

二、关于案涉股东会决议是否符合公司法以及公司章程规定的问题

本院认为，被除名的股东不享有表决权……鉴于被除名股东张某萍不享有表决权，该项决议应由剩余65%表决权的三分之二以上表决权多数通过才合法有效。而在决议解除张某萍的股东资格时，李某国尚未被除名，属于有表决权的股东。但李某国既未参加此次股东会并行使表决权，亦未委托他人代为行使所持的35%表决权。原审在李某国未参加股东会决议，亦未查明李某国是否存在抽逃出资且公司是否履行了法定的催收及通知程序的情况下，直接排除了李某国的表决权，认定股东会决议仅有代表30%表决权的股东通过仍属合法有效，确有错误。在此情形下，关于解除张某萍股东资格的股东会决议仅有30%表决权的股东通过，未达到法定表决权比例，根据《公司法司法解释四》第五条之规定，案涉股东会决议不成立。

延伸阅读

裁判观点：股东之间约定“出资不到位视为放弃股权”或类似条款，不违反法律法规强制性规定应属有效。但该类条款履行需严格按照未出资/抽逃出资股东除名的法定程序，股东会决议内容需符合法律规定，对于退出的股东股份应按照相关法律程序妥善处置，否则极易被认定为无效行为。

案例：北京市高级人民法院·张某才与北京世纪天某商品交易市场有限公司再审民事判决书［（2018）京民再64号］

本案一、二审法院均认为“出资不到位视为放弃股权”属于附条件放弃股权的意思表示，认可了其效力。北京高院对上述认定亦未作否定，但认为本案当事人对于张某才是否脱离股东身份，以及具体以何种方式、何种价格、何种程序脱离股东身份均没有进行协商。诉争决议内容违反《公司法》及世纪天某公司章程赋予股东会的职权范围，并且严重侵害张某才的股东权利。因此判决确认世纪天某公司2014年10月31日股东会决议中“同意公司注册资本由1200万元减少至1138.2万元人民币，其中减少张某才全部实缴货币出资61.8万元人民币，取消张某才股东资格”的内容无效。

012 如何区分“增资款”和“借款”？

☞ 阅读提示

商事活动实践中投资者投资目标公司时，出于做低公司成本、避税等目的，经常出现对投入性质约定不明确的情形。一旦目标公司项目亏损，双方往往就投入是增资还是借款产生争议。本文通过贵州高院的一则案例对此问题进行分析。

裁判要旨

是否具有合法有效的公司股东会议决议，是公司能否增加注册资本必不可少的重要环节之一。主张争议投入为增资的一方未能就公司履行了适当的增资程序进行举证，不宜认定为投资款。在有其他证明双方借贷合意证据的情形下，可将争议投入认定为借款。

案情简介

一、2005 年 12 月 6 日，贵州省红某湖畜禽水产有限公司与贵州好某多乳业有限责任公司（后改制为股份有限公司）股东柳某松、张某、赵某、王某忠、方某成签订《投资入股协议书》，主要内容为：“甲方为好某多公司发展的需要，经甲方会议决定，对好某多公司增资扩股。经甲、乙双方友好协商，就乙方投资入股好某多公司的有关事宜，达成如下协议，共同遵守执行……二、乙方投入股本金人民币 450 万元（肆佰伍拾万元）到好某多公司，占好某多公司 10%的股份。”

二、2017 年 9 月 14 日，红某湖公司向法院提起诉讼，要求确认原、被告签订的《投资入股协议书》合法有效，确认原告享有被告 10%的股权。贵州省修文县人民法院一审、贵阳市中级人民法院二审均判定《投资入股协议书》违反《公司法》的强制性规定，驳回原告的诉讼请求。红某湖公司向贵州省高院提起再审，被贵州省高院裁定驳回。

裁判要点

《公司法》规定，有限责任公司增资必须由公司召开股东会，并由代表三分之二以上表决权的股东同意。本案中红某湖公司是否能够成为好某多公司的合法股东，案涉增资行为是否履行了适当内部程序作出有效的公司股东会议决议是关键所在。就此红某湖公司未能举证，因此双方的增资扩股行为因欠缺程序上的法定条件而不能产生相应的法律效果。

经验总结

投资者对项目投入属于增资还是借款，其法律后果完全不同：如认定为增资则投资者成为目标公司股东，项目盈利时可以通过分红获得超额收益，项目亏损时损失自然也要自担；如认定为借款则即使项目盈利也只能收取固定的收益且受到借贷利率的限制，相应的项目亏损与其无关，其持有的是对项目公司的债权。

因此，投资者进入目标公司时，应当对投入款项进行明确定性：若想以增资方式成为公司股东，则必须按照《公司法》规定履行适当程序出具股东会决议；若以借款形式进行投资，则应签订清晰明确的借款合同，约定本金、利息、借期等关键条款，以免发生争议时既无法享受股东权益又无法收回债权。

相关法条

《中华人民共和国公司法》（2018年修正）

第四十三条 股东会的议事方式和表决程序，除本法有规定的外，由公司章程规定。

股东会会议作出修改公司章程、增加或者减少注册资本的决议，以及公司合并、分立、解散或者变更公司形式的决议，必须经代表三分之二以上表决权的股东通过。

第一百零三条 股东出席股东大会会议，所持每一股份有一表决权。但是，公司持有的本公司股份没有表决权。

股东大会作出决议，必须经出席会议的股东所持表决权过半数通过。但是，股东大会作出修改公司章程、增加或者减少注册资本的决议，以及公司合并、分立、解散或者变更公司形式的决议，必须经出席会议的股东所持表决权的三分之二以上通过。

本案链接

贵州省高级人民法院·贵州省红某湖畜禽水产有限公司、贵州好某多乳业股份有限公司股东资格确认纠纷再审审查与审判监督民事裁定书［（2019）黔民申10号］

本院认为，对于有限责任公司增加注册资本的问题，不仅涉及股东会决议的召集及决议事项是否合法有效，还涉及股东持股比例的变化以及工商行政机关登记对增资效力的影响，并直接影响与股东资格相关的知情权、参与权决策权、表决权等股东权利，因此我国法律对于上述问题有严格的程序要求。根据《公司法》第四十三条“股东会的议事方式和表决程序，除本法有规定的外，由公司章程规定。股东会会议作出修改公司章程、增加或者减少注册资本的决议，以及公司合并、分立、解散或者变更公司形式的决议，必须经代表三分之二以上表决权的股东通过”的规定，能否通过公司内部股东会议决议，是该公司能否增加注册资本必不可少的重要环节之一。根据原审查明的事实，贵阳市人民政府筑府专议〔2005〕122号《关于协调解决我市构皮滩库区移民生产生活及扶持“好某多”乳业有限公司发展的资金有关问题会议纪要》中明确，本案涉及的450万元由市物价局（价调办）、市财政局先划拨到红某湖畜禽公司，由该公司转增资本金后，再按照《公司法》的有关规定，以对外投资的方式投资好某多公司。为此，红某湖畜禽公司与好某多公司签订了《投资入股协议书》及《补充协议》，并向好某多公司支付了相应的款项。根据协议内容，红某湖畜禽公司成为好某多公司的股东方式为增资扩股，该事项属于公司的重大事项，红某湖畜禽公司并未提交证据证明好某多公司为其增资事宜按照《公司法》第四十三条的规定召开了股东会并取得代表三分之二以上表决权的股东通过。因此双方的增资扩股行为因欠缺程序上的法定条件而不能产生相应的法律效果。且好某多公司几经变更，公司性质已经由有限责任公司变更为股份有限公司，股东名单也已经与签订以上协议时大不相同，而法律对于股份有限公司的增资扩股行为有更加严格的规定，在未经好某多公司现有股东同意的情况下，红某湖畜禽公司要求确认其为该公司的股东势必会影响好某多公司的稳定性，损害其股东利益，故二审判决未予支持红某湖畜禽公司的诉讼请求具有事实依据和法律依据，并无不当。本院对申请人红某湖畜禽公司依据《中华人民共和国民事诉讼法》（以下简称《民事诉讼法》）第二百条第二项、第六项规定的事由提出的再审申请不予支持。

延伸阅读

裁判观点：款项性质的认定，不能仅依据协议名称进行判断，还应根据合同条款所反映的当事人真实意思，并结合其签订合同真实目的以及合同履行情况等因素，进行综合认定。

案例：最高人民法院·武汉缤某城置业有限公司、国某信托有限责任公司借款合同纠纷二审民事判决书［（2019）最高法民终1532号］

对于涉案11258.25万元的性质，缤某城公司上诉主张该笔款项应为增资款而非借款。本院认为，缤某城公司的该主张不能成立，具体理由为：该笔款项虽系基于涉案《增资协议》《〈增资协议〉之补充协议》的约定支付，但对于款项性质的认定，不能仅依据协议名称进行判断，还应根据合同条款所反映的当事人真实意思，并结合其签订合同真实目的以及合同履行情况等因素，进行综合认定。

首先，根据《增资协议》第7.1条、第7.2条、第7.3条等条款的约定，本案中，国某公司签订上述协议的目的是通过向缤某城公司融通资金而收取相对固定的资金收益，这与一般意义上为获取具有或然性的长期股权收益而实施的增资入股行为并不相同。

其次，国某公司虽经工商变更登记为缤某城公司股东，但缤某城公司并未举证证明国某公司实际参与了缤某城公司的后续经营管理。且根据涉案《增资协议》第10.3.4条、第10.3.5条以及第10.3.10条的约定，国某公司有权在缤某城公司违约的情形下将其所持有的股权对外转让、申请减资、处置涉案项目等，故缤某城公司主张涉案《增资协议》《〈增资协议〉之补充协议》并未约定股权退出机制与事实不符，缤某城公司据此主张涉案款项并非借款亦依据不足，本院不予支持。

013 溢价增资计入资本公积金部分能否要求返还?

☞ 阅读提示

固定资产项目投资中，投资人投入的资金往往远高于项目法人工商登记的注册资本金。高于项目法人注册资本的溢价部分资金性质如何认定，司法实践中经常存有争议。本文通过最高院一则案例对此问题进行分析。

裁判要旨

企业实际收到或者存入企业开户银行的金额超过股东在该企业注册资本中所占份额的部分，计入资本公积金，属于公司资产，股东不得要求返还。

案情简介

一、2009 年 3 月 17 日，泰某公司作为甲方与龙某公司作为乙方签订《成某渝项目合作协议书》，约定双方共同投资成某渝高速公路项目。2009 年 6 月 15 日，项目公司成某渝高速公路有限公司在资阳市注册设立，注册资本 8.35 亿元。其中泰某公司持股 78%，龙某公司持股 22%，龙某公司的股权先由案外人中某公司代持，后转为由泰某公司代持，并约定在经政府同意或项目建成通车时乙方显名。2014 年 5 月 8 日双方将持股比例调整为 74%、26%。

二、2011 年 6 月 15 日至 2015 年 2 月 16 日，龙某公司向泰某公司银行账户转账支付 15.94 亿元。泰某公司将其收到的上述款项转入了成某渝公司，成某渝公司出具了《股东缴付出资款确认书》。

三、2016 年 1 月 19 日，由于项目公司违约，资阳、成都两市政府向成某渝公司发出《关于终止〈特许权协议〉的通知书》，终止了建设项目合作，后另行进行了招投标。

四、2016 年 10 月，龙某公司起诉成某渝公司、泰某公司及项目之后建设方，要求成某渝公司返还投资本金 15.94 亿元及相应资金利息，其他被告承担连带责任。一审法院驳回了龙某公司诉讼请求。

五、龙某公司不服上诉至最高人民法院，最高院二审维持了原判。

裁判要点

本案的争议焦点是，龙某公司投入成某渝公司的15.94亿元，是股权性资金还是债权性资金。一审法院认定上述款项为股权出资而非债权，龙某公司则在二审中提出，即使按照一审判决认定的龙某公司系成某渝公司的隐名股东，成某渝公司注册资本为8.35亿元，按照龙某公司占股26%的约定，其法定出资义务为2.17亿元，而龙某公司实际投入金额为15.94亿元，超出法定出资义务13.77亿元，此部分应当被确认为对成某渝项目的债权性投资，应予返还。对此问题二审法院认为：

一、在固定资产投资项目中，债权性投资区别于股权性投资的根本之处在于债权性投资要偿还资金本息，而股权性投资则要按照相应的投资额享有参与项目法人经营管理的权利、承担相应的投资风险并分享相应的投资收益；

二、一般而言，公司股东要根据《公司法》的规定及公司章程的约定履行出资义务，但对于设立项目法人的固定资产项目投资，还要遵照《国务院关于固定资产投资项目试行资本金制度的通知》等规范性文件的规定，按照投资项目资本金确定出资义务；

三、根据《公司法》第一百六十七条、《企业会计制度》（财会〔2000〕25号）第八十条等法律法规规定，股东投资超过注册资本部分应计入资本公积金。对于固定资产项目投资而言，超出投资项目资本金的部分方可约定为债权性投资。股东可以按出资比例向公司主张所有者权益，但出资后不得抽回，也不能转为公司的债务计算利息而变相抽逃。

经验总结

一、关于股东投资超过应缴注册资本的溢价部分，司法实践中已经有多数案例将其认定为公司的资本公积金，投资者对这一问题应有明确认识及相应预期。

二、新股东往往对公司或项目潜在风险难以充分了解，鉴于上述裁判规则的存在，为防止老股东挖坑，首先应在协议中约定解除条款，以便在老股东违约时可以解除合同避免继续履行投资义务以及时止损。其次虽然无法要求公司返还投资，但可以约定老股东承担相应的违约赔偿责任。

三、实际上本案是由泰某公司挪用项目资金造成项目公司违约而引起。我们认为原告如果想要让泰某公司承担责任，正确的诉讼策略是以项目公司股东身份对泰某公司提起损害公司利益之诉，要求其承担相应的损害赔偿责任。本案中既然原告的溢价出资被认定为资本公积金，被告的溢价出资必然也属同一性质。结合“延伸阅读”案例确立的股东转移资本公积金应予返还的裁判规则，如本案原告已有泰某公司挪用公司资金的初步证据，完全可以要求其返还挪用资金。如缺乏相应证据，也可先提起股东知情权诉讼查明公司账目。而原告选择直接起诉项目公司要求返还投资，上述事实与案件争议缺乏关联性，法院也就没必要予以查清（事实上本案原告也申请了调取泰某公司挪用资金的证据，但两审法院都认为与本案无关而不予调取）。这种诉讼策略的选择失误，颇有心脏病看了五官科之嫌，本案原告也为此承受了巨额损失，实在令人惋惜。

相关法条

《中华人民共和国公司法》（2018 年修正）

第一百六十七条 股份有限公司以超过股票票面金额的发行价格发行股份所得的溢价款以及国务院财政部门规定列入资本公积金的其他收入，应当列为公司资本公积金。

《中华人民共和国企业所得税法实施条例》（2019 年修正）

第一百一十九条 企业所得税法第四十六条所称债权性投资，是指企业直接或者间接从关联方获得的，需要偿还本金和支付利息或者需要以其他具有支付利息性质的方式予以补偿的融资。

企业间接从关联方获得的债权性投资，包括：

（一）关联方通过无关联第三方提供的债权性投资；

（二）无关联第三方提供的、由关联方担保且负有连带责任的债权性投资；

（三）其他间接从关联方获得的具有负债实质的债权性投资。

企业所得税法第四十六条所称权益性投资，是指企业接受的不需要偿还本金和支付利息，投资人对企业净资产拥有所有权的投资。

企业所得税法第四十六条所称标准，由国务院财政、税务主管部门另行规定。

《企业会计制度》（财会〔2000〕25 号）

第八十条 企业的实收资本是指投资者按照企业章程，或合同、协议的约定，实际投入企业的资本。

（一）一般企业实收资本应按以下规定核算：

1. 投资者以现金投入的资本，应当以实际收到或者存入企业开户银行的金额作为实收资本入账。实际收到或者存入企业开户银行的金额超过其在该企业注册资本中所占份额的部分，计入资本公积。

2. 投资者以非现金资产投入的资本，应按投资各方确认的价值作为实收资本入账。为首次发行股票而接受投资者投入的无形资产，应按该项无形资产在投资方的账面价值入账。

3. 投资者投入的外币，合同没有约定汇率的，按收到出资额当日的汇率折合；合同约定汇率的，按合同约定的汇率折合，因汇率不同产生的折合差额，作为资本公积处理。

4. 中外合作经营企业依照有关法律、法规的规定，在合作期间归还投资者投资的，对已归还的投资应当单独核算，并在资产负债表中作为实收资本的减项单独反映。

（二）股份有限公司的股本，应按以下规定核算：

1. 公司的股本应当在核定的股本总额及核定的股份总额的范围内发行股票取得。公司发行的股票，应按其面值作为股本，超过面值发行取得的收入；其超过面值的部分，作为股本溢价，计入资本公积。

2. 境外上市公司以及在境内发行外资股的公司，按确定的人民币股票面值和核定的股份总额的乘积计算的金额，作为股本入账，按收到股款当日的汇率折合的人民币金额与按人民币计算的股票面值总额的差额，作为资本公积处理。

本案链接

最高人民法院·龙某集团有限公司、四川成某渝高速公路有限公司合同纠纷二审民事判决书［（2018）最高法民终108号］

首先，是否偿还资金本息是债权性投资与股权性投资的根本区别。按照规定，权益性投资是指企业接受的不需要偿还本金和支付利息，投资人对企业净资产拥有所有权的投资。股权性投资属于典型的权益性投资。而债权性投资，是指为取得债权所作的投资，相当于借款给对方，没有参与企业经营管理和分红的权利，只是按照约定到期收回本息。其次，股权性投资要按投资项目资本金确定出资义务。《公司法》第三条第二款规定有限责任公司的股东以其认缴的出资额为限对公司承担责任，一般而言，公司股东要根据《公司法》的规定及公司章程的约定履行出资义务，但对于设立项目法人的固定资产项目投资，还要遵照《国务院关于固定资产投资项目试行资本金制度的通知》等规范性文件的规定。该通知第二条规定：“在投资项目的总投资中，除项目法人（依托现有企业的扩建及技术改造项目，现有企业法人即为项目法人）从银行或资金市场筹措的债务性资金外，还必须拥有一定比例的资本金。投资项目资本金，是指在投资项目总投资中，由投资者认缴的出资额，对投资项目来说是非债务性资金，项目法人不承担这部分资金的任何利息和债务；投资者可按其出资的比例依法享有所有者权益，也可转让其出资，但不得以任何方式抽回。本通知中作为计算资本金基数的总投资，是指投资项目的固定资产投资与铺底流动资金之和，具体核定时以经批准的动态概算为依据。”最后，项目法人收到的投资款应优先列入投资项目资本金。《公司法》第一百六十七条规定：“……国务院财政部门规定列入资本公积金的其他收入，应当列为公司资本公积金。”《企业会计制度》第八十条规定：“企业的实收资本是指投资者按照企业章程，或合同、协议的约定，实际投入企业的资本。（一）一般企业实收资本应按以下规定核算：1. 投资者以现金投入的资本，应当以实际收到或者存入企业开户银行的金额作为实收资本入账。实际收到或者存入企业开户银行的金额超过其在该企业注册资本中所占份额的部分，计入资本公积……”结合前述固定资产投资项目资本金的有关规定，若项目法人没有根据核准的投资项目概算和建设进度及时调整注册资本金，投入的资金应先作为公司资本公积金备用，股东可以按出资比例向公司主张所有者权益，但出资后不得抽回，也不能转为公司的债务计算利息而变相抽逃。综上，在固定资产投资项目中，债权性投资区别于股权性投资的根本之处在于债权性投资要偿还资金本息，而股权性投资则要按照相应的投资额享有参与项目法人经营管理的权利、承担相应的投资风险并分享相应的投资收益；股权性投资的出资义务不仅受项目法人工商登记注册资本金的约束，还要受投资项目资本金的规制；项目法人收到的超出工商登记注册资本金但未超出投资项目资本金的投资款项应为资本公积金，超出投资项目资本金的部分方可约定为债权性投资。本案中，龙某公司投资的 15.94 亿元并未超出其法定或约定的出资义务范围。首先，根据四川省人民政府办公厅《关于同意将成某渝高速公路四川段以 BOT 方式建设的复函》及资阳、成都两市发展和改革委员会资发改〔2009〕274 号等批复文件规定，案涉成某渝项目亦是按照《国务院关于固定资产投资项目试行资本金制度的通知》的要求执行，项目法人成某渝公司实行投资项目资本金制度，投资项目资本金不是债权性资金而是股权性资金，具体数额实行动态管理，按照经批准的动态概算为基数确定。其次，2009年3月17日泰某公司作为甲方与龙某公司作为乙方签订的《成某渝项目合作协议书》第2.1条关于股权比例约定“根据甲方与中某公司签订的《联合体协议书》，项目公司登记的股权结构将为：甲方持60%，中某公司持40%，此股权结构是为配合投标等工作的顺利进行而设定的，现双方确认项目公司中实际股权比例为：甲方持74%、乙方持26%（该26%含乙方应给予中某公司的股权权益）；双方按实际股权比例享有项目公司权益、承担义务”。第2.2条关于出资约定“A. 项目公司的注册资本金为项目概算总投资的35%，剩余65%以项目特许经营权向银行质押贷款。B. 双方确认：项目公司首期注册资本金（20%）由甲方先行出资，后期注册资本金由双方按本协议约定比例出资。因工商登记验资等因素，首期注入注册资本金或后期注入资本金部分出资需以中某公司名义注入的，双方在此确认通过中某公司账户或以中某公司名义注入的，均为甲方或乙方将资金转至中某公司名下再以中某公司名义注入，均为甲方或乙方实际出资”。2014年5月8日，泰某公司作为甲方与龙某公司作为乙方签订《备忘录》约定“关于甲乙双方股权比例的调整：甲乙双方合作共同投资建设成某渝项目，原合作协议约定甲方股权比例为78%、乙方为22%，现调整为甲方74%、乙方26%的股权比例；本备忘录签订后15天内，甲乙双方将原合同调整为甲方74%、乙方26%股权比例的合作协议”。按照《成某渝项目合作协议书》及《备忘录》的约定，龙某公司应当承担投资项目资本金总额26%的出资义务。最后，虽项目公司成某渝公司在2009年6月15日设立时登记的注册资本金为8.35亿元，但该注册资金是暂时性的，按照《国务院关于固定资产投资项目试行资本金制度的通知》的规定和龙某公司与泰某公司之间的前述认缴约定，项目公司成某渝公司的注册资本金最终应为项目概算总投资的35%。四川省发展和改革委员会2014年2月25日向资阳、成都两市发展和改革委员会发出的《关于调整成某渝项目部分核准事项的批复》记载“同意项目估算投资由原核准批复的157.8亿元调整为195.69亿元”，按照在案涉项目终止之前的前述批复核准的195.69亿元估算投资额计算，此时项目公司成某渝公司的注册资本金应调整为68.4845亿元。再按照约定的龙某公司26%股权比例计算，龙某公司的出资额应为17.81亿元。龙某公司投入15.94亿元，并未超过其在案涉项目终止之前应当出资的额度。此外，龙某公司向泰某公司支付的15.94亿元在其银行转账凭证的“用途”一栏均注明为“投资款”，泰某公司为此向龙某公司出具了《股东缴付出资款收据》，成某渝公司亦出具了《股东缴付出资确认书》，故从协议的履行情况看，在《成某渝项目合作协议书》履行中投资方龙某公司、泰某公司及项目法人成某渝公司均认可该15.94亿元为履行股东出资义务的款项。综上所述，无论按照约定抑或法律规定，龙某公司为履行股东出资义务而向项目法人成某渝公司投入的15.94亿元均为股权性投资，对于龙某公司要求成某渝公司返还的上诉主张，本院不予支持。

延伸阅读

裁判观点：股东无正当理由将公司资本公积金转出后应予以返还。

案例：最高人民法院·银某烯碳新材料集团股份有限公司、连云港市丽某稀土实业有限公司公司增资纠纷二审民事判决书［（2018）最高法民终393号］

资本公积金不仅是企业所有者权益的组成部分，亦是公司资产的重要构成……公司作为企业法人，具有独立人格和独立财产，而独立财产又是独立人格的物质基础。出资股东可以按照章程规定或协议约定主张所有者权益，但其无正当理由不得随意取回出资侵害公司财产权益。本案中……涉案1.5亿元资本公积金本应属于丽某公司资产，股东无正当理由转出后，理应予以返还。

014 债权人如何加速股东出资期限使其为公司债务承担责任？

☞ 阅读提示

股东未足额出资的，应对债权人在未出资范围内承担责任。工商登记信息中记载的出资期限尚未届满的一般不属于未足额出资，但在债务确定后对出资期限进行变更的属于未足额出资，应在未出资范围内承担责任。

裁判要旨

在公司发生到期债务且不能履行的情况下，公司股东延长出资认缴期限，系规避到期债务，属于《最高人民法院关于民事执行中变更、追加当事人若干问题的规定》第十七条规定的“未缴纳或未足额缴纳出资的股东、出资人或依公司法规定对该出资承担连带责任的发起人”情形，应当承担连带责任。

案情简介

一、中国国际经济贸易仲裁委员会作出（2017）中国贸仲京（深）裁字第56号裁决书，裁定中某汇力公司向李某支付投资款本金100万元及对应利息。中某汇力公司未履行生效裁决书确定的义务，李某向一审法院申请执行。

二、一审法院执行过程中确认中某汇力公司名下无可供执行的财产，李某向一审法院提出申请追加中某汇力公司股东前某信鼎公司为被执行人。一审法院裁定驳回，李某不服提起执行异议之诉。

三、一审法院认为前某信鼎公司在工商登记的出资期限尚未届满，驳回了李某的诉讼请求。

四、李某上诉至北京市高级人民法院，北京高院支持了其追加请求。

裁判要点

作为公司及其股东，在公司债务发生后理应对公司的清偿能力有所判断，在公司发生到期债务且不能履行的情况下，前某信鼎公司延长出资认缴期限，系规避到期债务，应当属于《最高人民法院关于民事执行中变更、追加当事人若干问题的规定》第十七条规定的情形。本案中，李某上诉请求追加前某信鼎公司为被执行人，在前某信鼎公司未缴纳出资范围内对中某汇力公司在《合伙协议书》中所涉债务向李某承担责任具有事实依据，法院予以支持。

经验总结

一、债权到期后，如公司股东出资期限已届满而未足额履行出资义务的，债权人可以在诉讼过程中把未足额出资股东列为被告要求其在未出资范围内承担责任。但出资期限尚未届满的，除非有充分证据证明股东利用认缴期限恶意规避债务（如在债务产生后通过股东会决议恶意延长认缴期限），否则法院一般不予支持。

二、债权已经生效判决或仲裁确认，在执行阶段追加出资期限未届满股东为被执行人获得法院支持概率较高，前提是经过执行确认公司资产不足以清偿债务。由于债权人对公司财务状况往往无法了解，在这个阶段应当向执行法官申请调查债务人出资情况，以发现债务人股东出资不实、抽逃出资等情况的线索。终止本次执行前不能完全清偿的，及时要求执行法官出具裁定书，以确认公司资产不足以清偿。

三、追加申请被驳回时，实现本案救济的司法途径是执行异议之诉。在本阶段，申请人需要主动将公司股东出资不实的线索、股东工商档案等身份材料、确认公司资产不足以清偿的裁定书及股东财产线索等作为证据提交给法院，以便获得支持。

相关法条

《最高人民法院关于民事执行中变更、追加当事人若干问题的规定》（法释〔2020〕21 号　2020 年修正）

第十七条　作为被执行人的营利法人，财产不足以清偿生效法律文书确定的债务，申请执行人申请变更、追加未缴纳或未足额缴纳出资的股东、出资人或依公司法规定对该出资承担连带责任的发起人为被执行人，在尚未缴纳出资的范围内依法承担责任的，人民法院应予支持。

第三十二条　被申请人或申请人对执行法院依据本规定第十四条第二款、第十七条至第二十一条规定作出的变更、追加裁定或驳回申请裁定不服的，可以自裁定书送达之日起十五日内，向执行法院提起执行异议之诉。

被申请人提起执行异议之诉的，以申请人为被告。申请人提起执行异议之诉的，以被申请人为被告。

本案链接

北京市高级人民法院·李某与深圳前某信鼎财富资产管理有限公司等申请执行人执行异议之诉二审民事判决书［（2019）京民终 531 号］

本院认为，《公司法》第二十六条规定，有限责任公司的注册资本为在公司登记机关登记的全体股东认缴的出资额。第二十八条规定，股东应当按期足额缴纳公司章程中规定的各自所认缴的出资额。《企业信息公示暂行条例》第八条规定，企业应当于每年 1 月 1 日至 6 月 30 日，通过企业信用信息公示系统向工商行政管理部门报送上一年度年度报告，并向社会公示。第九条规定，企业年度报告内容包括：……（四）企业为有限责任公司或者股份有限公司的，其股东或者发起人认缴和实缴的出资额、出资时间、出资方式等信息……前款第一项至第六项规定的信息应当向社会公示，第七项规定的信息由企业选择是否向社会公示。第十条规定，企业应当自下列信息形成之日起20个工作日内通过企业信用信息公示系统向社会公示：（一）有限责任公司股东或者股份有限公司发起人认缴和实缴的出资额、出资时间、出资方式等信息……第十一条规定，政府部门和企业分别对其公示信息的真实性、及时性负责。

一审诉讼中，根据李某的申请，一审法院向工商行政管理部门调取了中某汇力公司的章程等档案登记信息，其中关于前某信鼎公司认缴出资时间的记载与中某汇力公司在北京市企业信用信息网填报的年报信息不一致。本院认为，虽然《公司法》规定股东出资信息由股东自行决定并记载于公司章程，但公司章程系股东之间对公司经营及管理事务的约定，公司章程对公司、股东、董事以及公司高级管理人员具有约束力。相对而言，企业年报信息是企业自主填报并对社会公示的信息，亦为社会公众特别是交易相对方在与公司进行交易时查询以及判断其交易风险的依据，且企业应对其在年报系统中公示信息的真实性、准确性负责。在平衡公司股东出资的期限利益与公司债权人权利保护的关系上亦应遵循公开公平、诚实守信的原则。据此，本案中，应以中某汇力公司在企业年报系统中所填写的有关股东认缴出资的时间认定前某信鼎公司是否存在未缴纳或未足额缴纳出资的情形。

《公司法司法解释三》第十三条第二款规定，公司债权人请求未履行或者未全面履行出资义务的股东在未出资本息范围内对公司债务不能清偿的部分承担补充赔偿责任的，人民法院应予支持。《最高人民法院关于民事执行中变更、追加当事人若干问题的规定》第十七条规定，作为被执行人的营利法人，财产不足以清偿生效法律文书确定的债务，申请执行人申请变更、追加未缴纳或未足额缴纳出资的股东、出资人或依公司法规定对该出资承担连带责任的发起人为被执行人，在尚未缴纳出资的范围内依法承担责任的，人民法院应予支持。

根据已查明的事实，李某与中某汇力公司于2015年11月23日签订《合伙协议书》，根据当时公示的2014年中某汇力公司年报信息显示天某公司的认缴期限为2015年5月19日。2015年12月18日前某信鼎公司受让天某公司持有的中某汇力公司的股权，并将出资认缴时间确定为2015年12月31日。2016年12月1日，中某汇力公司与李某基于《合伙协议书》所产生的债务到期。而根据2016年年报信息显示，前某信鼎公司认缴出资期限延长至2044年1月11日。作为公司及其股东，在公司债务发生后理应对公司的清偿能力有所判断，在公司发生到期债务且不能履行的情况下，前某信鼎公司延长出资认缴期限，系规避到期债务，应当属于上述《最高人民法院关于民事执行中变更、追加当事人若干问题的规定》第十七条规定的情形。本案中，李某上诉请求追加前某信鼎公司为被执行人，在前某信鼎公司未缴纳出资范围内对中某汇力公司在《合伙协议书》中所涉债务向李某承担责任具有事实依据，本院予以支持。

015 出资期限届满前转让股权，原股东是否应对转让前的公司债务承担补充清偿责任？

☞ 阅读提示

在注册资本认缴制背景下，股东依法享有期限利益。实践中，有些股东企图通过转让出资期限尚未届满的股权进而注销公司的方式逃避出资义务，这可能会严重损害债权人的合法利益。那么在公司解散、破产、无财产可供执行等股东出资责任加速到期的法定情形下，债权人是否有权要求出资期限届满前转让股权的股东，在其未缴纳出资范围内对持股期间内公司债务承担补充清偿责任呢？

裁判要旨

在公司解散、破产、无财产可供执行等股东出资责任加速到期的法定情形下，原股东即使转让了未届出资期限的股权，也需要继续承担相应的出资义务，公司债权人有权要求其在未缴纳出资范围内对持股期间内公司不能清偿的债务承担补充清偿责任。

案情简介

一、铸某公司注册资本300万元，实缴0元，原始股东为周某茹、庄某芬、通某公司、吉某公司。

二、2017年5月7日和2017年6月5日，通某公司与铸某公司签订两份设备购销合同，但铸某公司未支付两份合同项下款项。

三、2017年9月29日，周某茹、庄某芬、通某公司、吉某公司在出资期限均未到期的情况下，将认缴的铸某公司的全部股权无偿转让给了许某勤。许某勤成为铸某公司唯一股东和法定代表人。

四、2017 年 11 月 6 日，许某勤将铸某公司注册资本由原本的 300 万元增至 1000 万元，但依然分文未缴。

五、2018 年 5 月 15 日，许某勤申请注销铸某公司，常州市武进区行政审批局于 2019 年 7 月 3 日对该公司予以注销。

六、因两份购销合同项下的设备款未获清偿，铸某公司向法院提起诉讼，请求判令许某勤支付设备款和违约金，并请求作为铸某公司原股东的周某茹、通某公司对涉案欠款在未缴出资额范围内承担补充清偿责任。一审山东省平度市人民法院和二审山东省青岛市中级人民法院均判决支持铸某公司的诉讼请求。

裁判要点

一、股东出资义务系发生于股东与公司之间的契约，该契约受《民法典》合同编和《公司法》的双重规制，并且优先适用作为特别法的《公司法》。

二、在注册资本认缴制下，股东转让出资期限尚未届满的股权，受让方取得股东地位，享有在未来期限内缴纳出资的期限利益以及按期缴纳出资的义务，原股东因股权转让而失去股东地位，无须履行出资义务。因根据《民法典》规定免责的债务承担需要经过作为债权人的公司同意，但是在《公司法》框架下，股东转让股权无须目标公司同意，因此原股东与受让股东对出资义务的债务承担有效。

三、根据《民法典》第五百二十三条“当事人约定由第三人向债权人履行债务，第三人不履行债务或者履行债务不符合约定的，债务人应当向债权人承担违约责任”规定可知，在受让股东到期未向公司履行出资义务的情况下，公司有权向原股东主张继续履行出资义务的违约责任，即原股东因股权转让已消灭的出资义务回转。

四、在出现公司破产、解散、无财产可供执行的股东出资期限加速到期的法定情形下，公司债权人有权请求对公司仍负有出资义务的股东在未缴纳出资的范围内对公司不能清偿的债务承担补充责任，原股东系对公司负有出资义务的法律主体，因此债权人亦有权要求原股东在其未缴纳出资范围内对公司债务承担补充清偿责任。

经验总结

一、鉴于目前法律对“未届出资期限的股权转让后原股东是否需对持股期间公司债务承担清偿责任”无明确规定，实践中对该问题存在两种相反且势均力敌的裁判观点，因此在股权转让过程中，无论作为股权转让方、受让方，都应当采取一定措施规避法律风险。

1. 对股权转让方而言，在公司设立时，建议股东在公司章程中对注册资本缴纳的金额和期限作出合理且明确的安排，并严格按照章程中的约定按期缴纳注册资本。在出资期限届满之前转让股权，则建议股东可考虑放弃期限利益，在股权转让前足额缴纳注册资本并以合理对价完成股权转让。

2. 对股权受让方而言，应当在股权转让协议中对有关出资义务的承担事宜作出具体约定，以确保在股权转让当事人内部做好风险及责任分割。同时，受让方在收购股权时，应充分评估有关标的股权的经济价值，包括对未出资义务可能产生的潜在债务等进行充分考量，并在此基础上确定公平、合理的交易对价。

二、对债权人而言，面对处于破产、解散、无财产可供执行的公司债务人，为了最大限度地维护自身合法利益，建议在查阅目标公司工商登记的股东信息时，将目标公司是否存在出资期限届满前转让股权的原股东和未履行或者未全面履行出资义务的股东、是否目标公司系一人公司等列为审查事项，如果存在前述情况，则应将他们列为共同被告。

相关法条

《中华人民共和国民法典》（2021 年 1 月 1 日实施）

第五百二十三条　当事人约定由第三人向债权人履行债务，第三人不履行债务或者履行债务不符合约定的，债务人应当向债权人承担违约责任。

《最高人民法院关于适用〈中华人民共和国公司法〉若干问题的规定（二）》（法释〔2020〕18 号　2020 年修正）

第二十二条第一款　公司解散时，股东尚未缴纳的出资均应作为清算财产。股东尚未缴纳的出资，包括到期应缴未缴的出资，以及依照公司法第二十六条和第八十条的规定分期缴纳尚未届满缴纳期限的出资。

《最高人民法院关于适用〈中华人民共和国公司法〉若干问题的规定（三）》（法释〔2020〕18号　2020年修正）

第十三条第二款　公司债权人请求未履行或者未全面履行出资义务的股东在未出资本息范围内对公司债务不能清偿的部分承担补充赔偿责任的，人民法院应予支持……

《最高人民法院关于印发〈全国法院民商事审判工作会议纪要〉的通知》（法〔2019〕254号　2019年11月8日实施）

6.**【股东出资应否加速到期】**在注册资本认缴制下，股东依法享有期限利益。债权人以公司不能清偿到期债务为由，请求未届出资期限的股东在未出资范围内对公司不能清偿的债务承担补充赔偿责任的，人民法院不予支持。但是，下列情形除外：

（1）公司作为被执行人的案件，人民法院穷尽执行措施无财产可供执行，已具备破产原因，但不申请破产的；

（2）在公司债务产生后，公司股东（大）会决议或以其他方式延长股东出资期限的。

本案链接

山东省青岛市中级人民法院·许某勤、常州市通某机械制造有限公司加工合同纠纷二审民事判决书［（2020）鲁02民终12403号］

上诉人通某公司、周某茹应在其出资范围内，对于涉案欠款承担连带责任。本院认为，当债权形成于前股东持股之时，公司未到出资期限即注销的情况下，依据《最高人民法院关于适用〈中华人民共和国公司法〉若干问题的规定（二）》（以下简称《公司法司法解释二》）第二十二条第二款、《合同法》第六十五条[①]之规定，前股东应当在其出资范围内承担连带清偿责任。首先，从时间点来说，本案所涉合同之债发生于上诉人通某公司、周某茹持股之时。本案通某公司、周某茹是被上诉人与铸某公司发生涉案设备买卖合同之时的股东，两股东享有涉案买卖合同为目标公司所带来的利益，在涉案股权转让之时，其对于公司所欠债务应为明知。其次，在公司注销的情况下，上诉人通某公司与周某茹因转让股权而免除的出资义务应予以回转。主要理由是：

---

①　编者按：《民法典》第523条。

第一，股东出资的约定系股东与公司之间的契约。股东对于公司的出资义务来源于股东与公司之间就公司资本与股权份额的约定，对于股东而言，其以出资行为换取公司相应份额的股权，对于公司而言，其以公司股权换取公司运营所需资金。既然出资协议系股东与公司之间的契约，那么该契约应由《合同法》[①] 规制，当然，基于公司作为商事活动所创设的基本组织的特性，该契约还受《公司法》所规定的特殊规则的约束，在《公司法》框架下不能适用的相关《合同法》[②]的规则应予剔除。

第二，在公司认缴制度下，股东出资义务系其对公司附期限的契约。股东对于公司的认缴出资义务应是股东对于公司的附期限的承诺，股东在初始章程或增资合同中作出的认缴意思表示属于民法上为自己设定负担的行为，本质上是债权债务关系的建立。通过认缴，股东成为出资契约中的债务人，公司则成为出资契约中的债权人。因此，对于公司资本的认缴是债权的成立，而对于公司资本的实缴是债权到期后债务人的实际履行。从契约的角度来说，股东享有到期缴纳出资的期限利益并承担按期足额出资的义务。

第三，公司注销后，公司可依据《合同法》第六十五条[③]的规定向前股东主张权利。本案债务发生于上诉人通某公司与周某茹持股之时，前股东与公司之间存在认缴资本的合同义务，股权发生转让之时，因该资本认缴期限未届满，到期出资义务随股权的转让而转让，受让股东继而享有在未来期限内缴纳出资的期限利益以及按期缴纳出资的义务，前股东因股权转让而失去股东地位，无须履行股东义务，同时不再享有目标公司股东的权利。但是，在本案中，后股东许某勤已注销公司，其出资义务加速到期，其并未出资。依据《合同法》第六十五条[④]之规定，当事人约定由第三人向债权人履行债务的，第三人不履行债务或者履行债务不符合约定，债务人应当向债权人承担违约责任。在公司法框架下，股东转让股权，无须目标公司同意，对于公司的资本认缴出资的合同义务，转让给股权的后股东（受让人）后，其未按期出资即注销公司的行为，使得后股东对于公司具有因出资期限届满向公司支付出资的合同义务，在其未履行的情况下，符合上述法律规定中第三人不履行债务的情形，因此，公司得向前股东（债权人）主张违约责任。

第四，公司解散时，债权人可依据《公司法司法解释二》第二十二条的规

①② 编者按：已失效，被《民法典》吸收。

③④ 编者按：《民法典》第 523 条。

定，向前股东主张在其出资范围内承担连带责任。依据《公司法司法解释二》第二十二条第二款的规定，公司解散时，在公司财产不足以清偿债务时，债权人主张未缴出资股东以及公司设立时的其他股东或者发起人在未缴出资范围内对公司债务承担连带清偿责任的，人民法院应予以支持。股东系以出资为基础对公司承担有限责任，但公司解散之时，在股东仍未能按期出资，资产不足以清偿债务的时候，股东不能依《公司法》享有有限责任的保护，债权人有权要求股东在其认缴出资范围内履行其出资义务，偿还对外债务。债权人对于股东的该请求权，系基于公司设立的有限责任的原则而产生，目的是保障公司资本的完整性，维护债权人的应有利益。本案中，公司已经解散并注销，因前股东根据《合同法》第六十五条①，对于公司仍有出资义务，在公司解散并注销的情况下，债权人亦有权要求前股东在其出资范围内对公司债务承担连带责任。综上所述，对于形成于原股东持股期间的债权，在前股东转让后，后股东注销公司且未履行出资义务的情况下，前股东应对公司债务在出资范围内承担连带清偿责任。

延伸阅读

裁判观点1：股东出资义务为法定的股东对公司的强制性责任，不因股东与股权受让人的约定而予以转移或免除，因此原股东将股权转让给股权受让人，而该股权受让人亦未实缴出资的，未全面履行其出资义务的原股东仍应对持股期间的公司债务不能清偿的部分承担补充赔偿责任。

案例1：江苏省无锡市中级人民法院·殷某翔与溧阳市爱某森服饰有限公司、邓某芳等股东损害公司债权人利益责任纠纷二审民事判决书［（2020）苏02民终2487号］

资本认缴制下的出资义务加速到期对已转让股权的原股东在特定情形下仍然适用。《公司法》第三条规定“有限责任公司的股东以其认缴的出资额为限对公司承担责任”，股东出资义务是法定的股东对公司的强制性责任，资本认缴制下仅仅是允许股东依法享有期限利益，其认缴出资义务含有对未来的信用承担义务，经工商登记公示后具有公信力，也将成为债权人评估交易风险的考量，包括出资金额、出资主体、出资期限等，因此，认缴期限届满前尚未履行出资义务的股东转让股权的，在未经已有债权人同意或未对已有债权落实清偿方案的情况下不能免除其原来的信用承担义务。本案中，殷某翔向邓某芳转让英某驰公司股权

① 编者按：《民法典》第523条。

时，爱某森公司是英某驰公司的已有债权人，殷某翔将出资义务转让也包含将对债权人的未来信用担保义务进行转让，但未得到爱某森公司同意或为爱某森公司落实其他担保，故爱某森公司仍有权要求原股东殷某翔承担出资责任。

案例2：江苏省高级人民法院·中某建业集团有限公司与中某建业物流有限公司、江阴市远某燃料有限公司股东出资纠纷申诉、申请民事裁定书［（2019）苏民申708号］

案涉三笔债务均发生于中某集团公司转让中某物流公司的股权之前，该三笔债务生效判决作出后，中某物流公司均未能在法院确定的期限内主动履行付款义务，该三起案件皆因执行中未发现中某物流公司有可供执行的财产、中某物流公司不能清偿到期债务且明显无清偿能力而由申请执行人申请终结执行。本案中，虽然中某集团公司出资的认缴期限为2044年5月28日之前，但中某集团公司作为中某物流公司的唯一股东，在中某物流公司成立后未进行任何出资，在中某物流公司财产不能清偿债务且中某物流公司作为被执行人的案件，因穷尽执行措施无财产可供执行，被人民法院裁定终结执行的情况下，仍以零对价将中某物流公司的股权转让给远某公司，在此种情况下，一、二审判决中某集团公司就上述三笔债务向中某物流公司缴纳出资，并无不当。中某集团公司主张其在出资认缴期限届满之前转让股权不应当履行出资义务的理由不能成立，本院不予采信。

裁判观点2：公司原股东在认缴期限届满前将其持有的股权全部转让给股权受让人的，不构成《公司法司法解释三》第十三条第二款、第十八条规定的“未履行或者未全面履行出资义务即转让股权”的情形，原股东无须对持股期间的公司债务不能清偿的部分在未缴纳出资额内承担补充赔偿责任。

案例3：最高人民法院·曾某、甘肃华某能数字科技有限公司股权转让纠纷二审民事判决书［（2019）最高法民终230号］

关于冯某、冯某坤应否承担补充责任问题：本案中，甘肃华某能公司原股东冯某、冯某坤的认缴出资期限截至2025年12月31日。《公司法》第二十八条规定：“股东应当按期足额缴纳公司章程中规定的各自所认缴的出资额……”股东享有出资的“期限利益”，公司债权人在与公司进行交易时有机会在审查公司股东出资时间等信用信息的基础上综合考察是否与公司进行交易，债权人决定交易即应受股东出资时间的约束。《公司法司法解释三》第十三条第二款规定的“未履行或者未全面履行出资义务”应当理解为“未缴纳或未足额缴纳出资”，出资期限未届满的股东尚未完全缴纳其出资份额不应认定为“未履行或者未全面履行出资义务”。本案中，冯某、冯某坤二人转让全部股权时，所认缴股权的出资期限尚未届满，不构成《公司法司法解释三》第十三条第二款、第十八条规定的“未履行或者未全面履行出资义务即转让股权”的情形，且曾某并未举证证明其基于冯某、冯某坤的意思表示或实际行为并对上述股东的特定出资期限产生确认或信赖，又基于上述确认或信赖与甘肃华某能公司产生债权债务关系。曾某主张冯某、冯某坤二人在未出资本息范围内对甘肃华某能公司债务不能清偿的部分承担补充赔偿责任的实质是主张冯某、冯某坤的出资加速到期，该上诉请求没有法律依据，本院不予支持。

案例4：最高人民法院·湖南中某建设集团有限公司、聂某斌建设工程施工合同纠纷再审审查与审判监督民事裁定书［（2020）最高法民申2285号］

本院经审查认为，中某公司的再审申请事由不能成立。《公司法司法解释三》第十三条第二款规定，公司债权人请求未履行或者未全面履行出资义务的股东在未出资本息范围内对公司债务不能清偿的部分承担补充赔偿责任，人民法院应予支持。第十八条第一款规定，有限责任公司的股东未履行或者未全面履行出资义务即转让股权，受让人对此知道或者应当知道，公司请求该股东履行出资义务、受让人对此承担连带责任的，人民法院应予支持；公司债权人依照本规定第十三条第二款向该股东提起诉讼，同时请求前述受让人对此承担连带责任的，人民法院应予支持。原审已查明，聂某斌作为中某光通信公司设立时的股东，认缴出资1000万元，实缴出资200万元。按照中某光通信公司《公司章程》的规定，聂某斌认缴部分的剩余800万元应于2014年12月9日缴纳。2013年1月21日，聂某斌将其持有的中某光通信公司全部股权转让给符某文，并于同年1月29日办理了工商变更登记手续。中某公司主张聂某斌系中某光通信公司的发起人，身份有别于其他股东，应当以认缴额对公司承担责任。然而，中某公司起诉请求并未明确主张聂某斌承担发起人的出资违约责任。且中某光通信公司成立后，聂某斌系中某光通信公司占比10%的股东，原判决认定聂某斌在出资义务尚未到期的情况下转让股权，不属于出资期限届满而不履行出资义务的情形，不构成前述司法解释规定的“未履行或者未全面履行出资义务即转让股权”的情形，并无不当。中某公司主张聂某斌承担中某光通信公司对中某公司债务的补充赔偿责任，依据不足。中某公司关于原判决适用法律确有错误的再审申请事由不能成立。

016 定向减资的股东会决议是否需要经过全体股东一致同意？

☞ 阅读提示

公司减资根据各股东减少的出资比例是否相同可分为同比例减资和不同比例定向减资（以下简称定向减资）两种类型。公司定向减资完成后各股东持股比例会发生变化，甚至特定股东会因此退出公司。那么对公司股权架构影响如此之大的定向减资决议是应当遵循三分之二多数决还是全体股东一致决呢？

裁判要旨

一般情况下，除公司章程或者全体股东另有约定，公司通过定向减资导致的股权结构变化，须经全体股东一致同意，否则减资决议不成立。

在公司处于严重亏损的情形下，未经弥补亏损，通过减资程序向股东返还投资款，将导致公司净资产减少，进而加重公司其他股东和债权人风险负担的，减资决议无效。

案情简介

一、2000年12月26日联某公司设立，股东为陈某和、刘某林、以某、张某斌、宝某公司、通某公司、昌某公司。

二、联某公司经营状况不佳，2015年12月25日到2016年5月23日，在未通知陈某和的情况下，联某公司先后召开了四次股东会，经代表三分之二以上表决权的股东通过，形成了四份定向减资决议。

三、联某公司完成减资程序后，张某斌、宝某公司、通某公司、昌某公司退出联某公司，联某公司股东由原来的七名减少为陈某和、以某和刘某林三名。

四、之后陈某和经查询工商登记信息知晓联某公司发生了减资，遂向法院提起诉讼，请求法院确认涉案股东会决议无效。一审江苏省江阴市人民法院和二审江苏省无锡市中级人民法院均支持陈某和的诉讼请求。

裁判要点

一、《公司法》第四十三条规定股东会作出减少注册资本的决议，必须经代

表三分之二以上表决权的股东通过，但该规定中的“减少注册资本”仅指同比例减资。对定向减资而言，如果公司章程或者全体股东不存在特别约定，定向减资决议应由全体股东一致同意。联某公司大股东利用优势地位，以多数决的形式改变公司设立时经发起人一致决所形成的股权架构，案涉股东会决议未达到一致决的通过比例，存在严重程序瑕疵，决议不成立。

二、联某公司处于亏损状态，在未弥补公司亏损、补足公积金的情况下，通过定向减资的方式向特定股东返还投资款，导致公司偿债能力和信用担保的减弱，这在本质上增加了陈某和等未减资股东和公司债权人的法律风险，侵害了他们的合法权益，定向减资决议违反公司资本维持原则以及《公司法》第二十条之规定，内容违法，决议无效。

经验总结

虽然我国《公司法》以及相关的司法解释并未对定向减资决议的表决规则进行明确约定，但是法院的裁判一致认可：除非全体股东或者公司章程另有约定，公司进行定向减资须经全体股东一致同意。鉴于此，公司需要注意以下几点：

一、公司可在章程中明确约定定向减资决议的表决规则，比如约定定向减资决议需要经过代表三分之二以上表决权的股东通过。

二、如果公司章程以及全体股东对定向减资的表决规则没有特别约定，公司进行定向减资应召开股东会并取得全体股东一致同意。

三、对于公司处于亏损状况且减资将会导致公司净资产减少的情况，公司需要在弥补亏损、提取公积金之后，才能开展减资程序，否则减资决议无效。

相关法条

《中华人民共和国公司法》（2018 年修正）

第二十条第一款、第二款 公司股东应当遵守法律、行政法规和公司章程，依法行使股东权利，不得滥用股东权利损害公司或者其他股东的利益；不得滥用公司法人独立地位和股东有限责任损害公司债权人的利益。

公司股东滥用股东权利给公司或者其他股东造成损失的，应当依法承担赔偿责任。

第二十二条第一款　公司股东会或者股东大会、董事会的决议内容违反法律、行政法规的无效。

第四十三条　股东会的议事方式和表决程序，除本法有规定的外，由公司章程规定。

股东会会议作出修改公司章程、增加或者减少注册资本的决议，以及公司合并、分立、解散或者变更公司形式的决议，必须经代表三分之二以上表决权的股东通过。

《最高人民法院关于适用〈中华人民共和国公司法〉若干问题的规定（四）》（法释〔2020〕18号　2020年修正）

第五条　股东会或者股东大会、董事会决议存在下列情形之一，当事人主张决议不成立的，人民法院应当予以支持：

（一）公司未召开会议的，但依据公司法第三十七条第二款或者公司章程规定可以不召开股东会或者股东大会而直接作出决定，并由全体股东在决定文件上签名、盖章的除外；

（二）会议未对决议事项进行表决的；

（三）出席会议的人数或者股东所持表决权不符合公司法或者公司章程规定的；

（四）会议的表决结果未达到公司法或者公司章程规定的通过比例的；

（五）导致决议不成立的其他情形。

本案链接

江苏省无锡市中级人民法院·陈某和诉江阴联某实业有限公司公司决议效力确认纠纷二审民事判决书［（2017）苏02民终1313号］

根据《公司法》的规定，股东会的决议内容违反法律、行政法规的无效；股东会的召集程序、表决方式违反法律、行政法规或章程的，或者决议内容违反公司章程的，股东可以自决议作出之日起60日内请求法院撤销。本案中，联某公司未通知陈某和参加股东会，而直接作出关于减资的股东会决议，从形式上看仅仅是召集程序存在瑕疵，但从决议的内容看，联某公司股东会作出的关于减资的决议已经违反法律，陈某和可以请求确认该股东会决议无效。理由如下：(1)《公司法》规定，股东会会议作出减少注册资本的决议，必须经代表三分之二以上表决权的股东通过。该规定中“减少注册资本”仅指公司减少注册资本，而并非涵盖减资在股东之间的分配。由于减资存在同比例减资和定向减资两种情况，定向减资会直接突破公司设立时的股权分配情况，如果只要经三分之二以上表决权的股东通过就可以作出定向减资的决议，实际上是以多数决的形式改变公司设立时经发起人一致决所形成的股权架构，故对于定向减资，应由全体股东一致同意，除非全体股东另有约定。（2）联某公司对部分股东进行减资，而未对陈某和进行减资的情况下，定向减资导致陈某和持有的联某公司股权从3%增加至9.375%，而从联某公司提供的资产负债表、损益表看，联某公司的经营显示为亏损状态，故陈某和持股比例的增加在实质上增加了陈某和作为股东所承担的风险，损害了陈某和的股东利益。（3）股东应当遵守法律、行政法规和公司章程，依法行使股东权利，不得滥用股东权利损害公司或者其他股东的利益。而联某公司召开的四次股东会均未通知陈某和参加，并且利用大股东的优势地位，以多数决的形式通过了定向减资的决议，直接剥夺了陈某和作为小股东的知情权、参与重大事项决策权等程序权利，也在一定程度上损害了陈某和作为股东的实质利益。综上，联某公司的上诉请求不能成立，应予驳回；一审判决认定事实清楚，适用法律正确，应予维持。

延伸阅读

裁判观点1：在不通知小股东的情况下，大股东以多数决形式强行通过定向减资的决议，直接剥夺了小股东的知情权和重大事项决策权等股东实质性权利，且在公司严重亏损的情况下，定向减资决议增加了非减资股东的风险负担，决议内容违法，决议无效。

案例1：江苏省高级人民法院·江阴联某实业有限公司与陈某和公司决议效力确认纠纷申诉、申请民事裁定书［（2019）苏民申1370号］（主文案例的申诉裁定）

本案中，联某公司两次减少注册资本，均未依照公司章程规定通知陈某和参加相关股东会会议，与会的相关股东利用持股比例的优势，以多数决的形式通过了定向减资的决议，直接剥夺了陈某和作为小股东的知情权、参与重大事项决策权等程序权利，损害了陈某和作为股东的合法权利。且从联某公司提供的资产负债表、损益表看，联某公司处于亏损状态，定向减资改变了联某公司设立时的股权结构，导致陈某和持有的联某公司股权比例上升，增加了陈某和作为股东所承担的风险，损害了陈某和的合法利益。故尽管从形式上看联某公司仅仅是召集程序存在瑕疵，但从决议的内容看，联某公司股东会作出的关于减资的决议已经违反法律，原审认定相关股东会减资决议无效，并无不当。

案例2：江苏省镇江经济开发区人民法院·中国航某动力控制股份有限公司、镇江恒某科技有限公司等第三人撤销之诉一审民事判决书［（2020）苏1191民撤1号］

关于恒某公司2016年11月16日第一次股东会决议内容的效力问题。恒某公司未通知黄某梅参加股东会，案涉股东会召集程序和股东会决议表决方式违反了《公司法》和公司章程的规定，侵害了原告作为股东参与重大决策的权利。恒某公司章程第五十二条特别规定，涉及金额人民币100万元以上的重大事项决策均应经全体股东一致同意。2016年11月16日的决议议案涉及恒某公司减资1000万元以及需返还中某公司投资款2500万元的重大事项，对该议案的表决应适用公司章程的特别约定，对该议案表决应经全体股东一致表决同意才能通过。恒某公司股东张某华和中某公司利用大股东的持股优势，在不通知黄某梅参会表决的情况下，以多数决形式强行通过定向减资的决议，不仅直接剥夺了黄某梅作为小股东的知情权和参与重大事项决策权等程序性权利，而且损害了黄某梅作为股东的实质性利益，故恒某公司2016年11月16日第一次股东会决议应确认为无效。

裁判观点2：定向减资，除全体股东或者公司章程另有约定外，应当由全体股东一致同意。否则，相应的股东会决议因未达到通过比例而不成立。

案例3：上海市第一中级人民法院·华某伟诉上海圣某虫电子商务有限公司公司决议纠纷一案二审民事判决书［（2018）沪01民终11780号］

上诉人华某伟认为公司定向减资涉及的股权比例的变化应当经全体股东一致同意，退一步讲，即便须经三分之二以上表决权的股东同意，本案所涉股东会决议的通过也未达到持有三分之二以上表决权的股东同意。被上诉人圣某虫公司则认为本案所涉减资的表决比例符合我国《公司法》和公司章程规定。对此，本院认为，首先，《公司法》第四十三条规定，股东会会议作出修改公司章程、增加或者减少注册资本的决议，以及公司合并、分立、解散或者变更公司形式的决议，必须经代表三分之二以上表决权的股东通过。圣某虫公司章程第十一条也作出同样的约定。此处的“减少注册资本”应当仅指公司注册资本的减少，而并非涵盖减资后股权在各股东之间的分配。股权是股东享受公司权益、承担义务的基础，由于减资存在同比例减资和定向减资两种情况，定向减资会直接突破公司设立时的股权分配情况，如只需经三分之二以上表决权的股东通过即可作出定向减资决议，实际上是以多数决形式改变公司设立时经发起人一致决所形成的股权架构，故对于定向减资，在全体股东或者公司章程另有约定之外，应当由全体股东一致同意。本案中，圣某虫公司的股东中仅有××公司进行减资，定向减资导致华某伟的股权比例从24.47%上升到25.32%，该股权比例的变化并未经华某伟的同意，违反了股权架构系各方合意结果的基本原则。其次，圣某虫公司的财务报表显示，圣某虫公司出现严重亏损状况，华某伟持股比例的增加在实质上增加了华某伟作为股东所承担的风险，在一定程度上损害了华某伟的股东利益。涉案股东会决议的第一项、第三项、第四项均涉及减资后股权比例的重新分配以及变更登记，在未经华某伟同意的情形下，视为各股东对股权比例的架构未达成一致意见，该股东会决议第一项、第三项、第四项符合《公司法司法解释四》第五条第五项规定的“导致决议不成立的其他情形”。上诉人华某伟主张涉案股东会决议的第一项、第三项、第四项不成立的诉讼请求于法有据，应予支持。

裁判观点3：公司确有减资的必要，在无法取得全体股东一致同意进行同比例减资时，公司保留反对股东的出资额而形成定向减资的决议的，在此等情况下，减资决议遵循资本多数决。

案例4：上海市高级人民法院·吕某与上海鸿某船舶有限公司、霍某公司决议效力确认纠纷审判监督民事裁定书［（2018）沪民申1491号］

本院经审查认为，虽然公司设立时对注册资本的确定以及各股东对具体出资额的认缴需要各股东进行合意，公司设立时股东之间的关系更类似于合同关系，但在公司成立后，股东缴纳的出资额已经转化为公司的注册资本，所有权属于公司，在公司运营过程中根据具体经营情况需要对注册资本进行增减时，需要遵守公司权力机构股东会作出的决议。《公司法》之所以规定对注册资本进行增减的股东会决议需要经代表三分之二以上表决权的股东通过，正是遵循了对公司重要事项的资本多数决原则。注册资本的增减必然涉及具体股东出资额及出资比例的变化，若强求达成一致意见才能对注册资本进行增减，显然有违《公司法》第四十三条规定的初衷。本案中，在吕某反对2015年9月7日同比例减资的股东会决议的情况下，2016年7月22日股东会决议仅减少霍某的出资额，保留吕某的出资额，程序正当，内容合法，且已经办理工商变更手续，各股东理应按照股东会决议的内容履行。由于股东以其出资额为限对公司债务承担有限责任，因此该保留吕某出资额的股东会决议对其权利并未造成损害。综上，吕某的再审申请不符合《民事诉讼法》第二百条第六项之规定。

裁判观点4：未经股东本人同意，大股东利用资本多数决操控股东会，以定向减资的方式取消或者减少股东股权份额，由此形成的股东会决议损害该股东的实质性股东权利，内容违法而无效。

案例5：四川省简阳市人民法院·曾某义与简阳市正某印务有限责任公司公司决议效力确认纠纷一审民事判决书［（2019）川0180民初4797号］

关于取消现金入股的股东大会决议是否无效的问题。简阳正某印务公司的公司章程仅约定修改公司章程，公司合并、分立等事项需要经代表三分之二以上表决权的股东通过，未对定向取消或减少部分股东股份进行约定。《公司法》第三十七条第一款第七项中的股东会对减少注册资本作出决议，并非股东会对定向减资或取消部分股东股份作出决议的情形。股东所占有的股份份额，涉及股东的表决权以及收益权，是股东重要权利之一，未经股东本人同意，股东大会直接以资本“多数决”的形式取消或减少股东的股份份额，直接损害了股东的合法权益，亦违反了《公司法》第二十条的规定。根据《公司法》第二十二条第一款“公司股东会或者股东大会、董事会的决议内容违反法律、行政法规的无效”，简阳正某印务公司作出的《取消募现金取得原始股份》的股东大会决议无效。故对曾某义主张股东大会决议无效的诉讼请求，本院予以支持。

017 公司减资只公告而未通知债权人，股东对公司债务担责吗？

☞ **阅读提示**

我国《公司法》第一百七十七条对公司减资程序进行明确规定，但对违反法定程序减资的责任主体以及责任范围未予着墨，客观上助长了违法减资的气焰，导致实践中不乏名为“减资”实为“抽逃出资”的恶劣行为，比如公司只公告但不通知已知债权人，背着债权人偷偷减资。在此等“挂羊头，卖狗肉”的行为中，股东真的能毫发无损吗？

裁判要旨

对于已知或应知债权人，公司减资时须履行“直接通知”和“报纸上公告”两项法定通知义务，否则对于减资前形成的公司债权在减资之后清偿不能的部分，减资股东须在减资的范围内承担补充清偿责任。

案情简介

一、安某之旅公司原注册资本为5150万元，秦某货币出资150万元，戴某进货币出资5000万元。贝某斯公司系安某之旅公司债权人。

二、2017年7月26日，安某之旅公司在《北京晨报》上刊登了减资公告，载明安某之旅公司因资金不到位股东决定将资金由5150万元减少到150万元。

三、2017年9月11日，安某之旅公司召开股东会，会议决议公司变更后的股权结构为：戴某进货币出资102万元；秦某货币出资48万元。之后安某之旅公司办理了工商变更登记。

四、2018年，贝某斯公司向法院提起诉讼称：自2016年8月至11月，安某之旅公司拖欠贝某斯公司的团款共计2157339.6元，经贝某斯公司多次催促一直未付，同时安某之旅公司减资过程中未通知贝某斯公司，遂向法院请求判令安某之旅公司清偿欠款本息，并请求判令安某之旅公司股东秦某、戴某进对前述欠款本息在减资范围内承担补充清偿责任，二审北京市高级人民法院支持了贝某斯公司的诉讼请求。

裁判要点

一、公司减资应直接通知和公告通知债权人，以避免因公司减资产生损及债权人债权的结果。虽然安某之旅公司在相关报刊上发布了减资公告，但并未就减资事项直接通知贝某斯公司，该通知方式不符合减资的法定程序，也使得贝某斯公司丧失了在安某之旅公司减资前要求其清偿债务或提供担保的权利。

二、《公司法》规定公司减资时的通知义务人是公司，但对于公司通知义务的履行，股东应当尽到合理注意义务。戴某进、秦某未履行前述合理注意义务，导致安某之旅公司减资行为未通知贝某斯公司，既损害了安某之旅公司的清偿能力，又侵害了贝某斯公司的债权。

三、公司不履行减资法定程序导致债权人利益受损，与股东违法抽逃出资对债权人利益受损的影响，在本质上具有一致性，因此公司不履行减资法定程序导致债权人利益受损时股东的责任可以比照《公司法》中关于股东抽逃出资的规定加以确定。故而，戴某进、秦某作为股东应在公司减资数额范围内对安某之旅公司债务不能清偿部分承担补充赔偿责任。

经验总结

一、公司减资时，公司务必严格履行减资告知程序，即在股东会减资决议作出之日起10日内通知债权人，并于30日内在报纸上公告。同时，直接通知债权人需保留好证明履行通知义务的相关证据（快递单、电子邮件、公证书等），并根据公司规模和营业地域范围在全国或者公司注册登记地省级有影响的报纸上进行公告。

二、对于公司债权人而言，其应当自接到减资通知书之日起30日内（未接到通知书的自公告之日起45日内）向公司提出清偿债务或提供相应的担保的要求。当债权人发现公司未履行通知或公告义务即进行减资的，其可以依据《公司法司法解释三》第十四条第二款的规定并参照股东抽逃出资的规定，要求股东在减资范围内对公司债务承担补充赔偿责任。在存在前述救济路径的情况下，债权人无须请求人民法院判令公司减资无效，实践中，法院不会仅以未通知特定债权人而否认公司减资的效力。

相关法条

《中华人民共和国公司法》（2018年修正）

第一百七十七条 公司需要减少注册资本时，必须编制资产负债表及财产清单。

公司应当自作出减少注册资本决议之日起十日内通知债权人，并于三十日内在报纸上公告。债权人自接到通知书之日起三十日内，未接到通知书的自公告之日起四十五日内，有权要求公司清偿债务或者提供相应的担保。

本案链接

北京市高级人民法院·贝某斯旅游集团有限公司与戴某进等合同纠纷二审民事判决书［（2020）京民终60号］

公司减资本质上属于公司内部行为，理应由公司股东根据公司的经营状况通过内部决议自主决定，以促进资本的有效利用。《公司法》第一百七十七条第二款规定："公司应当自作出减少注册资本决议之日起十日内通知债权人，并于三十日内在报纸上公告。债权人自接到通知书之日起三十日内，未接到通知书的自公告之日起四十五日内，有权要求公司清偿债务或者提供相应的担保。"公司减资应根据前述规定，直接通知和公告通知债权人，以避免因公司减资产生损及债权人债权的结果。本案中，贝某斯公司与安某之旅公司的债权债务在安某之旅公司减资之前已经形成。安某之旅公司亦能够联系到贝某斯公司。虽然安某之旅公司在相关报刊上发布了减资公告，但并未就减资事项直接通知贝某斯公司，该通知方式不符合减资的法定程序，也使得贝某斯公司丧失了在安某之旅公司减资前要求其清偿债务或提供担保的权利。股东负有按照公司章程切实履行全面出资的义务，同时负有维持公司注册资本充实的责任。尽管《公司法》规定公司减资时的通知义务人是公司，但公司是否减资系股东会决议的结果，是否减资以及如何进行减资完全取决于股东的意志，股东对公司减资的法定程序及后果亦属明知，同时，公司办理减资手续需股东配合，对于公司通知义务的履行，股东亦应当尽到合理注意义务。安某之旅公司的股东就公司减资事项形成股东会决议，此时贝某斯公司的债权早已形成，戴某进作为安某之旅公司的股东应当明知。但是在此情况下，戴某进、秦某仍然召开股东会通过减资决议，且安某之旅公司亦向市场监督管理部门出具说明，承诺债务已清理完毕。戴某进、秦某的减资行为未通知贝某斯公司，既损害了安某之旅公司的清偿能力，又侵害了贝某斯公司的债权。公司未对已知债权人进行减资通知的情形与股东违法抽逃出资的实质以及对债权人利益受损的影响，在本质上并无不同。因此，尽管我国法律未具体规定公司不履行减资法定程序导致债权人利益受损时股东的责任，但可比照《公司法》相关原则和规定来加以认定。由于安某之旅公司在减资行为上存在瑕疵，致使减资前形成的公司债权在减资之后清偿不能的，戴某进、秦某作为股东应在公司减资数额范围内对安某之旅公司债务不能清偿部分承担补充赔偿责任。贝某斯公司要求戴某进和秦某承担连带给付义务没有合同和法律依据，本院不予支持。

延伸阅读

裁判观点1：公司减资时对已知或应知的债权人应履行通知义务，不能在未先行通知的情况下直接以登报公告形式代替通知义务。公司减资时未依法履行通知已知或应知的债权人的义务，当公司减资后不能偿付减资前的债务时，减资股东应当就该债务在减资范围内对债权人承担补充赔偿责任，未减资股东不能证明其在减资过程中对怠于通知的行为无过错的，与减资股东共同承担连带责任。(与主文案例观点相同)

案例1：上海市第二中级人民法院·上海德某西集团有限公司诉江苏博某世通高科有限公司、冯某等买卖合同纠纷案［(2016）沪02民终10330号　《最高人民法院公报》2017年第11期］

对于上诉人德某西公司要求被上诉人冯某、上海博某公司对江苏博某公司的上述债务在19000万元的范围内承担补充赔偿责任的请求，亦应予以支持。理由如下：公司减资本质上属于公司内部行为，理应由公司股东根据公司的经营状况通过内部决议自主决定，以促进资本的有效利用，但应根据《公司法》第一百七十七条第二项规定，直接通知和公告通知债权人，以避免因公司减资产生损及债权人债权的结果。根据德某西公司与被上诉人江苏博某公司在合同中约定的交货、验收、付款条款以及实际履行情况看，江苏博某公司与德某西公司的债权债务在江苏博某公司减资之前已经形成。德某西公司在订立的合同中已经留下联系地址及电话信息，且就现有证据不存在江苏博某公司无法联系德某西公司的情形，故应推定德某西公司系江苏博某公司能够有效联系的已知债权人。虽然江苏博某公司在《江苏经济报》上发布了减资公告，但并未就减资事项直接通知德某西公司，故该通知方式不符合减资的法定程序，也使得德某西公司丧失了在江苏博某公司减资前要求其清偿债务或提供担保的权利。根据现行《公司法》之规定，股东负有按照公司章程切实履行全面出资的义务，同时负有维持公司注册资本充实的责任。尽管《公司法》规定公司减资时的通知义务人是公司，但公司是否减资系股东会决议的结果，是否减资以及如何进行减资完全取决于股东的意志，股东对公司减资的法定程序及后果亦属明知，同时，公司办理减资手续需股东配合，对于公司通知义务的履行，股东亦应当尽到合理注意义务。被上诉人江苏博某公司的股东就公司减资事项先后在2012年8月10日和9月27日形成股东会决议，此时上诉人德某西公司的债权早已形成，作为江苏博某公司的股东，被上诉人上海博某公司和冯某应当明知。但是在此情况下，上海博某公司和冯某仍然通过股东会决议同意冯某的减资请求，并且未直接通知德某西公司，既损害江苏博某公司的清偿能力，又侵害了德某西公司的债权，应当对江苏博某公司的债务承担相应的法律责任。公司未对已知债权人进行减资通知时，该情形与股东违法抽逃出资的实质以及对债权人利益受损的影响，在本质上并无不同。因此，尽管我国法律未具体规定公司不履行减资法定程序导致债权人利益受损时股东的责任，但可比照《公司法》相关原则和规定来加以认定。由于江苏博某公司的减资行为存在瑕疵，致使减资前形成的公司债权在减资之后清偿不能的，上海博某公司和冯某作为江苏博某公司股东应在公司减资数额范围内对江苏博某公司债务不能清偿部分承担补充赔偿责任。

裁判观点 2：公司减资未通知特定债权人的则对该特定债权人不发生减资法律效力，在公司穷尽执行措施无财产可供执行的情况下，公司股东仍应在其认缴但未届期限的出资范围内，对公司不能清偿的债务承担补充赔偿责任。

案例 2：最高人民法院·武汉中某燃油有限公司、岳阳市天某实业有限公司民间借贷纠纷再审审查与审判监督民事裁定书［（2019）最高法民申 5203 号］

本院经审查认为，原审判决对天某实业公司收到案涉借款后如何使用、是否转移公司资产及不当减资等基本事实认定不清。如天某实业公司存在不当减资的行为，对其未依照《公司法》第一百七十七条第二款之规定通知特定债权人，则不发生减资法律效力，在公司穷尽执行措施无财产可供执行的情况下，公司股东仍应在其认缴但未届期限的出资范围内，对公司不能清偿的债务承担补充赔偿责任。

裁判观点 3：减资中未通知债权人并不当然导致减资无效。

案例 3：北京市第三中级人民法院·北京趣某互动娱乐科技有限公司与天下某创（厦门）投资咨询有限公司等与破产有关的纠纷二审民事判决书［（2021）京 03 民终 9223 号］

本案的争议焦点为股东会作出的涉案减资决议是否无效。《民法典》第一百三十四条规定，法人、非法人组织依照法律或者章程规定的议事方式和表决程序作出决议的，该决议行为成立。《公司法》第二十二条规定，公司股东会或者股东大会、董事会的决议内容违反法律、行政法规的无效。第一百七十七条规定："公司需要减少注册资本时，必须编制资产负债表及财产清单。公司应当自作出减少注册资本决议之日起十日内通知债权人，并于三十日内在报纸上公告。债权人自接到通知书之日起三十日内，未接到通知书的自公告之日起四十五日内，有权要求公司清偿债务或者提供相应的担保。”根据上述法律规定可知，首先，决议是公司形成意思表示的法律行为。减资本质上属于公司内部行为，属于公司意思自治的范畴。一般情况下，减资行为按照法律规定和公司章程规定的程序作出即可有效成立。我国相关法律法规并未规定减资中未通知债权人构成减资无效。其次，减资中未通知债权人构成瑕疵减资。瑕疵减资损害了对公司减资前的注册资本产生合理信赖利益的债权人权益，但并未损害所有债权人的合法利益，并不当然导致减资无效。若瑕疵减资导致减资当然无效，难免影响公司的经营稳定和交易安全，也干涉了公司根据自己的经营需要作出调整注册资本的自治权力。再次，北京趣某公司上诉主张根据破产法原理，先减资后破产足以证明涉案决议系为逃避公司债务，但其并未提供相关证据加以证明，故其仅以减资、破产发生的时间顺序主张涉案决议系以逃避债务为目的，依据不足，本院不予采纳。最后，根据法律规定和减资公司及相关人员减资时出具的债务清偿声明，权益受损的债权人可以要求减资股东和相关人员对其债权承担清偿责任，其合法权益并非不可救济。故北京趣某公司以瑕疵减资、逃避债务为由要求确认减资决议无效，本院不予支持。一审法院判决驳回北京趣某公司的诉讼请求正确，本院予以维持。

第三章　公司治理中必知的法律风险

018 股东在公司对外借款的协议上签名，应否与公司共同承担还款责任？

☞ **阅读提示**

实践中，经常会出现股东在公司对外借款的合同上签名的情形，那么股东签名的行为该如何定性呢？是否意味着股东与公司应作为共同借款人对债务承担连带清偿责任？

裁判要旨

股东在公司借贷合同的“借款人”“欠款人”等字样处签名的行为，视为股东同意以个人名义与公司作为共同借款人，对借款承担连带清偿责任。当借款人请求股东还款时，股东以“自己签名行为系履行职务的行为”为由进行抗辩的，法院不予支持。

案情简介

一、正某公司多次向郦某借款用于公司经营。从 2015 年 4 月 10 日到 2016 年 10 月 17 日，郦某向正某公司汇款累计达 8000 万元。

二、2017 年 7 月 11 日，正某公司出具借据，载明“截至 2017 年 7 月 11 日，兰州正某房地产开发有限公司共向郦某借人民币捌仟万元整。2017 年 10 月 31 日前还清”，正某公司在借款人处加盖公章，贾某在正某公司公章处签名。

三、2017 年 9 月 28 日，郦某分四次向正某公司汇款 500 万元，共计 2000 万元。

四、2017年9月28日，正某公司出具借据，载明“今收到邴某借款20000000元（大写：贰仟万元整）”，正某公司在借款人处加盖公章，贾某在公章处签名。

五、上述借款发生后，贾某与正某公司未及时还清借款，邴某起诉至兰州市中级人民法院请求判令贾某与正某公司对上述债务承担连带清偿责任。

六、一审兰州市中级人民法院认定邴某要求贾某承担还款责任的诉请不能成立，二审甘肃省高级人民法院则认定贾某与正某公司为共同借款人，判决贾某承担连带责任。

裁判要点

代表公司从事民事活动的负责人系公司的法定代表人，其代表公司的行为可认定为公司行为，法律后果由公司承受。民间借贷中，个人借贷行为归结于公司行为的前提亦为该个人系公司法定代表人。经审查在案证据，贾某为正某公司股东，并非正某公司法定代表人，也未取得正某公司涉案借贷行为的代理授权。其在涉案借据及还款承诺书上的借款人处签名的行为，并非履行职务的行为，应认定贾某在本案中为共同借款人。

经验总结

一、为避免与公司一起对借款承担连带清偿责任，法定代表人在公司与其他民事主体订立的借款协议上签名时，需要注意自己签名前面应具有“法定代表人”等类似字样，以避免法院不认可“签名行为系职务行为”，进而认定其应与公司共同承担还款责任。

二、为避免与公司一起对借款承担连带清偿责任，股东在公司与其他民事主体订立的借款协议上签名时，签名需要避开“借款人”“欠款人”等字样后方的位置，尽量选择远离上述字样的空白位置，并且应注明以公司授权代表人的名义签名。

三、为了保证自身债权实现，公司的出借人要求公司股东、法定代表人承担连带清偿债务时应注意：

1. 如果意图通过保证的路径实现，建议通过订立单独的保证合同的方式约定股东、法定代表人对公司债务承担保证责任；如果要求股东、法定代表人通过在借款合同上签名的方式约定保证责任，建议借款合同明确写明保证人字样，并要求股东、法定代表人在“保证人”字样之后签名。

2. 如果意图通过要求股东、法定代表人和公司作为共同债务人的路径实现，建议在借款合同开头位置即列明借款人为股东、法定代表人和公司，并且在借款合同最后要求股东、法定代表人在“欠款人”“借款人”等字样后面签名，同时注意法定代表人作为共同借款人签名时，在其签名之前切不可保留“法定代表人”等字样。

相关法条

《最高人民法院关于审理民间借贷案件适用法律若干问题的规定》（法释〔2020〕17 号　2020 年第二次修正）

第二十条　他人在借据、收据、欠条等债权凭证或者借款合同上签名或者盖章，但是未表明其保证人身份或者承担保证责任，或者通过其他事实不能推定其为保证人，出借人请求其承担保证责任的，人民法院不予支持。

第二十二条　法人的法定代表人或者非法人组织的负责人以单位名义与出借人签订民间借贷合同，有证据证明所借款项系法定代表人或者负责人个人使用，出借人请求将法定代表人或者负责人列为共同被告或者第三人的，人民法院应予准许。

法人的法定代表人或者非法人组织的负责人以个人名义与出借人订立民间借贷合同，所借款项用于单位生产经营，出借人请求单位与个人共同承担责任的，人民法院应予支持。

本案链接

甘肃省高级人民法院·邴某与贾某、兰州正某房地产开发有限公司民间借贷纠纷二审民事判决书［（2020）甘民终 182 号］

关于贾某是否应当承担还款责任的问题。贾某主张其在涉案借据及还款承诺书上签名的行为为职务行为，是代表正某公司借款的，实际借款均由正某公司收取和使用，其个人对此不承担法律责任。《民法总则》第六十一条[①]：“依照法律或者法人章程的规定，代表法人从事民事活动的负责人，为法人的法定代表人。法定代表人以法人名义从事的民事活动，其法律后果由法人承受。法人章程或者

① 编者按：《民法典》第 61 条。

法人权力机构对法定代表人代表权的限制，不得对抗善意相对人。”《最高人民法院关于审理民间借贷案件适用法律若干问题的规定》第二十二条：“法人的法定代表人或者非法人组织的负责人以单位名义与出借人签订民间借贷合同，有证据证明所借款项系法定代表人或者负责人个人使用，出借人请求将法定代表人或者负责人列为共同被告或者第三人的，人民法院应予准许。法人的法定代表人或者非法人组织的负责人以个人名义与出借人订立民间借贷合同，所借款项用于单位生产经营，出借人请求单位与个人共同承担责任的，人民法院应予支持。”根据上述规定，代表法人从事民事活动的负责人，为法人的法定代表人，其代表公司的行为可认定为公司行为，法律后果由公司承受。民间借贷中，个人借贷行为归结于公司行为的前提亦为该个人系公司法定代表人。经审查在案证据，贾某为正某公司股东，并非正某公司法定代表人，也未取得正某公司涉案借贷行为的代理授权。综上，其在涉案借据及还款承诺书上签名的行为，并非履行职务的行为，应认定贾某在本案中为共同借款人。一审法院对该项事实认定错误，本院予以纠正。

延伸阅读

裁判观点1：股东在公司与其他民事主体订立的借款合同中的“欠款人”“借款人”等类似表述后面签名，且未标注“证明人”“见证人”等字样的，视为公司股东以个人名义与公司作为共同借款人签署借款合同，对借款人承担连带清偿责任；法定代表人以个人名义与公司一起作为共同借款人签署借款合同，或者法定代表人在“欠款人”“借款人”等类似表述后面签名，并且将自己签名前的“法人”“法定代表人”等字样画掉，则其需要与公司一同履行债务清偿责任，以“订立合同的行为系自己作为法定代表人履行职务的行为”为由进行抗辩，法院不予采信。（与主文案例观点相同）

案例1：最高人民法院·郑某欢、许某忠民间借贷纠纷二审民事判决书［（2016）最高法民终615号］

关于本案借贷主体和案由如何确定的问题：关于出借主体。涉案《借款合同》《借据》和《收款确认书》明确记载，华某公司、郑某欢共同向许某忠借款，且本案借款的实际出款单位宏某辉公司和达某公司系受许某忠指定，这足以证明许某忠是合同出借人，宏某辉公司和达某公司接受委托实际出款的事实并不能否定许某忠作为出借人的法律地位。郑某欢要求许某忠举证证明其对宏某辉公司和达某公司所转款项享有支配权利，并无法律依据。关于借款主体。尽管《借款合同》约定借款的用途是华某公司的经营所需，但郑某欢已明确以个人名义与华某公司一起作为共同借款人签署《借款合同》《借据》和《收款确认书》，其再抗辩仅作为华某公司法定代表人履行职务行为的说法不能成立。故，郑某欢、华某公司是共同的借款人。至于案由，本案借款合同发生在许某忠和郑某欢、华某公司之间，属于自然人与自然人、企业之间就借款事实产生的争议，一审判决据此认定本案案由为民间借贷纠纷，并无不当。

案例2：山东省枣庄市中级人民法院·胡某勇、周某城民间借贷纠纷二审民事判决书［（2019）鲁04民终4157号］

对有争议的事实，一审法院认定如下：1. 针对40万元的借款和23.4万元利息的结算款，原告诉称四被告为共同借款人，应承担共同还款责任。被告胡某勇、马某军辩称被告胡某勇、马某军、马某在借条上的签名为证明人而非共同借款人。本案中，被告胡某勇、马某军、马某在本案40万元借款的《借条》和23.4万元的《欠条》中，其签名位于“欠款人”后方，且该三人签名处均未注明“证明人”字样，故对于被告胡某勇、马某军的辩解，该院不予采信。2. 被告胡某勇辩称2016年1月9日的40万元《借条》和23.4万元的《欠条》中，胡某勇前方均有“法人”字样，但已被画掉，故胡某勇不应承担还款责任。本案中，被告辩称《借条》和《欠条》中胡某勇前方的“法人”字样非胡某勇画掉，故胡某勇不应承担还款责任，在“法人”字样已被画掉的情况下，被告应对其辩解负举证责任，但本案中，被告除其辩解外，未提交证据证明其辩解，结合本案的40万元的借款支付给胡某勇且金某公司的股东为本案的三被告，故对于被告的辩解，该院不予支持。3. 原告诉称2016年1月9日的10万元的《借条》因原始借条有本案四被告签名或者盖章，且借条的下方亦有四被告的签名或者盖章，故本案四被告应为10万元的共同借款人。

一审山东省枣庄市市中区人民法院认为，民事主体依法享有债权，依法成立的合同，对当事人具有法律约束力，合法的借贷关系受法律保护，当事人应当按照约定全面履行自己的义务。原告提供的证据，来源合法内容真实，证实原告与被告之间的借贷关系成立生效。本案中，原告周某城提供的40万元的《借条》可以证明原告周某城与被告胡某勇、马某军、马某、金某公司已达成借贷合意，且载明内容亦可以证明借贷事实的存在。结合原告周某城提供的银行汇款记录，该院认定原告周某城与被告胡某勇、马某军、马某、金某公司存在合法的债权债务关系，被告胡某勇、马某军、马某、金某公司应向原告周某城偿还40万元借款。

二审山东省枣庄市中级人民法院认为，上诉人胡某勇主张本案借款主体是金某公司，其签名是职务行为，不应该承担还款责任。对此本院认为，从本案借款的交付来看，系转账支付给胡某勇，而非金某公司账户，应认定为胡某勇与金某公司债务混同，应承担连带责任；从本案所涉借条、欠条的格式上看，胡某勇签名前“法人”字样被画掉，紧随胡某勇签名之后还有金某公司股东马某军、马某的签名，一审判决马某军、马某作为共同借款人承担还款责任，其未上诉即表示认可该事实，进一步印证了胡某勇系作为共同借款人而签名。故一审法院认定胡某勇作为共同借款人承担还款责任并无不当。综上所述，胡某勇的上诉请求不能成立，应予驳回；一审判决认定事实清楚，适用法律正确，程序合法，应予维持。

裁判观点2：股东在公司与其他民事主体订立的借款合同上签名，如果签名位置并非位于“借款人”“欠款人”等类似字样之后，且股东并未表示以保证人的身份签名，则股东的签名行为仅系对借款协议的确认行为，债权人不能据此要求股东对公司债务承担连带清偿责任。

案例3：广东省深圳市中级人民法院·潘某山、崔某瑶民间借贷纠纷二审民事判决书［（2019）粤03民终15459号］

一审广东省深圳市宝安区人民法院认为：关于被告杨某、石某斌、陈某林、崔某瑶作为被告雅某特公司股东需要承担责任的问题，首先，被告雅某特公司是有限责任公司，对外独立承担民事责任，原告主张各股东未按法律规定履行出资义务，应在未履行的出资范围内承担连带责任，但未能提供充分有效的证据予以证明，故法院不予支持。其次，被告杨某、石某斌、陈某林、崔某瑶虽在《借条》上签名，但该借条明确载明借款人是被告雅某特公司，其余四被告未明确表示对该债务承担保证责任，故原告要求其他四被告对该笔借款承担连带责任无法律依据，法院不予认可。被告雅某特公司、杨某、石某斌、陈某林经法院合法传唤无正当理由未到庭参加诉讼，视为放弃答辩及质证的权利，由此产生的不利法律后果，应当由其自行承担。

二审广东省深圳市中级人民法院认为：关于焦点二，杨某、石某斌、陈某林和崔某瑶应否与雅某特公司共同承担责任。潘某山上诉主张杨某、石某斌、陈某林和崔某瑶在《借条》上签名的真实意思是作为雅某特公司的共同借款人，但

《借条》在内容中并无相关表述，该四人亦未以保证人身份签名，现崔某瑶主张仅是以股东身份对雅某特公司的行为进行确认，结合《协议书》上亦有四股东签名确认的情形，本院对崔某瑶的主张予以采信。潘某山请求四股东个人与雅某特公司承担共同还款责任，缺乏事实依据，本院不予支持。

裁判观点 3：法定代表人以个人名义与借款人订立民间借贷合同，所借款项用于公司生产经营，则出借人可以请求公司与法定代表人共同承担责任，但根据合同相对性原则，谁借款就应由谁来偿还，上述情形实际上已经突破了合同的相对性原则，因此法院会从严审查法定代表人的行为究竟是个人行为还是职务行为。

案例 4：最高人民法院 · 大同市中某建设有限责任公司、北京市某建筑工程有限责任公司民间借贷纠纷再审审查与审判监督民事裁定书［（2020）最高法民申 4523 号］

关于北京某工程公司应否向中某公司承担清偿责任。通常情况下，根据合同相对性原则，谁借款就应由谁来偿还，但个别情况下存在一定的例外。《最高人民法院关于审理民间借贷案件适用法律若干问题的规定》第二十二条第二款规定："法人的法定代表人或者非法人组织的负责人以个人名义与出借人订立民间借贷合同，所借款项用于单位生产经营，出借人请求单位与个人共同承担责任的，人民法院应予支持。"即规定企业法定代表人虽以个人名义签订合同，但企业应与该法定代表人一起承担连带责任的情形。本案中，对于吴某向班某柱、裴某祥、齐某的借款，根据吴某与班某柱签订的两份《借款合同》、与裴某祥签订的《借款协议》、向齐某出具的《借条》所载，借款人名称均为吴某个人，但吴某与班某柱签订的两份《借款合同》分别载明以"同某沉陷区项目合同期拨款"作为还款资金来源、借款用于"同某沉陷区项目"，及逾期不还班某柱"全权进驻和接管吴某在同某深陷区 32 栋在建工程项目"，涉及北京某工程公司同某项目。吴某的行为究竟系个人行为，还是系作为北京某工程公司派驻案涉同某沉陷区项目经理的职务行为，应结合合同签订背景、合同履行中所表现出来的权利外观等综合认定。对项目经理以承包人名义实施的对外借款等行为效力的认定，人民法院应从严掌握，对借款流向、用途以及出借人是否善意等事实进行实质性审查，综合认定是否由承包人承担还款责任。

本案中，根据原审法院查明事实，无证据证明吴某借款时向出借人班某柱、裴某祥、齐某提交相应授权委托的事实；仅依据上述借款合同等材料中的文字表述，不足以证明所借款项实际用于北京某工程公司同某工程项目的事实；从诉讼中当事人陈述及提交证据的内容来看，出借款项以现金、银行转账等方式支付，不能认定直接支付于北京某工程公司同某项目部账户。故无论从表见代理角度，还是从利益归属角度看，出借人班某柱、裴某祥、齐某均只能向合同相对人吴某主张还款责任，不能请求北京某工程公司承担责任。中某公司在代吴某清偿上述借款后，有权向吴某追偿，但该追偿权的行使不得超出原债权人班某柱、裴某祥、齐某等依据合同约定和法律规定所享有的权利。

案例5：最高人民法院·汤某、扬州嘉某置业发展有限公司民间借贷纠纷、普通破产债权确认纠纷再审审查与审判监督民事裁定书［（2019）最高法民申4616号］

本院经审查认为，本案再审审查的核心问题是：嘉某公司是否应对案涉借款共同承担还款责任。

基于本案已经查明的事实，王某法向汤某借款时任嘉某公司的法定代表人、金某公司的股东和法定代表人，并与润某公司存在关联关系；嘉某公司财务人员徐某菊、殷某军同时亦是金某公司财务人员。王某法与金某公司在另案［（2017）苏民终309号］答辩称：由于金某公司、嘉某公司管理混乱，王某法与二公司之间在人、财、物方面存在混同，账目处理不规范，均未形成明晰的账目。据此，二审判决认定案涉借款发生时，王某法存在代表嘉某公司、金某公司等公司以及为其个人借款的多种可能，符合本案事实。本案中，基于汤某提交的《欠款确认书》《借条》及相应的银行转账凭证，汤某向王某法出借1200万元款项的事实清楚，各方均无异议。嘉某公司是否应与汤某共同承担案涉借款的还款义务，关键在于王某法向汤某所借款项是否用于嘉某公司的生产经营。若案涉借款实际用于嘉某公司的生产经营，其中包括为嘉某公司偿付对外债务，则根据《最高人民法院关于审理民间借贷案件适用法律若干问题的规定》第二十二条第二款关于“法人的法定代表人或者非法人组织的负责人以个人名义与出借人签订民间借贷合同，所借款项用于企业生产经营，出借人请求企业与个人共同承担责任的，人民法院应予支持”的规定，嘉某公司即应承担共同还款责任。

019 公司被吊销后未清算，股东应承担何种责任？

☞ 阅读提示

实践中经常会出现这样的情形：项目亏损后项目公司无人管理，往往因为不年检等原因被工商管理部门吊销。此时如不及时履行清算义务，导致公司无法清算，公司股东将对公司债务承担连带责任。因此，债权人遇到这种情况可以向公司股东起诉追偿；对于公司股东而言，及时依法对解散或者吊销的公司进行清算注销是非常有必要的。

裁判要旨

有限责任公司的股东、股份有限公司的董事和控股股东因怠于履行义务，导致公司主要财产、账册、重要文件等灭失，无法进行清算，债权人主张其对公司债务承担连带清偿责任的，人民法院应依法予以支持。

案情简介

一、中山一某公司为中山华某公司股东之一，2000 年 12 月 21 日，中山华某公司因不参加年检被吊销营业执照。

二、生效判决确认中山华某公司向债权人某银行中山市城区支行负有 80 万元债务，后某行将该笔债权转让给广东佳某公司。

三、2011 年 9 月 8 日，广东佳某公司向中山市中级人民法院申请对中山华某公司进行强制清算。2014 年 3 月 28 日，中山市中级人民法院作出裁定，受理广东佳某公司对中山华某公司的强制清算申请。2015 年 1 月 21 日，中山市中级人民法院作出裁定，以中山华某公司已无财产，其账册、重要文件等材料下落不明，无法进行清算为由，裁定终结对中山华某公司的强制清算程序。

四、广东佳某公司将中山一某公司诉至法院，要求其对 80 万元债务承担连带清偿责任。本案历经一审法院支持、二审法院驳回，最终由广东省高级人民法院再审支持了广东佳某公司的诉讼请求。

裁判要点

一、本案为股东损害公司债权人利益责任纠纷，在广东佳某公司请求人民法院对中山华某公司强制清算程序中，法院裁定无法清算。法院据此认定股东怠于履行清算义务。

二、根据《公司法司法解释二》第十八条第二款的规定，有限责任公司的股东对公司债务承担连带清偿责任时，不区分某个股东对内是否实际掌控公司、是否存在如怠于履行清算义务等实施损害公司债权人利益的行为，债权人可以要求任何一个股东对外承担公司债务的连带清偿责任。

经验总结

一、对于债权人而言，可以向任何一个股东要求承担责任。

二、对于公司股东而言，项目亏损后应及时对项目公司进行清算注销，以免突破出资承担责任。

三、如某一股东承担了连带责任，可以要求其他股东偿付其应承担的份额。

相关法条

《中华人民共和国公司法》（2018 年修正）

第二十条第三款 公司股东滥用公司法人独立地位和股东有限责任，逃避债务，严重损害公司债权人利益的，应当对公司债务承担连带责任。

《最高人民法院关于适用〈中华人民共和国公司法〉若干问题的规定（二）》（法释〔2020〕18 号 2020 年修正）

第十八条第二款、第三款 有限责任公司的股东、股份有限公司的董事和控股股东因怠于履行义务，导致公司主要财产、账册、重要文件等灭失，无法进行清算，债权人主张其对公司债务承担连带清偿责任的，人民法院应依法予以支持。

上述情形系实际控制人原因造成，债权人主张实际控制人对公司债务承担相应民事责任的，人民法院应依法予以支持。

第二十一条 ……有限责任公司的股东、股份有限公司的董事和控股股东，以及公司的实际控制人为二人以上的，其中一人或者数人依法承担民事责任后，主张其他人员按照过错大小分担责任的，人民法院应依法予以支持。

本案链接

广东省高级人民法院·广东佳某投资有限公司、中山市某建筑工程有限公司股东损害公司债权人利益责任纠纷再审民事判决书［（2017）粤民再524号］

中山华某公司经强制清算程序，被裁定确认已无财产，账册、重要文件等材料下落不明，无法清算。中山一某公司参与了中山华某公司的经营，在中山华某公司经营不善之后未依法履行管理职责和清算职责，违反了中山华某公司成立及被吊销当时的《公司法》及相关司法解释对公司股东的要求，对公司财产、账册、重要文件的灭失负有责任。《公司法司法解释二》第十八条第二款规定："有限责任公司的股东、股份有限公司的董事和控股股东因怠于履行义务，导致公司主要财产、账册、重要文件等灭失，无法进行清算，债权人主张其对公司债务承担连带清偿责任的，人民法院应依法予以支持。"依据上述规定，中山一某公司对中山华某公司对广东佳某公司所负债务应承担连带清偿责任。

延伸阅读

裁判观点1：无论股东在公司中所占的股份为多少，是否实际参与了公司的经营管理，在拓某公司被吊销营业执照后，都有义务在法定期限内依法对公司进行清算。

案例1：《最高人民法院关于发布第三批指导性案例的通知》第9号指导案例：上海市第一中级人民法院·上海存某贸易有限公司诉蒋某东、王某明等买卖合同纠纷案［（2010）沪一中民四（商）终字第1302号］

房某福、蒋某东和王某明作为拓某公司的股东，应在拓某公司被吊销营业执照后及时组织清算。因房某福、蒋某东和王某明怠于履行清算义务，导致拓某公司的主要财产、账册等均已灭失，无法进行清算，房某福、蒋某东和王某明怠于履行清算义务的行为，违反了公司法及其司法解释的相关规定，应当对拓某公司的债务承担连带清偿责任。拓某公司作为有限责任公司，其全体股东在法律上应一体成为公司的清算义务人。《公司法》及其相关司法解释并未规定蒋某东、王某明所辩称的例外条款，因此无论蒋某东、王某明在拓某公司中所占的股份为多少，是否实际参与公司的经营管理，两人在拓某公司被吊销营业执照后，都有义务在法定期限内依法对拓某公司进行清算。

裁判观点 2：公司在其他案件中因无财产可供执行而被中止执行的情况，只能证明人民法院在执行中未查找到公司的财产，不能证明公司的财产在被吊销营业执照前已全部灭失。因此即使公司在被吊销前已大量负债，股东也必须履行清算义务，否则仍需担责。

案例 2：《最高人民法院关于发布第三批指导性案例的通知》第 9 号指导案例：上海市第一中级人民法院 · 上海存某贸易有限公司诉蒋某东、王某明等买卖合同纠纷案［（2010）沪一中民四（商）终字第 1302 号］

上诉人蒋某东、王某明虽然诉称其已将拓某公司的股权转让给了房某福，但未提供相应的证据予以证明，且拓某公司的工商登记中蒋某东、王某明仍为拓某公司的股东，故本院有理由认定两上诉人仍为拓某公司的股东，有义务在拓某公司被吊销营业执照后及时组成清算组对拓某公司进行清算。本案中，根据已查明的事实，拓某公司的三名股东并未依法成立清算组履行法定的清算义务，且拓某公司的相关账册也无法找到，导致对拓某公司的清算在现在已不可能，因此，原审法院认定因拓某公司的股东怠于履行清算义务，导致无法对拓某公司进行清算，并据此要求拓某公司的三名股东对拓某公司的债务承担连带责任具有法律依据，应予维持。两上诉人上诉认为拓某公司在被吊销营业执照前已背负了大量的债务，因此，即使怠于履行义务也与拓某公司财产灭失之间没有关联性。对此，本院认为，两上诉人提供的证据只能证明人民法院无法找寻到拓某公司的财产，无法证明拓某公司的财产在被吊销营业执照前已全部灭失，因此，拓某公司的三名股东怠于履行义务与拓某公司的财产、账册灭失之间具有因果联系，两上诉人的该点上诉理由不成立，本院不予采纳。两上诉人二审期间提供相关证据欲证明其并未怠于履行清算义务，但本院注意到，两上诉人提供的仅为其委托律师进行清算的委托代理合同及律师的证明，该些证据仅能证明两上诉人欲对拓某公司进行清算，但实际上清算并未进行，因此不能认定两上诉人依法履行清算义务，故对两上诉人的该点上诉理由本院亦不予采纳。

裁判观点 3：法院以公司无财产可供清算为由对相关申请人强制清算申请不予受理的，可能被认定为股东不履行清算义务行为与不能清算后果之间没有因果关系。（本裁判观点与最高院指导案例似有冲突，笔者赞成最高院观点）

案例 3：浙江省高级人民法院 · 孙某娟、毕某辉与何某旭、何某东等股东损害公司债权人利益责任纠纷再审复查与审判监督民事裁定书［（2015）浙民申字第 85 号］

《公司法司法解释二》第十八条第一款、第二款规定："有限责任公司的股东、股份有限公司的董事和控股股东未在法定期限内成立清算组开始清算，导致公司财产贬值、流失、毁损或者灭失，债权人主张其在造成损失范围内对公司债务承担赔偿责任的，人民法院应依法予以支持。有限责任公司的股东、股份有限公司的董事和控股股东因怠于履行义务，导致公司主要财产、账册、重要文件等灭失，无法进行清算，债权人主张其对公司债务承担连带清偿责任的，人民法院应依法予以支持。"据此，该条款要求有限责任公司的股东对公司债务承担连带清偿责任的前提是其怠于履行清算义务行为与公司债权人的利益受损之间具有因果关系。本案现有事实表明，东某公司因未参加2009年度和2010年度企业年检，于2011年10月28日被依法吊销营业执照，至今未成立清算组进行清算。但在此之前，浙江省杭州市西湖区人民法院在（2009）杭西民执字第1323-1号、（2009）杭西民执字第2243号、（2010）杭西执民字第2269号、（2010）杭西执民字第2270号等数份民事裁定书中，以未发现被执行人东某公司有可供执行的财产为由裁定终结上述案件执行程序，故已生效的杭州市中级人民法院（2012）浙杭商清（预）字第3号民事裁定书亦以东某公司无财产可供清算为由，不予受理相关申请人对东某公司提出的强制清算申请。即东某公司股东未及时对公司进行清算的行为并非该公司最终不能清算之原因，亦非公司债权人利益受损之原因。故孙某娟、毕某辉要求何某旭等人承担连带清偿责任，缺乏相应法律依据，二审未予支持，并无不当。

020 股东转让股权后，是否还有权要求分配其持股期间的利润？

☞ 阅读提示

利润分配请求权是股东基于股东身份对公司享有的一项基本权利。股东转让所持公司股权后，便丧失了股东的身份，那么，此时原股东是否还有权请求分配其持股期间的利润呢？

裁判要旨

如果在股权转让前公司股东（大）会已经表决通过具体利润分配方案，只是没有落实，由于具体利润分配方案通过后股东的利润分配请求权转化为独立于股权的债权请求权，原股东即使转让股权后仍可以请求该分红；如果具体利润分配方案是在股权转让后通过的，由于利润分配请求权依附于股权，则原股东无权请求该分红。但原股东与受让人之间就原股东持股期间利润归属问题另有约定的，则从其约定。

案情简介

一、2013 年 3 月 15 日，永某矿业作为磐某农商行的发起人之一与磐某农商行签订《认股协议书》，成为磐某农商行的公司股东。

二、因永某矿业与双某农商行间存在借款合同法律关系，经双某农商行申请，吉林市中级人民法院作出执行裁定，内容为："一、被执行人永某矿业持有的磐某农商行的 2200 万股的所有权及相应的其他权利归双某农商行所有；二、双某农商行可持本裁定书到财务管理机构办理相关产权过户登记手续。"依据该裁定书，2016 年 8 月 23 日，双某农商行通过法定程序取代了永某矿业在磐某农商行的公司股东身份。

三、2017 年 3 月 10 日，磐某农商行召开股东大会，确定了 2016 年度公司股份分红的比例，双某农商行以公司股东的身份参加了会议，其因接收永某矿业 2200 万股应分得的 2016 年度红利为人民币 330 万元。同年 3 月 29 日，磐某农商行将 330 万元款项支付给双某农商行。

四、之后永某矿业以双某农商行取得其 2016 年 1 月 1 日至 2016 年 8 月 23 日期间股本金 2200 万元的红利构成不当得利为由提起诉讼，要求双某农商行给予返还，并要求磐某农商行负连带返还责任。一审吉林省磐石市人民法院、二审吉林省吉林市中级人民法院均支持了永某矿业的诉讼请求，双某农商行认为一、二审法院认定事实不清、适用法律错误，遂向吉林省高级人民法院申请再审，再审法院判决撤销一审、二审判决，驳回了永某矿业的诉讼请求。

裁判要点

一、请求分配利润的主体是股东会或股东大会作出利润分配决议时的股东。

二、利润分配请求权区分为抽象利润分配请求权和具体利润分配请求权。公司作出具体利润分配决议后，股东的利润分配请求权由抽象利润分配请求权转化为具体利润分配请求权，由期待性的权利转化为确定性的权利，股东对公司享有的具体利润分配请求权性质上等同于普通债权。

三、具体利润分配请求权作为债权，固定地存在于股东与公司之间，在股权变动时，如果没有特别的债权转让条款，具体的利润分配请求权不随股东身份的变动而发生转让。因此股东在公司具体利润分配决议作出之后转让股权的，如果股权转让协议中对股东持股期间的利润分配请求权未进行明确约定，则原股东有权基于具体利润分配请求权向公司请求分配其持股期间的利润。

四、股权系人身性和财产性的权利集合，股东的抽象利润分配请求权的基础是具有股东身份，因此股东在公司具体利润分配决议作出之前转让股权的，如果转让双方对股权转让前的公司利润归属问题无特别约定，则抽象利润分配请求权随原股东全部股东权利一并整体转让给受让人。原股东对转让前的公司盈余和转让后的公司盈余都将不再享有分配请求权。

经验总结

一、为了避免转让股权后丧失对持股期间的股利请求权，股东可以选择以下路径来维护自身投资利益：

1. 在股权转让协议中，股东与股权受让方明确约定转让之前公司利润归属。如有可能，最好将公司列为股权转让协议的签署方，并明确该等利润待公司作出分红决议后直接支付至原股东账户。

2. 股东选择在公司作出具体利润分配方案之后再转让股权。

二、提请注意，如果股东选择上述第二种路径来保全自身对持股期间的股利请求权，需要格外注意以下两点：

1. 公司作出的利润分配方案需为具体的利润分配方案，如果该方案仅仅系分红决议而不包含分红具体内容，法院可能不会支持原股东的具体利润分配请求权。

2. 公司在进行利润分配时应依照一定的顺序，履行相应的程序，即有限责任公司的董事会制订公司的利润分配和弥补亏损方案，经股东会批准形成决议后，再经弥补亏损和提取法定公积金，最后方能进行利润分配。如果具体的利润分配方案的产生存在程序和实体上的瑕疵，法院可能不会支持原股东的具体利润分配请求权。

相关法条

《中华人民共和国公司法》（2018 年修正）

第四条 公司股东依法享有资产收益、参与重大决策和选择管理者等权利。

《最高人民法院关于适用〈中华人民共和国公司法〉若干问题的规定（四）》（法释〔2020〕18 号 2020 年修正）

第十四条 股东提交载明具体分配方案的股东会或者股东大会的有效决议，请求公司分配利润，公司拒绝分配利润且其关于无法执行决议的抗辩理由不成立的，人民法院应当判决公司按照决议载明的具体分配方案向股东分配利润。

《最高人民法院关于人民法院民事执行中拍卖、变卖财产的规定》（法释〔2020〕21 号 2020 年修正）

第二十八条 拍卖财产上原有的担保物权及其他优先受偿权，因拍卖而消灭，拍卖所得价款，应当优先清偿担保物权人及其他优先受偿权人的债权，但当事人另有约定的除外。

拍卖财产上原有的租赁权及其他用益物权，不因拍卖而消灭，但该权利继续存在于拍卖财产上，对在先的担保物权或者其他优先受偿权的实现有影响的，人民法院应当依法将其除去后进行拍卖。

本案链接

吉林省高级人民法院·吉林双某农村商业银行股份有限公司与吉林省永某矿业集团有限公司及吉林磐某农村商业银行股份有限公司不当得利纠纷再审民事判决书［（2021）吉民再 64 号］

1.《最高人民法院关于适用〈中华人民共和国民法典〉时间效力的若干规定》第五条规定：“民法典施行前已经终审的案件，当事人申请再审或者按照审判监督程序决定再审的，不适用民法典的规定。”故本案应当适用《民法典》施行前的法律、司法解释。《公司法》第四条规定：“公司股东依法享有资产收益、参与重大决策和选择管理者等权利。”第一百三十九条规定：“记名股票，由股东以背书方式或者法律、行政法规规定的其他方式转让；转让后由公司将受让人的姓名或者名称及住所记载于股东名册。股东大会召开前二十日内或者公司决定分配股利的基准日前五日内，不得进行前款规定的股东名册的变更登记。但是，法律对上市公司股东名册变更登记另有规定的，从其规定。”《公司法司法解释四》第十四条规定：“股东提交载明具体分配方案的股东会或者股东大会的有效决议，请求公司分配利润，公司拒绝分配利润且其关于无法执行决议的抗辩理由不成立的，人民法院应当判决公司按照决议载明的具体分配方案向股东分配利润。”据此，请求分配利润的主体是股东会或股东大会作出利润分配决议时的股东。利润分配请求权是股东的权利，是一种成员权，只有股东有权请求公司分配利润。公司作出利润分配决议后，股东的利润分配请求权由抽象利润分配请求权转化为具体利润分配请求权，由期待性的权利转化为确定性的权利，性质上等同于普通债权，任何股东均可以依据载有具体利润分配方案的股东会或者股东大会决议请求公司分配利润，没有持股数量或者持股时间的限制。在公司作出利润分配决议前，股东所享有的仅是期待权而非确定性权利，在股权发生变动后，这种期待权进行概括移转，即由新股东享有。期待权属不可分割性权利。

2.《最高人民法院关于人民法院民事执行中拍卖、变卖财产的规定》第三十一条[①]规定：“拍卖财产上原有的担保物权及其他优先受偿权，因拍卖而消灭，拍卖所得价款，应当优先清偿担保物权人及其他优先受偿权人的债权，但当事人另有约定的除外。拍卖财产上原有的租赁权及其他用益物权，不因拍卖而消灭，但该权利继续存在于拍卖财产上，对在先的担保物权或者其他优先受偿权的实现有影响的，人民法院应当依法将其除去后进行拍卖。”拍卖具有除权效力，除法定情形外，拍卖财产上原附着的权利均归于消灭。利润分配请求权属于股权的重要内容，股东转让股权，原则上应认为利润分配请求权一并转让，但应当区分抽象利润分配请求权与具体利润分配请求权。公司未作出利润分配决议，股东享有的是抽象利润分配请求权，该权利是股东基于成员资格享有的股东权利的重要内容，属于股权组成部分。股东转让其成员资格的，包括利润分配请求权在内的所有权利一并转让。公司作出利润分配决议，股东享有的是具体利润分配请求权，该权利已经独立于股东成员资格而单独存在，即债权。股权系人身性和财产性的权利集合，股东利润分配请求权的基础是具有股东身份。在股权转让法律关系中，签订转让协议即表示合同双方当事人就股东权利的让渡及对价达成一致。转让行为应以股权所随附的所有股东权利一并转让为常态，以股东权利部分保留为例外。例外情形一般需要当事人在转让协议中以特别约定的方式加以明确，且该

① 编者按：《最高人民法院关于人民法院民事执行中拍卖、变卖财产的规定》（2020年修正）第28条。

约定不得违反法律法规禁止性规定，亦不能侵害他人合法利益。若转让双方对股权转让前的公司利润归属问题无特别约定，股东利润分配请求权亦应当随原股东全部股东权利一并整体转让给受让人。原股东对转让前的公司盈利或是转让后的公司盈利，都将不再享有分配请求权。本案中，双某农商行系经过人民法院公开拍卖程序取得的诉涉股权，取得股权时尚未作出分配决议，故该股权涉及的利润分配请求权仍属抽象的期待权，而未转化为债权。永某矿业公司在拍卖后即不具有股东身份，其无权在拍卖后继续行使利润分配请求权。因此，双某农商行申请再审的事由成立，本院予以支持。

延伸阅读

司法实践中，法院的裁判观点较为统一，普遍认为股东转让股权之后是否有权向公司请求其持股期间的盈余分配需要区别对待。

裁判观点 1：提起盈余分配之诉的主体应当具有股东身份或者其与公司盈余分配有其他直接利害关系。股东转让股权后，对转让前的未分配利润应区别对待。若转让前公司已作出具体利润分配方案且无特别约定时，股权转让后原股东享有具体利润分配请求权，新股东无权受偿。若转让前公司未作出具体利润分配方案且无特别约定时，股权转让后，原股东即丧失了利润分配请求权，新股东可以依法主张分配利润。（与主文案例观点相同）

案例 1：湖北省荆门市中级人民法院·湖北京某农村商业银行股份有限公司、东莞市德某实业投资有限公司公司盈余分配纠纷二审民事判决书［（2020）鄂 08 民终 191 号］

双方当事人关于股权红利给付数额的争议，其实质是对股权转让中前后股东应当享有的利润分配请求权的争议。在股权转让过程中，股权转让前，公司没有分配利润，而转让后股东会或股东大会决议进行分红，现任股东对其成为股东之前的公司利润，是否有权请求公司分配。《公司法司法解释四》第十四条规定，股东提交载明具体分配方案的股东会或者股东大会的有效决议，请求公司分配利润，公司拒绝分配利润且其关于无法执行决议的抗辩理由不成立的，人民法院应当判决公司按照决议载明的具体分配方案向股东分配利润。《公司法》第四条规定，公司股东依法享有资产收益、参与重大决策和选择管理者等权利。利润分配请求权是股东享有资产收益权利的直接体现，是股权权能的核心权能之一，是股东的固有权利。利润分配请求权包括抽象利润分配请求权和具体利润分配请求权两个层面。抽象利润分配请求权属于期待权，其能否实现因公司经营状况和红利分配政策而具有不确定性。在载明分配方案的股东会或股东大会决议作出后，基于股东身份的抽象利润分配请求权转化为具体利润分配请求权，即股东与公司之间产生有关利润分配的债权债务关系。抽象利润分配请求权随股权转让一并转让，而具体利润分配请求权作为债权，固定地存在于股东与公司之间，在股权变动时，如果没有特别的债权转让条款，具体的利润分配请求权不随股东身份的变动而发生转让。在股权转让之前，股东会或股东大会已通过利润分配决议的，原股东享有利润分配请求权；在股权转让之后，股东会或股东大会通过利润分配决议的，原股东不享有利润分配请求权。本案中，2018 年 9 月 17 日，德某实业公司通过司法拍卖以 2370 万元的价格竞买到潭某石材公司持有的京某农商行 1500 万股股权，2018 年 10 月 30 日，京山法院裁定该股权归德某实业公司所有。2019 年 5 月 16 日，京某农商行股东大会表决通过《2018 年度利润分配方案》，在该利润分配决议通过之前，原股东潭某石材公司已因法院强制执行股权丧失股东身份，不享有利润分配请求权，无权取得股权红利，亦非本案有独立请求权的第三人。依据《公司法司法解释四》第十四条规定，德某实业公司作为持有案涉股权的股东，有权要求京某农商行依据该行《2018 年度利润分配方案》，向其给付案涉股权 2018 年度应分配的股权红利。京某农商行抗辩原股东潭某石材公司对该股权 2018 年度部分期间的红利享有给付请求权，其理由不能成立。京某农商行应当按照该行《2018 年度利润分配方案》向德某实业公司给付案涉 1500 万股股权的 2018 年度全部应分配红利。

案例 2：广东省深圳市中级人民法院 · 唐某娟、深圳市南某航空服务有限公司公司盈余分配纠纷二审民事裁定书 [（2019）粤 03 民终 30248 号]

本院认为，《公司法》第四条规定，公司股东依法享有资产收益、参与重大决策和选择管理者等权利。《民事诉讼法》第一百一十九条[①]规定，提起诉讼的原告必须是与本案有直接利害关系的公民、法人和其他组织。从上述规定可见，提起公司盈余分配诉讼的原告，应当具有股东身份，或者是与公司盈余分配有其他直接利害关系。本案中，唐某娟诉请南某公司支付股权转让前南某公司未分配的利润，但并未举证证明在其向案外人吴某舟转让南某公司的 90%股权前南某公司已对公司利润作出相关决议而未分配，亦未举证证明其与案外人吴某舟在股权转让协议中对唐某娟仍享有股权转让前的利润分配权作出过明确约定，因此唐某

① 编者按：《民事诉讼法》（2021 年修正）第 122 条。

娟要求分配公司盈余的主体资格已随着股权转让而丧失，唐某娟与南某公司的盈余分配不具有直接的利害关系，唐某娟并非本案的适格原告。综上，唐某娟的上诉理由不成立，对其上诉请求本院予以驳回。原审裁定适用法律虽有不当，但处理结果正确，本院予以维持。

案例3：辽宁省朝阳市中级人民法院·朝阳金某粉末冶金材料有限公司、朝阳市国某农资有限公司所有权确认纠纷二审民事判决书［（2019）辽13民终2587号］

本院认为：本案焦点问题是被上诉人朝阳市国某农资有限公司转让股权后，是否有权要求被上诉人朝某银行股份有限公司向其分配股权转让前的利润。第一，根据《公司法》的规定，公司的股东依法有权行使股东权利。股权是指股东基于股东资格而享有的从公司获取经济利益并参与公司经营管理的权利。股东一旦转让股权，即丧失股东资格，无权行使股东权利。股权转让包括股东资格以及股东享有的股利分配请求权、剩余财产分配请求权、股份转让权、参与公司经营管理权的转让。第二，股份转让时间节点为签订股份转让合同日，即2012年6月4日。而被上诉人朝某银行股份有限公司于2012年9月才召开董事会对2011年股权红利进行分配。此时被上诉人朝阳市国某农资有限公司已丧失股东资格。又因被上诉人朝阳市国某农资有限公司在与上诉人朝阳金某粉末冶金材料有限公司签订《朝某银行股份有限公司股份转让合同》时，对转让前的股权红利并未有特别约定，故被上诉人朝阳市国某农资有限公司对其在股权转让前的股权红利主张权利证据不足，应驳回其诉讼请求。

裁判观点2：股权转让协议对股权转让前利润分配有约定的，依约定。

案例4：山东省烟台市中级人民法院·禾某国际有限公司诉烟台万某特有限公司公司盈余分配纠纷一审民事判决书［（2015）烟民涉初字第14号］

本院认为，原告与忠某公司、壹某公司于2011年12月28日签订的《股权转让协议书》已经本院生效判决确认合法有效。根据该协议书第二条第六款的约定，原告将股权转让完成后，在《股权转让协议书》签订前万某特公司应付给原告的股利，仍归原告所有。故原告有权依据《股权转让协议书》的约定向被告主张股权转让前应分得的股利。

裁判观点3：有限责任公司的董事会制订公司的利润分配和弥补亏损方案，经股东会批准形成决议后，再经弥补亏损和提取法定公积金，最后方能进行利润分配。原股东基于股东会决议请求公司分配其持股期间的股利的前提系利润分配方案的作出符合前述法定程序。

案例5：江苏省常州市中级人民法院·李某与江苏三某利牧业发展有限公司、和某食品集团有限公司公司盈余分配纠纷二审民事判决书［（2018）苏04民终3723号］

本院认为，从实现股利分配请求权的要件构成分析，三某利公司各股东是在李某转让部分股权且退股之前，通过协议书的形式作出向股东分配公司剩余利润的决议。因此，尽管李某现已不具有股东资格，但在股权转让前形成的公司股利分配决议，确立了公司与原股东李某之间的债权债务关系，故李某基于债权可主张权利，此系股东实现股利分配请求权的形式要件。但在公司无利润可供分配的情形下，根据《公司法》的相关规定，公司不得向股东分配股利，股东的股利分配请求权也只能处于期待的法律状态，此系股东实现股利分配请求权的实质要件。从三某利公司提供的审计报告来看，公司现处于亏损状态，无利润可供分配，故李某主张股利分配的实质要件并不成就。综上所述，李某的上诉请求不能成立，应予驳回。

裁判观点4：公司利润分配方案虽然在股权转让之前通过，但并未形成具体明确的分配方案，这种情况下利润分配请求权未转化为具体的债权，原股东请求公司分配其持股期间的盈余，法院不予支持。

案例6：内蒙古自治区高级人民法院·甘肃乾某达矿业开发集团有限公司、万某商务东升庙有限责任公司公司盈余分配纠纷二审民事判决书［（2019）内民终349号］

法院认为，原股东向公司主张利润分配请求权应当基于原股东在转让股权之前公司是否经股东会或股东大会决议形成具体的分配方案，且该股东是否已经基于该分配方案享有具体利润分配请求权。在该公司2014年2号股东会决议中，该公司股东会虽同意了通过2013年利润分配方案，但经庭审询问，双方均认可除该份股东会决议外再未形成其他利润分配方案。且该份股东会决议明确表述“剩余未分配利润暂未支付，2014年6月之前，将该部分剩余未分配利润分配完毕”。根据上述决议内容，万某公司股东会仅就待分配的利润总数额进行了决议，对于每位股东应当分配的利润尚未确定具体明确的分配方案。因此，乾某达公司作为原股东其主张分配的利润并没有转化为对公司应当支付其利润的确定的债权，其关于万某公司支付2013年未分配公司的利润的请求，法院不予支持。

再审维持原判。

021 转让股权后，原股东是否还可以提起股东代表诉讼？

☞ 阅读提示

股东代表诉讼制度是指当公司的合法权益遭受侵害，而公司怠于诉讼时，符合法定要件的股东为公司的利益以自己的名义对侵害人提起诉讼，追究其法律责任的诉讼制度。股东代表诉讼具有“代表性”，即起诉股东是代表全体股东行使诉权，以维护全体股东所应享有的间接利益，因此具备股东身份是有限责任公司股东提起代表诉讼的身份要件，如果提起代表诉讼的股东在诉讼过程中丧失股东身份，其是否具有继续诉讼的原告资格呢？

裁判要旨

具备公司股东身份是有限责任公司股东提起股东代表诉讼的身份要件，诉讼过程中，若原告股东转让股权丧失股东资格的，其与公司之间的直接利害关系消失，原告将不再符合股东代表诉讼的主体资格要求，人民法院依法裁定驳回起诉。

案情简介

一、神某融信公司成立于2006年12月21日，股东为陆某杰、杨某春、李某宁三人，其中陆某杰是法定代表人，担任执行董事职务，杨某春是总经理。

二、2011年4月20日，神某融信公司取得某读写装置及系统实用新型专利。同年6月20日，神某融信公司将涉案专利的全部权益无偿转让给周某术。

三、2013年7月28日，北京东某资产评估事务所对案涉专利权的财产权进行评估工作，出具的评估报告结论为：该财产权于2013年6月30日的评估值为1000万元人民币。评估结论的有效期为一年。

四、2013年7月30日，杨某春、周某术、陆某杰三人共同出资设立中某公司，2015 年 1 月 8 日，涉案专利权的财产权益被转移至中某公司。

五、李某宁认为陆某杰和杨某春在未经过股东会决议的情况下，擅自无偿将属于神某融信公司的专利转出，侵害神某融信公司利益，遂向人民法院提起股东代表诉讼，请求法院判令陆某杰、杨某春向神某融信公司返还涉案专利价款 1000 万元以及赔偿损失。

六、2017 年 2 月 20 日（一审期间），李某宁将其股份全部转让给信某世纪公司。一审北京市海淀区人民法院支持了李某宁的诉讼请求，二审北京市第一中级人民法院认为李某宁不具有原告资格，裁定撤销一审判决，驳回李某宁的起诉。

裁判要点

李某宁在法院审理过程中，将持有的神某融信公司的股份全部转让给了信某世纪公司，并办理工商变更登记，李某宁已丧失神某融信公司股东的身份，其诉请要求陆某杰、杨某春向神某融信公司承担的赔偿责任与自身并无直接利害关系，因此李某宁丧失了继续以神某融信公司股东身份进行股东代表诉讼的资格，并非神某融信公司股东代表诉讼的适格原告。

经验总结

在原告适格问题上，计划提起股东代表诉讼的股东需要重视以下两点：

一、提起股东代表诉讼时，原告股东需要具有公司股东身份。股东在发现公司其他股东、实际控制人、董事、监事、高级管理人员损害公司利益之后，计划转让股权和提起股东代表诉讼的，切忌转让全部股权而丧失股东代表诉讼的原告资格。

二、股东代表诉讼过程中，原告股东转让全部股权的，公司其他股东或者股权受让方申请作为原告继续诉讼的，诉讼可能继续。因此如果原告股东确实有必要转让全部股权的，其可以与受让股东和公司订立三方协议，约定受让股东提起股东代表诉讼或者由受让股东继续股东代表诉讼，同时约定如果公司对股东代表诉讼胜诉后的诉讼利润进行分配的，股权出让方保留该部分利润分配请求权。

相关法条

《中华人民共和国公司法》（2018 年修正）

第一百五十一条　董事、高级管理人员有本法第一百四十九条规定的情形的，有限责任公司的股东、股份有限公司连续一百八十日以上单独或者合计持有公司百分之一以上股份的股东，可以书面请求监事会或者不设监事会的有限责任公司的监事向人民法院提起诉讼；监事有本法第一百四十九条规定的情形的，前述股东可以书面请求董事会或者不设董事会的有限责任公司的执行董事向人民法院提起诉讼。

监事会、不设监事会的有限责任公司的监事，或者董事会、执行董事收到前款规定的股东书面请求后拒绝提起诉讼，或者自收到请求之日起三十日内未提起诉讼，或者情况紧急、不立即提起诉讼将会使公司利益受到难以弥补的损害的，前款规定的股东有权为了公司的利益以自己的名义直接向人民法院提起诉讼。

他人侵犯公司合法权益，给公司造成损失的，本条第一款规定的股东可以依照前两款的规定向人民法院提起诉讼。

《中华人民共和国民事诉讼法》（2021 年修正）

第一百二十二条　起诉必须符合下列条件：

（一）原告是与本案有直接利害关系的公民、法人和其他组织；

（二）有明确的被告；

（三）有具体的诉讼请求和事实、理由；

（四）属于人民法院受理民事诉讼的范围和受诉人民法院管辖。

《山东省高级人民法院关于审理公司纠纷案件若干问题的意见（试行）》（鲁高法发〔2007〕3 号　2007 年 1 月 15 日实施）

第七十五条第二款　诉讼中，原告丧失股东资格的，人民法院应裁定驳回起诉。

本案链接

北京市第一中级人民法院·杨某春、陆某杰等与北京神某融信信息技术有限公司损害公司利益责任纠纷二审民事裁定书［（2017）京 01 民终 9059 号］

法院认为，李某宁以损害公司利益责任纠纷提起本案诉讼，故本案为股东代表诉讼。股东代表诉讼是指当公司的正当利益受到控股股东、董事、高级管理人员或者其他人的侵害，而公司怠于通过诉讼追究侵害人的责任以及实现其他民事权利时，具备法定资格的股东为了公司的利益，依据法定程序以自己的名义提起的诉讼。根据《公司法》第一百五十一条“董事、高级管理人员有本法第一百四十九条规定的情形的，有限责任公司的股东、股份有限公司连续一百八十日以上单独或者合计持有公司百分之一以上股份的股东，可以书面请求监事会或者不设监事会的有限责任公司的监事向人民法院提起诉讼；监事有本法第一百四十九条规定的情形的，前述股东可以书面请求董事会或者不设董事会的有限责任公司的执行董事向人民法院提起诉讼。监事会、不设监事会的有限责任公司的监事，或者董事会、执行董事收到前款规定的股东书面请求后拒绝提起诉讼，或者自收到请求之日起三十日内未提起诉讼，或者情况紧急、不立即提起诉讼将会使公司利益受到难以弥补的损害的，前款规定的股东有权为了公司的利益以自己的名义直接向人民法院提起诉讼”的规定，具备公司股东身份是有限责任公司股东提起股东代表诉讼的身份要件。本案中，虽然李某宁起诉时具备神某融信公司股东的身份，符合法律关于股东代表诉讼原告资格的要求，但在法院审理过程中，其将所持股份全部转让给信某世纪公司，并办理工商变更登记，李某宁已丧失了神某融信公司股东的身份，即丧失了在本案中继续以神某融信公司股东身份进行股东代表诉讼的资格。诉讼中，李某宁主张其仍与神某融信公司存在间接投资关系、与本案仍具有利害关系，对此，李某宁未提交充分的证据予以证明，且即使李某宁与神某融信公司存在其所主张的利害关系，在李某宁已不是神某融信公司股东的情形下，其以自己的名义要求陆某杰、杨某春向神某融信公司进行赔偿，无相应的法律依据。因此，李某宁并非本案适格原告，对其诉讼请求应予驳回。

延伸阅读

裁判观点1：提起股东代表诉讼的主体必须具有公司股东身份，且在诉讼的整个过程中，该股东应持续具有股东身份，否则将丧失股东代表诉讼的诉讼主体资格。（与主文案例裁判观点相同）

案例1：最高人民法院·南京东某汽车工业（集团）有限公司与江苏春某自动车有限公司等赔偿纠纷申请案［（2013）民申字第1173号］

关于东某公司在二审诉讼过程丧失了股东资格，是否也相应地丧失股东代表诉讼的主体资格问题。股东代表诉讼是指当公司的正当利益受到控股股东、董事、高级管理人员或者其他人的侵害，而公司怠于通过诉讼追究侵害人的责任以及实现其他民事权利时，具备法定资格的股东为了公司的利益，依据法定程序以自己的名义提起的诉讼。根据《公司法》第一百五十二条[①]的规定，公司董事、高级管理人员或公司控股股东侵犯公司合法权益，给公司造成损失的，有限责任公司的其他股东可以书面请求监事会或者不设监事会的有限责任公司的监事向人民法院提起诉讼，监事会、不设监事会的有限责任公司的监事，或者董事会、执行董事收到股东书面请求后拒绝提起诉讼，或者自收到请求之日起三十日内未提起诉讼，或者情况紧急、不立即提起诉讼将会使公司利益受到难以弥补的损害的，股东有权为了公司的利益以自己的名义直接向人民法院提起诉讼。根据上述规定，具备公司股东身份是有限责任公司股东提起股东代表诉讼的身份要件。本案中，虽然东某公司提起诉讼时持有徐某汽车公司40%的股份，具备徐某汽车公司股东的身份，符合法律关于股东代表诉讼原告资格的要求，但是，在二审法院审理过程中，东某公司将其所持股份全部转让给徐某机械公司，并办理了工商变更登记，由此，东某公司已丧失了徐某汽车公司股东的身份，不符合股东代表诉讼的主体资格要求，丧失了在本案中继续以徐某汽车公司股东身份进行股东代表诉讼的资格。因此，二审法院认定东某公司在丧失徐某汽车公司股东身份时，相应地丧失了股东代表诉讼的诉讼主体资格，有事实和法律依据。

案例2：广东省高级人民法院·深圳龙某日盛投资管理有限公司等诉李某等公司利益责任纠纷案［（2017）粤民终1932号］

关于吴某清和华某在线公司是否具备提起股东代表诉讼的主体资格问题。股东代表诉讼的原告在提起和进行代表诉讼时必须始终具备股东身份，华某在线公司不是美某佳公司的股东，吴某清在本案诉讼期间不再持有美某佳公司股权，不再是美某佳公司的股东，故吴某清和华某在线公司均不具备代表公司提起损害公司利益责任纠纷诉讼的主体资格，原审裁定驳回其起诉亦属正确。

裁判观点2：在股东代表诉讼的审理过程中，若提起诉讼的股东被公司股东会解除股东身份，则该股东丧失股东代表诉讼的诉讼主体资格，法院裁定驳回起诉。

案例3：最高人民法院·上海高某股权投资合伙企业、许某荣、谢某楠等损害公司利益责任纠纷申请再审民事裁定书［（2015）民申字第2204号］

本院经审查认为，关于上海高某合伙企业股东资格问题。依据原审查明的事

① 编者按：《公司法》（2018年修正）第151条。

实，在案件审理过程中，华东有某公司股东会根据增资协议约定，在上海高某合伙企业未按增资协议约定缴纳第三期增资款，经过两次函告仍未缴纳的情况下，于2014年5月28日召开股东会年度会议并作出决议，以减少注册资本的形式解除上海高某合伙企业的股东资格。根据《公司法》及相关司法解释规定，有限责任公司的股东会有权以股东会决议形式解除股东资格。华东有某公司股东会年度会议关于解除上海高某合伙企业股东资格的决议已经生效。依照《公司法》第二十二条的规定，股东可以提起确认股东会决议无效之诉。然而，截至一审裁定作出时，上海高某合伙企业并没有依法提起申请撤销股东会决议诉讼或申请确认股东会决议无效诉讼。因此，原审认定上海高某合伙企业在本案中丧失了股东资格，无权提起股东代表诉讼，裁定驳回起诉，有事实和法律依据。

裁判观点3：股东转让全部公司股权后，丧失提起股东代表诉讼的资格。股权转让协议关于股权出让方保留其持股期间的利润分配请求权的约定，仅系财产权益的约定，该约定不当然产生股权出让方保留股东代表诉讼主体资格的法律效果。

案例4：湖南省高级人民法院·湖南安某企业（集团）有限公司、华菱涟某钢铁集团有限公司企业承包经营合同纠纷二审民事裁定书［（2019）湘民终836号］

本院认为，根据《公司法》第一百五十一条的规定，公司的董事、监事、高级管理人员违反法律、行政法规或者公司章程的规定，使公司的利益受到损害，或者他人侵害公司合法权益，给公司造成损失，公司怠于起诉时，有限责任公司的股东或者股份有限公司连续180日以上单独或者合计持有公司1%以上股份的股东在穷尽公司内部救济途径后，可以以自己的名义起诉，其诉讼利益归于公司。在该类诉讼中，股东只是代为行使公司的诉权，公司才是诉讼的真正权利人和利益所有者，股东只是间接受益者，因此《公司法》对提起股东代表诉讼的主体资格进行了明确限定：原告必须具备公司股东身份。本案中，安某集团以华菱涟某未按照《承包经营合同》的约定支付相关承包费等费用，损害了湖南某化以及安某集团的利益为由，提起本案诉讼，要求华菱涟某等向湖南某化支付承包费、税后利润以及相关权益，该诉讼请求符合股东代表诉讼中将诉讼利益归于公司的法律特征，但是安某集团在提起本案诉讼前已经将所持湖南某化的全部股权进行了转让，不再具备股东身份，也不再具备法定的提起股东代表诉讼的主体资格。虽然安某集团上诉称自己在股权转让时，保留了持股期间部分收益权，但该约定仅是其与股权受让方在股权转让中关于财产权益的相关约定，安某集团并不能因该约定取得提起股东代表诉讼的主体资格，本案中，只有湖南某化的现任股东包括安某集团的股权受让方有资格提起股东代表诉讼。综上，一审法院以安某集团不是湖南某化的股东，对其提出的诉讼请求无法律上的利害关系，不符合《民事诉讼法》第一百一十九条①第一项规定的起诉条件为由，驳回安某集团的起诉并无不当，本院依法予以维持。

裁判观点4：股东代表诉讼中，原告股东将股权全部转让的，如股权受让方或其他股东申请作为原告继续诉讼的，则诉讼可能可以继续。

案例5：最高人民法院·北京金某多资源技术有限公司与上海迈某尔得工贸有限公司、孙某等损害公司利益责任纠纷二审民事裁定书［（2015）民二终字第38号］

《公司法》第一百五十二条规定：“董事、高级管理人员违反法律、行政法规或者公司章程的规定，损害股东利益的，股东可以向人民法院提起诉讼。”根据该条规定，公司股东对于直接侵害其利益的行为，可以向人民法院提起诉讼。金某多公司在起诉状中称“由于左某华、李某等永某汇公司高级管理人员实际控制永某汇公司的经营和管理，永某汇公司无法自行提起诉讼”，才提起本案诉讼，具有代表永某汇公司提起诉讼的意思表示。依据《公司法》的规定，股东代表诉讼的适格原告为公司股东。金某多公司在起诉后将其享有的永某汇公司的股份转让给沈某骧并办理了股权变更登记，已经不再是永某汇公司的股东。经本院释明，金某多公司在二审时未在规定期限内提交沈某骧或者永某汇公司其他股东同意作为原告继续诉讼的证据，故金某多公司作为股东代表永某汇公司主张权利的事实基础已不存在，无权再以股东身份继续进行本案诉讼。

022 转让股权后发现其他股东侵害公司资产，原股东该如何维权？

☞ 阅读提示

股东代表诉讼的原告必须具有公司股东资格，那么股东在转让全部股权之后，发现公司实际控制人、股东、董事、监事、高级管理人员等侵害公司利益，导致自身股权转让价值严重受损时，原股东该如何维权呢？

---

① 编者按：《民事诉讼法》（2021年修正）第122条。

裁判要旨

公司股东转让全部股权之后，发现实际控制人、其他股东、董事、监事、高级管理人员等侵害公司利益的，原股东不具有代表公司提起股东代表诉讼的资格，但是如果前述主体侵害公司利益的行为直接导致原股东股权转让价值遭受损失的，原股东有权对前述主体提起一般侵权之诉。

案情简介

一、道某选煤公司原股东为李某（持股30%）、通某矿业集团（持股70%）。

二、2010年10月12日，李某将其股权全部转让给通某矿业集团，股权转让价格系以吉林金某资产评估有限责任公司出具的资产评估报告为依据。

三、李某在股份转让后发现，在其持股期间通某矿业集团通过不公平关联交易、低价销售精煤等行为侵害道某选煤公司利益，间接造成自身经济损失。2010年12月31日，李某向吉林省白山市中级人民法院提起股东代表诉讼。

四、二审吉林省高级人民法院以“李某已转让道某选煤公司全部股权，丧失股东身份，不符合股东代表诉讼的起诉主体资格”为由判决驳回起诉，最高人民法院也以前述理由裁定驳回了李某的再审申请。

五、之后，李某再次向吉林省白山市中级人民法院提起诉讼，主张：通某矿业集团存在滥用股东权利进行关联交易，并伙同道某选煤公司提供虚假的财务资料等行为，导致自己的30%股权价值受损，两公司构成共同侵权，请求法院判令通某矿业集团和道某选煤公司对其股权价值损失承担连带赔偿责任。吉林省白山市中级人民法院支持了李某的该项诉讼请求，判令两被告向其赔偿股权价值损失6900余万元。

裁判要点

一、通某矿业集团滥用股东权利进行不公平关联交易、低价销售精煤及伙同道某选煤公司提供虚假的财务资料等行为导致吉林金某资产评估有限责任公司对李某的30%股权评估价值严重偏低，同时李某与通某矿业集团的股权转让价款系完全参照吉林金某资产评估有限责任公司作出的资产评估报告形成，因此李某遭受股权转让价值贬损的损害结果是通某矿业集团和道某选煤公司的共同行为造成的，二者存在直接因果关系，故通某矿业集团、道某选煤公司构成共同侵权。

二、李某发现自身权益被侵害时，已不具有道某选煤公司股东的身份，故不能提起股东代表诉讼，但其仍有权以股权转让价值遭受侵害，向通某矿业集团、道某选煤公司直接主张侵权损失赔偿。

经验总结

公司股东转让全部股权之后，发现实际控制人、股东、董事、监事、高级管理人员侵害公司利益的，原股东丧失代表公司提起股东代表诉讼的原告资格，但其有权以自己名义提起一般侵权之诉维权，在此过程中，需要注意以下两点：

一、原股东提起的诉讼不能为“损害公司利益责任纠纷”“损害公司利益责任纠纷”“公司关联交易损害责任纠纷”等公司法相关案由，而应该选择“侵权责任纠纷”，并援引民法侵权编相应法条。

二、原股东提起一般侵权之诉维权的，需要严格论证公司实际控制人、股东、董事、监事、高级管理人员等侵害公司利益的行为与自己遭受损害的结果之间具有直接因果关系，比较稳妥的做法系主张股权价值因侵权行为遭受损害。此外，股东在转让股权时委托专业机构予以审计/评估，并以相应结果作为股权转让价值的依据，将有助于股东日后在该类诉讼中证明前述因果关系。

相关法条

《中华人民共和国公司法》（2018 年修正）

第二十条　公司股东应当遵守法律、行政法规和公司章程，依法行使股东权利，不得滥用股东权利损害公司或者其他股东的利益；不得滥用公司法人独立地位和股东有限责任损害公司债权人的利益。

公司股东滥用股东权利给公司或者其他股东造成损失的，应当依法承担赔偿责任。

公司股东滥用公司法人独立地位和股东有限责任，逃避债务，严重损害公司债权人利益的，应当对公司债务承担连带责任。

《中华人民共和国民法典》（2021 年 1 月 1 日实施）

第一千一百六十八条　二人以上共同实施侵权行为，造成他人损害的，应当承担连带责任。

本案链接

吉林省白山市中级人民法院·李某与通某矿业有限责任公司及通某矿业（集团）道某选煤有限公司侵权责任纠纷一审民事判决书［（2016）吉 06 民初 59 号］

关于通某矿业集团、道某选煤公司是否存在滥用股东权利进行关联交易、低价销售精煤及提供虚假的财务资料等行为，导致李某的 30%股权价值被低估问题。根据吉林省煤某集团有限公司关于对通某矿业集团《收购李某在道某选煤公司 30%股权的请示》的批复“收购股权的价格，以中介机构的评估、审计结果为依据，按国家有关规定办理”，比较双方签订的《股权转让合同书》载明的股权转让价款与吉林金某资产评估有限责任公司作出的资产评估报告结果完全一致，可以认定，李某与通某矿业集团股权转让的价款系完全参照吉林金某资产评估有限责任公司作出的资产评估报告形成。由于该评估报告所依据的吉林金某会计师事务有限责任公司《审计报告》没有作出不公平关联交易、虚增原料煤等影响评估结果的相关数据，股权价值评估中没有剔除以上影响股权价值的因素。同时，该评估报告违背《评估业务约定书》中“根据 2007 年、2008 年、2009 年度审计结果和 2010 年 1-6 月中期审计结果，用收益法，预测 5 年，评估部分股权价值，用于股权转让”的约定，而采用“资产基础法和收益法”进行评估，因而吉林金某资产评估有限责任公司的评估结果不能如实体现李某的股权价值。通某矿业集团、道某选煤公司在股权价值评估时，隐瞒了入洗原料煤存在不公允关联交易的事实，并将不实的财务资料提供给评估机构，致使李某的股权价值被低估，侵害了李某的合法权益。通某矿业集团、道某选煤公司共同故意实施了不公允的关联交易、虚增原煤入洗量及虚开增值税发票的行为。李某的股权价值被低估的结果是通某矿业集团、道某选煤公司的共同行为造成的，二者存在因果关系，故对通某矿业集团、道某选煤公司已构成共同侵权予以确认。

本案李某是否具有主张权利的主体资格问题。《公司法》第二十条规定：“公司股东应当遵守法律、行政法规和公司章程，依法行使股东权利，不得滥用股东权利损害公司或者其他股东的利益……公司股东滥用股东权利给公司或者其他股东造成损失的，应当依法承担赔偿责任……”上述规定从正面对股东如何行使股东权利进行了规范，同时也明确了滥用股东权利损害公司或者其他股东的利益属于侵权行为性质，公司和其他股东均可以依法追究侵权股东的责任。但如何追究责任，则需根据具体情况，依据相关的法律确定。《公司法》第二十一条规定："公司的控股股东、实际控制人、董事、监事、高级管理人员不得利用其关联关系损害公司利益。违反前款规定，给公司造成损失的，应当承担赔偿责任。"由于该条规定的请求权主体仅限于公司，故受害的公司有权以自己的名义、为了自己的利益直接对滥用关联关系损害公司利益的控股股东、实际控制人等提起损害赔偿之诉。倘若公司董事会或者监事会均在侵权股东的控制之下无法或者不能以自己的名义、为了自己的利益提起诉讼，则有限责任公司的任何股东有权为了公司的利益以自己的名义，依据《公司法》第一百五十一条之规定，直接向法院提起股东代表诉讼。本案中，李某发现自身权益被侵害时，已不具有道某选煤公司股东的身份，故不能依据《公司法》第一百五十一条之规定提起股东代表诉讼。但其主张权利的请求权基础为《侵权责任法》第二条、第三条、第六条、第八条、第十五条、第十九条以及《民法通则》[①] 第一百零六条之规定，股权作为民事权利的一种，属于上述两部法律保护的范围。依据上述两部法律主张权利的主体为民事权益受到侵害的当事人，而与其主张权利时是否仍具有股东身份无关。《公司法》第二十条从特别法的角度确定了滥用股东权利侵害其他股东利益行为的违法性，并要求该种违法行为发生时的侵权人与被侵权人均需具有股东身份，但并未要求在追究侵权行为责任时侵权人或被侵权人均仍需具有股东身份。故侵权人或被侵权人即使转让了股权，不再具有股东身份，只要主张权利所依据的具体法律规范对主体身份没有特别要求，均可成为适格的诉讼主体。最高人民法院也在（2017）最高法民再 8 号民事裁定中阐明，李某如认为案涉其主张的通某矿业集团滥用股东权利损害了其作为当时道某选煤公司股东享有的民事权益并给其自身造成损失，可另循法律途径解决。故通某矿业集团认为李某没有诉讼主体资格的主张，本院不予采纳。

延伸阅读

裁判观点 1：股东转让全部股权之后，无权提起股东代表诉讼。

案例 1：最高人民法院 · 南京东某汽车工业（集团）有限公司与江苏春某自动车有限公司等股东滥用股东权利赔偿纠纷申请案［（2013）民申字第 645 号］

关于东某公司丧失股东代表诉讼的主体资格后应否裁定驳回其起诉的问题。根据《公司法》第一百五十二条的规定，公司高级管理人员或控股股东等以不

① 编者按：已失效，被《民法典》吸收。

当行为侵害公司利益，公司在不当行为控制之下不能或怠于以自己名义主张权利，公司股东为了公司利益，以自己的名义对不当行为人提起诉讼的，人民法院应予受理。提起诉讼的原告应是公司现任股东，被告应为有不当行为的董事、监事、经理等高级管理人员、控股股东以及相关交易相对人，公司应作为第三人参加诉讼。本案中，东某公司在二审诉讼过程中已丧失了徐某汽车公司股东的身份，不符合股东代表诉讼原告的要求，相应地丧失了股东代表诉讼的诉讼主体资格。因此，二审判决认为“东某公司在丧失徐某汽车公司股东身份之后，再以自己的名义要求春某自动车公司、春某销售公司向徐某汽车公司进行赔偿，无相应的法律依据”，并无不当。二审法院在东某公司已不再具备诉讼主体资格的情形下，依据《公司法》第一百五十二条及2007年《民事诉讼法》第一百零八条、第一百五十三条第一款第三项的规定，裁定驳回东某公司的起诉，适用法律并无不当。

裁判观点2：股东转让全部股权之后，发现公司其他股东、董事、监事、高级管理人员侵害公司利益，如果原告基于原股东身份对前述人员提起诉讼，主张自身持股期间的分红遭受损失，即使原告在诉讼中主张其提起的诉讼系一般侵权之诉，行使权利的依据系民法，法院也会因为原告基于股东身份提起的诉讼，从而认为案件并非一般意义上的侵权之诉，应当适用《公司法》的相关规定审查原告与案件是否存在直接利害关系，进而裁定驳回原告起诉。

案例2：最高人民法院·李某与郝某东、通某矿业（集团）有限责任公司损害股东利益责任纠纷申诉、申请民事裁定书［（2016）最高法民申84号］

本院认为，本案争议问题是李某的起诉是否符合《民事诉讼法》第一百二十二条第一项规定的“原告是与本案有直接利害关系的公民、法人和其他组织”的起诉条件，原审裁定驳回其起诉是否存在适用法律确有错误的情形。从李某起诉所主张的事实及理由看，其主张在其为道某选煤公司的股东期间，公司董事长郝某东存在对外低价销售公司精煤的行为，给公司和其本人造成了经济损失，因而要求郝某东承担赔偿责任，通某矿业集团对郝某东的行为承担连带责任，并引用《公司法》第一百四十九条、第一百五十二条以及《民法通则》[①] 第一百零六条的规定作为其行使请求权的法律依据。由此可见，李某是基于其曾为道某选煤公司的股东身份才提起本案诉讼的。而李某提起本案诉讼时已将其持有的道某选

① 编者按：已失效，被《民法典》吸收。

煤公司30%股份全部转让，不再具备股东资格。股份的全部转让，意味着附着在上述股份上的股东权利亦概括转移至受让人。因李某已不再是该公司股东，亦不再享有相应的股东权利及诉权，故李某对于其提出的诉讼请求，并无法律上的利害关系，其起诉不符合《民事诉讼法》第一百一十九条[①]第一项规定的起诉条件。虽然李某主张是在其为股东期间发生了上述损失而要求赔偿，但根据《公司法》的相关规定，其所主张的"损失"与其并没有直接的利害关系。理由是：首先，对于李某提出的公司董事长郝某东在其持股期间存在对外低价销售精煤的行为，给公司以及作为股东的李某造成了损失而要求赔偿的主张，根据《公司法》第一百四十九条"董事、监事、高级管理人员执行公司职务时违反法律、行政法规或者公司章程的规定，给公司造成损失的，应当承担赔偿责任"的规定，公司高管人员给公司造成损失的应向公司承担赔偿责任。而本案李某并非代表道某选煤公司向公司董事长提起诉讼，也并未要求公司董事长郝某东向道某选煤公司承担赔偿责任。况且，李某已将其股权全部转让，不具备股东资格，无权代表道某选煤公司向公司高管人员提起公司代表诉讼。据此，李某在起诉状中引用上述法律规定作为自己行使请求权的法律依据，显然不符合法律规定，其不具备原告主体资格。其次，根据《公司法》第一百五十二条"董事、高级管理人员违反法律、行政法规或者公司章程的规定，损害股东利益的，股东可以向人民法院提起诉讼"的规定，虽然法律赋予股东可以就高管人员的侵权行为提起股东直接诉讼的权利，但李某在本案中所主张的"损失"与其主张的公司董事长郝某东上述行为之间是否存在直接利害关系，对此，本院认为，根据《公司法》第四条"公司股东依法享有资产收益、参与重大决策和选择管理者等权利"以及第三十四条"股东按照实缴的出资比例分取红利"等相关规定，李某在向公司完成出资、成为公司股东后只能依据《公司法》以及公司章程的规定享有分取红利、分配剩余财产等权利，即公司财产与股东财产相分离。而在本案中即便存在李某所主张的公司董事长郝某东低价销售精煤的行为，首先是对道某选煤公司造成"损失"，仅是间接损害了李某作为股东的利益，而与其自身财产权益之间并没有直接的因果关系。且因其股权的转让，李某主张的所谓损失与其并无直接利害关系。因此，就本案而言，基于李某已转让其股权，不再具有股东身份，其与本案无直接利害关系，不具备本案原告主体资格。最后，虽然李某在起诉状

① 编者按：《民事诉讼法》（2021年修正）第122条。

中将《民法通则》[①]第一百零六条即“公民、法人违反合同或者不履行其他义务的，应当承担民事责任。公民、法人由于过错侵害国家的、集体的财产，侵害他人财产、人身的，应当承担民事责任。没有过错，但法律规定应当承担民事责任的，应当承担民事责任”的规定作为其行使请求权的法律依据，但本案系李某基于其曾是公司股东的身份而对公司董事提起的诉讼，并非一般意义上的侵权之诉，故应当适用《公司法》的相关规定审查其与本案是否存在直接利害关系。基于前述分析，原审裁定驳回李某起诉并无不当。

案例3：四川省新津县人民法院·成都仁某投资有限责任公司与四川伟某实业有限公司、成都凌某物资贸易有限公司、四某信托有限公司损害股东利益责任纠纷一审民事裁定书［（2017）川0132民初2052号］

本院经审理认为，原告成都仁某公司在本案中主张三被告共同赔偿其损失，从其诉状陈述及询问陈述来看，原告成都仁某公司认为损害的系其作为被告四川伟某公司股东而享有的股东收益权，故原告成都仁某公司在本案中诉的利益为股东利益。根据《公司法》的相关规定，股东作为原告提起诉讼有两种，一种为股东直接诉讼，另一种为股东代表诉讼。股东代表诉讼即股东以自己的名义代表公司提起诉讼，依据《公司法司法解释四》的规定，这类诉讼应当列公司为第三人，且胜诉利益属于公司。原告成都仁某公司系被告四川伟某公司的股东，本案中，其将四川伟某公司列为被告，要求被告四川伟某公司对其承担赔偿责任，故原告成都仁某公司在本案中不是代表公司进行诉讼，系基于股东身份提起的直接损害其股东利益的诉讼。依据《公司法》的规定，股东在向公司完成出资、成为公司股东后只能依据《公司法》及公司章程的规定享有分取红利、分配剩余财产等权利，即公司财产与股东财产相分离。被告四川伟某公司的对外合同行为即使存在虚构交易，其行为直接损害的也应当是被告四川伟某公司的利益，仅是间接损害了原告成都仁某公司作为股东的利益，故原告成都仁某公司与本案无直接利害关系，不具备本案原告主体资格。另原告成都仁某公司在询问陈述中主张适用一般侵权关系提起该案诉讼，但本案系原告成都仁某公司基于股东身份提起的诉讼，并非一般意义上的侵权之诉，应当适用《公司法》的相关规定审查其与本案是否存在直接利害关系。

① 编者按：已失效，被《民法典》吸收。

023 名为股东会决议实为股东间协议，是否对未参会的股东发生效力？

☞ 阅读提示

实践中，股东之间在进行股权转让时可能会选择以股东会决议的形式约定当事人之间的权利义务、违约责任等内容。对于该等名为股东会决议实为股东间协议，应当适用《公司法》还是《民法典》合同编的规则判断其效力？多数股东利用表决权优势所作出的该等决议，是否对未参会/投反对票的股东发生效力？

裁判要旨

公司股东作出的“股东会决议”，如果决议事项不属于《公司法》以及公司章程中规定的股东会职权范畴，则该“股东会决议”在法律性质上实际为股东间协议，就该“股东会决议”的成立、效力、履行等问题产生的纠纷，应适用民法关于订立合同及合同效力的规定进行审查。

案情简介

一、黄某群、李某伟、黄某、陆某荣四人为华某公司股东，其中李某伟系华某公司的法定代表人。

二、2015 年 2 月 8 日，李某伟、黄某群、陆某荣商议一致，决定召开临时股东会议，由股东拿出各自持有的华某公司股权，在公司股东之间进行竞拍，出价最高的股东可以取得华某公司的全部股权。最终，李某伟以最高价 4400 万元拍得华某公司的全部股权。竞拍结束后，三人在当场制作的《会议纪要》上签名，以示确认，李某林在没有取得黄某授权的情况下，以“黄某股东代表”的身份，代表黄某签名。《会议纪要》主要内容为华某公司股东之间进行股权转让的权利义务事宜。

三、之后，黄某认为李某伟、黄某群、陆某荣三人在自己不知情的情况下，擅自处分自己持有的股权，严重侵害了自身合法股东权益，遂于 2017 年 12 月 21 日向法院起诉请求确认股东会决议《会议纪要》无效。

四、一审广东省湛江市霞山区人民法院、二审广东省湛江市中级人民法院适用《公司法》第二十二条第一款均判决驳回了黄某的诉讼请求。再审时广东省高级人民法院认为《会议纪要》系股东间协议而非股东会决议，其效力判定应适用民法而非公司法，故判决撤销一审、二审判决，《会议纪要》合法有效，但对黄某不发生效力。

裁判要点

从案涉股东会决议的内容来看，实质为股东之间达成的股权转让协议，并非对《公司法》第三十七条或公司章程规定的股东会职权范围内的事项作出决议。股东请求确认该股东会决议不成立或无效，实质为请求确认股东间订立的股权转让合同不成立或无效，应适用民法关于订立合同及合同效力的规定进行审查。

本案中，李某林没有代理权且代签字行为不构成表见代理，黄某又未对李某林的代签字行为进行追认，故涉案《会议纪要》对黄某不发生效力。

经验总结

一、法院在认定文件性质是股东间协议还是股东会决议时，并非只看形式，而侧重于对文件内容的实质性分析，对于超出《公司法》以及公司章程中明确约定的股东会职权范畴的决议事项，法院会将其定性为股东间协议。

二、股东间协议与股东会决议在合意形成规则、内容、法律效力和法律适用等方面均存在不同：

1. 在形成规则上，股东会决议遵循资本多数决的原则，即按照多数派股东的意见作出，而股东间协议遵循意思自治原则，即只要一个股东表示反对，协议就无法达成；

2. 在内容上，股东会决议只能决定股东会职权范围内的事项，其主要调整公司的事项而不能处分股东的权益；

3. 在法律效力上，股东会决议对公司的董事、监事、经理及高级管理人员均具有法律约束力，而股东间协议仅对签订协议的股东具有法律约束力；

4. 在法律适用上，对于股东会决议的效力认定主要以公司法为依据，而对于股东间协议的效力认定主要以民法为依据。

相关法条

《中华人民共和国公司法》（2018 年修正）

第二十二条第一款 公司股东会或者股东大会、董事会的决议内容违反法律、行政法规的无效。

第三十七条 股东会行使下列职权：

（一）决定公司的经营方针和投资计划；

（二）选举和更换非由职工代表担任的董事、监事，决定有关董事、监事的报酬事项；

（三）审议批准董事会的报告；

（四）审议批准监事会或者监事的报告；

（五）审议批准公司的年度财务预算方案、决算方案；

（六）审议批准公司的利润分配方案和弥补亏损方案；

（七）对公司增加或者减少注册资本作出决议；

（八）对发行公司债券作出决议；

（九）对公司合并、分立、解散、清算或者变更公司形式作出决议；

（十）修改公司章程；

（十一）公司章程规定的其他职权。

对前款所列事项股东以书面形式一致表示同意的，可以不召开股东会会议，直接作出决定，并由全体股东在决定文件上签名、盖章。

《中华人民共和国民法典》（2021 年 1 月 1 日实施）

第一百七十一条第一款 行为人没有代理权、超越代理权或者代理权终止后，仍然实施代理行为，未经被代理人追认的，对被代理人不发生效力。

第一百七十二条 行为人没有代理权、超越代理权或者代理权终止后，仍然实施代理行为，相对人有理由相信行为人有代理权的，代理行为有效。

本案链接

广东省高级人民法院·黄某、李某伟股权转让纠纷再审民事判决书［（2020）粤民再 345 号］

法院再审认为，本案争议的焦点为：一是本案的定性，二是黄某诉请确认《会议纪要》无效的理由是否成立。

一、关于本案定性的问题。从涉案《会议纪要》的内容看，是约定华某公司股东之间进行股权转让的权利义务事宜，并非约定华某公司资产转让或者公司经营决策问题，故本案应属股权转让纠纷，而非公司决议纠纷，一、二审判决认定本案为公司决议效力纠纷不当，本院予以纠正。

二、关于黄某诉请确认《会议纪要》无效的理由是否成立的问题。黄某主张李某伟、黄某群、陆某荣未经其同意，将其持有的股权进行竞拍处分，损害其利益，涉案《会议纪要》应属无效。黄某群、陆某荣主张《会议纪要》有效。本案《会议纪要》主要涉及三个股权转让关系，即李某伟和黄某之间的股权转让关系、李某伟和黄某群之间的股权转让关系、李某伟和陆某荣之间的股权转让关系。李某伟与黄某群、陆某荣之间的股权转让关系，另案生效判决已作处理，故不属本案审理范围。本案审理的是《会议纪要》中关于李某伟和黄某之间的股权转让关系，即双方争议的李某林在《会议纪要》上签名的行为对黄某是否构成表见代理问题。《合同法》第四十九条①规定："行为人没有代理权、超越代理权或者代理权终止后以被代理人名义订立合同，相对人有理由相信行为人有代理权的，该代理行为有效。"本案中，各被申请人未能提交证据证明李某林在《会议纪要》上签署"李某林（代）"是事前获得黄某的授权，事后得到黄某的追认，亦没有证据证明之前李某林曾代理黄某处理过涉及华某公司股份事宜，李某伟、黄某群、陆某荣没有理由相信李某林有权代理黄某处分涉案股权。根据上述规定，李某林在《会议纪要》上的签名行为对黄某不构成表见代理，李某林的代理行为无效。《合同法》第四十八条②规定："行为人没有代理权、超越代理权或者代理权终止后以被代理人名义订立的合同，未经被代理人追认，对被代理人不发生效力，由行为人承担责任……"因李某林没有代理权，黄某又未对李某林的代理行为进行追认，故涉案《会议纪要》对黄某不发生效力。

延伸阅读

裁判观点1：股东之间的股权转让协议以股东会决议形式作出的，其性质上仍属于股权转让协议，由此产生的纠纷系股权转让纠纷。（与主文案例观点相同）

案例1：江苏省南京市中级人民法院·段某德与徐某辉、陈某念等股权转让纠纷二审民事判决书［（2018）苏01民终6921号］

本院认为，股权转让纠纷是指股东之间、股东与非股东之间进行股权转让而

---

①② 编者按：《民法典》第172条。

发生的纠纷。本案系段某德与三被上诉人之间基于四人持有的成某公司股权转让问题发生争议，并不涉及成某公司其他事项，应属股权转让纠纷，争议主体为四名股东。对此，各方当事人均予认可，本院予以确认。股东内部的股权转让协议属股东间协议，7月6日决定及7月7日补充决定中关于在股东之间进行股权转让相关事项的约定，虽系以公司股东会决议的形式作出，但其性质仍属股权转让协议，该部分约定，是各股东真实意思表示，不违反法律、行政法规的强制性规定，依法成立，合法有效，各方均应遵照履行。

裁判观点2：股东会决议文本中不属于股东会作为公司权力机构行使职权的事项，不是股东会决议。认缴公司资本是股东的法定权利，股东会无权就股东是否认缴公司新增资本及如何认缴作出决议，与此相关的内容即使记载于股东会决议文本中，也应认定属于股东间协议，适用民法进行调整。

案例2：最高人民法院·许某安、杨某兰等与曹某勇二审民事判决书［（2015）民二终字第313号］

许某安等申请撤销的协议内容属股东间协议还是股东会决议，该撤销权的行使应适用《合同法》还是《公司法》

许某安等一审最终确定的诉讼请求第一项为“依法撤销2013年1月被告单方向第三人增资2000万元取得公司30%增资股权（股权价值约1亿元）及四原告放弃优先认缴权的股东协议内容”。从现有证据看，案涉《债权确认书》和2013年1月25日滨某公司《股东会决议》为同一日作出，2013年1月29日滨某公司《股东会决议》为四日后作出。《债权确认书》载明，因曹某勇及其父在获取滨某公司原始股权、购置房屋及“其他事物方面”许某安多次给予资金支持，向许某安多次借用款项，又得到许某安同意并配合曹某勇通过增资方式增持滨某公司股权至40%，为妥善解决曹某勇对许某安此前形成的个人债务问题，曹某勇确认了“截至本协议签署之日”曹某勇及其父欠付许某安个人债务的本金数额，承诺了还款时间、以股权进行质押担保等事宜；2013年1月25日滨某公司《股东会决议》明确是全体股东就曹某勇清偿所欠许某安债务事宜，将其所持滨某公司全部股权质押给许某安之事宜所达成，决议第四项内容为全体股东均知悉并同意监督曹某勇于2013年1月25日向许某安出具的《债权确认书》中的其他承诺事项的履行；2013年1月29日滨某公司《股东会决议》第二项记载滨某公司新增注册资本2000万元由曹某勇以现金方式缴付。从上述文件的签署日期及所载内容看，全体股东就股东间的债权债务关系和公司增资如何认缴等事宜作出了整体交易安排，故在确认各股东权利、义务、可能承担的法律责任时，需将上述文件作为一个整体加以分析认定。同时，2013年1月29日滨某公司《股东会决议》载明的内容，并非全部属于股东会职权范围。股东会有权对公司增加注册资本作出决议，但对股东是否认缴公司新增资本、认缴多少则不能作出决议。依据股东会作出该决议时适用的《公司法》第三十五条①关于"公司新增资本时，股东有权优先按照实缴的出资比例认缴出资"的规定，认缴新增资本是股东的法定权利。滨某公司全体股东在2013年1月29日《股东会决议》中签章同意的关于新增注册资本2000万元由曹某勇以现金方式缴付的内容，本质上属于股东间对新增资本优先认缴权的约定，属于股东之间的协议，而非股东会作为公司的权力机构行使职权作出的决议。一审法院认定上述三份文件的内容具有相互关联性，认定滨某公司全体股东就曹某勇同意偿还许某安3800万元债务，许某安等同意曹某勇单独增资并放弃优先认缴出资的权利达成协议，许某安等申请撤销的协议内容属于股东间的协议，应当适用《合同法》② 的相关规定，并无不妥。曹某勇关于本案属于请求撤销股东会决议、应当适用《公司法》及相关司法解释的主张不能成立。

024 股东要求确认公司决议不成立，是否应在诉讼时效期间内提出？

☞ 阅读提示

《公司法司法解释四》规定了公司决议不成立之诉，决议瑕疵类型的"三分法"体系自此形成，即决议无效、决议可撤销、决议不成立三种情形。因为《公司法司法解释四》对决议不成立之诉是否适用诉讼时效制度未予以明确，实践中不同法院之间亦存在不同裁判观点。

裁判要旨

公司决议不成立之诉系确认之诉，一旦法院判决确认决议不成立，则不成立

① 编者按：《公司法》（2018年修正）第34条。
② 编者按：已失效，被《民法典》吸收。

的决议自始地、终局地不成立，且因公司决议效力确认权系形成权而非债权请求权，因此决议不成立之诉不适用诉讼时效制度。

案情简介

一、2009 年 12 月 2 日，优某国际公司设立，股东为优某亚洲公司、优某北京公司和某贸易公司。法定代表人为刘某卡，总经理由孙某明担任。其中刘某卡亦为优某北京公司的法定代表人。

二、2011 年 3 月 14 日，孙某明在《公司变更（备案）登记申请书》上作为法定代表人签名，向工商行政管理局申请变更优某国际公司为法定代表人，并提交了《董事会决议》《法定代表人免职文书》等多份文件。当日，工商局准予优某国际公司法定代表人由刘某卡变更为孙某明。

三、之后，优某北京公司认为孙某明在掌控优某国际公司的全部证照和公章的情况下，非法伪造多份优某国际公司变更登记文件，且故意不通知优某北京公司及优某亚洲公司召开股东会、董事会的相关事宜，优某北京公司遂向人民法院提起诉讼，请求法院认定前述《董事会决议》《法定代表人免职文书》等文件不成立。

四、一审江苏省南京市六合区人民法院判决支持优某北京公司的诉讼请求，二审期间优某国际公司基于新的证据提起诉讼时效抗辩，二审江苏省南京市中级人民法院认为公司决议不成立之诉不受诉讼时效制度规制，对优某国际公司的前述抗辩不予支持。

裁判要点

本案的争议焦点为决议不成立之诉是否适用诉讼时效制度，二审江苏省南京市中级人民法院认为优某北京公司的诉请有无超过诉讼时效，无审查之必要，即其认为决议不成立之诉不适用诉讼时效制度，理由如下：

一、诉讼时效制度主要适用于给付之诉。优某北京公司的诉请是要求确认董事会决议等文件不成立，其提起的是确认之诉。

二、诉讼时效制度适用于债权请求权，并且该请求权应当具有财产权利的属性。而公司决议纠纷案件不具有财产权利属性，且公司决议效力确认权属于形成权而非债权请求权。

三、单纯的时间经过不足以弥补不成立决议的严重程序瑕疵，不成立的决议系自始的、终局的不成立，不因时间的经过而发生任何变化。

经验总结

一、因法律、司法解释等不存在明确规定，目前司法实践中对于公司决议不成立之诉是否应适用诉讼时效制度尚未形成统一的裁判规则：

1. 部分法院认为决议不成立之诉系确认之诉，涉及形成权的行使，不符合诉讼时效制度适用的客体，不应当适用诉讼时效制度；

2. 有些法院则认为在决议不成立之诉系股东权利遭受侵害之后进行的公力救济的情境下，基于督促股东积极关注和行使权利的目的以及维护交易安全的考量，决议不成立之诉适用普通诉讼时效制度。

二、为了避免法院以“起诉超出诉讼时效”为由判决驳回决议不成立之诉讼请求，建议公司股东、董事、监事等积极行使权利，在发现符合《公司法司法解释四》第五条规定的决议不成立情形时，尽量在三年内向人民法院提起诉讼，如果条件允许，建议一年内提起决议不成立之诉。

相关法条

《最高人民法院关于审理民事案件适用诉讼时效制度若干问题的规定》（法释〔2020〕17号 2020年修正）

第一条 当事人可以对债权请求权提出诉讼时效抗辩，但对下列债权请求权提出诉讼时效抗辩的，人民法院不予支持：

（一）支付存款本金及利息请求权；

（二）兑付国债、金融债券以及向不特定对象发行的企业债券本息请求权；

（三）基于投资关系产生的缴付出资请求权；

（四）其他依法不适用诉讼时效规定的债权请求权。

《最高人民法院关于适用〈中华人民共和国公司法〉若干问题的规定（四）》（法释〔2020〕18号 2020年修正）

第一条 公司股东、董事、监事等请求确认股东会或者股东大会、董事会决议无效或者不成立的，人民法院应当依法予以受理。

第五条 股东会或者股东大会、董事会决议存在下列情形之一，当事人主张决议不成立的，人民法院应当予以支持：

（一）公司未召开会议的，但依据公司法第三十七条第二款或者公司章程规定可以不召开股东会或者股东大会而直接作出决定，并由全体股东在决定文件上签名、盖章的除外；

（二）会议未对决议事项进行表决的；

（三）出席会议的人数或者股东所持表决权不符合公司法或者公司章程规定的；

（四）会议的表决结果未达到公司法或者公司章程规定的通过比例的；

（五）导致决议不成立的其他情形。

本案链接

江苏省南京市中级人民法院·优某（北京）重防腐涂料有限公司、优某国际海洋工业防腐工程技术有限公司等公司决议纠纷二审民事判决书［（2019）苏01民终470号］

关于优某北京公司诉请是否应当适用诉讼时效的规定，如应当适用，有无超过诉讼时效问题。本案优某北京公司的诉请是要求确认董事会决议等文件无效，后变更为不成立，其提起的是确认之诉。《最高人民法院关于审理民事案件适用诉讼时效制度若干问题的规定》第一条规定，当事人可以对债权请求权提出诉讼时效抗辩。故诉讼时效的客体应为债权请求权，且该请求权应具有财产权利属性。公司决议纠纷案件不具有财产权利属性，公司决议效力确认权属于形成权，即依照权利人单方意思表示就可以使已经成立的民事法律关系发生变化，决议不成立或无效均自始开始，单纯的时间经过不能改变不成立或无效决议的违法性，故优某北京公司的诉请不适用诉讼时效的规定。基于此，对优某北京公司的诉请有无超过诉讼时效，已无审查之必要。

延伸阅读

裁判观点1：公司决议不成立之诉系确认之诉，不适用诉讼时效制度。（与主文案例观点相同）

案例1：北京市第二中级人民法院·北京赛某诚达公关策划有限公司与葛某萍公司决议纠纷二审民事判决书［（2021）京02民终3540号］

本院认为，赛某诚达公司上诉主张葛某萍提起本案诉讼超过诉讼时效。《最高人民法院关于审理民事案件适用诉讼时效制度若干问题的规定》第一条规定：

“当事人可以对债权请求权提出诉讼时效抗辩，但对下列债权请求权提出诉讼时效抗辩的，人民法院不予支持：（一）支付存款本金及利息请求权；（二）兑付国债、金融债券以及向不特定对象发行的企业债券本息请求权；（三）基于投资关系产生的缴付出资请求权；（四）其他依法不适用诉讼时效规定的债权请求权。”本案系确认公司决议不成立诉讼，属于确认之诉，因此，赛某诚达公司关于诉讼时效的上诉意见没有法律依据，本院不予采纳。

案例2：辽宁省高级人民法院·海某智胜镁制品有限公司、美国华某有限公司公司决议纠纷二审民事判决书［（2018）辽民终920号］

关于华某公司的诉请是否超过诉讼时效的问题。《民法总则》第一百八十八条第一款[①]规定，向人民法院请求保护民事权利的债权请求权是受诉讼时效限制的。本案中，华某公司系针对《章程修正案》《董事会决议》成立与否的事实提起的诉讼，并未要求人民法院对其民事权利进行保护，只是要求人民法院对《章程修正案》《董事会决议》是否成立的状态进行确认，故原判认定华某公司的诉请不受诉讼时效的限制，并无不妥。

裁判观点2：股东因自身股东权益遭受侵害而提起公司决议不成立之诉的，适用诉讼时效制度。

案例3：上海市第二中级人民法院·上海进某房地产开发有限公司与张某云公司决议效力确认纠纷二审民事判决书［（2016）沪02民终10328号］

关于本案是否适用诉讼时效规定。本院认为，有限责任公司通过股东会对变更公司章程、延长经营期限等事项作出决议，其实质是公司股东通过参加股东会行使股东权利，决定设立或变更其与公司之间的民事法律关系的过程。张某云提起本案诉讼，系基于系争股东会决议侵犯了其作为股东有权参与决定公司设立、变更及终止的权利，对该种股东合法私权利的侵犯，实则为一种民事侵权责任。基于公司制度的特殊性，该民事权利的救济方式主要体现在请求司法否认决议效力程序上。故对该种权利的保护，同样落入诉讼时效的客体范围，现有法律也无特别规定此种情形不适用诉讼时效，故根据民事权利属性和诉讼时效原理，本案情形应当适用普通诉讼时效规定。赋予公司诉讼时效抗辩，在于督促股东积极关注并及时行使权利，否则，如果无限期地允许股东随时请求否认决议效力，将使公司通过决议而形成的事实状态长期处于不稳定之中，损害交易安全和交易秩

---

① 编者按：已失效，被《民法典》吸收。

序，破坏公司外部法律关系稳定，这也与《公司法》的立法精神和原则相悖。因此，本案张某云起诉应当适用诉讼时效规定。综上所述，本案系争股东会决议并未成立，张某云可以从知道或应当知道自己的股东权利被侵犯后，在法律规定的诉讼时效内提起诉讼，现其起诉已超过2年时效期间，本院依法不予支持。

案例4：重庆市第二中级人民法院·重庆市中某石油有限责任公司、重庆富某兴商贸有限公司与李某营公司决议纠纷二审民事判决书［（2018）渝02民终457号］

《公司法》第二十二条第二款仅规定，股东请求撤销股东会或者股东大会、董事会决议，需自决议作出之日起60日内请求人民法院撤销。本案中，李某营系诉讼请求确认案涉股东会决议不成立，对此，现行《公司法》及其司法解释对当事人请求确认股东会或者股东大会决议不成立是否受60日期限的限制并未作出明确规定。首先，李某营在《公司法司法解释四》施行后，以自己的权利被侵犯为由，并在法律规定的诉讼时效期间内提起诉讼，其行为符合法律的规定。其次，李某营诉讼请求确认案涉股东会决议不成立，其权利的行使并非属于形成权的范畴，因此亦不受法律规定的一般除斥期间的限制。

裁判观点3：公司决议不成立之诉，不涉及债权主张，不适用诉讼时效的相关规定，但是相关利害关系人仍应及时行使权利，其自知道或者应该知道决议不成立事由之日起超过一年之后才提起诉讼的，法院判决驳回其诉讼请求。

案例5：上海市第二中级人民法院·李某飞与上海漾某企业管理咨询有限公司公司决议效力确认纠纷二审民事判决书［（2019）沪02民终6605号］

一审法院认为，李某飞作为漾某公司的股东应当关注漾某公司的企业信息，漾某公司于2016年8月1日在工商部门办理增资事宜，李某飞作为股东应当知道。其称当时因未予查询并不知晓，直至2018年3月6399号案应诉过程中才知晓，但在案事实表明，李某飞在永康法院诉讼时对增资事项就已知晓，并以实际投资行为履行了股东会决议内容。股东会决议不成立之诉，不涉及债权主张，因此不适用诉讼时效的相关规定，但从商事交易效率出发，相关利害关系人仍应及时行权，以避免因长时间才提出不成立主张，影响公司运行秩序和效率。本案中，有证据证明李某飞最迟在2017年6月已知晓增资事宜，但其直至2018年10月才提起本案诉讼，未在合理期限主张权利，依照诚实信用和公平原则，一审法院也难以支持其诉请。

二审法院：驳回上诉，维持原判。

025 隐名股东能否直接行使股东权利?

☞ 阅读提示

股东知情权作为一项基础性权利，是股东参与公司管理的前提和基础。隐名股东是公司的实际出资人，但其姓名（名称）却并未体现于公司章程、股东名册和工商登记中，不具有《公司法》意义上的股东身份，在此等情况下，其是否可以直接行使股东知情权等股东权利呢?

裁判要旨

知情权是公司法赋予股东的基本权利之一，但未经显名化之前的隐名股东不具有公司股东资格，不能行使股东知情权。

案情简介

一、2005 年，法某娜公司设立，工商登记信息显示邵某益持股 14%。事实上邵某益所持的 14%股权中 10%系代吴某福持有。

二、吴某福以其是邵某益所持股份中 10%份额的实际持有人为由，向安徽省宣城市中级人民法院提起诉讼，请求判令：法某娜公司、邵某益向吴某福提供该公司成立至今的会计凭证、会计账簿、财务会计报告及其他会计资料等。

三、一审安徽省宣城市中级人民法院、二审安徽省高级人民法院均判决驳回吴某福的该项诉讼请求，最高人民法院再审也不支持其诉讼请求。

裁判要点

一、《公司法》规定的股东知情权行使主体为股东，隐名股东对公司的所有权利应当通过显名股东来主张，隐名股东向公司主张行使股东知情权缺乏法律依据。据此，吴某福在本案中要求行使股东知情权，缺乏相应法律依据。

二、股权代持属于委托投资中的一种形式，在委托法律关系中，受托人对委托人负有报告义务，但是公司会计凭证、会计账簿、财务会计报告及其他会计资料等文件材料的提供不属于受托人所负有的报告义务。

经验总结

司法实践中，隐名股东无法享有并主张《公司法》赋予股东的知情权等股东权利，但是可以基于自身与显名股东之间的代持协议向显名股东主张相应的权利。建议隐名股东在签订代持协议时，至少做到以下两点：

一、代持协议中明确约定“显名股东应当按照隐名股东的要求行使股东知情权”，并通过设定保证条款、违约条款等，敦促显名股东按照隐名股东的要求积极行使知情权。

二、隐名股东可以要求显名股东出具不可撤销的授权委托书或在协议中约定授权条款，将相对应的股东自益权（盈余分配请求权、剩余财产分配请求权、股权转让权等）与共益权（股东知情权、表决权等）授予隐名股东行使，并明确约定权利行使的具体细节，包括但不限于行使方式、行使时间以及显名股东的协助义务等。

相关法条

《中华人民共和国公司法》（2018 年修正）

第三十三条　股东有权查阅、复制公司章程、股东会会议记录、董事会会议决议、监事会会议决议和财务会计报告。

股东可以要求查阅公司会计账簿。股东要求查阅公司会计账簿的，应当向公司提出书面请求，说明目的。公司有合理根据认为股东查阅会计账簿有不正当目的，可能损害公司合法利益的，可以拒绝提供查阅，并应当自股东提出书面请求之日起十五日内书面答复股东并说明理由。公司拒绝提供查阅的，股东可以请求人民法院要求公司提供查阅。

《中华人民共和国民法典》（2021 年 1 月 1 日实施）

第九百二十四条　受托人应当按照委托人的要求，报告委托事务的处理情况。委托合同终止时，受托人应当报告委托事务的结果。

本案链接

最高人民法院·吴某福与邵某益、安徽法某娜置业开发有限公司股东资格确认纠纷申诉、申请民事裁定书［（2015）民申字第2709号］

因吴某福系法某娜公司的隐名股东，其对法某娜公司所享有的股东权利应通过显名股东主张，吴某福本人向法某娜公司主张行使股东知情权，要求法某娜公司向其提供相关会计资料无法律依据。

《合同法》第四百零一条①规定："受托人应当按照委托人的要求，报告委托事务的处理情况。委托合同终止时，受托人应当报告委托事务的结果。"因吴某福诉请邵某益向其提供法某娜公司成立至今的会计凭证、会计账簿、财务会计报告及其他会计资料不属于该条法律所规定的受托人所负有的报告义务，故本案不适用《合同法》第四百零一条②的规定。

延伸阅读

目前我国关于隐名股东的法律规制较少，隐名股东权利保障不足的问题日趋突出，比如《公司法》赋予股东的多项权利，隐名股东在显名化之前均不能主张。

裁判观点1：隐名股东无权直接行使股东知情权，除非其能举证证明公司其他股东半数以上同意其显名。（与主文案例观点相同）

案例1：新疆维吾尔自治区乌鲁木齐市中级人民法院·乌鲁木齐市恒某物业服务有限公司、薛某峰股东知情权纠纷再审民事判决书［（2019）新01民再10号］

薛某峰向法院提起股东知情权诉讼，前提是其系恒某物业公司的股东。恒某物业公司改制成立时，薛某峰实际出资人权利是在显名股东杜某成名下，薛某峰实际出资人权利并没有作为显名股东登记，对此状况薛某峰是明知的且未提出异议。薛某峰实际出资人权利的行使需通过其股东代表显名股东杜某成完成，现薛某峰要求自行行使股东知情权权利，实质属实际出资人要显名，而薛某峰并未提供证据证明其已经恒某物业公司其他股东半数以上同意成为恒某物业公司股东，故薛某峰对其主张举证不足。综上薛某峰的诉讼请求无事实和法律依据，本院再审不予支持。

---

①② 编者按：《民法典》第924条。

裁判观点2：隐名股东无权直接向公司主张分红，其应当依据代持股协议的约定向显名股东主张投资收益。

案例2：最高人民法院·陈某苗与胜某（福清）发展有限公司、胜某（福清）房地产开发有限公司合同纠纷二审民事判决书［（2015）民四终字第41号］

关于陈某苗是不是胜某公司的实际投资人问题。本案审理过程中，陈某苗未提供其为胜某公司实际投资人的投资凭证。从陈某苗提交的《确认书》内容看，陈某苗是沙某公司的控制人，沙某公司将其持有的胜某公司35%股份转让给金某山公司后，在没有其他协议安排的情况下，陈某苗不再享有间接持股胜某公司的权益。然而，陈某苗即使是胜某公司的实际投资人，亦应按照其与胜某公司的约定获得其隐名投资收益。《最高人民法院关于审理外商投资企业纠纷案件若干问题的规定（一）》第十五条是针对隐名股东与显名股东就隐名投资问题订立了书面协议而作出的规定，实际投资人应当根据合同约定或者未约定利益分配时显名股东已从目标公司获得利益的情形主张相应的权益。而胜某公司并非《协议书》的当事人，陈某苗以《协议书》的内容请求胜某公司给付投资收益缺乏事实和法律依据，本院亦不予支持。

裁判观点3：隐名股东无权直接在股东会中行使表决权。隐名股东参与表决的，属于股东会决议程序违法的情形。

案例3：上海市第二中级人民法院·魏某财与上海雅某旅馆有限公司、包某君等公司决议效力确认纠纷再审民事判决书［（2016）沪02民再2号］

本院认为，本案的主要争议焦点在于魏某财在2012年8月27日是否具备雅某公司股东身份，该日雅某公司股东会临时会议通过的三个股东会决议在程序上是否存有瑕疵。魏某财主张其系隐名股东的问题，尽管《公司法》对于股东的工商登记采取登记对抗主义，亦即对于股东进行认定时，并非工商登记簿上未经登记就不能对其股东资格进行认定，然而隐名股东的显名并非可当然取得，仍需公司股东会决议作出，或经过股东确认之诉从而确定。而2012年8月27日之前，对于魏某财的显名并无相关股东会决议决定，亦无相关生效判决确认其股权归属。因而即使魏某财系隐名股东，当其尚未显名时，其仍未被确认具有股东资格，而股东资格是投资人取得和行使股东权利，实现其投资利益，承担相应的股东义务与责任的前提。因此，因参与系争股东会决议的魏某财主体不适格，雅某公司临时股东会决议在程序上并不合法。

裁判观点4：隐名股东不能代表公司股东提起损害股东利益责任之诉，而应通过诉讼先行确认其股东身份后再提起损害股东利益责任诉讼。

案例4：湖北省宜昌市中级人民法院·汤某凤、李某兰损害股东利益责任纠纷二审民事裁定书［（2018）鄂05民终2303号］

宜昌市益某堂药品零售有限公司系有限责任公司，汤某凤系实际出资人。依据《公司法司法解释三》第二十四条第三款“实际出资人未经公司其他股东半数以上同意，请求公司变更股东、签发出资证明书、记载于股东名册……人民法院不予支持”的规定，汤某凤能否提起损害股东利益责任之诉，仍应以确认其是否享有股东资格为前提，汤某凤应通过诉讼先行确认其股东身份后再提起损害股东利益责任诉讼。

裁判观点5：隐名股东不具有《公司法》意义上的股东资格，无权直接提起公司决议效力之诉。

案例5：福建省龙岩市中级人民法院·陈某胜、上杭县厚某百货贸易商行公司决议效力确认纠纷二审民事裁定书［（2019）闽08民终1320号］

本院认为，《公司法司法解释四》第一条关于“公司股东、董事、监事等请求确认股东会或者股东大会、董事会决议无效或者不成立的，人民法院应当依法予以受理”的规定中，“等”涵盖的主体亦应符合《民事诉讼法》第一百一十九条[①]第一项“原告是与本案有直接利害关系的公民、法人和其他组织”之规定，即有权提起诉讼的主体必须与本案具有直接利害关系。因股东会决议属公司内部管理性文件，与股东会决议内容有直接利害关系的其他人，一般是股东会决议通常会涉及的主体，如高级管理人员、公司员工或公司债权人等。结合本案而言，《公司法司法解释四》第一条主体的“等”亦应理解为与股东会决议具有直接利害关系的公司内部人员或公司债权人，而不是无限扩大至公司治理之外的所有主体。陈某胜虽然主张厚某百货是代其持有卡某龙公司股权，陈某胜是卡某龙公司的实际出资人，但并未举证证明卡某龙公司已将其登记于股东名册，陈某胜与本案的关系仍然是一种间接的利害关系。既然陈某胜委托厚某百货代持其股份，代表陈某胜参加股东会的是厚某百货，那么陈某胜也应当通过其股权代持人厚某百货提起本案股东会决议效力确认之诉。

---

① 编者按：《民事诉讼法》（2021年修正）第122条。

裁判观点 6：隐名股东不能以代持协议对抗显名股东债权人的强制执行申请。

案例 6：最高人民法院·北京徽某达物流有限公司、项某传案外人执行异议之诉再审审查与审判监督民事裁定书［（2019）最高法民申 4710 号］

《公司法》第三十二条第三款规定："公司应当将股东的姓名或者名称向公司登记机关登记；登记事项发生变更的，应当办理变更登记。未经登记或者变更登记的，不得对抗第三人。"依据该条规定，依法进行登记的股东具有对外公示效力，隐名股东在公司对外关系上不具有公示的法律地位，其不能以其与显名股东的约定对抗外部债权人对显名股东主张正当权利。此外，《公司法》及相关司法解释也并未将此处的"第三人"限缩理解为与登记股东发生股权交易行为的相对人。因此再审申请人认为本案申请执行人并非针对兴某公司名下的股权从事交易，仅仅因为债务纠纷而寻查兴某公司的财产还债，不属于《公司法》第三十二条第三款所规定的"第三人"的理由不成立，原审法院认定"徽某达公司是否为天某公司的实际出资人，不影响安徽省某保公司实现其请求对相关股权进行强制执行的权利主张"亦无不当。

026 股东会作出股东除名决议，拟被除名股东是否享有表决权？

☞ **阅读提示**

股东除名权是公司为消除不履行出资义务或者抽逃全部出资的股东对公司和其他股东所产生的不利影响而享有的一种法定权利，具有公司单方强制的特征。此外由于公司"资本多数决"的表决方式，中小股东参与股东会决议时存在先天劣势，为了避免股东除名决议作出时，拟被除名股东（尤其是大股东）操纵表决权的风险，拟被除名股东对除名事项不享有表决权是目前司法实践中公认的裁判观点。

裁判要旨

公司可以有效的股东会决议解除未出资股东的股东资格。股东会对除名事项进行表决时，拟被除名股东不享有表决权。

案情简介

一、乾某公司成立于2011年5月11日，股东为周某燕、王某礼、周某国和罗某峰四人，其中周某燕、王某礼、周某国共同出资1000万元，各自持股16.6666%，罗某峰认缴出资1000万元，持股50%，周某燕任监事。

二、因为罗某峰一直未按期缴纳资本金，周某燕于2014年9月12日向法院提起诉讼，要求罗某峰向公司履行出资义务出资1000万元，二审判决支持了周某燕的诉讼请求。

三、上述判决作出后，罗某峰仍未履行出资义务。2017年1月21日，乾某公司由监事周某燕召集并主持召开股东会，参加人有周某燕、王某礼、周某国，会议通过将罗某峰除名的决议，前述三人签字同意。

四、罗某峰因刑事犯罪，前述股东会期间正在监狱服刑。周某燕委托公证机关对本次股东会的通知程序、召集程序、表决程序、送达程序等进行了全程公证，包括向狱中的罗某峰送达股东会召集通知、股东会决议等。

五、之后，罗某峰向法院提起诉讼，请求确认乾某公司于2017年1月21日形成的股东会决议不成立，一审内蒙古自治区翁牛特旗人民法院和二审内蒙古自治区赤峰市中级人民法院均判决驳回其诉讼请求。

裁判要点

一、拟除名股东对除名事项不享有表决权，原因如下：

其一，股权来自出资，在拟被除名股东没有任何出资或者抽逃全部出资的情况下，其不应享有股权，自然也不享有表决权；

其二，除名权是形成权，在符合一定条件下，公司享有单方面解除未履行出资义务或抽逃全部出资股东的股东资格的权利。如果认为被除名的大股东仍然享有表决权，那么《公司法》司法解释规定的股东除名制度将会被虚置，失去其意义。

二、本案中排除罗某峰所持50%股份表决权后，分别持股权16.6666%的王某礼、周某燕、周某国均同意该决议，即以100%表决权通过该决议，决议的表决程序符合法律规定，决议有效，除名行为有效。

经验总结

一、股东除名权是法律赋予公司的法定权利，公司可以有效的股东会决议将未出资或者抽逃全部出资的股东除名，此法定职权具有单方强制性，不以征求拟被除名股东的意思为前提和基础，同时为避免大股东利用资本多数决操控股东会表决，拟被除名股东无权参与股东会股东除名事项的表决。

二、虽然除名决议排除拟被除名股东的表决权，但是拟被除名股东有权接收股东会会议通知，有权参加股东会，因此公司股东会召集人员要格外注意履行通知拟除名股东的义务，并且鉴于股东除名事项对拟被除名股东的影响十分重大，股东会通知还应当明确列明股东会拟决议事项的具体内容，以防法院以“股东会通知内容模糊、不具体”为由认定公司未履行事前通知义务，影响决议的效力。

相关法条

《最高人民法院关于适用〈中华人民共和国公司法〉若干问题的规定(四)》(法释〔2020〕18号　2020年修正)

第五条　股东会或者股东大会、董事会决议存在下列情形之一，当事人主张决议不成立的，人民法院应当予以支持：

(一)公司未召开会议的，但依据公司法第三十七条第二款或者公司章程规定可以不召开股东会或者股东大会而直接作出决定，并由全体股东在决定文件上签名、盖章的除外；

(二)会议未对决议事项进行表决的；

(三)出席会议的人数或者股东所持表决权不符合公司法或者公司章程规定的；

(四)会议的表决结果未达到公司法或者公司章程规定的通过比例的；

(五)导致决议不成立的其他情形。

《最高人民法院关于适用〈中华人民共和国公司法〉若干问题的规定(三)》(法释〔2020〕18号　2020年修正)

第十七条　有限责任公司的股东未履行出资义务或者抽逃全部出资，经公司催告缴纳或者返还，其在合理期间内仍未缴纳或者返还出资，公司以股东会决议解除该股东的股东资格，该股东请求确认该解除行为无效的，人民法院不予支持。

在前款规定的情形下，人民法院在判决时应当释明，公司应当及时办理法定减资程序或者由其他股东或者第三人缴纳相应的出资。在办理法定减资程序或者其他股东或者第三人缴纳相应的出资之前，公司债权人依照本规定第十三条或者第十四条请求相关当事人承担相应责任的，人民法院应予支持。

本案链接

内蒙古自治区赤峰市中级人民法院·罗某峰与翁牛特旗乾某投资有限公司公司决议效力确认纠纷二审民事判决书［（2020）内 04 民终 4756 号］

法院认为，首先被除名的股东不享有表决权，因为股权来自出资，在拟被除名股东没有任何出资的情况下，其不应享有股权，自然也不享有表决权；其次除名权是形成权，在符合一定条件下，公司即享有单方面解除未履行出资义务或抽逃全部出资股东的股东资格的权利。如果认为被除名的股东仍然享有表决权，那么《公司法司法解释三》第十七条的规定将会被虚置，失去其意义。

周某燕通过诉讼的方式要求罗某峰缴纳出资，已履行了催告义务。经生效判决确认，罗某峰占有乾某公司 50%的股权，应履行缴纳出资 1000 万元的义务，但至案涉股东会会议召开时，罗某峰并未履行生效判决所确定的缴纳出资义务。那么罗某峰作为未出资股东不享有表决权。排除罗某峰所持 50%股份表决权后，分别持股权 16.6666%的王某礼、周某燕、周某国均同意该决议，即以 100%表决权通过该决议，决议的表决程序符合法律规定……罗某峰要求确认乾某公司于 2017 年 1 月 21 日通过的股东会决议不成立的诉求，没有法律和事实上的依据，本院不予支持。

延伸阅读

裁判观点 1：股东会就解除股东资格事项进行表决时，该股东不得就其持有的股权行使表决权。

案例 1：福建省厦门市中级人民法院·陈某辉、厦门华某兴业房地产开发有限公司与叶某源二审民事判决书［（2015）厦民终字第 3441 号］

因股东未履行出资义务而被公司股东会除名的决议，可以适用表决权排除，被除名股东对该股东会决议没有表决权。股东表决权例外规则最主要的功能是防止大股东滥用资本多数决损害公司和小股东利益。按法律规定和章程约定履行出资义务是股东最基本的义务，其只有在出资的基础上才有股东权。根据公司契约理论，有限公司是股东之间达成契约的成果。如果股东长时间未履行出资义务，构成对其他股东的根本违约，违约方对是否解除其股东资格无选择权。基于公司契约和根本违约的理论，在因股东未出资而形成的股东除名决议中，只有守约股东有表决权，违约股东没有表决权。华某兴业公司 2014 年 5 月 26 日的股东会议内容是对是否解除叶某源股东资格作出决议，故应排除叶某源表决权的行使。

案例 2：最高人民法院 · 张某萍、臧某存公司决议纠纷再审民事判决书［（2018）最高法民再 328 号］

根据凯某公司的章程以及《公司法》第四十三条第二款的规定，该决议只有经代表三分之二以上有表决权的股东通过才合法有效，而这又涉及被除名的股东是否享有表决权这一问题。本院认为，被除名的股东不享有表决权，主要理由：一是股权来自出资，在拟被除名股东没有任何出资或者抽逃全部出资的情况下，其不应享有股权，自然也不享有表决权；二是除名权是形成权，在符合一定条件下，公司即享有单方面解除未履行出资义务或抽逃全部出资股东的股东资格的权利。如果认为被除名的大股东仍然享有表决权，那么《公司法司法解释三》第十七条的规定将会被虚置，失去其意义。故张某萍不享有表决权。

裁判观点 2：股东除名决议排除拟除名股东之表决权，但是不能因此剥夺其接收会议通知、出席会议之权利，否则将导致除名决议程序严重瑕疵，除名决议不成立。

案例 3：北京市第三中级人民法院 · 盈某美（北京）食品饮料有限公司等与泛某管理有限公司公司决议效力确认纠纷二审民事判决书［（2018）京 03 民终 468 号］

根据法律规定，公司可以以股东会决议解除某股东的股东资格，但是必须符合以下条件：1. 股东未履行出资义务或者抽逃全部出资；2. 公司履行了催告的前置程序，并给予股东弥补的合理期限；3. 公司以股东会决议的形式作出除名决议。

关于公司以股东会决议的形式作出除名决议一项。《公司法》第十六条规定："公司向其他企业投资或者为他人提供担保，依照公司章程的规定，由董事会或者股东会、股东大会决议；公司章程对投资或者担保的总额及单项投资或者担保的数额有限额规定的，不得超过规定的限额。公司为公司股东或者实际控制人提供担保的，必须经股东会或者股东大会决议。前款规定的股东或者受前款规定的实际控制人支配的股东，不得参加前款规定事项的表决。该项表决由出席会议的其他股东所持表决权的过半数通过。”上述规定是现行法律规定中对关联股东表决权的限制，除名决议与对外担保的决议相似，决议内容与被除名股东有直接利害关系，可以考虑限制被除名股东的表决权。但是，根据《公司法》第四十一条规定：“召开股东会会议，应当于会议召开十五日前通知全体股东；但是，公司章程另有规定或者全体股东另有约定的除外。股东会应当对所议事项的决定作成会议记录，出席会议的股东应当在会议记录上签名。”故，即使公司行使股东除名权而作决议时，可以限制被除名股东的表决权，也不应排除被除名股东接收会议通知和参加会议的权利。公司欲召开会议审议股东除名事项时，应当通知未出资股东参加。虽然未出资股东对于其是否除名没有表决权，但是其有参加会议并对其未出资理由进行申辩的权利。公司不能以股东对会议审议事项有利害关系而不具有表决权为由，不通知其参加该会议的审议过程。本案中，汇某佳必爽公司与泛某公司签署的中外合资经营企业合同及章程约定了董事会的议事方式和表决程序，包括“召开董事会会议的通知应包括会议时间和地点、议事日程等，且应当在会议召开的30日前以书面形式发给全体董事”。张某为法定权利公司董事，通知人未向其发送通知，即会议并未通知到全体应当与会人员。“召开董事会会议的通知应包括会议时间和地点、议事日程等”，涉诉董事会决议内容为解除泛某公司股东资格，而通知的议题为“泛某公司配合盈某美公司换领营业执照等”。解除泛某公司股东资格的会议审议事项从未通知泛某公司及其委派董事，继而对未通知事项作出了董事会决议。故，案涉董事会决议存在严重程序问题。盈某美公司以被除名股东不享有表决权为由主张案涉董事会决议有效，无事实和法律依据，本院不予采信。

027 股东会除名决是遵循股权三分之二多数决还是过半数决呢?

☞ **阅读提示**

《公司法》以及司法解释未明确规定股东除名决议的表决规则，“排除拟被除名股东对除名事项的表决权”是实践中公认的裁判观点，但关于除名决议有效通过的表决权比例为何，法院对此尚未形成统一的认识。在公司章程没有明确规定表决规则情况下，股东会除名决议是遵循股权三分之二多数决还是过半数决呢？接下来，本文将为大家揭晓答案。

裁判要旨

公司以股东会决议形式解除未按期足额缴纳增资款股东的认缴增资部分的股东资格的，因该决议势必涉及公司章程的修改，因此决议须经过拟被除名股东之外的代表三分之二以上有表决权的股东通过。

案情简介

一、半某书院公司股东为山东大某报业和潍坊古某公司，公司章程约定：“修改公司章程所作出的决议，应由股东一致表决通过”。2015 年 3 月 6 日，半某书院公司形成增资的股东会决议，决议内容为：公司新增加注册资本 9000 万元，其中山东大某报业增资 4590 万元，潍坊古某公司增资 4410 万元。股东于 2015 年 6 月 30 日之前缴足注册资本。

二、2019 年 5 月 15 日到 22 日，半某书院公司曾两次向潍坊古某公司催缴其认缴的增加的注册资本金。2019 年 6 月 17 日，半某书院公司作出召集临时股东会通知，通知内容包括会议时间、地点、明确的议题和事项等，并通过邮寄方式向两名股东送达了该通知。

三、2019 年 7 月 3 日上午，诉争临时股东会举行。山东大某报业派股东代表赵某军出席会议，潍坊古某公司未派员出席。会议决议包括下列两项内容：“1. 同意解除潍坊古某公司认缴增资 4410 万元的股东资格；2. 同意由山东大某报业向公司追加出资 4410 万元。”之后决议送达潍坊古某公司。2019 年 8 月 30 日，山东大某报业向半某书院公司转账4410万元。

四、之后山东大某报业就其补足的4410万元向法院提起诉讼，请求法院判令半某书院公司依据实缴出资比例变更公司的工商登记。一审山东省青岛市中级人民法院和二审山东省高级人民法院均判决支持山东大某报业的诉讼请求。

裁判要点

本案的争议焦点之一为："半某书院公司于2019年7月3日形成的股东会决议是否成立?"

一、公司以股东会决议方式解除未按期缴纳增资款的股东增资部分的股东资格，因该股东会决议中解除潍坊古某公司认缴增资的股东资格和由山东大某报业追加出资，均涉及修改公司章程，根据《公司法》第四十三条第二款的规定，该决议须经过代表三分之二以上表决权的股东通过。

二、潍坊古某公司对决议不享有表决权，因此在山东大某报业同意案涉决议的情况下，股东会决议实际上已经半某书院公司代表三分之二以上表决权的股东通过，决议成立有效。

经验总结

一、《公司法》第四十三条对必须经过代表三分之二以上表决权的股东通过的事项进行了明确的规定，股东除名并未包含在前述重大决策事项中，若公司章程并未规定更为严格的表决规则，似乎代表过半数表决权的股东同意即可通过。但是，根据《公司法》第二十五条、第三十八条的规定，有限责任公司股东变更的，应当召开股东会会议对公司章程进行相应修改，因此，股东是否除名之决议又包含公司章程是否修改这一潜在议题。按照该逻辑，股东除名决议须经过代表三分之二以上表决权的股东通过。

二、实践中，有些法院认为股东除名势必导致公司章程修改，因此需要经过拟被除名股东外剩余代表三分之二以上表决权股东通过，而某些法院则认为"股东除名"与"公司章程修改"虽然具有一定的关联性，但是各自仍具有独立性，股东除名决议仅须经过代表过半数表决权的股东同意即可。另外实践中涉及股东除名的股东会决议中常常会包含数项内容，在同时包含"股东除名""章程修改""注册资本的增减"等内容的情况下，法院会倾向于认为股东除名须经过代

表三分之二以上表决权股东通过。

三、为避免因为法院对除名决议有效通过的股权数额认识不统一而败诉，建议公司章程对除名决议的表决规则进行明确规定，比如约定："拟被除名股东不享有对除名决议事项的表决权；除名决议经过拟被除名股东外代表过半数表决权的股东同意即可。"

四、在公司控制权争夺过程中，如果公司章程对股东除名决议的表决规则没有明确约定，并且牵头股东仅能保证除名决议能经过代表过半数表决权股东的同意，而不能确保获得代表三分之二以上表决权股东的支持，那么我们建议召集一次股东会仅对除名事项进行表决，形成类似于《某某股东除名决议》这种纯粹的股东会除名决议，之后再重新召集股东会对"章程修改""增资或者减资"等问题进行表决，如此一来，法院认定股东除名决议成立的可能性会大大提高。

相关法条

《中华人民共和国公司法》（2018 年修正）

第四十三条 股东会的议事方式和表决程序，除本法有规定的外，由公司章程规定。

股东会会议作出修改公司章程、增加或者减少注册资本的决议，以及公司合并、分立、解散或者变更公司形式的决议，必须经代表三分之二以上表决权的股东通过。

《最高人民法院关于适用〈中华人民共和国公司法〉若干问题的规定（三）》（法释〔2020〕18 号 2020 年修正）

第十七条 有限责任公司的股东未履行出资义务或者抽逃全部出资，经公司催告缴纳或者返还，其在合理期间内仍未缴纳或者返还出资，公司以股东会决议解除该股东的股东资格，该股东请求确认该解除行为无效的，人民法院不予支持。

在前款规定的情形下，人民法院在判决时应当释明，公司应当及时办理法定减资程序或者由其他股东或者第三人缴纳相应的出资。在办理法定减资程序或者其他股东或者第三人缴纳相应的出资之前，公司债权人依照本规定第十三条或者第十四条请求相关当事人承担相应责任的，人民法院应予支持。

本案链接

山东省高级人民法院·潍坊古某投资有限公司·山东大某报业（集团）有限公司请求变更公司登记纠纷二审民事判决书［（2020）鲁民终2966号］

关于涉案股东会决议是否成立的问题。法院认为：首先，关于潍坊古某公司是否享有表决权。2019年7月3日的股东会决议内容有两项：1. 同意解除潍坊古某公司认缴增资4410万元的股东资格；2. 同意由山东大某报业向公司追加出资4410万元。公司以股东会决议方式解除股东资格，除了需要符合《公司法司法解释三》第十七条第一款规定外，还需要符合《公司法》和公司章程有关股东会决议程序的要求。因该股东会决议中解除潍坊古某公司认缴增资的股东资格和由山东大某报业追加出资，均涉及修改公司章程，根据《公司法》第四十三条第二款的规定，该决议须经过代表三分之二以上表决权的股东通过；而根据半某书院公司章程约定，修改公司章程所作出的决议，应由股东一致表决通过。对此，本院认为：一方面，股权源于出资，在潍坊古某公司未如期履行增资义务且经公司和公司其他股东多次催缴仍不履行的情况下，其不应享有该增资部分对应的股权，自然也不享有相应的表决权。潍坊古某公司关于应按照其认缴的出资享有并行使表决权的前提是出资未届履行期限。山东大某报业虽在其认缴增资的履行期限届满前也未完全履行增资义务，但嗣后已经补足，是否放弃期限利益的问题是山东大某报业对自身权利的处分，并未影响公司利益。另一方面，因解除潍坊古某公司认缴增资股东资格，与潍坊古某公司存在利害冲突，故完全按照半某书院公司章程约定的"应由股东一致表决通过"履行，将使《公司法司法解释三》第十七条第一款的立法意图形同虚设。故一审法院认定"山东大某报业与潍坊古某公司实际出资分别为5100万元、490万元，实际出资比例为91.23%、8.77%，对诉争股东会决议实际上已经半某书院公司代表三分之二以上表决权的股东通过，合法成立有效"并无不当。

延伸阅读

除名决议有效通过的股权数额到底是遵循股权三分之二多数决还是过半数决，目前实践中大致存在以下裁判观点：

裁判观点1：《公司法》规定，股东会会议作出修改公司章程的决议，必须经代表三分之二以上表决权的股东通过，股东除名决议势必引起公司章程的修

改，因此除名决议应当在排除拟除名股东表决权的基础上，经代表三分之二以上表决权的股东通过。(与主文案例观点相同)

案例1：江苏省泰州市中级人民法院·江苏省某建筑安装集团股份有限公司等诉江苏省方某建筑设计研究有限公司股东资格确认纠纷二审民事判决书［（2017）苏12民终1020号］

针对某建公司主张的“某建公司对决议内容未表决”的意见，涉及股东除名决议是否成立的问题。我国《公司法》规定，股东会会议作出修改公司章程的决议，必须经代表三分之二以上表决权的股东通过，方某公司章程中亦有上述规定，而股东的姓名或者名称、出资方式、出资额系方某公司章程记载内容，故将公司股东除名必然涉及公司章程的修改，除名决议应当经代表三分之二以上表决权的股东通过。股东除名制度系针对未履行出资义务或者抽逃全部出资的股东所设定的，未履行出资义务系违反股东基本义务，因未履行出资义务而被公司股东会除名的决议，对该股东应当适用表决权排除，否则，当该股东居于绝对控股地位时，除名决议几乎不可能通过，这将直接导致公司除名制度的规定虚置，且从股东除名的性质来看，其具有单方性与强制性的特征，作为一种单方变动法律关系的形成权，是不以考虑被除名股东的意思为前提的。在本案中，由于某建公司抽逃全部出资，故对某建公司的除名决议其不应参加表决，方某公司另两名股东以100%表决权同意，符合章程规定的“经代表三分之二以上表决权的股东通过”，该项决议是成立的。

裁判观点2：股东会决议中仅包含除名事项的，因除名决议事项属于一般事项的决议，经代表过半数表决权的股东通过即可。以“股东除名决议涉及公司章程修改，应经代表三分之二以上表决权的股东通过”进行抗辩的，人民法院不予支持。(与主文案例观点相反)

案例2：西藏自治区拉萨市中级人民法院·殷某义与西藏杰某酵母科技有限公司公司决议纠纷二审民事判决书［（2019）藏01民终622号］

关于股东除名决议有效通过的股权数额问题。根据我国《公司法》的规定，股东会决议分为一般事项决议和特别事项决议，一般事项决议须经代表二分之一以上表决权的股东通过，特别事项决议须经代表三分之二以上表决权的股东通过。而我国《公司法》及其他相关规定对公司作出股东除名决议事项未作特别规定，因此除名决议事项当属于一般事项的决议，经代表二分之一以上表决权的股东通过即可。杰某公司辩称股东除名决议涉及公司章程的修改，依照《公司法》和杰某公司的章程规定，应当经代表三分之二以上表决权的股东通过，对此，本院认为，股东除名决议不必然能够涉及公司章程的修改，若股东除名决议未通过，则不可能就此项修改公司章程，因此股东除名决议与修改公司章程属于两个不同的事项，虽有可能产生关联，但各自仍具有独立性，因此杰某公司的该辩称意见，本院不予采信。殷某义的该上诉理由成立。

裁判观点3：股东会决议中不仅包含股东除名事项，还包含减少/增加注册资本、修改公司章程等的，该决议须经过代表三分之二以上表决权的股东通过。

案例3：最高人民法院·张某萍、臧某存公司决议纠纷再审民事判决书［（2018）最高法民再328号］

凯某公司章程第十五条规定："股东会的议事方式和表决程序遵照《公司法》和本章程的规定执行。股东会对公司增加和减少注册资本、分立、合并、解散或者变更公司形式以及公司章程的修改作出，必须经代表三分之二以上有表决权的股东通过。"

公司以股东会决议方式解除股东资格，除需要具备《公司法司法解释三》第十七条规定的特别条件外，还需要符合《公司法》以及公司章程有关股东会决议程序的要求。案涉股东会决议除解除张某萍、李某国的股东资格外，还有增资的内容，根据凯某公司的章程以及《公司法》第四十三条第二款的规定，该决议只有经代表三分之二以上有表决权的股东通过才合法有效。

本案中，凯某公司股东会决议的第一项内容就是解除张某萍的股东资格。鉴于被除名股东张某萍不享有表决权，该项决议应由剩余65%表决权的三分之二以上表决权多数通过才合法有效。而在决议解除张某萍的股东资格时，李某国尚未被除名，属于有表决权的股东。但李某国既未参加此次股东会并行使表决权，亦未委托他人代为行使其所持的35%表决权。原审在李某国未参加股东会决议，亦未查明李某国是否存在抽逃出资且公司是否履行了法定的催收及通知程序的情况下，直接排除了李某国的表决权，认定股东会决议仅有代表30%表决权的股东通过仍属合法有效，确有错误。在此情形下，关于解除张某萍股东资格的股东会决议仅有30%表决权的股东通过，未达到法定表决权比例，根据《公司法司法解释四》第五条之规定，案涉股东会决议不成立。

案例4：江西省景德镇市中级人民法院·江西乐某化工有限公司、乐某泰丰实业有限公司公司决议效力确认纠纷二审民事判决书［（2020）赣02民终284号］

关于除名决议的多数决方式，股东除名决议对被除名股东和公司来说，均属于重大决议，涉及公司正常经营的维持，可能涉及注册资本的减少，也涉及公司章程的修改，因此，股东除名决议应当属于特别决议，股东除名是为了排除公司经营的障碍，只有在拟被除名股东与绝大多数股东都无法继续合作时，才会影响到公司和其他股东的共同利益，因此应该在股东除名决议的作出上采严格多数。本案中，涉案决议包括两部分，一为股东资格除名，二为除名后注册资本不变，由绿某公司或其他第三人出资、修改公司章程或重新制定公司章程。乐某公司章程对于表决机制并未作出严格于法律规定的特殊约定，故对该决议应当经三分之二以上的无关联股东同意。本案中，案涉的争议焦点问题在于股东会决议作出股东除名的决议是否符合实质和程序要件要求，决议是否有效，而涉案股东会决议本次除名的触发事由不能确定，故导致本次股东会决议无效。

裁判观点4：股东会决议中仅包含解除股东资格事项的，因为解除股东资格不属于《公司法》第四十三条必须经过三分之二以上表决权通过的事项，故应属一般事项，即经过半数表决权通过即可。

案例5：北京市第三中级人民法院·辜某与北京宜某英泰工程咨询有限公司公司决议效力确认纠纷二审民事判决书［（2015）三中民（商）终字第10163号］

《公司法司法解释三》第十七条第一款规定："有限责任公司的股东未履行出资义务或者抽逃全部出资，经公司催告缴纳或者返还，其在合理期间内仍未缴纳或者返还出资，公司以股东会决议解除该股东的股东资格，该股东请求确认该解除行为无效的，人民法院不予支持。"根据上述条款，公司以股东会决议解除未履行出资义务或者抽逃出资股东的股东资格，应当符合下列条件和程序：首先，解除股东资格这种严厉的措施只应用于严重违反出资义务的情形，即未出资和抽逃全部出资，未完全履行出资义务和抽逃部分出资不应包括在内。其次，公司对未履行出资义务或者抽逃全部出资的股东除名前，应给该股东补正的机会，即应当催告该股东在合理期间内缴纳或者返还出资。最后，解除未履行出资义务或者抽逃全部出资股东的股东资格，应当依法召开股东会，作出股东会决议，如果章程没有特别规定，经代表二分之一以上表决权的股东通过即可。具体到本案而言：第一，根据宜某英泰公司的验资报告及各方当事人陈述，赵某伟在公司设立时实际出资1.6万元，其已经履行了部分出资义务，故不应当认定赵某伟完全未履行出资义务；第二，如前所述，辜某的现有证据不足以证明赵某伟抽逃全部出资。因此，宜某英泰公司于2014年5月8日作出股东会决议并未满足公司可以解除赵某伟股东资格的前提条件，辜某主张涉案股东会决议有效，于法无据，本院不予支持。

案例6：河北省承德市中级人民法院·某供销合作社资产运营管理中心、承德商某有限公司公司决议效力确认纠纷二审民事判决书［（2020）冀08民终1967号］

本院认为，公司股东作为公司的投资人应诚实履行出资义务。上诉人于2006年12月15日将出资款80万元转入被上诉人验资账户后，该验资款于2007年4月24日从验资账户转回上诉人账户，上诉人提出该80万元是被上诉人偿还债务的主张与2007年8月18日《承德商某与承德商某有限公司资产移交协议书》中所载被上诉人尚欠上诉人80万元的事实矛盾，一审法院认定上诉人于2007年4月24日收到的80万元系投资款并无不当，本院予以支持。因上诉人存在未实际履行出资义务的行为，在被上诉人催告后，上诉人仍未实际出资，被上诉人有权召开股东会决议解除上诉人股东资格。股东会作为公司的权力机构，有权对公司内外事项进行决议。因公司作出股东除名决议不属于《公司法》规定的特别事项，在公司章程没有特别规定情况下，经代表二分之一以上表决权的股东通过符合法律规定，一审认定被上诉人股东会议程序合法并无不当，本院予以支持。

028 股东在行使知情权过程中能否摘抄公司会计账簿?

☞ 阅读提示

知情权作为股东的一项基础性权利，是股东行使其他股东权的前提和基础。司法实践中，股东提起知情权之诉，但是胜诉的原告股东前往公司查阅特定文件资料时易受刁难，其中“股东无权摘抄公司会计账簿”是公司常用的阻挠胜诉判决执行的说辞之一。那么股东在行使知情权过程中到底能否摘抄公司会计账簿呢?

裁判要旨

在公司章程以及全体股东未进行特别约定的情况下，股东在行使知情权过程中有权对公司会计账簿进行适度摘抄。

案情简介

一、东某公司与倍某康公司股东知情权纠纷一案，北京市高级人民法院于2018年12月29日作出判决，其中判决第三项为："倍某康公司于本判决生效之日起10日内提供该公司自1999年6月起至本判决生效之日止的公司会计账簿供东某公司查阅"。

二、前述判决发生法律效力后，东某公司向北京市第二中级人民法院（以下简称北京二中院）申请强制执行，该院执行实施机构在2019年6月19日与东某公司、倍某康公司的谈话笔录中明确告知"摘抄应属于查阅的范围，我们决定按照查阅权里包括摘抄来执行"。

三、之后，倍某康公司以"摘抄不属于查阅，北京二中院同意东某公司可摘抄会计账簿超出了法律和判决所规定的行权范围"为由提出执行异议，请求撤销在执行过程中北京二中院同意东某公司摘抄会计账簿的执行行为。

四、北京二中院支持了倍某康公司提出的异议理由，东某公司不服，遂申请复议，北京市高级人民法院则认为"查阅包含摘抄"，之后，倍某康公司向最高人民法院申诉，最高人民法院同样认为"股东在行使知情权过程中，查阅公司会计账簿应包含摘抄"。

裁判要点

本案的争议焦点在于强制执行股东知情权过程中，股东查阅会计账簿时能否进行适度摘抄，即查阅是否包含摘抄。

一、股东知情权是公司股东了解公司信息、知晓公司事务的权利，是股东的法定权利、固有权利。查阅会计账簿是股东知情权实现的方式。

二、财务数据信息量巨大，同时具有专业化、细致性的特点，如果不允许进行必要的摘抄，无法保障股东知情权的实现，因此摘抄作为股东行使知情权、查阅会计账簿的重要辅助手段，为"查阅"的应有之义。

经验总结

一、实践中，法院倾向于支持股东在行使知情权的过程中进行适度的摘抄和记录，但不支持股东复制会计账簿，因此股东的摘抄、记录权的覆盖面应在合理的范围内，不能成为变相的复制。

二、对于行使知情权的股东而言，股东知情权纠纷中胜诉容易执行难、执行效果不佳等问题显著，对此我们建议股东注意以下几点：

1. 股东在公司成立时就坚持量身定制一份妥帖的公司章程，或对现有公司章程进行优化，或签订一份内容全面的全体股东协议，对于股东知情权作出特别约定，例如约定股东行使知情权时有权查看、摘抄并复制会计账簿和原始会计凭证，股东有权查阅子公司以及关联公司的财务资料，股东有权对公司财务情况进行审计等。

2. 在知情权之诉过程中，股东应提出明确且具体的诉讼请求，尤其对查阅方式（是否包含摘抄、复制）、查阅时间段（是否需要查询成为股东之前的公司资料）、查阅范围（是否查阅原始会计凭证）等予以明确，以保证胜诉判决的执行效果。

相关法条

《中华人民共和国公司法》（2018年修正）

第二十条 公司股东应当遵守法律、行政法规和公司章程，依法行使股东权利，不得滥用股东权利损害公司或者其他股东的利益；不得滥用公司法人独立地位和股东有限责任损害公司债权人的利益。

公司股东滥用股东权利给公司或者其他股东造成损失的，应当依法承担赔偿责任。

公司股东滥用公司法人独立地位和股东有限责任，逃避债务，严重损害公司债权人利益的，应当对公司债务承担连带责任。

第三十三条 股东有权查阅、复制公司章程、股东会会议记录、董事会会议决议、监事会会议决议和财务会计报告。

股东可以要求查阅公司会计账簿。股东要求查阅公司会计账簿的，应当向公司提出书面请求，说明目的。公司有合理根据认为股东查阅会计账簿有不正当目的，可能损害公司合法利益的，可以拒绝提供查阅，并应当自股东提出书面请求之日起十五日内书面答复股东并说明理由。公司拒绝提供查阅的，股东可以请求人民法院要求公司提供查阅。

《最高人民法院关于适用〈中华人民共和国公司法〉若干问题的规定（四）》（法释〔2020〕18号　2020年修正）

第十条　人民法院审理股东请求查阅或者复制公司特定文件材料的案件，对原告诉讼请求予以支持的，应当在判决中明确查阅或者复制公司特定文件材料的时间、地点和特定文件材料的名录。

股东依据人民法院生效判决查阅公司文件材料的，在该股东在场的情况下，可以由会计师、律师等依法或者依据执业行为规范负有保密义务的中介机构执业人员辅助进行。

第十一条　股东行使知情权后泄露公司商业秘密导致公司合法利益受到损害，公司请求该股东赔偿相关损失的，人民法院应当予以支持。

根据本规定第十条辅助股东查阅公司文件材料的会计师、律师等泄露公司商业秘密导致公司合法利益受到损害，公司请求其赔偿相关损失的，人民法院应当予以支持。

《中华人民共和国民事诉讼法》（2021年修正）

第七十三条　书证应当提交原件。物证应当提交原物。提交原件或者原物确有困难的，可以提交复制品、照片、副本、节录本。

提交外文书证，必须附有中文译本。

《最高人民法院关于民事诉讼证据的若干规定》（法释〔2019〕19号　2020年5月1日实施）

第四十四条　摘录有关单位制作的与案件事实相关的文件、材料，应当注明出处，并加盖制作单位或者保管单位的印章，摘录人和其他调查人员应当在摘录件上签名或者盖章。

摘录文件、材料应当保持内容相应的完整性。

本案链接

最高人民法院·北京倍某康生物技术有限公司、东某企业有限公司股东知情权纠纷执行审查类执行裁定书［（2020）最高法执监97号］

法院认为，本案的焦点问题是股东在行使知情权过程中，查阅公司会计账簿是否包含摘抄。

第一，摘抄是股东行使知情权、查阅会计账簿的辅助手段。股东知情权是公司股东了解公司信息、知晓公司事务的权利，是股东的法定权利、固有权利。查阅会计账簿是股东知情权实现的方式。《公司法》第三十三条规定，“股东有权查阅、复制公司章程、股东会会议记录、董事会会议决议、监事会会议决议和财务会计报告。股东可以要求查阅公司会计账簿”。公司会计账簿一般包括大量、专业的数据信息，在股东不能充分理解专业数据信息的情况下，不能认为仅股东自行查阅会计账簿就实现了知情权。对此，《公司法司法解释四》第十条规定，股东依据人民法院生效判决查阅公司文件材料的，在该股东在场的情况下，可以由会计师、律师等依法或者依据执业行为规范负有保密义务的中介机构执业人员辅助进行。该规定明确了股东行使知情权可以由具有专业能力的人员进行辅助，其目的就是帮助股东了解公司信息。同理，进行摘抄也是辅助股东查阅公司文件材料、了解公司信息的方法。不管是聘请专业人员，还是进行摘抄，都是辅助股东实现其知情权的手段。

第二，一般情况下，摘抄不等同于复制。《民事诉讼法》第七十三条规定，书证应当提交原件。物证应当提交原物。提交原件或者原物确有困难的，可以提交复制品、照片、副本、节录本。《最高人民法院关于民事诉讼证据的若干规定》第四十四条规定，摘录有关单位制作的与案件事实相关的文件、材料，应当注明出处，并加盖制作单位或保管单位的印章。参照法律和司法解释对证据的有关规定精神，摘录和复制具有不同的法律含义。从词义上理解，“摘抄”与“摘录”意思相近，均可理解为“选取一部分内容抄录下来”，“复制”可理解为“依照原件制作成同样的”。可见，摘录、摘抄与复制的含义不同，不能产生“制作成同样的”效果，不能认为摘抄本质上属于复制。股东对会计账簿进行摘抄，不违反《公司法》规定，倍某康公司关于“摘抄”本质上属于“复制”的主张，不能成立。

第三，《公司法》第二十条规定，公司股东应当遵守法律、行政法规和公司章程，依法行使股东权利，不得滥用股东权利损害公司或者其他股东的利益，公司股东滥用股东权利给公司或者其他股东造成损失的，应当依法承担赔偿责任。《公司法司法解释四》第十一条规定，股东行使知情权后泄露公司商业秘密导致公司合法利益受到损害，辅助股东查阅公司文件材料的会计师、律师等泄露公司商业秘密导致公司合法利益受到损害，公司请求赔偿相关损失的，人民法院应当予以支持。上述法律和司法解释已明确规定股东负有保守公司秘密的义务，以及公司因此利益受损时的救济途径。如倍某康公司认为东某公司在行使股东知情权过程中泄露了公司商业秘密导致公司合法利益受到损害，可依法进行救济。

延伸阅读

裁判观点 1：鉴于会计账簿包含大量的数据信息，允许股东采取适度摘抄的方式辅助进行查阅，方能保障股东知情权得到实现，避免胜诉判决确认的股东查阅权落空。（与主文案例观点相同）

案例 1：上海市第一中级人民法院·王某其他执行裁定书［（2020）沪 01 执复 209 号］

本院认为，“查阅”是否可以延伸为“摘抄”，应基于《公司法》第三十三条保护股东知情权的立法目的来确定。在本案复议审查期间，经征询本案审判合议庭意见，审判合议庭认同执行机构对该“查阅”权的解释，即查阅包括“摘抄”，但不包括“复印”。钹某公司提供的证据材料，不足以证明王某查阅公司会计账簿及会计凭证具有不正当目的。故闵行法院驳回钹某公司的异议请求，并无不当。钹某公司的复议申请，本院不予支持。

案例 2：四川省资阳市中级人民法院·四川资某航向置业有限公司、成都沃某投资有限责任公司其他案由执行审查类执行裁定书［（2020）川 20 执复 38 号］

本院认为，根据《公司法》第三十三条的规定，股东享有查阅公司会计账簿的权利。而本案所涉会计账簿科目多、数据量大、时间长，如果“查阅”只限于查看会计账簿，不允许摘抄的话，除非具备过目不忘的本领，否则，股东知情权根本不能得到保障，生效判决的执行也成了走过场。所以，生效判决主文表述的“查阅”应当包括查看、摘抄。复议申请人的请求不能成立，不予支持。

案例 3：浙江省宁波市中级人民法院·宁波太某新材料科技有限公司、胡某艳其他案由执行审查类执行裁定书［（2020）浙 02 执复 76 号］

本院认为，现太某公司对北仑法院告知其胡某在查阅时可以摘抄提出异议，本院认为，审判部门对于涉案胡某的查阅，已经明确在实际实施时可以进行部分摘抄，且法律规定股东知情权的目的是保护股东对公司相关信息的获取，故本案执行查阅时对部分内容的摘抄，系本案执行中查阅的应有之义。太某公司对涉案查阅及摘抄所提执行异议，不能成立。

案例 4：浙江省嘉兴市中级人民法院·浙江元某柏庄物业管理有限公司、安徽柏某物业服务有限公司股东知情权纠纷二审民事判决书［（2020）浙 04 民终 1071 号］

关于查阅方式是否包括摘抄的问题，法律对此没有明确规定。考虑到会计资料中包括大量的数据信息，如果仅允许股东查看而禁止其摘抄，那么股东查阅目的可能会落空，不利于股东知情权的实现，一审判决安徽柏某公司有权摘抄元某柏庄公司的会计账簿、会计凭证等资料并无不当。

裁判观点 2：股东在行使知情权过程中无权复制公司会计账簿。

案例 5：安徽省合肥市中级人民法院·杨某信、安徽信某建筑材料有限公司股东知情权纠纷二审民事判决书［（2019）皖 01 民终 10476 号］

杨某信是否有权查阅、复制信某公司会计账簿。我国《公司法》仅规定股东可以要求查阅公司会计账簿，未规定股东可以复制公司会计账簿。因此，杨某信关于查阅信某公司会计账簿的诉讼请求符合法律规定，本院予以支持；但杨某信关于复制信某公司会计账簿的诉讼请求于法无据，本院不予支持。

案例 6：贵州省高级人民法院·夏某与贵州安顺今某房地产开发有限公司股东知情权纠纷一案的民事判决书［（2015）黔高民商终字第 123 号］

根据《公司法》第三十三条之规定，股东对于公司的财务会计报告可以查阅、复制，但对于公司的会计账簿仅限于查阅，故夏某请求复制公司会计账簿的诉讼请求没有法律依据，不予支持。

029 有限责任公司董事能否委托非董事参加董事会？

☞ 阅读提示

在股份有限责任公司语境下，《公司法》第一百一十二条规定：“董事因故不能出席，可以书面委托其他董事代为出席，委托书中应载明授权范围”，一般认为该条禁止董事委托非董事代表其参与董事会。而在有限责任公司语境下，《公司法》第四十八条却没有类似表述，这是否意味着有限责任公司董事可以委托非董事与会行使表决权呢？

裁判要旨

《公司法》未对有限责任公司董事委托非董事参加董事会行使表决权作出禁止性规定，在公司章程同样未禁止的情况下，有限责任公司董事因故不能参会的，可以委托非董事参与董事会会议，代表其行使表决权。

案情简介

一、2016年6月2日某投资促进公司成立，公司类型为有限责任公司。公司章程未对“董事委托非董事参加董事会”作出禁止性规定，也未规定“董事因故不能出席，可以书面委托其他董事代为出席”。某投资促进公司第一届董事会由七人组成，分别为金某、周某、杨某、严某、王某贵、董某、周某举。

二、2018年2月23日，某投资促进公司第一届董事会第二次临时会议召开，参加会议的有董事董某、杨某、董事严某的委托代理人杨某（董事）、董事王某贵的委托代理人秦某（非董事），严某、王某贵出具的《董事授权委托书》分别载明，授权杨某、秦某作为本人代理人，出席董事会会议，并就董事会相关议题进行表决，委托人对代理人在本届董事会会议上的签字、表决均认可。前述参会人员签名形成的《董事会议决议》载明：聘任董某为公司经理，即法定代表人；授权董某办理工商登记变更和备案等相关手续。

三、之后，某投资促进公司大股东宝某金公司以“董事不能委托非董事参加董事会，排除与会非董事后，案涉董事会未经过半数董事出席”为由，主张董事会决议不成立，一审重庆市江北区人民法院和二审重庆市第一中级人民法院均驳回了宝某金公司的诉讼请求。

裁判要点

宝某金公司系基于出席会议的董事人数不符合公司章程规定主张董事会决议不成立，故本案争议焦点在于出席会议的董事人数是否符合公司章程规定。

某投资促进公司章程规定，董事会会议应当有过半数的董事出席方可举行，未禁止董事委托他人参会，且董事委托他人参加董事会不违反法律规定，故严某、王某贵委托杨某、秦某（非董事）参加某投资促进公司第一届董事会第二次临时会议合法，其就董事会议题进行表决，代表了严某、王某贵的意志，案涉董事会决议成立。

经验总结

一、有限责任公司的董事能否委托非董事与会行使表决权，理论界存在两种观点：

否定说认为，董事会会议及其决策质量的好坏，直接影响到公司利益，相比于非董事的一般人，董事对公司负有信义义务且《公司法》对董事违反信义义务的法律后果进行了明确规定，这在一定程度上会倒逼董事审慎行权，在全面了解公司有关情况的基础上形成相对成熟的意志，保证公司的业务得到正确的指导和有效的执行。一般公民不具有董事的身份，无须背负此种信义义务，由于权责不一致，其作出的决策势必不会完全等同于董事作出的，因此董事只能委托其他董事参与董事会。

肯定说认为，我国《公司法》第四十八条规定："董事会的议事方式和表决程序，除本法有规定的外，由公司章程规定。"这就意味着，对于有限责任公司而言《公司法》将"董事是否可以委托非董事参与董事会"的决定权下放给公司，并且《公司法》几经修改，该条从未增加类似《公司法》第一百一十二条的"董事因故不能出席，可以书面委托其他董事代为出席，委托书中应载明授权范围"的限制，这并不难看出对于有限责任公司的董事会议事方式和表决程序公司法坚持公司自治为主，强制性规范为辅，因此在《公司法》未对"有限责任公司董事委托非董事参与董事会"作出禁止性规定的情况下，董事委托非董事自然是可行的，这正是法无禁止即自由的一种体现方式。

二、实践中，法院普遍采肯定说，认为有限责任公司章程未禁止董事委托非董事的情形下，非董事接受委托，参与董事会代表董事参与表决的，该事实不影响董事会决议的效力。

相关法条

《中华人民共和国公司法》（2018年修正）

第四十八条 董事会的议事方式和表决程序，除本法有规定的外，由公司章程规定。

董事会应当对所议事项的决定作成会议记录，出席会议的董事应当在会议记录上签名。

董事会决议的表决，实行一人一票。

本案链接

重庆市第一中级人民法院 · 重庆市宝某金商务服务有限责任公司与某投资促进有限公司公司决议纠纷二审民事判决书［（2019）渝01民终3675号］

一审法院认为，宝某金公司系基于出席会议的董事人数不符合公司章程规定主张董事会决议不成立，故本案争议焦点在于出席会议的董事人数是否符合公司章程规定。某投资促进公司章程规定，董事会会议应当有过半数的董事出席方可举行，未禁止董事委托他人参会，且董事委托他人参加董事会不违反法律规定，故严某、王某贵委托杨某、秦某（非董事）参加某投资促进公司第一届董事会第二次临时会议合法，其就董事会议题进行表决，代表了严某、王某贵的意志。某投资促进公司章程规定董事会决议的表决为一人一票，董事会作出决议经全体董事的过半数通过即可，某投资促进公司董事七人，《董事会议决议》系在过半数董事出席、赞成的情形下形成，故《董事会议决议》成立。虽然某投资促进公司持《董某、杨某、严某、王某贵署名的董事会议决议》办理某投资促进公司的法定代表人变更登记，而不是依据《董事会议决议》办理某投资促进公司的法定代表人变更登记，但两份决议内容实质相同，解聘公司前任经理，聘任董某为公司经理，《董某、杨某、严某、王某贵署名的董事会议决议》实质上是严某、王某贵对杨某、秦某作为自身代理人表决行为的再次确认，是《董事会议决议》的另一表现形式，故宝某金公司关于出席会议的董事人数不符合公司章程规定，董事会决议不成立的请求不能成立，一审法院不予支持。

二审法院判决驳回上诉，维持原判。

延伸阅读

裁判观点1：私法领域，法无禁止即自由，《公司法》未禁止有限责任公司董事委托他人行使表决权，如果公司章程同样未对受托主体身份进行限制的情况下，董事因故不能出席董事会的，可以委托其他人代表其参会，而不必要求受托人为公司其他董事。（与主文案例观点相同）

案例1：山东省泰安市高新技术开发区人民法院 · 范某杰与泰安皆某金属科技有限公司公司决议撤销纠纷一审民事判决书［（2018）鲁0991民初128号］

原告起诉要求撤销该董事会决议，认为被告皆某公司在没有提前10天告知的情况下于2018年2月10日召开董事会会议，以及时某代表董事刘某行使表决权均违反《公司法》与《公司章程》的规定，但《公司法》对有限责任公司董事会的召开没有提前10天通知的强制性规定，对非董事代表董事参加董事会进行表决也没有禁止性规定。原告提出被告皆某公司的董事会召开应当遵守公司的董事会议事规则，但该议事规则第五十二条内容为本规则将作为《公司章程》的附件，经公司股东会通过后生效执行，但根据被告皆某公司股东泰安华某锻压机床有限公司股东、泰安市泰山国某科技发展集团有限公司股东、泰安市金某地测绘整理有限公司出具的证明，作为公司股东自始截止到2018年7月16日，公司股东会未对董事会议事规则进行召开股东会，更未表决过该事项，因此原告主张被告皆某公司未按照公司董事会议事规则召开董事会，没有事实依据。综上，被告皆某公司2018年2月10日召开的董事会并没有违反法律规定，同时作出的决议也应是合法有效的。

裁判观点2：在有限责任公司的公司章程明确要求“董事因故不能参与董事会的，可以委托他人出席，但受托人必须为公司其他董事”的情况下，董事不能委托非董事参会，否则形成的董事会决议会面临不成立/被撤销的风险。

案例2：贵州省余庆县人民法院·贵州省余某交通投资有限责任公司与余庆县碧某园房地产开发有限公司公司决议撤销纠纷一审民事判决书［（2020）黔0329民初318号］

对被告及第三人所持会议组成人员合法的意见，被告未提交股东法定代表人或其委托代理人出席该次会议的证据；其提交的董事会授权委托书，委托事项不具体，黄某冯委托不是董事的宋某飞代为出席董事会，违反了公司章程第四十八条关于董事因故不能出席董事会而委托董事代表出席董事会的规定，且委托时间为2019年12月10日，而杨某斯与范某庆商定会议时间是2019年12月14日，该委托书的出具明显不符合常理，故对被告及第三人的这一辩解意见，本院不予采纳。据此，为维护当事人的合法权益，依照《公司法》第二十二条之规定，判决如下：撤销被告余庆县碧某园房地产开发有限公司于2019年12月16日作出的“余庆碧某园项目［2019］008号《2019年第八次股东会暨第八届董事会第一次会议会议纪要》”。

030 公司清算未通知已知债权人的，股东承担什么责任？

☞ 阅读提示

《公司法》规定的有限责任制将股东个人财产与公司经营风险隔离，即便公司最终资不抵债走向破产，股东遭受的损失也仅限于投资款而无须对公司债务承担清偿责任，这本来是对股东有利的制度设计。但实践中，有些公司股东或因缺乏法律知识，或基于逃废债务的考量，未依据《公司法》规定的程序进行清算，最终被法院判令“替公司承担巨额债务”，令人唏嘘。

裁判要旨

股东作为清算组成员须同时履行“书面通知已知债权人”和在相应“地域范围有影响的报纸上进行公告”两项法定义务，未向已知债权人履行书面通知义务，导致债权人因未及时申报债权而遭受损失的，股东应对此承担赔偿责任。

案情简介

一、森某公司成立于2014年6月23日，属于一人有限责任公司，王某森系股东。2018年6月6日，森某公司经营亏损、无法清偿到期全部债务，遂在青海日报刊登公告，宣布森某公司拟向登记机关申请注销登记，清算组成员为股东王某森，并载明请债权人自2018年6月6日起45日内申报债权。

二、2018年8月1日，王某森签字确认《青海省森某煤业有限责任公司清算报告及确认清算报告的决定》，并称注销清算已结束，公司债权债务已清理完毕，清算报告所列事项准确无误、合法、有效，公司债权债务如有遗漏由公司股东承担，同日，西宁市市场监督管理局准予森某公司注销。

三、在森某公司注销后，作为债权人的昆某公司向法院提起诉讼，主张王某森作为清算组成员未以书面形式向其通知森某公司解散清算事宜，导致其因未及时申报债权而未获清偿，并请求法院判令王某森对前述损失承担赔偿责任。二审青海省高级人民法院和再审最高人民法院均支持了昆某公司的诉讼请求。

裁判要点

一、公司在解散清算时，清算组除需在报纸上刊登公告外，还应书面通知全体已知债权人，王某森作为森某公司清算组成员，明知森某公司债务未清理完毕，未书面通知已知债权人申报债权，存在重大过错，对债权人因未及时申报债权而遭受的损失，王某森应承担赔偿责任。

二、王某森作为森某公司的唯一股东，在对森某公司进行清算时未通知已知债权人昆某公司，属于未经依法清算而以虚假的清算报告骗取公司登记机关办理法人注销登记的情形，王某森应对昆某公司未获申报和清偿的债权承担赔偿责任。

经验总结

为避免因清算不合法而变相地对公司债务承担清偿责任，对于作为清算组成员的股东而言，有限责任公司解散时尤其须注意以下几点：

一、公司须在解散事由出现之日起15日内成立清算组，开始清算，股东系有限责任公司的清算组成员。

二、在清算过程中股东应当通知债权人申报债权，对于已知的债权人，股东须以书面方式将公司已启动清算程序和债权申报的相关事项告知已知债权人；对于未知的债权人，股东须根据公司的经营规模和营业地域的范围，选择在全国性或公司注册地省级以上有影响的报纸上进行公告。

三、书面通知和公告的内容应当包含公司启动清算程序的情况、债权申报的时间、地点、方法和需要提交的材料等内容，如果通知和公告中欠缺债权申报内容，则法院很可能将其认定为清算组没有依法履行通知义务的情形。

相关法条

《最高人民法院关于适用〈中华人民共和国公司法〉若干问题的规定（二）》（法释〔2020〕18号 2021年1月1日实施）

第十一条 公司清算时，清算组应当按照公司法第一百八十五条的规定，将公司解散清算事宜书面通知全体已知债权人，并根据公司规模和营业地域范围在全国或者公司注册登记地省级有影响的报纸上进行公告。

清算组未按照前款规定履行通知和公告义务，导致债权人未及时申报债权而未获清偿，债权人主张清算组成员对因此造成的损失承担赔偿责任的，人民法院应依法予以支持。

第十九条 有限责任公司的股东、股份有限公司的董事和控股股东，以及公司的实际控制人在公司解散后，恶意处置公司财产给债权人造成损失，或者未经依法清算，以虚假的清算报告骗取公司登记机关办理法人注销登记，债权人主张其对公司债务承担相应赔偿责任的，人民法院应依法予以支持。

本案链接

最高人民法院·王某森、青海昆某矿业有限公司再审审查与审判监督民事裁定书［（2020）最高法民申5085号］

本院认为，王某森的再审事由主要包括两个方面：一、王某森是否履行了通知义务。二、王某森应否承担全部赔偿责任。

关于第一个方面。王某森申请再审称，其已向当地报纸刊登森某公司解散清算公告，履行了通知义务。《公司法司法解释二》第十一条第一款规定："公司清算时，清算组应当按照公司法第一百八十五条的规定，将公司解散清算事宜书面通知全体已知债权人，并根据公司规模和营业地域范围在全国或者公司注册登记地省级有影响的报纸上进行公告"。据此，公司在解散清算时，清算组除需在报纸上刊登公告外，还应书面通知全体已知债权人，王某森自认清算组未向昆某公司书面告知森某公司解散清算事宜，原审法院认定其未履行通知义务并无不当，王某森该项主张不能成立。

关于第二个方面。《公司法司法解释二》第十九条规定："有限责任公司的股东、股份有限公司的董事和控股股东，以及公司的实际控制人在公司解散后，恶意处置公司财产给债权人造成损失，或者未经依法清算，以虚假的清算报告骗取公司登记机关办理法人注销登记，债权人主张其对公司债务承担相应赔偿责任的，人民法院应依法予以支持"。根据原审查明事实，森某公司自2015年1月1日至2018年4月30日因经营亏损，无法清偿其全部债务，王某森作为森某公司清算组成员，于2018年8月1日签字确认《青海省森某煤业有限责任公司清算报告及确认清算报告的决定》，并称注销清算已结束，公司债权债务已清理完毕，清算报告所列事项准确无误、合法、有效，公司债权债务如有遗漏由公司股东承担，同日，市场监督管理部门准予森某公司注销登记。王某森作为清算组组长以及森某公司唯一股东，明知森某公司债务未清理完毕，未书面通知债权人申报债权，以虚假的清算报告骗取公司登记机关办理法人注销登记，存在重大过错，原审法院判决王某森对昆某公司未获申报和清偿的债权承担赔偿责任，符合前述法律规定。

延伸阅读

裁判观点1：针对已知债权人，除非因客观原因书面通知不能的情况下，清算组仅在报纸上进行公告，不构成对已知债权人的有效通知，由此导致债权人未及时申报债权而未获清偿的，清算组需要对债权人承担损害赔偿责任。（与主文案例裁判观点相同）

案例1：北京市第一中级人民法院·朱某权等与大某终端设备有限公司清算责任纠纷二审民事判决书［（2018）京01民终8491号］

关于焦点问题二，《公司法》第一百八十五条第一款规定，“清算组应当自成立之日起十日内通知债权人，并于六十日内在报纸上公告”。同时，《公司法司法解释二》第十一条第一款规定：“公司清算时，清算组应当按照公司法第一百八十五条的规定，将公司解散清算事宜书面通知全体已知债权人，并根据公司规模和营业地域范围在全国或者公司注册登记地省级有影响的报纸上进行公告”。因此，根据该规定，清算组必须同时履行“书面通知已知债权人”和在相应“地域范围有影响的报纸上进行公告”这两项法定义务。因此，作为科某达公司的清算组成员，上诉人李某、曹某、朱某林、朱某权负有书面通知已知债权人大某公司参加清算的义务，仅仅在《京华时报》上发布注销公告的行为不符合上述法律规定。由此，根据《公司法司法解释二》第十一条第二款关于“清算组未按照前款规定履行通知和公告义务，导致债权人未及时申报债权而未获清偿，债权人主张清算组成员对因此造成的损失承担赔偿责任的，人民法院应依法予以支持”之规定，大某公司关于李某、曹某、朱某林、朱某权作为科某达公司清算组成员，应当对大某公司未获清偿的债权承担赔偿责任的诉讼请求具有相应法律依据，本院应予支持。李某、曹某、朱某林、朱某权认为其发布公告通知即履行了法定通知义务，以及未实际损害债权人利益故不应承担赔偿责任等诉讼主张与上述法律规定不符，本院不予支持。

裁判观点2：清算组成员未通知已知债权人的，对债权人因未及时申报债权而未获清偿的损失应承担连带赔偿责任，即债权人可以请求任意清算组成员赔偿全部损失。

案例2：北京市第三中级人民法院·安徽三某工程有限公司与华某房地产开发公司等清算责任纠纷二审民事判决书［（2021）京03民终3045号］

根据查明的事实，旺某集团、华某公司作为华某旺泰公司的股东、清算组成员，在明知华某旺泰公司对安徽三某公司尚有质保金未予退还的情况下，未通知已知债权人（安徽三某公司）即进行清算并注销华某旺泰公司的行为，构成共同侵权，导致安徽三某公司丧失申报债权的机会，应当对安徽三某公司遭受的损失承担连带赔偿责任。

裁判观点3：清算组成员因未通知债权人而承担的损害赔偿责任系侵权责任，赔偿范围不以出资额为限。

案例3：最高人民法院·林某洋、林某再审审查与审判监督民事裁定书［（2015）民申字第916号］

本院经审查认为，《公司法》所规定的公司解散清算程序，是指在公司非因破产原因解散后，按照《公司法》规定的程序所进行的清算活动。适用该解散清算程序的前提是公司的财产能够清偿全部债务，当公司财产不能足额清偿债务或者明显缺乏清偿能力时，依法应当进行破产清算。《公司法》第一百八十七条第一款规定："清算组在清理公司财产、编制资产负债表和财产清单后，发现公司财产不足清偿债务的，应当依法向人民法院申请宣告破产"。《企业破产法》第七条第三款规定："企业法人已解散但未清算或者未清算完毕，资产不足以清偿债务的，依法负有清算责任的人应当向人民法院申请破产清算"。据此，本案中，申请人林某洋和林某夫妻作为康某公司、永某公司的仅有两名股东，分别担任两公司的法定代表人，在自行清算的过程中，在明知该两公司的资产不足以清偿案涉烟某银行债权的情况下，既未通知烟某银行申报债权，亦未依法向人民法院申请进行破产清算，反而以虚假的清算报告骗取公司登记机关办理了注销登记，其行为损害了债权人烟某银行的利益，依法应当认定为故意侵权行为。关于申请人林某洋、林某应当承担的责任范围问题，一方面，《公司法》第一百八十九条第三款规定："清算组成员因故意或者重大过失给公司或者债权人造成损失的，应当承担赔偿责任。"申请人的违法清算行为的直接后果，就是导致债权人烟某银行因债务清偿主体消灭而无法主张债权。故原审判决将申请人的违法清算行为给烟某银行所造成的损失认定为债权本息的全部，并无不当，本院予以维持。另一方面，在债务人企业资不抵债的情况下，通过依法进行破产清算的制度设计，在保证债权人就公司全部财产公平受偿的同时，也为债务人企业提供了破产免责的救济。该破产免责的法律后果在合法免除债务人企业不能清偿的部分债务的同时，也隔断了股东对公司债务的责任，使得股东受到有限责任原则的保护。本案中，申请人林某洋、林某自行实施的违法清算行为，系对法人独立地位和股东有限责任的滥用，既不能产生债务人康某公司和永某公司免予清偿部分债务的法律后果，同时，作为股东的林某洋、林某也不再受到股东有限责任原则的保护。《公司法》第二十条第三款规定："公司股东滥用公司法人独立地位和股东有限责任，逃避债务，严重损害公司债权人利益的，应当对公司债务承担连带责任"。据此，申请人林某洋、林某亦应当对康某公司和永某公司的全部债务承担责任。

案例4：浙江省高级人民法院·常某利通海运有限公司、王某航次租船合同纠纷二审民事判决书［（2018）浙民终6号］

关于王某、何某军应当承担的赔偿范围。本院认为《公司法》所规定的公司解散清算程序，是指在公司非因破产原因解散后，按照规定的程序所进行的清算活动。适用该解散清算程序的前提是公司的财产能够清偿全部债务，当公司财产不能足额清偿债务或者明显缺乏清偿能力时，应当依法进行破产清算。王某、何某军以虚假的清算报告为依据，自行实施违法清算行为，系对法人独立地位和股东有限责任的滥用，既不能产生债务人民某公司免于清偿部分债务的后果，同时其作为股东也不再受到股东有限责任原则的保护。《公司法》第二十条第三款规定："公司股东滥用公司法人独立地位和股东有限责任，逃避债务，严重损害公司债权人利益的，应当对公司债务承担连带责任。"据此，王某、何某军应当对民某公司的全部债务承担责任。综上，本案王某、何某军作为民某公司的股东，在对民某公司进行清算时未通知债权人利某公司，以虚假的清算报告骗取公司登记机关办理了注销登记，其行为严重损害了利某公司的合法权益，应当对利某公司承担赔偿责任，其赔偿责任的范围不应受股东有限责任原则的保护。

031 公司控制权大战中，如何第一时间阻止对方抢夺政权？

☞ 阅读提示

公司控制权争夺中，反对派股东为推翻"现政权"，其常规操作是：先通过股东会或董事会形成决议，更换公司法定代表人，之后根据公司决议内容，或武力夺权（如当当李某庆强取公章，更有甚者安排"两车保安"接管办公大楼），或提起变更登记诉讼及证照返还诉讼。显然，形成有效的公司决议是抢夺政权的关键一步。

对于公司的经营者，如何快速应对反对派股东的政变？向公安机关报案，或可平息暴力冲突，但不能解决谁有权控制公司的根本问题。向法院提起决议效力纠纷诉讼，是解决问题之道，实践中公安机关通常也会建议将争议问题提交法院解决。但诉讼毕竟需要一个过程，仅耐心等待诉讼结果不可能起到第一时间阻止对方抢夺政权的作用。

为了解决此类问题，需要运用好民诉法规定的"行为保全"制度。

裁判要旨

公司决议纠纷诉讼中，原告可提出行为保全申请，要求中止诉争决议的执行。原告提供相应担保且法院认为符合行为保全条件的，法院应当作出行为保全裁定。

案情简介

一、朱某生是紫某公司董事长、法定代表人。

二、2015 年 4 月 17 日，在朱某生不在公司的情况下，公司其他全体董事、监事在公司召开了专题会议，并形成决议：免去朱某生的公司董事长职务；2015 年 5 月 6 日召开公司股东大会，选举新一届公司董事会及监事会。

三、后朱某生得知会议决议内容后，认为该决议不合法，提起撤销决议之诉。

四、该案诉讼中，朱某生提出行为保全申请，要求中止该决议的执行，武汉市洪山区人民法院依法准许并作出行为保全裁定。

五、法院经审理，认定2015年4月17日专题会议决议实质为董事会决议，最终撤销了该次决议。

裁判要点

原告在公司决议纠纷诉讼中提出行为保全申请，要求中止该决议的执行，并向法院提供了担保，法院应依法作出行为保全裁定。

经验总结

一、对于公司现政权的领导人而言，适时运用好行为保全制度，是及时制止反对派股东抢班夺权的重要武器。就公司决议行为，可提出的行为保全申请包括：要求中止案涉决议的实施、中止在公司登记机关办理变更登记、中止依据案涉决议另行作出其他公司决议等。编者亲自办理的案件中，在知晓反对派股东作出更换法定代表人的决议后，第一时间提起诉前行为保全，法院出具裁定书，明确要求在特定期限内不得实施该决议，有效阻碍了反对派股东的“政变行为”，也为最终通过司法路径解决控制权问题争取了时间。

二、根据实际需要，股东可以提起诉中行为保全，也可以提起诉前行为保全，但均应提供相应的担保措施。此类案件中，通常需要就行为保全的必要性、保全期限、担保措施及保函金额等问题与法院进行充分沟通。

相关法条

《中华人民共和国民事诉讼法》（2021年修正）

第一百零三条 人民法院对于可能因当事人一方的行为或者其他原因，使判决难以执行或者造成当事人其他损害的案件，根据对方当事人的申请，可以裁定对其财产进行保全、责令其作出一定行为或者禁止其作出一定行为；当事人没有提出申请的，人民法院在必要时也可以裁定采取保全措施。

人民法院采取保全措施，可以责令申请人提供担保，申请人不提供担保的，裁定驳回申请。

人民法院接受申请后，对情况紧急的，必须在四十八小时内作出裁定；裁定采取保全措施的，应当立即开始执行。

第一百零四条 利害关系人因情况紧急，不立即申请保全将会使其合法权益受到难以弥补的损害的，可以在提起诉讼或者申请仲裁前向被保全财产所在地、被申请人住所地或者对案件有管辖权的人民法院申请采取保全措施。申请人应当提供担保，不提供担保的，裁定驳回申请。

人民法院接受申请后，必须在四十八小时内作出裁定；裁定采取保全措施的，应当立即开始执行。

申请人在人民法院采取保全措施后三十日内不依法提起诉讼或者申请仲裁的，人民法院应当解除保全。

本案链接

湖北省武汉市洪山区人民法院·朱某生与武汉紫某房地产建筑集团股份有限公司、张某等公司决议撤销纠纷一审民事判决书［（2015）鄂洪山民商初字第00393号］

原告同时向本院提出行为保全申请，要求中止该决议的执行，并向本院提供了担保。本院依法准许并作出裁定，中止被告2015年4月17日专题会议的决议的执行。

本院认为：本案系因原告朱某生作为被告武汉紫某房地产建筑集团股份有限公司股东和董事长，认为武汉紫某房地产建筑集团股份有限公司2015年4月17日专题会议召集程序等违反公司章程，要求撤销专题会议决议而引起的公司决议撤销纠纷。被告武汉紫某房地产建筑集团股份有限公司2015年4月17日专题会议，从名称上看是公司专题会议，但参加会议的人员是除原告之外的全体董事和监事，作出的决议内容属于公司董事会职权范围，故该专题会议决议应为公司董事会决议。根据《公司法》及被告武汉紫某房地产建筑集团股份有限公司的公司章程规定，公司董事会由董事长负责召集并主持，董事长不能履行或不履行职务的，由半数以上董事推荐的董事履行职务，董事会应于会议召开十日前通知全体董事，董事会召开临时会议，可以另定通知方式和通知时限。被告2015年4月17日召开的董事会议，在通知没有到达原告的情形下召开并形成决议，剥夺了原告与会及召集主持的权利，且被告在诉讼过程中也未提交原告收到通知而不出席并主持董事会的证据，该次会议违反国家法律及公司章程的规定，会议程序违法，所形成的会议决议应予撤销，故原告的诉请，本院予以支持。

延伸阅读

裁判观点：与本文主案例观点一致。

案例1：黑龙江省牡丹江市东安区人民法院·朱某球、牡丹江五某国际商贸博览城有限公司公司决议效力确认纠纷民事一审民事裁定书［（2021）黑1002民初1452号］

申请人朱某球的申请符合法律规定，依照《民事诉讼法》第一百条、第一百零二条、第一百零三条第一款规定，裁定如下：一、限制牡丹江五某国际商贸博览城有限公司的法定代表人、执行董事及总经理的变更登记；二、冻结担保人朱某球名下交通银行浙江省分行营业部、账号为6222××××7960的银行存款20万元，冻结期限为一年。

案例2：四川省金堂县人民法院·钟某仙、潘某云、叶某英等公司决议效力确认纠纷一审民事判决书［（2019）川0121民初4421号］

申请人钟某仙、潘某云、叶某英的申请符合法律规定，应予以支持。依照《民事诉讼法》第一百条、第一百零二条规定，裁定如下：责令被申请人四川久远成某科技有限公司停止办理公司法定代表人、董事的工商变更登记，期限为一年。

案例3：江苏省张家港市人民法院·叶某旺、张家港市协某布料有限公司等公司决议纠纷民事一审民事裁定书［（2021）苏0582民初14997号］

申请人叶某旺已于2011年10月19日提起诉讼，要求撤销上述股东会决议，该决议是否应当撤销，有待生效判决或者裁定予以确认。申请人叶某旺的申请符合法律规定。依照《民事诉讼法》第一百条之规定，裁定如下：中止实施张家港市协某布料有限公司于2021年9月20日作出的股东会决议。

案例4：广东省深圳市福田区人民法院·戴某与深圳新某地产顾问有限公司公司决议效力确认纠纷一审民事裁定书［（2016）粤0304民初24460号之一］

原告系以股东会决议无效向本院提起诉讼，涉案的股东会决议涉及公司控制权的变更，本院采取禁止被告变更工商登记、重新刻制印章符合对公司控制权进行限制的目的，本院采取上述诉讼保全措施并无不当。并且，经查被告已经按照诉争的股东会决议实际办理了工商变更登记，被告公司的印章亦不存在丢失而需要重新刻制的情形。至于被告提出应当由原告提供相应担保的意见，本院予以采纳。经本院要求，原告已经由深圳市金某泰融资担保有限公司提供100万元担保。

032 股东单笔转移公司资金但尚不构成财产混同，公司债权人可否要求股东承担责任？

☞ 阅读提示

公司债权人要求股东对公司债务承担责任，是否需以公司和股东构成财产混同为前提？本文引用的最高人民法院案例认为，股东转移资产的行为即使不足以否认公司独立人格，但股东仍有可能在其转移资金的金额及相应利息范围内对公司债务承担补充赔偿责任。这提醒广大股东，在与公司进行资金往来的过程中，应当格外小心，保存好相关交易记录及债权债务证明文件，避免被认定为构成实质性的抽逃出资行为。

裁判要旨

公司股东存在单笔转移公司资金的行为，尚不足以否认公司独立人格的，不应依据《公司法》第二十条第三款判决公司股东对公司的债务承担连带责任。但该行为客观上转移并减少了公司资产，降低了公司的偿债能力，公司股东应对公司债务不能清偿的部分在其转移资金的金额及相应利息范围内承担补充赔偿责任。

案情简介

一、2017年7月15日，碧某园公司作为甲方，凯某公司作为乙方，签订《资产转让合同》，约定凯某公司将某酒店公寓项目所有资产转让给碧某园公司。

二、2017年8月7日，碧某园公司按合同约定向凯某公司支付诚意金3.2亿元。次日，凯某公司向其股东张某男转账2951.8384万元。对于该笔转账，张某男主张系凯某公司向其偿还借款，但未能提供充分证据予以证实。

三、因凯某公司未在《资产转让合同》约定的期限内完成案涉地块的容积率、土地性质等规划指标的调整，碧某园公司向凯某公司发出《解除合同返还资金催告函》。

四、碧某园公司起诉至法院，请求凯某公司返还3.2亿元，张某男承担连带责任。

五、本案经海南高院一审、最高人民法院二审，最终判令凯某公司返还碧某园公司3.2亿元，张某男对凯某公司不能清偿的部分在2951.8384万元及其利息范围内承担补充赔偿责任。

裁判要点

张某男在未能证明其与凯某公司之间存在交易关系或者借贷关系等合法依据的情况下，接收凯某公司向其转账2951.8384万元，在客观上转移并减少了凯某公司资产，降低了凯某公司的偿债能力，张某男应当承担相应的责任。该笔转款超出了张某男向凯某公司认缴的出资数额，根据举重以明轻的原则并参照关于股东抽逃出资情况下的责任形态的规定，张某男应对凯某公司不能清偿的债务部分在2951.8384万元及其利息范围内承担补充赔偿责任。

经验总结

一、司法解释将抽逃出资的表现形式界定为“制作虚假财务会计报表虚增利润进行分配”“通过虚构债权债务关系将其出资转出”“利用关联交易将出资转出”和“其他未经法定程序将出资抽回的行为”等情形。无论何种形式，大多表现为股东之间通谋或者股东与公司之间通谋的行为，其他股东或者公司同意转出出资并安排了所谓的合法程序或交易，均是表象，实质是相关当事人虚构了有关事实将股东的出资非法转出。如果债权人知晓相应情形，即可以要求实质上抽逃出资的股东在抽逃出资本息范围内对公司债务不能清偿的部分承担补充赔偿责任。

二、股东与公司在进行资金往来的过程中，应当规范地使用交易账户，保存好相关交易记录，有关债权债务证明等，避免因交易外观类似于法律和司法解释所列举的抽逃出资行为，而被误认为抽逃出资，从而承担相应的法律责任。

相关法条

《最高人民法院关于适用〈中华人民共和国公司法〉若干问题的规定（三）》（法释〔2020〕18号　2021年1月1日实施）

第十二条　公司成立后，公司、股东或者公司债权人以相关股东的行为符合下列情形之一且损害公司权益为由，请求认定该股东抽逃出资的，人民法院应予支持：

（一）制作虚假财务会计报表虚增利润进行分配；

（二）通过虚构债权债务关系将其出资转出；

（三）利用关联交易将出资转出；

（四）其他未经法定程序将出资抽回的行为。

第十四条　股东抽逃出资，公司或者其他股东请求其向公司返还出资本息、协助抽逃出资的其他股东、董事、高级管理人员或者实际控制人对此承担连带责任的，人民法院应予支持。

公司债权人请求抽逃出资的股东在抽逃出资本息范围内对公司债务不能清偿的部分承担补充赔偿责任、协助抽逃出资的其他股东、董事、高级管理人员或者实际控制人对此承担连带责任的，人民法院应予支持；抽逃出资的股东已经承担上述责任，其他债权人提出相同请求的，人民法院不予支持。

本案链接

最高人民法院·三亚凯某投资有限公司、张某确认合同效力纠纷二审民事判决书［（2019）最高法民终960号］

《公司法》第三条规定："公司是企业法人，有独立的法人财产，享有法人财产权。公司以其全部财产对公司的债务承担责任。有限责任公司的股东以其认缴的出资额为限对公司承担责任；股份有限公司的股东以其认购的股份为限对公司承担责任。"第二十条第三款规定："公司股东滥用公司法人独立地位和股东有限责任，逃避债务，严重损害公司债权人利益的，应当对公司债务承担连带责任。"公司人格独立和股东有限责任是《公司法》的基本原则。否认公司独立人格，由滥用公司法人独立地位和股东有限责任的股东对公司债务承担连带责任，是股东有限责任的例外情形。否认公司法人格，须具备股东实施滥用公司法人独立地位及股东有限责任的行为以及该行为严重损害公司债权人利益的法定要件。

具体到本案中，2017年8月7日，碧某园公司向凯某公司转账3.2亿元，次日凯某公司向张某男转账2951.8384万元。张某男提交了《借款协议》《还款协议书》以及凯某公司向河南省驻马店市中级人民法院转账3000万元的转账凭证，但未提交其向凯某公司支付《借款协议》约定的2000万元借款的银行转账凭证，未能形成证据链证明张某男与凯某公司之间存在真实有效的借款关系。原审判决认定，张某男所提交的证据不能证明凯某公司向张某男转账支付的2951.8384万元是凯某公司向其归还的借款，并无不当。但是，认定公司与股东人格混同，需要综合多方面因素判断公司是否具有独立意思、公司与股东的财产是否混同且无法区分、是否存在其他混同情形等。本案中，凯某公司该单笔转账行为尚不足以证明凯某公司和张某男构成人格混同。并且，凯某公司以《资产转让合同》中目标地块为案涉债务设立了抵押，碧某园公司亦未能举证证明凯某公司该笔转账行为严重损害了其作为债权人的利益。因此，凯某公司向张某男转账2951.8384万元的行为，尚未达到否认凯某公司的独立人格的程度。原审法院依据《公司法》第二十条第三款径行判令张某男对本案中凯某公司的全部债务承担连带责任不当，本院予以纠正。

作为凯某公司股东的张某男在未能证明其与凯某公司之间存在交易关系或者借贷关系等合法依据的情况下，接收凯某公司向其转账2951.8384万元，虽然不足以否定凯某公司的独立人格，但该行为在客观上转移并减少了凯某公司资产，降低了凯某公司的偿债能力，张某男应当承担相应的责任。该笔转款2951.8384万元超出张某男向凯某公司认缴的出资数额，根据举重以明轻的原则并参照《公司法司法解释三》第十四条关于股东抽逃出资情况下的责任形态的规定，张某男应对凯某公司的3.2亿元及其违约金债务不能清偿的部分在2951.8384万元及其利息范围内承担补充赔偿责任。

延伸阅读

裁判观点：股东对公司享有合法债权，公司向股东偿还债务的行为不应认定为抽逃出资。该等情况下公司债权人要求股东对公司债务承担责任的，法院不予支持。

案例：最高人民法院·北京昌某建设投资有限公司等与北京弘某汽车空调散热器有限公司买卖合同纠纷执行裁定书［（2014）执申字第9号］

昌某公司不构成抽逃出资。主要理由如下：第一，昌某公司对弘某公司存在合法的在先债权。抽逃出资一般是指不存在合法真实的债权债务关系，而将出资转出的行为。本案中，对于昌某公司在2004年即通过债权受让的方式取得对于弘某公司债权的事实，山东两级法院与各方当事人并无分歧。第二，未损害弘某公司及相关权利人的合法权益。法律之所以禁止抽逃出资行为，是因为该行为非法减少了公司的责任财产，降低了公司的偿债能力，不仅损害了公司与其他股东的权益，更损害了公司债权人等相关权利人的权益。而本案并不存在这种情况，昌某公司对于弘某公司享有债权在先，投入注册资金在后。在整个增资扩股并偿还债务过程中，昌某公司除了把自己的债权变成了投资权益之外，没有从弘某公司拿走任何财产，也未变更弘某公司的责任财产与偿债能力。第三，不违反相关司法解释的规定。本案中，山东两级法院认定昌某公司构成抽逃出资适用的司法解释有两个，一是《最高人民法院关于人民法院执行工作若干问题的规定（试行）》（以下简称《执行规定》）第八十条，二是《公司法司法解释三》第十二条。《执行规定》第八十条只是规定在执行程序中可以追加抽逃注册资金的股东为被执行人，但是并未规定构成抽逃注册资金的构成要件。《公司法司法解释三》第十二条具体规定了抽逃出资的构成要件，可以作为执行程序中认定是否构成抽逃注册资金的参照。该条文规定的要件有两个，一个是形式要件，具体表现为该条罗列的“将出资款转入公司账户验资后又转出”“通过虚构债权债务关系将其出资转出”等各种具体情形。另一个是实质要件，即“损害公司权益”。本案虽然符合该法条规定的形式要件，但是如上所述，实质要件难以认定。所以无法按照上述两个条文的规定认定昌某公司构成抽逃注册资金，在执行程序中追加昌某公司为被执行人证据不足。

033 债权人可否“反向刺破公司面纱”，要求公司对股东债务承担责任？

☞ 阅读提示

我国《公司法》建立了法人人格否认制度，公司法人人格否认成立后的法律后果系股东对于公司的债务承担无限连带责任。与之相对应地，公司是否可以对股东的债务承担连带责任，即所谓的“法人人格逆向否认”？在法律并未明确规定公司可以对股东债务承担连带责任的前提下，司法审判实践中的认定也不统一。本文引用的最高人民法院案例中，对于一人有限责任公司可适用“法人人格逆向否认”予以肯定，也对一人有限公司的合规治理提出了警示。

裁判要旨

一人有限责任公司的股东不能证明公司财产独立于股东自己的财产的，股东债权人有权要求公司为股东债务承担连带责任。

案情简介

一、中某华置业公司系中某华投资公司为开发中某华国际城项目而成立的房地产项目公司。中某华置业公司成立之初即由中某华投资公司及其股东实际控制。2013年7月起，中某华置业公司股东为中某华投资公司，持股比例100%。

二、2008年，航某波纹管公司和中某华投资公司签订合同，约定航某波纹管公司将持有航某商贸公司65%股权作价13500万元转让给中某华投资公司，中某华投资公司以货币和实物（中某华国际城项目部分商铺）抵偿两种方式履行支付股权转让价款的义务。

三、因中某华投资公司未按合同约定交付商铺及办理产权登记，航某波纹管公司起诉要求中某华投资公司、中某华置业公司共同承担违约责任。

四、本案的争议焦点之一是，中某华置业公司是否需对其股东中某华投资公司的债务承担连带责任。

五、本案经湖北高院一审，最高人民法院二审和再审，均判决中某华投资公司、中某华置业公司共同支付航某波纹管公司违约金和逾期办证损失总计4000余万元。

裁判要点

中某华置业公司为一人有限责任公司，且未举出充分证据证明与中某华置业公司财产相互独立。在股东与公司人格混同的情形下，司法实践中认可由公司为股东债务承担连带责任，据此法院判决中某华置业公司需与其股东中某华投资公司共同承担债务。

经验总结

一、一人有限责任公司在日常经营中应使用公司账户，健全独立规范的财务管理制度，以防公司资金被股东随意占用、支配。公司应当在每一会计年度终了时编制财务会计报告，并经会计师事务所审计。一人有限责任公司的股东不能随意支配公司账户与个人私有账户间进行资金往来交易，不能频繁以借款为由支取公司资金。

二、在“正向刺破公司面纱”的情形下，一人有限责任公司的债权人，既可以选择在诉讼阶段同时将公司和股东列为共同被告，也可以选择先起诉公司，取得胜诉法律文书后在执行阶段申请追加股东为被执行人。但在“反向刺破公司面纱”的情形下，如股东债权人要求公司承担责任，则只可在诉讼中解决，因司法解释缺少相应规定而难以径行在执行程序中解决。

三、除“正向刺破公司面纱”和“反向刺破公司面纱”外，实践中还存在“横向刺破公司面纱”的情形，即关联公司人格混同，严重损害债权人利益的，关联公司相互之间对外部债务承担连带责任。但无论是哪一种“刺破公司面纱”情形，债权人均需证明行为人实施了滥用公司法人人格的行为，主要表现为公司的人格混同，即公司与股东（或其他关联公司）不分或者合一，存在资产不分、人事交叉、业务相同等情况。而且，对于一人有限责任公司，施行举证责任倒置制度，由股东对“公司财产独立于股东自己的财产”承担证明责任，证明不能即应否认公司的独立法人人格。

相关法条

《中华人民共和国公司法》（2018 年修正）

第二十条　公司股东应当遵守法律、行政法规和公司章程，依法行使股东权利，不得滥用股东权利损害公司或者其他股东的利益；不得滥用公司法人独立地位和股东有限责任损害公司债权人的利益。

公司股东滥用股东权利给公司或者其他股东造成损失的，应当依法承担赔偿责任。

公司股东滥用公司法人独立地位和股东有限责任，逃避债务，严重损害公司债权人利益的，应当对公司债务承担连带责任。

第六十三条　一人有限责任公司的股东不能证明公司财产独立于股东自己的财产的，应当对公司债务承担连带责任。

《最高人民法院关于民事执行中变更、追加当事人若干问题的规定》（法释〔2020〕21 号　2021 年 1 月 1 日实施）

第二十条　作为被执行人的一人有限责任公司，财产不足以清偿生效法律文书确定的债务，股东不能证明公司财产独立于自己的财产，申请执行人申请变更、追加该股东为被执行人，对公司债务承担连带责任的，人民法院应予支持。

本案链接

最高人民法院·华某银行股份有限公司武汉洪山支行、北京长某投资基金股权转让纠纷再审审查与审判监督民事裁定书［（2020）最高法民申2158号］

原判决认定中某华投资公司与中某华置业公司构成人格混同，是否属法律适用错误。我国法律在认定公司人格混同时，区分是否为一人有限责任公司规定了不同的举证责任规则。其原因在于一人有限责任公司只有一名股东控制公司而缺乏其他股东的有效制约，极易造成股东对公司法人人格的滥用。《公司法》第六十三条规定：一人有限责任公司的股东不能证明公司财产独立于股东自己的财产的，应当对公司债务承担连带责任。原判决适用上述规定认定中某华投资公司与中某华置业公司构成人格混同，并无不当。

首先，从工商登记情况看，中某华置业公司为一人有限责任公司。2013年7月至今，中某华置业公司股东为中某华投资公司，持股比例100%。其次，原审中，中某华投资公司、中某华置业公司虽分别提交了工商登记资料、年检报告、纳税凭证等证据，但并不能否定中某华置业公司系中某华投资公司的项目公司以及两公司承诺对涉案项目的欠款承担连带责任的相关事实。原判决认定中某华投资公司作为控股权为100%的股东并未举出充分证据证明与中某华置业公司财产相互独立，并无不当。再次，中某华置业公司系中某华投资公司为开发中某华国际城项目而成立的房地产项目公司。中某华置业公司成立之初即由中某华投资公司及其股东实际控制。从中某华置业公司股东会决议及长某基金、华某银行与中某华置业公司的《委托贷款合同》均可以看出，中某华置业公司和中某华投资公司共同承诺对涉案房地产项目债务清偿承担连带责任。虽然中某国际信托有限公司短期持有中某华置业公司100%股权，但后来又变更登记为中某华投资公司。最后，《公司法》第六十三条的规定虽系股东为公司债务承担连带责任，但目前司法实践中，在股东与公司人格混同的情形下，公司亦可为股东债务承担连带责任。

延伸阅读

裁判观点 1："正向刺破公司面纱"（公司债权人要求控股股东对公司债务承担责任）需要满足三个要件：其一，主体要件，是指实施了滥用公司人格和股东有限责任行为的控制股东，即实际参与公司经营管理，并能对公司的主要决策活动施加影响的股东。其二，行为要件，是指控制股东实施了滥用公司法人人格的行为，主要表现为公司的人格混同，即公司与股东不分或者合一，是指股东与公司之间资产不分、人事交叉、业务相同，与其交易的第三人无法分清是与股东还是公司进行交易。其三，结果要件，是指滥用公司人格的行为对债权人利益或者社会公共利益造成了严重损害。

案例 1：云南省高级人民法院 · 廖某琴、洪某博与云南桂某经贸有限公司合同纠纷二审民事判决书［（2015）云高民二终字第 84 号］

本案争议焦点是：廖某琴、洪某博是否应对金某公司的债务承担连带清偿责任？根据一、二审查明的事实，围绕各方当事人的诉辩主张，二审法院对当事人的争议焦点综合评述如下：

《公司法》第二十条规定："公司股东应当遵守法律、行政法规和公司章程，依法行使股东权利，不得滥用股东权利损害公司或者其他股东的利益；不得滥用公司法人独立地位和股东有限责任损害公司债权人的利益。公司股东滥用股东权利给公司或者其他股东造成损失的，应当依法承担赔偿责任。公司股东滥用公司法人独立地位和股东有限责任，逃避债务，严重损害公司债权人利益的，应当对公司债务承担连带责任。"本案中，廖某琴、洪某博作为金某公司的股东，是否存在滥用公司法人独立地位和股东有限责任损害债权人桂某公司利益的情形，能否适用公司人格否认法理要求其二人对金某公司的债务承担连带清偿责任，应从以下几方面予以考察：

其一，主体要件，公司人格否认法理适用的主体是实施了滥用公司人格和股东有限责任行为的控制股东，即实际参与公司经营管理，并能对公司的主要决策活动施加影响的股东。本案中，廖某琴、洪某博作为金某公司仅有的两名股东，实际参与了金某公司的日常管理和经营决策，是金某公司的实际控制股东，故廖某琴、洪某博具备作为适用公司人格否认法理的责任主体。

其二，行为要件，是指控制股东实施了滥用公司法人人格的行为，主要表现为公司的人格混同，即公司与股东不分或者合一，是指股东与公司之间资产不分、人事交叉、业务相同，与其交易的第三人无法分清是与股东还是公司进行交易。本案中，廖某琴、洪某博作为金某公司各持股50%的自然人股东，其股东财产与公司财产是否存在混同，致使金某公司缺乏独立的财产和作为独立人格存在的基础是认定廖某琴、洪某博是否实施滥用公司法人人格行为的重要判断标准。从本案查明的事实来看：首先，金某公司的经营场所是股东廖某琴名下的个人房产；其次，2013年3月18日，廖某琴将涉案800万元贷款，即2013年3月13日桂某公司从工行贷出后转汇金某公司的800万元款项，从金某公司账户转出其中的450万元用于其股东个人增资扩股；再次，2013年4月，廖某琴又从金某公司账户多次转款共计435万元；最后，从金某公司、廖某琴、洪某博一审提交的《云南金某进出口有限公司支付云南桂某经贸有限公司款项明细表》可以看出，2012年12月17日至2013年11月13日，金某公司与廖某琴分别多次从公司账户和个人账户转款至桂某公司账户用于偿还涉案贷款。综上，从本案贷款行为发生起，金某公司账户与股东廖某琴的账户之间出现多次转款，金某公司和股东廖某琴亦均向出借人桂某公司多次还款，由此可见，金某公司违反公司财产与股东财产分离原则，故可以证实金某公司的财产与股东廖某琴的个人财产存在混同。

其三，结果要件，是指滥用公司人格的行为对债权人利益或者社会公共利益造成了严重损害。本案中，从2013年3月18日起，在无合法依据的情形下，廖某琴从金某公司账户转出款项至其个人账户共计885万元，占金某公司1088万元注册资本金的80%以上，其挪用公司财产的行为已构成对债权人桂某公司利益的严重损害。

综上，结合公司人格否认的具体适用条件，金某公司的实际控制股东廖某琴，其个人财产与公司财产混同，并最终严重损害了本案债权人桂某公司的利益，应对金某公司尚欠桂某公司的债务承担连带清偿责任。洪某博作为金某公司的另一名股东，与廖某琴各持金某公司50%的股权，二者又为夫妻关系，原审在认定廖某琴应对金某公司的债务承担连带责任的情况下，判决洪某博对此亦承担连带责任并无不妥。所以，原审判决认定事实清楚，适用法律正确，实体处理得当，应予维持。

裁判观点2："横向刺破公司面纱"——关联公司人格混同，严重损害债权人利益的，关联公司相互之间对外部债务承担连带责任。

案例2：最高人民法院指导案例15号：最高人民法院·徐某集团工程机械股份有限公司诉成都川某工贸有限责任公司等买卖合同纠纷二审民事判决书

[（2011）苏商终字第0107号）]

针对上诉范围，二审争议焦点为川某机械公司、瑞某公司与川某工贸公司是否人格混同，应否对川某工贸公司的债务承担连带清偿责任。川某工贸公司与川某机械公司、瑞某公司人格混同。一是三个公司人员混同。三个公司的经理、财务负责人、出纳会计、工商手续经办人均相同，其他管理人员亦存在交叉任职的情形，川某工贸公司的人事任免存在由川某机械公司决定的情形。二是三个公司业务混同。三个公司实际经营中均涉及工程机械相关业务，经销过程中存在共用销售手册、经销协议的情形；对外进行宣传时信息混同。三是三个公司财务混同。三个公司使用共同账户，以王某礼的签字作为具体用款依据，对其中的资金及支配无法证明已作区分；三个公司与徐某机械公司之间的债权债务、业绩、账务及返利均计算在川某工贸公司名下。因此，三个公司之间表征人格的因素（人员、业务、财务等）高度混同，导致各自财产无法区分，已丧失独立人格，构成人格混同。川某机械公司、瑞某公司应当对川某工贸公司的债务承担连带清偿责任。公司人格独立是其作为法人独立承担责任的前提。《公司法》第三条第一款规定："公司是企业法人，有独立的法人财产，享有法人财产权。公司以其全部财产对公司的债务承担责任。"公司的独立财产是公司独立承担责任的物质保证，公司的独立人格也突出地表现在财产的独立上。当关联公司的财产无法区分，丧失独立人格时，就丧失了独立承担责任的基础。《公司法》第二十条第三款规定："公司股东滥用公司法人独立地位和股东有限责任，逃避债务，严重损害公司债权人利益的，应当对公司债务承担连带责任。"本案中，三个公司虽在工商登记部门登记为彼此独立的企业法人，但实际上相互之间界限模糊、人格混同，其中川某工贸公司承担所有关联公司的债务却无力清偿，又使其他关联公司逃避巨额债务，严重损害了债权人的利益。上述行为违背了法人制度设立的宗旨，违背了诚实信用原则，其行为本质和危害结果与《公司法》第二十条第三款规定的情形相当，故参照《公司法》第二十条第三款的规定，川某机械公司、瑞某公司对川某工贸公司的债务应当承担连带清偿责任。

034 股东按照实缴出资比例还是认缴出资比例行使表决权？

☞ 阅读提示

《公司法》第四十二条规定，“股东会会议由股东按照出资比例行使表决权”。实践中经常产生的问题是，此处的“出资比例”究竟应以实缴出资比例为准，还是以认缴出资比例为准？在涉及公司控制权争夺的情况下，这个问题可能会直接决定公司内部哪一方股东有权作出有效的公司决议，进而决定哪一方股东有权控制公司。本文选取的案例中，针对出资期限是否届满的不同情况对这一问题分别进行分析，符合最高人民法院在2019年《九民纪要》中的指导性意见，具有较强的参考价值。

裁判要旨

对于股东认缴出资未届履行期限的，应依据公司章程的规定确定股东的表决权，公司章程没有规定的，应当按照认缴出资的比例确定。但对于出资期限已经届至并已实际出资后又违反法律规定抽逃出资的股东（或出资届满后仍未实缴的股东），应当对其表决权予以排除。

案情简介

一、汤某公司的注册资本为9000万元，其中虹某大酒店出资5940万元，出资比例占66%，王某京出资2910万元，出资比例占32.33%，黑某公司出资150万元，出资比例占1.67%。

二、经人民法院生效判决确认，虹某大酒店在出资期限届至并已实际出资后又抽逃了5420.2万元出资，并判决虹某大酒店向汤某公司返还该等抽逃出资。

三、2016年8月27日，汤某公司召开股东会，会议议题为“减少股东虹某大酒店在汤某公司的出资额5420.2万元，汤某公司注册资本相应减少5420.2万元”，王某京、黑某公司均投同意票，虹某大酒店缺席会议。

四、股东会决议载明：根据已生效的判决书确认，虹某大酒店抽逃汤某公司的出资5420.2万元，且该股东未在判决确定的时间内向汤某公司返还抽逃的出资，因此其有效表决权金额法定应当减少 5420.2 万元，故本次会议有效表决权总额为 3579.8 万元（其中黑某公司 150 万元、王某京 2910 万元、虹某大酒店 519.8 万元）。王某京、黑某公司对会议议题投赞成票，占有效表决权比例的 85.48%；虹某大酒店弃权（其拥有的表决权比例为 14.52%）。会议通过决议：减少虹某大酒店在汤某公司的出资额 5420.2 万元，相应减少汤某公司注册资本 5420.2 万元。

五、王某京、黑某公司向法院提起诉讼，请求确认该次股东会决议有效，山东省威海市中级人民法院支持了其诉讼请求。

裁判要点

对于股东认缴出资未届履行期限的，应依据公司章程的规定确定股东的表决权，公司章程没有规定的，应当按照认缴出资的比例确定。但对于出资期限届至并已实际出资后又违反法律规定抽逃出资的股东，应当根据权利义务相一致的原则，依据上述规定的精神对其表决权予以排除，以体现对侵犯公司和其他股东权利的股东的权利限制。本案中，股东会系就减少虹某大酒店的出资额 5420.2 万元进行审议，虹某大酒店对表决事项存在利害关系，应排除其相应范围内表决权的行使。股东会决议通过了减少虹某大酒店在汤某公司的出资额 5420.2 万元的决议，符合公司章程及法律规定，应认定为合法有效。

经验总结

一、公司章程中可以自主决定股东表决权的依据是实缴出资比例还是认缴出资比例，甚至也可以决定不按出资比例行使表决权。

二、特别需要注意的是，即使公司章程未作特别约定或约定按照认缴出资比例行使表决权，根据《九民纪要》的规定，代表三分之二以上表决权（按认缴比例确定）的股东通过，可以将章程修正为“按实缴出资比例”行使表决权。

三、在出资期限已届满的情况下，公司章程或股东会决议可以对未按期缴足出资的股东的表决权进行合理的限制，例如规定股东表决权按照已缴出资占应缴出资的比例行使表决权，或者径行减少出资期限已届满但未实缴股东的对应出资额（且该等出资不享有表决权）。通过合理利用以上规则，完全可能调整股东之间的出资比例、表决比例，是化解公司僵局、夺取公司控制权的重要手段。

相关法条

《中华人民共和国公司法》（2018年修正）

第四十二条 股东会会议由股东按照出资比例行使表决权；但是，公司章程另有规定的除外。

《最高人民法院关于印发〈全国法院民商事审判工作会议纪要〉的通知》（法〔2019〕254号 2019年11月8日实施）

7. **【表决权能否受限】** 股东认缴的出资未届履行期限，对未缴纳部分的出资是否享有以及如何行使表决权等问题，应当根据公司章程来确定。公司章程没有规定的，应当按照认缴出资的比例确定。如果股东（大）会作出不按认缴出资比例而按实际出资比例或者其他标准确定表决权的决议，股东请求确认决议无效的，人民法院应当审查该决议是否符合修改公司章程所要求的表决程序，即必须经代表三分之二以上表决权的股东通过。符合的，人民法院不予支持；反之，则依法予以支持。

本案链接

山东省威海市中级人民法院·王某京、山东黑某集团有限公司等与威海汤某温泉度假有限公司公司决议效力确认纠纷一审民事判决书［（2019）鲁10民初177号］

《公司法司法解释三》第十六条规定，股东未履行或者未全面履行出资义务或者抽逃出资，公司根据公司章程或者股东会决议对其利润分配请求权、新股优先认购权、剩余财产分配请求权等股东权利作出相应的合理限制，该股东请求认定该限制无效的，人民法院不予支持。对于在股东会审议减少抽逃出资股东出资额时是否应依据该规定对相关股东的表决权予以限制，本院认为，对于股东认缴出资未届履行期限的，应依据公司章程的规定确定股东的表决权，公司章程没有规定的，应当按照认缴出资的比例确定。但对于出资期限届至并已实际出资后又违反法律规定抽逃出资的股东，应当根据权利义务相一致的原则，依据上述规定的精神对其表决权予以排除，以体现对侵犯公司和其他股东权利的股东的权利限制。本案中，虽然汤某公司章程规定股东会会议由股东按照出资比例行使表决权，但在虹某大酒店已经出资后又抽逃出资经法院判决后仍未能及时补足的情况下，汤某公司召开股东会会议，就减少虹某大酒店的出资额5420.2万元进行审议，虹某大酒店对表决事项存在利害关系，应排除其相应范围内表决权的行使。2016 年 8 月 27 日，股东会以黑某公司 150 万元、王某京 2910 万元、虹某大酒店 519. 8 万元出资额确定有效表决权总额为 3579. 8 万元，并因王某京、黑某公司对会议议题投赞成票、占有效表决权比例的 85. 48%，通过了减少虹某大酒店在汤某公司的出资额 5420. 2 万元的决议，符合公司章程及法律规定，应认定合法有效。

《公司法司法解释三》第十七条规定，有限责任公司的股东未履行出资义务或者抽逃全部出资，经公司催告缴纳或者返还，其在合理期间内仍未缴纳或者返还出资，公司以股东会决议解除该股东的股东资格，该股东请求确认该解除行为无效的，人民法院不予支持。在前款规定的情形下，人民法院在判决时应当释明，公司应当及时办理法定减资程序或者由其他股东或者第三人缴纳相应的出资。因此，2016 年 8 月 27 日股东会决议同时作出将汤某公司注册资本中虹某大酒店抽逃部分相应减少 5420. 2 万元的决议，不违反法律法规及章程的规定，亦应认定为合法有效。

延伸阅读

裁判观点：如公司章程未另行规定，表决权比例应按照认缴出资的比例确定。

案例：浙江省金华市中级人民法院·金华市通某思创科技有限公司、金华市九某机动车驾驶培训有限公司请求变更公司登记纠纷二审民事判决书［（2020）浙 07 民终 4637 号］

通某公司和施某伟为九某公司仅有的两名股东。涉案《投资协议》系通某公司与九某公司真实意思表示，合法有效。根据涉案《投资协议》和九某公司工商登记情况，通某公司持有九某公司 68. 19%的股份。根据《公司法》第四十二条规定，股东会会议由股东按照出资比例行使表决权；但公司章程另有规定的除外。本案中，九某公司《章程》没有作出其他规定，则应当按照认缴出资的比例确定。虽然股东出资尚有争议，但九某公司《章程》未对股东表决权是否按实缴出资进行规定，则应当按照认缴出资比例确定。故通某公司作为持有 68. 19%股权的股东，在执行董事和公司监事均不召集的情况下，根据《公司法》和九某公司《章程》，有权召集和主持股东会会议，并依法作出决议。

035 长期被压制的小股东，能否强制解散公司?

☞ 阅读提示

在实践中，公司治理的困境除因股权势均力敌而造成的公司僵局外，还存有在实力悬殊的情形下造成的股东压制。例如，排斥少数股东参与公司管理；剥夺少数股东的知情权；长期不向少数股东分配股利；稀释少数股东的股权比例等。特定情况下，即使大股东持股比例超过50%可以作出有效的股东会决议，但长期被压制的小股东仍可以“公司经营管理发生严重困难”等为由要求解散公司。本文引用的案例中，大股东虽持有70%股权且已尽力实现公司地址搬迁、复工复产，但因持续两年未召开股东会、股东之间关系极度恶化，法院最终支持了小股东要求解散公司的诉讼请求。

裁判要旨

公司经营管理发生严重困难，继续存续会使股东利益受到重大损失，通过其他途径不能解决的，人民法院根据股东的请求判决解散公司。

案情简介

一、北某公司、回某公司、再某公司于2002年合资成立了拆某公司，北某公司、回某公司各持股15%，再某公司持股70%。

二、2016年3月31日，漳州市环境保护局责令拆某公司停止生产。此后，拆某公司虽在搬迁地址后复工复产，但再某公司未就地址搬迁、复工复产事宜通知北某公司和回某公司，也未通过拆某公司股东会等权力机构和管理机构作出上述经营决策。

三、现拆某公司已持续两年以上无法召开股东会，其间大股东再某公司与小股东北某公司、回某公司均不参加对方召集的股东会。

四、北某公司、回某公司请求判令解散拆某公司。本案经漳州中院一审，福建高院二审，均判决解散拆某公司。

裁判要点

拆某公司已持续两年以上无法召开股东会，其间大股东再某公司与小股东北某公司、回某公司均不参加对方召集的股东会。虽然拆某公司已在搬迁地址后复工复产，但再某公司未提交证据证明其有通知北某公司和回某公司地址搬迁、复工复产事宜，并系通过股东会等权力机构和管理机构作出上述经营决策。并且，拆某公司的所有财产均由再某公司掌控，各股东之间互不信任，合作关系极度恶化，人合性基础不复存在，拆某公司已陷入经营管理的严重困难。此外，经法院调解，双方当事人仍未能对股权收购事项达成一致意见。因此，拆某公司已符合法定的解散条件。

经验总结

一、大股东切勿认为已方所持股权比例高就可以搞“一言堂”、单方面决定公司大小事宜。公司重要事项，必须按照《公司法》及公司章程的规定经过股东会、董事会讨论决定。大股东通知召开股东会议后小股东未参会，大股东利用表决权优势作出的股东会决议，也是合法有效的。这与大股东未通知小股东开会，自己单方面作出决定是有本质区别的。本案中，再某公司持股比例明明高达70%，也尽力实现公司地址搬迁、复工复产，但因“未提交证据证明地址搬迁、复工复产事宜其有通知北某公司和回某公司，并系通过股东会等权力机构和管理机构作出上述经营决策”而被判令解散公司，实在可惜。

二、公司可以在章程中预先设定公司僵局的处理办法。例如，赋予董事长在出现表决僵局时最终的决定权；规定董事会成员与股东会成员不得完全重合，在董事会出现表决僵局时将该事项提交股东会表决；规定大股东应履行诚信义务，不得不正当侵害公司和其他少数股东利益，不得在合法形式的外表下进行实质违法行为，保障少数股东知情权和会议召集权。同时，可以在章程中设置出现公司僵局时股东的退出条款。当公司股东或董事之间发生分歧或纠纷时，由控制一方股东以合理的价格收买相对方股东股权或股份，从而让弱势一方股东退出公司，以此达到预防僵局的目的，还可以预先设定股权价格的计算及评估方式。

相关法条

《中华人民共和国公司法》(2018年修正)

第一百八十二条 公司经营管理发生严重困难，继续存续会使股东利益受到重大损失，通过其他途径不能解决的，持有公司全部股东表决权百分之十以上的股东，可以请求人民法院解散公司。

《最高人民法院关于适用〈中华人民共和国公司法〉若干问题的规定(二)》(法释〔2020〕18号 2020年修正)

第一条 单独或者合计持有公司全部股东表决权百分之十以上的股东，以下列事由之一提起解散公司诉讼，并符合公司法第一百八十二条规定的，人民法院应予受理：

(一)公司持续两年以上无法召开股东会或者股东大会，公司经营管理发生严重困难的；

(二)股东表决时无法达到法定或者公司章程规定的比例，持续两年以上不能做出有效的股东会或者股东大会决议，公司经营管理发生严重困难的；

(三)公司董事长期冲突，且无法通过股东会或者股东大会解决，公司经营管理发生严重困难的；

(四)经营管理发生其他严重困难，公司继续存续会使股东利益受到重大损失的情形。

股东以知情权、利润分配请求权等权益受到损害，或者公司亏损、财产不足以偿还全部债务，以及公司被吊销企业法人营业执照未进行清算等为由，提起解散公司诉讼的，人民法院不予受理。

本案链接

福建省高级人民法院·漳州市北某再生资源有限公司、某废旧物资回收公司等公司解散纠纷二审民事判决书[(2020)闽民终1897号]

法院认为，本案双方当事人争议的焦点为拆某公司是否符合解散条件。

《公司法司法解释二》第一条第一款规定："单独或者合计持有公司全部股东表决权百分之十以上的股东，以下列事由之一提出解散公司诉讼，并符合公司法第一百八十二条规定的，人民法院应予受理：(一)公司持续两年以上无法召开股东会或者股东大会，公司经营管理发生严重困难的；(二)股东表决时无法达到法定或者公司章程规定的比例，持续两年以上不能做出有效的股东会或者股东大会决议，公司经营管理发生严重困难的；（三）公司董事长期冲突，且无法通过股东会或者股东大会解决，公司经营管理发生严重困难的；（四）经营管理发生其他严重困难，公司继续存续会使股东利益受到重大损失的情形。”其中“公司持续两年以上无法召开股东会或者股东大会，公司经营管理发生严重困难”，指的是公司股东会这一权力机构的运行出现持续性严重困难，指向的是股东僵局，而非公司有无实际生产经营、有无盈利。最高人民法院指导案例8号林某清诉常熟市凯某实业有限公司、戴某明公司解散纠纷案的案例要旨为：“公司法第一百八十三条将‘公司经营管理发生严重困难’作为股东提起解散公司之诉的条件之一。判断‘公司经营管理是否发生严重困难’，应从公司组织机构的运行状态进行综合分析。公司虽处于盈利状态，但其股东会机制长期失灵，内部管理有严重障碍，已陷入僵局状态，可以认定为公司经营管理发生严重困难。对于符合公司法及相关司法解释规定的其他条件的，人民法院可以依法判决公司解散。”本案中，拆某公司的章程约定：“股东会分为定期会议和临时会议，定期会议原则上定为每年元月份召开一次，具体时间由董事会决定；代表十分之一以上表决权的股东，三分之一以上的董事，监事会或者不设监事会的公司的监事提议召开临时会议的，应当召开临时会议。”现拆某公司已持续两年以上无法召开股东会，其间大股东再某公司与小股东北某公司、回某公司均不参加对方召集的股东会。拆某公司和再某公司虽向本院提交了证据证明拆某公司在搬迁地址后已复工复产，但其未提交证据证明地址搬迁、复工复产事宜其有通知北某公司和回某公司，并系通过股东会等权力机构和管理机构作出上述经营决策，也未能提交证据证明拆某公司各股东自2018年3月12日决定停产后有对公司发展、经营问题进行过商讨。虽然上诉人提交的证据可以证明北某公司委派的人员吴某敏作为留守人员现仍系拆某公司的会计，但没有证据证明吴某敏有权代表北某公司和回某公司参与拆某公司的经营管理决策并已实际参与，一审判决认定拆某公司的所有财产均由再某公司掌控，各股东之间互不信任，合作关系极度恶化，人合性基础不复存在，拆某公司已陷入经营管理的严重困难，并无不当。拆某公司和再某公司以“开会只是一种形式而已，不能解决实际问题”为由，上诉主张股东会不能召开对企业生产经营没有影响，不应作为公司解散事由，显然是对法律规定、公司章程约定和小股东利益的漠视。拆某公司和再某公司虽然上诉称，可以通过由再某公司收购北某公司和回某公司股权等途径解决公司僵局，但经本院再次调解，双方当事人仍未能对此达成一致意见，故其该项上诉理由亦不能成立。

延伸阅读

裁判观点：公司治理结构失灵，公司继续存续会使股东利益受到重大损失，通过其他途径不能解决的，人民法院根据股东的请求判决解散公司。

案例1：陕西省高级人民法院·西安阿某影视制作有限公司与西安文某旅游服务有限责任公司公司解散纠纷二审民事判决书［（2020）陕民终340号］

西安阿某公司自2007年以来未召开过董事会会议也未形成任何董事会决议，体现公司自治的公司治理结构处于失灵状态。且近五年没有经营收入，也未对外开展任何业务，西安阿某公司也陈述公司的业务已被公司股东成立的其他公司经营，西安阿某公司事实上处于歇业状态，符合公司持续两年以上无法召开股东会或者股东大会，公司经营管理发生严重困难的情形。且由于公司治理结构失灵，导致公司无法及时就相关事项作出决议，公司继续存续会使股东利益受到重大损失。另外，经法院多次组织各方当事人调解，均无法对通过其他途径解决纠纷达成一致。在上述情形下，一审法院认定西安阿某公司符合《公司法》规定的股东请求解散公司的条件，对文某公司请求解散西安阿某公司的诉讼请求予以支持，并无不当。

案例2：云南省高级人民法院·江西省煤炭集团某矿业有限责任公司、福建双某农业开发有限责任公司公司解散纠纷二审民事判决书［（2021）云民终106号］

本案事实能够证明，存在符合《公司法司法解释二》第一条第一款三项、第四项的情形，可以解散公司，理由为：1. 某矿业公司已经发生了经营管理的严重困难，公司董事长期冲突，无法通过股东会解决，公司董事会成员，按现有的股东委派的人数，即使福建双某公司不参加董事会，按公司章程也可以通过董事会决议，且事实上多次董事会决议均无福建双某公司参加即可通过，故出现对董事会决议争议系通过诉讼解决的情形，公司董事已经存在长期冲突，福建双某公司需要提起股东知情权诉讼，才能查阅到公司的会计账簿、财务会计报告、股东会会议记录、董事会决议等，其需要通过诉讼来保障其股东的权利，董事会已经不能良性运转，已经丧失人合的基础，公司经营管理发生严重困难，一审对此问题分析得很全面到位，本院不予赘述。2. 公司经营管理发生其他严重困难。根据在案的事实，某矿业公司内部股东已经发生过损害公司利益责任纠纷、股东知情权纠纷、公司董事会决议撤销之诉等多起诉讼，公司经营管理已经陷入僵局，内部机构已经不能正常运转，某矿业公司2010年注册成立至今已经11年，但11年中公司一直没有发生任何的经营活动，根据某矿业公司的陈述，其每年尚需发生很多的成本费用，目前各方当事人均予以认可，煤矿探矿经营活动已经难以开展，已经不能实现成立公司预期的经营目的，公司持续经营会使股东利益受到更大的损失。3. 公司自成立至今未发生经营活动，现在各方当事人均认可公司成立的目的已经难以实现，公司的存续已失去意义，并且各方均同意解散公司，只是某矿业公司认为解散公司的时机需等待相关生效判决结果，但各方均有解散公司的意愿，现裁判结果已出，解散公司没有需要等待的事由，可以解散公司。4. 某矿业公司成立至今11年没有发生经营活动，且十多年公司探矿情况已经发生一些变化，公司存续已失去意义，而且通过其他途径无法解决。5. 现有证据显示福建双某公司享有某矿业公司49%的股份，目前没有证据证明其持有的股份低于10%，故福建双某公司有权提起本案诉讼。

案例3：四川省高级人民法院·四川奶某乐乳业有限公司与罗某特皮某特、四川菊某食品有限公司公司解散纠纷二审民事判决书［（2016）川民终318号］

公司能否解散取决于公司是否存在僵局以及是否符合《公司法》第一百八十二条规定的实质条件，而不取决于公司僵局产生的原因和责任。《公司法》没有限制过错方股东解散公司，因此即使一方股东对公司僵局的产生具有过错，其仍然有权依据《公司法》第一百八十二条规定，请求解散公司。对奶某乐公司的僵局是何方过错所造成的，法院不予审查。

036 股东会可否做出定向减资的决议？股东可否据此要求返还已投入的资本公积金？

☞ 阅读提示

溢价增资是公司股权融资中最常见的方式，通常要求投资人将部分投资款计入注册资金，部分投资款计入资本公积金。那么，当投资人想要收回投资的时候，可否通过股东会定向减资的方式，将已投入的注册资金和资本公积金收回呢？本文选取上海一中院的一则判例进行分析说明。

裁判要旨

定向减资会直接突破公司设立时的股权分配情况，如只需经三分之二以上表决权的股东通过即可做出定向减资决议，实际上是以多数决形式改变公司设立时经发起人一致决所形成的股权架构；因此，股东会作出定向减资的股东会决议应当经全体股东一致同意。

股东会决议向股东返还减资部分股权对应的包括资本公积金在内的原始投资款，实际是未经清算程序通过定向减资的方式变相向个别股东分配公司剩余资产，应当被认定为无效。

案情简介

一、圣某虫公司系有限责任公司，注册资本为6313131元，其中，华某伟出资1544912元，占股24.4714%，埃某公司出资631313元，占股10%；剩余股权由夏某等其他四位股东持有。

二、该公司章程规定，股东会会议作出修改公司章程、增加或者减少注册资本的决议，以及公司合并、分立、解散或者变更公司形式的决议，必须经代表全体股东三分之二以上表决权的股东通过。

三、2018年2月13日，圣某虫公司向华某伟发出股东会通知载明，埃某公司原来通过溢价增资的方式投资1500万元，持有10%股权，对应注册资本631313元。现由于埃某公司投资策略调整，特将对公司投资500万元对应的注册资本210438元进行减资，注册资本由6313131元减为6102693元，并退还埃某公司500万元。

四、同年3月1日，圣某虫公司作出股东会决议：1. 同意圣某虫公司的注册资本从6313131元减少至6102693元，减资后各股东认缴注册资本及持股比例为：埃某公司认缴420875元，占6.90%；2. 同意圣某虫公司向埃某公司返还投资款500万元。该决议同意股东为5名，占股75.5286%，华某伟不同意，占股24.4714%。

五、此后，华某伟以定向减资未经其本人同意且属于抽逃资本公积金为由，向法院诉请确认股东会决议无效。本案一审法院认为，公司定向减资不必经全体股东一致同意，且将溢价增资部分的资本公积金退回原股东亦有效。二审法院则认为，定向减资和退回资本公积金均无效。

裁判要点

本案的争议焦点有两个：一是股东会作出定向减资的决议是需要经过全体股东一致通过，还是只需要代表三分之二以上表决权的股东通过即可？二是股东会决议将溢价增资进入资本公积金部分的资金退还给增资股东是否有效？

对于第一个争议焦点，一种观点认为，股东会作出不按出资比例定向减资的决议并不需要全体股东一致同意。理由是，正是因为减资会导致股权结构的变动和股东利益的调整，为保证公司减资能够体现绝大多数股东的意志，《公司法》已经规定有限责任公司应当由股东会作出特别决议，即经代表三分之二以上表决权的股东通过才能进行减资。但是，《公司法》并未区分是否按照股东持股比例进行减资的情形，因此定向减资并不需要全体股东同意。但编者并不认同前述观点。

编者认为，公司进行定向减资必须经过全体股东一致同意。理由有二：

一方面，虽然《公司法》第四十三条规定，公司减资经代表三分之二以上表决权的股东通过即可。但前述条文中的减资，应当仅仅指的是公司注册资本的减少，而不包括减资后股权在各股东之间的分配。股权是股东享受公司权益、承担义务的基础，由于减资存在同比例减资和定向减资两种情况，定向减资会直接突破公司设立时的股权分配情况，如只需经三分之二以上表决权的股东通过即可做出定向减资决议，实际上是以多数决形式改变公司设立时经发起人一致决所形成的股权架构。

另一方面，定向减资导致股权比例变化后，也会导致股东所承担的风险发生变化，影响股东的合法权益。因此，对于定向减资，在全体股东或者公司章程另有约定之外，应当由全体股东一致同意。

本案中，首先，圣某虫公司的股东中仅有埃某公司进行减资，不同比的减资导致华某伟的股权比例从 24.47%上升到 25.32%，该股权比例的变化并未经华某伟的同意，违反了股权架构系各方合意结果的基本原则。其次，华某伟持股比例的增加在实质上增加了华某伟作为股东所承担的风险，在一定程度上损害了华某伟的股东利益。因此，案涉的股东会决议，在未经华某伟同意的情形下，视为各股东对股权比例的架构未达成一致意见，属于股东会决议不成立。

对于第二个争议焦点，一种观点认为，虽然《公司法》第一百六十八条规定，资本公积金用于弥补公司亏损、扩大公司生产经营或转增注册资本。但该规定针对的是法定公积金在公司内部经营管理中的用途和限制，并不排斥公司经合法决议程序将股东溢价投资所转成的资本公积金退还给原股东的情形。故案涉将资本公积金退还给原股东的股东会决议有效。编者认为该观点仍然值得商榷。理由如下：

一是股东将投资款注入公司之后，其出资已经转化为公司的资产，必须通过股权方式来行使权利而不能直接请求将投资款予以返还。随着股东将投入公司的资金用于公司经营，股东持有的公司股权对应的价值将会发生变化，因此在股东减资时不能直接主张减资部分股权对应的原始投资款归自己所有。

二是根据公司资本维持原则的要求，公司在存续过程中，应维持与其资本额相当的实有资产，为使得公司的资本与公司资产基本相当，切实维护交易安全和保护债权人利益，公司成立后，股东不得随意抽回出资。尤其在公司亏损的情况下，如果允许公司向股东返还减资部分股权对应的原始投资款，实际是未经清算程序通过定向减资的方式变相向个别股东分配公司剩余资产，不仅有损公司其他股东的利益和公司的财产权，还严重损害公司债权人的利益。

本案中，如果允许圣某虫公司通过股东会向埃某公司返还500万元投资款，将导致公司的资产大规模减少，损害了公司的财产和信用基础，也损害了公司其他股东和公司债权人的利益。因此，案涉的股东会决议应属于无效决议。

经验总结

一、若股东会作出定向减资（不按出资比例减资）的决议，需要全体股东一致同意通过。若公司大股东企图通过定向减资的方式在公司抽取资金，小股东可以提起确认股东会决议不成立的诉讼，否决该决议的效力。

二、股东通过溢价增资的方式将投资款注入公司后，被计入资本公积金的部分也已经转化为公司的财产，未经清算，不能够通过股东会决议的方式要求返还。

相关法条

《中华人民共和国公司法》（2018年修正）

第四十三条 股东会的议事方式和表决程序，除本法有规定的外，由公司章程规定。

股东会会议作出修改公司章程、增加或者减少注册资本的决议，以及公司合并、分立、解散或者变更公司形式的决议，必须经代表三分之二以上表决权的股东通过。

第一百六十八条　公司的公积金用于弥补公司的亏损、扩大公司生产经营或者转为增加公司资本。但是，资本公积金不得用于弥补公司的亏损。

法定公积金转为资本时，所留存的该项公积金不得少于转增前公司注册资本的百分之二十五。

第一百七十七条　公司需要减少注册资本时，必须编制资产负债表及财产清单。

公司应当自作出减少注册资本决议之日起十日内通知债权人，并于三十日内在报纸上公告。债权人自接到通知书之日起三十日内，未接到通知书的自公告之日起四十五日内，有权要求公司清偿债务或者提供相应的担保。

案例来源

上海市第一中级人民法院·华某伟诉上海圣某虫电子商务有限公司公司决议纠纷一案二审民事判决书［（2018）沪01民终11780号］

本案二审的争议焦点在于：一、涉案股东会决议的第一项、第三项、第四项是否须经全体股东一致同意？是否构成不成立的情形？二、涉案股东会决议第二项的内容是否存在无效的情形？

关于第一个争议焦点。上诉人华某伟认为公司定向减资涉及的股权比例的变化应当经全体股东一致同意，退一步讲，即便须经三分之二以上表决权的股东同意，本案所涉股东会决议的通过也未达到持有三分之二以上表决权的股东同意。被上诉人圣某虫公司则认为本案所涉减资的表决比例符合我国《公司法》和公司章程规定。对此，本院认为，《公司法》第四十三条规定，股东会会议作出修改公司章程、增加或者减少注册资本的决议，以及公司合并、分立、解散或者变更公司形式的决议，必须经代表三分之二以上表决权的股东通过。圣某虫公司章程第十一条也作出同样的约定。此处的“减少注册资本”应当仅仅指公司注册资本的减少，而并非涵盖减资后股权在各股东之间的分配。股权是股东享受公司权益、承担义务的基础，由于减资存在同比例减资和定向减资两种情况，定向减资会直接突破公司设立时的股权分配情况，如只需经三分之二以上表决权的股东通过即可做出定向减资决议，实际上是以多数决形式改变公司设立时经发起人一致决所形成的股权架构，故对于定向减资，除全体股东或者公司章程另有约定之外，应当由全体股东一致同意。本案中，首先，圣某虫公司的股东中仅有埃某公司进行减资，不同比的减资导致华某伟的股权比例从24.47%上升到25.32%，该股权比例的变化并未经华某伟的同意，违反了股权架构系各方合意结果的基本原则。其次，圣某虫公司的财务报表显示，圣某虫公司出现严重亏损状况，华某伟持股比例的增加在实质上增加了华某伟作为股东所承担的风险，在一定程度上损害了华某伟的股东利益。涉案股东会决议的第一项、第三项、第四项均涉及减资后股权比例的重新分配以及变更登记，在未经华某伟同意的情形下，视为各股东对股权比例的架构未达成一致意见，该股东会决议第一项、第三项、第四项符合《公司法司法解释四》第五条第五项规定的“导致决议不成立的其他情形”。上诉人华某伟主张涉案股东会决议的第一项、第三项、第四项不成立的诉讼请求于法有据，应予支持。

上诉人华某伟认为在某1合伙企业、某2合伙企业未就涉案议题进行合伙人会议讨论的情形下，夏某无权代表上述两股东表决。对此，本院认为，两个合伙企业在涉案股东会决议上盖章，夏某作为执行事务合伙人在决议上签字，对于圣某虫公司的其他股东而言，视为两个合伙企业同意涉案股东会决议的内容，至于合伙企业内部是否召开合伙人会议对决议议题进行讨论，是合伙企业内部事宜，不能对抗对外加盖公章的效力以及执行事务合伙人签字的效力。上诉人华某伟的此项理由不能成立。

关于第二个争议焦点。上诉人华某伟认为案涉股东会决议的第二项将有损公司其他股东、公司以及其他债权人利益，应属无效，而被上诉人圣某虫公司则认为该项决议的内容并未违反法律、行政法规的规定，应属有效。本院认为，《公司法》第二十二条规定：公司股东会或者股东大会、董事会的决议内容违反法律、行政法规的无效。由于公司是企业法人，具有独立的法人财产。股东向公司投入资金，成为公司的股东并由此享有权利和承担义务。股东将投资款注入公司之后，其出资已经转化为公司的资产，必须通过股权方式来行使权利而不能直接请求将投资款予以返还。随着股东将投入公司的资金用于公司经营，股东持有的公司股权对应的价值将会发生变化，因此在股东减资时不能直接主张减资部分股权对应的原始投资款归自己所有。根据公司资本维持原则的要求，公司在存续过程中，应维持与其资本额相当的实有资产，为使得公司的资本与公司资产基本相当，切实维护交易安全和保护债权人利益，公司成立后，股东不得随意抽回出资。尤其在公司亏损的情况下，如果允许公司向股东返还减资部分股权对应的原始投资款，实际是未经清算程序通过定向减资的方式变相向个别股东分配公司剩余资产，不仅有损公司其他股东的利益和公司的财产权，还严重损害公司债权人的利益，应属无效。本案中，圣某虫公司的财务报表显示，公司 2018 年 2 月至 10 月处于严重亏损状况，公司决议作出之时公司的净资产为 8423242. 68 元，到 2018 年 10 月的净资产仅为 2317650. 37 元。如果允许圣某虫公司向埃某公司返还 500 万元投资款，将导致公司的资产大规模减少，损害公司的财产和信用基础，也损害公司其他股东和公司债权人的利益。因此，上诉人华某伟主张案涉股东会决议的第二项无效具有事实和法律依据，应予支持。一审法院适用法律错误，本院依法予以纠正。

037 未依法约定竞业限制经济补偿，竞业限制条款是否有效?

☞ **阅读提示**

竞业限制是指负有特定义务的劳动者从原用人单位离职后，在一定期间内不得自营或为他人经营与原用人单位有直接竞争关系的业务。根据《中华人民共和国劳动合同法》（以下简称《劳动合同法》）第二十三条第二款的规定，在解除或终止劳动合同后，用人单位须向负有竞业限制义务的劳动者按月支付经济补偿金。实践中，不乏用人单位未在竞业限制协议中约定经济补偿金或约定的补偿金低于法定最低标准。此等情况是否会影响竞业限制协议的效力呢?

裁判要旨

用人单位与劳动者未约定竞业限制经济补偿金的，竞业限制协议并不因此而无效。

案情简介

一、博某公司是一家教育培训机构，2015 年 4 月 1 日姜某入职该公司，担任教学部门讲师，工作内容包括教师资格证培训等。

二、2015年7月24日，博某公司与姜某签订了《竞业禁止协议书》，约定姜某在职期间及离职后两年之内不得以任何形式从事与其公司业务类型相同或相似、存在竞争关系的业务，但未约定博某公司支付竞业限制补偿金。

三、2018年6月12日，姜某因个人原因离职。离职后，博某公司未向姜某支付竞业限制补偿金，亦未明示要求姜某履行或者不履行竞业限制协议。

四、2018年8月8日，姜某向博某公司送达《解除竞业限制协议书》。博某公司收到《解除竞业限制协议书》后，于2018年8月10日向姜某的银行账户转账支付了7月至8月的竞业限制补偿金，并表示不同意解除竞业限制协议。

五、2018年8月2日，姜某以要求解除竞业（协议）限制的约定为由向北京市海淀区劳动人事争议仲裁委员会提出劳动仲裁申请，当日仲裁委以仲裁申请不属于受案范围为由决定不予受理。姜某遂于2018年8月6日向人民法院提起诉讼，请求判令解除姜某与博某公司于2015年7月24日签订的《竞业禁止协议书》。一审北京市海淀区人民法院和二审北京市第一中级人民法院均未支持姜某的诉讼请求。

裁判要点

一、用人单位与劳动者约定竞业限制的，用人单位依法须给予劳动者经济补偿，未约定经济补偿条款，为欠缺合同必备条款，应当予以补充。但该等情形不影响竞业限制约定的效力，竞业限制约定对双方当事人仍具有约束力。

二、因用人单位自身原因导致三个月未支付经济补偿金的，劳动者有权不经催告径行解除劳动竞业限制协议。但如果用人单位迟延支付经济补偿金未达三个月且事后补交的，则劳动者无权解除竞业限制协议。

经验总结

鉴于法院对“竞业限制协议中未约定经济补偿金或约定的经济补偿金低于法定最低标准是否会导致协议无效”持两种截然相反的态度，为避免竞业限制协议被法院认定为无效的风险，建议用人单位注意以下几点：

一、用人单位与负有保守商业秘密义务的劳动者约定竞业限制的，竞业限制约定中须明确经济补偿的标准。

二、竞业限制的法定最长期限为两年，超过两年部分的约定对劳动者不具有约束力。

三、约定的竞业限制补偿金不得低于劳动合同履行地最低工资。具体标准属于用人单位和劳动者意思自治的范畴。如果地方规定高于最高人民法院司法解释中确定的标准，则应按照地方规定中确定的标准来执行。

四、在劳动者就职期间，原则上用人单位无须向劳动者支付竞业限制补偿金，竞业限制补偿金是在劳动合同解除或终止后，由用人单位按月向劳动者支付。如果用人单位在劳动者在职期间支付了竞业限制经济补偿金的，并不能免除离职后按月支付竞业限制经济补偿金的法定义务。

相关法条

《中华人民共和国民法典》（2021 年 1 月 1 日实施）

第五百六十三条 有下列情形之一的，当事人可以解除合同：

（一）因不可抗力致使不能实现合同目的；

（二）在履行期限届满前，当事人一方明确表示或者以自己的行为表明不履行主要债务；

（三）当事人一方迟延履行主要债务，经催告后在合理期限内仍未履行；

（四）当事人一方迟延履行债务或者有其他违约行为致使不能实现合同目的；

（五）法律规定的其他情形。

以持续履行的债务为内容的不定期合同，当事人可以随时解除合同，但是应当在合理期限之前通知对方。

《中华人民共和国劳动合同法》（2012 年修正）

第二十三条 用人单位与劳动者可以在劳动合同中约定保守用人单位的商业秘密和与知识产权相关的保密事项。

对负有保密义务的劳动者，用人单位可以在劳动合同或者保密协议中与劳动者约定竞业限制条款，并约定在解除或者终止劳动合同后，在竞业限制期限内按月给予劳动者经济补偿。劳动者违反竞业限制约定的，应当按照约定向用人单位支付违约金。

《最高人民法院关于审理劳动争议案件适用法律问题的解释（一）》（法释〔2020〕26 号 2021 年 1 月 1 日实施）

第三十六条 当事人在劳动合同或者保密协议中约定了竞业限制，但未约定解除或者终止劳动合同后给予劳动者经济补偿，劳动者履行了竞业限制义务，要求用人单位按照劳动者在劳动合同解除或者终止前十二个月平均工资的30%按月支付经济补偿的，人民法院应予支持。

前款规定的月平均工资的30%低于劳动合同履行地最低工资标准的，按照劳动合同履行地最低工资标准支付。

第三十八条 当事人在劳动合同或者保密协议中约定了竞业限制和经济补偿，劳动合同解除或者终止后，因用人单位的原因导致三个月未支付经济补偿，劳动者请求解除竞业限制约定的，人民法院应予支持。

本案链接

北京市第一中级人民法院·姜某与北京博某行知教育科技有限公司劳动争议二审民事判决书［（2019）京01民终2016号］

就双方《竞业禁止协议书》的效力和姜某解除行为的法律效力。本案中，双方签订的《竞业禁止协议书》约定了劳动者的竞业限制义务，但未约定竞业限制期限内用人单位给予劳动者经济补偿。《劳动合同法》第二十三条第二款规定："对负有保密义务的劳动者，用人单位可以在劳动合同或者保密协议中与劳动者约定竞业限制条款，并约定在解除或者终止劳动合同后，在竞业限制期限内按月给予劳动者经济补偿……"据此，在约定竞业限制的前提下，经济补偿的给付具有强制性。未约定经济补偿的竞业限制条款，为欠缺合同必备条款，应当进行补充。对此，《最高人民法院关于审理劳动争议案件适用法律若干问题的解释（四）》第六条规定："当事人在劳动合同或者保密协议中约定了竞业限制，但未约定解除或者终止劳动合同后给予劳动者经济补偿，劳动者履行了竞业限制义务，要求用人单位按照劳动者在劳动合同解除或者终止前十二个月平均工资的30%按月支付经济补偿的，人民法院应予支持。前款规定的月平均工资的30%低于劳动合同履行地最低工资标准的，按照劳动合同履行地最低工资标准支付。"上述规定以法定形式对欠缺的竞业限制条款作出了补充，故竞业限制约定对双方当事人仍具有约束力。本案中，双方劳动关系于2018年6月12日解除，姜某2018年8月8日作出解除竞业限制约定的意思表示。对此本院认为，《合同法》第九十四条[①]规定："有下列情形之一的，当事人可以解除合同：……（三）当事人一方迟延履行主要债务，经催告后在合理期限内仍未履行……"而合理期限和解除方式的认定应类推适用《最高人民法院关于审理劳动争议案件适用法律若

① 编者按：《民法典》第563条。

干问题的解释（四）》第八条规定："当事人在劳动合同或者保密协议中约定了竞业限制和经济补偿，劳动合同解除或者终止后，因用人单位的原因导致三个月未支付经济补偿，劳动者请求解除竞业限制约定的，人民法院应予支持。"也就是说，因用人单位的原因导致三个月未支付经济补偿，劳动者可不经催告程序径行解除竞业限制约定。而本案中，姜某在双方解除劳动合同后未达三个月即行使解除权，且博某公司在收到姜某通知后及时按法律规定的标准补充支付了竞业限制经济补偿金，故姜某的解除行为缺乏法律依据，本院对其解除《竞业禁止协议书》的上诉请求不予支持。

延伸阅读

裁判观点 1：根据有关法律、行政法规的规定，用人单位与负有保守商业秘密义务的劳动者，可以在劳动合同或者保密协议中约定竞业禁止条款，同时应约定在解除或者终止劳动合同后给予劳动者一定的竞业禁止经济补偿；未约定给予劳动者竞业禁止经济补偿或者约定的竞业禁止经济补偿数额过低不符合相关规定的，该竞业禁止条款对劳动者不具有约束力。（与主文案例观点相反）

案例 1：江苏省南京市鼓楼区人民法院·王某飞诉施某德电气（中国）投资有限公司上海分公司劳动争议纠纷案［《最高人民法院公报》2009 年第 11 期（总第 157 期）］

劳动者和用人单位的合法权益均受法律保护。原告王某飞的实际工作地点在江苏省南京市，本案劳动合同的实际履行地即为江苏省南京市，故本案除适用相关法律、法规外，还应当适用江苏省和南京市有关劳动争议的地方性法规。竞业禁止义务是对负有特定义务的劳动者的权利限制，即规定劳动者从原用人单位离职后，在一定期间内不得自营或为他人经营与原用人单位有直接竞争关系的业务。根据《江苏省劳动合同条例》第十七条[①]的规定，用人单位与负有保守商业秘密义务的劳动者，可以在劳动合同或者保密协议中约定竞业限制条款，并应当同时约定在解除或者终止劳动合同后，给予劳动者经济补偿。其中，年经济补偿额不得低于该劳动者离开用人单位前十二月从该用人单位获得的报酬总额的三分之一。用人单位未按照约定给予劳动者经济补偿的，约定的竞业限制条款对劳动者不具有约束力。根据上述法律、行政法规以及地方性法规的规定，用人单位与负有保守商业秘密义务的劳动者，可以在劳动合同或者保密协议中约定竞业禁止

① 编者按：2013 年被修正。

条款，限定劳动者在离职后的一定期间内不得从事与用人单位存在竞争关系的业务，以保护用人单位的合法经营利益。劳动者通常都有一定的专业，其专业又往往与用人单位所经营的业务存在一定的联系，其求职就业要以本人专业为依托。劳动者从原用人单位离职后，为了个人及其家庭的生活需要，通常要寻求新的工作，如果履行竞业禁止义务，在一定期间内可能难以找到新的工作，因此影响劳动者个人及其家庭的生活。正是考虑到涉及劳动者个人及其家庭生活的实际问题，上述法律、行政法规和地方性法规都明确规定，用人单位与劳动者在约定竞业禁止义务的同时，还应当约定在双方解除或者终止劳动合同后，由用人单位给予劳动者一定的竞业禁止经济补偿。没有约定竞业禁止经济补偿或者补偿数额过低、不符合规定的，竞业禁止协议没有法律约束力。本案中，原告王某飞与被告施某德上海分公司签订的《保密和竞业禁止协议》所约定的竞业禁止经济补偿金仅为原告离职前一个月的基本工资，即使根据被告的陈述，其实际支付给原告的竞业禁止经济补偿金也仅是原告三个月的基本工资，仍低于《江苏省劳动合同条例》规定的标准。因此可以认定，涉案《保密和竞业禁止协议》中的竞业禁止条款对原告不具有约束力，即使原告从被告处离职后又到菲某克斯公司工作的行为违反了该竞业禁止义务，原告亦不应承担违约责任。被告关于原告应按照实际领取的竞业禁止补偿金的三倍支付违约金的诉讼主张不成立，依法不予支持。

裁判观点2：用人单位与劳动者约定竞业限制的，双方是否同时对经济补偿作出了约定或用人单位是否实际支付经济补偿金，对于竞业限制条款的效力不产生影响，劳动者应当履行竞业限制义务。若用人单位未支付经济补偿金的，劳动者有权请求用人单位支付经济补偿金，用人单位三个月未支付的，劳动者有权要求解除竞业限制约定。（与主文案例观点相同）

案例2：山东省济南市中级人民法院·齐鲁三某印务有限公司等与济南多某广告有限公司竞业限制纠纷二审民事判决书［（2016）鲁01民终478号］

王某主张三某印务公司并未按月向其支付经济补偿，因此三某印务公司无权要求王某履行竞业限制义务。本院认为，双方在劳动合同中明确约定了竞业限制条款，该约定具有法律效力，对双方当事人产生拘束力。《最高人民法院关于审理劳动争议案件适用法律若干问题的解释（四）》第六条规定，当事人在劳动合同或者保密协议中约定了竞业限制，但未约定用人单位给予劳动者经济补偿的，劳动者履行了竞业限制义务，可以要求用人单位按照一定标准支付经济补偿金。第八条规定，当事人在劳动合同或保密协议中约定了竞业限制和经济补偿，劳动合同解除或终止后，因用人单位的原因导致三个月未支付经济补偿，劳动者请求解除竞业限制约定的，人民法院应予支持。根据上述规定，劳动者与用人单位约定了竞业限制，双方是否同时对经济补偿作出约定以及用人单位是否实际支付经济补偿，对于竞业限制条款的效力不产生影响，劳动者应当履行竞业限制义务。用人单位未支付经济补偿，劳动者并非当然免除竞业限制义务，而是有权要求用人单位支付经济补偿，用人单位三个月未支付经济补偿的，劳动者可以要求解除竞业限制约定，竞业限制解除后劳动者方免除竞业限制义务。因此，对于王某该抗辩理由，本院不予支持。考虑到多某公司的盈利情况以及王某的分红、提成比例，双方约定违约金数额并不属于过高，对于王某要求对违约金数额进行调整的主张，本院不予支持。

裁判观点 3：用人单位与劳动者约定的劳动限制补偿金数额低于法定最低标准的，协议中的关于补偿金数额的条款因违反法律强制性规定而部分无效。但鉴于竞业限制约定系双方真实的意思表示，约定中的部分条款无效并不导致劳动限制协议整体无效，协议对双方仍具有约束力，法院对竞业限制补偿金予以依法调增。

案例 3：江苏省苏州市工业园区人民法院·邦某电子（苏州）有限公司与高某竞业限制纠纷一审民事判决书［（2018）苏 0591 民初 5219 号］

关于高某是否应当履行竞业限制义务。首先，高某从事销售工作，派遣期间，高某与用工单位邦某电子签订竞业限制协议，约定 2 年竞业限制期的补偿总额为 2 万元，该约定的竞业限制补偿金金额低于最低工资标准，故该条款约定的低于法律法规强制性规定部分属无效。该竞业限制协议由双方签字确认，该协议中关于竞业限制补偿金数额的条款虽违反法律强制性规定，部分无效，依法应予以调整，但该份协议系双方真实意思表示，该份协议对双方具备约束力。

裁判观点 4：竞业限制补偿金低于法定最低标准的，竞业限制约定无效，劳动者无须履行竞业限制义务。

案例 4：广东省广州市中级人民法院·广州市番某思联现代画饰有限公司与李某竞业限制纠纷上诉案［（2017）粤 01 民终 13477 号］

本院认为，双方确认被上诉人的月工资高于 8000 元，但双方签订的《保密和竞业限制协议》约定，上诉人按月给予被上诉人竞业限制补偿金仅为每月 300 元。且在双方签订的《劳动合同补充协议》中约定，被上诉人离职后两年内不得在与上诉人生产、经营同类产品或提供同类服务的其他单位、或相同或相近的行业内担任任何职务，不得抢夺上诉人的客户，否则被上诉人要向上诉人支付违约金30万元。以上内容明显免除了用人单位自己的法定责任，排除了劳动者权利，属于《劳动合同法》第二十六条规定的劳动合同无效或者部分无效的情形。故上诉人要求被上诉人向其支付违反竞业限制的违约金30万元并继续履行竞业限制义务依据不足，本院不予支持。

038 母公司董事是否需对子公司承担竞业禁止义务？

☞ 阅读提示

董事对自身任职的公司履行忠实义务及竞业禁止义务系董事的法定义务。一般而言，基于公司的法人主体资格，母子公司互相独立，母公司的董事对子公司并不负有法定义务。但本文引用的最高人民法院案例认为，考虑到母公司与子公司利益的一致性，母公司董事所负的忠实义务和竞业禁止义务也应自然延伸至其全资子公司和控股子公司。母公司董事虽未直接损害母公司利益，但因未尽忠实义务损害子公司利益的，亦应承担赔偿责任（本案中法院判决的赔偿金额高达3000万元）。这对于广大董事、高管而言无疑具有强烈的警示意义。

裁判要旨

《公司法》关于董事对公司所负的忠实义务、竞业禁止义务不限于董事所任职的公司自身，还应包括公司的全资子公司、控股公司等。母公司董事非法获取子公司的商业机会，应承担相应的赔偿责任。

案情简介

一、李某担任美某佳公司的法定代表人、董事长和总经理，美某佳公司是华某在线公司的全资股东。

二、李某在美某佳公司任职期间，未经美某佳公司股东会同意，另行操控友某医公司将华某在线公司与广东省某人民医院合作的网络医院项目交由友某医公司经营，获取了本属于华某在线公司的商业机会。

三、美某佳公司、华某在线公司作为共同原告提起诉讼，请求判令李某因其侵权行为赔偿华某在线公司1.2亿元。

四、本案的争议焦点之一是，李某作为美某佳公司的董事，是否对子公司负有忠实义务和竞业禁止义务。

五、本案经深圳中院一审、广东高院二审、最高人民法院再审，均认定李某违反了对华某在线公司所负忠实义务和竞业禁止义务，并判决李某向华某在线公司支付赔偿金2916万元。

裁判要点

《公司法》关于董事对公司所负的忠实义务、竞业禁止义务应不限于董事所任职的公司自身，还应包括公司的全资子公司、控股公司等，如此方能保障公司及其他股东的合法权益，真正实现《公司法》设置忠实义务、竞业禁止义务的立法本意。本案中，美某佳公司是华某在线公司的全资股东，双方利益具有显见的一致性，李某对美某佳公司所负的忠实义务和竞业禁止义务应自然延伸至美某佳公司的子公司华某在线公司。因李某非法获取了本属于华某在线公司的商业机会，损害了华某在线公司及其母公司美某佳公司的利益，应当承担相应的赔偿责任。

经验总结

一、对于广大董事、高管而言，应认识到其忠实义务和竞业禁止义务的对象不仅包括其自身任职的公司，也可扩展到子公司。实际上，虽然法律没有明确规定，但司法实践中予以扩展义务边界和责任边界的情形并不少见。例如，有裁判观点认为，虽名义上不具备高管身份，但实际上行使高管职权的人员，也应承担高管法定的竞业禁止义务。还有裁判观点认为，已从公司离职的高管，在一定期限内仍对原公司负有竞业禁止义务。这就要求董事、高管尽到比一般人更高的注意义务，真正理解《公司法》设置忠实义务、竞业禁止义务的立法本意，从实质上考虑其行为是否恰当及是否可能给任职公司造成损害。

二、对于公司而言，仍要尽可能地完善章程及公司内部规章制度。《公司法》不是百科全书，不能指望仅依据法定的制度约束董事高管的行为。董事是否要对子公司承担竞业禁止义务，是否要对母公司承担竞业禁止义务，是否要对其他没有直接持股关系的关联公司承担竞业禁止义务……这些问题，与其等待法院事后通过探求立法本意而加以辨别，不如提前在章程中做好约定。

相关法条

《中华人民共和国公司法》（2018年修正）

第一百四十八条第一款第五项、第二款 董事、高级管理人员不得有下列行为：

……

（五）未经股东会或者股东大会同意，利用职务便利为自己或者他人谋取属于公司的商业机会，自营或者为他人经营与所任职公司同类的业务；

……

董事、高级管理人员违反前款规定所得的收入应当归公司所有。

本案链接

最高人民法院·李某、深圳市华某在线网络有限公司损害公司利益责任纠纷再审审查与审判监督民事裁定书［（2021）最高法民申1686号］

关于李某是否违反了对美某佳公司、华某在线公司所负忠实义务和竞业禁止义务的问题。首先，李某对美某佳公司负有忠实义务和竞业禁止义务。原审查明，2015年4月28日之前，李某担任美某佳公司的法定代表人、董事长和总经理。根据《公司法》第一百四十七条、第一百四十八条、第一百四十九条的规定，李某在作为美某佳公司的董事、总经理期间对美某佳公司负有法定的忠实义务和竞业禁止义务，不得篡夺美某佳公司的商业机会。其次，李某对华某在线公司亦负有忠实义务和竞业禁止义务。《公司法》关于董事对公司所负的忠实义务、竞业禁止义务应不限于董事所任职的公司自身，还应包括公司的全资子公司、控股公司等，如此方能保障公司及其他股东的合法权益，真正实现《公司法》设置忠实义务、竞业禁止义务的立法本意。本案中，美某佳公司是华某在线公司的全资股东，双方利益具有显见的一致性，李某对美某佳公司所负的忠实义务和竞业禁止义务应自然延伸至美某佳公司的子公司华某在线公司。最后，李某实施了损害华某在线公司利益的行为。本案中，华某在线公司于2014年1月已经获得和省某医合作网络医院项目的商业机会，省某医系在与友某医公司于2014

年11月20日签订《友某医网络医院合作协议》后，转而与友某医公司合作网络医院项目并终止与华某在线公司就网络医院项目的合作。根据李某出具的《情况说明》中关于其代表的美某佳公司技术方、创始人团队和牧某民等资本方在经营美某佳公司、华某在线公司过程中出现矛盾等陈述，可以证明李某在担任美某佳公司董事长、总经理及技术团队主要负责人期间，未经美某佳公司股东会同意，另行操控友某医公司将华某在线公司与省某医合作的网络医院项目交由友某医公司经营，非法获取了本属于华某在线公司的商业机会，损害了华某在线公司及其母公司美某佳公司的利益。据此，原判决认定李某违反了对美某佳公司和华某在线公司所负忠实义务和竞业禁止义务，并无不当。

延伸阅读

裁判观点：董事、高管未经股东会同意，不得利用职务便利为自己或者他人谋取属于公司的商业机会，自营或者为他人经营与所任职公司同类的业务，否则所得的收入应当归公司所有。

案例1：广州市中级人民法院·广州珠某联赛体育经营管理有限公司与刘某五、广东粤某体育发展股份有限公司损害公司利益责任纠纷案［（2012）穗中法民二终字第1316号］

竞业禁止是指董事、高级管理人员作为公司的管理者，应当为公司服务，不得为自己或者第三人的利益而同公司开展非法竞争。竞业既包括董事、高级管理人员自营，也包括为他人经营。本案中，刘某五在担任珠某公司董事期间，与他人出资成立了经营范围与珠某公司的经营范围基本相同的粤某公司，并担任法定代表人的行为，明显属于竞业禁止的范围。

案例2：山东省高级人民法院·王某村、烟台众某实业有限责任公司损害公司利益责任纠纷再审审查与审判监督民事裁定书［（2017）鲁民申48号］

瑞某丰公司与众某公司均经营床上用品系列，属于经营同类业务，王某村任众某公司的副总经理，系公司的高级管理人员，是竞业竞争的适格主体，瑞某丰公司是王某村之妻张某瑜设立的一人公司。通过对众某公司提交的一系列邮件进行分析，结合众某公司与瑞某丰公司之间存在加工业务关系，可以认定王某村在部分邮件中系代表瑞某丰公司与众某公司的工作人员进行加工业务中的退布与损耗问题进行协商，对瑞某丰公司的运费支付问题作出指示或要求，而上述业务或事项不属于王某村在众某公司任职期间的职权范围，可以认定王某村在众某公司任职期间对瑞某丰公司的事务具有一定的决策权。因此，原审认定王某村未尽到其作为众某公司高级管理人员所承担的忠诚和勤勉义务，存在违反竞业限制的行为，认定事实清楚，适用法律正确。对于王某村违反规定所得的收入，依法应归众某公司所有。

案例3：河北省高级人民法院·郭某、石家庄昊某化工有限公司损害公司利益责任纠纷再审审查与审判监督民事裁定书［（2017）冀民申6009号］

申请人郭某作为昊某公司的股东、董事、经理，其持有和掌握公司的生产经营信息、技术信息等资料，且其持有的编号为ZY/HP（2G）-3-2006-29《产品质量规定》至今未交回。在掌握上述信息的情况下，申请人郭某便到经营同类业务的范县六某民源化工有限公司工作，并利用其掌握的技术信息为该公司建立生产线。综合上述事实和证据，二审判决认定申请人郭某作为公司股东违反公司章程关于股东保守公司秘密的规定，担任公司董事、高级管理人员期间从事了《公司法》规定的竞业禁止损害公司利益的行为，给昊某公司造成了损失，并判决郭某赔偿昊某公司经济损失200万元，并无不当。

第四章　合同订立与履行中必知的法律风险

039 合同解除后，合同中约定的违约金条款可否继续适用？

☞ 阅读提示

《民法典》第五百六十六条第二款规定："合同因违约解除的，解除权人可以请求违约方承担违约责任，但是当事人另有约定的除外"，毫无疑问，这里的"违约责任"承担方式中包含支付违约损失赔偿金，那么违约方承担责任的方式可否表现为支付违约金呢？违约金条款是否属于合同中具有效力独立性的结算和清理条款呢？

裁判要旨

违约金条款属于合同中的结算和清理条款，合同因违约而被解除后，违约金条款继续适用。

案情简介

一、2009年12月23日，漳某资源局挂牌出让2009G××宗地国有建设用地使用权，福某公司竞得该宗地并于2010年1月20日与漳某资源局签订《出让合同》，合同中约定了违约金条款。

二、《出让合同》签订后，漳某资源局依约履行了合同义务，但福某公司迟迟未按合同约定的期限支付土地出让金。2010年2月，漳某资源局曾分别两次致函福某公司，催缴土地出让金，福某公司收函后仍未依约支付土地出让金。

三、2012年2月22日，漳某资源局在《闽南日报》上发布《解除公告》，公告已解除与福某公司签订的《出让合同》。

四、漳某资源局向法院提起诉讼，请求判令解除《出让合同》，并判令福某公司按《出让合同》约定支付违约金，再审最高人民法院支持了漳某资源局前述全部诉讼请求。

裁判要点

违约金条款为结算和清理条款，其效力不因合同解除而消灭。本案中福某公司存在违约行为，漳某资源局请求福某公司支付违约金，有合同依据。福某公司抗辩《出让合同》解除后，漳某资源局只能主张赔偿损失而不能主张违约金，缺乏法律依据。

经验总结

一、理论界对于合同解除后违约金条款能否继续适用存在两种对立观点：

1. 否定说认为合同因解除溯及既往消灭，违约金条款失去效力，且债务人根本违约责任已吸收瑕疵履行违约责任，故当事人仅能主张损害赔偿而无权请求支付违约金；

2. 肯定说认为违约金是当事人通过预先设定并独立于履约行为之外的给付行为，且《合同法》第九十八条①规定，合同权利义务终止，不影响合同中结算和清理条款的效力。

二、司法实务中，不同法院对该问题认识也存在分歧，部分法院认为“合同解除后，双方权利义务关系消灭，违约方的责任承担方式为损害赔偿而不表现为支付违约金”；部分法院认为“违约金条款效力不因合同解除而减损，合同解除后违约金条款继续适用”，前述两种相互对立的立场与理论界的否定说和肯定说一一对应。

三、从最高人民法院近几年的裁判观点以及《九民纪要》精神可知，“合同解除后违约金条款可继续适用”的观点会逐渐占据统治地位。虽如此，我们依然建议合同中明确约定合同解除对于违约金条款的影响以避免未来可能产生的争议，比如约定“合同因违约而解除后，守约方仍有权按照本合同约定的违约金条款要求违约方承担违约责任”。

---

① 编者按：已失效。

相关法条

《中华人民共和国民法典》（2021年1月1日实施）

第五百六十六条 合同解除后，尚未履行的，终止履行；已经履行的，根据履行情况和合同性质，当事人可以请求恢复原状或者采取其他补救措施，并有权请求赔偿损失。

合同因违约解除的，解除权人可以请求违约方承担违约责任，但是当事人另有约定的除外。

主合同解除后，担保人对债务人应当承担的民事责任仍应当承担担保责任，但是担保合同另有约定的除外。

第五百六十七条 合同的权利义务关系终止，不影响合同中结算和清理条款的效力。

《最高人民法院关于审理买卖合同纠纷案件适用法律问题的解释》（法释〔2020〕17号 2021年1月1日实施）

第二十条 买卖合同因违约而解除后，守约方主张继续适用违约金条款的，人民法院应予支持；但约定的违约金过分高于造成的损失的，人民法院可以参照民法典第五百八十五条第二款的规定处理。

《最高人民法院关于印发〈全国法院民商事审判工作会议纪要〉的通知》（法〔2019〕254号 2019年11月8日实施）

49. **【合同解除的法律后果】**合同解除时，一方依据合同中有关违约金、约定损害赔偿的计算方法、定金责任等违约责任条款的约定，请求另一方承担违约责任的，人民法院依法予以支持。

双务合同解除时人民法院的释明问题，参照本纪要第36条的相关规定处理。

本案链接

最高人民法院·漳某市自然资源局、漳州市福某房地产开发有限公司建设用地使用权出让合同纠纷再审民事判决书［（2019）最高法民再98号］

关于福某公司应否支付7440万元违约金的问题。首先，根据《出让合同》第三十条约定，福某公司不能按时支付《出让合同》项下价款时，自滞纳之日起，每日按迟延支付款项的1‰向漳某资源局缴纳违约金。据此，基于福某公司在本案中的违约事实，漳某资源局请求福某公司应当支付违约金，有合同依据。

《合同法》第九十八条[①]规定，合同的权利义务终止，不影响合同中结算和清理条款的效力。福某公司抗辩《出让合同》解除后，漳某资源局只能主张赔偿损失而不能主张违约金，缺乏法律依据，本院不予支持。

延伸阅读

裁判观点1：合同因违约而被解除后，违约金条款继续适用，但如果约定的违约金过分高于损失，人民法院会依据当事人的请求予以调减。

案例1：最高人民法院·李某喜、刘某山民间借贷纠纷二审民事判决书［（2016）最高法民终435号］

现案涉合同因李某喜的违约行为而被解除，李某喜应承担相应的违约责任。本案合同第六条第一款约定“甲方回购所转让的股权前，如不能按时付清利息，每逾期一日，按应付款金额5‰的比例向乙方支付违约金”。第六条第三款约定“甲方因违约或因回购期届满丧失所转让股权的回购权的，须在丧失回购权之日起一个月内办结股东、股权变改工商登记手续。否则，每逾期一日按本合同转让总价款1‰的比例向乙方支付违约金”。第六条第四款约定“因甲方的股权瑕疵，导致本合同无效或被解除或无法履行的，甲方必须立即返还乙方已付转让价款并按合同约定的利率支付利息，同时按本合同价款50%的比例向乙方支付违约金”，刘某山请求的2000万元违约金数额并未超出本案合同约定的违约金数额。依照《合同法》第一百七十四条[②]“法律对其他有偿合同有规定的，依照其规定；没有规定的，参照买卖合同的有关规定”的规定，参照《最高人民法院关于审理买卖合同纠纷案件适用法律问题的解释》第二十六条[③]“买卖合同因违约而解除后，守约方主张继续适用违约金条款的，人民法院应予支持；但约定的违约金过分高于造成的损失的，人民法院可以参照合同法第一百一十四条第二款的规定处理”的规定，对于刘某山主张的2000万元违约金依法予以支持。

案例2：最高人民法院·冯某柱与湖南崇某工业科技有限公司专利权转让合同纠纷再审审查民事裁定书［（2012）民申字第19号］

现双方当事人对合同解除后的违约金的承担问题发生争议。《合同法》第九十七条[④]规定：“合同解除后，尚未履行的，终止履行；已经履行的，根据履行

---

① 编者按：已失效。

② 编者按：已失效，被《民法典》吸收。

③ 编者按：《最高人民法院关于审理买卖合同纠纷案件适用法律问题的解释》（2020年修正）第20条。

情况和合同性质，当事人可以要求恢复原状、采取其他补救措施、并有权要求赔偿损失。”第九十八条①规定：“合同的权利义务终止，不影响合同中结算和清理条款的效力。”本案中，专利转让合同中第5.1条约定，如一方违约应赔偿另一方因此发生的损失，还需赔偿违约金100万元，同时终止合同。该条款属于“合同中结算和清理条款”，在合同解除的情况下，仍然有效。

案例3：最高人民法院·浙江中某实业发展有限公司与乐山市犍某寿保煤业有限公司建设工程施工合同纠纷申请再审民事裁定书［（2014）民申字第348号］

双方《煤矿建设工程承包合同》约定“因乙方原因工期延误导致建设工期超过22个月（其中不包含国家对春节规定的法定假日天数），乙方应承担延误工期的责任。延误工期的违约金按每延误一天支付2万元标准进行累计计算”。由于中某公司认为按照合同约定的违约金过高并请求调整，二审法院根据《最高人民法院关于适用〈中华人民共和国合同法〉若干问题的解释（二）》第二十九条③第一款的规定，认定违约金应当以中某公司给犍某公司因工期逾期造成的实际损失为基础，在中某公司没有提供证据证明犍某公司的实际损失又对犍某公司计算的实际损失不予认可的情形下，结合合同的履行情况、当事人的过错等因素，综合确定以中某公司已完成工程量价款延期的11.42个月按银行同期贷款基准利率计算的资金利息作为犍某公司的损失，具有合理性，也未超出犍某公司的诉讼请求范围，并无不当。中某公司认为合同解除后，二审判决支持违约金的诉求错误，混淆了违约金与赔偿损失的主张，没有事实及法律依据，本院不予支持。

裁判观点2：合同解除的法律效果是使合同关系归于消灭，即违约金条款失去效力，因此违约方的责任承担方式不能表现为支付违约金。

案例4：最高人民法院·广西桂某电力股份有限公司与广西泳某房地产开发有限公司房屋买卖合同纠纷案［（2009）民一终字第23号］

关于桂某公司要求泳某公司支付工期逾期违约金和泳某公司擅自抵押土地的违约金的诉讼请求。本院认为，合同解除的法律效果是使合同关系归于消灭，解除合同的后果，违约方的责任承担方式也不表现为支付违约金。因此，对桂某公司要求支付违约金的主张，本院亦不予支持。鉴于本案合同解除后桂某公司另行购买办公楼等需要支付费用，而泳某公司专门按照桂某公司的要求定向建设的住

---

① 编者按：《民法典》第567条。

宅楼和商品住宅小区，合同不履行后也会给泳某公司造成一定损失。综合考虑本案的实际情况，本院酌定泳某公司赔偿桂某公司损失1000万元。

案例5：广东省湛江市中级人民法院·某房地产发展有限公司、王某荣等商品房预售合同纠纷民事二审民事判决书［（2021）粤08民终1113号］

根据《合同法》第一百二十条[①]“当事人双方都违反合同的，应当各自承担相应的责任”的规定，如前所述，双方在履行合同过程中均存在违约行为，应当各自承担相应的责任，且合同解除的法律效果是使合同关系归于消灭，解除合同的后果，违约方的责任承担方式也不表现为支付违约金。因此，对某房地产公司要求王某荣支付违约金的主张理应不予支持，但鉴于一审法院判决王某荣向某房地产公司支付违约金12750元，王某荣对此没有提出上诉，故本院对此予以维持。

040 请求开具发票是否属于民事案件的审理范围？

☞ 阅读提示

在民商事经营中，发票关系到付款方的账目处理、税款的申报抵扣等事项，其重要性不言而喻。虽然法律明文规定收款方应当向付款方开具发票，但是实践中不乏收款方拒绝或怠于交付发票的情形，因此付款方较为普遍地选择在订立合同时，将发票的开具和交付作为一项单独的条款予以具体明确。在此等情形下，收款方拒绝或者怠于开具发票时，付款方向法院提起诉讼请求付款方开具发票是否属于民事案件的审理范围呢？

裁判要旨

收款方向付款方开具发票系其法定义务，在双方当事人将该项法定义务明确约定于合同条文之中时，付款方履行付款义务之后基于合同约定请求收款方开具发票是民事案件的审理范围。收款方以“开具发票属于税务行政主管部门的管辖范围，不属于人民法院受理民事案件的审理范围”进行抗辩的，人民法院不予支持。

---

① 编者按：已失效，被《民法典》吸收。

案情简介

一、2011年10月30日，天某公司（承包方）与新某园公司（发包方）签订《建设工程施工合同》，同年11月7日，双方又签订《补充协议》。其中，《补充协议》中约定天某公司需按期向新某园公司提供工程款发票。

二、2014年8月5日，天某公司完成工程项目单体工程并经五方验收合格，且交付新某园公司使用。

三、2016年1月14日，因到期工程款一直未获清偿，天某公司向人民法院提起诉讼，请求判令新某园公司支付到期工程款及相应利息。新某园公司向法院提出反诉，请求判令天某公司向新某园公司开具已付工程款的发票。

四、一审乌鲁木齐市中级人民法院支持了新某园公司的反诉请求。天某公司不服一审判决向新疆维吾尔自治区高级人民法院提起上诉，将“天某公司开具发票属于税务行政主管部门的管辖范围，不属于人民法院受理民事案件的审理范围”列为上诉理由，二审法院对此不予采纳。再审过程中，天某公司再次主张开具发票不属于民事案件的审理范围，最高人民法院同样未予采纳。

裁判要点

一、收取工程款后，开具工程款发票是承包方税法上的义务，承包方应当依据税法的相关规定向发包方开具发票。

二、补充协议中关于开具发票的约定，系承包方与发包方之间权利义务的约定，即发包方付款之后，享有请求承包方开具发票的权利；承包方在收到工程款之后，负有向发包方开具发票的义务。前述权利义务无涉税务机关，因此发包方付款之后请求法院判令承包方根据合同约定履行开具发票的义务的诉讼请求属于民事案件的审理范围。

经验总结

一、起诉请求收款方开具发票是否属于民事案件的审理范围，目前司法实践中存在两种截然相反的裁判观点，因此建议付款方在合同中明确将开具发票作为付款的前提条件，并且明确发票的种类。因为在合同明确约定收款方负有开具发票义务的情形下，法院更倾向于认可付款方在履行付款义务之后请求收款方开具发票的诉讼请求系民事案件的审理范围。

二、付款方支付价款后，收款方确实未开具发票的，付款方还可以向税务机关反映，要求依法处理。同时，付款方也可以向法院起诉，请求对方赔偿因未开具发票造成的不能抵扣税款所产生的损失，但是需对损失的实际发生承担证明责任。

相关法条

《中华人民共和国民法典》（2021年1月1日实施）

第五百零九条第一款 当事人应当按照约定全面履行自己的义务。

《中华人民共和国税收征收管理法》（2015年修正）

第二十一条 税务机关是发票的主管机关，负责发票印制、领购、开具、取得、保管、缴销的管理和监督。

单位、个人在购销商品、提供或者接受经营服务以及从事其他经营活动中，应当按照规定开具、使用、取得发票。

发票的管理办法由国务院规定。

《中华人民共和国发票管理办法》（2019年修正）

第十九条 销售商品、提供服务以及从事其他经营活动的单位和个人，对外发生经营业务收取款项，收款方应当向付款方开具发票；特殊情况下，由付款方向收款方开具发票。

本案链接

最高人民法院·新疆天某建设工程集团有限责任公司建设工程施工合同纠纷再审审查与审判监督民事裁定书［（2021）最高法民申1337号］

关于开具发票是否属于民事案件的审理范围问题。根据《中华人民共和国税收征收管理法》（以下简称《税收征收管理法》）第二十一条第一款、第二款“税务机关是发票的主管机关，负责发票印制、领购、开具、取得、保管、缴销的管理和监督。单位、个人在购销商品、提供或者接受经营服务以及从事其他经营活动中，应当按照规定开具、使用、取得发票”及《中华人民共和国发票管理办法》（以下简称《发票管理办法》）第十九条“销售商品、提供服务以及从事其他经营活动的单位和个人，对外发生经营业务收取款项，收款方应当向付款方开具发票；特殊情况下，由付款方向收款方开具发票”的规定，收取工程款，开具工程款发票是承包方税法上的义务，承包方应当依据税法的相关规定向发包方开具发票。本案中，双方补充协议中约定的提供发票并非指由税务机关提供发票，而是指在给付工程款时需由承包方向发包方给付税务机关开具的发票，当事人之间就一方自主申请开具发票与另一方取得发票的关系，属于民事法律关系范畴，原判决认定开具发票属于民事案件的审理范围，并无不当。天某公司该再审申请事由不能成立，本院不予支持。

延伸阅读

裁判观点1：向付款方开具发票属于收款方的法定义务，也是合同的附随义务，不论合同是否进行了明确约定，付款方均有权要求收款方开具相应的发票，开具发票属于民事案件调整的范畴。

案例1：最高人民法院·中某建设集团有限公司与新疆温某房地产开发有限公司建设工程施工合同纠纷二审民事判决书［（2014）民一终字第4号］

关于中某公司应否按照合同约定和实际付款金额开具发票的问题。收取工程款开具工程款发票是承包方税法上的义务，无论是否在合同中明确约定，要求承包方收到工程款后开具相应数额的工程款发票也都是发包方的合同权利。因此，温某公司要求中某公司收取工程款后开具相应数额的工程款发票的请求应予支持，一审判决认为该请求不属于民事审判解决的范围并不予审查，属适用法律错误，予以纠正。

案例2：最高人民法院·新疆鹏某建筑工程有限责任公司建设工程施工合同纠纷再审审查与审判监督民事裁定书［（2017）最高法民申116号］

经查，营某公司在上诉理由中提出了要求改判鹏某公司开具发票的请求，二审法院对该项请求应当进行处理。鹏某公司收取了营某公司支付的工程款，应履行为营某公司开具相应发票的法定义务。二审中，鹏某公司确认已为营某公司开具13407197元金额的发票，营某公司主张鹏某公司还应开具25743812.62元工程款发票，未超出剩余已付工程款未开发票的金额，应予支持，故二审改判鹏某公司向营某公司提供25743812.62元的工程款发票并无不当。

案例3：辽宁省沈阳市中级人民法院·李某明再审民事判决书［（2015）沈中审民终再字第14号］

关于农商银行主张开具房屋租赁发票属于行政关系，不属于民事受案范围的请求应否予以支持的问题。根据《税收征收管理法》第二十一条第二款规定："单位、个人在购销商品、提供或者接受经营服务以及从事其他经营活动中，应当按照规定开具、使用、取得发票。”《发票管理办法》第二十条①规定：“销售商品、提供服务以及从事其他经营活动的单位和个人，对外发生经营业务收取款项，收款方应当向付款方开具发票；特殊情况下，由付款方向收款方开具发票。”可见，开具发票是本案房屋出租人的法定义务。《合同法》第七条②规定：“当事人订立、履行合同，应当遵守法律、行政法规，尊重社会公德，不得扰乱社会经济秩序，损害社会公共利益。”所以，农商银行作为房屋出租人，在与承租人李某明进行房屋租赁的经营活动时，已经收取了李某明的房屋租金，农商银行向李某明开具发票是其法定义务，也是合同的附随义务，属于民事案件调整的范畴。故对农商银行的该项主张，本院不予支持。

裁判观点 2：开具发票系行政法律关系，不属于民事案件审理范围。（与主文案例观点相反）

案例 4：最高人民法院·朝阳富某建筑工程有限公司、辽宁宏某天运食品有限公司建设工程施工合同纠纷再审审查与审判监督民事裁定书［（2018）最高法民申 1395 号］

关于富某公司应否为宏某公司开具工程款发票的问题。开具工程款发票是富某公司应承担的法定纳税义务，而非民事义务。二审法院认定开具发票属于行政法律关系而不是民事法律关系，驳回宏某公司该项诉讼请求，该认定并无不当，本院予以维持。

案例 5：天津市第二中级人民法院·贾某、王某英房屋租赁合同纠纷二审民事判决书［（2021）津 02 民终 727 号］

关于贾某要求王某英提供发票的反诉请求，因合同中双方无此约定，且该项诉讼请求不属于人民法院管辖范围，故本案中不予审查，贾某可向税务主管机关反映解决。

案例 6：山东省齐河县人民法院·石某柱与山东亿某源生物科技股份有限公司买卖合同纠纷一审民事判决书［（2015）齐晏商初字第 1376 号］

关于被告山东亿某源生物科技股份有限公司所辩称的原告应向被告开具发票的主张，根据我国《税收征收管理法》的规定，税务机关是发票的主管机关，对拒不开具发票的行为，权利遭受侵害的一方当事人可向税务部门投诉，由税务

---

① 编者按：《发票管理办法》（2019 年修正）第 19 条。

② 编者按：已失效，被《民法典》吸收。

部门依照法律法规处理。故请求开具发票的义务应属于税务部门的行政职权范畴，不是法院民事诉讼管辖范围。

裁判观点 3：收款人未按法律规定开具发票的，付款人可以请求人民法院判决其赔偿因此造成的不能抵扣税款所产生的损失，但需对损失的实际发生承担证明责任。

案例 7：广东省高级人民法院·义乌市申某塑料机械有限公司、方某军合同纠纷再审审查与审判监督民事裁定书［（2018）粤民申 5895 号］

申某公司关于舟山一某公司向其赔偿因凯某威公司未开具发票而造成税额损失及配件费用和佣金的证据不足，其应自行承担举证不能的法律后果，原审法院未支持其反诉请求并无不当。申某公司、方某军关于原审法院分配举证责任有误的主张于法无据，本院亦不予支持。

案例 8：河北省高级人民法院·福建省晋江市陈埭恒某鞋塑服装有限公司买卖合同纠纷再审民事判决书［（2017）冀民再 106 号］

关于恒某服装公司未开具增值税发票，派某斯公司是否产生实际损失一事，因派某斯公司提供的证据不足以证明对 7484295 元货款交纳了税款，且不足以证明因恒某服装公司未开具增值税专用发票而给其造成的税款实际损失 1027949 元，故原判判决恒某服装公司直接赔偿派某斯经贸公司因未开具增值税专用发票而给其造成的税款损失 1027949 元，明显不当，本院不予支持。

041 收款方未开具发票，付款方能否以此为由拒绝付款？

☞ 阅读提示

随着税收征管的日趋规范，各类经营主体越来越重视涉税事务的安排。收款方向付款方开具发票作为税收征管制度下的一项基本要求，商事交往的双方通常会在合同中对开具发票问题进行相应约定。那么，在收款方怠于、拒绝开具发票时，付款方能否以“收款方未开具发票”为由拒绝履行合同付款义务呢？

裁判要旨

合同双方明确约定“收款方先开具发票，付款方后付款”的，该约定虽将法定开票义务特别约定为合同主给付义务，但并不违反法律、行政法规的效力性强制性规范，约定有效。开具发票不再是合同附随义务，而是收款方的先履行义务，付款方享有顺序履行抗辩权，有权以对方未按合同约定开具发票为由拒绝履行付款义务且不承担违约责任。

案情简介

一、2016 年 5 月 26 日，北京东某公司与山东招某公司签订《计算机软件服务合同》一份，该合同第 4.2（1）条约定：首付款：合同签订后，甲方在收到乙方相应价款发票 14 个工作日内向乙方支付合同总金额的 20%，即 12 万元。

二、2017 年 9 月 26 日，北京东某公司向山东招某公司发出律师函，称北京东某公司已完成上线前准备工作，山东招某公司未履行支付对应服务费义务，已构成违约，要求山东招某公司将投标保证金、首付款及系统上线款共计 31 万元支付给北京东某公司。

三、2017 年 9 月 29 日，山东招某公司向北京东某公司发出律师函，称北京东某公司未能在履约期限内提交有效的经山东招某公司方认可的开发成果，不能实现订立合同的目的，将依据法律规定和合同约定解除双方签订的合同。

四、之后北京东某公司向人民法院提起诉讼，请求法院判令山东招某公司支付合同首付款在内的服务费和违约金。山东招某公司以“北京东某公司未依据合同约定先开具发票”为由进行抗辩，主张在 12 万元首付款项下，山东招某公司不构成违约，一审山东省青岛市中级人民法院和二审最高人民法院均支持了山东招某公司的前述主张。

裁判要点

一、北京东某公司和山东招某公司在《计算机软件服务合同》中约定北京东某公司先开具发票，山东招某公司后支付首付款的做法，符合交易习惯，不违反法律、行政法规强制性规定，双方当事人应当依照合同的约定履行各自义务。

二、在北京东某公司未依据合同约定开具 12 万元首付款发票的情形下，山东招某公司有权拒绝履行首付款支付义务，且其拒绝付款行为不构成违约，无须承担违约责任。

经验总结

双方在合同中没有特别约定时，开具发票虽然是收款方的法定义务但并非合同的主给付义务，开具并交付发票不属于付款方行使顺序履行抗辩权或者同时履行抗辩权的法定情形。

一、作为付款方，为了避免自身付款后收款方怠于、拒绝开具发票而遭受税款抵扣损失，建议付款方在订立合同时，明确约定“收款方应先开具发票，付款方后付款，如果收款方未收到发票，则其有权拒绝付款”。提请注意，合同中“先开票后付款”的约定应当明确开具发票和付款的前后顺序以及付款方享有的顺序履行抗辩权，如果仅仅约定“付款方具有开具发票的义务”，则付款方以收款方未开具发票为由拒绝付款的，法院一般不予支持。

二、作为收款方，为了防止付款方以未开票为由拒绝付款或者拿到发票后拒绝付款导致税费损失，建议收款方在与付款方订立合同中直接明确约定先付款后开具发票。同时，收款方应当及时向付款方提供开票信息，防止付款方以“收款方未向其提供开票信息”进行抗辩。

三、提请付款方和收款方注意，无论约定“先开票后付款”还是“先付款后开票”，合同双方均应严格按照合同约定的履行顺序行使权利履行义务，不可在任何单笔款项中违反约定的开票和付款顺序，否则法院很可能会认定当事人以行为改变合同约定，后履行方丧失顺序履行抗辩权。

相关法条

《中华人民共和国民法典》（2021 年 1 月 1 日实施）

第五百二十六条 当事人互负债务，有先后履行顺序，应当先履行债务一方未履行的，后履行一方有权拒绝其履行请求。先履行一方履行债务不符合约定的，后履行一方有权拒绝其相应的履行请求。

《最高人民法院关于适用〈中华人民共和国合同法〉若干问题的解释（二）》（法释〔2009〕5 号 2009 年 5 月 13 日实施）（已失效）

第七条 下列情形，不违反法律、行政法规强制性规定的，人民法院可以认定为合同法所称“交易习惯”：

（一）在交易行为当地或者某一领域、某一行业通常采用并为交易对方订立合同时所知道或者应当知道的做法；

（二）当事人双方经常使用的习惯做法。

对于交易习惯，由提出主张的一方当事人承担举证责任。

本案链接

最高人民法院·北京东某慧聚信息技术股份有限公司、山东招某集团有限公司计算机软件开发合同纠纷二审民事判决书［（2019）最高法知民终177号］

首付款的支付条件是否成就：涉案合同第4.2（1）条明确约定，合同签订后，山东招某公司在收到北京东某公司相应价款发票14个工作日内向北京东某公司支付首付款12万元。根据上述合同内容，北京东某公司需先开具发票，山东招某公司收到发票后向其支付首付款。开具发票是北京东某公司的法定义务。本院认为，根据《最高人民法院关于适用〈中华人民共和国合同法〉若干问题的解释（二）》第七条①的规定，综合考虑交易行为当地通常采用的做法、当事人经常使用的习惯做法以及山东招某公司的法人性质，涉案合同约定的北京东某公司先开具发票，山东招某公司后支付首付款的做法，符合交易习惯，不违反法律、行政法规强制性规定。双方当事人应当依照合同的约定履行各自义务。北京东某公司未能举证证明，其曾主动向山东招某公司索要过开具发票所需的山东招某公司的账户信息，仅是笼统地要求山东招某公司支付首付款。北京东某公司有关山东招某公司没有确认支付首付款，因此其未积极履行合同约定的其开具发票的义务的主张，缺乏事实依据。依照涉案合同的约定，首付款的支付条件未成就，原审法院认定并无不当，本院予以支持。

山东招某公司是否具有先履行抗辩权：北京东某公司上诉主张，基于先履行抗辩权和自身合理利益诉求，未再继续开展计算机软件开发工作。本院认为，依照《合同法》第六十七条②的规定：当事人互负债务，有先后履行顺序，先履行一方未履行的，后履行一方有权拒绝其履行要求。先履行一方履行债务不符合约定的，后履行一方有权拒绝其相应的履行要求。关于首付款的支付方式，涉案合同明确约定，“山东招某公司在收到北京东某公司相应价款发票14个工作日内向北京东某公司支付合同总金额的20%，即12万元。”山东招某公司在北京东某公司未履行其提供发票义务的情况下，有权行使先履行抗辩权，不支付首付款。

---

①② 编者按：已失效，被《民法典》吸收。

延伸阅读

裁判观点1：合同中明确约定了“先开具发票后付款”，人民法院尊重当事人的意思自治，以合同约定作为认定依据，付款方具有顺序履行抗辩权，在收款方未开具发票时，付款方可以拒绝付款。（与主文案例观点相同）

案例1：最高人民法院·辽宁万某建设集团有限公司、江苏中某建设集团有限公司建设工程施工合同纠纷再审审查与审判监督民事裁定书［（2019）最高法民申2634号］

虽然结算协议约定如鑫某公司未按约支付工程款，万某公司可按原分包合同执行，鑫某公司首付款未按约支付协议无效，但该协议同时约定，万某公司申请付款时应负责开具正规等额的发票，否则鑫某公司有权拒绝支付。原审未支持万某公司在未开具发票的情形下要求按照原分包合同执行的主张，并无不当。并且万某公司于2013年4月8日签订的两份分包合同施工范围为“盘锦辽东湾区某正园北区”，而其实际施工范围为“盘锦辽东湾新区某宁园二期、某上园、某怡园、某和园小区”，原审以双方一审诉讼中自愿达成的结算协议作为工程造价确定依据，亦更符合实际施工情况。万某公司虽认为其未开具发票系因发票主体不确定以及鑫某公司无法入账等原因所致，但并未提交充分证据证明。案涉协议明确赋予了鑫某公司在万某公司未开具发票的情形下有拒付工程款的权利，万某公司关于未开具发票不能成为鑫某公司拒付工程款理由的主张，本院不予支持。

裁判观点2：合同仅约定收款方负有开具发票的义务，但是未明确约定开具发票和付款的先后顺序。付款方以收款方未开具发票为由，拒绝支付款项的，法院不予支持。

案例2：最高人民法院·西藏中某矿业发展有限责任公司、新疆聚某建设有限公司建设工程施工合同纠纷二审民事判决书［（2020）最高法民终341号］

关于中某公司针对聚某公司机械设备款给付的请求是否享有先履行抗辩权的问题。《合同法》第六十七条①规定，当事人互负债务，有先后履行顺序，先履行一方未履行的，后履行一方有权拒绝其履行要求。本案中，《还款协议（二）》仅约定中某公司支付600万元机械设备款，聚某公司堆龙德庆分公司提供600万元的成本票据，并未就上述义务的履行先后顺序予以明确。况且提供成本票据属

① 编者按：已失效，被《民法典》吸收。

于从给付义务，而给付机械设备款属于主给付义务，两者不构成对待给付。中某公司主张其享有先履行抗辩权缺乏事实与法律依据，本院不予支持。

案例3：最高人民法院·连云港市远某房地产开发有限公司、江苏南通二某集团有限公司建设工程施工合同纠纷再审审查与审判监督民事裁定书［（2017）最高法民申3960号］

关于案涉工程款付款条件。本案双方当事人签订合同的目的在于对案涉工程进行施工开发，而未开具并交付工程款发票并不会对合同目的产生根本影响，且当事人并未明确约定先开具增值税发票再支付工程款的先后顺序，故原判决认定开具并交付工程款发票并非南通二某的主要约定义务，远某公司关于南通二某迟延交付远某公司工程款增值税发票导致其无法支付工程款的理由不成立，并无不当。

裁判观点3：合同中当事人双方关于“先开具发票后付款”的约定，属于付款操作规程的指引性条款，不构成对履行先后顺序或者付款条件的特别约定，不存在适用同时履行或者顺序履行抗辩权制度的空间。（与主文案例观点相反）

案例4：最高人民法院·北京金某酷媒文化传播有限公司、成都今某酷媒文化传媒有限公司广告合同纠纷再审审查与审判监督民事裁定书［（2020）最高法民申4859号］

北京金某酷媒公司关于原审对付款期限认定错误的再审申请理由不成立。其一，案涉资源占用确认单约定北京金某酷媒公司付款前，成都今某酷媒公司应开具广告费发票，迟延提供发票的，付款期限相应顺延。从逻辑上分析，只有在付款期限已定情况下，才能对“付款前”的时间段进行确定。因此，资源占用确认单中关于北京金某酷媒公司付款前，成都今某酷媒公司应开具广告费发票的内容并非如北京金某酷媒公司申请再审所称是对付款期限进行约定。其二，发票是经营活动中的收付款凭证，在交易流程中，只有在付款金额已确定的情况下，才能开具相应发票，北京金某酷媒公司关于因成都今某酷媒公司未开具发票，应付款金额未确定，其无法支付款项的再审申请理由不成立。其三，成都今某酷媒公司根据北京金某酷媒公司的委托在成都市地铁媒体设备上投放了相应广告，投放品牌、时间及数量等均得到北京金某酷媒公司的确认。成都今某酷媒公司在已履行合同义务情况下向北京金某酷媒公司主张支付广告投放费用，具有事实和法律依据。且案涉广告投放价格属双方协商确定事项，在案证据并未显示成都今某酷媒公司曾拒绝就投放价格进行协商。如前所述，原审对案涉广告投放价格的认定符合法律规定。北京金某酷媒公司关于成都今某酷媒公司利用价格不明确获取不当利益的再审申请理由不能成立。其四，在案涉合同关系中，北京金某酷媒公司的付款义务系主给付义务，成都今某酷媒公司开具发票的义务属资源占用确认单约定的从给付义务。付款义务直接影响到当事人合同目的的实现，案涉发票开具义务不具有与付款义务相匹配的对待给付地位。北京金某酷媒公司依该从给付义务的约定主张先履行抗辩权不能成立。成都今某酷媒公司的诉请中包括由北京金某酷媒公司自 2016 年 1 月 1 日起支付欠付广告发布费的同期银行贷款利息，因成都今某酷媒公司未举证证明其在起诉前向北京金某酷媒公司主张过权利，原审判令由北京金某酷媒公司自 2018 年 5 月 22 日成都今某酷媒公司起诉之日起支付本案所认定广告发布费的同期银行贷款利息并无不当。

案例 5：北京市高级人民法院·天某和华置业（北京）有限公司与北京市朝阳田某建筑集团公司第五分公司建设工程施工合同纠纷再审审查民事裁定书［（2020）京民申 4591 号］

2016 年，田某建筑公司与天某和华公司签订补充合同协议（02），双方确认：甲方付款前，乙方提供相应金额合法有效发票给甲方。一审法院依据《工程结算协议书》及补充合同协议（02）确定天某和华公司欠付工程款 5160000 元，在 2014 年 7 月之后至本案一审法庭辩论终结之时，天某和华公司共向田某建筑公司支付工程款 4850000 元，因此天某和华公司应支付剩余工程款 309999.82 元。对于该工程款的金额双方不持异议，本院不再赘述。现天某和华公司主张付款的前提是田某建筑公司提交完整的结算资料及发票，故上述工程款不具备支付条件。需指出，建设工程施工合同作为合同法体系中双务合同的一种，发包方的主要义务是依据合同约定支付工程价款，承包方的主要义务是进行工程建设并交付符合质量要求的完工工程，支付工程款与交付结算资料是两种不同性质的义务，二者不具有对等关系。因此，在无特殊约定情况下，发包人在承包人交付建设工程后，应交付工程价款。关于发票的交付，先开发票后付款的主张与先付款或付款同时开具发票的常理相悖，且发票的交付亦属于建设工程施工合同履行的附随义务。故，天某和华公司以田某建筑公司未提交完整的结算资料及发票，工程款不具备支付条件为由主张不支付工程欠款，本院不予支持。进而，天某和华公司应承担逾期付款违约责任。涉案工程移交后，双方对工程质量无争议。一审法院依据在案协议、工程资料移交书、天某和华公司支付工程款时间节点及数额等确定天某和华公司违约金支付节点并无不当。一审法院酌情调整双方约定的违约金计算标准及违约金的计算方式亦无不当。天某和华公司主张违约金计算错误且违约金标准过高，但并未提供证据予以证明，本院难以采信。

案例6：贵州省铜仁市（地区）中级人民法院·中国建筑某工程局有限公司华南分公司、中国建筑某工程局有限公司买卖合同纠纷二审民事判决书［（2021）黔06民终960号］

关于开具发票能否作为先履行抗辩事项的问题。根据《合同法》第一百三十六条①、《最高人民法院关于审理买卖合同纠纷案件适用法律问题的解释》第七条的规定，出卖人开具增值税发票属于从给付义务。由于主给付义务与从给付义务之间并不构成对等给付关系，因此不能适用同时履行或先履行抗辩权制度。也就是说，买受人不得将开具增值税发票作为其付款的前提，不能以出卖人未开具增值税发票或开具增值税发票金额不足为由拒绝支付货款。同时，双方合同中“甲方审核完乙方提交的付款当期进度阶段报告，收到乙方的发票并认证通过，完成付款审批后15日内，按照付款当期审核确认结算金额的80%支付材料款”之约定，属于付款操作规程的指引性条款，所涉增值税发票的部分，不构成对履行先后顺序或者付款条件的特别约定。故对于中国某建筑公司、中国建筑某华南分公司所持“开具发票为先履行抗辩事项”的上诉理由，不能成立。

裁判观点4：河北省内发生的建设工程施工合同纠纷案件，因为河北省高级人民法院颁行的《建设工程施工合同案件审理指南》认为支付工程款义务和开具发票义务是两种不同性质的义务，不具有对等关系，因此发包人不能以“承包人未开具发票”为由拒绝付款，即使合同中明确约定“先开具发票后付款”。

案例7：河北省高级人民法院·汉中市益某水利水电建筑工程有限责任公司、河北鑫某市政工程有限公司建设工程施工合同纠纷再审审查与审判监督民事裁定书［（2019）冀民申8136号］

汉中市益某水利水电建筑工程有限责任公司申请再审称，两审判决严重违法，视当事人的约定于无物。河北省高级人民法院《建设工程施工合同案件审理指南》第五十四条适用针对的是合同没有约定而以发票抗辩的情况。申请人有权依据“先给付发票后付款”的合同约定，适用《合同法》②行使后履行抗辩权拒付工程款。

本院经审查认为，原审法院参照本院《建设工程施工合同案件审理指南》

①② 编者按：已失效，被《民法典》吸收。

第五十条规定“支付工程款义务和开具发票义务是两种不同性质的义务，不具有对等关系。发包人以承包人违反约定未开具发票为抗辩理由拒付工程款的，人民法院不予支持……”适用法律并无不当；对已付工程款及返工费、质保金的认定，申请人的主张因缺乏证据证明，未予支持亦无不当。申请人的再审申请不符合《民事诉讼法》第二百条规定的情形。

裁判观点 5：合同中明确约定了“先开具发票后付款”，但是当事人双方未严格按照前述约定履行合同义务行使权利，存在“先付款后开具发票”的情形的，则视为双方通过行为对合同的付款条件进行了变更，付款方不再享有顺序履行抗辩权。

案例 8：湖北省高级人民法院 · 福建八某建筑工程有限公司、黄梅县世某房地产置业有限公司建设工程施工合同纠纷二审民事判决书［（2019）鄂民终 756 号］

世某公司上诉称，八某公司未按照合同约定的支付方式向其开具发票，因此，工程款的支付条件尚未成就。经查，世某公司已支付工程款 101648000 元，八某公司已提供了 9507 万元税务发票，还差 6578000 元发票。在此情况下，世某公司是否可以拒付工程款。本院认为，首先，双方虽在补充协议中有“乙方（八某公司）在每次申请工程进度款的支付时，必须先提供项目所在地税务部门正规发票给甲方（世某公司）”的约定，但从之前双方付款及开发票的情况看，既有先开票后付款，也有先付款后开票的情形。表明双方就工程款的支付方式并未严格按照合同约定的先开具发票后付款的支付条件履行，而是在工程款的实际结算中进行了变更。其次，在建设工程施工合同中，承包方开具发票并非与发包方支付工程款相对应的合同主要义务，而是为协助合同履行而设立的一项附随义务。发包人不能以未履行发票交付的附随义务来抗辩工程款支付的合同主要义务。最后，案涉工程已验收合格并交付使用，双方也于 2017 年进行了结算，世某公司以未履行交付发票的合同附随义务来抗辩支付工程款的合同主要义务亦不符合公平原则。因此，世某公司的此节上诉理由不能成立，本院不予支持。

042 合同中“不得起诉”的条款是否有效?

☞ 阅读提示

实践中，合同中经常出现“一方放弃诉权”“一方在特定时间内不得起诉”等处分诉权的条款。对于该等条款，法院在评判其是否有效时主要会考虑哪些因素？本文将进行分析。

裁判要旨

合同中约定在特定期限内不得提起诉讼的条款，并非排斥当事人的基本诉讼权利，而是限制其在一定期限内的起诉权，该约定合法有效。

案情简介

一、2009年11月10日到2010年10月10日，恒某实业公司（发包人）与重庆千某公司（承包人）签订了一系列工程施工承包合同，约定由重庆千某公司承建某煤矿井巷工程建设。2013年5月24日，重庆千某公司承包的工程验收合格并交付使用。

二、2014年8月29日，恒某实业公司（甲方）与重庆千某公司（乙方）签订了《付款协议》，约定“经双方共同核对的工程欠款分十二期支付完毕”，同时双方还约定“甲方在上述付款期间，不接受乙方任何关于此笔欠款的诉讼。在上述规定的付款时间内（即2014年8月29日到2015年8月25日），就此协议内容的履行任何一方不得向人民法院提起诉讼，否则提起诉讼一方自愿最终承担因提起诉讼而导致双方发生的所有诉讼费用，包括但不限于甲乙双方的诉讼费、律师费、保全费、执行费、差旅费、调查费等”。

三、协议签订后，因恒某实业公司并未依据《付款协议》约定，如期支付工程款，2015年5月6日重庆千某公司向贵州省高级人民法院提起诉讼，请求法院判令恒某实业公司支付工程款以及逾期付款利息。

四、恒某实业公司反诉请求根据《付款协议》约定判令重庆千某公司支付恒某实业公司因应诉所付律师费以及案件的诉讼费用。一审贵州省高级人民法院驳回了恒某实业公司的反诉请求，二审最高人民法院判决支持了恒某实业公司的反诉请求。

裁判要点

恒某实业公司反诉请求是否能够得到支持，关键是判断“合同中有关当事人在特定期限内不得起诉”的约定是否有效。

法院认为《付款协议》中约定在付款期限内不得提起诉讼的条款，不违反法律、行政法规的效力性强制性规范，不存在欺诈、胁迫、显失公平等可撤销情形，且该约定并非排斥重庆千某公司的基本诉讼权利，仅是限制重庆千某公司在一定期限内的起诉权，而不是否定和剥夺重庆千某公司的诉讼权利，因此约定合法有效。

经验总结

目前法律没有明确规定“不得起诉”的约定是否有效，司法实务中也存在截然相反的裁判观点，为了防范该类限制、放弃诉权的约定被法院认定为无效，建议合同当事人在进行相关制度设计时注意以下几点：

一、建议根据实际需要设置限定行使诉权的期限或推迟行使诉权的时间，避免事先约定彻底剥夺对方诉权的条款，因为法院一般倾向于该等条款是无效的。但如果双方在争议已得到妥善解决的情况下签订和解协议，和解协议中关于一方不得再提起诉讼的约定通常会被认定为合法有效。

二、限制、放弃诉权的约定尽量不要使用格式条款，在条件允许的情况下，采取要求对方单独出具承诺函的方式，以避免对方以格式条款为由主张放弃诉权无效的法律风险。如果对方不同意出具承诺书，在约定此类条款时，建议将此类条款的字体加黑、加粗、加着重号，这样可以起到特殊条款的提请注意的作用。

相关法条

《中华人民共和国民事诉讼法》（2021年修正）

第十三条　民事诉讼应当遵循诚信原则。

当事人有权在法律规定的范围内处分自己的民事权利和诉讼权利。

《中华人民共和国民法典》（2021年1月1日实施）

第一百四十八条　一方以欺诈手段，使对方在违背真实意思的情况下实施的民事法律行为，受欺诈方有权请求人民法院或者仲裁机构予以撤销。

第一百五十条 一方或者第三人以胁迫手段，使对方在违背真实意思的情况下实施的民事法律行为，受胁迫方有权请求人民法院或者仲裁机构予以撤销。

第一百五十一条 一方利用对方处于危困状态、缺乏判断能力等情形，致使民事法律行为成立时显失公平的，受损害方有权请求人民法院或者仲裁机构予以撤销。

第一百五十三条 违反法律、行政法规的强制性规定的民事法律行为无效。但是，该强制性规定不导致该民事法律行为无效的除外。

违背公序良俗的民事法律行为无效。

本案链接

最高人民法院·六盘水恒某实业有限公司、重庆千某建设工程有限公司建设工程施工合同纠纷二审民事判决书［（2016）最高法民终415号］

法院认为，根据恒某实业公司的上诉请求，本案焦点为：一审判决认定恒某实业公司与重庆千某公司签订的《付款协议》中所涉律师费等约定无效是否适当。

重庆千某公司辩称《付款协议》是由恒某实业公司拟定的内容，包括付款时间、方式。在付款期限内不得提起诉讼，其实质是约束重庆千某公司，该条款实际为无效条款，不应作为处理本案的依据。本院认为，《付款协议》上有双方当事人的印章和签字，内容没有违反法律、行政法规的强制性规定，重庆千某公司认可《付款协议》中的工程欠款数额和分期付款的内容，但却主张在付款期限内不得提起诉讼的条款无效。

从本案现已查明的事实来看，重庆千某公司并没有举证证明在其与恒某实业公司签订《付款协议》时存在欺诈、胁迫的情形，其主张在付款期限内不得提起诉讼的条款无效缺乏事实和法律依据，本院不予支持。《付款协议》中约定在付款期限内不得提起诉讼的条款，并非排斥重庆千某公司的基本诉讼权利，该条款仅是限制重庆千某公司在一定期限内的起诉权，而不是否定和剥夺重庆千某公司的诉讼权利，只是推迟了重庆千某公司提起诉讼的时间，超过双方当事人约定的时间2015年8月25日后，重庆千某公司可以随时行使自己的诉讼权利。

延伸阅读

目前法律没有明确规定“不得起诉”的约定是否有效，司法裁判观点对该问题的认识亦不统一，甚至于最高人民法院的裁判都存在迥异的情形。

裁判观点 1：诉权不能通过事先约定予以排除，但当事人约定在一定期限内不得提起诉讼，推迟诉权的行使，并不违背意思自治基本原则，应认定该约定有效。(与主文案例观点相同)

案例 1：浙江省金华市中级人民法院·杨某增、山西汽某集团长治汽车运输有限公司买卖合同纠纷二审民事裁定书［（2021）浙 07 民终 1969 号］

本院经审查认为，诉权是公民、法人和其他组织享有的法定权利，其司法救济解决纠纷的重要性属于公众一般认知范围。上诉人在签订协议时，应当预见“乙方承诺并保证，其受让的债权不得再次转让、抵押，五年之内不得采用诉讼及其他第三方催账方式主张债权”的不利后果。现上诉人提出该条款违反了法律强制性规定，剥夺其诉讼权利，属于无效条款。对此本院认为，诉权不能通过事先约定予以排除，但当事人约定在一定期限内不得提起诉讼，推迟诉权的行使，并不违背意思自治基本原则，应认定该约定有效。据此，上诉人起诉条件尚未具备，一审法院裁定驳回起诉并无不当。

裁判观点 2：如果放弃诉权的承诺存在欺诈、胁迫或显失公平的情形，则受损害方可以依《民法典》第一百四十八条、第一百五十条、第一百五十一条行使撤销权。

案例 2：黑龙江省哈尔滨市中级人民法院·王某明、张某华合同纠纷二审民事判决书［（2018）黑 01 民终 5369 号］

本案的争议焦点在于双方于 2016 年 12 月 12 日签订的协议书是否存在可撤销的情形。所谓显失公平的合同，即一方当事人在缺乏经验或者处于危困状态的情况下订立的，致使双方当事人的权利和义务极不对等、经济利益不平衡的合同。该协议约定：“张某华二人放弃对王某义、王某明索要 303891 元青苗补偿款（包括利息）的一切权利，今后任何情况下对王某义、王某明不再主张任何权利，不再起诉王某义、王某明。”“张某华二人如不能向政府追回补偿款，也不得向王某义和王某明主张任何权利。”此条款剥夺了张某华二人起诉的权利，张某华二人一方面认为其应得到数百万元的补偿款而向政府主张，另一方面政府发放的 303891 元补偿款被王某明领取，其二人在未得到分文补偿款的情况下放弃诉权，显失公平，双方权利与义务极不对等且双方利益不平衡，该协议书应为可撤销的合同。张某华二人系在法定期限内行使撤销合同的权利，故对张某华二人要求撤销 2016 年 12 月 12 日其二人与王某明签订的协议书的诉请予以支持。

裁判观点 3：当事人在和解协议中放弃诉权系意思自治的表现，不违反法律禁止性规定，应当有效。

案例 3：最高人民法院·张某为与某市人民政府再审行政裁定书［（2016）最高法行申 2385 号］

再审申请人已经自愿抛弃权利保护，仍旧提起诉讼有违诉讼诚信。诉权是公民、法人和其他组织享有的法定权利，神圣不可侵犯，但诉权却可以自愿抛弃。抛弃权利保护的方式包括单方向人民法院表示、单方向诉讼的另一方当事人表示，也包括当事人之间自愿达成合意。如果当事人在自愿抛弃权利保护之后再行实施诉权，则属出尔反尔，有违诚实信用。经原审法院查明，再审申请人在与相关单位所签安置补偿协议中已经承诺不再上访、诉讼，其后又长期多次申请行政复议及提起行政诉讼，不断违反自己所作权利抛弃承诺，这种权利保护的滥用同样构成不符合法定起诉条件的情形。

案例 4：江苏省高级人民法院·王某其与扬中市江某房地产开发公司、某市市场监督管理局等房屋拆迁安置补偿合同纠纷申诉、申请民事裁定书［（2019）苏民申 7863 号］

王某其和其妻薛某女于 2018 年 1 月 3 日将南门 1 号商铺转让给女儿王某英并出具书面说明，载明“王某英是我女儿，我同意将拆迁安置房里面市场南门 1 号转给王某英结账，产权归王某英”，现该商铺的所有权已登记到王某英名下，商铺的不动产权证书载明房屋建筑面积为 131.23 平方米，符合王某英以购房人身份签字的“利某市场网格房应收（退）款及利息结算表”的约定建筑面积，故王某英为案涉房屋的所有权人。此外，王某其与王某英同日签署了息诉停访承诺书，承诺：“……我本人要求将本人原利某市场拆迁 7 间，安置面积 117.6 平方米，安置在利某市场南门 1 号（实际上从 1988 年使用至今），套内面积 58.3 平方米，按 1.251 公摊系数计算；二、按江苏省高级人民法院（2002）苏民再终字第 006 号判决书办理不动产权证书；三、放弃提出因与江某公司导致利某市场南门 1 号停业 3 年（1999 年、2000 年、2001 年）造成的损失的诉求，今后不再提出任何异议和诉求；四、终止一切有关原利民市场拆迁安置补偿纠纷的申诉、上访，不再提出任何异议和诉求。”在该份承诺书中，王某其明确放弃了其对案涉争议的申诉、上访等权利，尽管其主张该息诉停访承诺书属受欺诈胁迫签订，但并未提供相关证据证明其主张，故该主张不能成立。上述承诺书应视为王某其的真实意思表示，内容也不违反法律、行政法规的强制性规定，应属合法有效。

因此，王某其就利某市场拆迁安置补偿纠纷已放弃其实体权利，其不是与本案有直接利害关系的公民，不符合法律规定的起诉条件，一、二审法院裁定驳回王某其的起诉并无不当。

案例5：安徽省滁州市中级人民法院·刘某磊、刘某方买卖合同纠纷二审民事判决书［（2018）皖11民终148号］

本案中，2016年5月10日，刘某磊与刘某方经对账后形成的对账单，系双方当事人的真实意思表示，不违反法律、行政法规关于效力的强制性规定，合法有效。刘某磊上诉认为对账单上“刘某磊承诺三年内不得因拖欠货款而起诉刘某方，如起诉刘某磊自愿让利50万元给刘某方”系无效约定，“三年内不得起诉”限制了刘某磊的起诉权，违背法律的强制性规定。本院经审查认为，对账单上“刘某磊承诺三年内不得因拖欠货款而起诉刘某方”系刘某磊行使自由处分权的体现，应认定为有效约定。民事诉讼是以国家权力解决当事人之间不能自主解决的民事纠纷。从国家与公民的角度来说，这是公法关系。但是，从民事诉讼所要解决的纠纷的内容，即民事案件的主体对民事纠纷本身自主解决的权利和对诉讼标的的自由处分来看，显然，民事诉讼又是具有私法性质的关系。可以说，民事诉讼法上的处分权主义，是私权自治在公法领域的直接延伸。《民事诉讼法》明确赋予当事人就特定事项程序上的处分权，如起诉、撤诉、放弃、变更诉讼请求等。显然，针对这些事项，特别是诉权，《民事诉讼法》并没有明确规定当事人就放弃或者行使可以进行约定或者不可以进行约定。且当事人拥有诉讼启动选择权，纠纷发生前或发生后，起诉只是当事人解决纠纷选择之一，是否选择用诉讼解决争议，决定权在于当事人，法院没有权力启动诉讼程序。因此，当事人当然可以达成不起诉契约，使诉讼程序不被开启，而选择其他途径来解决。而在本案中，刘某磊与刘某方达成三年内不起诉的契约，不排除刘某磊通过其他途径来催要货款，故三年内不起诉的约定系当事人的真实意思表示，并没有违反强制性的规定，应认定为有效，也充分体现当事人的自由处分原则。对于刘某磊上诉提出的三年内不得起诉的约定为无效约定，本院不予采信。

裁判观点4：诉权属于公权利，是国家赋予公民获得司法救济的基本权利，应当受到法律保护。当事人虽有处分权，可选择诉或者不诉，但不能通过事先约定的方式排除司法救济，关于不起诉的约定条款应属无效。

案例6：最高人民法院·王某明与贾某亮合资与合作开发房地产合同纠纷再审民事裁定书［（2019）最高法民再327号］

关于《解除合作的补充协议》约定的“不得起诉”内容的效力问题：《解除合作的补充协议》第六条约定，五日内贾某亮将49%的义某公司股权无偿过户给吴某艳，在此之前，不得起诉义某公司。本院认为，诉权是法律赋予公民以司法救济解决纠纷的基本权利，是当事人启动和推动民事诉讼程序的基本权利。当事人有选择诉与不诉的权利，但不能事先通过约定来排除诉权。该条中“不得起诉”的约定已经超出了双方当事人意思自治可以处分的诉讼权利的范围，属无效条款。

案例7：最高人民法院·旅顺新港港某公司、北京中某泰达电液科技有限公司合同纠纷再审审查与审判监督民事裁定书［（2019）最高法民申5770号］

虽然本案《产权交易合同》第四条中约定，“基于乙方（中某公司）对转让标的所存在瑕疵及风险的了解，乙方保证不对转让标的项目单位采取诉讼行政手段，如果乙方将转让标的转让给第三方，必须事先征得甲方（国某资产管理公司）书面同意；若出现乙方违反前述约定进行行权或对转让标的再次进行转让的情形，由乙方自行承担由此产生的法律责任，违法行权给甲方造成损失的，乙方将承担赔偿责任”。但该约定中的“乙方保证不采取诉讼行政手段”内容并不明确，没有明确排除中某公司提起民事诉讼的权利。另外，利用民事诉讼程序寻求对自身权利的保护和救济，是当事人的基本权利，除法律有明确规定的情形之外，不得以合同约定排除当事人提起民事诉讼的权利。故港某公司申请再审主张依据本案《产权交易合同》中某公司无权提起诉讼，理由不能成立。

案例8：江苏省宿迁市中级人民法院·江苏时某建设工程有限公司、薛某与许某兵合同纠纷二审民事判决书［（2020）苏13民终3509号］

当事人在诉前关于不得起诉的约定排除了当事人基本的诉讼权利，此类约定一般应属无效。首先，诉权是公法意义上的权利，是当事人要求启动和推动民事诉讼程序，请求国家提供司法救济的基本权利，具有人权属性、救济性、绝对性。其次，诉权的意思自治不同于民事合同的意思自治，涉及公法领域司法权的行使。在私法领域，民事主体可以依据自己的自由意志处分自己的权利，只要不违反法律的禁止性规定都具有法律效力。但在诉讼法这一公法领域，当事人的意思自治的效力只有在法律有规定的情况下才有效力，我国诉讼法并未赋予当事人可在起诉前约定不得起诉的权利。最后，从实际效果看，如果允许当事人在诉前约定不得起诉，则会导致当事人利用一方优势地位强迫对方放弃诉讼的权利等，使对方当事人无法得到公平、公正的救济。

043 合同中约定惩罚性违约金不得调整，是否有效？

☞ 阅读提示

实践中，守约方起诉违约方支付违约金时，违约方往往根据《民法典》关于违约金调整的规定，请求法院调低违约金。但是，部分合同中不仅约定了高额违约金，还约定了双方承诺放弃向人民法院主张调整违约金的权利，这样的约定是否有效？

裁判要旨

合同双方当事人针对惩罚性违约金约定放弃违约金调整请求权，该约定不违反法律、行政法规的强制性规定，不违背公平原则，约定有效。

案情简介

一、2015 年 5 月 6 日，乐某华润公司（甲方）与洪某隆公司（乙方）签订《租赁合同》，约定乐某华润公司按照洪某隆公司的要求在案涉地块修建物业，并出租给洪某隆公司开办超市，合同第三条约定了违约金条款，其中第二款和第三款均约定“违约金的性质是惩罚性违约金”，第四款约定“合同违约金为 500 万元，双方均同意放弃申请人民法院依《合同法》[①] 等法律法规、司法解释的规定对本协议所约定违约金、赔偿金予以调整的权利”。

二、之后，乐某华润公司根据洪某隆公司要求在案涉地块进行物业修建，一直到 2016 年 2 月 18 日，案涉租赁物业已基本达到交付使用条件。

三、2016 年 3 月 25 日到 2016 年 7 月 4 日，乐某华润公司连续数次发函至洪某隆公司，请求洪某隆公司验收租赁房屋，但洪某隆公司一直未予以回应。同年 8 月 8 日，乐某华润公司发函至洪某隆公司正式提出解除租赁合同。

四、2017 年，乐某华润公司向法院提起诉讼，请求法院判令洪某隆公司向其支付违约金并请求法院调增违约金数额，二审江西省高级人民法院和再审最高人民法院均认可放弃违约金调整请求权约定的效力，对乐某华润公司请求调高违

① 编者按：已失效，被《民法典》吸收。

约金的诉讼请求不予支持。

裁判要点

诉争双方约定惩罚性违约金并放弃调整违约金的约定不违反法律规定，也不违反公平原则：

一、《民法典》第五百八十五条赋予了当事人请求法院调整违约金数额的权利，但该条不是强制性规定，当事人双方约定排除该条适用不当然导致约定无效；

二、违约金调整请求权系当事人可以自由处分的民事权利，不适用法律家长主义原则，因此，人民法院应尊重双方在本案中预先放弃违约金调整请求权的约定；

三、约定放弃违约金调整请求权系洪某隆公司和乐某华润公司真实意思表示，不存在显失公平的情形，因为洪某隆公司并没有利用任何优势或对方的轻率、无经验与其订立《租赁合同》；

四、根据风险自负原则，洪某隆公司和乐某华润公司地位平等，均属于商事活动中的理性人，约定在惩罚性违约金中放弃调整请求权是对方出于自身商业利益而自主作出的商业决定，双方均应当对此承担相应的商业风险。

经验总结

一、法律对事前放弃违约金调整请求权的约定是否有效没有明确规定，理论界和司法实践中均存在争论：

有效说：合同中放弃违约金调整请求权的条款有效。主要理由是：（1）从法律规范性质出发，合同编部分的条款基本都是任意法，任意性规范可约定排除。（2）从违约金的性质出发，一般情况下，违约金以补偿性为准，但也可以约定惩罚性违约金，惩罚性违约金具有相互限制、防止违约作用，同时惩罚性违约金也不受制于可预见规则。（3）约定违约金的意义在于快速确定赔偿范围，避免举证负担，从而提高交易效率。既然约定明确，无含混之处，便无调整空间。（4）依意思自治原则，在“法无明文规定即自由”的理念下，当事人有权处分其实体权利。（5）提前放弃违约金调整请求权不违反公平原则，法律对显失公平认定并不对交易结果的公平性进行单纯的、抽象性的评价，而是适用于因合同订立过程不公平导致当事人权利义务严重失衡的情形，换言之，显失公平制度保护的是缔约的公平而非结果的公平。

折中说：以有效为原则，无效为例外。该说尊重契约自由，但允许举证证明不予调整违约金将导致明显不公，从而借道契约正义，实现司法介入而调整。同时，该说主张认定无效时，应当综合考虑合同履行情况、当事人过错程度、预期利益、当事人主体身份等因素。

无效说：合同中放弃违约金调整请求权的条款无效。主要理由是：（1）违约金调整请求权是具有公法性质的请求司法保护的权利，当事人约定放弃对法院没有拘束力；（2）违约金调整的司法介入蕴含了“合同自由”与“合同正义”相结合的公共政策，事先放弃权利的约定违背公平、诚实信用、公序良俗等基本原则；（3）如果允许当事人对违约责任自由约定并限制法院的调整权，会引发一方当事人故意违约，恶意损害对方当事人利益的情况；（4）如果认定这种事先放弃的条款有效，可能会导致其成为违约金条款的“标配”，那么不合理的高额违约金的司法控制就失去了抓手。

二、从司法案例可看出，法院对放弃违约金调整请求权条款效力的认定并不统一，在法院并未一致否定放弃违约金调整请求权条款效力的背景下，在合同中约定放弃违约金调整请求权条款仍有一定的操作空间。

1. 以合理的方式提示特殊条款，尽可能体现出该特殊条款系合同双方的真实意思表示，合同并不存在“欺诈”“利用优势地位和对方轻率、无经验”等情形；

2. 尽量避免约定单方的违约金调整请求权放弃条款；

3. 合同约定违约金金额应参考合同订立时可预见的损失数额，并尝试列举具体的损失项，尽可能提升违约金数额的可预见性；

4. 主文案例中，最高人民法院认可了事先放弃惩罚性违约金调整请求权的约定的有效性，可见如将违约金在合同中明确约定为惩罚性违约金，则可能规避“可预见性规则”的适用，降低违约金被调整的风险。当然，惩罚性违约金事先放弃仍应遵循公平原则，避免惩罚程度过于严苛。

相关法条

《中华人民共和国民法典》（2021 年 1 月 1 日实施）

第五百八十五条 当事人可以约定一方违约时应当根据违约情况向对方支付

一定数额的违约金，也可以约定因违约产生的损失赔偿额的计算方法。

约定的违约金低于造成的损失的，人民法院或者仲裁机构可以根据当事人的请求予以增加；约定的违约金过分高于造成的损失的，人民法院或者仲裁机构可以根据当事人的请求予以适当减少。

当事人就迟延履行约定违约金的，违约方支付违约金后，还应当履行债务。

本案链接

最高人民法院·乐某华润置业有限公司、洪某隆百货投资（景德镇）有限公司租赁合同纠纷再审审查与审判监督民事裁定书［（2019）最高法民申3344号］

江西省高级人民法院·洪某隆百货投资（景德镇）有限公司、乐某华润置业有限公司租赁合同纠纷二审民事判决书［（2018）赣民终579号］

二审法院认为：诉争双方放弃调整违约金的约定不违反法律规定，亦不违反公平原则。理由是：首先，根据意思自治的法律原则，当事人可以对民事权利进行处分，人民法院应尊重双方在本案中预先放弃违约金调整请求权的约定。其次，当事人放弃违约金调整请求权的约定并未违反公平原则。客观上，双方出于自愿签订了租赁合同，并在协议第三条第二款和第三款中均约定“违约金的性质是惩罚性违约金”，在协议第三条第四款约定“双方均同意放弃申请人民法院依《合同法》[①] 等法律法规、司法解释的规定对本协议所约定违约金、赔偿金予以调整的权利”。该约定从内容上没有违反法律强制性规定，从权利义务对等的形式而言，也没有违反公平原则。主观上，洪某隆公司并没有利用任何优势或对方的轻率、无经验与其订立《租赁合同》。对方决定签订租赁协议，系对方出于自身商业利益而自主作出的商业决定，其应当对此承担相应的商业风险。

最高人民法院认为：原审判决认定双方当事人放弃调整违约金的约定并不违反法律规定，具体分析如下：首先，合同双方当事人放弃违约金调整的约定不违反法律的规定。从主观上看，双方当事人均是为了自身商业利益而从事本次交易活动，是在自愿平等的情形下签订《租赁合同》。从客观上看，双方当事人签订的合同在内容上没有违反法律法规的强制性规定。其次，合同双方当事人放弃调整违约金的约定属于当事人意思自治。双方当事人签订的《房屋预租协议》第三条第三款、第四款以及《租赁合同》第十条第五款的约定已经明确放弃调整

① 编者按：已失效，被《民法典》吸收。

违约金。即无论损失是多少，违约金均按人民币500万元金额计算。根据《合同法》第八条第一款[①]之规定："依法成立的合同，对当事人具有法律约束力。当事人应当按照约定履行自己的义务，不得擅自变更或者解除合同。"人民法院应尊重双方当事人在本案中预先放弃调整违约金的约定。最后，原审未以租金价差确定违约金未违反《合同法》第一百一十四条第二款[②]的规定。本案双方当事人签订合同时的真实意思表示为，500万元违约金数额的确定是在保障双方当事人利益的前提下，违约方承担的最大范围且具有惩罚意义的赔偿数额，这是双方当事人基于商业利益角度的决定，应自行承担相应风险。同时，关于违约金的确定是否以"违约造成实际损害"为条件，可以由当事人约定。本案中，在双方对违约金已经有了明确约定的情况下，法院不变动违约金数额，并无不当。

延伸阅读

裁判观点1：合同法规定的违约金调整请求权属于合同当事人的法定权利，当事人不能以约定方式加以排除，合同违约方请求法院依法调整违约金的，法院可以依照公平原则予以调整。（采无效说，与主文案例观点相反）

案例1：湖北省宜昌市中级人民法院·湖北省盛某投资担保有限公司与刘某某、湖北某罐头厂追偿权纠纷二审民事判决书［（2014）鄂宜昌中民二初字第00010号］

合同法规定的违约金调整请求权属合同当事人的法定权利，当事人不能以约定方式加以排除，故尽管本案所涉《委托担保合同》中明确约定刘某某自愿放弃违约金调整请求权，如履约保证金条款与违约金条款并用时过分高于盛某担保公司的实际损失，刘某某仍有权请求调整。参照合法的民间融资成本（不超过中国人民银行同期同类贷款利率的四倍），结合盛某担保公司的代偿金额及时间，本院认为扣收625000元的履约保证金已足以弥补盛某担保公司的损失，刘某某主张履约保证金625000元应冲抵本金、合同有关按主债务本金的10%计算违约金的约定过高，请求予以调减的理由部分成立。因此，本院在支持盛某担保公司不予返还履约保证金625000元的情况下，对盛某担保公司请求刘某某及某罐头厂连带承担违约金503047.40元并按照中国人民银行同期贷款利率承担逾期付款利息的请求不再予以支持。

---

①② 编者按：已失效，被《民法典》吸收。

裁判观点2：合同双方虽有关于不得调整违约金的约定，但是该约定应以不违反公平原则为限，同时违约金数额不得违背可预见性规则，对于双方当事人在合同中所约定的过分高于违约造成损失的违约金或者极具惩罚性的违约金条款，从平衡双方当事人利益的角度考虑，可以予以调整。（采折中说）

案例2：最高人民法院·大同市天某房地产开发有限责任公司与山西同某人商业管理有限公司、吴某功房屋租赁合同纠纷上诉案［（2015）民一终字第340号］

一审法院认为：关于违约金支付问题，《房屋租赁合同》约定，无论双方谁构成违约，均需向对方支付1亿元违约金。但从立法精神看，《合同法》第一百一十四条①规定的违约金性质是以补偿为主，以惩罚为辅的双重性质。为维护民法的公平和诚实信用原则，人民法院可以对不合理的违约金数额进行调整。依照《最高人民法院关于适用〈中华人民共和国合同法〉若干问题的解释（二）》第二十九条第二款②规定，当事人约定的违约金超过造成损失的百分之三十的，可以认定为《合同法》第一百一十四条第二款③规定的"过分高于造成的损失"。因此，衡量违约金是否过高的最重要标准是违约造成的损失。结合本案实际，同某人公司未按时交付租金及物业管理等费用，给天某公司造成的损失应为未交租金及物业费和水电、采暖费、经营及利息补贴的金额及所产生的利息之和，双方约定的违约金明显高出上述损失的30%，故应依法予以调整。

二审最高人民法院认为：本案中，双方虽有关于不得调整违约金的约定，但是该约定应以不违反公平原则为限，考虑到天某公司的合同履行行为也存在一定瑕疵，从平衡双方当事人利益的角度考虑，原判决对此予以调整并无不当。

案例3：江苏省南通市中级人民法院·南通鑫某资产投资管理有限公司、张某明等股权转让纠纷民事二审民事判决书［（2021）苏06民终2323号］

关于违约金是否应该调整问题。案涉协议确实约定"以上违约金的约定，任何情况下双方均放弃要求降低、免除的权利"，即当事人预先约定放弃调整违约金的权利，而案涉合同为商事合同，通常来讲，商事交易主体应该具有更强的风险识别能力，具有更丰富的交易经验，双方自愿约定预先放弃调整违约金，人民法院应尽量尊重其商业安排。当然，对于双方当事人在合同中所约定的过分高于违约造成损失的违约金或者极具惩罚性的违约金条款，人民法院还应根据相关法

---

①③ 编者按：已失效，被《民法典》吸收。

② 编者按：已失效。

律规定中关于调整过高违约金的规定内容和精神，合理调整违约金数额，公平解决违约责任问题。本案中，双方当事人约定以违约事实所涉款项金额的10%支付违约金，该违约金标准仍在合理范围内，并不属极具惩罚性的违约金条款，对该10%的比例不应进行调整。

044 对赌协议中的现金补偿可否适用违约金调整规则？

☞ 阅读提示

关于对赌协议的效力，"海富案"确立了"与股东对赌有效，与公司对赌无效"的裁判思路。之后《九民纪要》提出，如无其他法定事由，投资方与目标公司订立的"对赌协议"应认定为有效。此等背景之下，投资方和融资方因为业绩对赌条款对簿公堂时，融资方不得不降低对否认对赌协议效力的诉讼思路的期待值，转而寄希望于主张现金补偿约定是违约金条款，并在此基础上主张违约金过高并主张予以调减，那么对赌协议中约定的现金补偿是违约金吗？

裁判要旨

违约金系违约责任表现形式之一，而违约责任以合同义务的存在为前提。业绩承诺不是对赌协议中约定的融资方的合同义务，因此融资方未兑现业绩承诺的，其依约向投资方支付的现金补偿的性质不是违约金，不适用违约金调整规则。

案情简介

一、2010年，包括卢某海在内的七个股东作为甲方（原股东方）、包括创某基金合伙企业在内的四个投资人作为乙方（增资方）与泓某公司（目标公司）共同签署《补充协议》。该协议约定，甲方同意乙方以溢价方式对泓某公司增资，并成为泓某公司的新股东，创某基金合伙企业向泓某公司缴纳股权认购款4395.2万元。

二、同年，泓某公司、卢某海、包括创某基金合伙企业在内的四个增资方签订《补充协议》。协议第一条关于公司业绩目标的约定："1. 各方同意，本条款以目标公司达成以下条件为约定目标：甲方及目标公司承诺2011年、2012年、2013年实现净利润分别不低于人民币5000万元、6500万元、8500万元。2. 各方同意如果目标公司无法实现以上业绩承诺的，甲方应按下述方式给予乙方各成员现金补偿。补偿方式：补偿金额=各增资方的股权认购款×（1-实际实现净利润/承诺净利润）。"之后，创某基金合伙企业完成增资义务，成为泓某公司股东。

三、2012年泓某公司净利润未达6500万元，创某基金合伙企业多次向卢某海催索现金补偿，但卢某海拒不支付补偿款，创某基金合伙企业遂向法院提起诉讼，诉讼中，卢某海主张"现金补偿系违约金，协议中约定的违约金畸高"，请求人民法院调低违约金，湖北省武汉市中级人民法院对卢某海调低违约金的主张不予支持。

裁判要点

一、根据《补充协议》的约定及商业惯例，业绩承诺约定与现金补偿约定具有不可分割性，系有机联系的整体，不可作机械拆分，业绩承诺不是融资方基于对赌协议应负担的合同义务。

二、违约金作为违约责任的形式之一，实质上是合同之债的替代与转化，两者应具有同一性。违约责任以合同债务的存在为前提，无合同债务即无违约责任，因此现金补偿不是违约金，事实上，在无法实现预定目标的情形下由控股股东卢某海对投资人创某基金合伙企业支付现金补偿本身就是合同义务。

经验总结

现金补偿是否为违约金，实践中看法不一，其争论焦点为业绩承诺的性质。最高人民法院的裁判观点认为"业绩承诺不是合同义务，因此现金补偿非基于违约产生，其性质并非违约金"。理论界也有学者持相同观点，理由如下：

一、一般股权转让交易中，股价与股权份额互为对价；但在含有对赌交易模式时，股权所对应的合同对价在订立合同之时暂不确定，该对价既可能包含出让特定股权份额，还可能包含金钱补偿，需在约定条件成就时方能最终确定。对赌条件作为"或有债务"而存在，属于交易对价的组成部分，属于对赌承诺方的主合同义务的一部分，不是违约金。

二、回归对赌协议的估值调整的本质，现金补偿旨在向投资方返还交易对价中的高估价值，即基于承诺业绩得出的股权预估价格与基于实际业绩得出的股权实际价格之差额。在此等情况下，一旦现金补偿是业绩承诺之违约金，其就可能被调减，无法实现足额返还，现金补偿约定的估值调整之合同目的就有落空之虞。

三、基于合同约定及交易惯例，业绩承诺约定与现金补偿约定具有不可分割性。业绩承诺约定并不旨在设立一项实现净利润的合同义务，而是为现金补偿义务之产生设定判断标准。将业绩承诺解释为合同义务，进而将现金补偿解释为违约责任，割裂了前述两项约定的有机联系。①

相关法条

《中华人民共和国民法典》（2021 年 1 月 1 日实施）

第五百八十五条　当事人可以约定一方违约时应当根据违约情况向对方支付一定数额的违约金，也可以约定因违约产生的损失赔偿额的计算方法。

约定的违约金低于造成的损失的，人民法院或者仲裁机构可以根据当事人的请求予以增加；约定的违约金过分高于造成的损失的，人民法院或者仲裁机构可以根据当事人的请求予以适当减少。

当事人就迟延履行约定违约金的，违约方支付违约金后，还应当履行债务。

本案链接

湖北省武汉市中级人民法院·中小企业（天津）创某投资基金合伙企业（有限合伙）与卢某海合同纠纷一案一审民事判决书［（2014）鄂武汉中民商初字第 00304 号］

1. 就《补充协议》的性质而言。《补充协议》（系现金补偿协议）是因现代私募股权投资的交易需要，为实现及时促成交易、发现并合理确定股权价值、降低并分配投资风险、激励管理层、催化企业成长等多目标而创造的非典型合同。其合同内容不符合任何有名合同要件，其法律关系应当依合同约定、诚实信用原则，并斟酌交易惯例加以决定。在大量股权投资的商业实践中，此类协议被称为“对赌协议”，或以英译名称为“估值调整协议”。对估值进行调整有多种操作方式，本案中的《补充协议》围绕目标公司未来业绩在一定条件下在订约双方间

① 贺剑：《对赌协议中的违约金调整与利息管制》，载《人民司法》2020 年第 16 期，第 69—73 页。

支付现金补偿是其中之一。从交易惯例的角度出发，关于目标公司未来业绩的约定和在目标公司无法实现预期目标进行现金补偿的约定，虽为两个层次的表达，却具有不可分割性。综合《补充协议》第一条中1和2两个条款的内容才能正确理解“甲方及目标公司承诺2012年实现净利润不低于人民币6500万元”中“承诺”一词的含义，其并不意在给甲方卢某海设定实现净利润的合同义务，而是为合同履行中确定卢某海承担付款义务的情形设定一个判断标准，俗称“业绩对赌目标”。故本院认为，根据《补充协议》的约定及商业惯例，在无法实现预定目标的情形下由控股股东卢某海对投资人创某基金合伙企业支付现金补偿本身就是合同义务，而非违约责任。

2. 就违约金的法律特性而言。《合同法》第一百零七条[①]规定：“当事人一方不履行合同义务或者履行合同义务不符合约定的，应当承担继续履行、采取补救措施或者赔偿损失等违约责任。”第一百一十四条[②]第一款规定：“当事人可以约定一方违约时应当根据违约情况向对方支付一定数额的违约金，也可以约定违约产生的损失赔偿额的计算方法。”从上述法律条文可见，违约金作为违约责任的形式之一，实质上是合同之债的替代与转化，两者应具有同一性。违约责任以合同债务的存在为前提，无合同债务即无违约责任。依被告卢某海抗辩，现金补偿的性质为违约金，则其隐含的逻辑前提为关于2012年实现净利润不低于人民币6500万元的约定为合同义务。这种对合同的解读，不仅将业绩对赌目标和补偿方式这个有机联系的整体作机械拆分，而且因创造净利润的主体是目标公司，而支付补偿款的义务主体为卢某海，违反我国法律关于违约责任主体与合同义务主体应具有同一性的要求，抗辩不成立。

延伸阅读

裁判观点1：现金补偿系目标公司未达到约定情况下的合同主给付义务，而非违约金。

案例1：最高人民法院·黎某健、浙江卓某创业投资有限公司申请再审民事裁定书［（2015）民申字第2593号］

浙江省高级人民法院·黎某健与浙江卓某创业投资有限公司等增资纠纷一案民事判决书［（2015）浙商终字第84号］

---

① 编者按：《民法典》第577条。
② 编者按：《民法典》第585条。

浙江省高级人民法院认为：现金补偿系黎某健对于金某公司业绩未达标情况下的给付义务，其内容并不等同于违约金。且即使该现金补偿为违约金，黎某健亦未在一审阶段提出调整违约金的请求，如前所述，该现金补偿的计算结果系由商事主体基于自身风险预测和风险偏好决定的，应遵从当事人的意思自治，故对该现金补偿不予调整。

最高人民法院认为：案涉现金补偿条款非基于违约产生，其性质并非违约金，且黎某健在一审期间也未主张调减，故黎某健关于应调整现金补偿条款所涉金额的理由缺乏依据。

裁判观点2：现金补偿条款从外观上看与违约责任条款具有一致性，两者均包含了某种后果性的表述，且对业绩对赌条款进行文义解释，将现金补偿理解为"目标公司未完成业绩目标之后须负担的违约金责任"并不超越文义的射程，且无任何逻辑障碍。

案例2：上海市浦东新区人民法院·宁波金某股权投资合伙企业与赵某学、陈某宇等其他与公司有关的纠纷一审民事判决书［（2018）沪0115民初45869号］

天某公司在2014年度和2015年度的实际净利润均未达到《投资协议》第3.2条的承诺净利润，现原告要求按照《投资协议》第3.4条约定支付现金补偿款。对此，本院认为，五被告支付现金补偿款、回购原告股权均具有因违约行为承担损害赔偿责任的性质，应当综合进行考量。原告已在本案中明确提出了股权回购的主张，原告再基于上述条款主张现金补偿款，不尽合理。

案例3：广东省高级人民法院·嘉兴春秋齐某九鼎投资中心、嘉兴春秋晋某九鼎投资中心、嘉兴春秋楚某九鼎投资中心与邓某晖、马某欣合伙协议纠纷申诉、申请民事裁定书［（2016）粤民申2202号］

根据原审法院查明，2011年12月2日，齐某公司、晋某公司、楚某公司与邓某晖、马某欣、南某公司签订《增资扩股协议》及《增资扩股协议的补充协议》（以下简称《补充协议》）。后因南某公司2012年度、2013年度的净利润未达到《补充协议》约定的业绩承诺，齐某公司、晋某公司、楚某公司提起本案诉讼，起诉状中载明："……邓某晖、马某欣却存在严重的违约行为，包括未能兑现《补充协议》中约定的有关南某公司业绩的承诺；因经营管理不善，导致南某公司的营业收入和净利润下降，上市目标无法实现等。邓某晖、马某欣的上述行为已使齐某公司、晋某公司、楚某公司的高额溢价投资目的无法实现，构成根本性违约……”在此情况下，一、二审法院认定齐某公司、晋某公司、楚某公司主张本案现金补偿的前提是基于邓某晖、马某欣违反了《补充协议》约定的合同义务，且从《补充协议》中“如果南某公司2012年、2012年和2013年任一年度业绩未达到承诺水平，齐某公司、晋某公司、楚某公司可要求邓某晖、马某欣以自有资金予以现金补偿”等条款的文义来看，现金补偿系齐某公司、晋某公司、楚某公司与邓某晖、马某欣对南某公司未达到利润目标而设定的补偿款项，其性质符合违约金的法律特征并无不当。

本案中，齐某公司、晋某公司、楚某公司依《补充协议》的约定，主张邓某晖、马某欣应支付的现金补偿为73794109.27元。但一、二审法院根据查明的事实，认定因南某公司未能达到约定的2012年、2013年的利润指标而给齐某公司、晋某公司、楚某公司造成的损失，主要应是未达到部分利润的分红损失，即为12789973.88元，因此按《补充协议》约定的违约补偿标准计得的违约金（现金补偿）已明显高于因邓某晖、马某欣未完成承诺业绩而造成的实际损失，并据此根据《最高人民法院关于适用〈中华人民共和国合同法〉若干问题的解释（二）》第二十九条①的相关规定，以实际损失额上浮30%计，判令邓某晖、马某欣向齐某公司、晋某公司、楚某公司支付违约金16626966.04元［12789973.88×（1+30%）］亦无不当。

045 倒签的合同是否有效?

☞ 阅读提示

现实中，出于各种目的对合同日期进行倒签的情况时有出现。那么，合同日期的倒签，是否会影响合同的效力呢？本文以最高院一则指导案例进行说明。

裁判要旨

《合同法》第五十二条②规定了五种合同无效的情形，《民法典》对《合同

① 编者按：已失效。

② 编者按：《民法典》第132条、第152条。

法》规定进行了部分修正，也规定了若干合同无效、或是合同条款无效的情形。无论新法还是旧法的无效事由都不包括合同日期倒签。因此，在没有其他造成合同无效事由情况下，合同不会仅因日期倒签而无效。

案情简介

一、凯某莱公司于2003年12月5日成立，领取了企业法人营业执照，并与某勘院签订了落款时间为2003年8月25日的《合作勘查合同书》。后凯某莱公司因合同履行纠纷将某勘院诉至法院。

二、一审法院认定案涉合同系倒签，真实签署日期为2004年2月19日。继而以合同内容违反陕西省政府相关政策为由，认为案涉合同因违反《合同法》第五十二条①第二款而无效。

三、凯某莱公司不服提起上诉，二审法院维持原判。凯某莱公司向最高院申请再审，最高院撤销原判决，支持了其诉讼请求。

裁判要点

本案的核心争议虽然是合同性质以及违背省级政府规定是否影响合同效力。但最高院在裁判中明确了这样一个观点：合同效力仅与法律规定的合同无效事由有关，而是否倒签合同，只涉及合同成立生效的起始点，不涉及合同是否有效。

经验总结

一、合同系双方真实意思表示，且不存在《合同法》《民法典》规定的无效事由情况下，仅以合同日期系倒签为由，在仲裁或诉讼中主张合同无效，难以得到支持。

二、虽然合同不会仅因日期倒签而无效，但会导致个案中对于合同实际生效时间的认定存在不确定性，进一步产生在合同生效前已履行的法律风险。此时由于合同还未生效，对于履行细节必然极易产生争议。因此还是应当按照实际时间，先签约再履行。

---

① 编者按：《民法典》第132条、第152条。

相关法条

《中华人民共和国民法典》（2021年1月1日实施）

第一百四十四条 无民事行为能力人实施的民事法律行为无效。

第一百四十六条 行为人与相对人以虚假的意思表示实施的民事法律行为无效。以虚假的意思表示隐藏的民事法律行为的效力，依照有关法律规定处理。

第一百五十三条 违反法律、行政法规的强制性规定的民事法律行为无效。但是，该强制性规定不导致该民事法律行为无效的除外。

违背公序良俗的民事法律行为无效。

第一百五十四条 行为人与相对人恶意串通，损害他人合法权益的民事法律行为无效。

第五百零五条 当事人超越经营范围订立的合同的效力，应当依照本法第一编第六章第三节和本编的有关规定确定，不得仅以超越经营范围确认合同无效。

第五百零八条 本编对合同的效力没有规定的，适用本法第一编第六章的有关规定。

《中华人民共和国合同法》（已失效）

第五十二条 有下列情形之一的，合同无效：

（一）一方以欺诈、胁迫的手段订立合同，损害国家利益；

（二）恶意串通，损害国家、集体或者第三人利益；

（三）以合法形式掩盖非法目的；

（四）损害社会公共利益；

（五）违反法律、行政法规的强制性规定。

本案链接

最高人民法院·榆林市凯某莱能源投资有限公司与某地质矿产勘查开发院合作勘查合同纠纷一案二审民事判决书［（2011）民一终字第81号］

一审判决以双方倒签合同日期规避2003年陕西省人民政府第21次常务会议纪要精神，违反《合同法》第五十二条[①]第二项规定作为案涉合同无效的理由，没有根据。《最高人民法院关于适用〈中华人民共和国合同法〉若干问题的解释

① 编者按：《民法典》第132条、第152条。

（一）》第四条[①]规定：《合同法》实施以后，人民法院确认合同无效，应当以全国人大及其常委会制定的法律和国务院制定的行政法规为依据，不得以地方性法规、行政规章为依据。陕西省人民政府常务会议纪要不属于法律和行政法规，不能作为认定合同无效的依据。如果双方订立合同时恶意串通，损害国家利益，援引《合同法》第五十二条[②]第二项规定认定合同无效是正确的。但是在本案中，双方订立的是合作勘查合同，不是探矿权转让合同，未涉及国有资产的大量流失，未出现损害国家利益情形，援引《合同法》第五十二条[③]第二项认定合同无效属于适用法律错误。基于此，双方是否倒签合同，只涉及合同成立生效的起始点，不涉及合同有效无效，与双方争议焦点并无关联。

延伸阅读

裁判观点：与主文观点类似。

案例1：最高人民法院·柳州市柳某激光科技有限公司、广西富某世界资产投资开发有限公司买卖合同纠纷申诉民事判决书［（2014）民提字第227号］

按照《合同法》[④]的规定，合同是当事人关于权利义务的确定，要求必须是双方当事人的真实意思表示，但没有对倒签日期进行限制的条款。所以，倒签日期的合同只要是真实意思表示并且没有违反法律法规的效力性强制性规定，应当认定为有效。

案例2：最高人民法院·国某华侨公司诉长某影业公司影片发行权许可合同纠纷案［（2001）民三终字第3号］

虽然双方将合同签订时间倒签，也是经过长某公司认可，而且与口头协议达成和履行的实际情况相一致，并没有损害长某公司利益，亦未损害国家、集体或者第三人利益，因此，也不能因合同时间倒签而认为投资公司具有欺诈行为。

---

① 编者按：已失效。

②③ 编者按：《民法典》第132条、第152条。

④ 编者按：已失效，被《民法典》吸收。

046 公司对外使用多枚印章，可否选择性承认印章效力？

☞ 阅读提示

商务活动中，公司对外使用多枚印章是常见现象。一旦发生争议，往往会以案涉印章与在公安部门备案印章不一致、案涉印章系伪造等理由进行抗辩。那么，在公司对外使用印章不具有唯一性的情况下，公司可否选择性地承认印章效力？本文以一则案例进行说明。

裁判要旨

一、公司曾对外使用过某一印章并认可其效力，则不得再以印章未经备案或系伪造为由否认其在另一行为中的效力。

二、公司对其使用印章的唯一性负有证明责任。在公司对外使用多枚印章的情况下，相对人没有义务对交易所使用印章是否真实进行审查。

案情简介

一、冀某物流公司与天某铝业公司自2014年至2016年陆续签订五份《煤炭采购合同》，约定冀某物流公司向天某铝业公司供应煤炭。冀某物流公司实际向天某铝业公司供煤计价款137367763.1元。

二、2016年双方对账时天某铝业公司主张已支付货款128292681.36元，冀某物流公司认为李某及徐某持冀某物流公司授权收款委托书从天某铝业公司代收的3600万元未进入其账户，因此其仅收到货款92292681.36元。就此争议双方协商不成，冀某物流公司将天某铝业公司诉至法院。

三、新疆高级人民法院一审未支持冀某物流公司诉讼请求，最高院二审维持原判。

裁判要点

一、虽然李某及徐某确非冀某物流公司工作人员，但在双方案涉交易过程中系冀某物流公司代表的身份，多次持加盖有冀某物流公司公章的授权收款委托书向天某铝业公司申请付款并收取款项及向天某铝业公司出具收据20余笔，计

9000 多万元，其中包括案涉争议的 3600 万元。冀某物流公司对其收到的货款未提出公章及徐某身份的质疑，而对于未收到的案涉 3600 万元以上述理由要求天某铝业公司再付货款，无事实和法律依据。同时，冀某物流公司存在同时使用多个印章的情形，即便存有争议的授权收款委托书和收据中使用的印章与冀某物流公司在邯郸银行留存的印鉴不一致，也不能证明上述印鉴在本案中的使用不能代表其真实意思。

二、关于天某铝业公司是否尽到审慎义务，即使公安部门的司法鉴定证明案涉授权收款委托书中使用的印章与冀某物流公司同期备案使用的印章不同，也不能证明冀某物流公司对外使用公司印章的唯一性，冀某物流公司对其使用印章的唯一性应当承担证明责任。故冀某物流公司所称徐某、李某伪造公司印章领取案涉货款，案涉 3600 万元货款的授权收款委托书系伪造，天某铝业公司应承担不尽审查义务责任的上诉理由不能成立。

经验总结

一、公司不能对同一印章的效力进行选择性承认。即只要公司曾对外使用过某一印章并认可其效力，则无论公章是否经过备案，甚至是否系私刻、变造、伪造，均不得再以上述理由否认其在另一行为中的效力。

二、《民法典》规定，公司的法定代表人、执行工作任务的员工或者授权委托人以公司名义实施的行为对公司产生效力。由此可见，相较于公章的真伪，人的真伪在实务中更加重要，尤其是经过公司认可并履行过相关民事行为的人。以公司的名义对外签订合同时，法院往往不会对交易相对人科以过重的审查义务。因此，如遇到交易相对方以公章为由抗辩，除了公章本身之外，从诉讼策略上更应注意考察行为人的权限，是否系职务行为等。

三、从公司治理角度而言，对外使用公章应严格保证唯一性。使用多枚公章的风险巨大，原因在于存在多枚公章时，会给他人使用伪造变造公章代表公司实施民事行为提供可乘之机。在此情况下，即使证明涉争议公章确系伪造，也无法仅以此为由否定民事行为（合同）效力。

相关法条

《中华人民共和国民法典》（2021 年 1 月 1 日实施）

第六十一条 依照法律或者法人章程的规定，代表法人从事民事活动的负责人，为法人的法定代表人。

法定代表人以法人名义从事的民事活动，其法律后果由法人承受。

法人章程或者法人权力机构对法定代表人代表权的限制，不得对抗善意相对人。

第一百七十条 执行法人或者非法人组织工作任务的人员，就其职权范围内的事项，以法人或者非法人组织的名义实施的民事法律行为，对法人或者非法人组织发生效力。

法人或者非法人组织对执行其工作任务的人员职权范围的限制，不得对抗善意相对人。

第一百七十二条 行为人没有代理权、超越代理权或者代理权终止后，仍然实施代理行为，相对人有理由相信行为人有代理权的，代理行为有效。

第四百九十条第一款 当事人采用合同书形式订立合同的，自当事人均签名、盖章或者按指印时合同成立……

本案链接

最高人民法院·河北冀某经联物流有限公司、新疆生产建设兵团某师天某铝业股份有限公司买卖合同纠纷二审民事判决书［（2018）最高法民终 958 号］

关于徐某、李某收取货款所持授权收款委托书及收据中加盖的冀某物流公司印章真实性的问题。徐某、李某确非冀某物流公司工作人员，但在当事人双方案涉交易过程中系卖方代表的身份。徐某多次持加盖有冀某物流公司公章的授权收款委托书向天某铝业公司申请付款并收取款项承兑汇票，向天某铝业公司出具收款收据。徐某持冀某物流公司的授权收款委托书向天某铝业公司收款 20 余笔，计 9000 多万元，其中包括案涉争议的 3600 万元。冀某物流公司称徐某、李某持有的授权收款委托书和收据上加盖的公司公章系伪造，不能代表其真实意思表示，但未提交充分证据证明其观点。根据案涉煤炭购销合同的业务负责人邱某杰证言，徐某曾多次与邱某杰共同向天某铝业公司办理收款业务，同时也经邱某杰同意后使用过邱某杰所持公章加盖的授权收款委托书收取案涉煤款，冀某物流公司对其收到的货款未提出公章及徐某身份的质疑，而对于未收到的案涉 3600 万元以上述理由要求天某铝业公司再付货款，无事实和法律依据。根据本案查明的事实，冀某物流公司的公章未在工商行政管理机关或公安机关进行备案登记，且存在同时使用多个印章的情形，即便存有争议的授权收款委托书和收据中使用的印章与冀某物流公司在邯郸银行留存的印鉴不一致，也不能证明上述印鉴在本案中的使用即不能代表其真实意思。石河子公安局对徐某是否涉嫌伪造公章罪进行调查时委托新疆祥某司法鉴定所作出的鉴定意见书与本案事实具有关联性，可以作为证据使用。该鉴定结论仅是证明案涉授权收款委托书中使用的印章与冀某物流公司同期备案使用的印章不同，并不能证明冀某物流公司对外使用公司印章的唯一性，冀某物流公司对其使用印章的唯一性应当承担证明责任。即便在诉讼中当事人提起对案涉授权书中使用印章进行司法鉴定，但对印章检验样本的排他性，冀某物流公司仍然需要举证证明。故冀某物流公司所称徐某、李某伪造公司印章领取案涉货款，案涉 3600 万元货款的授权收款委托书系伪造，天某铝业公司应承担不尽审查义务责任的上诉理由不能成立，本院不予支持。

……

关于徐某、李某是否有权代理冀某物流公司收取案涉货款的问题。徐某、李某持有加盖冀某物流公司公章的授权收款委托书，尤其是徐某持上述委托书代冀某物流公司向天某铝业公司收取货款 20 余笔，共计 9000 余万元。除本案争议款项 3600 万元之外，冀某物流公司均认可实际收到了其他货款。因此，在本案中，足以认定冀某物流公司已经授权由该二人代理其向天某铝业公司收取案涉货款，多次向该二人付款而得到冀某物流公司认可的事实也足以使天某铝业公司相信，该二人有权代理冀某物流公司收取案涉货款。因此，一审判决认定事实正确，本院予以确认。

延伸阅读

经编者查询，最高人民法院大量判例对此问题的裁判规则较为一致，如青海创某矿业开发有限公司、洪某等民间借贷纠纷申请再审民事裁定书［最高人民法院（2015）民申字第 2537 号］中国某银行股份有限公司某分行与中国航空技术某有限公司、上海中某置业投资有限公司等金融借款合同纠纷申请再审民事判决书［最高人民法院（2013）民提字第 248 号］等，此处不再赘述。

047 仅有盖章没有签字的合同是否有效？

☞ 阅读提示

《民法典》规定合同签字、盖章或者按指印时成立，但并不禁止当事人对合同的生效条件作特别约定。那么，未按合同约定进行盖章签字，合同效力究竟如何呢？编者通过自身代理的多个案件及分析大量案例，认为法院在审判中更注重的是审查合同实际履行情况。对于实际已履行的合同，在无其他造成合同无效事由情况下，不会轻易仅仅因盖章签字的形式瑕疵而认定合同不成立。

裁判要旨

一、合同约定“本协议签字生效”，双方仅盖章而未签字的，合同生效（主文案例）。

二、合同约定“经双方当事人签章后生效”，仅有双方法定代表人签字而未盖章的，合同生效（“延伸阅读”部分之案例 1）。

三、合同约定“此协议双方签字盖章后生效”，双方仅签字或仅盖章的，合同生效（“延伸阅读”部分之案例 2）。

四、合同约定“协议在双方当事人签字、盖章时生效”的，应当视为约定“签字并盖章”，仅有签字或盖章合同不生效（“延伸阅读”部分之案例 3）。

五、《民法典》规定“当事人采用合同书形式订立合同的，自当事人均签名、盖章或者按指印时合同成立”，此处签名、盖章中间的顿号应与之后的“或者”为同一关系，即择一即可，并非“延伸阅读”部分之案例 3 中的并列关系（“延伸阅读”部分之案例 4）。

案情简介

一、中某一局六公司与雍某公司签署《借款协议》及《延期借款协议》，分别约定“本协议签字生效”及“本协议各方签字生效”，协议签署后雍某公司向中某一局六公司支付了借款，后中某一局六公司未能按期还款。雍某公司诉至法院要求中某一局六公司偿还借款及利息，一、二审法院均支持其诉讼请求。

二、中某一局六公司不服，向最高人民法院申请再审。其主要理由之一是，案涉两份协议仅有双方盖章，没有法定代表人或授权代表签字，不符合合同约定的生效条件，因此合同未生效。最高院认为合同有效，驳回了中某一局六公司再审申请。

裁判要点

《合同法》第三十二条①规定："当事人采用合同书形式订立合同的，自双方当事人签字或者盖章时合同成立。"由此可知，合同的成立只需当事人签字或盖章，两者具备其一即可，无须签章必备。

经验总结

一、如企业欲实现签字盖章同时具备合同才能生效之目的，一定要明确约定"签字并盖章"，不能使用诸如签章、签署等具有歧义的表述。

二、对于签字或盖章还是签字并盖章的选择，应根据合同实际情况进行选择：如对方违约可能性高（如买卖合同中一般是买方容易拖欠货款），则应该选择较简单的生效条件以保证发生争议后合同效力不会发生问题，反之亦然。

三、《民法典》第四百九十条规定，即使合同没有盖章签字或按指印，只要当事人一方已经履行主要义务并且对方接受的，合同也可成立。甚至即使双方未签订书面合同而存在实际履行和接受，合同也可以成立（事实合同）。因此，在合同已实际履行的情况下，仅凭签字盖章的瑕疵主张合同不成立，实务中比较难以获得法院支持。

相关法条

《中华人民共和国民法典》（2021 年 1 月 1 日实施）

第四百九十条 当事人采用合同书形式订立合同的，自当事人均签名、盖章或者按指印时合同成立。在签名、盖章或者按指印之前，当事人一方已经履行主要义务，对方接受时，该合同成立。

法律、行政法规规定或者当事人约定合同应当采用书面形式订立，当事人未采用书面形式但是一方已经履行主要义务，对方接受时，该合同成立。

---

① 编者按：《民法典》第 490 条。

第五百零二条第一款 依法成立的合同，自成立时生效，但是法律另有规定或者当事人另有约定的除外。

本案链接

最高人民法院·中某一局集团第六建筑有限公司、石家庄雍某房地产开发有限公司等借款合同纠纷民事裁定书［（2021）最高法民申2244号］

关于《借款协议》《延期借款协议》的合同效力问题。中某一局六公司主张《借款协议》《延期借款协议》相关条款约定协议自各方签字生效，认为出借人、借款人双方的法定代表人或授权代表未签字，因此《借款协议》《延期借款协议》不具备《合同法》规定的生效条件，对双方当事人无约束力。《合同法》第三十二条①规定："当事人采用合同书形式订立合同的，自双方当事人签字或者盖章时合同成立。"由此可知，合同的成立只需当事人签字或盖章，两者具备其一即可，无须签章必备。

延伸阅读

裁判观点1：合同约定经双方当事人签章后生效，但并未明确要求合同生效需要同时具备当事人的签字、盖章，公司法定代表人在合同上签字即可，并不要求再加盖公司公章而使合同成立。

案例1：最高人民法院·宁夏三某顺达化工有限公司与宁夏三某环保设备制造有限公司承揽合同纠纷申请再审民事裁定书［（2015）民申字第885号］

根据该合同约定，合同经双方当事人签章后生效，但并未明确要求合同生效需要同时具备当事人的签字、盖章。根据《合同法》第三十二条②的规定，当事人采用合同书形式订立合同的，自双方当事人签字或者盖章时合同成立。公司法定代表人代表法人行使职权，其在合同上签字的行为，代表法人的意思表示，并不要求再加盖公司公章而使合同成立。

裁判观点2：合同约定经双方签字盖章后生效，但实际仅有盖章或仅有签字的，合同有效。

案例2：最高人民法院·北京大某克拉斯家具商城与某机床总公司、北京某公寓有限公司进口代理合同纠纷再审民事裁定书［（2013）民申字第72号］

---

①② 编者按：《民法典》第490条。

《协议书》上盖有家具商城真实的公章，虽无家具商城法定代表人或其委托代理人的签字，但足以表明《协议书》是家具商城的真实意思表示。《协议书》上虽只有机床公司法定代表人签字，而无机床公司的公章，但机床公司并不否认《协议书》的真实性。据此，一、二审判决认定《协议书》真实有效并无不当。

裁判观点 3：协议约定双方当事人签字、盖章时生效，其中的顿号表示并列关系，即只有在签字并且盖章时该协议才能生效。

案例 3：最高人民法院·浙江顺某交通集团有限公司与深圳发展银行某分行借款合同纠纷案［（2005）民一终字第 116 号］

双方当事人签订的协议中所表述的“签字、盖章”中的顿号，是并列词语之间的停顿，其前面的“签字”与后面的“盖章”系并列词组，它表示签字与盖章是并列关系，只有在签字与盖章均具备的条件下，该协议方可生效。双方当事人该项约定意思表示清楚、真实，应认定为有效。

裁判观点 4：《民法典》第四百九十条第一款规定：“当事人采用合同书形式订立合同的，自当事人均签名、盖章或者按指印时合同成立……”对于该条中“签名、盖章”中顿号的含义是并列还是选择目前存在不同理解。编者认为此处顿号含义与其后的“或者”相同，系选择而非并列关系，即《民法典》规定的“签名、盖章”具备其一，合同即可成立，与上述裁判规则 3 不同。当然，我国并非判例法国家，下述案例 4 的判例层级也不够高，对此问题还应等待观察更高层级的判决，或最高院的进一步解释。

案例 4：常州市中级人民法院·某银行股份有限公司某分行与江苏省铭某轨道交通设备有限公司、常州市武某高新技术融资担保有限公司金融借款合同纠纷二审民事裁定书［（2020）苏 04 民终 450 号］

当事人采用合同书形式订立合同的，自当事人均签名、盖章或者按指印时合同成立。依法成立的合同，自成立时生效。本案中，铭某公司与招商银行某分行分别于 2015 年 3 月 11 日和 2015 年 3 月 12 日在借款合同上盖章，该借款合同于 2015 年 3 月 12 日成立并生效。

048 项目经理私刻公章签订的合同是否有效?

☞ 阅读提示

挂靠情况在建工领域十分常见。挂靠人虽以被挂靠人名义对外签订合同,但被挂靠公司往往将印章统一保管。如此操作,被挂靠公司可否有效管控风险?

裁判要旨

项目经理伪造公司印章对外签署合同,相对人有理由相信该项目经理有代理权的,其对外签署合同所产生的法律责任仍应由公司承担。

案情简介

一、2018 年 7 月 2 日,国某拉萨分公司(需方)与西藏交某经贸有限公司(供方)就某公路工程第二标段项目签订水泥《购销合同》。落款供方处加盖有西藏交某经贸有限公司的合同专用章;需方委托代理人处有杨某的签名并加盖国某拉萨分公司的印章。此后,双方又进行了结算,结算文件上亦加盖有国某拉萨分公司或公路工程第二标段(案涉项目)项目部印章。

二、案涉项目系国某拉萨分公司承建,国某拉萨分公司将资质借给杨某后,将该项目整体转包给杨某,杨某对外系国某拉萨分公司任命的案涉项目的项目经理,实际系案涉项目的实际施工人。

三、杨某自认《购销合同》上国某拉萨分公司的公章系其项目部私刻。杨某因涉嫌伪造公司印章一案,公安机关认为符合伪造公司印章立案条件,已立案侦查。

四、西藏交某经贸有限公司以国某拉萨分公司为被告提起诉讼,要求其支付货款及利息。国某拉萨分公司认为合同上印章是杨某伪造的,不应由其承担责任。

五、拉萨中院最终支持了西藏交某经贸有限公司的诉讼请求,判令国某拉萨分公司向其支付货款及利息。

裁判要点

杨某系经国某拉萨分公司任命的案涉项目经理，其对外实施的行为足以让交易相对人即西藏交某经贸有限公司产生合理信赖，西藏交某经贸有限公司不负有审查国某拉萨分公司印章真实性的义务。即使杨某构成伪造公文印章罪，在杨某构成表见代理的情况下，其代理国某拉萨分公司与西藏交某经贸有限公司签订《购销合同》并进行结算的行为，产生支付货款的法律责任仍应由国某拉萨分公司承担。

经验总结

一、被挂靠公司通常误以为公司加强管理，内部规定分支机构的印章全部由总部统一管理，就能避免法律风险。其实，伪造印章构成犯罪，并不当然导致合同无效。所以，管理好公章，只控制了50%的风险，另外50%的风险是管控好公司的重要人员。

二、允许他人挂靠是风险很高的业务，一定要慎之又慎。切忌将对外签订合同、代为结算等权利授权给挂靠方。无论挂靠人和被挂靠人之间内部如何约定，只要对外具有挂靠表象，就很难对抗外部人员，只能在对外承担责任后再依据内部规定向挂靠人追责。

相关法条

《中华人民共和国民法典》（2021 年 1 月 1 日实施）

第一百七十二条 行为人没有代理权、超越代理权或者代理权终止后，仍然实施代理行为，相对人有理由相信行为人有代理权的，代理行为有效。

本案链接

西藏自治区拉萨市中级人民法院·国某建设集团有限公司拉萨分公司与西藏交某经贸有限公司、杨某买卖合同纠纷二审民事判决书［（2021）藏 01 民终 171 号］

法院认为，依据本案查明的事实，国某拉萨分公司与杨某均认可案涉项目由国某拉萨分公司承建，杨某于 2016 年 9 月就职于国某建设集团有限公司，系案涉项目的项目经理。本案中，西藏交某经贸有限公司与国某拉萨分公司签订的《购销合同》需方单位名称处有国某拉萨分公司的印章，委托代理人处有杨某的签字，《补充协议》国某拉萨分公司委托代理人处有杨某的签字及案涉项目部印章，两份《水泥用量确认函》中加盖有国某拉萨分公司的印章，《安多县措玛乡至强玛镇水泥出货统计表》中加盖有案涉项目部印章。现国某拉萨分公司主张杨某伪造其公司印章，已由公安机关立案，故国某拉萨分公司不应对杨某伪造印章签订的合同承担责任。本院认为，案涉《购销合同》《补充协议》《水泥用量确认函》《安多县措玛乡至强玛镇水泥出货统计表》中委托代理人处杨某的签字、单位名称处加盖国某拉萨分公司印章及案涉项目部印章以及国某拉萨分公司亦认可案涉项目由其承建，杨某系经该公司任命的案涉项目经理等事实，对西藏交某经贸有限公司而言，杨某已表现出其具有代理国某拉萨分公司代理权的外观，西藏交某经贸有限公司亦有理由相信杨某具有代理权。杨某对外实施的行为足以让交易相对人即西藏交某经贸有限公司产生合理信赖，且该合理信赖属善意无过失。如让西藏交某经贸有限公司负有对公章真实性进行实质审查的义务，对于西藏交某经贸有限公司要求过于严苛，不利于保护交易安全。根据《民法总则》第一百七十二条[①]行为人没有代理权、超越代理权或者代理权终止后，仍然实施代理行为，相对人有理由相信行为人有代理权的，该代理行为有效的规定，本案中，杨某的行为构成表见代理，其代理行为产生的法律后果应当由国某拉萨分公司承担。另国某拉萨分公司提交公安机关的立案通知书仅能反映国某拉萨分公司曾向公安机关以伪造公司印章报过案，并未提交其他证据证明《立案告知书》中的3.13伪造公司印章一案就是杨某伪造公司印章一案，即使3.13伪造公司印章一案与杨某伪造公司印章属同一案件，国某拉萨分公司亦未举证证明经公安机关侦查，杨某构成伪造公司印章罪。本案中，即使杨某构成伪造公文印章罪，如前所述，在杨某构成表见代理的情况下，其代理国某拉萨分公司与西藏交某经贸有限公司签订《购销合同》并进行结算的行为，产生支付货款的法律责任仍应由国某拉萨分公司承担。一审法院适用《民法通则》第六十三条第二款[②]属适用法律错误，本院予以纠正。但一审法院判决结果正确，本院予以维持。

---

① 编者按：《民法典》第172条。
② 编者按：《民法典》第162条。

延伸阅读

裁判观点：非法定代表人的公司董事长兼股东，因其身份等权利外观，让交易对方产生合理信赖，其通过私刻公章对外签订合同的行为构成表见代理，该公司仍应承担责任。

案例：最高人民法院·游某琼与福建省万某房地产开发有限公司、翁某金等民间借贷纠纷申诉、申请民事裁定书［（2016）最高法民申733号］

万某公司是否应当承担合同义务，应当判断翁某金的行为是否符合《合同法》第四十九条①关于表见代理的规定。《合同法》第四十九条②规定："行为人没有代理权、超越代理权或者代理权终止后以被代理人名义订立合同，相对人有理由相信行为人有代理权的，该代理行为有效。"根据上述规定，构成表见代理必须符合两个条件：一是代理人表现出了其具有代理权的外观；二是相对人相信其具有代理权且善意无过失。虽然2006年修正后的《公司法》第十三条规定公司法定代表人可以由董事长、执行董事或者经理担任，但从实践情况看，在公司设有董事长的情况下，由董事长担任公司法定代表人的情况是普遍现象。并且，董事长虽不一定同时担任公司法定代表人，但根据《公司法》的有关规定，其相较于公司其他管理人员显然享有更大的权力，故其对外实施的行为更能引起交易相对人的合理信赖。同时，翁某金还是万某公司的股东，且在签订涉案担保合同时持有万某公司的公章，尽管刑事判决已经认定该公章为翁某金私刻，但结合翁某金在万某公司所任特殊职务以及股东身份等权利外观，已经足以让交易相对人游某琼产生合理信赖，让其负有对公章真实性进行实质审查的义务，对于相对人要求过于严苛，不利于保护交易安全。综上，本院认为，翁某金的行为已构成表见代理，万某公司应对翁某金的涉案债务承担担保责任。

①② 编者按：《民法典》第172条。

049 “法定代表人签字”与“盖公章”哪一个效力更高？

☞ 阅读提示

公司向法院申请再审，向法院提交了盖有公章的再审申请书。但此后，公司的法定代表人和大股东又分别向法院提交文件称：再审申请书上的公章是别人盖的，我们公司不想申请再审，我们要撤诉！最高人民法院作出的一份裁决书上，体现了这个有意思的场景。

这类情况在实践中屡见不鲜，体现的是人（法定代表人）与章（公司印章）的冲突。尤其是公司控制权争夺战中，经常出现一方股东掌管印章而另一方股东担任法定代表人。本文将通过对该案例的解读，回答“法定代表人签字”与“盖公章”哪一个效力更高的问题。

裁判要旨

法定代表人签字的文件和加盖公司印章的文件所体现的意思表示不一致时，应以法定代表人签字的文件为公司真实的意思表示。

案情简介

一、金某食府公司因与华某公司、金某公司股东资格确认纠纷一案，向最高人民法院申请再审，并提交了加盖金某食府公司公章的再审申请书。

二、再审审查过程中，金某食府公司法定代表人王某玲向法院提出撤回再审申请，称本案的再审申请书系金某食府公司股东王某擅自加盖公司印章所形成，金某食府公司并不同意就本案申请再审。

三、同日，持有金某食府公司55%股权的华某公司亦向法院提交说明，称华某公司作为金某食府公司的大股东，从未同意就本案申请再审。

四、最高人民法院裁定准许金某食府公司撤回再审申请。

裁判要点

根据《民事诉讼法》的相关规定，公司的法定代表人在诉讼活动中当然可以代表公司，因此金某食府公司的法定代表人撤回金某食府公司再审申请的请求，法院予以准许。

经验总结

一、法定代表人当然有权利代表公司参与诉讼，也有权利代表公司在诉讼中或诉讼外签署各种文件。不仅如此，相较于公司印章，法定代表人的签字实际上具有更高效力。因此，选任合格的法定代表人相较于保管好公司印章应同等重要，甚至更为重要。

二、在公司控制权争夺中，法定代表人一职是兵家必争之地。掌控法定代表人，就有权代表公司作出相应法律行为。法定代表人即使暂时不掌握印章，也有权利要求持有人向其返还印章证照。

相关法条

《中华人民共和国民事诉讼法》（2021 年修正）

第五十一条　公民、法人和其他组织可以作为民事诉讼的当事人。

法人由其法定代表人进行诉讼。其他组织由其主要负责人进行诉讼。

《最高人民法院关于适用〈中华人民共和国民事诉讼法〉的解释》（法释〔2022〕11 号　2022 年修正）

第五十条第二款　法定代表人已经变更，但未完成登记，变更后的法定代表人要求代表法人参加诉讼的，人民法院可以准许。

本案链接

最高人民法院·辽宁金某食府餐饮有限公司、辽宁华某贸易有限公司股东资格确认纠纷再审审查与审判监督民事裁定书［（2018）最高法民申 51 号］

法院经审查认为，根据《民事诉讼法》第四十八条[①]第二款关于“法人由其法定代表人进行诉讼”的规定，王某玲作为金某食府公司的法定代表人，其撤回金某食府公司再审申请的请求，不违反法律规定，本院应予准许。

---

① 编者按：《民事诉讼法》（2021 年修正）第 51 条。

延伸阅读

裁判观点：法定代表人有权代表公司参与诉讼。法定代表人以依法登记为准，但法律另有规定的除外；法定代表人已经变更，但未完成登记，变更后的法定代表人要求代表法人参加诉讼的，人民法院可以准许。

案例 1：最高人民法院 · 新某信托股份有限公司与北京时某房地产开发有限公司、兴某盟时光房地产开发有限公司合同纠纷［（2014）民二终字第 261 号］

本案诉讼发生时，尽管工商行政管理部门对该“变动事项”未办理登记，但这不影响对杨某飞作为该公司法定代表人身份的认定。《民事诉讼法》第四十八条[①]第二款规定：“法人由其法定代表人进行诉讼。”该条虽对“未经登记的法定代表人能否代表公司进行诉讼”，没有作出规定，但亦未明确禁止。且《最高人民法院关于适用〈中华人民共和国民事诉讼法〉的解释》第五十条第二款规定：“法定代表人已经变更，但未完成登记，变更后的法定代表人要求代表法人参加诉讼的，人民法院可以准许”。因此，本案中，原审法院准许杨某飞作为兴某盟时光公司的法定代表人参加诉讼，并不违反我国公司法及民事诉讼法的相关规定，不存在违反法定程序的情形。

案例 2：最高人民法院 · 株洲梅某德斯汽车改装维修服务有限公司醴某分公司与文某、唐某驰擅自使用他人企业名称、姓名纠纷［（2014）民申字第 1313 号］

醴某分公司在工商行政管理部门注册登记的负责人是刘某云，因此不论梅某德斯公司变更法定代表人的股东会决议以及刘某云依该股东会决议获得梅某德斯公司法定代表人的身份是否有效，亦不论刘某云代表梅某德斯公司申请变更醴某分公司负责人为其本人的行为是否有效，在醴某分公司的负责人没有依法作出变更登记前，刘某云能够代表醴某分公司进行诉讼。一审法院以刘某云不是醴某分公司适格的负责人为由裁定驳回醴某分公司的起诉，二审法院裁定予以维持，没有事实和法律依据。

案例 3：最高人民法院 · 广州市仙某房地产股份有限公司与广东中某中鑫投资策划有限公司、广州远某房产有限公司、某投资集团国某理财有限公司股权转让纠纷［（2009）民申字第 1068 号］

远某公司法定代表人林某签字委托的诉讼代理人有权代表远某公司进行诉

---

① 编者按：《民事诉讼法》（2021 年修正）第 51 条。

讼，有关诉讼代理人在诉讼阶段作出的陈述对远某公司具有约束力。二审判决根据远某公司诉讼代理人的意见，认定远某公司表示《股权转让及项目合作合同》的审批手续可以办理、远某公司同意将土地使用权证交由远某公司法定代表人林某保管，是正确的。

050 自然人可以用私章签署合同吗?

☞ 阅读提示

自然人签署合同时，存在不使用签名而只加盖私人名章的情况。那么，这样签署的合同是否有效，存在什么样的法律风险？本文以一则案例进行说明。

裁判要旨

法人经过备案的公章具有对外公示效力。而自然人的私章由于无法登记备案，不具有公示效力。

案情简介

一、麦某超系麦某洪、谭某兰二人之子，2015 年 3 月 4 日二人签署《授权委托书》，授权麦某超与开某市农村信用合作联社签订借款担保相关文件的事宜，相关文件均无二人签字仅加盖私人名章。

二、财某公司为麦某超上述借款提供担保，并与麦某洪、谭某兰二人签订《合同书》约定了反担保责任，合同同样无签字仅有二人私章。后麦某超未能还款，财某公司承担保证责任后依据《合同书》起诉麦某洪、谭某兰二人要求追偿。

三、一审法院以案涉《合同书》无效为由驳回财某公司诉请，二审法院维持原判。财某公司向广东高级人民法院申请再审，广东高院裁定驳回申请。

裁判要点

在我国法律体系下，自然人的私章不当然具有签名的法律效力。在自然人否认私章真实性，或否认私章系由其使用的情况下，主张合同成立的一方对上述事项负有举证责任，不能证明的应当承担不利后果。

经验总结

使用私人名章签署的合同，无论对于自然人一方还是合同相对方，都具有极大的法律风险，应当尽量避免。

一、对于自然人而言，如长期对外使用私章，有可能在不知情或超越授权范围情况下被滥用，带来许多不必要的诉累。如有特殊原因必须使用的，建议将私章进行公证或在银行预留个人印鉴，妥善保管并保证私章的唯一性。

二、对于交易相对方而言，签署合同应要求自然人必须签名或按手印。否则按照先行裁判规则，不仅要证明私章的真实性，还要证明是其本人或有权的代理人加盖到合同上的，一旦出现争议则极大地增加了举证责任和举证难度。

相关法条

《中华人民共和国民法典》（2021 年 1 月 1 日实施）

第四百六十五条 依法成立的合同，受法律保护。

依法成立的合同，仅对当事人具有法律约束力，但是法律另有规定的除外。

第四百九十条第一款 当事人采用合同书形式订立合同的，自当事人均签名、盖章或者按指印时合同成立。在签名、盖章或者按指印之前，当事人一方已经履行主要义务，对方接受时，该合同成立。

《最高人民法院关于民事诉讼证据的若干规定》（法释〔2001〕33 号 已修改）

第五条 在合同纠纷案件中，主张合同关系成立并生效的一方当事人对合同订立和生效的事实承担举证责任；主张合同关系变更、解除、终止、撤销的一方当事人对引起合同关系变动的事实承担举证责任。

对合同是否履行发生争议的，由负有履行义务的当事人承担举证责任。

对代理权发生争议的，由主张有代理权一方当事人承担举证责任。

本案链接

广东省高级人民法院·开平市财某融资担保有限公司、麦某洪追偿权纠纷再审审查与审判监督民事裁定书【（2018）粤民申 2778 号】

法院经审查认为，本案为追偿权纠纷。根据财某公司的再审申请，本案的争议问题为：麦某洪、谭某兰是否应对财某公司代偿的借款本息承担连带清偿责任。

本案中，财某公司依据《合同书》请求麦某洪、谭某兰对麦某超所负债务承担连带责任。该《合同书》盖有“麦某洪”“谭某兰”式样印章，并无麦某洪、谭某兰的签名。在我国法律体系下，自然人的私章不当然具有签名的法律效力。在麦某洪、谭某兰否认的情况下，财某公司应进一步举证证明麦某洪、谭某兰加盖私章确认《合同书》的事实。财某公司提交了《授权委托书》以证明私章为麦某洪、谭某兰所有及其在《合同书》上盖章的事实。但从该《授权委托书》的内容来看，麦某洪、谭某兰仅授权麦某超与开某市农村信用合作联社签订借款担保相关文件的事宜，并没有授权麦某超与财某公司签订《合同书》。因此，财某公司未能举证证明其与麦某洪、谭某兰之间成立保证合同关系，应承担举证不能的法律后果。

延伸阅读

裁判观点 1：与主文观点一致。

案例 1：最高人民法院·申诉人唐某与被申诉人程某莉房屋买卖合同纠纷再审审理民事判决书［（2012）民抗字第 55 号］

依法成立的法人或其他组织均有登记备案的公章，经登记备案的公章对外具有公示效力，所以，通常情况下，法人或者其他组织在对外签订合同时，采用盖章的形式。而自然人的私章没有登记备案的要求，对外不具有公示效力，在私章所代表的一方否认该私章为其所有，盖章行为是其所为时，该方当事人实质是否认与对方当事人达成合意成立了合同关系，此时就涉及合同关系是否成立的举证责任的分配问题。

根据本院《关于民事诉讼证据的若干规定》第五条①的规定，在合同纠纷案件中，主张合同关系成立的一方当事人对合同订立的事实承担举证责任。即在双方当事人就合同关系是否成立存在争议的情况下，应由主张合同关系成立的一方当事人承担举证责任。因此，在私章所代表的一方否认该私章为其所有，盖章行为是其所为，即否认与对方成立合同关系时，应由主张合同关系成立的一方当事人承担举证责任，该方当事人应当举证证明该枚私章为对方所有以及盖章的行为为对方所为或对方委托他人所为。

---

① 编者按：2019 年修正后，本条被删除。

裁判观点 2：（在主文观点基础上进一步）如主张合同成立方已初步证明自然人名章真实性，自然人仍对名章及加盖行为真实性予以否认，此时自然人负有相应举证责任。

案例 2：最高人民法院 · 李某薇、张某民间借贷纠纷再审审查与审判监督民事裁定书［（2017）最高法民申 1350 号］

案涉《担保承诺书》上加盖“李某薇”印章的效力关于举证责任分配的问题。根据原审查明的事实，案涉《担保承诺书》上盖有“李某薇”的印章，但并无“李某薇”的签名。张某在二审中为证明“李某薇”印章的真实性提交了某安公司《2011 年度公司年检报告书》和《商品房买卖合同》两份证据，该两份证据上均盖有“李某薇”印章，上述印章从表面上看与《担保承诺书》上的“李某薇”印章为同一枚印章，因李某薇并未对是否为同一枚印章申请鉴定，该两份证据可以推定李某薇有“李某薇”私人印章，并在民事活动中使用该印章。因此，李某薇关于其没有印章，该印章系张某私刻或者伪造的理由与事实不符。张某为证明该印章的真实性及《担保承诺书》系李某薇的真实意思表示，还提交了与该承诺函中约定的房产对应的房产证原件。因此，张某对其主张已经完成了初步的举证责任。李某薇如认为该印章并非其所有且为其所盖，应提交相应证据予以证明。

051 施工过程中发生安全事故，发包企业是否承担责任？

☞ **阅读提示**

实践中，部分企业在发包时只考虑施工方的报价，不审查施工方是否具有相应资质，甚至直接将工程发包给个人。此等情况下，一旦发生安全事故，发包方将面临何种法律风险呢？

裁判要旨

发包人将工程发包给没有相应资质的施工方，施工过程中施工方工作人员遭受人身损害的，发包人应承担相应的过错责任。

案情简介

一、三某源公司系衡西公路某县段工程项目部分工程的发包人。2015 年 1 月 8 日，黄某朝与三某源公司签订了《工程劳务分包合同》，该合同约定：三某源公司将衡西公路项目 K5+530 至 K17+142 路基内的相关工程分包给黄某朝施工，且黄某朝承担施工过程中的全部安全责任。

二、合同签订后，黄某朝组织人员设备进场施工，施工过程中，因模板突然倒塌，将其雇请的工人邹某全压倒，经送医院抢救无效死亡。

三、经多次协商，黄某朝、三某源公司与死者家属达成赔偿协议，协议约定一次性赔偿死者邹某全丧葬费、抚养费、死亡赔偿金、安葬费、赡养费等一切费用共计 65 万元，在公安机关的见证下，该款已先由三某源公司一次性付清给死者家属。

四、后三某源公司认为根据《工程劳务分包合同》约定，黄某朝应承担本次事故全部赔偿责任，主张其所付死者邹某全家属的赔偿款应抵扣所欠黄某朝工程款，双方债权债务关系消灭。黄某朝不认可三某源公司的主张，遂向人民法院提起诉讼，请求法院判令三某源公司如约支付拖欠的工程款。

五、一审湖南省衡阳县人民法院认为“三某源公司作为工程的发包人，明知黄某朝没有资质，仍将工程发包给黄某朝，属于选任过错，应承担相应的过错责任”，法院酌定三某源公司的过错责任份额为赔偿款的 15%，二审湖南省衡阳市中级人民法院对一审法院判决予以维持。

裁判要点

发包人不得将工程发包给不具有相应资质的施工方。三某源公司作为工程的发包人，明知黄某朝没有资质，仍将工程发包给黄某朝，属于选任过错，应承担相应的过错责任，可减轻黄某朝的部分赔偿责任。

经验总结

一、实践中，很多时候发包人与承包人签订的施工合同中存在“承包人承担施工工程中的全部生产安全责任”或其他免除发包人责任的条款，发包人意图通过此种方式规避未知风险，但事实上发包人须承担的安全生产责任（比如审查承包人的资质、签订协议明确职责、统一协调管理、定期检查、督促整改等责任）

属于法定责任，发包人不能通过提前约定的方式免除法定责任或将其转嫁给承包人、实际施工人员，因此即便存在前述约定，一旦发生生产安全事故，发包人也不当然因约定而免责。

二、发包人将工程发包给不具有相应资质的承包人，一旦发生安全事故，除了要承担相应的民事赔偿责任外，还可能会涉及行政或刑事方面的法律责任。因此，发包人应格外注意以下两个方面：

1. 发包人在选择承包人时，应当严格审查承包单位的相关资质，选择具有资质且符合安全生产条件的承包人，同时，发包人须与承包人签订正式的施工合同，约定承包人分包之前须经发包人同意，以避免承包人将工程分包给不具有相应资质的雇主；

2. 发包人应当对承包人的日常安全作业进行监督，并定期进行安全检查，排除安全隐患。

相关法条

《中华人民共和国民法典》（2021年1月1日实施）

第一千一百六十五条第一款 行为人因过错侵害他人民事权益造成损害的，应当承担侵权责任。

第一千一百七十一条 二人以上分别实施侵权行为造成同一损害，每个人的侵权行为都足以造成全部损害的，行为人承担连带责任。

《中华人民共和国安全生产法》（2021年修正）

第四十九条第一款 生产经营单位不得将生产经营项目、场所、设备发包或者出租给不具备安全生产条件或者相应资质的单位或者个人。

《最高人民法院关于审理人身损害赔偿案件适用法律若干问题的解释》（法释〔2003〕20号 已修改）

第十一条第一款、第二款 雇员在从事雇佣活动中遭受人身损害，雇主应当承担赔偿责任。雇佣关系以外的第三人造成雇员人身损害的，赔偿权利人可以请求第三人承担赔偿责任，也可以请求雇主承担赔偿责任。雇主承担赔偿责任后，可以向第三人追偿。

雇员在从事雇佣活动中因安全生产事故遭受人身损害，发包人、分包人知道或者应当知道接受发包或者分包业务的雇主没有相应资质或者安全生产条件的，应当与雇主承担连带赔偿责任。

本案链接

湖南省衡阳市中级人民法院·黄某朝与江苏三某源建设有限公司、太某洋建设集团有限公司、衡阳县交某建设投资有限公司建设工程合同纠纷二审民事判决书【（2018）湘04民终65号】

在黄某朝组织的实际施工过程中，2015年10月22日上午11时许，黄某朝所雇工人邹某全在其劳务分包的盖板涵内拆模工作时，因模板突然倒塌，将正在拆模的邹某全压倒，致使邹某全受伤，经抢救无效死亡。经协商，黄某朝、三某源公司所属衡西干线第十项目部与死者家属达成赔偿协议，一次性赔偿死者邹某全丧葬费、抚养费、死亡赔偿金等所有费用65万元。该款由三某源公司垫付给了死者家属。根据有关法律规定，邹某全作为黄某朝的雇员，在雇佣活动受到人身伤害，黄某朝作为雇主应当承担赔偿责任；三某源公司作为工程的发包人，明知黄某朝没有资质，仍将工程发包给他，属于选任过错，应承担相应的过错责任，可减轻黄某朝的部分赔偿责任。因黄某朝与三某源公司所签订的《工程劳务分包合同》中明确约定，黄某朝承担施工过程中的全部安全责任，故三某源公司的过错责任份额定为赔偿款的15%为宜。

延伸阅读

裁判观点1：发包人和分包人应审慎审查承包人是否具有相应资质，如果分包人将工程分包给不具有资质的雇主，发包人对分包行为系明知的，则发包人与分包人均须对事故致实际施工人员损害承担连带赔偿责任。（与主文案例观点相近）

案例1：山东省日照市中级人民法院·日照利某服装整理有限公司、赵某华承揽合同纠纷二审民事判决书［（2020）鲁11民终1916号］

利某公司的经营范围包括太阳能光伏发电设备安装，但其并未提供证据证明其与马某永具备相应资质，况且其法定代表人汪某芬尚不知晓进行光伏发电设备安装是否需要资质，亦不知晓赵某华是否具备相应资质，利某公司将光伏发电设备安装工程发包给马某永，马某永又分包给赵某华，作为发包人和分包人的利某公司和马某永并未审慎审查赵某华是否具备相应资质和安全生产条件，赵某华在施工中受伤，利某公司、马某永应当承担连带赔偿责任。赵某华作为长期从事光伏发电设备安装的人员，未能尽到谨慎而合理的安全注意义务，对自身损害结果的发生，亦存在过错，一审酌定赵某华自行承担40%的责任并无不当。

裁判观点2：发包人将工程发包给有资质的雇主，不知道也不应当知道承包雇主分包的，则发包人无须对事故导致实际施工人员损害承担赔偿责任。

案例2：云南省昆明市西山区人民法院·包某俄与深圳广某集团股份有限公司、中某建设集团有限公司云南分公司提供劳务者受害责任纠纷一审民事判决书［（2020）云0112民初4085号］

关于责任承担问题：被告广某公司从案外人昆明方某博泰置业公司处承包了云南某大资源博悦城二期公共区域及户内装饰工程一标段，并将该工程项目劳务分包给具备相应资质的被告合某公司，被告合某公司又将劳务分包工程内部承包给被告刘某完成，被告合某公司及刘某对原告包某俄系在从事搬运瓷砖过程中被推车上的瓷砖掉落砸伤的事实无异议，故被告刘某作为雇主应当对此承担赔偿责任。原告包某俄已经从事了一段时间的建筑搬运工种，应当有了在建筑工地上的安全意识，但原告包某俄在提供劳务过程中，未能尽到充分的安全注意义务，未能充分保护好自己在工作中不受伤害，对于损害的发生也存在一定过错，应当减轻被告刘某的责任。被告合某公司在将装饰工程劳务分包给不具备相应资质的被告刘某的过程中，存在选任上的过失，作为受益方，其对被告刘某的赔偿责任承担连带清偿责任。因被告合某公司具备建筑业相应资质，被告广某公司不存在选任上的过失，且被告广某公司明确对被告合某公司将劳务分包给被告刘某，以及对原告的受伤均不知情，另经查明，被告广某公司与被告中某公司并不存在工程分包情况，故被告广某公司不承担赔偿责任。另，原告与被告中某公司之间不存在劳务关系，故被告中某公司不承担赔偿责任。结合原告自身的过错程度与损害后果的关系大小，本院酌定原告自负10%的责任，被告合某公司与被告刘某连带承担90%的责任。

裁判观点3：发包人对承包人的选任存在过错，将工程发包给没有相应资质的雇主的，除应承担事故导致实际施工人员损害的民事赔偿责任外，还会面临安全生产监督管理部门依法作出的罚款处罚。

案例3：云南省昆明市中级人民法院·广东圣某翰服饰股份有限公司、昆明市盘某区应急管理局二审行政判决书［（2020）云01行终222号］

圣某翰公司在对艾某利专柜进行装修时，未签订专门的安全生产管理协议或装修施工承包合同，未能约定各自的安全生产管理职责，未能严格审核承揽装修工程人郭某忠的身份及资质，导致无施工资质的个人进行实际装修作业，圣某翰公司未能建立健全生产安全事故隐患排查治理制度，未能及时发现并消除事故隐患，对“5·18”人员高坠死亡事故的发生应负相应责任。圣某翰公司对艾某利专柜进行装修疏于生产安全管理的行为违反了《安全生产法》第三十八条第一款[①]“生产经营单位应当建立健全生产安全事故隐患排查治理制度，采取技术、管理措施，及时发现并消除事故隐患。事故隐患排查治理情况应当如实记录，并向从业人员通报”，第四十六条第一款[②]“生产经营单位不得将生产经营项目、场所、设备发包或者出租给不具备安全生产条件或者相应资质的单位或者个人”，第四十六条第二款[③]：“生产经营项目、场所发包或者出租给其他单位的，生产经营单位应当与承包单位、承租单位签订专门的安全生产管理协议，或者在承包合同、租赁合同中约定各自的安全生产管理职责；生产经营单位对承包单位、承租单位的安全生产工作统一协调、管理，定期进行安全检查，发现安全问题的，应当及时督促整改”的规定。被上诉人认定圣某翰公司是此次“5·18”人员高坠死亡事故发生的间接原因，有相应证据支持，本院对此予以确认。被上诉人依据《安全生产法》第一百零九条第一款[④]“发生生产安全事故，对负有责任的生产经营单位除要求其依法承担相应的赔偿等责任外，由安全生产监督管理部门依照下列规定处以罚款：（一）发生一般事故的，处二十万元以上五十万元以下的罚款”之规定，最终对上诉人作出“处以二十万元罚款”的处罚决定，有事实及法律依据。

052 “竣工结算审计后支付工程款”可否理解为“国家审计机关审计后支付工程款”？

☞ **阅读提示**

建工合同中经常会约定“竣工结算审计后支付工程款”，是否意味着工程款必须经国家审计机关审计后，依据审计结果来结算工程款；甚至一些发包人都已经在竣工结算文件上签字了，还是以工程未经政府审计为由，拖延支付工程款。应当如何理解“竣工结算审计”呢？

---

① 编者按：《安全生产法》（2021年修正）第41条第2款。
②③ 编者按：《安全生产法》（2021年修正）第49条。
④ 编者按：《安全生产法》（2021年修正）第114条。

裁判要旨

审计是国家对建设单位的一种行政监督，不影响建设单位与承建单位的合同效力。建设工程承包合同案件应以当事人的约定作为法院判决的依据。只有在合同明确约定以审计结论作为结算依据或者合同约定不明确、合同约定无效的情况下，才能将审计结论作为判决的依据。否则，竣工结算审计应当解释为，工程最终结算价需通过专业的审计途径或方式确定结算工程的真实合理性，而不应理解为须在业主接受国家审计机关审计后，依据审计结果进行结算。

案情简介

一、2009年1月，北京城某公司与兰州城某公司签订《建设工程施工合同》约定，北京城某公司承包由兰州城某公司的立交桥工程，采用固定价格方式，按月结算，每月底支付进度款，工程款支付至合同总额的80%时暂停支付，设计变更及经济签证的费用按照进度款同比例支付，待竣工结算审计后，按审计的金额扣除质保金后在一个月内支付。

二、合同签订后，北京城某公司于2009年4月13日进场施工，2013年10月30日完工，除完成《建设工程施工合同》所确定的施工内容外，还对工程签证单、设计变更通知单、跨铁路桥、跨铁路桥防护棚架安装及拆除、G桥及H桥设计变更、交通导改等工程进行了施工。

三、2014年1月10日，建设、设计、监理、施工、勘察、邀请及管理等七家单位共同签发《竣工验收证书》，确认案涉工程质量合格。工程竣工验收后，北京城某公司根据施工内容作出结算书，结算价款总计286960075.48元，监理单位作出审核价为286841932.55元，兰州城某公司审核后确认结算价为262989664.48元。2015年10月25日，北京城某公司、监理单位和兰州城某公司共同形成《工程（决）算书》，并在各自作出的结算价款上加盖公章进行确认。

四、2015年11月3日，北京城某公司与兰州城某公司双方将施工资料及各方结算书送交兰州市审计局进行审计，但审计单位至诉讼时也未作出审计结论。在2009年6月17日至2016年2月2日，兰州城某公司仅支付给北京城某公司工程款221026923元，剩余的工程款以未经审计为由未进行支付。

五、北京城某公司遂向法院起诉，请求兰州城某公司支付拖欠的工程款

65815009.55元及利息，兰州城某公司以未经政府审计为由拒绝支付。本案经甘肃高院一审、最高院二审，最终以兰州城某公司盖章确认的工程决算书确认工程款。

裁判要点

本案的争议焦点是，是以兰州城某公司盖章确认的工程决算书结算工程款，还是以国家审计机关的审计结果结算为准。

本案中，兰州城某公司主张合同约定最终结算价按审计为准，因此必须按照国家审计机关的审计结果进行结算。《最高人民法院关于审理建设工程施工合同纠纷案件适用法律问题的解释》第十六条[①]第一款规定，当事人对建设工程的计价标准或者计价方法有约定的，按照约定结算工程款。也就是说，对案涉工程的结算依据问题，应当依照双方当事人的约定与履行等情况确定。双方当事人可以明确约定以财政部门、审计部门的审核、审计结果作为工程款结算依据。

《最高人民法院关于建设工程承包合同案件中双方当事人已确认的工程决算价款与审计部门审计的工程决算价款不一致时如何适用法律问题的电话答复意见》中明确，“审计是国家对建设单位的一种行政监督，不影响建设单位与承建单位的合同效力。建设工程承包合同案件应以当事人的约定作为法院判决的依据。只有在合同明确约定以审计结论作为结算依据或者合同约定不明确、合同约定无效的情况下，才能将审计结论作为判决的依据”。由此可知，审计结果作为工程款结算依据，必须明确具体约定，即在合同中约定“以审计部门的审计结论作为竣工结算价款支付依据”。如审计部门是确定的，还应写明审计部门的全称。

本案中，双方在施工合同中约定，对价款结算采用固定价格方式。工程款（进度款）按月结算的方式，每月底按总监理工程师和业主代表确认的进度表支付进度款。工程款支付至合同总额的80%时暂停支付，设计变更及经济签证的费用按照进度款同比例支付，待竣工结算审计后，按审定的金额扣除质保金后在一个月内支付。双方在合同中并没有明确约定，将审计结果作为案涉工程款结算依据，合同中有关审计的约定不明确、不具体。因该项目属国有资金投资的重点建设项目，审计机关对工程建设项目进行审计是一种监督行为。因此，对该约定的解释，应解释为工程最终结算价需通过专业的审计途径或方式确定结算工程的真实合理性，而不应理解为须在业主接受国家审计机关审计后，依据审计结果进行

---

① 编者按：已修改。

结算。

因此，兰州城某公司所持合同约定以审计机关的审计结论作为结算依据的主张，缺乏事实和法律依据。本案起诉前，兰州城某公司在《工程（决）算书》上对审定的造价262989664.48元签字盖章的行为，是对自己权利的一种处分，应具有法律的效力，该审核结果既然得到北京城某公司的认可，可视为承发包双方已经对工程造价予以审定，表明双方已确定工程造价262989664.48元可作为工程的最终结算款。

经验总结

对于发包人来讲，若想要最终的工程款以国家审计机关的审计结论为准，就要在建工合同中明确写明以政府审计部门的审计结果为准，如果能够确定审计机构的，可以将审计机构的全称写出来。

对于承包人来讲，若施工合同仅约定了以审计后支付工程款的，该处的审计指的仅是通过专业的审计方式结算工程款，而不是必须通过政府机关的审计才能结算工程款；若发包人已经对工程结算价通过盖章的方式予以确认，即使没有经过审计机关的审计，也可以追索工程款。

相关法条

《最高人民法院关于审理建设工程施工合同纠纷案件适用法律问题的解释（一）》（法释〔2020〕25号 2021年1月1日实施）

第十九条第一款 当事人对建设工程的计价标准或者计价方法有约定的，按照约定结算工程价款。

《最高人民法院关于建设工程承包合同案件中双方当事人已确认的工程决算价款与审计部门审计的工程决算价款不一致时如何适用法律问题的电话答复意见》（〔2001〕民一他字第2号 2001年4月2日实施）

审计是国家对建设单位的一种行政监督，不影响建设单位与承建单位的合同效力。建设工程承包合同案件应以当事人的约定作为法院判决的依据。只有在合同明确约定以审计结论作为结算依据或者合同约定不明确、合同约定无效的情况下，才能将审计结论作为判决的依据。

《最高人民法院关于常州证券有限责任公司与常州星港幕墙装饰有限公司工程款纠纷案的复函》（〔2001〕民一他字第19号　2001年4月24日实施）

经研究，我们认为，本案中的招投标活动及双方所签订的合同合法有效，且合同已履行完毕，依法应予保护。证券公司主张依审计部门作出的审计结论否定合同约定不能支持。

本案链接

最高人民法院·兰州市城某发展投资有限公司、北京城某有限公司建设工程施工合同纠纷二审民事判决书［（2018）最高法民终651号］

本院认为，关于案涉工程造价如何确定的问题。一审法院已经查明，案涉《建设工程施工合同》签订后，北京城某公司于2009年4月13日进场施工，2013年10月30日完工。2014年1月10日，建设单位、设计单位、监理单位、施工单位、勘察单位、邀请单位和接收及管理单位等七家单位共同签发《竣工验收证书》，确认案涉工程质量合格。工程竣工验收后，北京城某公司依约作出结算书，结算价款总计286960075.48元，监理单位作出审核价为286841932.55元，南某路公司审核后确认结算价为262989664.48元。2015年10月25日，北京城某公司、监理单位和南某路公司共同形成《工程（决）算书》，并在各自作出的结算价款上加盖公章进行确认。2015年11月3日，双方当事人将施工资料及各方结算书送交兰州市审计局进行审计，该局委托的甘肃立某工程造价咨询服务有限公司至今未能作出审计结论。《建设工程施工合同》的“通用条款”第33条竣工结算部分约定，发包人兰州城某公司在收到承包人北京城某公司提交的竣工结算报告及结算资料后28天内进行核实，给予确认或者提出修改意见。发包人确认竣工结算报告后支付工程结算价款。若发包人收到竣工结算报告及结算资料后28天内无正当理由不支付工程竣工结算价款，从第29天起支付拖欠工程价款的利息。本案中，案涉工程竣工验收合格后，北京城某公司依约作出了结算书，兰州城某公司也在审核后对北京城某公司的结算价款进行了调整，北京城某公司、监理单位和南某路公司共同形成《工程（决）算书》，并在各自作出的结算价款上加盖公章进行确认。据此可以认定，兰州城某公司依约对工程结算价款进行了审核，其应在合同约定的期限内支付拖欠的工程款。一审判决以南某路公司的审核价262989664.48元作为案涉工程款的结算依据，并无不当。

延伸阅读

与建设工程审计相关的九条裁判规则：

裁判规则1：建设工程合同的工程价款结算应以当事人约定为准，审计部门对建设资金的审计不影响建设合同的效力及履行。

案例1：最高人民法院·呼和浩特绕某公路建设开发有限责任公司与河北路某集团有限公司建设工程施工合同纠纷二审民事判决书［最高人民法院《民事审判指导与参考》（2012年第4辑）］

双方已就应支付的工程款总价形成合意，这是双方真实意思的表示，且没有违反法律的禁止性规定，对双方均具有约束力。因此，绕某公路公司主张该工程量仅供审计之用，缺乏依据。依法有效的建设工程施工合同，双方当事人均应依约履行。审计部门对建设资金的审计是国家对建设单位基本建设资金的监督管理，不影响建设单位与承建单位的合同效力及履行。双方当事人并未在合同中约定，将审计结果作为计算涉案工程款的依据。且从一审法院调查的结果来看，审计人员认为审计局函中的初审值数据不准确，因为建设单位提交的相关材料不全面，故无法出具客观真实的审计报告。因此，绕某公路公司的上诉主张，既缺乏合同依据，也缺乏法律依据，应不予支持。

裁判规则2：当事人对接受行政审计作为确定民事法律关系依据的约定，应当具体明确，而不能通过解释推定的方式。

案例2：最高人民法院·中某十九局集团有限公司与重庆建某集团股份有限公司建设工程合同纠纷再审民事判决书［（2012）民提字第205号］

根据《审计法》的规定及其立法宗旨，法律规定审计机关对政府投资和以政府投资为主的建设项目的预算执行情况和决算进行审计监督，目的在于维护国家财政经济秩序，提高财政资金使用效益，防止建设项目中出现违规行为。重庆建某集团与中某十九局之间关于案涉工程款的结算，属于平等民事主体之间的民事法律关系。因此，本案诉争工程款的结算，与法律规定的国家审计的主体、范围、效力等，属于不同性质的法律关系问题，即无论案涉工程是否依法须经国家审计机关审计，均不能认为，国家审计机关的审计结论可以成为确定本案双方当事人之间结算的当然依据，故对重庆建某集团的上述主张，本院不予采信，对案涉工程的结算依据问题，应当按照双方当事人的约定与履行等情况确定。

分包合同中对合同最终结算价约定按照业主审计为准，系因该合同属于分包合同，其工程量与工程款的最终确定，需依赖合同之外的第三人即业主的最终确认。因此，对该约定的理解，应解释为工程最终结算价须通过专业的审查途径或方式，确定结算工程款的真实合理性，该结果须经业主认可，而不应解释为须在业主接受国家审计机关审计后，依据审计结果进行结算。根据《审计法》的规定，国家审计机关的审计系对工程建设单位的一种行政监督行为，审计人与被审计人之间因国家审计发生的法律关系与本案当事人之间的民事法律关系性质不同。因此，在民事合同中，当事人对接受行政审计作为确定民事法律关系依据的约定，应当具体明确，而不能通过解释推定的方式，认为合同签订时，当事人已经同意接受国家机关的审计行为对民事法律关系的介入。因此，重庆建某集团所持分包合同约定了以国家审计机关的审计结论作为结算依据的主张，缺乏事实和法律依据，本院不予采信。

裁判规则3：拆迁还房安置小区工程关乎公众利益，可以约定工程总价由政府审计部门审核，应以审计部门的最终审计结论为结算依据。

案例3：最高人民法院·四川省苍溪县弘某建筑安装工程有限公司、四川天某投资有限公司建设工程施工合同纠纷再审民事裁定书［（2019）最高法民申6183号］

经查，《建设工程施工合同》专用条款部分就合同价款明确约定，“本合同价款采用可调价格合同方式确定，合同价款调整方法：以（2009）【四川省建设工程工程量清单计价定额】及相关配套文件执行。材料价格按当地市场价。工程总价以政府审计部门审核造价为结算价”。以上约定中，（2009）【四川省建设工程工程量清单计价定额】及相关配套文件是工程价款的计价方式，由政府审计部门审核确定工程总价是约定由专业第三方机构审核工程价款的真实性，审计部门审核亦应按照约定的计价方式取费，二者并不相冲突。弘某公司申请再审以《邀请招标文件》中无以政府审计部门审核造价为结算价的要求并据此认为本案工程价款不应以政府审计部门的最终审计结论为计算依据的理由，不符合《最高人民法院关于审理建设工程施工合同纠纷案件适用法律问题的解释（二）》第十条规定的情形，本院不予采纳。《建设工程施工合同》中“工程总价以政府审计部门审核造价为结算价”的约定，系双方真实意思，且不违反法律、行政法规的效力性强制性规定，合法有效。并且案涉工程属于拆迁还房安置小区工程，涉及公众利益，约定工程总价由政府审计部门审核也具有一定的必要性、合理性。

裁判规则 4：政府审计结论长期无法形成，对当事人有失公允的，法院可以判决一次性全部支付剩余尚欠工程款。

案例 4：最高人民法院 · 唐山湾某岛旅游区旅游开发建设有限公司、北京中某北方港口工程有限公司建设工程施工合同纠纷二审民事判决书［（2019）最高法民终 136 号］

双方一致认可涉案工程于 2014 年 11 月已经交工使用。无论双方所签合同性质是建设工程施工合同，还是 BT 项目合同，对唐山湾某岛而言，取得了由中某北方投资建设的项目并实际投入使用，其合同目的都早已经得以实现。而中某北方作为合同另一方当事人，投入了超出预期的巨额资金进行建设，在项目建成交付后相当长的时间内，却因审计机构无法形成审计结论而迟迟不能收回投资，无法实现合同目的。

因工程施工资料不全等原因，涉案工程的审计工作进展缓慢，自 2016 年 5 月中某北方将结算资料交付唐山湾某岛开始，截至本案诉讼发生时，已历经两年多的时间审计结论一直无法形成。一审法院虽未对造成无法正常审计问题在双方当事人之间作出明确的责任认定，但是如果采信唐山湾某岛关于支付款项必须严格依照合同约定以审计结论形成后才能确定时间节点的抗辩主张，在本案审计结论长期无法形成的特殊情况下，对中某北方明显有失公允。鉴于唐山湾某岛自 2014 年 11 月接收项目投入使用起，已经长达数年，一审法院判令其一次性全部支付剩余尚欠工程款，并无不妥。

裁判规则 5：建设工程合同约定以双方结算确定工程价款，未约定以政府审计结算的，当事人依据政府文件主张政府审计的，不予支持。

案例 5：最高人民法院 · 中国华某企业有限公司与深圳市华某安装工程有限公司建设工程施工合同纠纷二审民事判决书［（2019）最高法民终 385 号］

双方在《施工合同二》补充条款中就工程结算约定的是双方结算，并未约定要以审计部门的审计结论作为结算依据。格某投资公司以补充条款中“按以上计价定额、计价办法以及云南省的有关文件规定结算出来的工程结算总造价下浮 3%作为甲、乙双方建设工程最终结算价”的约定，主张根据云南省政府文件规定，工程结算必须经政府部门审计，工程款要待政府部门审计结论确定后才能支付的观点没有依据。

根据《施工合同二》补充条款约定，工程结算书经双方签字并加盖公章后生效，工程结算总造价下浮 3%作为双方建设工程最终结算价。中国华某公司、华某安装公司报送的结算某园区管委会委托的造价咨询机构审核后出具了审核报告，双方当事人在《建设工程结算审核验证定案表》上进行了签字和盖章，确认工程造价审定金额为290261284.80元，该审定金额下浮3%后，应作为双方最终结算金额，即281553446.26元。格某投资公司关于双方结算应以政府审计部门审计结论确定的主张无事实依据，不予支持。

裁判规则6：在审计结论正式出具之前，当事人已经对工程款进行结算的，应以双方结算的工程款为准，审计结论不再当然成为结算的依据。

案例6：最高人民法院·肖某佑、临某县人民政府建设工程施工合同纠纷再审民事裁定书［（2019）最高法民申1218号］

依据《最高人民法院关于审理建设工程施工合同纠纷案件适用法律问题的解释》[①] 第二条的规定，建设工程施工合同无效，但建设工程经竣工验收合格，承包人可以请求参照约定支付工程价款。在涉案工程竣工后，临某县审计局进行了工程结算审计，但临某县审计局的审计是其对工程建设单位的一种行政监督行为，与涉案工程款的结算属于不同性质的法律关系范畴，审计结论不能当然成为当事人之间结算的依据，案涉工程款的确定应按照双方当事人之间的约定和履行情况加以确定。在上述审计报告正式出具之前，肖某佑即在审定结算造价为92529283.65元的《竣工结算审定签署表》上签字，并注明“同意”，还加盖某城二建公司印章，表明双方当事人对工程结算达成一致意见，可以作为确定涉案工程价款的依据。

裁判规则7：因施工现场发生变化无法按照当时的实际情况进行审计的，关于以审计结论确定工程款的合同约定事实上不再履行。

案例7：最高人民法院·甘肃万某园林绿化工程有限责任公司、金某市体育局建设工程施工合同纠纷再审民事裁定书［（2017）最高法民申4475号］

按双方合同约定，涉案工程应以财政审计作为造价结算的依据。虽然之后双方又达成补充协议，约定由金某市审计局对该涉案工程重新审计决算，但金某市审计局明确表示涉案工程已无法就当时施工现场实际情况实施审计并出具正式竣工决算审计报告。故双方关于补充协议约定的根据审计部门审计结论确定工程价款的约定在事实上已无法履行。金某市财政局基本建设工程预决算审核管理中心在审核涉案工程项目时，已经根据双方的施工合同、工程预决算报告、工程签证

---

① 编者按：已失效。

单，对完成的工程进行实测后作出投资评审结论。万某公司原审提交的证据不能确认具体工程价款，万某公司在庭审中亦未提出对涉案工程进行鉴定，二审判决参照金某市基本建设工程预决算审核管理中心做出的（2009）33号《建设项目投资评审结论》，进而认定结算工程款。

裁判规则8：上级审计机关撤销下级审计机关作出的审计结论后，又重新作出的审计结论可以作为工程结算的依据。

案例8：最高人民法院·重庆市圣某建设（集团）有限公司与黔某县人民政府建设工程施工合同纠纷二审民事判决书［（2017）最高法民终912号］

《框架协议》《工程承包合同》及《工程承包补充协议》仅约定了以审计方式作为确定案涉工程价款的依据，并未明确限定应仅以某一具体审计部门的审计结论为最终依据。而且《审计法实施条例》第四十三条第一款赋予了上级审计机关对下级审计机关的审计业务依法进行监督的权力，第二款进一步规定下级审计机关作出的审计决定违反国家有关规定的，上级审计机关可以责成下级审计机关予以变更或者撤销，也可以直接作出变更或者撤销的决定；审计决定被撤销后需要重新作出审计决定的，上级审计机关可以责成下级审计机关在规定的期限内重新作出审计决定，也可以直接作出审计决定。本案中，黔某县审计局出具《审计报告》后，其上级审计机关即某市审计局以《审计报告》结果存在重大失实为由，撤销了《审计报告》，后又作出《专项审计调查报告》。因黔某县审计局的《审计报告》已被撤销，以《审计报告》作为确定案涉工程价款的依据已无事实基础。在此情况下，一审法院以某市审计局的审计结论作为确定案涉工程价款的依据，并无不当。

裁判规则9：建设工程合同中关于以政府审计部门的审计作为结算依据的约定，对实际施工人有法律约束力。

案例9：最高人民法院·邓某坪与四川省科某建筑工程有限公司建设工程施工合同纠纷再审民事裁定书［（2017）最高法民申2207号］

首先，合同双方一致认可以政府审计部门核定的工程价款作为最终工程价款。科某建筑公司与米某中学校签订的《建设工程施工合同》约定采用中标价加设计变更方式确定工程价款，之后签订的《补充协议》第三条第三项明确约定："乙方在本工程提出的所有重组的结算由政府审计部门进行审计，审计结果作为最终结算依据。"其次，邓某坪知晓关于工程价款结算的约定。邓某坪参与了《补充协议》的签订，从《补充协议》落款处签字看，邓某坪作为科某建筑公司“委托代理人”签字。最后，政府审计部门已经做出审计报告。2009年3月5日，米某县审计局就案涉工程作出米审报（2009）2号审计报告，米某中学校与科某建筑公司依据审计报告进行了结算。本案中，承包人与发包人约定了以政府审计部门的审计作为结算依据，实际施工人参与了该合同的签订，承包人与发包人决（结）算性文件对实际施工人有约束力。

053 挂靠人以个人名义借款用于工程建设，被挂靠人是否承担连带还款责任?

☞ 阅读提示

在建设工程领域挂靠施工司空见惯，一些包工头挂靠在有资质的建筑公司承揽到工程后，自己没有资金实力进行项目建设，就会通过民间借贷的方式，以个人名义对外融资用于项目建设，待项目完工取得工程款后个人连本带息还给出借人。一旦工程款不能如期到位，包工头就不能向出借人及时还本付息，此时出借人就会将包工头及建筑公司一起告上法庭，那建筑公司是否应当承担还款责任呢?

裁判要旨

建筑公司的挂靠人以个人名义对外借款用于项目建设，不属于代表公司履行职务的行为，建筑公司并非借款合同主体。即便借款实际用于项目建设，根据合同的相对性原则，建筑公司也不必承担还款责任。仅法定代表人或负责人以个人名义对外借款，且款项用于生产经营时，企业承担连带责任。

案情简介

一、赵某生是一名包工头，挂靠金某公司对外承揽工程项目。2010年，赵某生利用金某公司名义与安某房地产公司签订建设工程施工合同，承建双某山市的某住宅楼项目。金某公司向安某房地产公司出具委托书，载明赵某生为项目代表。

二、后因项目资金紧张，赵某生以个人名义与李某生签订协议书，载明赵某生收到李某生投资款 500 万元，按照本金的 80%回报利润，本金在 2011 年 7 月 30 日偿还，利润在工程交工后 50 天内结清，协议书由二人个人签字。同日，李某生向赵某生个人账户转款 500 万元。

三、此后，赵某生归还李某生 280 万元，但是剩余款项并未归还。李某生遂将赵某生及金某公司诉至法院，要求双方连带偿还 500 万元本金及利息。

四、本案经孝感中级人民法院一审，认为案涉的 500 万元资金实际用于项目建设，应由赵某生和金某公司共同偿还 500 万元本金及利息。后赵某生和金某公司均不服，并上诉至湖北高院。

五、本案经湖北高院二审，认为案涉款项为赵某生个人名义所借，金某公司并未在协议书上签字，故改判赵某生个人承担还款责任，金某公司无须承担还款责任。后赵某生又向最高院申请再审，最高院驳回了其再审请求。

裁判要点

本案的争议焦点有两个：一是李某生与赵某生之间的债务是借贷关系还是合伙关系形成；二是双方如形成借贷关系，赵某生和金某公司是否应共同偿还上述债务。对于第一个争议焦点，案涉的《协议书》约定了按本金 500 万元的 80%回报利润的保底条款，不符合投资具有风险性的本质特征，应认定双方签订的协议属“名为投资，实为借贷”，双方实际构成借贷法律关系。

对于第二个争议焦点，根据《协议书》载明内容，明确合同签订人为李某生、赵某生，金某公司并非合同当事人。同时，上述协议书中没有赵某生系接受金某公司委托代为签订协议的内容，李某生在本案诉讼中也没有向法院提交金某公司委托赵某生签订协议的相关证明文件。涉案的出借款项直接支付至赵某生个人账户，李某生并没有提交相关证据证明金某公司参与涉案借款往来。据此，不能认定李某生和金某公司之间成立了真实的民间借贷法律关系。

经验总结

对于建筑公司来讲，首先要尽量减少挂靠业务的发生，从根本上杜绝为包工头个人债务承担连带责任的风险；其次存在挂靠情形时，务必明确施工人（包工头）的权限，必要时在建设施工合同或委托书中将包工头描述为项目负责人，或给予其全权代理的权限，避免给他人形成包工头有代表公司签订借款合同的权利外观。

对于出借人来讲，务必清楚包工头在以个人名义借款时，即使其能提供建设施工合同或项目负责人的证明文件且将资金用于项目建设，也不意味着其本人签字就等同于公司盖章。若要求公司承担责任，务必要求以公司名义签订借款合同，并要求公司加盖公章或由其法定代表人签字。

相关法条

《中华人民共和国民法典》（2021 年 1 月 1 日实施）

第六十一条　依照法律或者法人章程的规定，代表法人从事民事活动的负责人，为法人的法定代表人。

法定代表人以法人名义从事的民事活动，其法律后果由法人承受。

法人章程或者法人权力机构对法定代表人代表权的限制，不得对抗善意相对人。

第一百七十条　执行法人或者非法人组织工作任务的人员，就其职权范围内的事项，以法人或者非法人组织的名义实施的民事法律行为，对法人或者非法人组织发生效力。

法人或者非法人组织对执行其工作任务的人员职权范围的限制，不得对抗善意相对人。

第一百七十二条　行为人没有代理权、超越代理权或者代理权终止后，仍然实施代理行为，相对人有理由相信行为人有代理权的，代理行为有效。

第六百六十七条　借款合同是借款人向贷款人借款，到期返还借款并支付利息的合同。

第六百七十九条　自然人之间的借款合同，自贷款人提供借款时成立。

《中华人民共和国建筑法》（2019 年修正）

第二十六条　承包建筑工程的单位应当持有依法取得的资质证书，并在其资质等级许可的业务范围内承揽工程。

禁止建筑施工企业超越本企业资质等级许可的业务范围或者以任何形式用其他建筑施工企业的名义承揽工程。禁止建筑施工企业以任何形式允许其他单位或者个人使用本企业的资质证书、营业执照，以本企业的名义承揽工程。

《最高人民法院关于审理民间借贷案件适用法律若干问题的规定》（法释〔2020〕17号 2020年第二次修正）

第二十二条 法人的法定代表人或者非法人组织的负责人以单位名义与出借人签订民间借贷合同，有证据证明所借款项系法定代表人或者负责人个人使用，出借人请求将法定代表人或者负责人列为共同被告或者第三人的，人民法院应予准许。

法人的法定代表人或者非法人组织的负责人以个人名义与出借人订立民间借贷合同，所借款项用于单位生产经营，出借人请求单位与个人共同承担责任的，人民法院应予支持。

本案链接

湖北省高级人民法院·李某生、滕某振等与赵某生、江苏金某建设集团有限公司民间借贷纠纷二审民事判决书［（2016）鄂民终10号］

一、关于2010年4月27日李某生、滕某振与赵某生签订《协议书》性质的问题

本院认为，2010年4月27日李某生、滕某振与赵某生签订的《协议书》中虽然明确本协议系各方协商双某山工程投资签订，协议内容中也将本案所涉款项定义为“投资款”“利润”，其外观表现形式符合一般合伙投资情形。但上述协议除有“按本金的80%回报利润，共计人民币肆佰万圆整，本金在2011年7月30日还清，利润在工程交工后50天结清”的本金返还和固定利润分配内容外，并没有关于合伙经营的管理、投资风险的负担、经营债务的承担等约定，并不符合法律规定的个人合伙构成要件，即“共同经营、共担风险、共享利润”。三方合同本意并非为通过合伙行为达到联合投资、共同经营、资金的整合目的，而是以合伙投资为名，行民间借贷之实，企图以高额投资回报利润达到规避民间借贷利率上限的合同目的。一审法院关于李某生、滕某振与赵某生之间的协议行为，名为投资，实为借贷，应属于法律规定的民间借贷法律关系，具有事实和法律依据。赵某生、金某公司关于李某生、滕某振与赵某生之间为合伙关系的上诉理由，与查明事实及法律规定相悖，本院依法不予支持。

二、关于金某公司是否应对涉案借款承担还款责任的问题

本院认为，根据李某生、滕某振在一审的起诉状中关于“被告赵某生在金某公司承建黑龙江安某房地产开发有限公司某花园小区3号、4号楼工程期间作为

项目经理向二原告借款，应属二被告（赵某生、金某公司）共同行为，依法应由二被告共同偿还”的内容，李某生、滕某振在本案中针对金某公司行使的债权请求权，即基于借款关系主张金某公司承担还款责任之诉权能否成立，应当以当事人之间是否存在真实借款关系为前提基础。

根据 2010 年 4 月 27 日《协议书》载明内容，明确合同签订人为李某生、滕某振、赵某生，金某公司并非合同当事人。同时，上述协议书中没有赵某生系接受金某公司委托代为签订协议的内容，李某生、滕某振在本案诉讼中也没有向法院提交金某公司委托赵某生签订协议的相关证明文件。涉案的出借款项是直接支付至赵某生个人账户，李某生、滕某振并没有提交相关证据证明金某公司参与涉案借款往来。尽管金某公司在黑龙江省高级人民法院审理的其与黑龙江安某房地产开发有限公司一案提交的起诉状中作出“曾向李某生、滕某振借款用于工程项目建设”的陈述，但依据《最高人民法院关于适用〈中华人民共和国民事诉讼法〉的解释》第九十二条关于“一方当事人在法庭审理中，或者在起诉状、答辩状、代理词等书面材料中，对于己不利的事实明确表示承认的，另一方当事人无需举证证明。对于涉及身份关系、国家利益、社会公共利益等应当由人民法院依职权调查的事实，不适用前款自认的规定。自认的事实与查明的事实不符的，人民法院不予确认”的规定，诉讼上的自认是指当事人就对方当事人主张的不利于己的事实，于诉讼上陈述其为真实的情形。金某公司在本案中并未认可涉案的债务，其在另案中的陈述也不属于生效判决认定和裁判的内容，因此金某公司该项陈述不构成《民事诉讼法》规定的“自认”情形，其性质仅为一般书证。除此起诉状外，李某生、滕某振没有向法院提交确实、充分证据证明其与金某公司之间存在真实借款关系，一审法院仅依据金某公司的该项陈述认定双方存在借款关系，缺乏事实和法律依据。

延伸阅读

裁判观点 1：建筑公司的挂靠人以个人名义对外借款用于项目建设，不属于代表公司履行职务的行为，建筑公司并非借款合同主体。即便借款实际用于项目建设，根据合同的相对性原则，建筑公司也不必承担还款责任。建筑公司违法出借资质，并不导致其需对挂靠人以个人名义对外签订的借款合同承担连带责任。

案例 1：四川省高级人民法院·重庆市华某建筑工程（集团）有限公司、徐某贵民间借贷纠纷再审民事判决书［（2018）川民再 741 号］

本案争议焦点为华某公司是否应当对案涉借款本息承担连带清偿责任。

首先，关于本案借款主体认定问题。赵某称徐某贵以华某公司名义向其借款，并出示了《工程项目责任合同》，其基于对华某公司案涉工程项目的信任而出借款项。为此，赵某在一审起诉时提交了该《工程项目责任合同》等予以证明。但是，经审查该责任合同的整体内容后不难发现，罗某富、徐某贵仅是借用华某公司资质承建案涉工程项目，华某公司收取一定管理费而不参与案涉工程的实际施工，不承担经营风险，由罗某富、徐某贵自行独立筹措施工所需资金，自担风险、自负盈亏，徐某贵只是案涉工程项目的实际施工人之一，并非华某公司的工作人员。赵某、徐某贵将部分合同条文割裂出来单独进行解读，并作为徐某贵已获得华某公司授权对外借款的依据，该理由不能成立。同时，罗某富与徐某贵签订的《投资合作协议》也能印证罗某富与徐某贵作为案涉工程的实际施工人是独立筹措建设资金及完全自行对外开展活动。目前，除了赵某与徐某贵的陈述外，本案并无其他证据显示徐某贵是以华某公司名义借款，且徐某贵向赵某出具的借条以及与赵某签订的借款协议书上，借款人仍明确表述为徐某贵个人，而非华某公司，更未出现华某公司或案涉工程项目部的任何印章。虽借条约定的借款用途涉及案涉工程项目，但鉴于赵某已明知徐某贵系挂靠华某公司承建案涉工程项目的实际施工人之一，不可能因此而对借款主体产生误解。再从借款实际履行过程看，徐某贵向赵某借款后，所借款项均直接付至其个人银行账户。据此，徐某贵在本案中的借款行为系其以个人名义进行的借款行为，并非代表华某公司履行职务行为，亦非经华某公司委托授权后的对外借款行为，更不构成表见代理行为。因此，赵某关于案涉借款相对方是华某公司及徐某贵系有权代理的抗辩理由，缺乏事实依据，亦不能成立。

其次，关于借款用途是否影响还款主体问题。根据合同相对性原则，借款人将借款实际用作何种用途，并不会就此改变或增加借款主体。《最高人民法院关于审理民间借贷案件适用法律若干问题的规定》第二十三条第二款[①]关于“企业法定代表人或负责人以个人名义与出借人签订民间借贷合同，所借款项用于企业生产经营，出借人请求企业与个人共同承担责任的，人民法院应予支持”的规定，也仅是在企业法定代表人或负责人将个人所借款项用于企业生产经营情形时才有所突破。但是，工程项目部是建设施工企业成立的对特定项目工程具体施工

① 编者按：《最高人民法院关于审理民间借贷案件适用法律若干问题的规定》（法释〔2020〕17号2020年第二次修正）第22条。

进行全程管理的临时性职能部门，不是具有民事权利能力和民事行为能力的法人，亦不是具有独立名义、独立财产、规范章程并依法登记的非法人组织，其项目经理或项目负责人不属于该司法解释所指称的企业负责人范畴。因此，上述司法解释规定并不适用于本案的情形，徐某贵个人对外借款是否实际用于案涉项目工程建设，不构成华某公司承担连带还款责任的事实和法律依据。

再次，关于企业违法出借资质是否会导致承担连带责任问题。民事连带责任的承担，应当有法律的明确规定或者当事人的约定。本案中，华某公司作为案涉工程承包方，将案涉工程承包给没有建筑施工企业资质的自然人罗某富、徐某贵，确系违反了法律的禁止性规定，应当依法承担相关法律责任。但是，相关法律、行政法规并未规定建筑施工企业将因此行为而对与其没有合同关系的相对人一律承担连带责任。因此，《建筑法》第二十六条第二款关于禁止企业出借资质或准许个人挂靠企业承揽工程的规定，不能作为华某公司应对徐某贵个人的对外借款承担连带偿还责任的法律依据。

最后，关于徐某贵个人承担还款责任是否有违公平问题。经审查，无论是《工程项目责任合同》及《投资合作协议》，还是重庆市万州区公安局对罗某富的询问笔录，均可表明二人为了获取工程回报，自愿对外融资。徐某贵明知华某公司未授权其以公司名义对外借款，为了自身利益向赵某筹措资金，事后却以其仅系华某公司代理人为由试图推卸还款责任，有违诚信原则，且在违法借用建筑资质问题上，徐某贵本人亦具有明显过错。至于徐某贵因实际施工行为而应当获取的工程款等利益，可依法另行主张，并不存在华某公司无偿占有其施工成果或本案显失公平问题。

综上所述，本案在无充分证据表明华某公司具有明确授权或委托的情况下，徐某贵个人的对外借款行为不属于履行职务行为，亦不构成表见代理行为。本案实质是徐某贵与赵某个人之间的民间借贷纠纷，华某公司并非本案借款合同的当事人。根据合同相对性原则，华某公司不应承担偿还借款责任。赵某依据相关借条或协议，可向徐某贵主张相应权利。二审判决认定华某公司因违反法律禁止性规定应对本案工程借款承担连带清偿责任，属于适用法律不当，本院予以纠正。

裁判观点 2：借款人为集团分公司负责人，并以分公司负责人身份的名义对外借款进行经营活动，属履行职务行为，由公司承担还款责任。

案例 2：山东省高级人民法院·长春建某集团有限公司、长春建某集团有限公司某台分公司民间借贷纠纷二审民事判决书［（2018）鲁民终 1854 号］

首先，从企业的工商登记情况看，长春建某集团在登记设立某台分公司时，向工商行政部门出具了关于于某林任某台分公司总经理的授权委托书并予留存，而企业工商登记信息具有公示效力。其次，从企业经营的实际情况看，长春建某集团认可与于某林存在挂靠关系，双方签订有书面合同，允许于某林挂靠长春建某集团从事工程建设，其间于某林在其某台市的办公场所竖立有“长春建某”招牌，公开进行经营活动，长春建某集团、长春建某集团某台分公司均未提出异议。最后，从当事人陈述情况看，在另外多起诉讼案件中，长春建某集团某台分公司申请数名员工出庭作证，均证实于某林是长春建某集团某台分公司的负责人，已有多份生效判决据此认定于某林系以长春建某集团某台分公司负责人或工作人员的身份从事民事活动。本案于某林系以长春建某集团某台分公司负责人的身份对外借款进行经营活动，属职务行为，而长春建某集团某台分公司不具有法人资格，应由长春建某集团承担相应的民事责任。

第五章　借贷与担保中必知的法律风险

054 非借贷原因形成的借条，属于民间借贷吗？

☞ **阅读提示**

商事活动中由其他基础法律关系形成的债权债务，当事各方通常会以借条、收据等形式进行确认。当债务人未按约定履行债务时，债权人往往以民间借贷为由进行起诉。此时如债务人主张债务形成是因为其他法律关系而非借贷，法院应当依据查明事实按照基础法律关系审理。但借条、收据等凭证是当事人之间通过调解、和解或者清算形成的，应按照民间借贷进行审理。

裁判要旨

债务人能够证明债务是基于其他法律关系而非借贷形成的，法院应当按照基础法律关系进行审理。但当事人已通过调解、和解或者清算达成债权债务协议的除外。

案情简介

一、王某莉与青某交易所签订《股权转让协议》，将其持有的圣某公司20%股份转让给青某交易所。后双方签订《补充协议》，约定股权转让价款按5000万元结算，由青某交易所先支付1000万元，余款4000万元作为青某交易所的借款，分期支付，每月结息，年利率为30%。

二、王某莉提起诉讼，要求青某交易所向其返还借款本息，一、二审法院认定双方为股权转让关系并非民间借贷，并据此调减了违约金。

三、王某莉申请再审，最高人民法院最终裁定双方系股权转让关系，维持了原判决。

裁判要点

本案争议焦点为：青某交易所尚欠的股权转让款是否已转为借款，本案法律关系应当如何定性。对于《补充协议》签订后的剩余4000万元股权转让款，双方虽在《补充协议》中约定作为青某交易所的借款，并对利息标准、结息时间等作出约定，但并不能据此认为双方的基础法律关系已由股权转让关系转为民间借贷关系。

经验总结

民商事实践中，将基于股权转让、投资乃至财产分割等法律关系所形成的债权债务以借贷的形式固定下来，是一种简便易行且较为常见的做法。但是一旦发生纠纷，当事人经常会出于利益考虑否认借贷关系主张基础法律关系。实务中基于基础法律关系进行审理，孳息通常受限于违约金按实际损失进行调整的法律规定，这就意味着当事人虽然蒙受了巨大的可得利益损失，但实际损失往往难以举证。为避免上述情况，债权人将基于其他法律关系形成的债权转化为借贷时，应当另行签署借条、收据等书面文件，并且明确作出对在先债权债务已进行调解、和解或者清算的意思表示。

相关法条

《最高人民法院关于审理民间借贷案件适用法律若干问题的规定》（法释〔2020〕17号　2020年第二次修正）

第十四条　原告以借据、收据、欠条等债权凭证为依据提起民间借贷诉讼，被告依据基础法律关系提出抗辩或者反诉，并提供证据证明债权纠纷非民间借贷行为引起的，人民法院应当依据查明的案件事实，按照基础法律关系审理。

当事人通过调解、和解或者清算达成的债权债务协议，不适用前款规定。

本案链接

最高人民法院·王某莉与青某国际商品交易所有限公司股权转让纠纷一案再审民事裁定书［（2019）最高法民申4122号］

对于《补充协议》签订后的剩余4000万元股权转让款，双方虽在《补充协议》中约定作为青某交易所的借款，并对利息标准、结息时间等作出约定，但并不能据此认为双方的基础法律关系已由股权转让关系转为民间借贷关系。根据《最高人民法院关于审理民间借贷案件适用法律若干问题的规定》第十五条①规定："原告以借据、收据、欠条等债权凭证为依据提起民间借贷诉讼，被告依据基础法律关系提出抗辩或者反诉，并提供证据证明债权纠纷非民间借贷行为引起的，人民法院应当依据查明的案件事实，按照基础法律关系审理。当事人通过调解、和解或者清算达成的债权债务协议，不适用前款规定。"在青某交易所已经依据基础交易关系即股权转让关系对本案的法律关系性质进行抗辩，而《补充协议》也并非经调解、和解或者清算后达成的债权债务协议的情况下，二审判决将本案法律关系性质认定为股权转让纠纷，于法有据。

延伸阅读

裁判观点：对于《最高人民法院关于审理民间借贷案件适用法律若干问题的规定》第十四条中规定的"调解、和解或者清算达成的债权债务协议"，最高院对重新签署借条的一般均予以确认。

案例：最高人民法院·胡某飞、赣州市为某房地产开发有限公司民间借贷纠纷二审民事判决书［（2018）最高法民终946号］

2011年1月，为某公司、胡某飞向杨某胜出具欠条，载明欠杨某胜濂溪路、金龙路项目投资回报款计1600万元，上述欠条是双方当事人的真实意思表示，应为有效。根据《最高人民法院关于审理民间借贷案件适用法律若干问题的规定》第十五条②的规定："原告以借据、收据、欠条等债权凭证为依据提起民间借贷诉讼，被告依据基础法律关系提出抗辩或者反诉，并提供证据证明债权纠纷非民间借贷行为引起的，人民法院应当依据查明的案件事实，按照基础法律关系审理。当事人通过调解、和解或者清算达成的债权债务协议，不适用前款规定。"

①② 编者按：《最高人民法院关于审理民间借贷案件适用法律若干问题的规定》（2020年第二次修正）第14条。

该1600万元投资回报款符合《最高人民法院关于审理民间借贷案件适用法律若干问题的规定》第十五条第二款①之规定，可以按照民间借贷法律关系进行审理。

055 保证期间届满后，保证人签收催收通知书是否构成新的保证合同？

☞ 阅读提示

保证期间经过后，债权人请求保证人承担保证责任的，保证人可主张保证期间经过的抗辩，从而无须承担保证责任。实践中保证人在收到债权人的催款通知书后未仔细审查其中记载的内容，“马马虎虎”就签了名盖了章，之后债权人要求其继续承担保证责任时，才惊觉自己“上当受骗”。本文将通过一个最高人民法院的判例分析：保证期间届满后，保证人签收催收通知书的，何种情况下保证人须继续承担保证责任。

裁判要旨

保证期间届满后保证人盖章签收催款通知书，若通知书中记载的保证债务、保证责任方式及保证期间等内容清楚、明确，符合我国法律有关担保合同成立的规定，并经保证人签章认可，应认定构成了新的保证合同，保证人须继续承担保证责任。

案情简介

一、2013年11月21日，某行城某支行（出借人）与巨某公司（借款人）签订了《人民币资金借款合同》，借款金额为2000万元，期限为2年。同日，四某公司为前述《人民币资金借款合同》项下债务人的一系列债务提供连带责任保证。

---

① 编者按：《最高人民法院关于审理民间借贷案件适用法律若干问题的规定》（2020年第二次修正）第14条。

二、贷款到期后，巨某公司未清偿借款本息，某行城某支行未在保证期间内要求四某公司承担保证责任。

三、2018 年 1 月 16 日，某行城某支行向保证人四某公司发出《逾期贷款（垫款）催收通知书》，该通知载明：“2013 年 11 月 21 日某行城某支行与四某公司签订的 2013123005 号《保证合同》项下债务，已于 2015 年 11 月 20 日到期。至 2018 年 1 月 15 日止，未偿还本金贰仟万元，利息肆佰玖拾贰万零陆拾叁元柒角贰分。四某公司立即履行还款义务，否则某行城某支行要求其承担违约责任。”

四、四某公司签收催收通知书后予以回复，回执载明内容：“我方确认已收到贵行的《逾期贷款（垫款）催收通知书》，且已仔细阅读且理解该通知书的全部内容，并无任何异议，同意将按上述合同/协议约定及该通知书的要求履行还款义务。”四某公司在保证人处签章。

五、此后，某行城某支行向法院提起诉讼，请求判令巨某公司还本付息，判令四某公司对前述债务承担连带清偿责任。一审青海省高级人民法院和二审最高人民法院均判决支持了某行城某支行的诉讼请求。

裁判要点

保证期间届满之后，保证人在催款通知书上签字、盖章或者按指印，是否产生保证人继续承担保证责任的效果，关键是考察保证人与债权人之间是否就保证事宜达成新的合意、形成了新的保证合同。本案中，最高人民法院认为某行城某支行和四某公司通过《逾期贷款（垫款）催收通知书》和回执形成了新的保证合同，因此四某公司应对案涉款项的清偿承担保证责任。

需要说明的是，只要双方对于新的保证合同意思表示一致，达成合意，符合法律、司法解释的规定，就应当根据法律、司法解释的规定予以认定。即使本案中某行城某支行发出的《逾期贷款（垫款）催收通知书》并未载明保证方式、保证期间等保证合同的内容，但这些缺失可通过合同漏洞填补规则进行补正，不影响法院认定双方形成了新的保证合同。

经验总结

一、保证期间届满后，保证人在催款通知书或还款协议等债务确认文件上签名、盖章的行为是否表明保证人放弃保证期间经过的抗辩，不能一概而论。法院在审理此类案件时会对前述文件的内容和形式进行实质性判断，在其成立新的保证合同的情况下，保证人才须继续承担保证责任。

二、提请保证人注意，在收到债权人发送的催款通知书、还款协议等债权确认文书时，一定要反复研读核实，可注意审查以下三点：

1. 保证期间是否已经过，如果保证期间已经过，建议不要在催款通知书上签名、盖章。

2. 警惕催款通知书中记载的“如果保证人在催收通知上签字或盖章即视为接受催收通知书约定”等内容，因为此类条款内容足以证明签章即知晓且同意承担新的保证责任。

3. 警惕附回执单的催款通知书，一般回执单会载明“我（单位）同意将按上述合同/协议约定及该通知书的要求履行还款义务”，并要求保证人在“保证人”处签名、盖章后寄回。在保证人的主观意思表示难以证明的情况下，法院会更倾向于认定保证人寄回已签名、盖章的回执即表示同意继续对主债务承担保证责任。

相关法条

《中华人民共和国民法典》（2021年1月1日实施）

第六百八十四条 保证合同的内容一般包括被保证的主债权的种类、数额，债务人履行债务的期限，保证的方式、范围和期间等条款。

第六百八十六条 保证的方式包括一般保证和连带责任保证。

当事人在保证合同中对保证方式没有约定或者约定不明确的，按照一般保证承担保证责任。

第六百九十二条第二款 债权人与保证人可以约定保证期间，但是约定的保证期间早于主债务履行期限或者与主债务履行期限同时届满的，视为没有约定；没有约定或者约定不明确的，保证期间为主债务履行期限届满之日起六个月。

《最高人民法院关于适用〈中华人民共和国民法典〉有关担保制度的解释》（法释〔2020〕28号 2021年1月1日实施）

第三十四条 人民法院在审理保证合同纠纷案件时，应当将保证期间是否届满、债权人是否在保证期间内依法行使权利等事实作为案件基本事实予以查明。

债权人在保证期间内未依法行使权利的，保证责任消灭。保证责任消灭后，债权人书面通知保证人要求承担保证责任，保证人在通知书上签字、盖章或者按指印，债权人请求保证人继续承担保证责任的，人民法院不予支持，但是债权人有证据证明成立了新的保证合同的除外。

本案链接

最高人民法院·青海四某信用担保有限公司、中国长某资产管理股份有限公司某分公司借款合同纠纷二审民事判决书［（2018）最高法民终1220号］

一审青海省高级人民法院：一审法院认为，2018年1月16日，某行城某支行向四某公司送达《逾期贷款（垫款）催收通知书》，四某公司在回执处签章，该通知书载明了欠付的本金和利息的具体金额。该通知书所附《回执》载明内容：我方确认已收到贵行的《逾期贷款（垫款）催收通知书》，并已仔细阅读且理解该通知书的全部内容，并无任何异议，同意将按上述合同/协议约定及该通知书的要求履行还款义务。四某公司在该回执保证人公章处盖章。因此，某行城某支行虽未能提交其在保证期间内向四某公司主张权利的证据，但其提交了保证期间届满后四某公司签收的《逾期贷款（垫款）催收通知书》及回执。四某公司对该通知书及回执真实性不持异议，结合通知书和回执的内容，根据《最高人民法院关于人民法院应当如何认定保证人在保证期间届满后又在催款通知书上签字问题的批复》① 的规定，“催款通知书内容符合合同法和担保法有关担保合同成立的规定，并经保证人签字认可，能够认定成立新的保证合同的，人民法院应当认定保证人按照新保证合同承担责任”。由于四某公司在《逾期贷款（垫款）催收通知书》回执上明确确认其同意按合同约定和逾期贷款催收通知书的要求履行还款义务，四某公司在此处签章的行为应视为对该份要约达成的承诺行为，符合合同法②及担保法③关于保证合同成立的规定。因此，四某公司仍应对本案巨某公司对某行城某支行所负2000万元借款项下债务承担连带保证责任。四某公司另对1790万元借款合同项下的债务不持异议。故四某公司应对本案《人民币资金借款合同》和《人民币流动资金贷款合同》项下巨某公司对某行城某支行所负债务承担保证责任。

最高人民法院：《最高人民法院关于人民法院应当如何认定保证人在保证期间届满后又在催款通知书上签字问题的批复》④规定：“保证责任消灭后，债权人书面通知保证人要求承担保证责任或者清偿债务，保证人在催款通知书上签字

---

①④　编者按：已失效。

②③　编者按：已失效，被《民法典》吸收。

的……该催款通知书内容符合合同法和担保法有关担保合同成立的规定，并经保证人签字认可，能够认定成立新的保证合同的，人民法院应当认定保证人按照新保证合同承担责任。”《最高人民法院关于适用〈中华人民共和国合同法〉若干问题的解释（二）》[①] 第一条规定：“当事人对合同是否成立存在争议，人民法院能够确定当事人名称或者姓名、标的和数量的，一般应当认定合同成立……”《担保法》[②]第十五条规定：“保证合同应当包括以下内容：（一）被保证的主债权种类、数额；（二）债务人履行债务的期限；（三）保证的方式；（四）保证担保的范围；（五）保证的期间；（六）双方认为需要约定的其他事项。保证合同不完全具备前款规定内容的，可以补正。”第十九条规定：“当事人对保证方式没有约定或者约定不明确的，按照连带责任保证承担保证责任。”本案中，四某公司上诉主张双方不构成新的保证合同，主要理由是“新保证合同能够明确认定不是要求保证人履行原保证责任”，但四某公司对该理解未提出直接依据。从法律、司法解释文义看只要双方对于新的保证合同意思表示一致，达成合意，符合法律、司法解释的规定，就应当根据法律、司法解释的规定予以认定。某行城某支行于2018年1月16日向四某公司发出《逾期贷款（垫款）催收通知书》，该通知载明，2013年11月21日某行城某支行与四某公司签订的2013123005号《保证合同》项下债务，已于2015年11月20日到期。至2018年1月15日止，未偿还本金贰仟万元，利息肆佰玖拾贰万零陆拾叁元柒角贰分。四某公司立即履行还款义务，否则某行城某支行要求其承担违约责任。该通知书回执载明“同意将按上述合同/协议约定及该通知书的要求履行还款义务”。四某公司在保证人公章处加盖公章。根据上述事实，《逾期贷款（垫款）催收通知书》及回执载明内容意思表示清楚，且四某公司在回执处加盖公章，可认定双方对于新的保证合同内容形成合意，因此原审判决认定双方经要约承诺形成保证合同并无不当。

延伸阅读

裁判观点：保证期间届满之后，保证人在催款通知书上签名、盖章并不当然表明保证人继续承担保证责任，只有在该催款通知内容符合《民法典》中有关担保合同成立的规定，并经保证人签名认可，能够认定成立新的保证合同的，保证人才按照新保证合同承担责任。

---

①② 编者按：已失效，被《民法典》吸收。

案例1：最高人民法院·中色（宁夏）东某集团有限公司与中国信某资产管理股份有限公司某省分公司保证合同纠纷二审民事判决书［（2011）民二终字第27号］

关于冶炼厂在信某银川管理部催收通知书上盖章确认行为是否构成了新的保证合同的问题。在本案所涉借款行为发生时，冶炼厂作为保证人向债权人提供了连带责任保证，在其以承债方式兼并原借款人电容器厂并将本案债务转移给星某公司后，其作为保证人的法律地位并没有改变，对此，原债权人石某山某行与冶炼厂亦未产生过争议。在信某银川管理部向星某公司、冶炼厂发出的催收逾期贷款通知书中载明："我单位为上述贷款的保证人，自愿承担新的连带保证责任，保证期间自本催收通知送达签收后两年"。信某银川管理部代表信某陕西公司向冶炼厂主张债权，冶炼厂收到该通知书后盖章予以确认。该催收通知书中记载的保证债务、保证责任方式及保证期间等内容清楚、明确，符合我国《合同法》① 和《担保法》②有关担保合同成立的规定，并经保证人冶炼厂盖章认可，依据法释〔2004〕4号《最高人民法院关于人民法院应当如何认定保证人在保证期间届满后又在催款通知书上签字问题的批复》③ 的规定，应认定在冶炼厂与信某陕西公司之间成立了新的保证合同，冶炼厂应当按照新的保证合同承担保证责任。

案例2：辽宁省高级人民法院·李某清、范某文民间借贷纠纷再审民事判决书［（2018）辽民再193号］

催款通知的内容：借款人韩某宝、担保人范某文于2014年7月25日按月息2%从出借人李某清处借款200万元，截止到2016年7月24日本息合计296万元。其间已归还42万元，尚欠254万元，请于2016年7月24日前一次性偿还。如不能按期足额归还借款，借款人有权向大连开发区人民法院提起诉讼。

本院再审认为，本案的焦点问题是范某文是否应当依据《催款通知》的内容承担保证责任。《最高人民法院关于人民法院应当如何认定保证人在保证期间届满后又在催款通知书上签字问题的批复》④规定："根据《中华人民共和国担保法》的规定，保证期间届满债权人未依法向保证人主张保证责任的，保证责任消灭。保证责任消灭后，债权人书面通知保证人要求承担保证责任或者清偿债务，保证人在催款通知书上签字的，人民法院不得认定保证人继续承担保证责

①② 编者按：已失效，被《民法典》吸收。
③④ 编者按：已失效。

任。但是，该催款通知书内容符合合同法和担保法有关担保合同成立的规定，并经保证人签字认可，能够认定成立新的保证合同的，人民法院应当认定保证人按照新保证合同承担责任。”本案中，认定范某文是否承担保证责任关键在于《催款通知》的内容是否符合新的要约和承诺的要件，是否能够认定为成立新的保证合同。

首先，《合同法》[①] 第十四条规定：“要约是希望和他人订立合同的意思表示，该意思表示应当符合下列规定：（一）内容具体确定；（二）表明经受要约人承诺，要约人即受该意思表示约束。”本案的《催款通知》中明确载明债权人李某清要求借款人韩某宝、担保人范某文于 2016 年 7 月 24 日前一次性偿还尚欠的借款本息 254 万元，其内容具体明确；通知下方担保人处的“确认签字”字样亦表明该要约一经范某文承诺后，李某清即受该意思表示的约束，故该通知的内容符合要约的构成要件，亦不违反担保法[②]关于保证合同成立的相关要求。其次，范某文在通知中担保人“确认签字”处签字的行为应视为其对催款通知内容的认可，而非仅仅是对《催款通知》的确认签收。其行为符合《合同法》[③]第二十一条“承诺是受要约人同意要约的意思表示”的规定。最后，与原借款协议内容相比，有关欠款数额和还款期限均发生变化，表明催款通知是债权人李某清希望范某文就韩某宝的欠款承担新的保证责任。因此，李某清主张与范某文之间形成新的保证合同关系，符合最高人民法院上述批复的规定，范某文应当按照新保证合同的约定，在韩某宝欠付的 254 万元范围内承担保证责任。

案例 3：山西省高级人民法院·五台县德某源小额贷款有限责任公司与闫某军借款合同纠纷再审民事判决书［（2019）晋民再 46 号］

催款通知书的内容：现正式向你书面催款，请您务必尽快与借款人贾某远共同还清全部欠款本息，如对以上内容确认无误，并承诺尽快还款时，请签名按印。落款为：担保人闫某军。

本案争议焦点为闫某军在保证期间届满后又在《催款通知书》上签字，是否形成新的保证合同？催款通知书载明了主债务的种类、数量，保证的主债务内容确定无歧义，争议在于双方当事人在成立保证合同上是否存在合意？催款通知书中“如对以上内容确认无误，并承诺尽快还款时，请签名按印”为成立新保证合同的要约，闫某军在该要约上签字确认，是为承诺。而要求闫某军偿还载明

①②③ 编者按：已失效，被《民法典》吸收。

欠款的要约含义模糊，存在“要求闫某军继续履行原保证责任”及“要求与闫某军达成新的保证合同”的歧义，因此需要对该要约的意思表示进行解释才能认定是否成立新的保证合同。本院认为该要约应解释为“要求闫某军继续履行原保证责任”，理由为：1. 保证合同为单务、无偿合同，所以保证合意应以保证人是否具有担任保证人的意愿为主，即应采纳有利于保证人的解释标准做出解释，本案闫某军主张签字时其领受的意思表示为履行原保证责任，而非订立新的保证合同；2.《担保法》[①] 规定担保活动应当遵循平等、自愿、公平、诚实信用的原则，为保障保证人承担保证责任后的求偿权实现，债权人对其知道或应当知道的对保证人不利的主债务人的资产、信用情况，应主动告知保证人。德某源贷款公司在向主债务人主张案涉债权过程中，应当知道主债务人的相关情况，却未积极告知保证人，与诚实信用原则相悖。

案例4：广东省广州市中级人民法院·广州天某房地产开发有限公司、广东粤某资产管理有限公司等金融借款合同纠纷民事二审民事判决书［（2021）粤01民终3043号］

关于天某公司在《到、逾期贷款催收通知书》及回执上盖章是否成立新的保证合同的问题。首先，某行芳某支行在《到、逾期贷款催收通知书》中明确列明天某公司的身份为担保单位，天某公司在回执收回情况登记中担保单位一栏盖章，也表明天某公司清楚其系借款合同的保证人。其次，从回执的内容看，天某公司承诺按合同（协议）规定履行全部义务，尽早归还所欠借款本息，在落款处作为担保单位盖章，足以确认其与债权人形成了新的保证合同。天某公司提出此处没有法定代表人或者授权代理人签名，但天某公司的盖章是真实的，法定代表人或者授权代理人是否签名并不影响该合同成立。天某公司主张回执的落款处有涂改，但该处将“借款单位”修改为“担保单位”，与《到、逾期贷款催收通知书》中写明的情况和回执收回情况登记的情况一致，此处涂改并未增加或者变更其义务，不影响新的保证合同的效力。因此，本院依法确认天某公司在《到、逾期贷款催收通知书》及回执上盖章已经成立新的保证合同，一审法院据此认定天某公司应承担保证责任，处理正确，本院予以认可。

---

① 编者按：已失效，被《民法典》吸收。

056 抵押权是否有期限？抵押人何时可请求涂销抵押登记？

☞ 阅读提示

很多人认为，抵押权为担保物权，不具有期限性。这一认识是错误的。债权人必须在主债权诉讼时效期间内行使抵押权，主债权诉讼时效届满的，债权人将丧失主债权请求权，基于担保物权的从属性，抵押权亦将归于消灭，届时抵押人可以请求涂销抵押登记。

裁判要旨

抵押权人应当在主债权的诉讼时效期间内行使抵押权。抵押权人在主债权诉讼时效届满前未行使抵押权，抵押人在主债权诉讼时效届满后请求涂销抵押权登记的，人民法院依法予以支持。

案情简介

一、1996年3月29日，王某荣以某套房屋为马某财在某银行和县支行的贷款设定抵押担保，贷款期限为1996年4月29日至1996年10月29日。

二、贷款期限内及此后的若干年，某银行和县支行未要求实现抵押权。

三、2018年7月12日，王某荣提起诉讼，请求判令某银行和县支行配合其解除其房屋的抵押权登记手续。

四、法院最终支持了王某荣的诉讼请求。

裁判要点

本案中，抵押担保的主债权期间为1996年4月29日至1996年10月29日，因此某银行和县支行主张债权的诉讼时效期间是1996年10月30日至1998年10月30日。在诉讼时效期间内，某银行和县支行未要求实现抵押权，因此抵押权消灭，王某荣有权要求涂销抵押登记。

经验总结

一、债权人应当在诉讼时效期间内积极主张抵押权。否则，抵押权将因诉讼时效经过而归于消灭。

二、尽管债权人应当在诉讼时效期间内积极主张抵押权，但需特别注意的是，债权人行使抵押权的期限并非固定的三年诉讼时效期限。这是因为，诉讼时效期间的计算非自然时限的简单经过，会因法定事由中断，进而需要重新开始计算。因此，诉讼时效中断的，只要债权人在重新计算的诉讼时效期限内向抵押人主张了权利，就不会导致抵押权消灭。从这个角度讲，债权人注意积极向债务人主张权利即可，只要主债权未超过诉讼时效，就不会存在抵押权因逾期行使而消灭的问题。就本案而言，如果某银行可以在发放贷款后连续多次向债务人马某财主张权利，主债权从未超过诉讼时效，将可能导致最终的裁判结果发生根本性变化。

三、债权人未在诉讼时效期间内行使导致抵押权消灭的，抵押人可要求债权人协助办理抵押权注销登记手续。如债权人拒不配合的，抵押人可通过诉讼的方式取得相应生效法律文书后，通过强制执行程序注销抵押登记。

相关法条

《中华人民共和国民法典》（2021 年 1 月 1 日实施）

第四百一十九条　抵押权人应当在主债权诉讼时效期间行使抵押权；未行使的，人民法院不予保护。

《最高人民法院关于适用〈中华人民共和国民法典〉有关担保制度的解释》（法释〔2020〕28 号　2021 年 1 月 1 日实施）

第四十四条第一款　主债权诉讼时效期间届满后，抵押权人主张行使抵押权的，人民法院不予支持；抵押人以主债权诉讼时效期间届满为由，主张不承担担保责任的，人民法院应予支持。主债权诉讼时效期间届满前，债权人仅对债务人提起诉讼，经人民法院判决或者调解后未在民事诉讼法规定的申请执行时效期间内对债务人申请强制执行，其向抵押人主张行使抵押权的，人民法院不予支持。

《最高人民法院关于印发〈全国法院民商事审判工作会议纪要〉的通知》（法〔2019〕254号 2019年11月8日实施）

第五十九条第一款 抵押权人应当在主债权的诉讼时效期间内行使抵押权。抵押权人在主债权诉讼时效届满前未行使抵押权，抵押人在主债权诉讼时效届满后请求涂销抵押权登记的，人民法院依法予以支持。

本案链接

马鞍山市中级人民法院·中国某银行股份有限公司和县支行、王某荣抵押权纠纷二审民事判决书［（2019）皖05民终319号］

本案中，王某荣与某银行和县支行之间签订的抵押担保合同中约定的抵押担保的主债权期间为1996年4月29日至1996年10月29日，但直至王某荣起诉时，某银行和县支行仍未主张实现其抵押权或提起诉讼，某银行和县支行的抵押权已远远超过法律的保护期限，其抵押权不再受法律保护。抵押权设立的目的在于担保债务的履行，以确保抵押权人对抵押物的价值享有优先受偿的权利，但抵押权对抵押物本身的使用和转让也均会发生影响，若对抵押权人行使抵押权的期限不进行限制，将使抵押财产长期处于不稳定状态，难以实现法律的规范目的。在债权与为担保债的履行的抵押权并存时，债权是主权利，抵押权是从权利。在主权利已经丧失国家强制力保护的状态下，抵押物上所负担的抵押权也应消灭，这样方能更好地发挥物的效应，故一审法院认定某银行和县支行的抵押权不受法律保护，并支持抵押人王某荣要求解除抵押登记的请求，并无不当。

延伸阅读

裁判观点1：主债权诉讼时效经过，导致抵押权消灭。

案例1：海南省第一中级人民法院·上诉人中国某银行股份有限公司琼海市支行因与被上诉人何某田、原审被告李某信抵押合同纠纷一案民事判决书［（2014）海南一中民一终字第225号］

因抵押权对抵押财产具有权能上的限制，对抵押财产的使用和转让均发生影响，为了便于担保物的流转，充分发挥担保物的使用价值，上述关于抵押权的行使期限即为抵押权的存续期限，而不是抵押权受公权力保护的期限。上诉人某行琼海支行在贷款到期后，怠于行使抵押权，既不利于逾期贷款的及时收回，也不利于维护担保物的交易价值及担保秩序的稳定。

案例 2：北京市第二中级人民法院·张某与陈某弘抵押权纠纷二审民事判决书［（2020）京 02 民终 2981 号］

根据法律规定，抵押权人应当在主债权诉讼时效期间行使抵押权；未行使的，人民法院不予保护。因此，若抵押权人在主债权诉讼时效届满前未行使抵押权，抵押人在主债权诉讼时效届满后请求涂销抵押权登记的，人民法院应予支持。本案中，由于张某未在《借款合同》债权请求权诉讼时效届满前行使抵押权，因此，陈某弘有权要求注销抵押权登记。

裁判观点 2：诉讼时效中断的，只要债权人在重新计算的诉讼时效期限内向抵押人主张了权利，就不会导致抵押权消灭。

案例 3：嘉兴市中级人民法院·袁某华与余某、龚某丁民间借贷纠纷二审民事判决书［（2016）浙 04 民终 502 号］

诉讼时效期间的计算非自然时限的简单经过，会因法定事由中断，进而需要重新开始计算。本案中，债权人袁某华在借期届满后一直向债务人龚某丁追讨，故于借期届满后开始计算的诉讼时效期间在袁某华提出履行要求后中断，经审核计算，至袁某华原审起诉时借款债权并未超过二年的诉讼时效期间……袁某华向龚某丁催讨而未联系过余某，不会当然导致抵押权丧失……故，袁某华本案中行使抵押权的请求于法有据，余某应承担抵押担保责任。

057 借款人变更借款用途，保证人是否承担保证责任？

☞ 阅读提示

债务人变更借款用途，在实务中十分常见。保证人如主张免责，仅证明债务人变更了借款用途是不够的。保证人还必须证明债务人变更借款用途系经过与债权人协商一致，或者证明债权人应当知道债务人改变了贷款用途，但其并没有停止发放借款，方能免除保证责任。

裁判要旨

债务人未经债权人同意擅自改变借款用途的，保证人的保证责任不能免除。

案情简介

一、2016年3月30日，环某公司与某原农商行签订《流动资金借款合同》，某原农商行向环某公司提供流动资金贷款3000万元，约定贷款用途为购买原材料。

二、2016年2月29日，上海瑞某公司向某原农商行出具一份《担保函》，自愿为环某公司在某原农商行处的3000万元贷款提供连带保证责任担保。

三、次日，双方签订《保证合同》。《保证合同》第五条约定，“债权人在本合同项下的权利和利益，不因保证人给予债务人任何宽限、任何延期还款、债权人与债务人对主合同任何条款进行修改、变更或替换等情形而受任何影响。如发生上述情形，视为已征得保证人的事先同意，保证人的担保责任不因此而免除”。

四、上述合同签订后，某原农商行于2016年4月1日向环某公司发放流动资金贷款3000万元，环某公司于当日向华某公司转账支付货款3000万元。

五、实际上，华某公司与环某公司系关联公司，上海瑞某公司提交的证据可以显示华某公司将该笔款项用于偿还旧贷款，与《流动资金借款合同》承诺的用于购买原材料不符。

六、某原农商行诉讼要求上海瑞某公司承担保证责任，上海瑞某公司抗辩认为，环某公司变更贷款用途，主张不承担保证责任。本案经最高人民法院再审，最终判决上海瑞某公司应承担保证责任。

裁判要点

1. 尽管上海瑞某公司提交的证据可以显示华某公司与环某公司系关联公司，且华某公司将该笔款项用于偿还旧贷款。但是，上海瑞某公司未提交证据显示某原农商行对环某公司和华某公司的行为是明知的，亦无法得出某原农商行与环某公司存在恶意串通，骗取上海瑞某公司提供担保的结论。

2. 根据《保证合同》第五条的约定，上海瑞某公司的保证责任不因环某公司改变贷款用途而免除。即使环某公司变更贷款用途，上海瑞某公司也应当对变更后的主合同承担保证责任。

经验总结

一、债务人变更借款用途，在实务中十分常见。保证人是否可因此免责，并不可一概而论，应当具体区分以下情形：

1. 债权人与债务人协商变更借款用途，或者债权人应当知道债务人改变了贷款用途，但其并没有停止发放借款，事后未向债务人提出异议的，构成对保证人的欺诈，保证责任应当免除。

2. 债务人擅自改变借款用途的，保证人的保证责任不能免除。这是因为，债权人将借款实际支付给债务人后，债务人即有权自行支配，在无另行约定的情况下，债权人对债务人如何使用资金并无监管义务。本案即属于该等情况，上海瑞某公司虽可以证明债务人及其关联公司擅自改变了借款用途，但未能证明债权人某原农商行参与或知晓了债务人的行为，因此其再审申请未得到最高院的支持。

3. 债务人擅自改变借款用途的，如果债权人已在保证合同中明确承诺监督借款人专款专用，且未尽监督义务而造成借款被挪作他用的，保证人可以免除保证责任。

二、本案中，《保证合同》第五条约定的以下条款值得债权人借鉴。

“债权人在本合同项下的权利和利益，不因保证人给予债务人任何宽限、任何延期还款、债权人与债务人对主合同任何条款进行修改、变更或替换等情形而受任何影响。如发生上述情形，视为已征得保证人的事先同意，保证人的担保责任不因此而免除。”

上述条款实际上规避了《民法典》第六百九十五条“债权人和债务人未经保证人书面同意，协商变更主债权债务合同内容……加重债务的，保证人对加重的部分不承担保证责任”的规定，在债权人和债务人协商变更贷款用途等情况下，保证人仍需担责。该条款的效力在本案中得到了最高人民法院的认可，并作为判决上海瑞某公司承担保证责任的重要裁判依据。

但需要指出的是，即使债权人在保证合同中加入该条款，也不意味着债权人和债务人可以随便变更主合同的任何条款，该条款的效力仍需结合个案中条款变更的具体程度、对保证人的实质影响等进行判断。例如，债权人债务人协商增加主债务金额的，属明显加重债务的情形，如未经保证人同意，仅依据该条款主张保证人就增加部分的债务金额承担保证责任的，很可能难以得到法院的支持。

相关法条

《中华人民共和国民法典》（2021年1月1日实施）

第六百九十五条第一款 债权人和债务人未经保证人书面同意，协商变更主债权债务合同内容，减轻债务的，保证人仍对变更后的债务承担保证责任；加重债务的，保证人对加重的部分不承担保证责任。

本案链接

最高人民法院·上海瑞某（集团）有限公司、河南新乡某原农村商业银行股份有限公司借款合同纠纷再审审查与审判监督民事裁定书［（2020）最高法民申1920号］

本院经审查认为，关于二审判决认定上海瑞某公司应承担保证责任是否正确的问题。

首先，案涉贷款不符合《担保法司法解释》① 第三十九条第一款、第四十条规定的情形。上海瑞某公司认为，环某公司变更贷款用途，实际贷款使用人为华某公司，案涉贷款属于借新还旧，保证人据此可免除保证责任。经审查，在案涉《流动资金借款合同》签订后，某原农商行将贷款划入环某公司账户，环某公司将该笔款项划入华某公司账户。华某公司与环某公司系关联公司，上海瑞某公司提交的新证据《河南省农村信用社账户历史交易明细清单》显示华某公司将该笔款项用于偿还旧贷款，与《流动资金借款合同》《保证函》承诺的用于购买原材料不符。但是，上海瑞某公司提交的新证据并不能直接显示某原农商行对环某公司和华某公司的行为是明知的，亦无法得出某原农商行与环某公司存在恶意串通，骗取上海瑞某公司提供担保的结论。根据《担保法司法解释》②第三十九条第一款"主合同当事人双方协议以新贷偿还旧贷，除保证人知道或者应当知道的外，保证人不承担民事责任"的规定，以及第四十条"主合同债务人采取欺诈、胁迫等手段，使保证人在违背真实意思的情况下提供保证的，债权人知道或者应当知道欺诈、胁迫事实的，按照担保法第三十条的规定处理"的规定，在上海瑞某公司未举证证明某原农商行与环某公司之间达成贷款用途变更合意或者存在恶意串通的情况下，其主张案涉贷款属于以新贷偿还旧贷，应免除保证人保证责

①② 编者按：已失效。

任，缺乏事实和法律依据。

其次，根据保证合同约定，上海瑞某公司的保证责任不因环某公司改变贷款用途而免除。某原农商行与上海瑞某公司签订的《保证合同》第五条约定："债权人在本合同项下的权利和利益，不因保证人给予债务人任何宽限、任何延期还款、债权人与债务人对主合同任何条款进行修改、变更或替换等情形而受任何影响。如发生上述情形，视为已征得保证人的事先同意，保证人的担保责任不因此而免除。"据此，即使环某公司变更贷款用途，上海瑞某公司也应当对变更后的主合同承担保证责任。

延伸阅读

裁判观点1：贷款人知道或应当知道借款人改变了贷款用途，但其并没有停止发放贷款，事后未向借款人提出异议，亦没有告知保证人并征得其同意，构成对保证人的欺诈，保证责任应当免除。

案例1：最高人民法院·中国光某（集团）总公司与北京京某信托投资公司清算组、北京高某企业有限公司借款合同纠纷案［（2010）民提字第87号］

京某公司本应秉承诚实信用原则和按合同约定履行尽职调查，进而知道或应当知道高某公司改变了贷款用途，但其并没有停止发放上述贷款，事后亦未向高某公司提出异议。对上述改变贷款用途的行为，京某公司亦没有告知保证人光某公司并征得其同意，其市场风险明显超出了保证人的预先设定，亦违背了光某公司提供保证时的真实意思，对光某公司构成了欺诈。本院依据1994年4月15日颁布实施的《最高人民法院关于审理经济合同纠纷案件有关保证的若干问题的规定》[①] 第十九条的规定，应认定光某公司为上述五份《外汇贷款合同》提供的担保无效。申请人光某公司关于其不应对该部分贷款资金的清偿承担保证责任的诉讼请求，理由充分，本院予以支持。

裁判观点2：借款人擅自变更借款用途系借款人自主利用资金之行为，出借人并无监管之义务。在保证人未明确约定借款用途不得变更的情形下，借款人擅自变更借款用途，保证依然有效。

案例2：最高人民法院·山东富某服饰股份有限公司、闵某雷等民间借贷纠纷申请再审民事裁定书［（2015）民申字第3150号］

---

① 编者按：已失效。

对于借款合同当事人而言，虽然借款合同约定了借款用途，但是对于借款人巨某建材公司改变借款用途此节事实而言，系巨某建材公司利用资金的行为，非作为出借人的闵某雷所能掌控，故即使巨某建材公司改变了借款用途，该种行为不能免除借款人的还款义务，亦不能免除担保人富某服饰公司的担保责任。

058 借贷证据不足被驳回诉请，还可否以不当得利起诉？

☞ 阅读提示

实践中，个别出借人由于证据不足而无法证明其与对方当事人之间的借贷事实，最终导致提起的借贷纠纷败诉。在这种情况下，很多出借人认为，既然法院判决无证据表明双方之间存在借贷关系，就说明了原告支付给被告财产是没有法律根据的，这种情况下自然构成“不当得利”，因此如再以不当得利请求被告返还款项，将不费吹灰之力取得胜诉果实。

但实际上，这种认识是错误的。其根源在于仅从文字的表面含义上朴素地理解“不当得利”的概念，而忽略了不当得利作为一项独立的法律制度，具有严格的构成要件。原告此前提起借贷诉讼的行为，恰恰说明其向被告转款系基于其真实意思，资金的变动存在法律上的原因，这不符合不当得利法律制度中“获得利益及利益受损均无法律上的原因”的基本要件。因此，当借贷纠纷案件的诉讼请求被驳回后，又以不当得利为由另行起诉主张权利的，肯定会以失败告终。

反之，如果“出借人”在出借证据不足时转换思路，不提起民间借贷诉讼而直接提起不当得利诉讼，法官反而可能会将证明占有款项合法性原因的举证责任分配给被告一方。一旦被告方举证不能，原告可以取得不当得利诉讼的胜诉判决。

由此可见，诉讼策略的选择对于诉讼结果的成败有至关重要的影响，何时提起诉讼、提起什么诉讼请求，这是一项复杂和专业的工作，切莫让自己对法律朴素的理解造成不可挽回的后果。

裁判要旨

借贷纠纷案件当事人的诉讼请求被驳回后，又以不当得利为由另行起诉主张权利的，人民法院不予支持。

案情简介

林某德曾向林某转款300万元。

一、林某德认为该笔款项系借款，遂提起民间借贷诉讼要求林某偿还。宁德市中级人民法院另案业已生效的［（2012）宁民初字第1号］民事判决认定，该300万元款项非林某德主张的民间借贷，因此驳回林某德的诉讼请求。

二、林某德又以林某取得300万元构成不当得利为由，再次起诉要求林某偿还。

三、本案经最高院再审裁定，认为林某德的给付对象和给付金额非常明确，不符合不当得利的构成要件，因此驳回林某德的诉讼请求。

裁判要点

本案中林某德主张林某对诉争300万元构成不当得利，则其应对产生该不当得利法律关系的基本事实承担举证证明责任。但是，林某德曾提起民间借贷诉讼，主张其给付行为系民间借贷关系，且林某德的给付对象和给付金额非常明确，说明林某德完全是基于其真实意思控制财产的变动，这不符合不当得利法律制度中“获得利益及利益受损均无法律上的原因”的基本要件。因此，法院驳回林某德的诉讼请求。

经验总结

一、不当得利作为一项独立的法律制度，具有严格的构成要件及适用范围，不能作为当事人在其他具体民事法律关系中缺少证据时的请求权基础。根据本案及实践中诸多同类案件的裁判规则，一旦原告提起的借款诉讼被驳回，其再次提起不当得利诉讼也必然会以失败告终。因此当事人在向他人出借借款时，应当签订规范的书面协议，明确双方的借贷关系合意，以防将来在诉讼中处于不利地位。

二、如果借款证据不足，可以考虑不提起借贷诉讼，而直接提起不当得利诉讼。最高法院也有案例认为，当事人在借款诉讼中变更法律关系，将原先主张的借款关系调整为不当得利关系，此时应由接受款项的一方对其占有款项的合法性原因进行举证，否则应承担举证不能的后果，支持原告方不当得利返还的诉讼请求（见“延伸阅读”案例）。

由此可见，诉讼策略的选择对于诉讼结果的成败有至关重要的影响，是否先提起借款诉讼将可能导致不当得利案件出现截然相反的结果。

相关法条

《中华人民共和国民法典》（2021年1月1日生效）

第九百八十五条 得利人没有法律根据取得不当利益的，受损失的人可以请求得利人返还取得的利益，但是有下列情形之一的除外：

（一）为履行道德义务进行的给付；

（二）债务到期之前的清偿；

（三）明知无给付义务而进行的债务清偿。

本案链接

最高人民法院·林某德与林某不当得利纠纷申请再审民事裁定书［（2013）民申字第2332号］

不当得利的基本要件有四：一方获得利益，另一方受到损失，获利与受损之间具有因果关系，获得利益及利益受损均无法律上的原因。现林某德主张其享有不当得利请求权，应当对本案是否符合不当得利的构成要件负举证责任。

虽然不当得利构成要件中，无法律上的原因往往是一种消极事实，举证较为困难。但结合本案事实，林某德自始至终以及新提交的［（2013）思民初字第172号］民事判决书，都在证明其给付行为系民间借贷关系，且林某德的给付对象和给付金额非常明确，说明林某德完全是基于其真实意思控制财产的变动。二审法院认定本案不存在给付意思欠缺或意思错误的情形，不构成不当得利正确。

至于已生效的［（2012）宁民初字第1号］民事判决书的既判力问题，虽然该判决因林某德主张债权依据不足，其诉请被驳回，但依据该判决结果并不必然推定出林某德的给付行为欠缺意思表示。只是基于现有证据，林某德的给付原因无法认定，在给付原因未查明之前，不能有责推定，直接视为无法律上的原因。

故林某德在民间借贷案件中因缺少足够证据再以不当得利请求权要求林某返还款项，事实根据和法律依据不足。至于林某德和林某之间的借贷关系成立与否，本院对此不予审查。

延伸阅读

裁判观点：当事人在借款诉讼中变更法律关系，将原先主张的借款关系调整为不当得利关系，此时应由接受款项的一方对其占有款项的合法性原因进行举证，否则应承担举证不能的后果，支持原告方不当得利返还的诉讼请求。

案例：最高人民法院·路某洁与孙某不当得利纠纷申请再审民事裁定书［（2013）民申字第1639号］

（一）关于本案法律关系的性质问题。

孙某以路某洁拒不返还借款为由起诉，后因路某洁在庭审中否认双方之间存在借贷关系且不存在书面的借款合同，孙某申请变更诉讼请求为返还不当得利。一审法院为此重新指定了一个月的举证期限，此后又开庭审理进行了法庭调查和法庭辩论。根据《最高人民法院关于民事诉讼证据的若干规定》[①] 第三十四条第三款关于"当事人增加、变更诉讼请求或者提出反诉的，应当在举证期限届满前提出"以及第三十五条关于"诉讼过程中，当事人主张的法律关系的性质或民事行为的效力与人民法院根据案件事实作出的认定不一致的，不受本规定第三十四条的限制，人民法院应当告知当事人可以变更诉讼请求"的规定，孙某变更诉讼请求属依法行使诉讼权利，一审法院予以准许并无不当。路某洁关于本案只能以民间借贷作为请求权基础，不能作为不当得利纠纷审理的主张，没有法律依据。

（二）关于举证责任的分配问题。

孙某提供了2007年7月10日至2007年11月23日的银行汇款凭证以及证人证言，证实其将780万元分12次打入路某洁的两个个人账户。路某洁对收到孙某780万元汇款的事实没有异议，且在一、二审庭审中认可双方之间无其他经济业务往来，故孙某已完成对基础事实的举证责任。路某洁主张其合法占有该780万元不需要返还，应就合法占有的事实承担举证责任，以推翻孙某的举证。因路某洁未能提供证据证明占有孙某所汇款项的合法依据，一、二审法院判决由其承担举证不能的法律后果，并无不当。

---

① 编者按：已修改。

059 一方在借款合同上签字后另一方填写合同内容，合同是否成立？

☞ **阅读提示**

借贷协议上利息处空白，借款人签字后即交给出借人，出借人再在空白处填写高息，这是实践中非常容易引发争议的案件类型。借款人通常主张利息是合同订立后对方擅自添加上去的，认为利息约定无效并申请鉴定。那么，法院是否会支持其鉴定申请？借款人在空白协议上签字的行为又会产生哪些法律风险？

裁判要旨

借款人在空白借款协议上签字，应视为对合同内容的概括性授权，合同相对方在空白处可以填写相应的内容。空白借款合同的相关内容被明确后，对借款人具有约束力。

案情简介

一、李某新系宏某酒店公司法定代表人的父亲。2015年7月16日，李某新代表宏某酒店公司与孙某君签订《借款协议》，主要约定：宏某酒店公司向孙某君借款2400万元，孙某君将借款汇入宏某酒店公司指定的账户，借款利息按照月息2.4%。

二、协议签订当日，孙某君、赵某、何某华通过各自的银行账户向宏某酒店公司分别汇入800万元，共计汇入2400万元。宏某酒店公司未按借款协议约定还清本息，孙某君为此提起诉讼。

三、诉讼中，李某新称其不认识孙某君，其是向杨某借款，并将签章后的合同交给杨某，交给杨某时，《借款协议》上的出借人及利率约定均是空白的。宏某酒店公司据此申请对《借款协议》中孙某君签名及其手印、“月2.4%”的形成时间进行鉴定，用于证明前述字迹或手印的形成时间晚于宏某酒店公司加盖印章的时间。

四、本案经襄阳中院一审、湖北高院二审、最高人民法院再审，均未予同意宏某酒店公司的鉴定申请，并认为即使出借人和利息是事后添加的，也不影响《借款协议》的真实性，判决宏某酒店公司向孙某君偿还本息（其中借款利率调整为年利率24%）。

裁判要点

李某新作为完全民事行为能力人，其在空白借款合同上签字的行为应视为对合同内容的概括性授权，合同相对方在空白处可以填写相应的内容。同时，也表明其放弃核实债权人的身份信息，并愿意承担由此带来的法律后果，主观上具有与不特定的债权人成立借款关系的意思表示，空白借款合同的相关内容被明确后，对宏某酒店理应具有约束力。

经验总结

企业家切忌签订空白协议，或者含有空白条款的协议。须知，空白协议不代表没有约定或不成立，利息处空白不代表没有利息。恰恰相反，签订空白协议说明对合同内容的概括性授权，合同相对方在空白处可以随意填写相应的内容。因此，在与他人签订合同时应当仔细审核合同内容，不留空白，合同中重要条款如有留白必须划掉或打叉。

相关法条

《中华人民共和国民法典》（2021年1月1日实施）

第一百四十三条　具备下列条件的民事法律行为有效：

（一）行为人具有相应的民事行为能力；

（二）意思表示真实；

（三）不违反法律、行政法规的强制性规定，不违背公序良俗。

本案链接

最高人民法院·湖北襄阳宏某酒店有限公司、孙某君民间借贷纠纷再审审查与审判监督民事裁定书［（2020）最高法民申1111号］

本院经审查认为，本案的争议焦点为宏某酒店与孙某君之间是否存在民间借贷法律关系。

李某新系宏某酒店的前股东，且系宏某酒店法定代表人李某远的父亲，涉案《借款协议》系李某新代表宏某酒店签订，宏某酒店对此没有异议。从宏某酒店二审期间提交的李某新的询问笔录来看，李某新对借款2400万元的事实并未否认，只是称其不认识孙某君，其是向杨某借款，并将签章后的合同交给杨某，交给杨某时，《借款协议》上的出借人及利率约定均是空白的。关于为什么合同上没写借款人，李某新回答杨某称：没事，把钱给到位就行了。从上述情况可以看出，李某新作为完全民事行为能力人，其在空白借款合同上签字的行为应视为其清楚、理解合同内容，同时也表明其放弃核实债权人的身份信息，并愿意承担由此带来的法律后果，主观上具有与不特定的债权人成立借款关系的意思表示，空白借款合同的相关内容被明确后，对宏某酒店理应具有约束力。二审认定李某新曾将盖有宏某酒店印章的空白借款合同提供给案外人委托其代为借款，宏某酒店将留有空白内容的合同交与合同相对方，其行为应视为对合同内容的概括性授权并无不当。本案针对同一借款事实虽存在两份《借款协议》，但无论借款期限的约定为十天抑或一年，在孙某君已经履行出借2400万元合同义务的情况下，均不影响《借款协议》的效力。如前所述，在李某新将出借人及利率约定均为空白的《借款协议》交给杨某后，《借款协议》上出借人孙某君的签名、利率月2.4%虽系事后添加，亦不影响双方之间《借款协议》的真实性。二审认定宏某酒店与孙某君之间存在民间借贷法律关系并无不当。

本案一、二审期间孙某君均委托了诉讼代理人代为参加诉讼，宏某酒店二审期间的诉讼代理人已经前往看守所对李某新进行了询问，而孙某君亦认可《借款协议》上孙某君的签名及利率月2.4%系事后添加，故二审法院对宏某酒店申请孙某君出庭接受质询、申请法院对李某新进行询问、申请对《借款协议》中孙某君签名及其手印、月2.4%的形成时间进行鉴定未予准许并无不当。

延伸阅读

裁判观点：当事人在空白协议上签字，不影响协议效力。

案例1：浙江省高级人民法院·杨某方与楼某芳等民间借贷纠纷再审民事裁定书［（2015）浙民申字第87号］

杨某方提出，案涉借款合同除其签名外，其余内容均系事后添加，属虚构债权债务。然杨某方认可向徐某燕出具空白借款合同系用于借款，且在二审审理过程中亦确认授权徐某燕对外筹款700万元打至能某洲公司账户。故杨某方出具空白借款合同的行为表明其主观上具有与不特定债权人成立借款关系之意思表示，空白借款合同相关条款经被授权人徐某燕明确后，对杨某方理当具有约束力。

案例2：湖北省高级人民法院·某银行股份有限公司某支行与武汉某航贸易有限公司、湖北某拓重工机械有限公司金融借款合同纠纷二审民事判决书［（2015）鄂民二终字第00188号］

某航公司、某拓公司、夏某波、谢某锋、叶某雄、周某荣上诉称系出于对银行工作人员的信赖在空白保证合同上签字、盖章，因此合同内容非其真实意思表示。但上述上诉人均具有完全民事行为能力，应当知晓在合同上签字盖章的法律后果，其在空白保证合同上签字的行为应推定为作出承担相应的保证责任的意思表示，故对该项上诉理由本院亦不予支持。

060 只有转账记录，可否要回借款？

☞ 阅读提示

双方在未签订任何协议的情况下，一方仅凭转账记录要求对方返还款项，可否得到法院支持？如提供款项一方不能证明支出的转账是出借资金，接收款项一方提供的证据也不足以证明双方还有其他债务关系，应由哪一方承担举证不能的责任？

裁判要旨

原告仅依据转账凭证提起民间借贷诉讼，被告抗辩转账系偿还双方其他债务并提供证据的，原告仍应就借贷关系的成立承担举证责任，否则人民法院对其偿还借款的诉讼请求不予支持。

案情简介

一、2009年5月至6月，刘某亮通过本人及亲属银行账户分10次向焦某敏转款共计3035000元。

二、焦某敏认可实际收到上述款项，但认为该款项系王某伟（系刘某亮之父）支付，系受让焦某敏持有的奥某特公司3.5%股权的股权转让款。王某伟去世后，焦某敏让刘某亮代持。为证明该事实，焦某敏提交了其与刘某亮签署的《代持协议》。刘某亮认可《代持协议》的真实性，但主张所持的股份系员工股权激励，不需要支付对价款。

三、刘某亮提起诉讼，请求焦某敏偿还借款本息。

四、本案经北京市第四中级人民法院一审、北京市高级人民法院二审，均判决驳回刘某亮的全部诉讼请求。

裁判要点

刘某亮仅依据转账凭证提起民间借贷诉讼，焦某敏抗辩称刘某亮转账的款项属于股权转让款，并提交《代持协议》予以佐证。刘某亮的证据未达到《最高人民法院关于适用〈中华人民共和国民事诉讼法〉的解释》第一百零八条第一款规定的高度盖然性的标准。

经验总结

一、出借人要求借款人偿还借款，不仅需要证明存在出借款项事实，也需证明双方存在借款合意。因此，银行转账记录不是万能的，出借人在出借款项时仍应要求借款人出具借条或由双方签署借款协议，出借人在转账时也应备注款项用途为“出借资金”。

二、特别需要说明的是，“存在借款关系”的证明责任由出借人承担，出借人提交转款依据即可认为完成其初步的举证责任，但在借款人否认及提供反证的情况下，出借人证明“存在借款关系”必须达到高度盖然性标准。而被告主张“不存在借款关系”是对原告主张的否认，提出的证据是反证，其仅需使事实再次处于“待证事实真伪不明”的状态即可，无须达到高度盖然性的证明标准。例如，本案中原告提交的证据不足以证明“存在借款关系”，被告提交的证据也不足以证明“不存在借款关系”，因该项事实的证明责任归属原告，应认定原告未完成其举证义务，不予支持原告的诉讼请求。

三、对于接收款项的一方，如其接收款项有合理理由，也应及时和对方锁定款项支付原因、固定证据。否则，一旦对方以借款或不当得利为由提起诉讼，接收款项的一方还有可能被判决返还款项。

相关法条

《最高人民法院关于审理民间借贷案件适用法律若干问题的规定》（法释〔2020〕17号　2020年第二次修正）

第十六条　原告仅依据金融机构的转账凭证提起民间借贷诉讼，被告抗辩转账系偿还双方之前借款或者其他债务的，被告应当对其主张提供证据证明。被告提供相应证据证明其主张后，原告仍应就借贷关系的成立承担举证责任。

《最高人民法院关于适用〈中华人民共和国民事诉讼法〉的解释》（法释〔2022〕11号　2022年修正）

第一百零八条　对负有举证证明责任的当事人提供的证据，人民法院经审查并结合相关事实，确信待证事实的存在具有高度可能性的，应当认定该事实存在。

对一方当事人为反驳负有举证证明责任的当事人所主张事实而提供的证据，人民法院经审查并结合相关事实，认为待证事实真伪不明的，应当认定该事实不存在。

法律对于待证事实所应达到的证明标准另有规定的，从其规定。

本案链接

北京市高级人民法院·刘某亮与焦某敏等民间借贷纠纷二审民事判决书［（2021）京民终46号］

本案中，刘某亮即属于仅依据金融机构的转账凭证提起民间借贷诉讼的情况。针对刘某亮的起诉，焦某敏抗辩称刘某亮转账的款项属于股权转让款，焦某敏还提交了其与刘某亮签署的《代持协议》予以佐证。刘某亮的证据未达到《最高人民法院关于适用〈中华人民共和国民事诉讼法〉的解释》第一百零八条第一款规定的高度盖然性的标准。焦某敏提交的证据虽不能直接而充分地证明其主张，但是刘某亮对于其签署《代持协议》亦未作出合理解释。在此情况下，作为提起本案民间借贷诉讼的刘某亮需要进一步举证证明。在刘某亮不能提供更充分的证据证明其主张的情况下，刘某亮对此应当承担相应的不利后果。

延伸阅读

裁判观点：原告仅依据金融机构的转账凭证提起民间借贷诉讼，被告抗辩转账系偿还双方之前借款或者其他债务的，被告应当对其主张提供证据证明。被告提供相应证据证明其主张后，原告仍应就借贷关系的成立承担举证责任。

案例 1：最高人民法院 · 李某程、上海格某投资管理合伙企业民间借贷纠纷案［（2018）最高法民终 333 号］

本案中，格某企业提交的原迅某公司向李某程转款的部分凭证上虽记载为保证金、贷款保证金、投标保证金、转账、往来款，但上述款项均已进入李某程账户，原迅某公司与李某程之间已形成实际的资金联系。现格某企业认为双方存在民间借贷法律关系，要求李某程承担还款责任，并依据转款凭证提起本案诉讼，根据上述司法解释规定，格某企业已完成初步的举证责任，此时，举证责任应转移至李某程，李某程应就其合理占有上述款项提供证据证明，现李某程无法证明其占有上述款项系原迅某公司偿还双方之前借款或其他债务，故其应承担举证不能的法律后果，一审法院判决其对相应案涉款项承担还款责任并无不当。

案例 2：北京市高级人民法院 · 马某等与房某民间借贷纠纷［（2020）京民终 707 号］

房某作为原告，提交了 2019 年 4 月 24 日的两份各 5 万元的转账凭证，证明其与马某之间的借款关系和其已经实际履行出借义务。虽然其中一张的交易备注栏填写为“转账”，但备注“转账”与房某主张借款并不矛盾。而房某关于两笔借款单独计算，未在《借款协议》项下的借款中予以扣除的解释，亦符合民间借贷的交易习惯，故应当认定房某已经尽到了作为出借人的举证责任。现马某不认可双方之间存在 10 万元的借款合同关系，其对于借款系“其他业务往来款项”的主张，有提供证据予以证明的举证责任。在一审及二审程序中，马某既未能提供相关证据，亦未对双方之间有何其他业务进行合理解释，按照前述法律规定，应当承担举证不能的法律后果。一审法院关于上述 10 万元为借款的认定正确，应予维持。

案例 3：江苏省高级人民法院 · 王某炳与张某新、陈某美民间借贷纠纷申诉、申请民事裁定书［2018 苏民申 5953 号］

本案中，王某炳依据其向张某新银行卡转账 30 万元的银行转账凭证，主张其与张某新之间成立民间借贷关系。张某新抗辩虽收到了该 30 万元，但实际系出借银行卡代梁某华代收并代梁某华向江苏坤某建筑公司交纳工程保证金，张某新并提交了收到王某炳转账的当日和次日，其将上述30万元转入江苏坤某建筑公司和梁某华账户的现金解款单、取款凭条等证据，结合双方当事人所举证据及陈述，以及张某新在大某村镇银行工作的身份，本院认定张某新所述的无须借款、因村镇银行存折转账不方便故其出借银行卡给梁某华的抗辩具备高度可信性。在此情况下，王某炳应就借贷关系成立进一步承担举证责任，但王某炳未能提交借条等书面凭证足以证实借贷合意的成立。

第六章　电子商业汇票必知的法律风险

061 电子商业承兑汇票显示“提示付款待签收”，持票人可否行使追索权？

☞ 阅读提示

在电子商业承兑汇票逾期兑付纠纷中，持票人行使票据追索权时必须提交行使票据付款请求权被拒绝后承兑人出具的拒付证明。在提示付款期限内持票人发起提示付款，而部分承兑人采取不签收付款、不拒绝付款的消极态度，接入机构也未依法代为作出付款或者拒付应答，导致电子承兑汇票持续处于“提示付款待签收”的状态，此等情况是否可以被认定为承兑人拒绝付款呢？

裁判要旨

承兑人怠于作出指令，故意不应答使得电子商业承兑汇票长期处于“提示付款待签收”的状态。此时，即使接入机构未依法代为作出拒付应答，“提示付款待签收”状态的持续本身也已经构成实质上的拒付行为，不会成为合法持票人行使票据追索权的障碍。

案情简介

一、2018 年 7 月 9 日，志某配件厂从案外人云某公司取得可转让的电子银行承兑汇票一张，该票据的承兑人为宝某财务公司，到期日为 2018 年 11 月 8 日。

二、2018 年 11 月 6 日，志某配件厂进行提示付款，承兑人未予签收，系争票据呈“提示付款待签收”状态。11 月 26 日，宝某石化集团工作组发布公告，称自身面临到期票据违约相关问题。12 月 6 日，宝某财务公司向志某配件厂出具《回执函》，载明：“今收到志某配件厂交来的票据兑付资料……将根据相关流程尽快审核答复。”

三、2019年1月2日，山东省聊城市鲁西公证处对该系争电子银行承兑汇票出具的《公证书》显示，系争票据的状态为“提示付款待签收”，未显示已完成付款及票据拒绝等提示信息。

四、2019年3月28日，志某配件厂起诉至法院，请求行使票据的追索权。一审的上海市徐汇区人民法院和二审的上海金融法院均支持了志某配件厂的诉请。

裁判要点

宝某财务公司故意推诿对“提示付款”的指令既不签收也不驳回，放之任之，导致电子承兑汇票长期处于“提示付款待签收”状态，这种持续的状态既是拒绝付款的行为，同时又是拒绝付款的证明；此外，宝某财务公司通过发布公告的方式自认出现票据未能如期兑付，加之其至今未向志某配件厂履行相关义务。综合上述情形判断，可认定宝某财务公司已“拒绝付款”，因此法院判决支持志某配件厂基于追索权请求前手承担票据责任的诉请。

经验总结

一、电子商业承兑汇票到期后及时通过电票系统提示付款，提示付款后承兑人未付款，票据显示“提示付款待签收”的，持票人应及时与承兑人沟通，请求承兑人付款或者作出拒付应答，同时请求接入机构代为付款或者在承兑人账户余额不足以支付票据款项时请求接入机构代承兑人作出拒付应答。

二、如果承兑人拒绝出具拒付证明并且接入机构也未依法代承兑人作出拒付应答，持票人可以电话催促承兑人和接入机构签收或驳回，去承兑人住所地要求对方付款或出具拒付证明，委托律师发律师函提示付款，请求公证人员对拒付情况予以公证并出具公证文书，保留上述书面、视频、语音资料并进一步收集视为承兑人拒付的证据。

三、在电票系统显示“提示付款待签收”的情形下，持票人需格外关注六个月的法定追索期限，建议持票人在第一次提示付款之日起不超过六个月内行使追索权，以避免因法院对“提示付款待签收”持续状态的性质认定不同而错过追索时效丧失对前手的追索权。

相关法条

《中华人民共和国票据法》（2004年修正）

第十七条 票据权利在下列期限内不行使而消灭：

（一）持票人对票据的出票人和承兑人的权利，自票据到期日起二年。见票即付的汇票、本票，自出票日起二年；

（二）持票人对支票出票人的权利，自出票日起六个月；

（三）持票人对前手的追索权，自被拒绝承兑或者被拒绝付款之日起六个月；

（四）持票人对前手的再追索权，自清偿日或者被提起诉讼之日起三个月。

票据的出票日、到期日由票据当事人依法确定。

第五十四条 持票人依照前条规定提示付款的，付款人必须在当日足额付款。

第六十一条 汇票到期被拒绝付款的，持票人可以对背书人、出票人以及汇票的其他债务人行使追索权。

汇票到期日前，有下列情形之一的，持票人也可以行使追索权：

（一）汇票被拒绝承兑的；

（二）承兑人或者付款人死亡、逃匿的；

（三）承兑人或者付款人被依法宣告破产的或者因违法被责令终止业务活动的。

第六十二条 持票人行使追索权时，应当提供被拒绝承兑或者被拒绝付款的有关证明。

持票人提示承兑或者提示付款被拒绝的，承兑人或者付款人必须出具拒绝证明，或者出具退票理由书。未出具拒绝证明或者退票理由书的，应当承担由此产生的民事责任。

第六十三条 持票人因承兑人或者付款人死亡、逃匿或者其他原因，不能取得拒绝证明的，可以依法取得其他有关证明。

《最高人民法院关于审理票据纠纷案件若干问题的规定》（法释〔2020〕18号 2021年1月1日实施）

第七十条 票据法第六十三条所称“其他有关证明”是指：

（一）人民法院出具的宣告承兑人、付款人失踪或者死亡的证明、法律文书；

（二）公安机关出具的承兑人、付款人逃匿或者下落不明的证明；

（三）医院或者有关单位出具的承兑人、付款人死亡的证明；

（四）公证机构出具的具有拒绝证明效力的文书。

承兑人自己作出并发布的表明其没有支付票款能力的公告，可以认定为拒绝证明。

《电子商业汇票业务管理办法》（中国人民银行令〔2009〕第2号　2009年10月16日实施）

第六十条　持票人在提示付款期内提示付款的，承兑人应在收到提示付款请求的当日至迟次日（遇法定休假日、大额支付系统非营业日、电子商业汇票系统非营业日顺延）付款或拒绝付款。

持票人超过提示付款期提示付款的，接入机构不得拒绝受理。持票人在作出合理说明后，承兑人仍应当承担付款责任，并在上款规定的期限内付款或拒绝付款。

电子商业承兑汇票承兑人在票据到期后收到提示付款请求，且在收到该请求次日起第3日（遇法定休假日、大额支付系统非营业日、电子商业汇票系统非营业日顺延）仍未应答的，接入机构应按其与承兑人签订的《电子商业汇票业务服务协议》，进行如下处理：

（一）承兑人账户余额在该日电子商业汇票系统营业截止时足够支付票款的，则视同承兑人同意付款，接入机构应扣划承兑人账户资金支付票款，并在下一日（遇法定休假日、大额支付系统非营业日、电子商业汇票系统非营业日顺延）电子商业汇票系统营业开始时，代承兑人作出付款应答，并代理签章；

（二）承兑人账户余额在该日电子商业汇票系统营业截止时不足以支付票款的，则视同承兑人拒绝付款，接入机构应在下一日（遇法定休假日、大额支付系统非营业日、电子商业汇票系统非营业日顺延）电子商业汇票系统营业开始时，代承兑人作出拒付应答，并代理签章。

本案链接

上海市徐汇区人民法院·上海金某晟东电力科技有限公司、上海展某电力科技有限公司等票据追索权纠纷一审民事判决书［（2019）沪0104民初10691号］

上海金融法院·南京丰某电力科技有限公司与上海金某晟东电力科技有限公司、上海展某电力科技有限公司等票据追索权纠纷二审民事判决书［（2020）沪

74 民终 859 号]

一审法院认为，本案中，票据到期日为 2018 年 11 月 8 日，志某配件厂在 2018 年 11 月 6 日提示付款，虽然志某配件厂在票据到期后十日的提示付款期限内没有再次作出提示付款的行为，但因其在 2018 年 11 月 6 日的提示付款，由于承兑人未予签收而在电子商业汇票系统中呈持续状态，故该提示付款行为的效力及于汇票到期后的提示付款期内。即志某配件厂已在实际上完成了对系争汇票到期后的提示付款，故志某配件厂作为持票人在汇票到期被拒绝付款的情况下可以向背书人行使追索权。根据我国《票据法》规定，付款人对向其提示承兑的汇票，应当自收到提示承兑的汇票之日起三日内承兑或者拒绝承兑，本案中，涉案票据状态一直显示为“提示付款待签收”，付款人这一长期的不签收提示付款信息、不作拒绝承兑的网上操作、不实际付款的行为应视为付款人实质上的拒绝兑付，该证明系争票据长期处于“提示付款待签收”状态的《公证书》可作为系争票据被拒绝兑付的有关证明，故志某配件厂行使追索权的条件已满足。

二审法院认为，丰某公司另主张，志某配件厂未提供法定的拒付证明，不能证明其已被拒绝付款，且目前宝某财务公司没有停止兑付行为，志某配件厂无权行使票据追索权。对此本院认为，《票据法》规定持票人行使票据追索权应当提供拒绝证明等文件，其目的在于约束持票人按照《票据法》规定的行权顺序行使票据权利，拒绝证明等文件的作用在于证明持票人确实已依法提示付款但被拒绝或因法定原因无法提示付款。案涉票据性质为电子银行承兑汇票，根据目前的电子商业汇票系统，若该种类型汇票的承兑人对于持票人的提示付款不应答，持票人客观上无法通过电子商业汇票系统取得拒付证明。宝某财务公司在电子商业汇票系统中对于志某配件厂的提示付款请求一直不予应答，通过发布公告的方式自认出现票据未能如期兑付的情形，并在接受志某配件厂提交的申报材料后直至本案诉讼，始终未向志某配件厂履行相关义务，综合上述情形判断，可认定宝某财务公司已“拒绝付款”。

延伸阅读

关于电子承兑汇票持续显示“提示付款待签收”，是否被认定为承兑人拒付，实务中存在不同认识和裁判观点。

裁判观点 1：司法实践中主流观点认为，即使接入机构未按照《电子商业汇票业务管理办法》第六十条规定代承兑人作出付款或拒付应答，“提示付款待签收”的持续状态实质上系承兑人消极履行兑付义务，构成拒绝兑付。（与主文案例观点相同）

案例 1：陕西省高级人民法院·武汉楚某布料溜槽制造有限公司与西安华某钨制品有限公司买卖合同纠纷申诉、申请再审民事裁定书［（2020）陕民申 2237 号］

本案争议焦点为一、二审判决楚某公司向华某公司支付货款 150 万元是否适当。本案中，华某公司与楚某公司签订买卖合同后，华某公司向楚某公司交付了货物，楚某公司向华某公司支付了价款。其中 150 万元价款是以背书转让电子银行承兑汇票形式支付。在案涉汇票到期日前的 2018 年 11 月 26 日，由于宁夏回族自治区人民政府进驻宝某石化集团有限公司工作组第一次公告案涉电子银行承兑汇票的承兑人宝某石化集团财务有限公司（以下简称宝某石化财务公司）有关票据活动涉嫌违法犯罪，公告要求到期持票人进行登记以便配合公安机关调查，华某公司为此与楚某公司进行交涉，并于 2019 年 1 月 30 日以背书转让形式将案涉 4 张汇票向楚某公司退票，并提起诉讼。本院认为，华某公司已经签收的楚某公司背书转让的 4 张金额共计 150 万元的电子银行承兑汇票（电子商业汇票的一种）属于有价证券，但是华某公司签收票据后，票据未获得承兑付款前，双方之间的债权债务关系并未实际消灭。案涉票据尚未提示付款时，华某公司在知晓承兑人宝某石化财务公司有关票据活动涉嫌违法犯罪后以背书转让形式向楚某公司退票（2019 年 1 月 30 日公证了该行为），然楚某公司最终未签收；本案二审期间，华某公司也提交了 2019 年 9 月 16 日对所持案涉票据的现状打印件，并书面说明是按照票据结算要求，在提示付款期内发出提示付款指令，楚某公司认可其真实性，该票据现状显示是“提示付款待签收”。但是，承兑人宝某石化财务公司并未按照《票据法》第五十四条规定收到提示付款请求当日足额付款，案涉电子商业汇票所涉及的直接接入电子商业汇票系统的金融机构也未按照《电子商业汇票业务管理办法》第六十条规定代承兑人作出付款或拒付应答，由此可见，案涉汇票事实上已经被拒付，能够证实楚某公司以汇票形式支付的 150 万元货款最终华某公司没有实际收到，该部分债权债务并未消灭，原判据此判令楚某公司向华某公司支付该 150 万元货款并无不当。至于双方之间的票据纠纷，可以另行解决。

裁判观点2：有部分法院认为“提示付款待签收”的持续状态还不足以认定承兑人拒绝付款，不符合《票据法》的拒付证明，持票人不享有对前手的追索权。

案例2：三明市中级人民法院·三明市龙某化工有限公司、沙县成某商贸有限公司票据追索权纠纷二审民事判决书［（2019）闽04民终1951号］

虽然电子汇票系统对案涉六张汇票到期日的提示付款申请没有应答信息，对提示付款后的追索信息显示为“非拒付追索”，但该内容尚不足以证明承兑人宝某财务公司拒绝付款的事实从而驳回了上诉人的上诉请求。

裁判观点3：根据《最高人民法院关于审理票据纠纷案件若干问题的规定》第七十条第二款可知“承兑人自己作出并发布的表明其没有支付票款能力的公告”以及其他可以证明付款人客观上无力履行付款义务的文件，具有“拒付证明”的效力，持票人可以依据上述文件向前手行使追索权。

案例3：福建省三明市中级人民法院·福建三明汇某贸易有限公司、三明市龙某化工有限公司票据追索权纠纷二审民事判决书［（2020）闽04民终562号］

虽然龙某公司在本案一审诉讼中没有提供被宝某财务公司的拒绝证明，但提供了《宝某石化集团财务有限公司公告》《宝某石化集团财务有限公司关于票据兑付事项第一次公告》《宝某石化集团财务有限公司票据兑付材料提交回执函》《警情通报》等其他有关被拒绝付款的合法证明。并且在本案二审中提交了2020年4月1日银川市国信公证处出具的《公证书》，证明龙某公司于2020年1月16日申请公证保全证据，以证实被拒绝付款但不能取得拒绝证明的事实。因此，龙某公司并未丧失对其前手汇某公司的追索权，龙某公司向汇某公司主张支付再追索金额的诉讼请求，应当予以支持。

裁判观点4：在承兑人未签收提示付款并且接入机构也未代承兑人作出拒付应答的情形下，电子商业承兑汇票会显示“提示付款待签收”状态，如果持票人在此情况下再次提示付款，票据状态即会显示“逾期提示付款待签收”，此时，不能以“逾期”二字机械地认定为持票人逾期提示付款。

案例4：安徽省蚌埠市中级人民法院·蚌埠中某新材料科技有限责任公司、合肥众某商贸有限公司票据追索权纠纷二审民事判决书［（2020）皖03民终3816号］

关于众某商贸公司是否逾期提示付款。根据众某商贸公司提供的电子银行承兑汇票记载："汇票到期日：2019/02/13，票据状态：提示付款待签收。"电票查询记录显示："票据状态：逾期提示付款待签收。"《电子商业汇票业务管理办法》第六十条第三款规定："电子商业承兑汇票承兑人在票据到期后收到提示付款请求，且在收到该请求次日起第3日（遇法定休假日、大额支付系统非营业日、电子商业汇票系统非营业日顺延）仍未应答的，接入机构应按其与承兑人签订的《电子商业汇票业务服务协议》，进行如下处理：（一）承兑人账户余额在该日电子商业汇票系统营业截止时足够支付票款的，则视同承兑人同意付款，接入机构应扣划承兑人账户资金支付票款，并在下一日（遇法定休假日、大额支付系统非营业日、电子商业汇票系统非营业日顺延）电子商业汇票系统营业开始时，代承兑人作出付款应答，并代理签章；（二）承兑人账户余额在该日电子商业汇票系统营业截止时不足以支付票款的，则视同承兑人拒绝付款，接入机构应在下一日（遇法定休假日、大额支付系统非营业日、电子商业汇票系统非营业日顺延）电子商业汇票系统营业开始时，代承兑人作出拒付应答，并代理签章。"根据上述要求，在承兑人未签收的情况下，接入机构应代承兑人作出付款应答或拒付应答。但实践中，承兑人账户余额不足以支付票据款项时，接入机构可能存在未代承兑人作出拒付应答的情形，此时票据会显示"提示付款待签收"状态，如果持票人在此情况下再次提示付款，票据状态即会显示"逾期提示付款待签收"。根据宝某石化集团财务有限公司关于票据兑付事项第一次公告，2018年宝某石化集团财务有限公司就存在大量到期票据不能兑付的问题，票据兑付处于无人签收的停滞状态，众某商贸公司再次提示付款，票据状态显示"逾期提示付款待签收"符合电子商业汇票系统运作特征，不能以"逾期提示付款待签收"中有"逾期"二字即认定众某商贸公司逾期提示付款。

裁判观点5：在接入机构未依法代承兑人作出拒付应答情况下，电子承兑汇票持续显示"提示付款待签收"视为承兑人拒绝付款，持票人未按照法律规定的时间在被拒绝付款后六个月内向前手行使追索权，则错过追索时效而丧失对前手的追索权。

案例5：山东省高级人民法院·东营市金某源建材有限公司、东营市旭某置业有限公司票据追索权纠纷再审审查与审判监督民事裁定书［（2020）鲁民申2170号］

本案再审审查的焦点问题是原审认定金某源公司行使追索权已过票据权利时效是否具有事实和法律依据。根据原审在卷证据和已查明事实，涉案汇票的到期日为2016年11月30日，金某源公司于2016年12月1日向某行江城支行提示付款，但一直未获得相应付款，后于2018年9月6日向承兑人浙某大学对外技术贸易公司及接入机构某行江城支行寄送律师函，要求某行江城支行按照相应规定出具拒付证明并代理签章。本院认为，根据《电子商业汇票业务管理办法》第六十条第三款第二项的规定，金某源公司在某行江城支行于2016年12月4日仍未付款时，就应当认识到付款被拒绝，其应及时要求承兑人或承兑人的开户行出具拒绝付款证明书并及时行使追索权，但其在此后六个月内未通过合理努力主张权利，其怠于行使权利情形明显，故原审认定金某源公司丧失对其前手的追索权并无不当。

062 票据到期被拒付，持票人能否依据“基础法律关系”向票据直接前手提起诉讼？

☞ 阅读提示

票据到期被拒付时，如果持票人未丧失追索权，则毫无疑问可以基于票据法律关系请求前手付款。实践中，不少持票人因自身过错而丧失对前手的追索权，那么在此等情况下，持票人是否可以基于基础法律关系对直接前手提起诉讼，请求其履行债务呢？此外，当基于票据法律关系的追索权和基于基础法律关系的债权请求权发生竞合时，持票人是否享有选择权呢？

裁判要旨

双方未明确约定交付票据即合同价款请求权归于消灭的情况下，非因持票人原因导致承兑汇票被拒付，持票人享有两种权利，其一，可以基于票据关系主张票据追索权，其二，可以基于票据基础合同关系主张相应的债权请求权，两种权利同时存在、相互独立，系不同的请求权源，持票人有权选择其一主张。

案情简介

一、葛某坝公司承包坤某公司的工程后，在2013年9月16日，与魏某钢结构公司签订了《工程施工合同》，将承包的部分工程转包给魏某钢结构公司施工。

二、魏某钢结构公司施工完毕后，坤某公司代葛某坝公司支付给魏某钢结构公司 300 万元商业承兑汇票以清偿部分工程价款。

三、魏某钢结构公司接受汇票之后将其背书转让，但该承兑汇票最终遭银行拒付。魏某钢结构公司的票据直接后手基于票据追索权向法院提起诉讼，请求魏某钢结构公司作为票据前手承担票据责任。另案已经生效的判决判令魏某钢结构公司作为票据前手承担票据付款责任，并且该判决已经执行完毕。

四、承担了票据责任之后，魏某钢结构公司以工程价款部分未获得清偿为由，基于《工程施工合同》法律关系，向法院提起诉讼，请求法院判令葛某坝公司支付自身未获清偿的工程款。

五、一审新疆维吾尔自治区哈密市伊州区人民法院和二审新疆维吾尔自治区哈密地区中级人民法院在重新认定工程款具体数额的基础上，均支持了魏某钢结构公司的诉请。

裁判要点

持票人与直接前手交易时如果没有任何特别的约定，票据交付构成付款的效力是有条件的。该条件为票据背书人要确保所交付的票据在整个票据付款期间内可获得承兑人付款。票据背书人所交付的票据如果满足上述条件，则交付票据视为已支付款项；反之，交付票据则不应具有支付款项的效力，持票人仍可以依据基础法律关系要求直接前手履行支付款项的义务。

魏某钢结构公司接受汇票并不等于已经收到工程款，只有在承兑变现后，才应视为收到了相应的工程价款。魏某钢结构公司在收取商业汇票后虽将汇票进行了背书，但在汇票被拒付后被法院判决承担付款责任，且已执行，未实际收到工程款。故魏某钢结构公司依然有权向葛某坝公司主张工程款。

经验总结

一、票据到期被拒付，持票人享有两项权利：基于基础法律关系的债权请求权和基于票据法律关系的票据追索权，持票人可择一行使，但选择依据基础法律关系向票据直接前手提起诉讼，一般宜满足以下条件：

1. 基础法律关系涉及的合同中不存在“交付票据即合同价款请求权归于消灭”等类似条款。

2. 持票人持有承兑人出具的拒付证明。实践中承兑人很可能拒绝出具拒付证明，在此等情况下，持票人可以电话督促承兑人付款，去承兑人住所地要求对方付款或出具拒付证明，委托律师发律师函提示付款，请求公证人员对拒付情况予以公证并出具公证文书，保留上述书面、视频、语音资料并进一步收集视为承兑人拒付证据。

3. 票据被拒付不可归责于持票人。

4. 确保被拒绝承兑的汇票能返还给直接前手，以保证直接前手在付款之后能继续向其前手及出票人、承兑人主张票据权利。

二、虽然近年法院裁判的观点几乎均认为持票人对于行使票据追索权还是债权请求权享有选择权，但也有极少数法院认为票据追索权是持票人享有的第一顺序的权利，而基于基础法律关系的债权请求权为第二顺序的权利。因此在两种请求权主张难度相似的情况下，建议在被拒付之后的六个月内优先选择行使票据追索权，以避免因法院对“票据追索权和债权请求权行使是否存在优先顺序”认识不同而错过追索时效丧失对前手的追索权。

三、基于基础法律关系请求直接前手付款，不以持票人享有票据追索权为前提。也就是说，即使因持票人过错导致丧失对前手的追索权，其依旧可以基于基础法律关系起诉直接前手请求其付款。

相关法条

《中华人民共和国民法典》（2021年1月1日实施）

第五百七十七条 当事人一方不履行合同义务或者履行合同义务不符合约定的，应当承担继续履行、采取补救措施或者赔偿损失等违约责任。

《中华人民共和国票据法》（2004年修正）

第六十一条第一款 汇票到期被拒绝付款的，持票人可以对背书人、出票人以及汇票的其他债务人行使追索权。

本案链接

新疆维吾尔自治区哈密地区中级人民法院·中国葛某坝集团股份有限公司与新疆魏某钢结构有限责任公司、哈密市坤某矿业有限责任公司建设工程施工合同纠纷二审民事判决书［（2019）新22民终124号］

一审法院认为：坤某公司代葛某坝公司支付的2张价值300万元的商业承兑

汇票是基于双方之间的建设工程施工合同，而这种合同关系是票据关系背后的基础法律关系。由于涉案商业承兑汇票不能承兑，葛某坝公司并没有完成支付工程款的法定义务。魏某钢结构公司相应享有两种权利，一是基于票据关系主张票据追索权，二是基于票据基础合同关系主张相应的合同权利，两种权利同时存在且属于不同的权源，魏某钢结构公司有权选择其一行使。葛某坝公司以魏某钢结构公司应先行使票据追索权为由的抗辩理由不成立。葛某坝公司垫付的水费 382.5 元、电费 1281.95 元应当从总工程款中扣除。对于油料费因合同未作约定，一审法院未予认定。综上，工程款总计 8184752.45 元。扣减葛某坝公司已支付的工程款 3016261.51 元、水费 382.5 元、电费 1281.95 元、坤某公司代葛某坝公司支付的 200 万元，剩余工程款 3166826.49 元，葛某坝公司应予支付，坤某公司作为发包方应在葛某坝公司欠付工程款的范围内承担垫付责任。利息应从双方账目算清之日起，即鉴定结论下达之日 2017 年 7 月 12 日起按中国人民银行同期贷款利率计算至本判决确定给付之日止。依照《合同法》① 第四十四条第一款，《最高人民法院关于适用〈中华人民共和国民事诉讼法〉的解释》第九十条，《最高人民法院关于审理建设工程施工合同纠纷案件适用法律问题的解释》② 第二十六条，《民事诉讼法》第一百四十五条之规定，遂判决：一、葛某坝公司于判决生效之日起十日内向魏某钢结构公司支付工程款 3166826.49 元及利息（利息自 2017 年 7 月 12 日起按中国人民银行同期贷款利率计算至本判决确定给付之日止）。二、坤某公司在葛某坝公司欠付工程款的范围内承担垫付责任。三、驳回魏某钢结构公司其他的诉讼请求。案件受理费 35398 元，由魏某钢结构公司负担 3263 元，葛某坝公司负担 32134 元。

二审法院认为原审认定事实基本清楚，适用法律正确，仅认定工程款的数额不当，予以纠正。

延伸阅读

实务中，法院的裁判尺度较为统一，仅极少数法院坚持票据追索权系持票人遭受拒付之后享有的第一顺序的权利，因此持票人基于基础法律关系行使债权请求权需以穷尽票据追索权为前提。

---

① 编者按：已失效，被《民法典》吸收。

② 编者按：已失效。

裁判观点 1：在债务人向债权人交付票据而该票据被拒绝付款的情况下，债权人有权基于基础法律关系向债务人主张债权请求权，但要遵从当事人之间的约定。在当事人未约定以票据交付代替债务履行的情况下，债权人选择依据基础法律关系主张债权请求权，人民法院应予支持。（与主文案例观点相同）

案例 1：上海市浦东新区人民法院 · 费某托（中国）有限公司诉厦门市三某和机械有限公司买卖合同纠纷案［（2020）沪 0115 民初 2571 号］

被告以背书涉案汇票的方式向原告支付货款，原告对该种付款方式的接受，并不意味着对其原因关系中债权的放弃。作为买方，被告按期、足额向原告支付货款既是约定义务又是法定义务，被告于 2018 年 11 月 1 日向原告出具还款计划，承诺于 2019 年 3 月 20 日前付清全部货款，在原告主张权利的情况下，被告向原告背书转让涉案承兑汇票，原告取得汇票的行为，系取得相应权利，不能因此给债权人实现合法权益增设不必要的障碍。原告曾试图通过追索权主张票据权利，如果依据《票据法》的规定，原告必须先行使付款请求权后再行使追索权，无疑将增加讼累。作为前手，被告向原告背书涉案汇票的行为，既是对原告实现汇票权利的担保，亦是对自己能够履行付款义务的担保。本院认为，法律并未规定债务人为清偿债务而交付票据时，原因关系中的债务因票据的授受而消灭。原因关系中的债务与票据债务同时并存，票据债务不履行，原因关系中的债务不消灭，只有当票据权利实现时，原因关系中的债务才随之消灭。据此，被告的抗辩理由不能成立，在原告未能实现票据权利的情况下，应视作被告迄今为止未能履行货款的支付义务。

裁判观点 2：持票人遭到付款人拒付之后，应当依法行使票据追索权，而非基于基础法律关系向直接前手主张债权请求权。（与主文案例观点相反）

案例 2：山西省临汾市中级人民法院 · 山西同某达煤化工集团隆某焦铁有限公司、芦某子等与临汾振某益物流有限公司买卖合同纠纷二审民事判决书［（2018）晋 10 民终 366 号］

根据《票据法》规定，票据权利是指持票人向票据债务人请求支付票据金额的权利，包括付款请求权和追索权。该付款请求权是指向票据上载明的付款人请求付款的权利，并非向已完成基础交易关系的合同相对方请求付款。本案中，隆某焦铁公司在将案涉电子商业汇票背书转让给振某益物流公司后，已丧失对该电子商业汇票的相关权利，振某益物流公司在电子商业汇票遭到付款人拒付后，其应当依法行使票据追索权，而非以合同买卖关系为由向隆某焦铁公司要求重新付款100万元。且振某益物流公司在未行使票据追索权的情况下，100万元电子商业汇票的持票人和权利人仍为振某益物流公司，原审法院在隆某焦铁公司已不享有票据权利的前提下，判决隆某焦铁公司向振某益物流公司支付100万元有违票据法的相关规定，应当予以纠正。如前所述，依据本案证据，在隆某焦铁公司与振某益物流公司的合同业已履行完毕的情况下，原审判决芦某子、逄某枝对振某益物流公司主张的货款承担连带责任缺乏依据，亦应予以纠正。综上，原审判决认定事实有误，适用法律不当，依法应予纠正。

裁判观点3：法院在判令支持持票人依据基础法律关系请求直接前手付款时，基于保护直接前手对其前手、出票人以及承兑人的票据权利的考量，会同时判令持票人将票据权利转移给直接前手。

案例3：江苏省淮安市中级人民法院·盱眙县顺某运输有限公司与江苏健某钢管有限公司运输合同纠纷二审民事判决书［（2021）苏08民终237号］

上诉人有权依据基础法律关系向被上诉人主张运费及相应利息。理由如下：上诉人与被上诉人之间签订的《运输业务承包协议书》合法有效，双方当事人均应依约履行。被上诉人以背书方式将票据金额为100万元的案涉电子银行承兑汇票转让给上诉人用以支付运费，上诉人提示付款后，承兑人宝某石化集团财务有限公司并未实际承兑。在此情况下，上诉人既可以选择票据法律关系主张权利也可以选择基础法律关系主张权利，上诉人一审中明确以运输合同法律关系要求被上诉人支付运费并无不当，鉴于被上诉人对上诉人主张的利息起算时点予以认可，被上诉人应向上诉人支付运费100万元及2019年1月20日之后的相应利息，以100万元为基数，以中国人民银行同期贷款基准利率为计算标准，自2019年1月20日起计算至2020年8月19日止，以全国银行间同业拆借中心公布的一年期贷款市场报价利率，自2020年8月20日起计算至款项实际还清之日止。被上诉人在向上诉人清偿债务后，仍可以向其前手行使追索权。鉴于上诉人在二审审理中同意将案涉电子银行承兑汇票的票据权利转移给被上诉人，故本院确认自被上诉人履行完毕本判决确定的义务之日起，被上诉人成为案涉电子银行承兑汇票权利人。

案例4：江西省高级人民法院·上海鑫某钢铁有限公司、赣州江某钨合金有限公司买卖合同纠纷再审民事判决书［（2020）赣民再119号］

本院再审认为，本案中江某钨合金公司和鑫某钢铁公司存在两种法律关系，一是买卖合同法律关系，二是票据债权债务法律关系。在本案所涉电子银行承兑汇票至今未能兑付的情况下，持票人江某钨合金公司享有两种请求权，即基于买卖合同法律关系的原因债权请求权和基于票据债权债务关系的票据追索请求权，江某钨合金公司有权择一选择票据权利或者原因债权提起诉讼。但因电子银行承兑汇票为有价证券权利凭证，故江某钨合金公司在以原因债权主张权利的同时，应当将原票据返还鑫某钢铁公司，以保障鑫某钢铁公司可以向前手及出票人、承兑人再行主张票据权利。然而，本案电子银行承兑汇票目前的票据状态为“逾期提示付款待签收”“质押解除已签收”，江某钨合金公司客观上无法通过电子商业汇票系统将案涉电子银行承兑汇票返还给鑫某钢铁公司。二审判决依据原因债权买卖合同关系判决鑫某钢铁公司继续支付600万元货款，但又未对五张电子银行承兑汇票进行处理，导致江某钨合金公司对货款和票据双重占有，鑫某钢铁公司给付了双倍的货款，但却不能依法取得票据权利进行追索，明显不当，应予纠正。由于本案电子银行承兑汇票目前仍处于无法返还给鑫某钢铁公司的状态，为保障鑫某钢铁公司的票据追索权，本院对江某钨合金公司基于买卖合同法律关系要求鑫某钢铁公司支付案涉汇票对应的600万元款项并承担逾期付款违约金的诉讼请求不予支持。江某钨合金公司可以依法行使其票据权利，另行向宝某石化集团财务有限公司、鑫某钢铁公司或其前手主张票据权利。

裁判观点4：持票人被拒付之后，依据基础法律关系对直接前手享有的债权请求权不以持票人享有追索权为前提，即债权请求权与追索权系两种互不冲突且互相独立的权利。

案例5：浙江省嘉兴市中级人民法院·浙江宝某建设有限公司、桐乡市众某混凝土有限公司买卖合同纠纷再审审查与审判监督民事裁定书［（2021）浙04民申6号］

本院审查后认为，宝某公司基于双方的买卖合同关系向众某公司交付了涉案汇票，众某公司据此可享有两种债权，即买卖合同项下的支付货款请求权（原因债权）与汇票上的付款请求权（票据债权），两种权利并存互不冲突。从现有证据看，宝某公司与众某公司并未明确约定交付票据后即支付货款完毕，故在票据权利实现之前，原因债权并未消灭。现众某公司因向付款人提示承兑后没有回复，出票人和承兑人也无能力支付相应的票据利益，故众某公司的票据权利并未实现，其作为卖方未能获得买卖合同项下的相应对价，仍可依据合同权利请求宝某公司支付货款。原审判决宝某公司支付货款并无不当。综上，宝某公司认为，对前手依照基础法律关系主张权利，以持票人对前手有票据追索权为前提，没有法律依据。

案例6：重庆市第五中级人民法院·重庆铭某机械制造有限公司与重庆彩某一科技发展有限责任公司合同纠纷二审民事判决书［（2019）渝05民终7173号］

本院认为，本案争议的焦点主要系案涉三张商业承兑汇票载明的15万元款项是否应在货款中予以扣除。本案中，铭某公司基于其与彩某一公司之间的欠款关系向彩某一公司交付了商业承兑汇票，该票据交付系以清偿双方的债务为目的，汇票的交付并不当然表示原债权债务关系消灭，只有在彩某一公司得到相应付款时，方能认定原债务消灭。现由于付款人拒付导致票据未能成功兑付，故彩某一公司基于双方的基础法律关系向铭某公司主张付款请求权并无不当。至于铭某公司所述由于彩某一公司未能及时向其行使追索权导致其丧失对前手的追索权问题，由于本案彩某一公司系基于基础法律关系提起的诉讼而并非行使的票据追索权，故铭某公司的该抗辩理由不能成立，本院不予采信。

063 持票人行使追索权时，应如何证明享有票据权利？

☞ 阅读提示

作为票据的被背书人，持票人行使票据追索权向前手追索时，是否需要举证证明自己与直接前手之间存在合法有效的基础法律关系？面对持票人行使追索权，票据债务人以“持票人与直接前手之间基础法律关系缺陷”为理由抗辩是否能得到法院支持？在实践中，法院又是如何认定持票人是否系正当、合法的票据权利人呢？

裁判要旨

《票据法》第十条系管理性规定，持票人与直接前手之间、票据债务人与出票人或者持票人的前手之间的基础法律关系缺陷并不导致票据行为无效。因此作为票据的最后被背书人和持票人，只要票据真实有效，背书连续，持票人即享有票据权利，除非票据债务人能够举证证明持票人具有《票据法》第十二条、第十三条和《最高人民法院关于审理票据纠纷案件若干问题的规定》第十五条规定的票据无因性例外情形。

案情简介

一、于某通过背书转让方式取得浦某银行转账支票四张，每张转账支票金额均为2000万元，共计人民币8000万元。四张支票正面记载：出票人为大某控股公司，收款人为陈某玲，用途为还款，并盖有大某控股公司的财务专用章及法定代表人代某的印章；四张支票背面记载：陈某玲为背书人，于某为被背书人。

二、2014年9月18日，浦某银行作出四份《借方退票通知书》，记载：原收款人为于某，原付款人为大某控股公司，原凭证名称为普通支票，金额均为2000万元，退票理由均为冻结。

三、于某以浦某银行向其出具《借方退票通知书》、其作为持票人对出票人大某控股公司享有票据权利为由，请求法院判决大某控股公司向于某还款并支付逾期付款利息。

四、本案中，大某控股公司的主要抗辩理由是：于某与陈某玲不存在真实交易关系，于某不是合法的持票人，不得向其行使票据追索权。

五、一审大连市中级人民法院、二审辽宁省高级人民法院和再审最高人民法院均支持于某的诉请。

裁判要点

《票据法》第十条的规定属管理性规定，基础法律关系缺陷并不当然导致票据行为无效。《票据法》所特有的无因性则是票据法上的债权债务关系一旦成立，即不受基础法律关系的存在与否或有效无效的影响，故只要持票人是合法取得票据即可行使票据权利。大某控股公司主张于某与陈某玲不存在真实交易关系不仅缺乏事实依据，即使其举证程度达到了证明标准，大某控股公司以持票人于某与直接前手陈某玲之间缺乏基础法律关系进行抗辩亦无法律依据。

经验总结

一、基于票据的无因性，即使票据的基础法律关系存在缺陷，或被解除，或被撤销，均不影响票据行为的有效性，票据债务人以“持票人和直接前手、自己和出票人或其他票据前手之间的基础法律关系缺陷”为由进行抗辩为无效抗辩。

二、如果持票人是票据的被背书人，只要票据有效、背书完整，即认定持票人系正当、合法的票据权利人，持票人无须证明自己取得票据的原因。如果票据债务人主张持票人不享有票据权利，需要举证证明“持票人是以欺诈、盗窃或胁迫等手段取得票据，或者明知有前列情形出于恶意取得票据，或者因重大过失取得票据”。

三、如果持票人非系票据的被背书人，而是通过其他方式取得票据，比如通过直接交付的方式，则持票人只有在举证证明自己系通过合法途径取得票据后，才能享有票据权利。

相关法条

《中华人民共和国票据法》（2004 年修正）

第十条 票据的签发、取得和转让，应当遵循诚实信用的原则，具有真实的交易关系和债权债务关系。

票据的取得，必须给付对价，即应当给付票据双方当事人认可的相对应的代价。

第十二条 以欺诈、偷盗或者胁迫等手段取得票据的，或者明知有前列情形，出于恶意取得票据的，不得享有票据权利。

持票人因重大过失取得不符合本法规定的票据的，也不得享有票据权利。

第十三条 票据债务人不得以自己与出票人或者与持票人的前手之间的抗辩事由，对抗持票人。但是，持票人明知存在抗辩事由而取得票据的除外。

票据债务人可以对不履行约定义务的与自己有直接债权债务关系的持票人，进行抗辩。

本法所称抗辩，是指票据债务人根据本法规定对票据债权人拒绝履行义务的行为。

《最高人民法院关于审理票据纠纷案件若干问题的规定》（法释〔2020〕18 号 2021 年 1 月 1 日实施）

第十三条 票据债务人以票据法第十条、第二十一条的规定为由，对业经背书转让票据的持票人进行抗辩的，人民法院不予支持。

第十四条 票据债务人依照票据法第十二条、第十三条的规定，对持票人提出下列抗辩的，人民法院应予支持：

（一）与票据债务人有直接债权债务关系并且不履行约定义务的；

（二）以欺诈、偷盗或者胁迫等非法手段取得票据，或者明知有前列情形，出于恶意取得票据的；

（三）明知票据债务人与出票人或者与持票人的前手之间存在抗辩事由而取得票据的；

（四）因重大过失取得票据的；

（五）其他依法不得享有票据权利的。

本案链接

最高人民法院·大连大某控股股份有限公司与于某票据追索权纠纷申请再审民事裁定书［（2016）最高法民申 1070 号］

（一）关于于某是否取得票据权利的问题。根据《票据法》第十条“票据的签发、取得和转让，应当遵循诚实信用的原则，具有真实的交易关系和债权债务关系”的规定，票据行为应有真实的票据原因关系，即真实的交易关系。但该条规定应属管理性规定，基础法律关系缺陷并不当然导致票据行为无效。且根据《票据法》第十三条“票据债务人不得以自己与出票人或者与持票人的前手之间的抗辩事由，对抗持票人”的规定，票据基础法律关系（包括票据原因关系）的效力不影响票据关系本身。因涉案票据并未记载“不得转让”或“质押”字样，并且在一、二审诉讼中，于某亦提交了其向前手陈某玲支付款项的凭证、《情况说明》并有证人出庭作证，而尽管大某控股公司一再否认于某与陈某玲之间存在债权债务关系，但未能提供任何证据予以证实。据此，大某控股公司主张于某与陈某玲不存在真实交易关系缺乏证据证明。本案票据真实有效，票据背书连续，于某作为被背书人依法享有票据权利。

（二）关于案外人陈某玲取得涉案支票的基础是否能够向持票人抗辩的问题。大某控股公司提出的因大某集团公司（现已更名为大连长富瑞某集团有限公司）与陈某玲之间存在借款关系，故其将涉案四张支票作为还款之保证提供给陈某玲的主张，属于出票人大某控股公司与持票人的前手陈某玲之间的基础法律关系。依据前述《票据法》第十条、第十三条第一款“票据债务人不得以自己与出票人或者与持票人的前手之间的抗辩事由，对抗持票人。但是，持票人明知存在抗辩事由而取得票据的除外”、第二十一条“汇票的出票人必须与付款人具有真实的委托付款关系，并且具有支付汇票金额的可靠资金来源。不得签发无对价的汇票用以骗取银行或者其他票据当事人的资金”及《最高人民法院关于审理票据纠纷案件若干问题的规定》第十四条[①]“票据债务人以票据法第十条、第二十一条的规定为由，对业经背书转让票据的持票人进行抗辩的，人民法院不予支持”之规定以及票据无因性之原则，即票据的基础法律关系独立于票据关系，票据基础法律关系的效力不影响票据关系的效力。大某控股公司所主张的基础法律关系不能作为本案的抗辩理由，亦不影响于某在本案票据关系中所享有的票据权利。

（三）关于是否存在票据无因性例外情形的问题。大某控股公司认为陈某玲向大某集团公司之借款来自案外人大连隆某地产集团公司与大连德某隆地产开发公司，而于某系大连德某隆地产开发公司的监事，据此认为持票人于某与陈某玲属于同一利益集团，在明知该支票的真实用途的情形下与陈某玲恶意串通的行为应属无效。对此，本院认为，前述《票据法》第十三条以及《最高人民法院关于审理票据纠纷案件若干问题的规定》第十五条[②]“票据债务人依照票据法第十二条、第十三条的规定，对持票人提出下列抗辩的，人民法院应予支持：（一）与票据债务人有直接债权债务关系并且不履行约定义务的；（二）以欺诈、偷盗或者胁迫等非法手段取得票据，或者明知有前列情形，出于恶意取得票据的；（三）明知票据债务人与出票人或者与持票人的前手之间存在抗辩事由而取得票据的；（四）因重大过失取得票据的；（五）其他依法不得享有票据权利的”等规定就票据无因性例外情形作出了明确规定，作为票据债务人的大某控股公司可举证证明上述情形的存在进而免除其票据义务。但在本案中，作为出票人的大某控股公司对其陈述的资金来源缺乏证据证明，并且作为基础法律关系的资金情况不能成为拒绝履行票据义务的抗辩事由；又依据现有证据，于某的身份情况亦不足以认定其是否明知涉案支票的用途、是否与陈某玲存在恶意串通之行为，亦不能据此作为对持票人行使追索权之抗辩事由。因此，大某控股公司无证据证明本案存在符合票据无因性例外规定之情形，其此项主张缺乏事实依据，依法不能成立。

延伸阅读

裁判观点 1：票据持有人满足以下条件即为正当、合法的票据权利人。其一，票据人持有的票据必须为有效票据，满足“票据真实”“票据必要记载事项齐全”“背书连续”等票据有效要件。其二，持票人通过合法途径善意取得票

---

① 编者按：《最高人民法院关于审理票据纠纷案件若干问题的规定》（法释〔2020〕18号）第13条。

② 编者按：《最高人民法院关于审理票据纠纷案件若干问题的规定》（法释〔2020〕18号）第14条。

据，只要持票人不是以欺诈、盗窃或胁迫等手段取得，或者明知有前列情形出于恶意取得，或者因重大过失取得，即可认定属于善意取得。

案例 1：最高人民法院 · 中国民某银行股份有限公司南昌分行、上海红某国际贸易有限公司票据追索权纠纷二审民事判决书［（2017）最高法民终 41 号］

民某银行南昌分行是合法的票据权利人。（一）涉案商业承兑汇票本身是有效票据。涉案商业承兑汇票记载了付款人、收款人、确定的金额、出票日期、出票人签章等必要记载事项，符合《票据法》第二十二条规定，为有效票据。（二）民某银行南昌分行不存在《票据法》第十二条所规定的以欺诈手段取得票据的情形。第一，《贴现宝合作协议》以及《贴现申请表》是三方当事人真实意思的表示，内容并不违法，是有效协议。民某银行南昌分行、有某金属公司、红某公司均在合作协议上盖章确认。红某公司称其受欺骗不知道有此事、公章被偷盖与事实不符，不能采信。第二，合作协议及申请表载明的各方当事人的权利义务明确，且均已按协议履行，不存在哪方被欺骗的事实。根据合作协议，红某公司提交商票、交易合同、增值税发票等材料向民某银行南昌分行申请贴现。红某公司承诺所提交的贴现申请资料以及相关的陈述和说明都是真实、合法、有效和完整的。民某银行南昌分行按照协议约定及红某公司的申请，将贴现款划入红某公司指定的账户。应该说，涉案当事人对贷款的方式、各方责任以及应承担的风险等都是明知的，没有证据证明本案存在隐瞒事实或任何一方被欺诈的事实。

案例 2：陕西省西安市中级人民法院 · 付某峰与刘某阳、太某航空科技有限公司、王某民间借贷纠纷二审民事判决书［（2020）陕 01 民终 15941 号］

依据《票据法》第十条第一款“票据的签发、取得和转让，应当遵循诚实信用的原则，具有真实的交易关系和债权债务关系”之规定，虽票据行为应有真实的票据原因关系，即真实的交易关系。但该条规定应属管理性法条，即使承兑汇票项下没有真实的交易背景，也无法认定票据行为无效。根据票据无因管理性理论，票据的基础法律关系独立于票据关系，票据基础法律关系的效力不影响票据关系的效力。因此，基础法律关系的缺陷并不当然导致票据行为无效。

裁判观点 2：在票据追索权纠纷中，如果持票人非系票据被背书人，需要举证证明票据来源合法且取得票据时无恶意或者重大过失。（举证责任倒置）

案例 3：北京市第三中级人民法院 · 河北通某防腐保温工程有限公司与北京佳某金秋建材有限公司等票据纠纷二审民事判决书［（2021）京 03 民终 323 号］

本院认为，本案争议的焦点是通某公司作为最后持票人是否基于合法手段或者善意且支付了合理对价取得票据。通某公司行使追索权的关键在于审查通某公司是否属于涉案票据的合法持有人，并享有票据权利。票据权利的取得以占有票据为必要，并要求持票人合法、有效的持有票据。根据《票据法》的相关规定，持票人取得票据权利必须具备三个条件：一是持票人应支付对价，二是持票人取得票据的手段合法，三是持票人取得票据时主观上具备善意。本案中通某公司系非经出票、背书等票据行为而通过单纯交付取得票据的持票人，应举证证明票据来源的合法性且在取得票据时无恶意或重大过失。审理中，通某公司向本院提供了《产品订货合同》《河间市巨祥橡塑胶制品经销处的证明》《销货清单》以及案外人出具《证明》《货物运输协议书》，证明其基于真实的买卖交易关系并支付了相应的对价取得了案涉的票据，但上述证据中的二份证明材料不符合证据形式的相关要求，销货清单亦系通某公司单方出具，而《货物运输协议书》的内容亦存在诸多疑点，在通某公司未能进一步提供其他证据予以佐证的情况下，上述证据无法形成较为完整的证据链条，故依据现有证据不足以证明通某公司为合法持票人。

案例 4：江苏省扬州市中级人民法院·高邮市红某锌铝合金厂与姚某强、李某龙票据追索权纠纷二审民事判决书［（2017）苏 10 民终 3598 号］

姚某强并非经背书转让取得案涉票据，其对于票据的取得负有证明责任。现姚某强持有六张商业承兑汇票，且其举证了在汇票到期日后委托收款被付款人拒付的拒绝付款理由书，另，姚某强对于票据取得举证了相关债权转让协议，姚某强根据该债权转让协议对其中 50 万元借款起诉朱某祥时，朱某祥未应诉答辩。综合上述证据审查，可以判断姚某强陈述的票据流转经过属实，案涉票据的被背书人行使追索权，票据逐手回到了票据收款人中某公司法定代表人朱某祥处，朱某祥实施了转让票据追索权的行为，并向受让人交付了票据和拒绝付款理由书。对于票据追索权的转让法律并无禁止性规定，且债务人对让与人的抗辩，可以向受让人主张，票据追索权的转让并不损害债务人权益。红某厂二审中对中某公司提出基础法律关系违约抗辩，但未能提交证明双方之间基础法律关系权利义务内容的证据，故本院对红某厂该抗辩理由不予采信。红某厂一、二审中均对持票人票据来源的合法性提出抗辩，但并未提供相关反驳证据，也没有其他权利人通过公示催告程序对票据主张除权判决等足以否认持票人享有债权的证据。据此，本院对于姚某强取得票据来源的合法性予以确认，持票人姚某强向红某厂主张相应权利，本院依法应予支持。

064 持票人行使票据追索权时，如何确定追索对象？

☞ 阅读提示

汇票作为一种非现金支付凭证，在国内金融行业急速发展的大背景下，扮演着重要的角色。在汇票出票、背书等票据行为过程中因涉及出票人、承兑人、背书人、持票人等众多主体，因此一旦有环节出现问题，往往会导致一系列复杂的票据纠纷诉讼。实践中，持票人可能会因为多种原因遭遇拒付，如何在票据纠纷中确定追索权行使对象，对后续诉讼推进至关重要。

裁判要旨

汇票追索权是指持票人在汇票到期不获付款或期前不获承兑或者有其他法定原因时，对于其前手可以请求偿还汇票金额、利息及费用的权利。持票人在行使汇票追索权时，可以追索的对象包括出票人、背书人、承兑人及保证人，这些追索对象对持票人均承担连带责任，持票人可以选择对其中任何一人行使追索权，也可以选择对其中数人或者全体行使追索权。

案情简介

一、2016年11月17日，北某控股集团有限公司向万某公司出具一份票面金额为200万元，到期日为2017年11月16日的电子商业承兑汇票，万某公司当天将该电子商业承兑汇票背书转让给亿某公司。

二、2016年12月1日，亿某公司将该汇票背书转让给世某公司。

三、2017年11月16日，世某公司于票据到期后向银行提示付款，2017年11月20日银行回复拒付。

四、2017年11月20日，世某公司再次提示付款，2017年11月24日再次收到被拒付回复。

五、世某公司向法院提起诉讼，请求法院判令非直接前手万某公司支付票据款以及利息。万某公司申请追加亿某公司为共同被告。

六、一审福建省晋江市人民法院、二审福建省泉州市中级人民法院和再审福建省高级人民法院均支持了世某公司的诉讼请求，对万某公司要求追加亿某公司为共同被告的申请不予支持。

裁判要点

依据《票据法》第六十八条第二款规定，汇票到期被拒绝付款的，持票人可以对背书人、出票人以及汇票的其他债务人行使追索权，且持票人的追索权可以不按照汇票债务人的先后顺序，对其中任何一人、数人或者全体行使追索权。故世某公司依法享有对万某公司的追索权，万某公司应依照《票据法》第七十条第一款第一项、第二项的规定，支付持票人即世某公司被拒绝付款的汇票金额200万元及提示付款日期至清偿日止，按中国人民银行规定的利率计算的利息。

经验总结

一、持票人行使票据追索权时，对被告的人选、数量等具有选择权。持票人可以选择背书人、出票人、保证人等汇票债务人中的一个或者多个行使追索权，如果未获清偿，持票人还可以继续向其他票据债务人行使追偿权。

二、因票据权利而引起的诉讼，属于《民事诉讼法》第二十五条[①]、《最高人民法院关于审理票据纠纷案件若干问题的规定》第六条规定的票据纠纷，应适用特殊地域管辖，由被告所在地或者票据支付地人民法院管辖。提请注意：票据权利纠纷仅限于因行使票据的付款请求权和票据追索权而引发的纠纷，而票据交付请求权、票据返还请求权、票据损害赔偿请求权、票据利益返还请求权和汇票回单签发请求权等纠纷不适用特殊地域管辖。

三、基于以上两点，建议持票人在行使票据追索权时将案涉票据全部前手列为共同被告，如此，一则可以最大限度地保障自身权益，二则可以根据被告住所地选择最便捷的管辖法院。

相关法条

《中华人民共和国票据法》（2004年修正）

第六十八条　汇票的出票人、背书人、承兑人和保证人对持票人承担连带责任。

持票人可以不按照汇票债务人的先后顺序，对其中任何一人、数人或者全体

---

① 编者按：《民事诉讼法》（2021年修正）第26条。

行使追索权。

持票人对汇票债务人中的一人或者数人已经进行追索的，对其他汇票债务人仍可以行使追索权。被追索人清偿债务后，与持票人享有同一权利。

《中华人民共和国民事诉讼法》（2021年修正）

第二十六条 因票据纠纷提起的诉讼，由票据支付地或者被告住所地人民法院管辖。

本案链接

福建省高级人民法院·万某新材料科技有限公司、苏州世某纺织有限公司票据追索权纠纷再审审查与审判监督民事裁定书［（2019）闽民申1847号］

本院认为，根据《票据法》第六十一条第一款“汇票到期被拒绝付款的，持票人可以对背书人、出票人以及汇票的其他债务人行使追索权”以及第六十八条第二款、第三款“持票人可以不按照汇票债务人的先后顺序，对其中任何一人、数人或者全体行使追索权。持票人对汇票债务人中的一人或者数人已经进行追索的，对其他汇票债务人仍可以行使追索权。被追索人清偿债务后，与持票人享有同一权利”之规定，世某公司有权仅对万某公司行使票据追索权。原审法院根据票据的无因性，对万某公司提出的追加亿某公司为本案当事人的申请不予准许亦无不当。

延伸阅读

裁判观点1：行使票据追索权时，持票人对于被告的人选、数量具有选择权，其可以选择就一个或者多个票据债务人行使追索权。（与主文案例观点相同）

案例1：最高人民法院·恒某银行股份有限公司南通分行、兴某银行股份有限公司哈尔滨分行票据追索权纠纷二审民事判决书［（2017）最高法民终449号］

关于原审法院未追加某农信社作为本案第三人是否正确问题。当事人在诉讼中可以申请追加第三人，但是否允许，由人民法院审查决定。本案系兴某银行提起的票据追索权纠纷，根据《票据法》第六十八条的规定，汇票的出票人、背书人、承兑人和保证人对持票人承担连带责任。持票人可以不按照汇票债务人的先后顺序，对其中任何一人、数人或者全体行使追索权。持票人对汇票债务人中的一人或者数人已经进行追索的，对其他汇票债务人仍可以行使追索权。被追索人清偿债务后，与持票人享有同一权利。兴某银行作为案涉票据的持票人，享有追索对象选择权。兴某银行选择民某银行和恒某银行进行票据追索，并不违反法律的规定。原审法院不予准许恒某银行追加某农信社为第三人并无不当。

裁判观点 2：持票人向票据债务人行使追索权，被追索人付款之后，取得票据权利，可以继续对其前手行使票据追索权，并且可以选择将票据的背书人、出票人、保证人等汇票债务人中的一人或者数人列为被告。

案例 2：北京市第一中级人民法院 · 邦某技术股份有限公司与深圳市世某本原科技股份有限公司票据追索权纠纷二审民事判决书［（2021）京 01 民终 3643 号］

根据《票据法》的规定，汇票到期被拒绝付款的，持票人可以对背书人、出票人以及票据的其他债务人行使追索权。汇票的出票人、背书人、承兑人和保证人对持票人承担连带责任。持票人可以不按照汇票债务人的先后顺序，对其中任何一人、数人或者全体行使追索权。持票人对汇票债务人中的一人或数人已经进行追索的，对其他汇票债务人仍可以行使追索权。被追索人清偿债务后，与持票人享有同一权利。被追索人依规定清偿后，可以向其他汇票债务人行使再追索权。本案现有证据足以证实，世某本原公司取得涉案票据后又进行了背书转让，票据被拒付之后，其后手顺序向前手追索，世某本原公司在诉讼执行程序中向其直接后手清偿了债务，并取回票据，继而取得与最后的持票人相同的权利。

裁判观点 3：持票人行使追索权、被追索人行使再追索权时，对票据的出票人、背书人、承兑人、保证人等票据债务人具有选择权，并且票据纠纷管辖系特殊地域管辖——票据支付地或被告住所地人民法院管辖，因此持票人和被追索人行使票据权利时，间接对管辖法院具有选择权。

案例 3：山西省高级人民法院 · 云南能某物流有限责任公司与山西晋城无某煤矿业集团有限责任公司、山西诚某永和贸易有限公司等票据追索权纠纷民事管辖裁定书［（2020）晋民辖终 25 号］

本院经审查认为，关于山西晋城无某煤矿业集团有限责任公司可否选择上诉人、各原审被告之间行使票据追索权问题，本案系山西晋城无某煤矿业集团有限责任公司提起的票据追索权纠纷，根据《票据法》第六十八条的规定，汇票的出票人、背书人、承兑人和保证人对持票人承担连带责任。持票人可以不按照汇票债务人的先后顺序，对其中任何一人、数人或者全体行使追索权。持票人对汇票债务人中的一人或者数人已经进行追索的，对其他汇票债务人仍可以行使追索权。被追索人清偿债务后，与持票人享有同一权利。山西晋城无某煤矿业集团有限责任公司作为案涉票据的持票人，享有追索对象选择权。山西晋城无某煤矿业集团有限责任公司选择上诉人、各原审被告之间进行票据追索，并不违反法律规定。

关于太原市中级人民法院对本案是否具有管辖权问题，《民事诉讼法》第二十五条①规定："因票据纠纷提起的诉讼，由票据支付地或者被告住所地人民法院管辖。"《民事诉讼法》第二十一条②第三款规定："同一诉讼的几个被告住所地、经常居住地在两个以上人民法院辖区的，各该人民法院都有管辖权。"本案票据追索权涉及上诉人和各原审被告，其中山西诚某永和贸易有限公司住所地为太原市，太原市中级人民法院对本案依法具有管辖权。

065 票据权利时效属于除斥期间还是诉讼时效？

☞ 阅读提示

票据权利时效的性质一直是个有争议的问题。部分观点认为《票据法》第十七条使用了"权利消灭"的措辞，票据权利时效应属于除斥期间或者消灭时效，也有观点认为《最高人民法院关于审理票据纠纷案件若干问题的规定》第十九条规定载明：票据权利时效发生中断，票据时效应属于诉讼时效。那么，票据权利时效的性质究竟为何呢？

裁判要旨

票据权利时效不属于除斥期间，持票人被拒付之后，在六个月内的追索权时效期内向票据前手主张权利的，发生票据权利时效中断的效果。

案情简介

一、2019年9月23日，团某公司（出票人）向中某二局三公司（收款人）

---

① 编者按：《民事诉讼法》（2021年修正）第26条。

② 编者按：《民事诉讼法》（2021年修正）第22条。

出具电子银行承兑汇票（以下简称案涉汇票），到期日为2020年9月23日，票据号码为×××08620190923479205869。

二、2019年9月25日，中某二局三公司将案涉汇票背书转让给金某公司。2019年9月27日，金某公司将案涉汇票背书给筑某义经销部。2020年9月28日，作为持票人的筑某义经销部向团某公司提示付款，但被拒付。

三、2020年10月16日，筑某义经销部将团某公司、中某二局三公司和金某公司诉至法院，行使对案涉汇票的票据追索权。后因筑某义经销部未在法律规定的时间交纳诉讼费，该案按其撤回起诉处理。

四、2021年4月9日，筑某义经销部再次以团某公司、中某二局三公司和金某公司为被告行使票据追索权，诉讼过程中，中某二局三公司主张“2020年9月28日筑某义经销部提示付款被拒付，到2021年4月9日筑某义经销部行使票据追索权，已经经过了6个月的除斥期间，筑某义经销部享有的票据追索权消灭”，一审北京市丰台区人民法院和二审北京金融法院均不支持中某二局三公司的前述主张。

裁判要点

根据《最高人民法院关于审理票据纠纷案件若干问题的规定》第十九条的规定，票据权利时效发生中断的，只对发生时效中断事由的当事人有效。也就是说，票据权利时效是可以发生中断的。由此可知，中某二局三公司认为票据追索权属于除斥期间的主张，缺乏法律依据。

2020年10月16日，筑某义经销部曾以提起诉讼的方式向中某二局三公司行使票据追索权，该行为使得票据权利时效发生中断。故而筑某义经销部于2021年4月9日提起本案诉讼，未超过票据追索权行使期限。

经验总结

鉴于目前法院对票据权利时效的性质认识不统一，建议持票人严格遵循《票据法》第十七条的规定，在票据权利时效期内积极行使权利，不可过分仰赖票据权利时效中断制度。

相关法条

《中华人民共和国票据法》(2004年修正)

第十七条 票据权利在下列期限内不行使而消灭:

(一)持票人对票据的出票人和承兑人的权利,自票据到期日起二年。见票即付的汇票、本票,自出票日起二年;

(二)持票人对支票出票人的权利,自出票日起六个月;

(三)持票人对前手的追索权,自被拒绝承兑或者被拒绝付款之日起六个月;

(四)持票人对前手的再追索权,自清偿日或者被提起诉讼之日起三个月。

票据的出票日、到期日由票据当事人依法确定。

《最高人民法院关于审理票据纠纷案件若干问题的规定》(法释〔2020〕18号 2021年1月1日实施)

第十九条 票据法第十七条规定的票据权利时效发生中断的,只对发生时效中断事由的当事人有效。

本案链接

北京金融法院·中某二局第三建筑工程有限公司等与太原市晋源区筑某义建材经销部票据追索权纠纷二审民事判决书[(2021)京74民终610号]

本院认为,本案的争议焦点为中某二局三公司是否应向筑某义经销部支付30万元及利息。案涉汇票的出票日为2019年9月23日,到期日为2020年9月23日。2020年9月28日,筑某义经销部提示付款被拒付。根据法律规定,筑某义经销部为案涉汇票的合法持票人,在汇票到期被拒绝付款后,依法有权向作为出票人和背书人的团某公司、中某二局三公司、金某公司行使追索权,团某公司、中某二局三公司、金某公司应当承担支付票据金额的义务,并支付自票据到期日或提示付款日起的利息。根据已查明的事实,2020年10月16日筑某义经销部将团某公司、中某二局三公司和金某公司诉至法院,要求行使对案涉汇票的票据追索权,虽然该案因筑某义经销部未在法律规定的时间交纳诉讼费按其撤回起诉处理,但能够证明筑某义经销部在被拒绝承兑后六个月内通过提起诉讼的方式向团某公司、中某二局三公司和金某公司行使了票据追索权,且团某公司、中某二局三公司和金某公司也已经知晓该情况,应视为发生了票据时效的中断。中某二局三公司上诉认为筑某义经销部超过除斥期间怠于行使票据追索权,其票据追索权于2021年3月28日消灭，但是根据《最高人民法院关于审理票据纠纷案件若干问题的规定》第二十条[①]的规定，票据权利时效发生中断的只对发生时效中断事由的当事人有效，也就是说票据权利时效是可以发生中断的，由此可知中某二局三公司认为票据追索权属于除斥期间的上诉意见，缺乏法律依据，本院不予采信。筑某义经销部于2021年4月9日提起本案诉讼，未超过票据追索权行使期限，中某二局三公司应承担支付票据金额的义务，并支付自票据到期日或提示付款日起的利息。

延伸阅读

裁判观点1：票据权利时效系消灭时效而非除斥期间，类似于民法上的诉讼时效，在中断事由发生时，票据权利时效中断。持票人提示付款被拒付后，以诉讼方式向票据前手行使追索权的，发生时效中断的效果。（与主文案例观点相似）

案例1：浙江省嵊州市人民法院·嵊州市中某园林景观工程有限公司与嵊州市田某物资经营部、上海妃某实业有限公司票据追索权纠纷一审民事判决书［（2020）浙0683民初739号］

本院认为，《票据法》第十七条第一款第四项中关于再追索权期限三个月的规定，属于消灭时效而非除斥期间，类似于民法上的诉讼时效，在中断事由发生时，票据权利时效中断。原告在2019年11月8日被其后手四川同某包装有限公司和遵义市春某瑞贸易有限公司以诉讼的方式追索后，即于同年12月2日起诉向上述各被告行使再追索权，且本院以公告方式向各被告发送了诉状副本等诉讼文书，后虽因未按时交纳诉讼费用于2020年2月27日被本院裁定按撤诉处理，但时效中断事由已经发生，因此原告再次在2020年3月2日向本院起诉各被告行使票据再追索权时，并未超过票据法规定的行使再追索权的票据权利时效。

裁判观点2：票据权利时效系除斥期间，属于不变期间，不应适用民事诉讼时效中止、中断、延长的规定。

案例2：河南省平顶山市卫东区人民法院，蓝某（北京）化工机械有限公司与河南神某氯碱发展有限责任公司票据追索权纠纷一审民事判决书［（2020）豫0403民初793号］

关于蓝某公司主张的票据权利时效因不可抗力是否可发生中止中断并顺延的

---

① 编者按：《最高人民法院关于审理票据纠纷案件若干问题的规定》（法释〔2020〕18号）第19条。

问题。庭审中，蓝某公司主张受新冠肺炎疫情的不可抗力影响而无法行使票据权利期间，申请应当适用诉讼时效中止的规定。本院认为《票据法》第十七条第四项中的“三个月”应当为除斥期间，为法定的诉讼期限，不应适用民事诉讼时效中止、中断的规定。

案例3：内蒙古自治区锡林郭勒盟中级人民法院·锡林郭勒盟诺某信运输有限公司、内蒙古康某爆破有限责任公司等与中国重某集团济南卡车股份有限公司、内蒙古大唐国际锡某浩特矿业有限公司票据追索权纠纷二审民事判决书［（2020）内25民终1185号］

关于票据追索权是否超除斥期问题。根据庭审已查明事实，重某公司以大唐锡某公司及诺某信公司为被告向原审法院起诉时间为2019年10月17日。之后，重某公司又向原审法院申请追加票据前手的背书人康某公司、金某公司、鑫某公司为共同被告时间为2019年10月30日，依照《票据法》第十七条第三项规定：持票人对前手的追索权，自被拒绝承兑或者被拒绝付款之日起六个月内不行使而消灭。由此可见，重某公司向诺某信公司、康某公司、金某公司及鑫某公司行使票据追索权尚未超过法定六个月的除斥期间，且在一审中诺某信等四公司未提出时效抗辩，二审也未能举出新的已超时效证据，依照《最高人民法院关于审理民事案件适用诉讼时效制度若干问题的规定》第四条①第一款规定，诺某信等四公司的前述主张，缺乏事实与法律依据，不予支持。

裁判观点3：票据权利时效制度有别于诉讼时效制度，票据时效届满则持票人的票据权利消灭而不是使得票据前手获得“胜诉权”，因此，不同于诉讼时效制度，人民法院能主动适用票据权利时效。

案例4：上海市第二中级人民法院·某银行股份有限公司上海创智天地支行、中某冶集团有限公司华东分公司等与上海善某坊贸易有限公司、石某等票据追索权纠纷二审民事判决书［（2017）沪02民终3928号］

关于第二个争议焦点，本院认为，首先，上诉人某行创智天地支行称该行已在票据时效期间多次向善某坊公司及周某龙、石某催讨，但未提供任何证据证明，故对此说法本院不予采信。其次，关于人民法院可否主动适用票据权利时效的问题。本院认为，《票据法》第十七条规定，持票人对前手的追索权，自被拒

① 编者按：《最高人民法院关于审理民事案件适用诉讼时效制度若干问题的规定》（2020年修正）第3条。

绝承兑或者被拒绝付款之日起六个月内不行使而消灭。该条文明确了票据权利人在一定期间不行使权利的法律后果，即为票据权利的消灭。票据权利时效有别于诉讼时效。诉讼时效期间届满，义务人可进行诉讼时效抗辩，权利人丧失了胜诉权，但实体权利依然存在，而票据时效的经过将直接导致票据权利的消灭。但同时，票据时效届满仅消灭了票据权利，也并不必然导致持票人其他实体上权利的丧失。因此，本院认为，票据权利时效是票据法上的特别规定，它与票据的流通功能相适应，旨在维护票据法律关系的稳定与秩序。原审法院主动适用票据权利时效的规定，认定上诉人某行创智天地支行票据权利对相应前手的票据权利归于消灭，符合法律规定，并无不当。至于上诉人某行创智天地支行所提及的“票据法第十七条规定的票据权利发生中断的，只对发生时效中断事由的当事人有效”这一条文，本院认为，该条目的在于区分票据上不同当事人（如出票人、背书人、保证人等）以认定票据权利时效，体现了票据行为的独立性，而不是将票据权利时效制度等同于诉讼时效制度。

裁判观点 4：票据权利时效是票据法上关于票据权利期限的特别规定，除《票据法》中明确规定因持票人行使票据权利而发生的中断事由外，并无其他中止、中断、延长等法律规定，票据权利时效经过，直接导致票据权利消灭的法律后果。

案例 5：天津市第三中级人民法院 · 文安县天某再生资源有限公司、天津万某盛达科技有限公司等票据追索权纠纷民事二审民事判决书［（2021）津 03 民终 968 号］

票据权利时效是票据法上关于票据权利期限的特别规定，除《票据法》中明确规定因持票人行使票据权利而发生的中断事由外，并无其他中止、中断、延长等法律规定，票据权利时效经过，直接导致票据权利消灭的法律后果。本案中，天某公司在涉诉汇票拒付后，除在法定期限内向出票人和承兑人国某公司主张权利外，未提供充分证据证实在法定期限向其他前手依法行使追索权，因法律规定的持票人对前手的追索权应自被拒绝承兑或者被拒绝付款之日起六个月内行使，截至天某公司向一审法院起诉时已超过六个月未进行有效追索，其向相应前手的追索权因票据权利时效经过而归于消灭。至于天某公司主张适用因新冠肺炎疫情原因致诉讼时效中止的相关意见，一则天某公司通过电子商业汇票系统行使追索权不受疫情因素影响，二则票据权利时效不属于诉讼时效，亦无中止之法律依据，故对天某公司上述理由不予采信。

066 直接前手能否主张“已经以票据支付了合同价款”?

☞ 阅读提示

商业承兑汇票的持票人在票据被拒付之后，可以选择基于基础法律关系起诉票据直接前手，请求其支付相关的款项。诉讼中，直接前手往往大喊冤枉，主张“我明明已经把商票背书转让给你了，付款完毕了呀”，那么直接前手的该等抗辩是否能得到法院支持呢?

裁判要旨

在无双方特别约定交付票据则债权债务关系消灭的情况下，债务人为清偿债务而交付票据时，基础法律关系中的债务与票据债务同时并存。票据债务不履行，基础法律关系中的债务不消灭。只有当票据权利实现时，基础法律关系中的债务才随之消灭。

案情简介

一、泉某化工公司（买受人）与中某木业板材厂（出卖人）存在买卖板材业务，2019 年初双方协商结算货款事宜，商定总金额为 20 万元，使用商业承兑汇票支付。后泉某化工公司将尾号为 3247 的电子商业承兑汇票背书给中某木业板材厂。

二、票据到期后，中某木业板材厂提示付款被拒付，故而基于板材买卖合同以泉某化工公司为被告向法院提起诉讼，请求法院判令泉某化工公司清偿拖欠的货款。诉讼过程中被告主张“已通过背书转让票据的方式履行完毕了合同项下付款义务”，对该抗辩，二审山东省临沂市中级人民法院不予认可，并最终支持了中某木业板材厂的诉讼请求。

裁判要点

本案的争议焦点为“交付票据是否视为结清合同款”。如果合同双方未约定“交付票据后基础法律关系项下的付款义务即消灭”，则基础法律关系中的债务与票据债务同时并存。票据债务不履行的，基础法律关系中的债务不消灭，只有当票据权利实现时，基础法律关系中的债务才一同消灭。

作为持票人的中某木业板材厂，在票据到期后被拒付，此等情况下，应视作被告迄今为止未能履行货款支付义务，被告提出的“已通过背书转让票据的方式履行完毕了合同项下付款义务”系无效抗辩。

经验总结

一、对于持票人，票据到期被拒付的，除可以向出票人、承兑人、背书人、保证人等追索票据款项外，还可以基于基础法律关系向票据直接前手主张对应款项。

二、对于票据直接前手，面临持票人基于基础法律关系提起的民事诉讼，主张“已通过背书转让票据的方式履行完毕了合同项下付款义务，持票人享有的合同付款请求权已消灭”，属于无效抗辩。

相关法条

《中华人民共和国票据法》（2004 年修正）

第六十一条第一款　汇票到期被拒绝付款的，持票人可以对背书人、出票人以及汇票的其他债务人行使追索权。

《中华人民共和国民法典》（2021 年 1 月 1 日实施）

第五百七十七条　当事人一方不履行合同义务或者履行合同义务不符合约定的，应当承担继续履行、采取补救措施或者赔偿损失等违约责任。

本案链接

山东省临沂市中级人民法院·李某才、临沂市中某木业板材厂买卖合同纠纷二审民事判决书［（2021）鲁 13 民终 8099 号］

本案中并无证据证明双方特别约定以票据的交付作为涉案债务清偿的依据。债务人为清偿债务而交付票据时，原因关系中的债务与票据债务同时并存，票据债务不履行，原因关系中的债务不消灭，只有当票据权利实现时，原因关系中的债务才随之消灭。本案中，临沂市中某木业板材厂在涉案商业承兑汇票未能得到兑付时，选择以买卖合同这一基础法律关系要求买受人履行付款义务，符合法律规定。

延伸阅读

裁判观点：在无特别约定的情况下，当事人接受票据作为支付合同款的方式，并不意味着其放弃基础法律关系中的债权，在票据到期未被承兑的情况下，其有权继续向直接前手主张合同款。（与主文案例观点相同）

案例1：上海市浦东新区人民法院·费某托（中国）有限公司与厦门市三某和机械有限公司买卖合同纠纷一审民事判决书［（2020）沪0115民初2571号］

被告以背书涉案汇票的方式向原告支付货款，原告对该种付款方式的接受，并不意味着对其原因关系中债权的放弃。作为买方，被告按期、足额向原告支付货款既是约定义务又是法定义务，被告于2018年11月1日向原告出具还款计划，承诺于2019年3月20日前付清全部货款，在原告主张权利的情况下，被告向原告背书转让涉案承兑汇票，原告取得汇票的行为，系取得相应权利，不能因此给债权人实现合法权益增设不必要的障碍。原告曾试图通过追索权主张票据权利，如果依据《票据法》的规定，原告必须先行使付款请求权后再行使追索权，无疑将增加讼累。作为前手，被告向原告背书涉案汇票的行为，既是对原告实现汇票权利的担保，亦是对自己能够履行付款义务的担保。本院认为，法律并未规定债务人为清偿债务而交付票据时，原因关系中的债务因票据的授受而消灭。原因关系中的债务与票据债务同时并存，票据债务不履行，原因关系中的债务不消灭，只有当票据权利实现时，原因关系中的债务才随之消灭。据此，被告的抗辩理由不能成立，在原告未能实现票据权利的情况下，应视作被告迄今为止未能履行货款的支付义务。

案例2：最高人民法院·中某三局第一建设工程有限责任公司与澳某财富（合肥）投资置业有限公司等建设工程施工合同纠纷案［（2017）最高法执复68号］

根据调解协议，文某公司在票据预约关系层面有出票和交付票据的义务，在原因关系层面有就6000万元的债务承担向中某三局一公司清偿的义务。文某公司如期开具真实、足额、合法的商业承兑汇票，仅是履行了其票据预约关系层面的义务，而对于其债务承担义务，因其票据付款账户余额不足、被冻结而不能兑付案涉汇票，其并未实际履行，中某三局一公司申请法院对文某公司强制执行，并无不当。

067 持票人直接前手实际付款前，是否有权向其前手或出票人追索债权？

☞ 阅读提示

汇票到期被拒付后，持票人有权对票据前手追索。那么，在背书人被持票人追索并承担票据责任之前，其能否基于基础法律关系向前手主张债权呢？

裁判要旨

汇票到期被拒付后，持票人的直接前手在向持票人实际支付欠款前，无权依据基础法律关系向其前手或出票人追索债权。

案情简介

一、2017年4月开始，森某麟轮胎公司陆续为力某乘用车公司供应汽车零部件产品。供货后，力某乘用车公司向森某麟轮胎公司签发五张电子银行承兑汇票支付货款，金额合计为255万元。

二、森某麟轮胎公司收到五张汇票后，又背书转让给第三方。汇票到期后，承兑人未兑付汇票金额。

三、之后森某麟轮胎公司诉至法院，请求力某乘用车公司支付前述五张汇票对应的货款255万元及其他拖欠货款，二审重庆市高级人民法院判决驳回了森某麟轮胎公司的前述诉讼请求。

裁判要点

本案的争议焦点为“票据被拒付后，面临被追索风险的票据前手是否可以基于原因关系主张债权”？

森某麟轮胎公司不是案涉255万元汇票的最后持票人，其票据权利已经处分。即使案涉汇票未经兑付，森某麟轮胎公司面临持票人追索，鉴于森某麟轮胎公司现并未实际承担责任，也并非案涉票据的最后债务人，在追索过程中也不必然成为承担责任的人。森某麟轮胎公司是否会实际承担票据责任尚未最终确定，因此法院对其请求力某乘用车公司支付与票据相关的255万元货款的诉讼请求不予支持。同时法院释明：森某麟轮胎公司可以待票据追索事实确定后另行主张权利。

经验总结

A：出票人；B：收款人；背书情况：B→C→D（持票人）

C 作为票据当事人将承兑汇票背书转让给 D 之后，虽然 C 对 B，基于基础法律关系享有的债权并不当然消灭，但该债权转化为附生效条件之债权，条件为“票据到期被拒付后，C 应 D 之请求支付了票据款项”，在前述条件达成之前，C 无权基于基础法律关系向 B 主张债权。

本案链接

重庆市高级人民法院·重庆力某乘用车有限公司与青岛森某麟轮胎股份有限公司买卖合同纠纷二审民事判决书［（2020）渝民终 506 号］

力某乘用车公司向森某麟轮胎公司开具五张承兑人均为重庆力某财务有限公司的电子银行承兑汇票支付本案货款，金额合计 255 万元。森某麟轮胎公司收到前述 255 万元的汇票后，均已背书转让给第三人。目前森某麟轮胎公司不是案涉 255 万元汇票的最后持票人，其票据权利已经处分。即使案涉汇票未经兑付，森某麟轮胎公司面临持票人追索，鉴于森某麟轮胎公司现并未实际承担责任，也并非案涉票据的最后债务人，在追索过程中也不必然成为承担责任的人。森某麟轮胎公司是否会实际承担票据责任尚未最终确定，因此本院对其请求力某乘用车公司支付与票据相关的 255 万元货款的诉讼请求不予支持。森某麟轮胎公司可以待票据追索事实确定后另行主张权利。

068 民间贴现行为是否有效？

☞ 阅读提示

票据贴现在我国属于国家特许经营业务。近年来，由于民间资金需求旺盛，以票据作为融资手段的民间贴现行为并不少见，然而绝大多数的民间贴现人士对这其中隐含的法律风险认识不足，由此引发了一系列票据纠纷。其中民间贴现行为是否有效，往往属于纠纷中的争议焦点。

裁判要旨

票据贴现属于国家特许经营业务，合法持票人向不具有法定贴现资质的当事人进行贴现的行为违反部门规章的强制性规定，危害国家的金融管理秩序，损害社会公共利益，应当认定无效，基于违法贴现而取得票据的当事人不享有票据权利，贴现款和票据应当相互返还。

案情简介

一、2019年3月11日，泰某公司作为出票人、承兑人签发票据号码为×××17520190311359292140的商业承兑汇票，票面金额为132.75万元，收款人记载为瓦某德皮斯特公司，票据到期日记载为同年9月11日。

二、2019年3月14日，瓦某德皮斯特公司作为背书人将汇票背书转让给中某嘉业公司。票据到期后，中某嘉业公司作为持票人于电子商业汇票系统中向泰某公司提示付款被拒付。之后，中某嘉业公司向泰某公司和瓦某德皮斯特公司发起线上追索，票据状态显示为“拒付追索待清偿”。

三、后中某嘉业公司作为持票人向法院提起票据追索权之诉，请求法院判决票据前手承担连带清偿责任，诉讼中，法院查明：瓦某德皮斯特公司与中某嘉业公司不存在真实的交易关系，瓦某德皮斯特公司将票据转让给中某嘉业公司是民间贴现行为。二审法院北京市第三中级人民法院最终判决驳回中某嘉业公司的诉讼请求。

裁判要点

一、据查明的事实，瓦某德皮斯特公司与中某嘉业公司之间不具有真实的债权债务关系，双方之间转让票据的行为属于民间贴现行为，应当认定无效，中某嘉业公司不享有票据追索权。

二、经释明，中某嘉业公司申请就合同无效的法律后果一并处理，法院依法改判中某嘉业公司及瓦某德皮斯特公司相互返还票据及贴现款。

经验总结

一、在我国，票据贴现属于国家特许经营业务，只有经过批准，有权开展票据贴现业务的银行、金融机构才能够经营票据贴现业务。

二、民间非法贴现行为无效，基于贴现取得票据的民事主体不享有票据权利。最高人民法院发布了《全国法院民商事审判工作会议纪要》，该纪要第九部分“关于票据纠纷案件的审理”中，对民间贴现行为的效力作出了明确的规定，“票据贴现属于国家特许经营业务，合法持票人向不具有法定贴现资质的当事人进行‘贴现’的，该行为应当认定无效，贴现款和票据应当相互返还。当事人不能返还票据的，原合法持票人可以拒绝返还贴现款”。

三、民间贴现行为在进行的直接当事人之间无效。但根据票据行为无因性原则，基于贴现而取得票据的当事人通过合法途径将票据背书转让给后手的，如果后手系基于合法手段或者善意且支付合理对价取得票据的，则应认定为合法持票人，享有票据权利。

四、特别需要注意的是，中国人民银行于2022年1月14日发布了《商业汇票承兑、贴现与再贴现管理办法（征求意见稿）》，其中第三十九条明确规定：“未经依法许可或者违反国家金融管理规定，擅自从事票据贴现的，依照《防范和处置非法集资条例》有关规定进行处置。”也就是说，未来没有实际交易的民间贴现行为不仅无效，甚至可能涉嫌非法集资犯罪。

相关法条

《中华人民共和国民法典》（2021年1月1日实施）

第一百五十三条 违反法律、行政法规的强制性规定的民事法律行为无效。但是，该强制性规定不导致该民事法律行为无效的除外。

违背公序良俗的民事法律行为无效。

《贷款通则》（中国人民银行令［1996年2号］ 1996年8月1日实施）

第九条 ……票据贴现，系指贷款人以购买借款人未到期商业票据的方式发放的贷款。

《商业汇票承兑、贴现与再贴现管理暂行办法》（银发〔1997〕216号 1997年5月22日实施）

第二条第一款、第二款 本办法所称承兑系指付款人承诺在商业汇票到期日支付汇票金额的票据行为。

本办法所称贴现系指商业汇票的持票人在汇票到期日前，为了取得资金贴付一定利息将票据权利转让给金融机构的票据行为，是金融机构向持票人融通资金的一种方式。

《电子商业汇票业务管理办法》（中国人民银行令［2009］第2号 2009年10月16日实施）

第四十二条第一款 贴现是指持票人在票据到期日前，将票据权利背书转让给金融机构，由其扣除一定利息后，将约定金额支付给持票人的票据行为。

本案链接

北京市第三中级人民法院·瓦某德皮斯特建筑设计咨询（北京）有限公司等与北京中某嘉业建筑安装有限公司票据追索权纠纷二审民事判决书［（2020）京03民终5261号］

结合二审中瓦某德皮斯特公司提交的证据及双方在庭审中的陈述，本院认为中某嘉业公司所称双方存在民间借贷关系、诉争汇票系瓦某德皮斯特公司所提供的借款担保的主张与本案证据所指向的客观事实不符，本院认定瓦某德皮斯特公司与中某嘉业公司之间的票据转让属民间贴现行为。

中国人民银行颁布的《贷款通则》第九条规定："票据贴现，系指贷款人以购买借款人未到期商业票据的方式发放的贷款"，《商业汇票承兑、贴现与再贴现管理暂行办法》第二条第二款规定："本办法所称贴现系指商业汇票的持票人在汇票到期日前，为了取得资金贴付一定利息将票据权利转让给金融机构的票据行为，是金融机构向持票人融通资金的一种方式。"《电子商业汇票业务管理办法》第四十二条第一款规定："贴现是指持票人在票据到期日前，将票据权利背书转让给金融机构，由其扣除一定利息后，将约定金额支付给持票人的票据行为。"由上述规定可见，在我国，能够进行票据贴现的主体为金融机构。票据贴现业务为特许经营业务，未经许可，其他主体不能经营票据贴现业务。票据民间贴现，是指不具有法定贴现资质的主体进行的票据"贴现"，该非法"贴现"行为违反了国家关于金融业务特许经营的强制性规定，危害了国家的金融管理秩序。《民法总则》第一百四十三条①规定："具备下列条件的民事法律行为有效：……（三）不违反法律、行政法规的强制性规定，不违背公序良俗"。《合同法》第五十二条②规定："有下列情形之一的，合同无效：……（四）损害社会公共利益……"民间贴现行为因违反上述部门规章的强制性规定，危害了国家的金融管理秩序，损害了社会公共利益，故其属于《民法总则》第一百四十三条③规定的"违背公序良俗"或《合同法》第五十二条④第四项规定的"损害社会公共利益"行为，应认定无效。综上，票据贴现属于国家特许经营业务，合法持票人向不具有法定贴现资质的当事人进行"贴现"的，该行为应当认定无效，贴现款和票据应当相互返还。

本案中，据查明的事实，瓦某德皮斯特公司与中某嘉业公司之间不具有真实的债权债务关系，双方之间转让票据的行为属于民间贴现行为，故应当认定无效。中某嘉业公司一审起诉要求瓦某德皮斯特公司及泰某公司连带支付票面金额及利息的诉求，系以转让行为有效为基础提出，一审判决支持其诉求属适用法律有误，本院依法改判不予支持。经释明，中某嘉业公司申请就合同无效的法律后果一并处理，本院依法改判中某嘉业公司及瓦某德皮斯特公司相互返还票据及贴现款。

延伸阅读

裁判观点：合法持票人向不具有法定贴现资质的当事人进行贴现的，该行为应当认定无效，贴现款和票据应当相互返还，基于违法贴现而取得票据的当事人，不享有票据权利。（与主文案例观点相同）

案例1：江苏省南京市中级人民法院·南京海某建筑工程有限公司与罗某全、罗某印等票据损害责任纠纷二审民事判决书［（2019）苏01民终9182号］

《民法总则》第一百四十三条⑤规定，具备下列条件的民事法律行为有效：（一）行为人具有相应的民事行为能力；（二）意思表示真实；（三）不违反法律、行政法规的强制性规定，不违背公序良俗。根据中国人民银行《商业汇票承兑、贴现与再贴现管理暂行办法》第二条规定，本办法所称贴现系指商业汇票的持票人在汇票到期日前，为了取得资金贴付一定利息将票据权利转让给金融机构的票据行为，是金融机构向持票人融通资金的一种方式。2009年10月16日施行的《电子商业汇票业务管理办法》第四十二条规定，贴现是指持票人在票据到

①②③④⑤ 编者按：已失效，被《民法典》吸收。

期日前，将票据权利背书转让给金融机构，由其扣除一定利息后，将约定金额支付给持票人的票据行为。由上述规定可知，可以进行票据贴现的主体为金融机构。票据贴现业务为特许经营业务，未经许可，其他主体不能经营票据贴现业务。本案中，罗某全、罗某印、孔某香向某建筑公司主张票据损害责任，前提条件是芳某源公司系案涉汇票的合法持票人。根据在案证据及查明事实，案涉票据系芳某源公司以民间贴现方式从不具有法定贴现资质的案外人黄某军处获得，该行为违反了国家关于金融业务特许经营的强制性规定，危害了国家的金融管理秩序，损害了社会公共利益，故其属于《民法总则》第一百四十三条①规定的“违背公序良俗”，应当认定无效。芳某源公司并不能据此获得案涉汇票的票据权利。罗某全、罗某印、孔某香向某建筑公司主张票据损害责任，缺乏事实和法律依据，本院不予支持。

案例2：宁夏回族自治区银川市中级人民法院·余姚市盛某电器经营部与宁波华某安防科技有限公司、宝某石化集团财务有限公司票据追索权纠纷一审民事判决书［（2019）宁01民初898号］

关于案由的问题。原告取得案涉两张电子银行承兑汇票，是基于向前手被告华某安防公司的买卖，原告不具有法定贴现资质。《电子商业汇票业务管理办法》第四十二条规定：贴现是指持票人在票据到期日前，将票据权利背书转让给金融机构，由其扣除一定利息后，将约定金额支付给持票人的票据行为。票据贴现的主体为金融机构，贴现业务为特许经营业务，未经许可，其他主体不能经营票据贴现业务。根据《合同法》第五十二条②“有下列情形之一的，合同无效：……（四）损害社会公共利益”的规定，原告与被告华某安防公司的行为危害了国家的金融管理秩序，损害了社会公共利益，应认定无效。原告取得票据的方式不合法，其未取得票据权利，无权进行追索，故本案案由应属票据纠纷。

关于原告行使追索权的问题。因原告不属于合法持票人，不享有票据权利，故无权向其他背书人及承兑人、出票人主张追索权利，其诉请其他被告不予支持。鉴于原告与被告华某安防公司之间的票据交付民事法律行为无效，根据《民法总则》第一百五十七条③规定：民事法律行为无效、被撤销或者确定不发生效力后，行为人因该行为取得的财产，应当予以返还。故应由被告华某安防公司返还原告票据款680400元，原告将案涉票据返还华某安防公司。原告在该行为中有过错，其利息主张不予支持。

---

①②③　编者按：已失效，被《民法典》吸收。

069 电子商业汇票的持票人遭拒付后六个月内仅通过线下方式追索而未发起线上追索的，是否丧失对出票人和承兑人外其他前手的追索权？

☞ 阅读提示

《电子商业汇票业务管理办法》第五条规定：“电子商业汇票的出票、承兑、背书、保证、提示付款和追索等业务，必须通过电子商业汇票系统办理。”但是实践中，不乏持票人在被拒付后六个月内行使追索权时未通过电子商业汇票系统办理，而是通过线下发送律师函、追索通知甚至直接向法院起诉的方式行使。那么这种线下行使追索权的形式是否产生追索效力？仅线下追索而未线上追索的行权方式是否会导致持票人丧失对除出票人和承兑人外其他前手的追索权？

裁判要旨

电子商业承兑汇票的持票人通过线下发送追索通知书等方式行使票据追索权的，属于合法有效的票据追索权行使方式。即便该持票人仅线下追索而未在被拒付后六个月内在线上发起追索，也不丧失对其他前手的追索权。

案情简介

一、2017年11月6日，宝某公司通过背书转让的方式从天某公司处取得一张记载事项完整、背书连续的电子商业承兑汇票，汇票到期日为2018年5月10日。

二、2018年5月14日，宝某公司在前述汇票的付款期限内提示付款，但因承兑人账户余额不足遭到拒付。

三、宝某公司在被拒付后的六个月内向前手际某公司（非出票人/承兑人）发出《追索通知书》进行线下追索，但迟迟未获清偿，遂向法院提起诉讼，请求际某公司支付票据款。

四、诉讼中，际某公司主张宝某公司未在遭拒付后六个月内通过电子商业汇票系统向其发起追索而仅通过线下方式追索，该等追索方式不属于电子商业承兑汇票追索权行使的合法方式，因此宝某公司丧失对非出票人和承兑人的其他前手的追索权。一审上海市普陀区人民法院和二审上海金融法院均未支持际某公司的前述抗辩。

裁判要点

本案的争议焦点之一为：持票人在被拒付后六个月内未在线上发起追索而仅进行线下追索的，持票人是否丧失对除出票人和承兑人外其他前手的追索权？

一、虽然《电子商业汇票业务管理办法》第五条规定，电子商业汇票的出票、承兑、背书、保证、提示付款和追索等业务，必须通过电子商业汇票系统办理。但该规章的这一规定仅系对电子商业汇票的业务办理方式作出规范，并未限定持票人未经线上追索即丧失追索权。

二、根据《票据法》第六十六条，未按照规定期限通知的，持票人仍可以行使追索权。可见，虽然持票人应在法律规定的期限内向前手发出追索通知，但该通知并非票据法上规定的行使追索权的必备条件。

因此，宝某公司作为持票人享有的票据追索权并未丧失。

经验总结

鉴于目前法院对“电子商业承兑汇票持票人未发起线上追索而直接线下追索的，是否构成合法有效追索”存在截然不同的两种裁判观点，建议采用电子商业汇票进行结算的企业，在提示付款后被拒绝的，如果存在多个前手，务必在被拒绝付款之日起六个月内在电子商业汇票系统上进行追索操作，以防丧失对除出票人和承兑人外其他前手的追索权。

相关法条

《中华人民共和国票据法》（2004 年修正）

第六十六条　持票人应当自收到被拒绝承兑或者被拒绝付款的有关证明之日起三日内，将被拒绝事由书面通知其前手；其前手应当自收到通知之日起三日内书面通知其再前手。持票人也可以同时向各汇票债务人发出书面通知。

未按照前款规定期限通知的，持票人仍可以行使追索权。因延期通知给其前手或者出票人造成损失的，由没有按照规定期限通知的汇票当事人，承担对该损失的赔偿责任，但是所赔偿的金额以汇票金额为限。

在规定期限内将通知按照法定地址或者约定的地址邮寄的，视为已经发出通知。

《电子商业汇票业务管理办法》（中国人民银行令〔2009〕第2号 2009年10月16日实施）

第五条 电子商业汇票的出票、承兑、背书、保证、提示付款和追索等业务，必须通过电子商业汇票系统办理。

本案链接

上海市普陀区人民法院·重庆宝某金融服务有限公司与上海际某物流有限公司票据追索权纠纷一审民事判决书［（2019）沪0107民初20804号］

上海金融法院·上海际某物流有限公司与重庆宝某金融服务有限公司票据追索权纠纷二审民事判决书［（2020）沪74民终1056号］

一审上海市普陀区人民法院认为：至于际某公司提出，宝某公司没有按照相关规章规定，通过电子商业汇票系统发起追索。法院认为，虽然《电子商业汇票业务管理办法》第五条规定，电子商业汇票的出票、承兑、背书、保证、提示付款和追索等业务，必须通过电子商业汇票系统办理。但该规章的这一规定仅系对电子商业汇票的业务办理方式作出规范，并未限定持票人未经线上追索即丧失追索权。根据《票据法》第六十六条，未按照规定期限通知的，持票人仍可以行使追索权。可见，虽然持票人应在法律规定的期限内向前手发出追索通知，但该通知并非票据法上规定的行使追索权的必备条件。现宝某公司行使追索权并无障碍，但若其延期通知给际某公司造成损失的，际某公司可依法另行主张相应的赔偿责任。因此，宝某公司作为持票人享有的票据追索权并未丧失，际某公司的这一抗辩同样不予支持。

二审上海金融法院认为：根据《票据法》第六十六条第二款规定，“未按照前款规定期限通知的，持票人仍可以行使追索权”，故虽然宝某公司未在电子商业汇票系统中发出追索通知，但并未影响其行使票据追索权，际某公司以违反《电子商业汇票业务管理办法》第五条为由主张宝某公司不享有票据追索权，本院不予支持。

延伸阅读

裁判观点1：电子商业承兑汇票持票人在遭拒付后六个月内仅通过线下发送追索通知等方式行使票据追索权的，属于票据追索权的合法行使方式。（与主文案例裁判观点相同）

案例1：山东省济南市中级人民法院·山东黑某供应链管理有限公司、山东弘某建设置业有限公司济南分公司票据追索权纠纷二审民事判决书［（2021）鲁01民终7687号］

本院认为，本案争议焦点为弘某济南分公司是否有权向黑某公司追索。黑某公司主张案涉票据未通过线上方式进行追索从而丧失票据权利，虽然《电子商业汇票业务管理办法》第五条规定，电子商业汇票的出票、承兑、背书、保证、提示付款和追索等业务，必须通过电子商业汇票系统办理，但该条规定仅系对电子商业汇票的业务办理方式作出规范，且该办法第八节明确规定了追索，并未限定持票人未经线上追索即丧失追索权，故对黑某公司的该主张不予支持。

案例2：安徽省芜湖市中级人民法院·中国某银行股份有限公司芜湖赭山支行与新某联控股有限公司、新某联控股集团财务有限公司票据追索权纠纷一审民事判决书［（2020）皖02民初51号］

至于追索的方式为线上追索还是书面追索，亦均不影响追索权的行使。故孝感云某公司、衢州佳某公司作为贴现申请人芜湖宇某公司的前手，其抗辩主张贴现申请人芜湖宇某公司与其前手之间没有真实的交易关系，贴现行某行芜湖赭山支行在贴现时未依法审查，及某行芜湖赭山支行未依法向所有前手进行线上追索，其不应承担清偿责任，于法无据，故本院不予支持。孝感云某公司、衢州佳某公司抗辩主张贴现行某行芜湖赭山支行的工作人员与贴现申请人芜湖宇某公司涉嫌合谋、伪造贴现申请人与其前手之间具有真实的商品交易关系的合同、增值税专用发票等材料申请贴现，贴现行不享有票据权利，但其并未提供相应证据证明该事实成立，故本院对其该主张不予支持。

裁判观点2：电子商业汇票的持票人通过发送“追索函”“律师函”或直接向法院起诉的方式请求支付票款的行为，不属于行使票据追索权。持票人行使票据付款请求权遭拒付后六个月内未通过电子商业汇票系统在线上发起追索行使追索权的，持票人对除出票人和承兑人外其他票据前手丧失追索权。（与主文案例观点相反）

案例3：广东省深圳市中级人民法院·浙某银行股份有限公司深圳分行、深圳市沃某玛电池有限公司票据追索权纠纷二审民事判决书［（2021）粤03民终11510-11521号］

二审争议焦点为线下行使电子商业汇票追索权的法律效力问题。这一问题至少需要考量三个因素：其一，《电子商业汇票业务管理办法》能否作为本案的裁判依据；其二，电子商业汇票线下追索是否满足票据的要式性；其三，电子商业汇票线下追索的法律后果。具体分析如下：

首先，《电子商业汇票业务管理办法》能否作为本案的裁判依据。《票据法》第一百零九条规定："票据管理的具体实施办法，由中国人民银行依照本法制定，报国务院批准后施行。"中国人民银行依据该授权，于2009年10月16日以中国人民银行令〔2009〕第2号颁布并实施《电子商业汇票业务管理办法》，并随后下发系列配套管理办法。《电子商业汇票业务管理办法》系中国人民银行在职责权限范围内，为规范电子商业汇票业务，保障电子商业汇票活动中当事人的合法权益，促进电子商业汇票业务发展的实际需要，依据《票据法》的直接授权而制定。《最高人民法院关于审理票据纠纷案件若干问题的规定》第六十三条规定："人民法院审理票据纠纷案件，适用票据法的规定；票据法没有规定的，适用《中华人民共和国民法通则》、《中华人民共和国合同法》、《中华人民共和国担保法》等民商事法律以及国务院制定的行政法规。中国人民银行制定并公布施行的有关行政规章与法律、行政法规不抵触的，可以参照适用。"在其他法律法规均未就电子商业汇票管理作出规定的情形下，鉴于电子商业汇票的特殊性，《电子商业汇票业务管理办法》作为专门规范电子商业汇票的部门规章，在立法目的正当、程序合法且与上位法不冲突的情况下，可以作为审理案件的裁判依据。一审法院认为《电子商业汇票业务管理办法》作为专门规范电子商业汇票的部门规章，在立法目的正当、程序合法的情形下，理当优先适用，作为案件审理的实体法依据之一，法律适用正确，本院予以维持。

其次，电子商业汇票线下追索是否满足票据的要式性。票据行为具有法定的形式，凡违反《票据法》关于票据行为要式规定的，除法律另有明确规定者外，所为行为无效。票据的签章系票据行为要式性的重要表现形式之一。《票据法》第四条规定："票据出票人制作票据，应当按照法定条件在票据上签章，并按照所记载的事项承担票据责任。持票人行使票据权利，应当按照法定程序在票据上签章，并出示票据。其他票据债务人在票据上签章的，按照票据所记载的事项承担票据责任……”《电子商业汇票业务管理办法》第十四条规定：“票据当事人在电子商业汇票上的签章，为该当事人可靠的电子签名。电子签名所需的认证服务应由合法的电子认证服务提供者提供。可靠的电子签名必须符合《中华人民共和国电子签名法》第十三条第一款的规定。”电子商业汇票是以数据电文形式制作的票据，需要通过特定的信息系统的记录、解读才能以被人理性感知的形式呈现，必须依赖电子商业汇票系统这一载体来运行和完成，电子商业汇票业务活动中应当使用数字证书作为票据活动的电子签名，通过电子商业汇票系统审核的电子签名系电子商业汇票唯一合法有效的签章。《电子商业汇票业务管理办法》第五条规定：“电子商业汇票的出票、承兑、背书、保证、提示付款和追索等业务，必须通过电子商业汇票系统办理。”因此，电子商业汇票的线下追索因不具备有效签章，不符合《电子商业汇票业务管理办法》第十四条、第五条关于电子商业汇票签章和追索等票据行为要式性的要求而无效。一审判决对电子商业汇票的“签章”和“出示票据”的法定程序必须通过电子商业汇票系统操作才能成立以及浙某银行深圳分行在案涉电子商业汇票纸质打印件上加盖实物印章的行为不具备签章效力的理由已进行详细阐述，本院不再赘述。浙某银行深圳分行主张票据追索不属于票据行为，行使票据权利无须满足票据要式性的理由于法无据，本院不予支持。

最后，电子商业汇票线下追索的法律后果。《票据法》第七十条第二款规定：“被追索人清偿债务时，持票人应当交出汇票和有关拒绝证明，并出具所收到利息和费用的收据。”如果电子商业汇票采用线下追索的方式，则可能产生以下后果：一、因持票人客观上无法依法交付票据，导致被追索人清偿后无法获得相应票据，无法行使再追索权；二、因线下追索未被电子商业汇票系统记载，导致电子商业汇票系统默认持票人已对除出票人、承兑人、保证人等外的前手丧失追索权；三、因在电子商业汇票系统之外以司法判决的形式另行确立、确认其他票据状态，导致法院判决认定的票据状态与电子商业汇票系统中登记的票据状态不一致，造成该票据脱离中国人民银行及其他金融监管机构对电票领域的监管，加大电票参与者的经营风险，冲击甚至破坏已经建立的电子商业汇票规则和市场秩序，威胁票据金融市场安全等不良后果。一审判决基于上述法律后果，考虑浙某银行深圳分行作为金融机构，不仅是电子商业汇票系统的接入机构，其还为其他电子商业汇票参与者提供服务，也与上海票据交易所签署了会员服务协议，对必须通过电子商业汇票系统办理追索业务这一规定是明知的，应当对《电子商业汇票业务管理办法》负有更高的注意义务和严格遵守的示范义务，于理有据，本院予以维持。

第七章　诉讼保全与执行中必知的法律风险

070 刑事案件尚未追赃完毕，可否再提起民事诉讼？

☞ **阅读提示**

实践中，刑事被害人为获得充分的救济，往往会在刑事判决书判令罪犯向其退赔的情况下，选择继续就其他责任主体提起民事诉讼。那么刑事案件尚未追赃完毕的客观事实，是否会影响被害人的民事诉权呢？

裁判要旨

刑民交叉案件中，刑事责任的承担并不能否定民事责任的承担，刑事案件没有执行终结也并不影响民事案件的受理和审理。

案情简介

一、2015年8月，印某键与罗某志（刑事被告人印某键因犯票据诈骗罪、诈骗罪、合同诈骗罪，数罪并罚执行有期徒刑二十年；刑事被告人罗某志因犯票据诈骗罪被判处有期徒刑十三年）商议，由罗某志提供可以过机的银行承兑汇票，通过购买水泥的方式获得现金。

二、后印某键找到刘某国、刘某，欲通过其二人从辽阳千某水泥公司处购买水泥。刘某与辽阳千某水泥公司沟通后，双方同意做该笔业务，刘某以金额为350万元的银行承兑汇票支付货款。鉴于辽阳千某水泥公司要求承兑汇票必须以单位名义背书转让后方可记入公司账册，刘某国找到健某盛公司股东李某禹帮忙，李某禹以健某盛公司名义在该银行承兑汇票上背书。

三、2015年8月28日，因辽阳千某水泥公司的业务需要，健某盛公司与其补签了水泥买卖合同。

四、刘某领取了350万元的水泥提货卡后，将水泥提货卡交给了印某键，印某键得到水泥后，将部分水泥款用于偿还其欠债，部分水泥通过刘某国卖出获得钱款。该汇票又经多手背书转让，最后贴现时因该票据系变造而遭到银行拒付。

五、辽阳市中级人民法院（2018）辽10刑再1号刑事判决书已对印某键等人的犯罪行为作出判决，其中判决结果第二项为，责令印某键退赔被害单位辽阳千某水泥公司赃款人民币350万元（已退赔16.45万元）。

六、在追赃过程中，辽阳千某水泥公司基于水泥买卖合同向法院提起民事诉讼，请求法院判令健某盛公司支付相应水泥货款，一审辽阳市文圣区人民法院以“退赔未完成，被告因该合同造成的损失数额尚未确定，故原告应待穷尽执行措施后就其实际损失情况，向有过错方主张民事赔偿”为由裁定驳回辽阳千某水泥公司的起诉，二审辽宁省辽阳市中级人民法院认为一审法院裁定驳回原告起诉，实属不当，并指令辽阳市文圣区人民法院审理案件。

裁判要点

因同一法律事实分别产生刑事法律关系和民事法律关系的，构成刑事责任与民事责任的聚合，刑事责任的承担并不能否定民事责任的承担，刑事案件没有执行终结也并不影响民事案件的受理和审理。为避免民事权利人（同时为刑事被害人）双重受偿，可在执行中对刑事追偿与民事责任依据实体责任的认定进行综合处理。因此，即使相关刑事案件尚未追赃完毕，亦不影响本案就民事损害赔偿问题作出判决。

故而一审法院认为在刑事追赃完毕之前，被害人的损失数额无法确定，民事责任主体的赔偿数额亦在刑事追赃之后才能确定，因此辽阳千某水泥公司“应待穷尽执行措施后就其实际损失情况，向有过错方主张民事赔偿”，实属不当。

经验总结

一、刑事判决已经认定进行追赃，并不必然成为民事免责的理由。在追赃之前以及追赃过程中，刑事被害人有权以相应的责任主体为被告提起民事诉讼，且人民法院应依法受理民事案件，即刑事案件没有执行终结也并不影响民事案件的受理和审理。但为了避免双重受偿，在执行程序中应当对受偿对象进行明确与协调。

二、需要注意的是，根据最高法院的裁判观点，在民间借贷诉讼中，出借人提起民间借贷诉讼，请求借款人偿还借款，法院审理发现民间借贷行为本身涉嫌非法集资犯罪的，应当裁定驳回起诉。但该情形下出借人可诉请担保人、其他债务人（如因债务加入而产生的债务人）承担清偿责任。

相关法条

《中华人民共和国民事诉讼法》（2021年修正）

第一百七十八条 第二审人民法院对不服第一审人民法院裁定的上诉案件的处理，一律使用裁定。

《最高人民法院关于适用〈中华人民共和国民事诉讼法〉的解释》（法释〔2022〕11号 2022年4月10日实施）

第三百三十条 第二审人民法院查明第一审人民法院作出的不予受理裁定有错误的，应当在撤销原裁定的同时，指令第一审人民法院立案受理；查明第一审人民法院作出的驳回起诉裁定有错误的，应当在撤销原裁定的同时，指令第一审人民法院审理。

本案链接

辽宁省辽阳市中级人民法院·辽阳千某水泥有限责任公司、沈阳市健某盛科贸有限公司买卖合同纠纷二审民事裁定书［（2021）辽10民终828号］

本院认为，刑事案件与民事案件在价值取向、保护法益、责任形式、证明标准、举证责任承担等方面均存在不同。刑事责任的承担并不能否定民事责任的承担。刑事被害人对刑事被告人之外的民事主体提起民事诉讼，人民法院受理该案件不受刑事案件是否追赃的影响，刑事案件没有执行终结并不影响民事案件的受理和审理。民刑交叉案件，当事人之间存在民事法律关系，具备民事诉讼法规定的起诉条件，对于当事人的起诉，人民法院应予受理。为避免民事权利人（同时为刑事被害人）双重受偿，可在执行中对于刑事追赃与民事责任，依据实体责任的认定进行综合处理。故一审法院裁定驳回原审原告起诉，实属不当。综上，依据《民事诉讼法》第一百七十一条、《最高人民法院关于适用〈中华人民共和国民事诉讼法〉的解释》第三百三十二条[①]之规定，裁定如下：

一、撤销辽阳市文圣区人民法院（2020）辽 1003 民初 1140 号民事裁定；

二、本案指令辽阳市文圣区人民法院审理。

延伸阅读

裁判观点：刑事案件没有执行终结也并不影响民事案件的受理和审理。（与主文案例观点相同）

案例 1：最高人民法院 · 中国中某国际控股公司、中国远某集团有限责任公司进出口代理合同纠纷再审审查与审判监督民事裁定书［（2017）最高法民申 1914 号］

关于本案是否应在刑事案件执行终结后由远某公司另诉以及认定远某公司的实际损失为 1406 万元是否正确问题。如前所述，刑事案件与民事案件在价值取向、保护法益、责任形式、证明标准、举证责任承担等方面均存在不同。因同一法律事实分别产生刑事法律关系和民事法律关系的，构成刑事责任和民事责任的聚合，刑事责任的承担并不能否定民事责任的承担。刑事案件没有执行终结也并不影响民事案件的受理和审理。为避免民事权利人（同时为刑事被害人）双重受偿，可在执行中对于刑事追赃与民事责任，依据实体责任的认定进行综合处理。因此，刑事案件未执行终结并不意味着民事案件不能受理。由于刑事案件和民事案件审理的法律关系和救济的法益不同，本案所涉刑事判决书认定远某公司实际损失的标准和依据与本案一、二审法院认定的标准和依据存在不同，并不违反法律规定和客观事实。本案一、二审法院依据中某公司基于《代理协议》而提出的诉请，认定远某公司的损失为远某公司开立信用证支付的金额扣减追回的赃款、中某公司支付的保证金后的数额，并无不当。

案例 2：最高人民法院 · 长某银行股份有限公司十字街支行、长治市瑞某盛贸易有限公司票据损害责任纠纷再审审查与审判监督民事裁定书［（2019）最高法民申 4154 号］

长某银行十字街支行在再审申请中提出，在刑事追赃之前，被害人的损失数额无法确定，民事责任主体的赔偿数额亦在刑事追赃之后才能确定，因此民事案件应中止审理。对此，本院认为，因同一法律事实分别产生刑事法律关系和民事法律关系的，构成刑事责任与民事责任的聚合，刑事责任的承担并不能否定民事

① 编者按：《最高人民法院关于适用〈中华人民共和国民事诉讼法〉的解释》（2022 年修正）第 330 条。

责任的承担，刑事案件没有执行终结也并不影响民事案件的受理和审理。为避免民事权利人（同时为刑事被害人）双重受偿，可在执行中对刑事追偿与民事责任依据实体责任的认定进行综合处理。因此，即使相关刑事案件尚未追赃完毕，亦不影响本案就民事损害赔偿问题作出判决。

071 民间借贷涉嫌非法集资犯罪，可否通过民事诉讼维权？

☞ 阅读提示

近年来，民间资金需求旺盛，民间借贷纠纷井喷，其中大量纠纷涉嫌非法集资犯罪。《最高人民法院关于审理民间借贷案件适用法律若干问题的规定》第五条第一款规定："人民法院立案后，发现民间借贷行为本身涉嫌非法集资等犯罪的，应当裁定驳回起诉"，那么在借款人涉嫌非法集资犯罪的情况下，出借人是否只能等待刑事案件结案之后方可提起民事诉讼呢？

裁判要旨

借款人涉嫌非法集资犯罪被刑事立案，但借贷中存在独立于犯罪事实的债务加入行为，且该债务加入行为未被立案调查，出借人提起民事诉讼要求债务加入人承担还本付息责任的，可以刑民并行，人民法院应当继续审理。

案情简介

一、2012年11月27日，刘某富（出借人）与张某兰（借款人）、许某南（担保人）签订《借款合同》：借款金额为6000万元，月息5%。

二、2013年3月26日，刘某富（出借人）与张某兰（借款人）、许某南（共同借款人）针对上述《借款合同》签订《20121127借款合同补充协议一》，相较于《借款合同》有两处改动：(1)还款期限延长至2013年9月26日；(2)许某南由"担保人"身份变更为"共同借款人"身份。

三、检察机关认为《借款合同》项下张某兰的行为涉嫌非法吸收公众存款罪，但许某南《20121127借款合同补充协议一》项下行为并未涉罪。

四、刘某富依据《20121127借款合同补充协议一》诉至法院，要求许某南作为共同借款人承担还款责任，诉讼过程中，许某南主张“刘某富起诉许某南还款依据的事实与非法吸收公众存款罪涉及的事实属同一案件事实，人民法院依法应当驳回刘某富的起诉，并将有关材料移送刑事司法机关”，二审福建省高级人民法院以及再审最高人民法院均不支持许某南的前述主张。

裁判要点

一、债务加入与民间借贷虽然涉及同一笔借款，但并非同一法律关系。

《20121127 借款合同补充协议一》可理解为各方当事人在原借贷双方与担保人对《借款合同》进行确认的基础上重新签订的一份借款合同，该补充协议所涉借贷关系与 2012 年 11 月 27 日《借款合同》所涉借贷关系尽管涉及同一笔借款，但法律关系并不完全同一。

二、债务加入行为与犯罪嫌疑人非法吸收公众存款的犯罪行为并非同一事实，且债务加入行为未被纳入单独或者与他人共同涉嫌的犯罪事实进行侦查的，借款人请求债务加入人还本付息的，人民法院应当继续审理。

许某南、金某泉以及鑫某公司的债务加入行为与张某兰涉嫌的非法吸收公众存款犯罪行为，并非同一事实，公安局也未将该债务加入行为纳入张某兰单独或者与他人共同涉嫌的犯罪事实进行侦查。二审判决认定本案不符合裁定驳回起诉并将全案移交公安机关或者检察机关的情形，有相应的事实依据，并无不当。

经验总结

一、借款人涉嫌非法集资犯罪的，鉴于借款事实和非法集资犯罪的事实同一，此时诉讼程序遵循“先刑后民”，如果出借人向人民法院提起民事诉讼要求借款人履行还本付息义务，法院一般会裁定驳回起诉。

二、作为非法集资犯罪的被害人，出借人可以重点核查借款法律关系是否存在保证人、债务加入人。当上述主体未被纳入单独或共同涉嫌的犯罪事实进行侦查时，出借人可以前述人员为被告向法院提起民事诉讼，以追回相应款项。

相关法条

《最高人民法院关于在审理经济纠纷案件中涉及经济犯罪嫌疑若干问题的规定》（法释〔2020〕17号 2021年1月1日实施）

第十条 人民法院在审理经济纠纷案件中，发现与本案有牵连，但与本案不是同一法律关系的经济犯罪嫌疑线索、材料，应将犯罪嫌疑线索、材料移送有关公安机关或检察机关查处，经济纠纷案件继续审理。

第十一条 人民法院作为经济纠纷受理的案件，经审理认为不属经济纠纷案件而有经济犯罪嫌疑的，应当裁定驳回起诉，将有关材料移送公安机关或检察机关。

《最高人民法院关于审理民间借贷案件适用法律若干问题的规定》（法释〔2020〕17号 2020年第二次修正）

第五条第一款 人民法院立案后，发现民间借贷行为本身涉嫌非法集资等犯罪的，应当裁定驳回起诉，并将涉嫌非法集资等犯罪的线索、材料移送公安或者检察机关。

本案链接

最高人民法院·张某兰、许某南民间借贷纠纷再审审查与审判监督民事裁定书［（2019）最高法民申5053号］

基于本案已经查明的事实，借款人之一张某兰因涉嫌非法吸收公众存款罪被福建省仙游县公安局立案侦查，案涉借款亦被公安机关认定为张某兰涉嫌非法吸收公众存款罪的具体事实之一。但刘某富向张某兰、许某南等人主张还款责任，不仅基于2012年11月27日刘某富作为出借人与张某兰（借款人），王某、新某都公司（共同借款人），及许某南、金某泉（担保人）签订的《借款合同》，还基于2013年3月26日刘某富作为出借人与张某兰（借款人），王某、新某都公司、许某南、金某泉、鑫某公司（共同借款人）签订的《20121127借款合同补充协议一》。从该两份合同的内容来看，许某南、金某泉从案涉借款的担保人变更为共同借款人，与张某兰、王某、新某都公司一起向刘某富承担共同还款责任，鑫某公司亦作为共同借款人加入，还款期限延长至2013年9月26日。由此，《20121127借款合同补充协议一》可理解为各方当事人在原借贷双方与担保人对《借款合同》进行确认的基础上重新签订的一份借款合同，该补充协议所涉借贷关系与2012年11月27日《借款合同》所涉借贷关系尽管涉及同一笔借款，但法律关系并不完全同一；许某南、金某泉以及鑫某公司的债务加入行为与张某兰涉嫌的非法吸收公众存款犯罪行为，并非同一事实，福建省仙游县公安局也未将该债务加入行为纳入张某兰单独或者与他人共同涉嫌的犯罪事实进行侦查。二审判决认定本案不符合裁定驳回起诉并将全案移交公安机关或者检察机关的情形，有相应的事实依据，并无不当。至于张某兰申请再审主张本案民事判决生效后将导致与刑事案件产生司法冲突的问题，因两案中承担民事和刑事责任的主体并不完全相同，所谓的冲突并非必然产生，即便存在可能的某些冲突，也可以在后续执行过程中协调解决，该刑事案件的处理并不影响本案作为民事案件的继续审理。

延伸阅读

裁判观点1：借款人以及部分保证人涉嫌非法集资犯罪的，不影响出借人向其他保证人主张还本付息的权利，出借人以其他保证人为被告提起民事诉讼的，人民法院应当受理。

案例1：最高人民法院·纳某特投资管理有限公司、深圳市永某诚文化投资有限公司金融借款合同纠纷二审民事裁定书［（2019）最高法民终429号］

本院认为，本案的争议焦点是人民法院是否应驳回纳某特公司起诉的问题。据河北省保定市中级人民法院（2018）冀06刑初83号刑事判决，本案与有关刑事案件系因同一法律事实分别产生的民事法律关系和刑事法律关系，但二者并非完全重合。就法律关系而言，本案存在出借人与借款人之间的借款关系以及出借人与第三方之间的担保关系两种法律关系，借款人与部分担保人涉嫌犯罪或者被生效裁判认定为有罪，并不涉及其他担保人的担保法律关系。就法律责任主体而言，本案责任主体与刑事案件的责任主体并不完全一致，本案仅有部分当事人系刑事案件被告，广东中某公司与某出口银行北某分行并非刑事案件被告。本案部分法律事实虽与刑事案件存在交叉，但并非完全重合。根据《最高人民法院关于审理民间借贷案件适用法律若干问题的规定》第八条规定："借款人涉嫌犯罪或者生效判决认定其有罪，出借人起诉请求担保人承担民事责任的，人民法院应予受理。"此外，从提高诉讼效率、减轻当事人诉累的角度，广东高院关于本案的处理意见欠当。纳某特公司的上诉理由成立，本院予以支持。

裁判观点2：出借人提起民间借贷诉讼，请求借款人偿还借款，借款事实与刑事判决认定的非法吸收公众存款事实重合的，法院应当裁定驳回起诉。

案例2：最高人民法院·孙某君、国某东债权人代位权纠纷再审审查与审判监督民事裁定书［（2018）最高法民申3293号］

本院经审查认为，根据一审、二审裁定和孙某君再审申请的理由，本案的主要争议焦点是：二审法院裁定驳回孙某君起诉是否正确。

《最高人民法院关于在审理经济纠纷案件中涉及经济犯罪嫌疑若干问题的规定》第十一条规定："人民法院作为经济纠纷受理的案件，经审理认为不属经济纠纷案件而有经济犯罪嫌疑的，应当裁定驳回起诉，将有关材料移送公安机关或检察机关。"本案中，孙某君作为主债权人提起债权人代位权之诉，认为债务人进某十号企业怠于主张到期债权，向次债务项下担保人即国某东、建某公司主张代位权，而孙某君主张的主债权系基于中某盈信公司设立的"进某十号企业"基金。根据广东省广州市中级人民法院（2016）粤01刑终2028号终审刑事裁定书认定，中某盈信公司并非证监会批准注册的公开募集基金管理人，亦非银监会批准设立的银行金融机构，其不具备吸收公众存款的主体资格。中某盈信公司设立中某盈信进某九号投资企业（以下简称进某九号企业）非法吸收公众存款数额巨大，其行为已构成非法吸收公众存款罪。在此前提下，中某盈信公司以发行"进某十号企业"基金的名义，采取发布《深圳中某盈信进某十号投资企业（有限合伙）说明书》《认购风险申明书》《认购意向书》的方式招募投资人，以签署《深圳中某盈信进某十号投资企业（有限合伙）合伙协议》的形式吸收有限合伙人而募集基金，并承诺在一定期限内给予投资者高额回报。中某盈信公司在募集基金过程中并未依法设定合格投资者的条件，亦未将"进某十号企业"基金向有关基金协会登记备案且未将投资人登记注册为"进某十号企业"的有限合伙人。中某盈信公司募集"进某十号企业"基金的情形与其募集"进某九号企业"基金的情形相似。且前述生效刑事裁判文书已经认定中某盈信公司募集"进某九号企业"基金的情形构成非法吸收公众存款罪。根据以上事实和法律规定，二审法院认定中某盈信公司募集"进某十号企业"基金的行为涉嫌非法吸收公众存款罪，裁定驳回孙某君的起诉，该认定并无不当，本院予以维持。

072 隐名股东能否对抗显名股东债权人的强制执行申请？

☞ 阅读提示

实践中，实际出资人基于规避特定法律法规、保护商业秘密、个人隐私等多种原因选择通过股权代持进行隐名，股权代持行为导致公司登记股东与实际出资人不一致，此等情况下，显名股东的一般债权人申请执行股权的，隐名股东能否以其系股权的实际权利人为由排除强制执行？

裁判要旨

《公司法》第三十二条第三款中的“第三人”包含一般债权人，因此，隐名股东不得对抗显名股东债权人的强制执行。

案情简介

一、2011年，黄某鸣、李某俊以蜀某公司名义成为新某小贷公司股东，出资500万元，并全程参与新某小贷公司筹建，直接参加公司的股东会议、董事会议和监事会议，行使股东权利和监事权利；公司的利润直接分配给黄某鸣、李某俊，公司知晓黄某鸣、李某俊是蜀某公司所持股份的实际出资人。

二、2015年，法院判决蜀某公司归还皮某借款452万元，因蜀某公司未履行还款义务，皮某于2016年向法院申请强制执行，法院查封蜀某公司名下股权。

三、黄某鸣、李某俊以其系股权的实际权利人为由向法院提出执行异议之诉，主张确认其股权并排除执行，但未得到二审四川省高级人民法院和再审最高人民法院支持。

裁判要点

一、确认代持股权的法律关系，并非对已查封股权的处分和转移，不构成执行阻碍，仅是保护实际出资人的实际权益，确权结果也不能阻却执行。

二、隐名股东怠于变更股权工商登记，同时股权代持形成在先的，债权人享有的动态利益优于隐名股东享有的静态利益，显名股东名下股权可视为债务人的责任财产。

三、根据商事外观主义原则，第三人对股权工商登记体现出来的权利外观产生合理信赖应受到法律的优先保护，显名股东的非基于股权处分的债权人亦应属于法律保护的“第三人”范畴。

故皮某作为债权人依据工商登记中记载的股权归属，有权向人民法院申请对该股权强制执行，二审法院的认定并无不当。黄某鸣、李某俊的再审请求不成立，应予驳回。

经验总结

一、隐名股东须综合权衡利弊，审慎选择是否通过股权代持的方式投资。

二、隐名股东须定期关注显名股东的财产和负债情况，若发现显名股东资不抵债或者存在丧失清偿能力风险的，隐名股东应当要求显名股东尽快将股权转回，或考虑及时提起股权确权之诉进行显名，并将生效裁判文书告知显名股东的债权人。如等到代持股权被采取执行措施后再进行确权，那么即便成功确权也很难扭转股权被强制执行的局面。

三、股权代持协议须明确隐名股东和显名股东的权利义务及违约责任，并尽量选择对外隐名、对内显名的股权代持方式，将代持事实有效告知目标公司、其他股东以及显名股东的债权人。

相关法条

《中华人民共和国公司法》（2018 年修正）

第三十二条第三款 公司应当将股东的姓名或者名称向公司登记机关登记；登记事项发生变更的，应当办理变更登记。未经登记或者变更登记的，不得对抗第三人。

《最高人民法院关于人民法院民事执行中查封、扣押、冻结财产的规定》（法释〔2020〕21 号 2020 年修正）

第二十四条第一款 被执行人就已经查封、扣押、冻结的财产所作的移转、设定权利负担或者其他有碍执行的行为，不得对抗申请执行人。

本案链接

最高人民法院·黄某鸣、李某俊再审民事判决书［（2019）最高法民再45号］

本院再审认为，本案的焦点问题为黄某鸣、李某俊对案涉股权享有的实际权益，能否阻却其他债权人对显名股东名下持有的案涉股权的执行。

首先，关于投资权益显名化其实质是否是变相请求对处于查封状态下的案涉股权权属进行变更和处分的问题。根据《最高人民法院关于人民法院民事执行中查封、扣押、冻结财产的规定》（以下简称《查封扣押冻结规定》）第二十六条第一款[①]规定："被执行人就已经查封、扣押、冻结的财产所作的转移、设定权利负担或者其他有碍执行的行为，不得对抗申请执行人。"而本案系因代持股权引发的纠纷，投资权益显名化的核心是确认代持股权的法律关系，并非对已查封股权的处分和转移，仅仅是恢复事物的本来面目，进而保护实际出资人对案涉股权享有的实际权益。故对黄某鸣、李某俊的该项主张，本院予以采纳。二审法院对该部分的理解有误，本院予以纠正。但仅该项理由成立，并不能引起本院对案件实质结果的改变。

其次，按照一般的商事裁判规则，动态利益和静态利益之间产生权利冲突时，原则上优先保护动态利益。本案所涉民间借贷关系中债权人皮某享有的利益是动态利益，而黄某鸣、李某俊作为隐名股东享有的利益是静态利益。根据权利形成的先后时间，如果代为持股形成在先，则根据商事外观主义，债权人的权利应当更为优先地得到保护；如果债权形成在先，则没有商事外观主义的适用条件，隐名股东的实际权利应当得到更为优先的保护。因案涉股权代持形成在先，诉争的显名股东蜀某公司名下的股权可被视为债务人的责任财产，债权人皮某的利益应当得到优先保护。故黄某鸣、李某俊的该项再审理由不成立，本院不予支持。

另外，关于《公司法》第三十二条的理解与适用问题。该条第三款规定："公司应当将股东的姓名或者名称向公司登记机关登记；登记事项发生变更的，应当办理变更登记。未经登记或者变更登记的，不得对抗第三人。"工商登记是对股权情况的公示，与公司交易的善意第三人及登记股东之债权人有权信赖工商机关登记的股权情况并据此作出判断。其中"第三人"并不限缩于与显名股东

---

① 编者按：《查封扣押冻结规定》（2020年修正）第24条第1款。

存在股权交易关系的债权人。根据商事外观主义原则，有关公示体现出来的权利外观，导致第三人对该权利外观产生信赖，即使真实状况与第三人信赖不符，只要第三人的信赖合理，第三人的民事法律行为效力即应受到法律的优先保护。基于上述原则，显名股东的非基于股权处分的债权人亦应属于法律保护的“第三人”范畴。本案中，李某俊、黄某鸣与蜀某公司之间的股权代持关系虽真实有效，但其仅在双方之间存在内部效力，对于外部第三人而言，股权登记具有公信力，隐名股东对外不具有公示股东的法律地位，不得以内部股权代持关系有效为由对抗外部债权人对显名股东的正当权利。故皮某作为债权人依据工商登记中记载的股权归属，有权向人民法院申请对该股权强制执行。二审法院的认定并无不当。

延伸阅读

关于隐名股东与显名股东债权人执行异议之诉的裁判规则，法院裁判呈现完全相反的两种立场，其中主文案例的裁判观点在目前司法实践中处于主导地位。

裁判观点1：《公司法》第三十二条第三款的“第三人”范围并不限缩于与显名股东存在股权交易关系的债权人，显名股东的非基于股权处分的债权人亦应属于法律保护的“第三人”范畴。因此显名股东成为被执行人时，债权人依据工商登记中记载的股权归属，有权申请对该股权强制执行，隐名股东不能阻却执行。(与主文案例观点相同)

案例1：最高人民法院·中某银行股份有限公司济南分行、海某集团有限公司执行异议之诉再审民事判决书［（2016）最高法民再360号］

本院经审理认为，本案的争议焦点是：海某集团系涉案股份实际出资人的事实，能否排除人民法院的强制执行。

第一，从实际出资人与显名股东的内部代持法律关系的性质分析。代持法律关系其本质属于一种债权债务关系，受合同法相对性原则的约束，隐名股东就该债权仅得以向显名股东主张，对合同当事人以外的第三人不产生效力。从《公司法》第三十二条规定看，公司应当将股东的姓名或者名称及出资额向公司登记机关登记，登记事项发生变更的，应当变更登记，未经登记或者变更登记的，不得对抗第三人。公司股东的登记事项主要体现在公司章程、股东名册和工商登记这三种材料中，本案营某沿海银行的公司章程、股东名册、工商登记资料中，涉案股份均登记于中某财富名下，中某财富可以据此主张行使股东权利，在公司对外关系上，显名股东具有股东的法律地位，隐名股东不能以其与显名股东之间的约定为由对抗外部债权人对显名股东的正当权利。《公司法司法解释三》第二十四条规定对此进一步细化："有限责任公司的实际出资人与名义出资人订立合同，约定由实际出资人出资并享有投资权益，以名义出资人为显名股东，实际出资人与显名股东对该合同效力发生争议的，如无《合同法》[①] 第五十二条规定的情形，人民法院应当认定该合同有效。前款规定的实际出资人与显名股东因投资权益的归属发生争议，实际出资人以其实际履行了出资义务为由向显名股东主张权利的，人民法院应予支持。显名股东以公司股东名册记载、公司登记机关登记为由否认实际出资人权利的，人民法院不予支持。实际出资人未经公司其他股东半数以上同意，请求公司变更股东、签发出资证明书、记载于股东名册、记载于公司章程并办理公司登记机关登记的，人民法院不予支持。"上述法律和司法解释规定虽是针对有限责任公司，但本案中营某沿海银行为非上市的股份公司，参照上述法律规定处理相关法律关系从性质上而言亦无不妥。从上述法律依据看，在代持情况下，即显名股东与实际股东分离时，通过合同法规制解决。即使海某集团为涉案股份的实际出资人，也并不当然地取得营某沿海银行的股东地位。代持情形下，隐名股东的财产利益是通过合同由显名股东向实际股东转移，需经过合同请求而取得，若隐名股东请求成为公司股东，则需经过半数股东同意，其并非当然取得股东地位。综合上述分析可知，海某集团即使对涉案股份真实出资，其对因此形成的财产权益，本质还是一种对中某财富享有的债权。如中某财富违反其与海某集团之间签订的委托协议，海某集团得依据双方签订的相关协议向中某财富主张违约责任，并不当然享有对涉案股份的所有权、享受股东地位。

第二，从信赖利益保护的角度分析。根据商事法律的外观主义原则，交易行为的效果以交易当事人行为的外观为准。即使外在的显示与内在的事实不一致，商事主体仍须受此外观显示的拘束，外观的显示优越于内在的事实。法定事项一经登记，即产生公信力，登记事项被推定为真实、准确、有效，善意第三人基于对登记的信赖而实施的行为，受到法律的保护，即使登记事项不真实、与第三人的信赖不符，善意第三人也可以依照登记簿的记载主张权利。只要第三人的信赖合理，第三人的信赖利益就应当受到法律的优先保护。另外，执行案件中的债权人与被执行人发生交易行为时，本身也有信赖利益保护的问题。发生交易时，申请执行人对被执行人的总体财产能力进行衡量后与之进行交易，被执行人未履行生效法律文书确定的义务进入强制执行程序后，被执行人名下的所有财产均是对

① 编者按：已失效，被《民法典》吸收。

外承担债务的一般责任财产与总体担保手段，因此不能认为强制执行程序中的申请执行人就不存在信赖利益保护的问题。特别是，法律规定明确否定超标的查封，申请执行人为了实现对某项特定财产的查封，必须放弃对其他财产的查封，如果对该查封利益不予保护，对申请执行人有失公允。因此，不能苛求被执行人的债权人与显名股东必须是就登记在显名股东名下的特定代持股权从事民事法律行为时才能适用善意第三人制度。在涉案股份的实际出资人与公示的显名股东不符的情况下，法律不仅应优先保护信赖公示的与显名股东进行交易的善意第三人，也应优先保护显名股东的债权人的权利。就本案而言，中某济南分行对涉案股份申请强制执行具有信赖利益并应优先保护。

第三，从债权人和隐名股东的权责和利益分配上衡量。首先，债权人对显名股东的财产判断只能通过外部信息、股权信息查询获得，但代持关系却较难知悉，属于债权人无法预见的风险，不能苛求债权人尽此查询义务，风险分担上应向保护债权人倾斜，制度以此运行则产生的社会成本更小。其次，实际出资人的权利享有相应的法律救济机制。即使显名股东代持的股权被法院强制执行，隐名股东依然可以依据其与显名股东之间的股权代持协议的约定以及信托、委托制度的基本原则，请求显名股东赔偿自己遭受的损失。再次，对涉案股份的执行并未超过实际出资人的心理预期。实际出资人在显名为股东之前，其心理预期或期待的利益仅仅是得到合同法上的权益，而非得到公司法上的保护。本案中，海某集团在相关代持协议中与中某财富就代持股份可能被采取强制执行措施的情形已作了特别约定即是明证。最后，从风险和利益一致性的角度考虑，实际出资人选择隐名，固有其商业利益考虑，既然通过代持关系，获得了这种利益，或其他在显名情况下不能或者无法获得的利益，则其也必须承担因为此种代持关系所带来的固有风险，承担因此可能出现的不利益。因此，由海某集团承担因选择代持关系出现的风险和不利益，更为公平合理。

第四，从司法政策价值导向上衡量。现实生活中因为多种原因产生股份代持的现象，但从维护交易安全、降低交易成本的角度看，如果侧重于承认和保护隐名股东的权利从而阻却执行，客观上则会鼓励通过代持股份方式规避债务，逃避监管，徒增社会管理成本。本案中，在海某集团与中某财富签订协议之时，银监会办公厅已下发了《关于加强中小商业银行主要股东资格审核的通知》（银监办发〔2010〕115号），其中第二条第二项规定“主要股东包括战略投资者持股比例一般不超过20%。对于部分高风险城市商业银行，可以适当放宽比例”。而营某沿海银行的股东中，海某酒店控股集团有限公司作为海某集团的下属成员企业，投资比例已占20%，通过中某财富代持股份的方式，海某集团对营某沿海银行的持股比例达到了24.8%，海某集团寻求中某财富代持营某沿海银行股份，主观上不排除为了规避上述通知中对于股东资格审核的监管要求。此外，2018年1月5日银监会公布的《商业银行股权管理暂行办法》[2018年第1号] 明确对商业银行的股权代持行为予以了否定。该办法第十二条第一款规定："商业银行股东不得委托他人或接受他人委托持有商业银行股权。"该规定虽系部门规章，但是从禁止代持商业银行股权规定的规范目的、内容实质，以及实践中允许代持商业银行股权可能出现的危害后果进行综合分析认定，可以看出对商业银行股权代持的监管体现出逐渐严格和否定的趋势。为了维护交易安全，也为了倒逼隐名股东在选择显名股东时更加谨慎，依法判决实际出资人海某集团不能对抗人民法院对涉案股权强制执行，有利于规范商业银行股权法律关系，防止实际出资人违法让他人代持股份或者规避法律。

裁判观点2：申请执行人并非针对显名股东名下股权从事交易，仅仅因为债务纠纷而寻查显名股东财产，并无信赖利益保护的需要。据此，商事外观主义原则的适用范围不包括非股权交易第三人，隐名股东能对抗显名股东债权人的强制执行。(与主文案例观点相反)

案例2：重庆市第二中级人民法院·李某与何某正、刘某斌等案外人执行异议之诉二审民事判决书［（2019）渝02民终3038号］

《最高人民法院关于人民法院办理执行异议和复议案件若干问题的规定》第二十五条规定："对案外人的异议，人民法院应当按照下列标准判断其是否系权利人：……（四）股权按照工商行政管理机关的登记和企业信用信息公示系统公示的信息判断……"此项规定是为了保护第三人基于股权工商登记的外观而产生的交易信赖，与登记股东发生股权转让、股权质押等处分行为及由此产生的利益，从而维护复杂商事交易的安全。对于非基于上述行为与登记股东发生法律关系的第三人，由于工商登记公示的股权不是其交易标的，其没有基于工商登记所产生交易信赖，不存在交易安全的问题，因此不属于此项规定适用范畴。本案中，李某申请执行的是其与罗某毅、邓某兰、重庆立某置业发展有限公司之间的民间借贷纠纷产生的债权，并非就争议股权进行交易，且系基于罗某毅继承罗某德遗产而要求执行登记在罗某德名下的争议股权来实现。争议股权并非商事交易标的，故不存在信赖利益问题。

073 债权人可否以“夫妻店公司”实质上为一人公司为由，申请追加夫妻股东为被执行人？

☞ 阅读提示

在实践中有些有限责任公司仅有两个股东，而且这两个股东属于夫妻关系，俗称夫妻店公司。在这些夫妻店公司经强制执行仍不能清偿债务时，债权人可否以其实质上为一人公司，追加夫妻股东为被执行人呢？

裁判要旨

夫妻二人设立的公司，能够证明公司财产独立于个人财产的，不能认定该公司系一人公司，债权人追加股东为被执行人的，不予支持。

案情简介

一、任某芹和王某为夫妻关系，二人分别实缴出资26万元和24万元成立了增某公司；公司设立时由验资机构进行验资，验资报告显示各自的出资均由各自个人账户转入增某公司。

二、因增某公司拖欠王某庆货款不还，王某庆将增某公司诉至法院；经法院判决，增某公司应向王某庆支付70万元款项。后王某庆向法院申请强制执行，要求增某公司支付70万元款项，因增某公司账上没有可供执行的现金和财产，法院终结本次执行。

三、无奈之下，王某庆以增某公司属于夫妻店，实质上是一人有限责任公司为由，向法院申请追加任某芹和王某为被执行人。

四、执行法院以增某公司两名自然人股东为夫妻关系，公司出资应视为夫妻二人一体用家庭共同财产出资，实际出资情形符合一人有限责任公司股东出资特点及性质为由，认定增某公司为一人公司，追加任某芹和王某为被执行人。

五、任某芹和王某不服，以增某公司不属于一人公司为由，提起执行异议之诉；本案一审、二审均驳回了任某芹和王某诉讼请求，后又向最高院申请再审，最高院认定原审法院适用法律错误，指令再审。

裁判要点

本案件的争议焦点是，应否将增某公司视为一人公司，追加任某芹和王某为被执行人。最高院经审理认为，增某公司不是一人有限责任公司，不符合《最高人民法院关于民事执行中变更、追加当事人若干问题的规定》第二十条规定的追加股东为被执行人的情形。理由有二：

第一，一人有限责任公司，是指只有一个自然人股东或者一个法人股东的有限责任公司。而本案增某公司由王某和任某芹两名自然人股东共同出资设立，且二人各自的实缴出资真实完整，明显不符合一人有限责任公司的法律特征。

第二，任某芹、王某的个人和家庭共同财产与增某公司的财产之间，不存在混同的事实，二人不应该被追加为被执行人。一方面，任某芹和王某二人对增某公司的出资均出自各自名下的独立账户，并非出自同一账户。另一方面，增某公司业务往来的银行记录清晰明确，任某芹、王某的个人账户与增某公司账户之间并无任何其他往来，双方完全不存在财产混同的事实。

经验总结

一、对于债权人来讲，在债务人公司经强制执行不能清偿全部债务时，若债务人的股东为夫妻，可以夫妻店公司实质上为一人公司为由，申请法院追加夫妻二人为被执行人，要求其为公司债务承担连带责任。虽然上述案件并未将夫妻店公司视为一人公司，但是在实践中也有法院将夫妻店公司视为一人公司的案例（见“延伸阅读”部分之案例 1）。

二、对于股东为夫妻的债务人来讲，当债权人申请追加夫妻股东为被执行人时，务必强调夫妻店公司与一人公司在法律特征上的区别，并收集公司设立时各自出资的证据，以及在公司运营中股东财产和公司财产相独立的证据。

相关法条

《中华人民共和国公司法》（2018 年修正）

第五十七条第二款　本法所称一人有限责任公司，是指只有一个自然人股东或者一个法人股东的有限责任公司。

《中华人民共和国民法典》（2021 年 1 月 1 日实施）

第一千零六十二条 夫妻在婚姻关系存续期间所得的下列财产，为夫妻的共同财产，归夫妻共同所有：

（一）工资、奖金、劳务报酬；

（二）生产、经营、投资的收益；

（三）知识产权的收益；

（四）继承或者受赠的财产，但是本法第一千零六十三条第三项规定的除外；

（五）其他应当归共同所有的财产。

夫妻对共同财产，有平等的处理权。

第一千零六十五条第一款 男女双方可以约定婚姻关系存续期间所得的财产以及婚前财产归各自所有、共同所有或者部分各自所有、部分共同所有。约定应当采用书面形式。没有约定或者约定不明确的，适用本法第一千零六十二条、第一千零六十三条的规定。

《最高人民法院关于民事执行中变更、追加当事人若干问题的规定》（法释〔2020〕21 号 2020 年修正）

第二十条 作为被执行人的一人有限责任公司，财产不足以清偿生效法律文书确定的债务，股东不能证明公司财产独立于自己的财产，申请执行人申请变更、追加该股东为被执行人，对公司债务承担连带责任的，人民法院应予支持。

本案链接

最高人民法院·王某、任某芹执行异议之诉再审审查与审判监督民事裁定书［（2019）最高法民申 105 号］

本院经审查认为：原审法院以增某公司实际出资情形符合一人有限责任公司的股东出资特点及性质为由，认定杨某庆、刘某华申请追加王某、任某芹为被执行人符合《最高人民法院关于民事执行中变更、追加当事人若干问题的规定》第二十条规定的情形，判决驳回王某、任某芹的诉讼请求，在认定事实和适用法律上均存在错误。增某公司不是一人有限责任公司，不符合《最高人民法院关于民事执行中变更、追加当事人若干问题的规定》第二十条规定的追加股东为被执行人的情形。王某、任某芹的再审申请符合《民事诉讼法》第二百条第二项、第六项[①]规定的情形。

依照《民事诉讼法》第二百零四条、第二百零六条[②]，《最高人民法院关于适用〈中华人民共和国民事诉讼法〉的解释》第三百九十五条[③]第一款的规定，裁定如下：一、指令河北省高级人民法院再审本案；二、再审期间中止执行王某、任某芹向杨某庆、刘某华清偿债务 679055.4 元。

延伸阅读

裁判观点 1：夫妻在婚姻存续期间共同设立公司且不能证明自身财产独立于公司财产的，应认定公司股权主体具有利益的一致性和实质的单一性，该公司实质属于一人公司。当公司财产不能清偿债务时，公司债权人有权追加股东为被执行人。

案例 1：最高人民法院·熊某平、沈某霞申请执行人执行异议之诉再审民事判决书［（2019）最高法民再 372 号］

本案焦点为青某瑞公司是否属于一人有限责任公司；猫某公司申请追加熊某平、沈某霞为被执行人应否支持。

关于青某瑞公司是否属于一人有限责任公司问题。《公司法》第五十八条[④]第二款规定："本法所称一人有限责任公司，是指只有一个自然人股东或者一个法人股东的有限责任公司。"本案中，青某瑞公司虽系熊某平、沈某霞两人出资成立，但熊某平、沈某霞为夫妻，青某瑞公司设立于双方婚姻存续期间，且青某瑞公司工商登记备案资料中没有熊某平、沈某霞财产分割的书面证明或协议，熊某平、沈某霞亦未补充提交。《婚姻法》第十七条[⑤]规定，除该法第十八条[⑥]规定的财产及第十九条[⑦]规定的约定财产制外，夫妻在婚姻存续期间所得财产归夫妻共同共有。据此可以认定，青某瑞公司的注册资本来源于熊某平、沈某霞的夫妻共同财产，青某瑞公司的全部股权属于熊某平、沈某霞婚后取得的财产，应归双方共同共有。青某瑞公司的全部股权实质来源于同一财产权，并为一个所有权共同享有和支配，该股权主体具有利益的一致性和实质的单一性。另外，一人有限责任公司区别于普通有限责任公司的特别规定在于《公司法》第六十三条，该

---

① 编者按：《民事诉讼法》（2021 修正）第 207 条第 2 项、第 6 项。
② 编者按：《民事诉讼法》（2021 修正）第 211 条、第 213 条。
③ 编者按：《最高人民法院关于适用〈中华人民共和国民事诉讼法〉的解释》（2022 年修正）第 393 条。
④ 编者按：《公司法》（2018 年修正）第 57 条。
⑤⑥⑦ 编者按：已失效，被《民法典》吸收。

条规定："一人有限责任公司的股东不能证明公司财产独立于股东自己的财产的，应当对公司债务承担连带责任。"即一人有限责任公司的法人人格否认适用举证责任倒置规则。之所以如此规定，原因系一人有限责任公司只有一个股东，缺乏社团性和相应的公司机关，没有分权制衡的内部治理结构，缺乏内部监督。股东既是所有者，又是管理者，个人财产和公司财产极易混同，极易损害公司债权人利益。故通过举证责任倒置，强化一人有限责任公司的财产独立性，从而加强对债权人的保护。本案青某瑞公司由熊某平、沈某霞夫妻二人在婚姻关系存续期间设立，公司资产归熊某平、沈某霞共同共有，双方利益具有高度一致性，亦难以形成有效的内部监督。熊某平、沈某霞均实际参与公司的管理经营，夫妻其他共同财产与青某瑞公司财产亦容易混同，从而损害债权人利益。在此情况下，应参照《公司法》第六十三条规定，将公司财产独立于股东自身财产的举证责任分配给股东熊某平、沈某霞。综上，青某瑞公司与一人有限责任公司在主体构成和规范适用上具有高度相似性，二审法院认定青某瑞公司系实质意义上的一人有限责任公司并无不当。

关于猫某公司申请追加熊某平、沈某霞为被执行人应否支持问题。如上分析，青某瑞公司系实质意义上的一人有限责任公司，适用《公司法》第六十三条规定，而《最高人民法院关于民事执行中变更、追加当事人若干问题的规定》第二十条的实体法基础亦在《公司法》第六十三条规定。据此，熊某平、沈某霞应对青某瑞公司财产独立于双方其他共有财产承担举证责任，在二审法院就此事项要求熊某平、沈某霞限期举证的情况下，熊某平、沈某霞未举证证明其自身财产独立于青某瑞公司财产，应承担举证不力的法律后果。二审法院支持猫某公司追加熊某平、沈某霞为被执行人的申请，并无不当。

裁判观点2：一人公司股东股权转让的，如公司原股东和现股东不能证明其个人财产独立于公司财产，公司债权人有权追加一人公司原股东和现股东为被执行人。

案例2：最高人民法院·张某正、原某华执行异议之诉再审审查与审判监督民事裁定书［（2020）最高法民申2827号］

根据本案查明的事实，张某正于2016年4月19日成为大某公司唯一股东，2017年6月2日变更其母亲原某华为大某公司唯一股东。张某正作为大某公司股东期间与大某公司之间频繁进行银行转账，大某公司一有入账，基本都是很快将其转入张某正个人账号，在大某公司需要对外支付时，再从张某正个人账户转入大某公司账户，然后大某公司再对外支出，且大某公司转账给张某正时的备注为“劳务费演出费”“往来款”等，而大某公司的记账凭证中却均记载为“还款”，张某正在原审庭审中亦承认曾伪造大某公司部分账目；此外，张某正多次以个人账户收取应由大某公司收取的租金。原审法院据此认定张某正、原某华个人财产没有独立于大某公司财产有相应的事实依据……张某正在将大某公司财产混同于个人财产，造成大某公司资不抵债的情形下，为逃避公司债务和股东责任，让其80多岁老母原某华挂名一人公司大某公司的股东，有违道德伦理……虽然张某正、原某华不是济南仲裁委员会（2017）济仲裁字第1284号裁决书的义务主体，但根据评审中心提出的追加被执行人的申请，一审法院在执行程序中追加张某正、原某华为被执行人符合前述法律规定。一审法院可在查清事实的基础上依据相关法律、法规及司法解释的规定依法作出认定，并不存在违反民事诉讼不告不理原则的问题。

裁判观点3：一人公司股东能够证明公司的财产独立于自己的财产，即完成了相应的举证义务，股东对公司的债务不承担连带责任。

案例3：最高人民法院·特某电工股份有限公司新疆变压器厂、湖北宜某化工股份有限公司执行异议之诉再审审查与审判监督民事裁定书［（2018）最高法民申3219号］

依据《公司法》第六十三条规定，一人有限责任公司的股东不能证明公司财产独立于股东自己的财产，应当对公司债务承担连带责任。反之，股东如能证明公司财产独立于自己的财产，则不应当对公司债务承担连带责任。本案中，宜昌嘉某公司为一人公司，大某公司作为宜昌嘉某公司的股东，所提交的证据能够证明宜昌嘉某公司的财产独立于自己的财产，即完成了相应的举证义务，大某公司不应当对宜昌嘉某公司的债务承担连带责任。故特某电工公司在执行程序中要求追加大某公司为被执行人，连带清偿宜昌嘉某公司对其债务，缺乏依据，原审法院判决不追加大某公司为被执行人，并无不当。原判决适用法律没有错误，特某电工公司的该项申请再审理由不能成立。

裁判观点4：公司由一人股东和该一人股东独立控制的公司共同设立，在公司债权人提出公司与股东人格混同抗辩的情况下，股东应就其个人财产与公司财产没有混同的事实承担举证责任。否则，公司债权人有权追加公司股东为被执行人。

案例4：最高人民法院·重庆市蓝某物业发展有限公司、雷某桦案外人执行

异议之诉再审审查与审判监督民事裁定书［（2018）最高法民申178号］

虽然重庆蓝某公司系由股东蓝某泽与蓝某房产公司共同出资设立，但蓝某房产公司为蓝某泽一人独资控股的公司。因此，在雷某桦等四人提出重庆蓝某公司与蓝某泽存在财产混同抗辩的情况下，蓝某泽应对其个人财产与公司财产没有混同的事实承担举证责任。因蓝某泽未完成相应举证责任，原审法院认定蓝某泽与重庆蓝某公司之间存在财产混同，并无不当。

裁判观点5：作为被执行人的公民死亡，其配偶没有放弃继承的，人民法院可以裁定变更被执行人，由该配偶在遗产的范围内偿还债务。

案例5：最高人民法院·黄某、郭某英股权转让纠纷执行审查类执行裁定书［（2018）最高法执监116号］

自然人被执行人死亡后，其继承人没有放弃继承的，人民法院可以裁定变更继承人为被执行人。至于继承人实际是否继承遗产以及继承了多少遗产的问题，人民法院在确定继承人偿还债务的范围时会予以审查。因此，申诉人以黄某法没有留下遗产、自己并未继承遗产为由，主张执行程序不能将其变更为被执行人，于法无据，本院不予支持……此外，从实质公平角度考虑，变更申诉人为被执行人后，执行法院应首先审查核实原被执行人黄某法的遗产情况以及申诉人实际继承的遗产范围，对申诉人的执行以其继承黄某法遗产的范围为限，并不会损害其合法权益。

裁判观点6：如系夫妻共同债务，可执行夫妻共同财产。但对于事实比较复杂、配偶另一方争议较大、难以在执行程序中对债务是否属于夫妻共同债务作出简单推定的，不应通过执行异议和复议程序处理，而是由配偶一方提起诉讼。

案例6：最高人民法院·张某、张某英执行审查类执行裁定书［（2020）最高法执监5号］

本案执行行为发生于2013年，当时法律和司法解释对夫妻一方为被执行人的案件，债务发生在夫妻关系存续期间，但执行依据未明确债务为夫妻双方共同债务还是一方个人债务的，并未明确规定可以在执行程序中直接审查认定该债务属于夫妻共同债务，并进而对执行依据确定的债务人的配偶予以执行。实践中，人民法院对于属于共同债务的事实比较清楚，证据比较确凿，配偶另一方争议不大的，为及时有效保护债权人权益，避免程序过于复杂，有在执行程序中直接推定为夫妻共同债务，并执行夫妻共同财产、配偶的个人财产的做法。但对于事实比较复杂、配偶另一方争议较大、难以对债务性质作出简单推定的，鉴于仅通过执行异议、复议程序进行审查，对异议人的程序权利保障不够充分，故以不通过复议程序对是否属于夫妻共同债务作出最终判断为宜，而应当参照《民事诉讼法》第二百二十七条①的规定，由配偶另一方提起诉讼进行救济。

074 债权转让未通知债务人，受让人能否直接起诉？

☞ 阅读提示

虽然通知债务人不是债权转让的生效要件，但债权转让未通知债务人的对债务人不发生效力。实践中，通知债务人的方式五花八门，登报通知、口头通知、特快专递通知等不一而足。那么在债权转让未通知债务人的情况下，受让人直接起诉债务人要求其履行债务，此时受让人是否属于适格原告？起诉通知是否属于有效的债权转让通知呢？

裁判要旨

债权受让人受让案涉债权后，通过诉讼的方式通知债务人债权转让事宜的，属于有效通知，该债权受让人具有原告主体资格。

案情简介

一、2018年9月26日，农某金控公司（出借人）与加某器公司（借款人）签订《借款合同》，借款金额为4500万元，借款期限为2018年9月26日至2019年3月26日。同日，农某金控公司向加某器公司账户转款4500万元。

二、2019年6月25日，农某金控公司与元某公司签订《债权转让协议书》，约定农某金控公司将其基于案涉《借款合同》对加某器公司享有的债权转让给元某公司，但农某金控公司未通知加某器公司债权转让事宜。

三、借款期限届满后，加某器公司未向农某金控公司或者元某公司支付借款本息，元某公司遂提起诉讼，请求法院判令加某器公司向其支付借款本息。

---

① 编者按：《民事诉讼法》（2021年修正）第234条。

四、诉讼中，加某器公司以未接收到农某金控公司发出的债权转让通知为由，主张元某公司不是适格原告，二审河南省高级人民法院和再审最高人民法院均不支持加某器公司的该项抗辩。

裁判要点

本案的一个争议焦点为：债权受让人通过诉讼方式通知债务人的是否属于有效通知？

元某公司从农某金控公司处受让案涉债权后，通过诉讼的方式通知加某器公司、郑州华某公司、河南华某公司、郭某希债权转让事宜，符合《合同法》第八十条[①]第一款“债权人转让权利的，应当通知债务人”的规定，属于有效通知，元某公司原告主体资格适格。

经验总结

一、债权受让人直接以债务人为被告提起诉讼，借助法院向债务人送达起诉状，可以起到债权转让通知的效果。债务人在知晓债权转让事实后，应当向新的债权人履行债务。

二、在债权转让协议中尽可能地明确约定由转让人通知债务人债权转让的事实，并留存“已通知债务人”的证据，如有可能，债权受让人最好取得债务人出具的已知晓债权转让事实的证明。

相关法条

《中华人民共和国民法典》（2021年1月1日实施）

第五百四十六条第一款 债权人转让债权，未通知债务人的，该转让对债务人不发生效力。

---

① 编者按：已失效，被《民法典》吸收。

本案链接

最高人民法院·郑州华某金刚石股份有限公司、郑州元某企业管理咨询有限公司民间借贷纠纷再审审查与审判监督民事裁定书［（2021）最高法民申1575号］

关于元某公司的原告主体是否适格的问题：农某金控公司与元某公司签订的《债权转让协议书》，是双方当事人的真实意思表示，不违反法律、行政法规的强制性规定，合法有效。元某公司从农某金控公司处受让案涉债权后，通过诉讼的方式通知加某器公司、郑州华某公司、河南华某公司、郭某希债权转让事宜，符合原《合同法》第八十条①第一款“债权人转让权利的，应当通知债务人”的规定，属于有效通知，元某公司原告主体资格适格。

关于未追加农某金控公司作为本案第三人是否存在程序违法的问题：农某金控公司仅是原始债权人，在其转让案涉债权后，相应权利义务由元某公司继受。农某金控公司并非必须参加诉讼的第三人，人民法院可依法决定是否追加其参加诉讼；一审、二审法院未追加其参加诉讼，不属于程序违法情形。郑州华某公司认为一审、二审法院在审理本案过程中遗漏必须追加的第三人农某金控公司的理由不能成立。

延伸阅读

裁判观点：债权受让人直接向人民法院起诉，并借助人民法院送达起诉状的方式，向债务人送达债权转让通知，可以发生通知转让之法律效力。（与主文案例观点相同）

案例1：最高人民法院·重庆港某物流集团实业有限公司、某庆冶金轧钢厂金融不良债权追偿纠纷申请再审民事裁定书［（2016）最高法民申3020号］

根据《最高人民法院关于审理民事案件适用诉讼时效制度若干问题的规定》第十二条②的规定，“当事人一方向人民法院提交起诉状或者口头起诉的，诉讼时效从提交起诉状或者口头起诉之日起中断”。该解释规定的当事人起诉引起诉讼时效中断之法律效力，应当以当事人合法起诉为前提，故在起诉被人民法院裁

---

① 编者按：已失效，被《民法典》吸收。

② 编者按：《最高人民法院关于审理民事案件适用诉讼时效制度若干问题的规定》（2020年修正）第10条。

定驳回的情况下，通常并不引起诉讼时效期间中断，但在具体案件认定中，尚应考虑是否存在特殊情况。就本案涉及的债权转让通知问题，本院认为，《合同法》第八十条[①]第一款规定的“债权人转让权利的，应当通知债务人。未经通知，该转让对债务人不发生效力”，应当理解为，在债权转让通知未送达债务人时，债务人对债权转让人的清偿仍发生债务清偿之法律效果，但并不影响债权受让人取得受让债权。虽然该款法律规定的债权转让通知行为人，从文义上应理解为债权转让人，但在可以确认债权转让行为真实性的前提下，亦不应否定债权受让人为该通知行为的法律效力。即应以债务人是否知晓债权转让事实作为认定债权转让通知法律效力之关键。故债权受让人直接向人民法院起诉，并借助人民法院送达起诉状的方式，向债务人送达债权转让通知，亦可以发生通知转让之法律效力。在上述案件中，重庆港某实业公司的债权转让通知和要求清偿债务之请求，在经人民法院送达起诉状实际到达某庆轧钢厂的情况下，可以认定为《民法通则》第一百四十条[②]规定的“当事人一方提出要求”的情形，产生诉讼时效中断的法律效果。二审判决以债权转让未通知某庆轧钢厂为由，认为2009年1月15日重庆港某实业公司起诉要求某庆轧钢厂清偿债务时，不具有债权请求权基础，因而不产生诉讼时效中断之法律效果错误。

案例2：珠海市中级人民法院·周某宜、珠海市韦某辉土石方工程有限公司、环某建设工程集团有限公司某东分公司建设工程施工合同纠纷二审民事判决书［（2014）珠中法民三终字第236号］

根据证据认定部分的分析，周某宜提供的录音资料不能证明其与冯某友、杨某志向韦某辉公司通知债权转让事宜，因此周某宜以此主张其在起诉前已经通知韦某辉公司，证据不足，本院不予采信。对于通知的形式，由于法律未作出明确的规定，本院认为，周某宜以债权人身份提起诉讼，韦某辉公司签收了周某宜的诉状副本及债权转让协议等证据，应视为韦某辉公司知悉了周某宜与冯某友、杨某志之间的债权转让事实。由于周某宜在法庭辩论终结前通过诉讼的形式完成了通知义务，因此该债权转让协议对韦某辉公司具有法律效力，周某宜要求韦某辉公司返还保证金并赔偿损失，有事实和法律依据，本院予以支持。

---

① 编者按：已失效，被《民法典》吸收。
② 编者按：已失效。

075 “假法定代表人”在起诉状上盖上“真印章”，是否可以代表公司提起诉讼?

☞ 阅读提示

公章是公司对外作出意思表示的重要外在表现形式，但公章本身并不能直接表达公司的意志，公司意志的表达只能通过具体的某个人进行，也只有公章与表达人的真实身份结合在一起，才能构成一个完整的公司意志表意行为。实践中不乏“真人假章”或者“假人真章”等人章不一致的情形，在不涉及善意第三人合理信赖保护的场合下，“假”的法定代表人签字并加盖公司真公章的起诉状能否认定公司具有真实起诉的意思?

裁判要旨

法定代表人以公司名义从事的民事诉讼活动，一般即应视为公司的诉讼行为，其法律后果由公司承受，但“假”的法定代表人不具有代表权，经其签字的起诉状即使加盖了公司真公章也不能代表公司的真实意思表示。

案情简介

一、真某夫公司成立于2007年7月19日，蔡某标任公司的法人代表。蔡某标因刑事犯罪被羁押之后真某夫公司为潘某海控制，公司公章亦为其掌管。

二、2013年12月9日，真某夫公司董事会通过了《2013年度真某夫餐饮管理有限公司第二次临时董事会会议决议》，内容第六项为“选举潘某海先生为公司法定代表人”，同月31日，广东省东莞市工商行政管理局根据申请将真某夫公司的法定代表人由蔡某标变更为潘某海。

三、2016年7月20日，广州市天河区人民法院就蔡某标提起的公司决议撤销纠纷一案，判决撤销前述董事会决议，广州中院二审维持了一审判决。

四、在前述判决生效后，潘某海以真某夫法定代表人的身份代表公司起诉蔡某标等人，起诉状上有潘某海签名和真某夫公司公章。一审广东高院以“潘某海并非真某夫公司合法的法定代表人的情况下，仅根据起诉状加盖真某夫公司公章的事实，不能认定本案诉讼为真某夫公司的真实意思表示”为由裁定驳回起诉，二审最高人民法院予以维持。

裁判要点

一、公司法定代表人登记只是行政机关对公司全体股东的法定代表人意思表示的确认，不具有设权性。在对内效力方面，公司法定代表人应当以章程体现出来的股东意志表示为准，因此潘某海不具有真某夫公司法定代表人资格。

二、公章是公司对外作出意思表示的重要外在表现形式，一般情况下，公章持有者具有公司授权，盖有公章的文书反映了公司的意思。但文书盖有公章，仅使该文书具有代表公司意思的外在形式要素，在公章持有者非基于公司意思持有公章等情况下，因其欠缺代表权，盖有公章的文书并不当然代表公司意思。本案中潘某海不是真某夫公司法定代表人且未获得授权，故仅根据起诉状加盖真某夫公司公章的事实，不足以认定本案诉讼为真某夫公司的真实意思表示。

经验总结

提请注意，本案说明了控制公章并不等同于控制了公司命脉，坊间流传的“公章在手天下我有”，着实是夸大其词了。

在“真人假章”“假人真章”的问题上，《九民纪要》确立了“看人重于看章”的裁判准则，如果法定代表人或代理人于盖章之时有代表权或代理权，则法院一般不会轻易否定公司对外、对内签署的法律文书的效力。但是公司代理人的授权文件需要严格认定。本案的裁判观点与《九民纪要》精神一致。

公司控制权争夺过程中，如果公章被抢了或者非授权人员控制了公章，毫无疑问企业的运营会暂时受到影响，不过影响范围很有限，因为存在很多补救措施可应对此种局面，比如提起公司证照返还诉讼、挂失并补刻新公章等。此外根据《九民纪要》“看人重于看章”的精神以及《民法典》第六十一条第二款“法定代表人以法人名义从事的民事活动，其法律后果由法人承受”之规定可知，即使法定代表人丧失对公章的控制，其对内对外签署的相关文书依然能代表公司意志，所以说控制公章并不等同于拥有公司控制权。

相关法条

《中华人民共和国民事诉讼法》（2021 年修正）

第五十一条　公民、法人和其他组织可以作为民事诉讼的当事人。

法人由其法定代表人进行诉讼。其他组织由其主要负责人进行诉讼。

《中华人民共和国公司法》（2018 年修正）

第十三条　公司法定代表人依照公司章程的规定，由董事长、执行董事或者经理担任，并依法登记。公司法定代表人变更，应当办理变更登记。

《最高人民法院关于适用〈中华人民共和国民事诉讼法〉的解释》（法释〔2022〕11 号　2022 年 4 月 10 日实施）

第五十条　法人的法定代表人以依法登记的为准，但法律另有规定的除外。依法不需要办理登记的法人，以其正职负责人为法定代表人；没有正职负责人的，以其主持工作的副职负责人为法定代表人。

法定代表人已经变更，但未完成登记，变更后的法定代表人要求代表法人参加诉讼的，人民法院可以准许。

其他组织，以其主要负责人为代表人。

本案链接

最高人民法院·真某夫餐饮管理有限公司、潘某海等损害公司利益责任纠纷民事二审案［（2021）最高法民终 2 号］

《民事诉讼法》第四十八条第二款①规定："法人由其法定代表人进行诉讼。其他组织由其主要负责人进行诉讼。"由有限责任公司股东会或董事会依据公司章程通过决议授权的人，也有权代表公司进行诉讼。根据《公司法》第十三条的规定："公司法定代表人依照公司章程的规定，由董事长、执行董事或者经理担任，并依法登记。公司法定代表人变更，应当办理变更登记。"公司法定代表人的确定是公司通过章程表达全体股东共同意志的结果。《民事诉讼法司法解释》第五十条②规定"法人的法定代表人以依法登记的为准，但法律另有规定的除外"，这并不意味着公司法定代表人是公司登记机关赋予的。公司法定代表人

---

① 编者按：《民事诉讼法》（2021 年修正）第 51 条第 2 款。

② 编者按：《最高人民法院关于适用〈中华人民共和国民事诉讼法〉的解释》（2022 年修正）第 50 条。

登记只是行政机关对公司全体股东的法定代表人意思表示的确认。公司法定代表人依法登记具有对外公示效力，但不具有确定公司在法定代表人问题上真实意思表示的效力。因此，在对内效力方面，公司法定代表人应当以章程体现出来的股东意志表示为准。本案中，虽然工商登记资料中载明真某夫公司的法定代表人仍是潘某海，但其被推选为董事长的真某夫公司董事会决议已被生效民事判决撤销。因此一审判决不认可潘某海为真某夫公司法定代表人，认定事实有证据支持。潘某海关于一审裁定认定其并非真某夫公司合法的法定代表人错误的上诉理由不能成立。

本案起诉状除潘某海签字外，还加盖了真某夫公司公章。但根据已经查明的事实，蔡某标被羁押至今，真某夫公司实为潘某海控制，公司公章亦为潘某海掌管。迄至二审期间，真某夫公司也没有证据证明该公司又召开新的董事会，并形成提起本案诉讼或明确授权潘某海提起本案诉讼的决议。故仅根据起诉状加盖真某夫公司公章的事实，不足以认定本案诉讼为真某夫公司的真实意思表示。

延伸阅读

裁判观点：尽管公章是公司对外作出意思表示的重要外在表现形式，但公章持有人并不当然能直接代表公司意志，至于其是否依授权真正体现公司意志，仍需进一步审查。

案例：最高人民法院·辽宁立某实业有限公司、抚顺太某洋实业有限公司企业借贷纠纷再审审查与审判监督民事裁定书［（2019）最高法民申2898号］

根据《民法通则》①《公司法》和《民事诉讼法》等法律的有关规定，法定代表人作为最基础的公司意志代表机关，是法人意志的当然代表，能够对外代表公司的人一般仅有法定代表人；而法定代表人以外的其他人以公司名义对外为民事法律行为需要由法定代表人代表公司进行授权，适用有关委托代理的法律规定。鉴于《协议书》及其附件非由三方当事人的法定代表人签订，而由各自其他职员加盖公司公章签订，《协议书》及其附件是否依法发生效力，需要根据具体签订的经办人员是否具有公司的授权（具体由公司法定代表人代表公司授权）而定。

……（1）尽管公章是公司对外作出意思表示的重要外在表现形式，但法律并未规定法定代表人以外持有公司公章的人仅凭其持有公章的事实就能够直接代

① 编者按：已失效，被《民法典》吸收。

表公司意志，持有公章是一种客观状态，某人持有公章只是反映该人可能有权代表公司意志的一种表象，至于其是否依授权真正体现公司意志，仍需进一步审查。本案中，在《协议书》及其附件签订以前，三方当事人的有关经办人员明知三方共同的时任法定代表人陆某华已经被限制人身自由达 8 个月，据此也应当知道黄某锋、汪某康等人尽管掌管公司公章但无权代表公司意志；三方当事人的有关经办人员均明知陆某华不可能事先进行授权委托，也应当知道其签订《协议书》须经陆某华同意或者授权委托。本案辽宁立某公司显然不属于仅凭对方行为人持有公司公章即可相信其有公司授予代理权的善意相对人。鉴于上述明知和应知，辽宁立某公司主张其有正当理由相信黄某锋、汪某康加盖公司公章有代理权，显然不能成立。

076 招商引资协议中，将政府财政奖励与企业纳税直接挂钩的条款效力如何?

☞ 阅读提示

在各地方政府招商引资过程中，对投资项目给予财政奖励或财政补贴是投资者衡量投资可行性的重要条件，也是政府招商部门吸引投资者的重要因素。实践中，不乏招商引资协议的财政优惠政策与企业的纳税直接挂钩，甚至约定政府奖励/补贴数额占企业实际纳税金额的具体比重，此等与税收直接挂钩的财政奖励/补助条款是否存在法律风险呢?

裁判要旨

与税收直接挂钩的财政奖励实质上是税收的“先征后返”，其作为减/退税收的一种形式，审批权限属于国务院。地方政府在招商引资协议中作出的“先征后返”承诺因违反法律、行政法规的效力性强制性规定而无效。

案情简介

一、2003 年 4 月 18 日，天某公司与某江县政府签订《关于某江县大市场 B 区项目开发建设协议》，该协议中第六条第二项、第三项、第四项依次约定：销售不动产营业税按规定标准征收后，奖励天某公司30%；土地增值税按规定标准征收后，奖励天某公司80%；企业所得税按规定标准征收后，县级留成部分（40%）全部奖励天某公司。

二、天某公司认为依据协议，某江县政府应给予其奖励共计人民币1100余万元，遂数次向某江县政府提出书面申请报告和律师函，要求某江县政府及时履行协议。

三、因某江县政府迟迟未履行协议兑现税收奖励，天某公司遂向法院提起诉讼，但一审合肥市中级人民法院和二审安徽省高级人民法院均认为“某江县政府以返还地方税收留成部分对天某公司予以奖励的约定违反效力性强制性规范无效”，均驳回了天某公司的诉讼请求。

裁判要点

地方的奖励政策与税收直接挂钩的，虽然不属于直接退税/减税，但财政支出资金来源于国库，前述奖励形式事实上是对应缴纳税款的“先征后返”，属于变相的减/退税约定，违反了《税收征收管理法》第三条这一效力性强制性规定，因此天某公司请求某江县政府落实“先征后返”的奖励政策，人民法院不予支持。

经验总结

鉴于法院对以“返还地方政府税收留成部分”为招商引资的优惠政策的效力认识不统一，建议投资企业在获得政府优惠承诺时注意，政府补助/奖励即使实际与企业的纳税贡献有关，相关协议条款也不能与实缴税款挂钩，特别是不能在协议中约定补助/奖励占实缴税款的比例，否则容易被法院认定为变相的退/减税约定从而败诉。

相关法条

《中华人民共和国民法典》（2021年1月1日实施）

第一百五十三条第一款 违反法律、行政法规的强制性规定的民事法律行为无效。但是，该强制性规定不导致该民事法律行为无效的除外。

《中华人民共和国税收征收管理法》（2015年修正）

第三条　税收的开征、停征以及减税、免税、退税、补税，依照法律的规定执行；法律授权国务院规定的，依照国务院制定的行政法规的规定执行。

任何机关、单位和个人不得违反法律、行政法规的规定，擅自作出税收开征、停征以及减税、免税、退税、补税和其他同税收法律、行政法规相抵触的决定。

《国务院关于纠正地方自行制定税收先征后返政策的通知》（国发〔2000〕2号　2000年1月11日实施）

二、根据现行有关税收管理权限的规定，除屠宰税、筵席税、牧业税的管理权限下放到地方外，其他税种的管理权限集中在中央，地方人民政府不得擅自在税收法律、法规明确授予的管理权限之外，更改、调整、变通国家税收政策。先征后返政策作为减免税收的一种形式，审批权限属于国务院，各级地方人民政府一律不得自行制定税收先征后返政策。对于需要国家财政扶持的领域，原则上应通过财政支出渠道安排资金。如确需通过税收先征后返政策予以扶持的，应由省（自治区、直辖市）人民政府向国务院财政部门提出申请，报国务院批准后才能实施。

本案链接

安徽省高级人民法院·安徽省某江县天某房地产开发有限公司与某江县人民政府行政协议二审行政判决书［（2018）皖行终674号］

《税收征收管理法》第三条规定：税收的开征、停征以及减税、免税、退税、补税，依照法律的规定执行。任何机关、单位和个人不得违反法律、行政法规的规定，擅自作出税收开征、停征以及减税、免税、退税、补税和其他同税收法律、行政法规相抵触的决定。2000年1月11日，国务院发布的国发〔2000〕2号《关于纠正地方自行制定税收先征后返政策的通知》（以下简称国发〔2000〕2号文）第一条规定，各地区自行制定的税收先征后返政策，从2000年1月起一律停止执行。第二条规定，地方人民政府不得擅自在税收法律、法规明确授予的管理权限之外，更改、调整、变通国家税收政策。先征后返政策作为减免税收的一种形式，审批权限属于国务院，各级地方人民政府一律不得自行制定税收先征后返政策。对于需要国家财政扶持的领域，原则上应通过财政支出渠道安排资金。如确需通过税收先征后返政策予以扶持的，应由省（自治区、直辖市）人民政府向国务院财政部门提出申请，报国务院批准后才能实施。因此，税收减免、返还等优惠措施必须由法律、行政法规作出明确规定，或者由省（自治区、直辖市）人民政府向国务院财政部门提出申请并得到国务院批准后才能实施。本案中，协议签订时间是2003年4月，从协议中第六条第二项、第三项、第四项约定的内容看，该三项约定实际是税收的“先征后返”。双方当事人的这种约定，是一种变相减（退）税的约定，明显与《税收征收管理法》和国发〔2000〕2号文规定的内容相抵触，违反了国家法律的强制性规定，根据《合同法》第五十二条[①]第五项违反法律、行政法规的强制性规定的合同无效之规定，双方签订的协议中的上述约定，应当认定无效。上诉人要求被上诉人按照上述约定予以履行协议的主张，依法不应支持。关于国发〔2015〕25号《国务院关于税收等优惠政策相关事项的通知》规定继续履行的优惠政策，应是符合法律、法规规定的优惠政策，明显违反法律、行政法规强制性规定的税收减、免、退或者变相减、免、退行为均不应支持，上诉人关于该节上诉理由，依法亦不能成立。

延伸阅读

裁判观点1：与缴纳税收挂钩的财政支出优惠政策，事实上是对应纳税款的“先征后返”，变相减少了纳税人的应纳税款，属于政府违反法律效力性强制性规定作出的不合法的行政行为，行政相对人请求法院判令政府履行税收“先征后返”优惠政策的，人民法院不予支持。（与主文案例裁判观点相同）

案例1：最高人民法院·任某梅与湖北省某阳市人民政府行政允诺纠纷再审申请案［（2020）最高法行申9021号］

湖北省高级人民法院·任某梅诉湖北省某阳市人民政府行政允诺案［（2019）鄂行终240号行政判决］

二审湖北省高级人民法院认为：某阳市政府允诺纳税人以政府财政支出形式对其履行法定义务的行为给予奖励，且奖励标准与依法应缴纳的税款挂钩，虽然并非向纳税人直接返还税款，但因为财政支出资金来源于国库，事实上是对应纳税款的“先征后返”，形成减轻纳税人应纳税义务的最终结果，变相减轻税负，损害了国家税制的统一。《税收征收管理法》第三条第二款规定，任何机关、单位和个人不得违反法律、行政法规的规定，擅自作出税收开征、停征以及减税、免税、退税、补税和其他同税收法律、行政法规相抵触的决定。某阳市政府作出案涉行政允诺显然与前述税收法律规定相抵触，超出了自身法定权限范围。《财政部、国家税务总局、证监会关于个人转让上市公司限售股所得征收个人所得税

① 编者按：已失效，被《民法典》吸收。

有关问题的通知》（财税〔2009〕167号）明确表明，就转让限售股所得征收个人所得税系出于“进一步完善股权分置改革后的相关制度，发挥税收对高收入者的调节作用，促进资本市场长期稳定健康发展”的需要，某阳市政府允诺的优惠政策也违背了这一征税目的。事实上这也是国务院国发〔2014〕62号文、国发〔2015〕25号文反复强调，要求地方政府依据法律、行政法规规范各类优惠政策，安排财政支出不得与税收或非税收入挂钩的原因。因此，本院认为某阳市政府违反法律规定超越权限作出行政允诺，行政行为不合法。

最高人民法院认为：本案焦点是任某梅请求某阳市政府支付剩余奖励金的诉讼请求应否支持。任某梅基于某阳市政府的允诺在当地减持所持有的上市公司限售股并实际获得部分兑付奖励，与某阳市政府之间形成行政允诺法律关系，对此二审法院已予以认定。从某阳市政府相关会议纪要内容看，某阳市政府允诺奖励的内容为在当地减持限售股并缴纳税款，个人投资者的奖励标准为按实际缴纳个人所得税的39.5%给予奖励。二审法院据此认为某阳市政府允诺的奖励属于与缴纳税收挂钩的财政支出优惠政策，事实上是对应纳税款的“先征后返”，并无不当。本案中，某阳市政府允诺的奖励事实上变相减少了纳税人的应纳税款，减轻了纳税人的纳税义务，违背了上述通知规定的税率及征税目的。某阳市政府作出的行政允诺违反了《税收征收管理法》第三条第二款关于“任何机关、单位和个人不得违反法律、行政法规的规定，擅自作出税收开征、停征以及减税、免税、退税、补税和其他同税收法律、行政法规相抵触的决定”的规定，超出了自身法定权限范围，二审法院认定该行为不合法，并无不当。任某梅请求某阳市政府依据案涉行政允诺继续履行支付奖励金的义务，原审法院未予支持并无不当。

裁判观点2：税收地方留成部分系地方政府财政性收入，其享有自主支配权，将税收留成部分予以返还，实质是用地方财政资金鼓励和支持外来投资，发展地方经济，不违反法律强制性规定，应为有效。（与主文案例观点相反）

案例2：最高人民法院·某椒盛某建材市场开发有限公司、安徽省某椒县人民政府再审行政裁定书［（2020）最高法行再171号］

当时有效的《最高人民法院关于适用〈中华人民共和国行政诉讼法〉若干问题的解释》第十二条①规定：“公民、法人或者其他组织对行政机关不依法履行、未按照约定履行协议提起诉讼的，参照民事法律规范关于诉讼时效的规

① 编者按：已失效。

定……”《民法通则》第一百三十五条[①]规定：“向人民法院请求保护民事权利的诉讼时效期间为二年，法律另有规定的除外。”第一百三十七条[②]规定：“诉讼时效期间从知道或者应当知道权利被侵害时起计算。但是，从权利被侵害之日起超过二十年的，人民法院不予保护。有特殊情况的，人民法院可以延长诉讼时效期间。”某椒县政府与盛某公司对于投资协议约定返还5年内盛某公司缴纳的经营税收地方留成部分的金额8324013元，并无异议；对5年的具体期限，亦无争议，均认为自2009年8月至2014年8月。从投资协议订立的目的来看，某椒县政府承诺在5年内对建材大市场缴纳的经营税收地方留成部分予以返还，用于支持大市场建设，实质是用地方财政资金鼓励和支持外来投资，发展地方经济，并不违反法律的强制性规定，协议双方应按照约定诚信履行。某椒县政府与盛某公司对5年内经营税收地方留成部分如何“即征即返”未作具体约定，未明确是每笔税款缴纳后，即可要求返还，或以月、季度、年为单位，结算应返还的税款，抑或5年期满后一并返还。如果对投资协议约定的“即征即返”依字面意思简单理解为盛某公司缴纳每一笔税款后，即应当请求按照地方留成部分返还，不符合投资协议对此约定的本意，在实践中亦不具有可操作性。盛某公司自2013年起未再缴纳税款，在投资协议约定的5年期间未请求某椒县政府返还经营税收地方留成部分，某椒县政府亦从未主动返还，故以盛某公司2012年度最后一次缴纳税款的时间，作为其请求某椒县政府返还经营税收地方留成部分的最后时限，对盛某公司显属不公。投资协议约定盛某公司所缴纳经营税收地方留成部分5年内“即征即返”，在对如何“即征即返”未作具体约定的情况下，不能苛求盛某公司缴纳每一笔税款后，即必须请求某椒县政府返还地方留成部分。盛某公司在投资协议约定的5年期限届满后，一并主张返还经营税收地方留成部分，不违反协议约定本意，符合公平和诚信原则。

案例3：贵州省遵义市中级人民法院·某义美某尔房地产开发有限公司、某阳县人民政府合同纠纷二审民事判决书［（2020）黔03民终3231号］

本院认为，美某尔公司作为乙方与某阳县政府设立的临时机构某阳县城镇建设管理指挥部作为甲方签订的《旧城改造协议》是根据某阳县政府于2005年4月27日专门召集常务会议研究，并报某阳县人大常委会批准，于2005年5月8日作出绥府复〔2005〕14号《县人民政府关于县城西门等片区旧城改造有关问

①② 编者按：已失效，被《民法典》吸收。

题的批复》文件后签订的。该批复中明确：针对改造中面临的拆迁量大、拆迁补偿高、投资回报率低、招商引资较为困难等问题，为确保改造工作顺利实施，同意对该县城西门、和平路、黄金阁、红旗中路40号等四个片区进行旧城改造，配套以下优惠政策：旧城改造项目的地方性税收实行收支两条线，并按照测算数据实行高额限制，按当年征、次年返的方式，返还用于项目区域范围内的基础设施建设。双方签订的《旧城改造协议》的内容与某阳县政府的批复精神完全一致。双方在《旧城改造协议》中约定：美某尔公司在该项目中所涉及的地方税收，实行收支两条线，并按照测算数据实行高限控制。由某阳县政府全额返还美某尔公司的部分，用于项目区域范围内的市政设施建设，资金由某阳县政府专户储存，监控使用……即该项目由投资方所缴纳的税款按收支两条线的原则，将税款征收后，用财政资金按相应金额给予补贴，以此作为招商引资进行旧城改造的条件。因此，该项约定的内容是某阳县政府对美某尔公司在旧城改造中面临的拆迁量大、拆迁补偿高、投资回报率低、招商引资较为困难等实际问题，为确保改造工作顺利实施的补贴优惠，并不是由税收机关返还税款。且该协议第六条第三项约定的内容并不是税收优惠政策，而是某阳县政府对本项目因为亏损而采取的政府补贴优惠。所谓收支两条线中的"收"，是指税务部门征收税款应收尽收，并非让税务部门直接免税或直接退税；"支"是指政府根据税收部门针对本项目所收的税收金额，由财政资金按此金额给予项目亏损及所修建的市政道路进行补贴，并不是直接退税。故美某尔公司要求某阳县政府按照合同约定支付优惠补贴应当支持。

077 诉讼时效届满后，履行部分债务是否导致诉讼时效重新计算？

☞ 阅读提示

诉讼时效制度是我国民法的一项重要制度，债权人如果未在诉讼时效内及时主张权利，当时效期间届满时，债务人获得诉讼时效抗辩权，一旦债务人主张该抗辩权，则债权人将丧失"胜诉权"，相应债务成为"自然债务"。在实践中，经常会出现这样一种情形：诉讼时效期间届满后，债务人又履行了部分债务，此等行为能否导致对剩余债务诉讼时效的恢复或者复活呢？

裁判要旨

诉讼时效届满后，债务人自愿履行了部分自然债务的，不构成对全部债务的重新确认，不产生剩余未履行债务诉讼时效重新起算的法律效果。

案情简介

一、金某阳光公司于2012年12月25日向张某借款并出具《借条》，借条显示借款期限为自2012年12月25日起至2013年1月14日止，借款金额为600万元。

二、张某在2015年1月14日（适用《民法通则》[①] 规定的2年诉讼时效）前未向金某阳光公司主张过还款。

三、2015年2月19日，金某阳光公司主动向张某偿还借款本金300万元。

四、2015年4月20日，张某向法院提起诉讼，请求法院判令金某阳光公司清偿剩余300万元的借款本金和全部利息。诉讼过程中，金某阳光公司主张诉讼时效经过的抗辩权，二审福建省高级人民法院和再审最高人民法院均支持了金某阳光公司的主张。

裁判要点

债权人主张债务人放弃诉讼时效经过抗辩的，须举证证明“债务人曾明确表示抛弃时效利益，同意履行还款义务”。债务人在时效经过后，履行了部分自然债务的，仅证明债务人放弃了该部分的时效利益，因此在债务人未明确表示放弃剩余债务的时效利益时，其部分履行行为不构成对全部债务的重新确认。

经验总结

实践中，绝大多数法院认可“债务人自愿履行部分时效已届满的债务的，不构成对剩余债务的重新确认”，理由如下：诉讼时效期间抗辩权是法律赋予债务人的一种权利，民事权利的放弃应当采取明示的意思表示才能发生法律效力，不能在无明确法律规定或者无特别约定的情况下推定当事人对权利进行放弃，因此在债务人未以言辞、行为等方式明确表示放弃对剩余债务的诉讼时效抗辩权时，

---

① 编者按：已失效，被《民法典》吸收。

不能仅因其自愿履行部分自然债务而推定债务人放弃了剩余未履行部分债务的时效利益。鉴于此，建议债权人注意：

一、债权人应当及时向债务人主张债权，否则法定的 3 年诉讼时效期间一旦经过，其债权虽不消灭，但债权的效力减损为自然之债，在债务人主张诉讼时效抗辩权的情况下，债权人的败诉局面无可扭转。

二、在时效期间经过后，债务人重新确认债务的，对应债务的时效期间重新起算。常见的构成“债务人对原债务的重新确认”的方式有：债务人请求延期履行、提供担保、支付利息等；债权人要求债务人立字据、签订清偿债务的协议或制备忘录。如果债务人有履行时效届满债务的意愿，债权人可选择通过前述方式使得债务的诉讼时效重新起算。

相关法条

《最高人民法院关于审理民事案件适用诉讼时效制度若干问题的规定》（法释〔2020〕17 号　2021 年 1 月 1 日实施）

第十九条第一款　诉讼时效期间届满，当事人一方向对方当事人作出同意履行义务的意思表示或者自愿履行义务后，又以诉讼时效期间届满为由进行抗辩的，人民法院不予支持。

本案链接

最高人民法院·张某、金某阳光（福建）投资发展有限公司民间借贷纠纷再审审查与审判监督民事裁定书［（2019）最高法民申 4337 号］

关于金某阳光公司归还 300 万元的行为能否引起本案诉讼时效中断的问题。《最高人民法院关于审理民事案件适用诉讼时效制度若干问题的规定》第二十二条①规定：“诉讼时效期间届满，当事人一方向对方当事人作出同意履行义务的意思表示或者自愿履行义务后，又以诉讼时效期间届满为由进行抗辩的，人民法院不予支持。”对于上述规定中“作出同意履行义务的意思表示”应作严格解释，即债务人应当明确表示抛弃时效利益，同意履行剩余的还款义务，如达成还款协议、签订债权确认书等。根据本案事实，金某阳光公司并未明确表示同意履行剩余借款的归还义务，双方亦未达成还款协议。故原审判决认定不能将金某阳

---

① 编者按：《最高人民法院关于审理民事案件适用诉讼时效制度若干问题的规定》（2020 年修正）第 19 条第 1 款。

光公司在超过诉讼时效期间后归还300万元的行为认定为该公司放弃对全部债务的诉讼时效抗辩权，并无不当。

延伸阅读

裁判观点1：诉讼时效期间届满后，债务人再次确认原债务，时效重新起算。

案例1：广东省高级人民法院·某山市海某企业投资有限公司、某山市某凤镇经某发展总公司等民间借贷纠纷再审民事判决书［（2020）粤民再48号］

根据本案查明事实，1998年12月8日，经某发展公司在广某资金融通中心某山办事处出具的《债权或债务确认书》上盖章。海某公司、经某发展公司均确认此前广某资金融通中心某山办事处的债权已超过法律规定的二年诉讼时效，1998年12月8日经某发展公司重新确认原债务，诉讼时效应当重新起算。双方的分歧在于重新起算的是仅为二年的普通诉讼时效，还是包括二十年最长诉讼时效的问题。《最高人民法院关于审理民事案件适用诉讼时效制度若干问题的规定》（法释〔2008〕11号）第二十二条①规定："诉讼时效期间届满，当事人一方向对方当事人作出同意履行义务的意思表示或者自愿履行义务后，又以诉讼时效期间届满为由进行抗辩的，人民法院不予支持。"上述对诉讼时效已届满的情形作出的规定，不包括诉讼时效中止、中断而不适用最长诉讼时效的情形，故上述规定的"诉讼时效期间"既包括普通诉讼时效，也包括最长诉讼时效。诉讼时效届满后，债务由完全债务转为自然债务，债权人的债权不可以通过诉讼程序获得保护。债务人同意履行义务，重新确认债权债务，放弃了诉讼时效抗辩，使得债务又从自然债务转为完全债务，义务人不能再行使诉讼时效抗辩权拒绝给付。此时，诉讼时效期间从义务人放弃诉讼时效抗辩权之日重新起算。如果义务人约定了新的履行期限而未依约履行义务的，则诉讼时效期间从履行期限届满之日重新起算。故本案从1998年12月8日重新确认债务时重新起算，海某公司在此期间一直主张权利，并于2016年5月27日提起诉讼，并未超过诉讼时效。

裁判观点2：诉讼时效届满后，债权人的债权转化为自然之债。债务人对诉讼时效届满的债权进行部分清偿，并不构成对剩余未履行债务的重新确认，剩余债务的诉讼时效并不因此而重新起算。（与主文案例观点相同）

---

① 编者按：《最高人民法院关于审理民事案件适用诉讼时效制度若干问题的规定》（2020年修正）第19条第1款。

案例2：最高人民法院·成都熊某万国商城有限公司与香港DCA戚某诚建筑师事务所建设工程设计合同纠纷再审民事判决书［（2017）最高法民再63号］

即使可以认定陈某光代表熊某商城公司支付1996年协议项下欠款，其也在诉讼时效届满之后。1996年协议欠款已成为自然债务，其中部分款项的清偿并不能恢复或者复活其余部分的诉讼时效。戚某诚事务所所主张的债权的诉讼时效应于2001年1月1日即已届满，其间无诉讼时效中断事由，无导致诉讼时效重新计算的事实，其于2013年4月起诉熊某商城公司已是诉讼时效届满12年之后，超过法定期间，一、二审法院认定本案诉讼并未超过诉讼时效，系适用法律错误，应予纠正。

案例3：山西省忻州市（地区）中级人民法院·某州市某府区天某劳务派遣有限公司与山西恒某实业有限公司金融不良债权追偿纠纷二审民事判决书［（2018）晋09民终213号］

恒某公司于2011年11月30日归还10万元借款本金时，已远远超过六笔债权的诉讼时效期间，不存在诉讼时效中断的可能。恒某公司归还10万元借款本金的行为只能证明其自愿归还借款本金10万元，不能据此认定恒某公司对超过诉讼时效的全部债务同意履行，且没有证据证明恒某公司作出了对超过诉讼时效的全部债务同意履行的意思表示，故亦不构成对原债务的重新确认。《民法通则》第一百四十条①“诉讼时效因提起诉讼、当事人一方提出要求或者同意履行义务而中断。从中断时起，诉讼时效期间重新计算”的规定是针对诉讼时效中断作出的，《最高人民法院关于审理民事案件适用诉讼时效制度若干问题的规定》第十六条②“义务人作出分期履行、部分履行、提供担保、请求延期履行、制定清偿债务计划等承诺或者行为的，应当认定为民法通则第一百四十条规定的当事人一方‘同意履行义务’”的规定是对《民法通则》第一百四十条③的补充解释。而本案所涉债权均已超过诉讼时效，不存在诉讼时效中断的可能，故天某公司以《最高人民法院关于审理民事案件适用诉讼时效制度若干问题的规定》第十六条④为依据主张恒某公司归还借款本金10万元的行为构成诉讼时效中断的上诉理由，不能成立。

注：《最高人民法院关于审理民事案件适用诉讼时效制度若干问题的规定》

①③　编者按：已失效，被《民法典》吸收。

②④　编者按：《最高人民法院关于审理民事案件适用诉讼时效制度若干问题的规定》（2020年修正）第14条。

于2020年进行了修正，但上述案例援引条款未发生实质性改变。

裁判观点3：诉讼时效届满后，债务人继续履行债务或者继续履行部分债务，可认定债务人放弃了诉讼时效期间届满的抗辩权。（与主文案例观点相反）

案例4：广东省高级人民法院·潮州市奥某斯卫浴设备有限公司与蔡某亮建筑工程合同纠纷案［（2015）粤高法审监民抗字第33号］

根据一、二审判决查明的事实，奥某斯公司在2008年8月8日以房屋抵偿了部分债务；而在2011年，奥某斯公司又分三次共向蔡某亮偿还了1万元。根据《最高人民法院关于审理民事案件适用诉讼时效制度若干问题的规定》第十六条和第二十二条①的规定，义务人作出分期履行、部分履行、提供担保、请求延期履行、制定清偿债务计划等承诺或者行为的，应当认定为《民法通则》第一百四十条②规定的当事人一方同意履行义务；诉讼时效届满，当事人一方向对方当事人作出同意履行义务的意思表示或者自愿履行义务后，又以诉讼时效期间届满为由进行抗辩的，人民法院不予支持。故二审判决认定本案的诉讼时效应自2011年重新起算并无不当。蔡某亮于2012年1月16日向潮安县人民法院提起本案诉讼，故其起诉并无超过法定诉讼时效。奥某斯公司主张蔡某亮的起诉已超过诉讼时效并已丧失实体胜诉权，无事实和法律依据，本院不予支持。

078 股权收购未进行基础尽调是否可以适用善意取得制度排除第三人对股权的执行？

☞ **阅读提示**

股权收购过程中对拟收购对象进行尽调，到工商部门查询收购标的上是否附着查封、冻结、质押等权利负担属于收购过程中的常规动作。如果因为种种原因未进行尽调，从而购买了已被查封的股权，是否可以适用善意取得制度排除第三人对股权的执行？

---

① 编者按：《最高人民法院关于审理民事案件适用诉讼时效制度若干问题的规定》（2020修正）第14条、第19条第1款。

② 编者按：已失效，被《民法典》吸收。

裁判要旨

人民法院依法查封、冻结，涉案财产保全裁定及查封股权的协助执行通知书一经工商部门接收，即具有了对外公示效力。在此后进行股权转让属于妨碍执行的违法行为，买受人未尽到审慎义务，不能视为善意取得，无法对抗第三人执行。

案情简介

一、明某公司系某顺银行股东，持股比例 7.3332%。2012 年 1 月 13 日辽宁省高级人民法院在诉讼中应债权人要求作出（2012）辽民二初字第 4 号民事裁定并向某顺市工商局送达，某顺市工商局向法院出具了协助执行的回执。后债权人依据最高人民法院于 2012 年 12 月 20 日作出（2012）民一终字第 119 号民事判决申请执行。

二、2013 年 12 月 31 日，某顺银行向执行法院大连市中级人民法院递交《协助执行异议书》。主要内容为：某顺银行于 2013 年 12 月 30 日收到法院（2013）大执一恢一字第 272 号《协助执行通知书》，但明某公司已不是某顺银行股东，无法协助执行。

三、2015 年 1 月 26 日，金某公司向大连市中级人民法院提出案外人执行异议，主张其于 2012 年 5 月以 1.2 亿元对价收购了案涉股份，实际行使了股东权利，曾将案涉股权出质给第三方并在工商部门进行质押登记。因此其为被执行股权的实际权利人，要求排除执行。大连市中级人民法院于 2015 年 4 月 9 日作出（2015）大执审字第 71 号执行裁定，驳回了本案金某公司提出的停止执行案涉股权的请求。金某公司遂向大连市中级人民法院提起执行异议之诉。

四、一审法院认为金某公司主张的签约时间是在 2012 年 5 月，系在案涉股权被查封之后，不享有足以排除强制执行的民事权益，判决驳回诉讼请求。金某公司不服提起上诉，二审法院维持原判。金某公司向最高人民法院申请再审，最高法裁定驳回。

裁判要点

一、工商行政管理机关是公司登记机构，现行法律并未明确将非上市股份有限公司的股权登记事项排除在工商行政管理机关职权范畴之外。

二、法院对涉案财产作出的查封、冻结裁定及协助执行通知，一经相关权力机构接收，即具有了对外公示效力。

三、金某公司在购买涉案股权过程中并没有与明某公司人员接触，或向明某公司了解涉案股权情况，其只是与某顺银行进行磋商。金某公司的转让款直接汇入某顺银行账户而不是支付给明某公司。上述异常表明，金某公司在收购过程中未尽到审慎注意义务，不能构成善意取得，并非涉案股权实际权利人。

经验总结

一、股权收购中，如收购方在收购标的被查封后才签署收购协议，仅以其实际行使股东权利或工商部门认可其股东身份为由请求对抗执行，极可能不被法院认定为善意的收购人取得涉案股权进而排除执行。因此，在大额收购前要进行最低限度的尽职调查以解决买卖双方信息不对称问题：至少要调取标的公司的全套工商档案，核查收购标的是否曾被法院采取查封、冻结等强制措施，或附着有担保、质押等其他权利负担。

二、股权收购过程中一定要保留与买方磋商会谈的证据，尤其是没有书面授权的情况下不应轻易将收购款项支付至第三方账户。

三、非上市股份公司的股东变动由公司负责登记，工商部门仅登记发起股东。因此，收购标的为非上市股份公司股权的，仅查询工商档案远不足够排除风险，还应借助专业的律师事务所、会计师事务所、审计评估机构所等中介机构做充分尽调。一方面排除类似本案风险，另一方面可以更准确地判断收购标的价值，并在收购协议中有针对性地设置完备的陈述与保证条款、违约责任条款、协议附件等。

相关法条

《中华人民共和国民法典》（2021年1月1日实施）

第三百一十一条 无处分权人将不动产或者动产转让给受让人的，所有权人有权追回；除法律另有规定外，符合下列情形的，受让人取得该不动产或者动产的所有权：

（一）受让人受让该不动产或者动产时是善意；

（二）以合理的价格转让；

（三）转让的不动产或者动产依照法律规定应当登记的已经登记，不需要登记的已经交付给受让人。

受让人依据前款规定取得不动产或者动产的所有权的，原所有权人有权向无处分权人请求损害赔偿。

当事人善意取得其他物权的，参照适用前两款规定。

《中华人民共和国民事诉讼法》（2021 年修正）

第二百四十九条 被执行人未按执行通知履行法律文书确定的义务，人民法院有权向有关单位查询被执行人的存款、债券、股票、基金份额等财产情况。人民法院有权根据不同情形扣押、冻结、划拨、变价被执行人的财产。人民法院查询、扣押、冻结、划拨、变价的财产不得超出被执行人应当履行义务的范围。

人民法院决定扣押、冻结、划拨、变价财产，应当作出裁定，并发出协助执行通知书，有关单位必须办理。

《最高人民法院关于人民法院民事执行中查封、扣押、冻结财产的规定》（法释〔2020〕21 号 2020 年修正）

第二十四条 被执行人就已经查封、扣押、冻结的财产所作的移转、设定权利负担或者其他有碍执行的行为，不得对抗申请执行人。

第三人未经人民法院准许占有查封、扣押、冻结的财产或者实施其他有碍执行的行为的，人民法院可以依据申请执行人的申请或者依职权解除其占有或者排除其妨害。

人民法院的查封、扣押、冻结没有公示的，其效力不得对抗善意第三人。

本案链接

最高人民法院·大连金某集团有限公司、李某再审审查与审判监督民事裁定书［（2018）最高法民申 1771 号］

本院经审查认为，根据案件事实及法律规定，结合询问情况，金某公司的申请再审事由不能成立，理由如下：

……关于工商行政管理机关的登记权限问题。《中华人民共和国公司登记管理条例》[①] 第二条第一款规定，有限责任公司和股份有限公司设立、变更、终止，应当依照本条例办理公司登记；第四条第一款规定，工商行政管理机关是公司登记机关。根据上述法律规定，工商行政管理机关是公司登记机构，并未明确

---

① 编者按：已失效。

将非上市股份有限公司的股权登记事项排除在工商行政管理机关职权范畴之外。涉案股权被查封时，辽宁省当地也没有另行设立负责非上市股份有限公司股权变更登记的部门。执行法院于2012年1月、2013年12月两次裁定查封冻结涉案股权时，某顺市工商局并未对其负有协助履行查封冻结涉案股权义务提出异议，虽曾对2014年12月26日的查封裁定表示拒绝协助执行，但之后出具了协助执行的回执，实际履行了协助义务。

关于查封、冻结涉案股权的公示问题。《民事诉讼法》第二百四十二条第二款[①]规定，人民法院决定扣押、冻结、划拨、变价财产，应当作出裁定，并发出协助执行通知书，有关单位必须办理。一审法院对涉案股权作出的查封、冻结裁定及协助执行通知经某顺市工商局接收后，即具有了对外公示效力。金某公司主张涉案股权查封没有进行公示，与事实不符。此外，金某公司与明某公司签订的《股权转让协议书》中第三条约定股权交割自款项支付完毕办理股权转让工商过户手续，表明金某公司亦认可涉案股权的变更须到工商机关办理变更登记手续。至于某顺市工商局履行司法协助义务的具体方式，并不影响人民法院对涉案股权查封已经依法公示的事实。据此，金某公司关于某顺市工商局非涉案股权变动的登记机关，不具有协助执行涉案股权查封事宜以及涉案财产保全裁定的主张，缺乏充分的事实和法律依据，不能成立。

……关于金某公司是否享有涉案股权的问题。《查封扣押冻结规定》第二十六条[②]第一款规定："被执行人就已经查封、扣押、冻结的财产所作的移转、设定权利负担或者其他有碍执行的行为，不得对抗申请执行人。"本案中，涉案股权转让合同签订时，该股权已经人民法院依法查封、冻结，涉案财产保全裁定及查封股权的协助执行通知书均已有效送达，并发生了法律效力。根据上述规定，涉案股权的转让妨碍执行存在违法，不能对抗本案申请执行人李某。

关于金某公司是否善意取得涉案股权的问题。从磋商过程看，金某公司在购买涉案股权过程中，并没有与明某公司人员接触，或向明某公司了解涉案股权情况，其只是与某顺银行进行磋商，未见到明某公司授权某顺银行转让涉案股权的证据。某顺银行在本案询问时陈述，其在未将明某公司股权凭证收回的情况下直接向明某公司核发新的股权凭证。金某公司的转让款直接汇入某顺银行账户而不是支付给明某公司。综合上述情况，涉案股权交易存在诸多异常，金某公司未尽

① 编者按：《民事诉讼法》（2021年修正）第249条。

② 编者按：《查封扣押冻结规定》（2020年修正）第24条。

到审慎注意义务，其主张善意取得涉案股权缺乏事实依据。后续金某公司进行股权登记、参与股东会议以及对涉案股权设定质押等行为，均不能推翻涉案股权转让存在妨碍执行的违法事实，亦不能补正金某公司取得涉案股权过程中未尽到审慎义务存在的过错。由此，金某公司对涉案股权并不享有合法权益，其主张停止涉案股权执行，没有事实和法律依据。原审判决不予支持，事实认定及适用法律并无不当。

079 接受以物抵债？当心“倒找”！

☞ **阅读提示**

实务中被执行财产往往对应多个执行债权。如财产流拍后具有优先受偿权的债权人未同意接受以物抵债，而一般债权人同意以物抵债，执行财产应如何分配？本文以广东省高级人民法院一则案例进行说明。

裁判要旨

最高院规定“承受人应受清偿的债权额低于抵债财产的价额的，人民法院应当责令其在指定的期间内补交差额”，其中的应受清偿额指的是以物抵债承受人按顺序或者比例依法应受偿金额，而非执行依据确定的债权总金额。因此，当以物抵债承受人为一般债权人而执行财产不能覆盖优先债权时，承受人非但不能以现金受偿，反而会出现“倒找”的情况。

案情简介

一、深圳基某公司依据生效判决首封并申请执行其债务人云某公司名下的国有土地使用权及地上建筑物（以下简称执行财产），长某公司及山东莱某公司对执行财产具有优先受偿权。

二、执行财产评估价值为100491961元，首次拍卖保留价为评估价，流拍后二次拍卖保留价为80393568.8元，因无人出价流拍。后执行法院对执行财产进行公开变卖，变卖期60天内无人出价再次流拍。

三、执行法院召开听证会，优先债权人长某公司及山东莱某公司不接受以物抵债，深圳基某公司接受以物抵债。

四、执行法院向深圳基某公司发出《缴费通知》，要求其按照二次拍卖保留价即80393568.8元缴纳全款待后分配。深圳基某公司提出执行异议，认为应当按照执行财产价值与其应受偿债权差额缴纳，执行法院裁定驳回。

五、深圳基某公司不服，向广州市中级人民法院申请复议，广州中院裁定驳回异议请求。

裁判要点

一、执行债权人接受流拍财产抵债，与司法拍卖、变卖同属于对被执行人财产强制变价的执行措施。执行财产强制变价后，执行法院仍然应当计算多个债权各自应受清偿金额，并非将流拍财产直接交由接受抵债的执行债权人受偿自身债权。未接受流拍财产的执行债权人，并不因此丧失对流拍财产变价所得的受偿权利，包括优先受偿权。

二、在多个执行债权中，接受流拍财产抵债的执行债权人应当补交其应受清偿债权额与抵债财产价额之间存在的价差。该执行债权人应受清偿的债权额，是指其在多个执行债权情况下依法可受清偿的债权金额，并非指裁判确定的债权金额或其本身的执行债权金额。

经验总结

当执行财产对应多个法律文书确定的债权时，执行财产流拍后以物抵债的程序是：先由承受人按照末次拍卖保留价（扣除其可受清偿债权金额后）对执行财产进行变价将现金支付至执行法院，执行法院再对变价所得按照法定顺序进行分配。

一、按照法律规定，优先受偿权并不因权利人拒绝接受以物抵债而消失。因此，一般债权人在接受以物抵债前应当充分审查执行财产上是否附着优先受偿债权，如存在，理论上应谨慎接受以物抵债。如接受以物抵债，则应审慎评估资产价值，结合资产价值是否足以覆盖优先债权、自身受清偿比例、抵债资产实际价值等情况综合进行判断。

二、《最高人民法院关于人民法院执行工作若干问题的规定（试行）》（法释〔2020〕21号）第五十五条第一款规定：“多份生效法律文书确定金钱给付内容的多个债权人分别对同一被执行人申请执行，各债权人对执行标的物均无担保物权的，按照执行法院采取执行措施的先后顺序受偿。”因此，以物抵债承受人除优先债权外，还应注意各债权执行法院采取执行措施的先后顺序。

相关法条

《最高人民法院关于人民法院民事执行中拍卖、变卖财产的规定》（法释〔2020〕21号　2021年1月1日实施）

第十六条　拍卖时无人竞买或者竞买人的最高应价低于保留价，到场的申请执行人或者其他执行债权人申请或者同意以该次拍卖所定的保留价接受拍卖财产的，应当将该财产交其抵债。

有两个以上执行债权人申请以拍卖财产抵债的，由法定受偿顺位在先的债权人优先受偿；受偿顺位相同的，以抽签方式决定承受人。承受人应受清偿的债权额低于抵债财产的价额的，人民法院应当责令其在指定的期间内补交差额。

《最高人民法院关于人民法院执行工作若干问题的规定（试行）》（法释〔2020〕21号　2021年1月1日实施）

第五十五条第一款　多份生效法律文书确定金钱给付内容的多个债权人分别对同一被执行人申请执行，各债权人对执行标的物均无担保物权的，按照执行法院采取执行措施的先后顺序受偿。

本案链接

广东省高级人民法院·云某泓泰投资置业有限公司、深圳市基某工程有限公司建设工程施工合同纠纷执行审查类执行裁定书［（2020）粤执复875号］

本院认为，本案的焦点问题是，深圳基某公司申请以流拍财产抵债应否全额支付成交款项。

首先，执行债权人以流拍财产抵债，应当支付执行中该债权得以受偿额与流拍财产价额的价差。《最高人民法院关于人民法院民事执行中拍卖、变卖财产的规定》第十九条[①]规定：拍卖时无人竞买或者竞买人的最高应价低于保留价，到场的申请执行人或者其他执行债权人申请或者同意以该次拍卖所定的保留价接受拍卖财产的，应当将该财产交其抵债。有两个以上执行债权人申请以拍卖财产抵

---

① 编者按：《最高人民法院关于人民法院民事执行中拍卖、变卖财产的规定》（2020年修正）第16条。

债的，由法定受偿顺位在先的债权人优先受偿；受偿顺位相同的，以抽签方式决定承受人。承受人应受清偿的债权额低于抵债财产的价额的，人民法院应当责令其在指定的期间内补交差额。由此可见，执行债权人接受流拍财产抵债，与司法拍卖、变卖同属于对被执行人财产强制变价的执行措施。执行财产强制变价后，执行法院仍然应当计算多个债权各自应受清偿金额，并非将流拍财产直接交由接受抵债的执行债权人受偿自身债权。未接受流拍财产的执行债权人，并不因此丧失对流拍财产变价所得的受偿权利，包括优先受偿权。在多个执行债权中，接受流拍财产抵债的执行债权人应当补交其应受清偿债权额与抵债财产价额之间存在的价差。该执行债权人应受清偿的债权额，是指其在多个执行债权情况下依法可受清偿的债权金额，并非指裁判确定的债权金额或其本身的执行债权金额。深圳基某公司主张流拍财产直接用于清偿其在本案的执行债权，缺乏法律依据。

其次，本案对涉案房地产的执行变价所得中，深圳基某公司的执行债权不具备受偿条件。《最高人民法院关于适用〈中华人民共和国民事诉讼法〉的解释》第五百一十六条①规定，被执行人为未进入破产程序的企业法人，执行法院就执行变价所得财产，在扣除执行费用及清偿优先受偿的债权后，对于普通债权，按照财产保全和执行中查封、扣押、冻结财产的先后顺序清偿。由此可见，司法拍卖、变卖及流拍财产抵债等强制执行变价措施，并不对多个执行债权的清偿顺序产生影响。本案流拍的财产即涉案房地产价额变卖价即 8039 余万元，而涉案房地产上的优先受偿债权即长某公司、山东莱某公司的债权，本金部分合计 8702 万元，明显超过流拍财产价额。因涉案房地产的执行变价所得尚不足以清偿优先受偿的债权，而深圳基某公司在本案的执行债权为普通债权，显然无法从流拍财产变价所得中接受清偿。深圳基某公司主张长某公司、山东莱某公司不接受流拍财产抵债，因此丧失优先受偿权，明显缺乏法律依据。

延伸阅读

裁判观点：一般债权人接受以物抵债后，执行法院未按照法定顺序清偿优先债权就直接将抵债财产分配给承受人，被执行人提出异议的，该执行行为无效。

案例：甘肃省高级人民法院·临夏州永靖县瑞某源小额贷款有限责任公司、永靖县宇某冶炼有限责任公司其他案由执行审查类执行裁定书［（2020）甘执复 86 号］

① 编者按：《最高人民法院关于适用〈中华人民共和国民事诉讼法〉的解释》（2022 年修正）第 514 条。

关于该院执行中将他人享有优先受偿权的执行标的物裁定以物抵债给瑞某源公司的执行行为应否撤销的问题。根据《最高人民法院关于适用〈中华人民共和国民事诉讼法〉的解释》第四百九十一条、第四百九十二条①的相关规定，不管是申请执行人和被执行人合议抵债，还是在无法拍卖、变卖情况下，经申请执行人同意的以物抵债，均要求不能损害其他债权人合法权益和社会公共利益。同时，根据《最高人民法院关于适用〈中华人民共和国民事诉讼法〉的解释》第五百零八条第二款②的规定，对人民法院查封、扣押、冻结的财产有优先权、担保物权的债权人，可以直接申请参与分配，主张优先受偿权。《最高人民法院关于适用〈中华人民共和国民事诉讼法〉执行程序若干问题的解释》第二十五条③的规定，多个债权人对同一被执行人申请执行的，执行法院应当制作财产分配方案，并送达各债权人和被执行人。该案执行中，在兰州市七里河区法院生效判决已明确判决某州农商银行股份有限公司七里河支行对案涉拍卖房屋享有担保权情况下，临夏中院直接裁定将案涉房屋以物抵债给一般债权人瑞某源公司不符合上述司法解释规定，该院依据《最高人民法院关于人民法院执行工作若干问题的规定（试行）》第八十八条第二款④的规定，对其不当行为撤销纠正，并无不当。

080 司法拍卖中标的物涉及的巨额债务是否应由买受人负担？

☞ 阅读提示

本文引用案例，是编者于2021年亲自办理的一起案例。我们代理的客户，成功竞得一块被人民法院拍卖的土地，但因原土地使用权人长期闲置土地，且《拍卖公告》中载明由于土地空置而产生的违约金由买受人承担，当地国土局

---

① 编者按：《最高人民法院关于适用〈中华人民共和国民事诉讼法〉的解释》（2022年修正）第489条、第490条。

② 编者按：《最高人民法院关于适用〈中华人民共和国民事诉讼法〉的解释》（2022年修正）第506条第2款。

③ 编者按：《最高人民法院关于适用〈中华人民共和国民事诉讼法〉执行程序若干问题的解释》（2020年修正）第17条。

④ 编者按：《最高人民法院关于人民法院执行工作若干问题的规定（试行）》（2020年修正）第55条第1款。

要求买受人额外负担原土地使用权人欠下的 2.3 亿元土地闲置违约金。在一审败诉的情况下，二审中，我们通过证明责任分配说理，立法精神解释，庭后有效沟通等大量工作，成功说服二审法官，促使山东省高院撤销一审错误判决，全面驳回国土局诉讼请求，在“法院认为”部分几乎全面采纳了我方代理意见。

二审法官曾说，从事审判工作 30 年，从未见过该类争议案件。争议双方和法官都未在裁判文书库中检索到同类案件。当事人说，二审胜诉的意义不仅仅在于巨额减损，更是救活了一家企业！

作为案件本身来讲，案件的典型意义在于：山东省高院以裁判观点的方式厘清了司法拍卖中买受人承担税、费、违约金等金钱负担的责任范围，称得上是对整个司法拍卖行为进行规范的标志性案件。

裁判要旨

司法拍卖中，买受人对于标的物原使用权人的不具有对外公示性的债务不承担责任。即使《拍卖公告》中约定该等债务由买受人承担，解决的也是在拍卖法律关系项下拍卖人和买受人之间的权利义务关系，标的物原使用权人无权根据《拍卖公告》中的约定向买受人主张权利。

案情简介

一、2012 年 10 月 22 日，某安市国土局与万某公司签订土地出让合同，约定将涉案土地出让给万某公司。合同约定，受让人未能按照约定日期开工建设的，每延期一日，应向出让人支付相当于建设用地使用权出让价款总额 1%的违约金。万某公司自接收涉案土地后一直未开工建设。

二、2017 年 8 月 31 日，万某公司与他人发生诉讼后败诉，福州中院裁定拍卖被执行人万某公司名下案涉土地。

三、2018 年 9 月 22 日，福州中院发布拍卖公告，通过某宝网对涉案的土地使用权进行拍卖。拍卖公告中载明：因本标的物空置时间较长且未开发，可能造成由于土地空置而产生除拍卖款外的额外费用（如违约金、滞纳金等）及相关行政机关要求缴纳的税、费等，均由买受人承担。

四、2018 年 10 月 10 日，东某公司以 13541.6 万元竞得该涉案土地。2018 年

10月27日，福州中院裁定万某公司名下涉案土地使用权归买受人东某公司所有。

五、2018年10月17日，某安市国土局以万某公司为被告，向法院提起诉讼，要求判令万某公司支付原告逾期开工违约金21463.995万元，该诉讼请求得到法院支持。

六、在前案胜诉后，某安市国土局向泰安中院起诉东某公司，主张东某公司参与司法竞拍的行为构成债务加入，故要求东某公司承担万某公司对某安市国土局的违约之债（至起诉之日为2.3亿元）。由此，东某公司的账户被冻结，大量房产被查封。

七、2020年8月28日，泰安中院作出一审判决，认定东某公司参与司法竞拍的行为构成债务加入，东某公司须承担万某公司对某安市国土局高达2.3亿元的违约之债。

八、2021年7月20日，山东省高院作出二审判决，判决撤销泰安中院一审判决；驳回某安市国土局的诉讼请求。同时，判令某安市国土局承担一审、二审高达数百万元的全部诉讼费用。

裁判要点

一、案涉《拍卖公告》有关约定所解决的是在拍卖法律关系项下，作为拍卖人的执行法院和作为买受人的东某公司之间的权利义务关系，有关表述系执行法院进行的特别提示，不是为标的物原使用权人创设权利。

二、由买受人承担的各项费用均应在当事人的可预见范围之内，但如要求买受人对该标的物原使用权人的不具有对外公示性的债务承担责任，不利于司法拍卖的公信力。

三、本案所涉违约金是因为万某公司在履行土地出让合同过程中违反土地出让合同关于土地开发期限的约定，是万某公司违约行为造成，系合同之债，该债务的承担主体是万某公司，和拍卖土地使用权本身产生的费用是两个概念，《拍卖公告》中的约定不足以认定东某公司对于该违约金具有债务加入的意思表示。

经验总结

一、参与司法拍卖时，务必做好“尽职调查”。本案中，《拍卖公告》明确表述案涉土地存在土地闲置违约金且应由买受人承担，一审法院据此判决东某公司额外承担2.3亿元违约金，好在最终二审予以改判。假设，东某公司在参与竞买时更加谨慎，及时和当地国土局、执行法院沟通确认原使用权人欠付的违约金是否应由己方承担并保留充分证据，本案中取得最终的胜诉结果或许会轻松一些。

二、在相应法律、司法解释未对案涉争议问题进行明确规定的情况下，务必找准争议焦点，尽可能地检索相近规定、案例，进行充分的辨法析理，全方位、多角度，立体论证，说服法官作出有利于己方的判决。本案标的高达2.3亿元，但缺乏明确的规范依据，一审结果又不利于我方。在这种情况下，我们通过证据采信、证明责任分配、司法拍卖利益衡平解释、民营企业合法权益保护等多个角度展开论证，最终促成二审法院依法改判。

相关法条

《最高人民法院关于人民法院网络司法拍卖若干问题的规定》（法释〔2016〕18号　2017年1月1日实施）

第十四条　实施网络司法拍卖的，人民法院应当在拍卖公告发布当日通过网络司法拍卖平台对下列事项予以特别提示：

（一）竞买人应当具备完全民事行为能力，法律、行政法规和司法解释对买受人资格或者条件有特殊规定的，竞买人应当具备规定的资格或者条件；

（二）委托他人代为竞买的，应当在竞价程序开始前经人民法院确认，并通知网络服务提供者；

（三）拍卖财产已知瑕疵和权利负担；

（四）拍卖财产以实物现状为准，竞买人可以申请实地看样；

（五）竞买人决定参与竞买的，视为对拍卖财产完全了解，并接受拍卖财产一切已知和未知瑕疵；

（六）载明买受人真实身份的拍卖成交确认书在网络司法拍卖平台上公示；

（七）买受人悔拍后保证金不予退还。

第十五条　被执行人应当提供拍卖财产品质的有关资料和说明。

人民法院已按本规定第十三条、第十四条的要求予以公示和特别提示，且在拍卖公告中声明不能保证拍卖财产真伪或者品质的，不承担瑕疵担保责任。

国家税务总局《对十三届全国人大三次会议第 8471 号建议的答复》（2020 年 9 月 2 日实施）

我局和最高人民法院赞同您关于税费承担方面的建议，最高人民法院将进一步向各级法院提出工作要求：……要求各级法院严格落实司法解释关于税费依法由相应主体承担的规定，严格禁止在拍卖公告中要求买受人概括承担全部税费，以提升拍卖实效，更好地维护各方当事人合法权益。

本案链接

山东省高级人民法院·泰安东某盛世置业有限公司与某安市自然资源和规划局（原某安市国土局）建设用地使用权出让合同纠纷民事判决书［（2020）鲁民终 2789 号］

首先，福建省福州市中级人民法院在某宝网司法拍卖网络平台进行的涉案土地拍卖，目的是实现案外人的抵押权，就本案而言，案涉《拍卖公告》有关约定所解决的是在拍卖法律关系项下，作为拍卖人的执行法院和作为买受人的东某公司之间的权利义务关系。虽然 2018 年 9 月 22 日，福建省福州市中级人民法院就涉案地块发布的《拍卖公告》中载明了需要披露的事宜，对于涉案地块的空置现状及可能承担因空置而产生的拍卖款外的违约金、滞纳金等进行了明确提示，并明确注明上述该部分费用亦由买受人承担，但上述《拍卖公告》中的有关表述系执行法院按照《最高人民法院关于人民法院网络司法拍卖若干问题的规定》进行的特别提示。其次，福建省福州市中级人民法院的拍卖行为是对被执行人财产采取的强制执行措施，而非普通民事交易，本案的拍卖物所确定的起拍价格中不包含双方应缴纳的契税部分。当然，拍卖的本质是一种特种买卖，应当以转移标的物的使用权为主要内容，因标的物使用权转移有可能产生的费用，根据《最高人民法院关于人民法院网络司法拍卖若干问题的规定》第三十条“因网络司法拍卖本身形成的税费，应当依照相关法律、行政法规的规定，由相应主体承担；没有规定或者规定不明的，人民法院可以根据法律原则和案件实际情况确定税费承担的相关主体、数额”之规定，由买受人承担自无疑义，也在当事人的可预见范围之内。而当事人参与竞拍，还要对该标的物原使用权人的不具有对外公示性的债务承担责任，无法律依据。尤其是法院司法拍卖，买受人在以评估价为基础和基本判断的前提下参与竞拍，拍卖成交后还要对该标的物原使用权人其他非公示性债务承担责任，不利于司法拍卖的公信力。最后，本案所涉违约金是因为万某公司在履行土地出让合同过程中违反土地出让合同关于土地开发期限的约定，是万某公司违约行为造成，系合同之债，该债务的承担主体是万某公司，和拍卖土地使用权本身产生的费用是两个概念。某安市自然资源和规划局对案外人万某公司的债权，只是针对万某公司的一项普通债权，而非针对案涉土地的物权或其他优先权，且该项普通债权在拍卖前尚未经相关法律程序的确认，某安市自然资源和规划局在该案拍卖成交以前从未向执行法院提出其有关土地闲置违约金的主张，而某安市自然资源和规划局向泰安市中级人民法院提起的主张逾期开工违约金诉讼即（2018）鲁09民初313号案件立案时间为：2018年10月17日，是在拍卖成交时间：2018年10月10日之后，因此，也不足以认定东某公司对于该违约金具有债务加入的意思表示，一审判决东某公司对案外人万某公司承担连带责任没有法律和事实依据。

延伸阅读

“律师京工坊”团队向山东省高级人民法院提交的代理意见（部分主要内容节选）。

（一）《拍卖公告》中的有关表述系实践中执行法院为规避自身责任常见的兜底性风险提示。

虽然《拍卖公告》已载明“标的物空置时间较长未开发，可能造成由于土地空置而产生除拍卖款外的额外费用（如违约金、滞纳金等）及相关行政机关要求缴纳的税、费等，均由买受人承担”，但这种提示经常出现在司法拍卖实践中，系执行法院为规避其自身责任所作出类似的兜底性风险提示，并非现实存在违约金等额外费用的真实意思表达。

（二）某安市国土局对万某公司的债权，只是针对万某公司的一项普通债权。在某安市国土局未要求买受人承担责任，且有关法律、司法解释未赋予执行法院为普通债权人创设权利的情况下，有关条款不可能理解为债务加入。

某安市国土局对万某公司的债权，只是针对万某公司的一项普通债权，而非针对案涉土地的物权或其他优先权，且该项普通债权在拍卖前尚未经人民法院的生效判决确认。既然是未经生效判决确认的普通债权，即无权在拍卖款中优先受偿，举轻以明重，更不可能在拍卖款之外获得清偿。无论是《民事诉讼法》的有关规定，还是《最高人民法院关于人民法院网络司法拍卖若干问题的规定》等司法解释的有关规定，均未授权执行法院可以为拍卖关系之外的主体创设权利，将其对被执行人的一项普通债权强行要求买受人承担。否则，不仅严重违反审执分离的原则，还将导致买受人的竞买成本超出其竞买财产的价值，不符合民事活动的公平原则。

在本案中，如某安市国土局的诉讼请求得到支持，这种不公平的现象将最大限度地予以体现：东某公司就案涉土地的成本将达到3.65亿余元（1.35亿余元成交价+2.3亿元违约金），而土地的实际价值仅为1.35亿元，多付出的2.3亿元违约金是代人受过。与之相对的是，某安市国土局则在既不享有物权或优先权、也不曾以任何方式主张其权利的情况下，可以获取巨额利益。

（三）《拍卖公告》有关约定所解决的是在拍卖法律关系项下，作为拍卖人的执行法院和作为买受人的东某公司之间的权利义务关系。

《最高人民法院关于人民法院网络司法拍卖若干问题的规定》第十四条规定，“实施网络司法拍卖的，人民法院应当在拍卖公告发布当日通过网络司法拍卖平台对下列事项予以特别提示：……（三）拍卖财产已知瑕疵和权利负担；……（五）竞买人决定参与竞买的，视为对拍卖财产完全了解，并接受拍卖财产一切已知和未知瑕疵”。

根据以上规定，可以说明：（1）网络拍卖中的瑕疵告知事项，所针对的是基于拍卖标的物的瑕疵和权利负担（物权性权利负担及瑕疵），而不包括与该标的物有关的其他债权；（2）网络拍卖中的告知事项，解决的是买受人和执行法院之间的责任划分问题，即法院如实告知后就不再承担瑕疵担保责任，而不是为法院以外的任何主体创设权利。因此，《拍卖公告》有关约定所解决的是在拍卖法律关系项下，作为拍卖人的执行法院和作为买受人的东某公司之间的权利义务关系，不是为作为普通债权人的某安市国土局创设权利。

（四）参照《最高人民法院关于人民法院网络司法拍卖若干问题的规定》关于税费承担相关问题的规定，也可以说明执行法院在司法拍卖过程中不可能为案外人创设权利。

《最高人民法院关于人民法院网络司法拍卖若干问题的规定》第三十条规定：“因网络司法拍卖本身形成的税费，应当依照相关法律、行政法规的规定，由相应主体承担；没有规定或者规定不明的，人民法院可以根据法律原则和案件实际情况确定税费承担的相关主体、数额。”

2020年，国家税务总局《对十三届全国人大三次会议第8471号建议的答复》进一步明确，“我局和最高人民法院赞同您关于税费承担方面的建议，最高人民法院将进一步向各级法院提出工作要求：……要求各级法院严格落实司法解释关于税费依法由相应主体承担的规定，严格禁止在拍卖公告中要求买受人概括承担全部税费，以提升拍卖实效，更好地维护各方当事人合法权益”。

上述规定可以说明：（1）除拍卖标的物的瑕疵和权利负担外，司法拍卖过程中还应解决相应的税费负担问题，但所解决的范围也仅限于“因网络司法拍卖本身形成的税费”，而不是基于拍卖标的物在历史的存续、流转过程中所产生的全部费用。基于相同的理由和考虑，案涉公告中提及的违约金，也应当限于“因网络司法拍卖过户中所可能产生的违约金”。（2）税费负担的原则是，“应当依照相关法律、行政法规的规定，由相应主体承担”，而严格禁止在拍卖公告中要求买受人概括承担全部税费。再一次说明，网拍公告及执行法院在司法拍卖过程中，不可能为案外人创设权利，而只能按照法律的规定处理，依法该由谁承担的责任就应当由谁承担。

081 办理了抵押登记并已对不动产进行查封就一定能执行吗？

☞ 阅读提示

金融机构放贷时，通常会要求借款人以不动产进行抵押担保以保障资金安全。一般而言，债权人只要依法办理了抵押登记，并在债务人不能清偿欠款后及时提起诉讼对不动产进行查封，都能顺利执行获得清偿。但如果在抵押权设立前借款人已经将抵押的不动产出售给第三方，则存在不能执行的风险。

裁判要旨

《最高人民法院关于人民法院办理执行异议和复议案件若干问题的规定》第二十八条规定：金钱债权执行中，买受人对登记在被执行人名下的不动产提出异议，符合下列情形且其权利能够排除执行的，人民法院应予支持：（一）在人民法院查封之前已签订合法有效的书面买卖合同；（二）在人民法院查封之前已合法占有该不动产；（三）已支付全部价款，或者已按照合同约定支付部分价款且将剩余价款按照人民法院的要求交付执行；（四）非因买受人自身原因未办理过户登记。如设立抵押权的不动产存在上述情况，则抵押权人无法执行被抵押的不动产。

案情简介

一、2010年8月3日，航某公司与李某仁签订编号为6-372的《商品房买卖合同》一份，约定航某公司将案涉房屋出售给李某仁，建筑面积为129.69平方米，总金额32万元。该《商品房买卖合同》于2011年10月31日经甘肃省某西县房地产管理所登记备案。

二、2011年7月16日，航某公司向李某仁出具案涉房收款收据一张，更名费收款收据一张，均加盖了航某公司公章。同日，李某仁交纳了案涉房屋的电视入网费、水表电表费、装修押金、垃圾清运费，还交纳了契税、测绘费、工本费、登记费、公共维修基金、印花费等，陇西航某物业管理有限公司龙宫步行街物业处加盖印章出具了相应收据。

三、2013年5月30日，华某公司与航某公司就案涉房屋所在的工程签订《土地使用权抵押协议》《在建工程抵押协议》《房地产抵押协议》，并办理了相应他项权证书。2014年12月5日，上述抵押财产被法院查封。2015年4月29日，甘肃省高级人民法院作出（2014）甘民二初字第58号民事调解书，确认如航某公司未依约还款，华某公司有权以前述抵押财产拍卖、变卖所得价款优先受偿，并注明具体以调解协议附件《在建工程抵押登记明细表》及《房屋抵押登记明细表》为准。

四、李某仁提出案外人执行异议，甘肃高院2017年12月14日裁定驳回了李某仁的异议。

五、李某仁向甘肃高院提起执行异议之诉，请求停止执行、解除查封、确认案涉《商品房买卖合同》合法有效，案涉房屋归李某仁所有，并判决航某公司协助过户。

六、一审法院判决：1. 停止执行；2. 确认房屋归李某仁所有；3. 驳回其他诉讼请求。

七、华某公司提出上诉。最高人民法院于2019年5月30日作出判决，维持原判决第一项；撤销原判决第二项，驳回李某仁要求确认案涉房屋归其所有的诉讼请求；又裁定撤销原判决第三项，驳回李某仁要求航某公司配合过户的诉讼请求。

裁判要点

一、判断案外人是否享有足以排除强制执行的民事权益，应当综合全案证据的真实性、合法性、关联性予以严格审查。案外人与被执行人签订的《商品房买卖合同》办理了预售备案登记，且与其他证据相互印证的，可以认定双方之间签订合法有效的买卖合同。

二、案外人与开发商签订的《商品房买卖合同》只是物权变动的原因行为，不能直接发生物权变动的法律效果，案外人请求确认其享有房屋所有权的，法院不予支持。

三、案外人提起执行异议之诉的诉讼请求范围包括排除执行及确认权利。案外人提出的要求被执行人协助办理房屋产权登记等具有给付内容的诉讼请求，不属于案外人执行异议之诉的审理范围，不应在案外人执行异议之诉案件中一并审理。

经验总结

案件判决一般由一审法院执行，因此执行异议之诉通常亦由基层法院或中级人民法院受理。本案的特殊之处在于，一审判决系由甘肃高院作出，因此本案是较为罕见的直接由最高人民法院作出终审判决的执行异议之诉案件。同时，本案系最高人民法院第六巡回法庭2019年度参考案例，具有很强的代表性和参考性。

一、房地产开发企业贷款往往金额巨大，因此对于抵押权人而言，放贷时除了正确履行抵押登记程序、保证抵押权有效设立之外，还应在贷前尽调中着重审查抵押不动产的权利负担情况。本案的背景是，抵押人在抵押权设立前已大量将案涉房屋进行抵账出售，本案只是其中一例。基于同案同判的原则，抵押权人不仅仅是一套房屋难以执行受偿，而是大量存在上述情况，风险敞口巨大，资金安全必然难以保障。

二、案涉抵押物在抵押权设立三年前就已陆续出售并由买受人实际占有使用，买卖合同也经过有关部门备案，抵押权人如对现场进行过简单走访尽调，或到相关部门进行过查询，不难提前发现问题。编者认为，如果抵押权人尽到基本的审慎义务，上述风险完全是可以避免的，本案教训不可谓不惨重。

三、对于买受人而言，即使因为各种原因无法进行不动产登记，也一定要及时对买卖合同进行备案，同时注意保留实际占有使用房屋的证据，如水电物业凭证等。同时应定期书面向出卖人要求尽快办理产权登记，以证明未能登记非因自身原因。同时，在办理产权登记的阻却事由消失后应尽快进行变更登记。

四、不动产为登记在被执行的房地产开发企业名下的商品房的，需要满足以下三个条件方可排除执行：（一）在人民法院查封之前已签订合法有效的书面买卖合同；（二）所购商品房系用于居住且买受人名下无其他用于居住的房屋；（三）已支付的价款超过合同约定总价款的50%。

相关法条

《中华人民共和国民法典》（2021年1月1日实施）

第二百零九条第一款　不动产物权的设立、变更、转让和消灭，经依法登记，发生效力；未经登记，不发生效力，但是法律另有规定的除外。

第二百一十五条　当事人之间订立有关设立、变更、转让和消灭不动产物权的合同，除法律另有规定或者当事人另有约定外，自合同成立时生效；未办理物权登记的，不影响合同效力。

《最高人民法院关于适用〈中华人民共和国民事诉讼法〉的解释》（法释〔2022〕11号　2022年4月10日实施）

第三百零四条　申请执行人提起执行异议之诉，除符合民事诉讼法第一百二十二条规定外，还应当具备下列条件：

（一）依案外人执行异议申请，人民法院裁定中止执行；

（二）有明确的对执行标的继续执行的诉讼请求，且诉讼请求与原判决、裁定无关；

（三）自执行异议裁定送达之日起十五日内提起。

人民法院应当在收到起诉状之日起十五日内决定是否立案。

第三百一十条　对案外人提起的执行异议之诉，人民法院经审理，按照下列情形分别处理：

（一）案外人就执行标的享有足以排除强制执行的民事权益的，判决不得执行该执行标的；

（二）案外人就执行标的不享有足以排除强制执行的民事权益的，判决驳回诉讼请求。

案外人同时提出确认其权利的诉讼请求的，人民法院可以在判决中一并作出裁判。

《最高人民法院关于人民法院办理执行异议和复议案件若干问题的规定》（法释〔2020〕21号　2021年1月1日实施）

第二十八条　金钱债权执行中，买受人对登记在被执行人名下的不动产提出异议，符合下列情形且其权利能够排除执行的，人民法院应予支持：

（一）在人民法院查封之前已签订合法有效的书面买卖合同；

（二）在人民法院查封之前已合法占有该不动产；

（三）已支付全部价款，或者已按照合同约定支付部分价款且将剩余价款按照人民法院的要求交付执行；

（四）非因买受人自身原因未办理过户登记。

本案链接

最高人民法院 · 李某仁诉中国华某资产管理股份有限公司甘肃省分公司、陇西航某置业有限公司等案外人执行异议之诉判决书［（2019）最高法民终 537 号］（最高人民法院第六巡回法庭 2019 年度参考案例之二十三）

《最高人民法院关于人民法院办理执行异议和复议案件若干问题的规定》第二十八条规定：金钱债权执行中，买受人对登记在被执行人名下的不动产提出异议，符合下列情形且其权利能够排除执行的，人民法院应予支持：（一）在人民法院查封之前已签订合法有效的书面买卖合同；（二）在人民法院查封之前已合法占有该不动产；（三）已支付全部价款，或者已按照合同约定支付部分价款且将剩余价款按照人民法院的要求交付执行；（四）非因买受人自身原因未办理过户登记。根据上述规定，判断购房人对案涉房屋是否享有足以排除强制执行的民事权益，需就上述规定的四项基本事实予以查明。本案中，李某仁为证明其主张，提供了《商品房买卖合同》、某西县房地产管理所《证明》、林某振《证明》、银行转账凭证、收款收据等证据。经查，1. 现有证据可以证明李某仁在人民法院查封之前签订合法有效的书面买卖合同。林某振《证明》显示，航某公司因资金困难欠付林某振工程款，遂于 2010 年 8 月 3 日用案涉房屋抵顶工人工资 32 万元，林某振取得案涉房屋后，于 2011 年 7 月 16 日以 30 万元转让给李某仁。该证据与航某公司于 2011 年 7 月 16 日出具的收款收据及更名费收据相互印证，且航某公司与李某仁签订的《商品房买卖合同》已于 2011 年 10 月 31 日进行了备案登记。故现有证据可以证明在 2014 年法院查封之前就案涉房屋李某仁已经与航某公司签订合法有效的买卖合同。2. 2011 年之后李某仁陆续交纳的电视入网费、水表电表费、装修押金、垃圾清运费、契税、测绘费、工本费、登记费、公共维修基金、印花费等一系列业主承担的费用票据，可以证明李某仁已实际占有使用该房产。3. 林某振《证明》称，李某仁已付清案涉房屋的 30 万元款项。该证据有航某公司的更名费收据和收房款凭证予以佐证，且与李某仁实际占有使用房屋的事实相互印证，可以认定李某仁已支付全部房款。4. 现无证据证明李某仁对未办理过户登记手续有过错。航某公司认可系因其自身原因导致案涉房屋未办理过户登记手续。故李某仁作为案涉房屋的买受人，符合上述规定情形，对案涉房屋享有足以排除强制执行的民事权益。

《物权法》① 第九条规定：不动产物权的设立、变更、转让和消灭，经依法登记，发生效力；未经登记，不发生效力，但法律另有规定的除外。第十五条规定：当事人之间订立有关设立、变更、转让和消灭不动产物权的合同，除法律另有规定或者合同另有约定外，自合同成立时生效；未办理物权登记的，不影响合同效力。本案中，虽李某仁与航某公司已签订《商品房买卖合同》，但该合同只是物权变动的原因行为，不能直接发生物权变动的法律效果，对于李某仁要求确认案涉房屋归其所有的诉讼请求，不予支持。

最高人民法院认为，李某仁向一审法院所提诉讼请求第三项为，判决航某公司立即协助和配合李某仁办理某西县巩昌镇北关交通路龙宫步行街一期×号楼×单元×××室房屋的产权登记。依据《最高人民法院关于适用〈中华人民共和国民事诉讼法〉的解释》第三百零五条、第三百一十二条②的规定，该项诉讼请求不属于案外人执行异议之诉的审理范围，不应在案外人执行异议之诉案件中一并审理。李某仁可就该项诉讼请求所涉事项依法另行主张。

延伸阅读

裁判观点：买卖合同订立于不动产被查封之后，虽然由于被查封的障碍导致不动产无法过户，但买卖合同本身依然有效。

案例：最高人民法院·山东金某地产有限公司与山东魅某四射文化娱乐管理有限公司确认合同效力纠纷申诉、申请民事裁定书［（2016）最高法民申1365号］

金某公司主张魅某公司处分标的物的行为符合《民事诉讼法》第一百一十一条第三项③的规定，应当追究刑事责任。而这一情形又符合《合同法》第五十

① 编者按：已失效，被《民法典》吸收。

② 编者按：《最高人民法院关于适用〈中华人民共和国民事诉讼法〉的解释》（2022年修正）第303条、第310条。

③ 编者按：《民事诉讼法》（2021年修正）第114条。

二条[①]第五项的规定，应当认定合同无效。案涉会议纪要和协议书是金某公司与魅某公司经过协商达成，是双方当事人当时的真实意思表示，内容不违反法律、行政法规的强制性规定，应为有效。而涉案房产存在被查封的障碍，房产不能办理过户，属于物权变动问题，不影响买卖合同的效力。虽然《民事诉讼法》第一百一十一条第三项[②]规定，转移、变卖已被查封的财产的诉讼参与人或者其他人，人民法院可以根据情节轻重予以罚款、拘留，构成犯罪的追究其刑事责任，但该规定并未明确处分查封财产合同的效力，金某公司以此主张会议纪要与协议书无效，理由不能成立。

082 限高、纳失及边控措施针对哪“四类人”，应当如何解除?

☞ 阅读提示

限制被执行人高消费（以下简称限高)、纳入失信被执行人名单（以下简称纳失)、限制出境（以下简称边控）是对被执行人三种不同的限制措施，所依据的是不同的法律规定，导致的法律后果既有重叠又有区别，经常被混为一谈。那么限高、纳失及边控措施针对哪些主题，应当如何解除呢？本文通过总结梳理三者所依据的法律法规、司法解释、规范性文件及相关案例，对上述问题进行厘清（主要针对单位被执行人，自然人较为清晰，本文不再赘述)。

裁判要旨

一、什么是限高、纳失和边控?

1. 限制被执行人高消费

《最高人民法院关于限制被执行人高消费及有关消费的若干规定》（法释2015〔17号〕　以下简称《限高规定》）第一条规定：被执行人未按执行通知书指定的期间履行生效法律文书确定的给付义务的，人民法院可以采取限制消费措施，限制其高消费及非生活或者经营必需的有关消费。具体内容包括：

---

① 编者按：已失效，被《民法典》吸收。
② 编者按：《民事诉讼法》（2021年修正）第114条。

(1) 乘坐交通工具时，选择飞机、列车软卧、轮船二等以上舱位；

(2) 在星级以上宾馆、酒店、夜总会、高尔夫球场等场所进行高消费；

(3) 购买不动产或者新建、扩建、高档装修房屋；

(4) 租赁高档写字楼、宾馆、公寓等场所办公；

(5) 购买非经营必需车辆；

(6) 旅游、度假；

(7) 子女就读高收费私立学校；

(8) 支付高额保费购买保险理财产品；

(9) 乘坐G字头动车组列车全部座位、其他动车组列车一等以上座位等其他非生活和工作必需的消费行为。

2. 纳入失信被执行人名单

《最高人民法院关于公布失信被执行人名单信息的若干规定》(法释〔2017〕7号 以下简称《纳失规定》) 第一条规定：被执行人未履行生效法律文书确定的义务，并具有下列情形之一的，人民法院应当将其纳入失信被执行人名单，依法对其进行信用惩戒：

(1) 有履行能力而拒不履行生效法律文书确定义务的；

(2) 以伪造证据、暴力、威胁等方法妨碍、抗拒执行的；

(3) 以虚假诉讼、虚假仲裁或者以隐匿、转移财产等方法规避执行的；

(4) 违反财产报告制度的；

(5) 违反限制消费令的；

(6) 无正当理由拒不履行执行和解协议的。

根据上述规定，被纳入失信被执行人名单后，不仅会被限高，还会在政府采购、招标投标、行政审批、政府扶持、融资信贷、市场准入、资质认定等方面全面受到限制。

3. 限制出境

《民事诉讼法》第二百六十二条规定："被执行人不履行法律文书确定的义务的，人民法院可以对其采取或者通知有关单位协助采取限制出境……"

《出境入境管理法》第十二条和第二十八条规定，由法院决定的边控情形主要如下：中国公民如……有尚未执行完毕的刑罚；属于刑事案件被告人或犯罪嫌疑人；有尚未了结的民事案件且人民法院不准其出境……；外国人如……有尚未执行完毕的刑罚，或属于刑事案件被告人或犯罪嫌疑人（按照中国与外国签订的有关协议，移管被判刑人的除外）；有尚未了结的民事案件且人民法院不准其出境；拖欠劳动者的劳动报酬，经国务院有关部门或者省、自治区、直辖市人民政府决定不准出境；等等。

二、属于限高、纳失及边控范围的法定代表人、主要负责人、影响债务履行的直接责任人员、实际控制人（以下简称四类人）具体包括谁?

1. 限高

根据《限高规定》第一条及第三条规定，未按执行通知书指定的期间履行生效法律文书确定的给付义务的被执行人，人民法院可以对其及其法定代表人、主要负责人、影响债务履行的直接责任人员、实际控制人采取限制消费措施。

2. 纳失

未按执行通知书指定的期间履行生效法律文书，并且具有《纳失规定》第一条规定六种情形之一的，法院应当将其纳失，纳失被执行人应当限高，但根据《最高人民法院关于在执行工作中进一步强化善意文明执行理念的意见》（法发〔2019〕35号）第十六条规定，纳失被执行人为单位的，其法定代表人、主要负责人、影响债务履行的直接责任人员、实际控制人等不得纳失。

对比限高规定可以看出，限高侧重于对“四类人”消费行为的限制，而纳失则更为全面，侧重点在于被执行人的经营行为。

3. 边控

《最高人民法院关于适用〈中华人民共和国民事诉讼法〉执行程序若干问题的解释》第二十四条第一款规定：“被执行人为单位的，可以对其法定代表人、主要负责人或者影响债务履行的直接责任人员限制出境。”中共中央办公厅、国务院办公厅发布的《关于加快推进失信被执行人信用监督、警示和惩戒机制建设的意见》第二条第七项规定：“限制失信被执行人及失信被执行人的法定代表人、主要负责人、实际控制人、影响债务履行的直接责任人员参加旅行社组织的团队出境旅游，以及享受旅行社提供的与出境旅游相关的其他服务”，第八项规定：“协助……限制失信被执行人出境。”

由上述规定我们不难看出，虽然限高、纳失及边控是不同的执行措施，但其针对的主体是相对统一的：都是单位被执行人的法定代表人、主要负责人、实际控制人及影响债务履行的直接责任人员。

法定代表人、实际控制人的定义源自《公司法》，清晰无争议。

对影响债务履行的直接责任人员，法院的认定范围较为广泛，根据编者的经验可包括原法定代表人、股东（尤其是控股股东）、董事、监事、高级管理人员等。高级管理人员包括经理、副经理、财务负责人，上市公司董事会秘书和章程规定的其他重要人员。

主要负责人是指非法人组织的代表人，一般以营业执照、统一社会信用代码证书等登记载明为准（包括个人独资企业、合伙企业、中外合作经营企业、外资企业、社会团体的分支机构、代表机构、法人的分支机构、银行及非银行金融机构的分支机构、乡镇企业、街道企业等）。同时参考国家安全生产监督管理总局《生产安全事故罚款处罚规定（试行）》（2015 年修正）第三条第二款“本规定所称主要负责人是指有限责任公司、股份有限公司的董事长或者总经理或者个人经营的投资人，其他生产经营单位的厂长、经理、局长、矿长（含实际控制人）等人员”之规定，还应包括上述人员。

综上，我们认为“四类人”主要包括：有限责任公司及股份有限公司的法定代表人、实际控制人、大股东、财务人员以及总经理、董事长、执行董事、监事以及其他高级管理人员。

三、谁来启动限高、纳失及边控?

1. 限高一般依申请启动

《限高规定》第四条规定，限高措施一般由申请执行人提出书面申请，经人民法院审查决定；必要时人民法院可以依职权决定。也就是说，未纳失被执行人的限高措施一般是依申请启动，以法院决定为例外。当然，实务中申请人为了尽快实现债权，一般都会申请限高。

同时，根据最高人民法院《关于严格规范终结本次执行程序的规定（试行）》（法〔2016〕373 号）第一条规定，人民法院终结本次执行程序时也应当满足已向被执行人发出限制消费令的条件。

2. 纳失被执行人名单由法院依职权启动

《纳失规定》第一条规定，符合条件的被执行人法院应当纳失；《限高规定》第一条规定纳失被执行人应当对其采取限高措施。也就是说，纳失是法院依职权主动进行，不需要申请人进行申请。同时对比上述两个规定我们可以看出，限高未必进入失信名单，但执行人被纳失一定会同时被限高。

3. 边控一般依申请启动

《最高人民法院关于适用〈中华人民共和国民事诉讼法〉执行程序若干问题的解释》（法释〔2020〕21 号）第二十三条规定，对被执行人边控应当由申请执行人书面申请，以法院依职权决定为例外。实践中，边控一般是申请人申请限高时一并申请，无特殊情况一般不会单独启动边控。

法院主动依职权进行边控的，实践中主要有以下情形：

一是已被纳入失信名单的单位，由于其自动限高，而出境旅游属于高消费范畴，因此其法定代表人、主要负责人、实际控制人及影响债务履行的直接责任人员无法出境旅游；

二是根据《最高人民法院关于做好当前涉农民工工资案件执行工作的通知》（法明传〔2012〕25号）第四条规定，涉农民工工资案件执行中对符合限制高消费、限制出境等条件的应当及时采取相应措施。

四、如何解除限高、纳失及边控措施？

1. 解除限高

依据《限高规定》第九条规定，解除限高令主要有如下途径：

（1）被执行人履行完毕生效法律文书确定的义务。

（2）被执行人提供确实有效的担保或者经申请执行人同意的，法院可以解除限高。

如申请人出具书面文件同意解除“四类人”限高措施，法院一般会尊重当事人意见。但需要注意的是，在作出终止本次执行裁定的同时，按照相关规定法院默认要对“四类人”限高。此类案件即使申请人书面申请法院也未必同意解除限高。如北京市高级人民法院（2020）京执复61号《执行裁定书》就认为：“何某飞以申请执行人易某资本北京分公司同意为由，要求消除限制消费措施对其产生的旁及力，没有法律依据。”

（3）主张执行依据作出时已不再担任被执行人法定代表人或身份被冒用登记为法定代表人的，法院审查属实后可以解除限高。

《限高规定》和其他司法解释并未规定被错误纳入“四类人”的救济途径，但可以参考《纳失规定》第十一条、第十二条规定进行处理。上海市高级人民法院（2020）沪执复15号《复议决定书》认为：“顺某公司于2019年10月9日将法定代表人由任某变更为黎某，并向任某支付了相应费用，也即2019年12月17日一中院作出限制消费令时任某已非该公司股东……据此，参照《最高人民法院关于公布失信被执行人名单信息的若干规定》第十二条之规定……解除对复议申请人任某的限制消费措施。”

（4）被执行人进入破产程序的，“四类人”可向法院申请解除限高。

被执行人进入破产程序后至宣告破产前这一期间能否解除“四类人”限高措施，法律没有明确规定，实务中也是有争议的问题。对此问题编者认为应当解除限高。理由是，根据《破产法》第十九条规定：“人民法院受理破产申请后，有关债务人财产的保全措施应当解除，执行程序应当中止”，同时《纳失规定》明确，因审判监督或破产程序裁定对失信被执行人中止执行的，法院应当在三个工作日内删除失信信息。举重以明轻，既然比限高更加全面和严厉的纳失措施都已解除，限高自然也应随之解除。同时，进入破产程序后被执行人由清算人控制，再对“四类人”采取限高措施已失去督促执行的本来意义。

2020 年发布的《广东省高级人民法院关于限制消费及纳入失信被执行人名单工作若干问题的解答》明确规定：“人民法院作出破产申请受理裁定书前，不需要解除对被执行人的限制消费措施；作出破产申请受理裁定书后，应解除对被执行人的限制消费措施”，也与本文上述观点一致。

除此以外，《最高人民法院关于在执行工作中进一步强化善意文明执行理念的意见》第十七条还规定了“四类人”以个人财产消费、变更法定代表人后解除限高、情况紧急可暂时解除限制乘坐飞机高铁等三项内容，但实践中执行法院为免审查负担一般都不会允许，因此不再赘述。

2. 删除失信信息

《纳失规定》第十条规定，具有下列情形之一的，人民法院应当在三个工作日内删除失信信息：

（1）被执行人已履行生效法律文书确定的义务或人民法院已执行完毕的；

（2）当事人达成执行和解协议且已履行完毕的；

（3）申请执行人书面申请删除失信信息，人民法院审查同意的；

（4）终结本次执行程序后，通过网络执行查控系统查询被执行人财产两次以上，未发现有可供执行财产，且申请执行人或者其他人未提供有效财产线索的；

（5）因审判监督或破产程序，人民法院依法裁定对失信被执行人中止执行的；

（6）人民法院依法裁定不予执行的；

（7）人民法院依法裁定终结执行的。

有纳入期限的，不适用前款规定。纳入期限届满后三个工作日内，人民法院应当删除失信信息。

分析其内容，前两项与解除限高规定一致。第三项主要针对错误纳失的情况，第五项、第七项适用于被执行人进入破产程序情况，第六项属于执行依据发生变化情况。特别需要注意的是，在第四项规定情况下，被执行人虽然不再纳入失信名单，但一般不会解除限高。

3. 解除边控

如前所述，一般情况下边控是跟限高、纳失同时适用，因此其解除的路径与解除限高基本一致，在此不再赘述。

经验总结

从上文的分析可以看出，真正的“四类人”解除限高等措施实践中非常困难。从诚实信用角度出发，及时履行生效判决确定的义务也是应当提倡和鼓励的。真正需要救济的，是实际并不控制公司，但因为种种原因在工商部门登记的“挂名法定代表人”，或确实曾经是“四类人”但已离职、退出而未及时办理变更登记的前法定代表人等。对于这种情况，我们认为有以下救济思路：

一、对于符合破产条件的被执行人，法定代表人可以被执行人名义向法院申请破产。如上文分析，法院裁定受理后可以书面申请解除相应限制。

二、依据《公司法》第十三条规定提起变更登记之诉，或以侵害姓名权为由要求涤除法定代表人登记。当然，上述两类诉讼困难重重，但也有成功案例。如（2016）津0116民初2431号案件中法院判决公司限期办理法人变更登记。此后可尝试向法院申请解除相应限制，当然还需符合《限高规定》等相关司法解释条件。

三、以自身财产清偿公司债务后再向公司追讨。此种做法无疑风险极高，尤其是在挂名法人不实际控制公司的情况下，仅适用于某些特殊情况，如债务金额不高而被限制人急于进行其他经营活动等。

四、如能够及时发现公司存在被执行风险，在符合相应的条件下，提前依据《公司法》第一百八十二条的规定提起解散公司之诉。

083 执行法院未释明以物抵债的税费承担？抵债裁定可撤销！

☞ 阅读提示

实务中大量存在执行法院要求因拍卖产生的税费由竞买人承担，即所谓“净值拍卖”情况。但是，如财产流拍后债权人申请以物抵债，则法院在拍卖中的税费承担要求并不必然对债权人产生约束力。

裁判要旨

执行法院作出抵债裁定须以抵债申请人的抵债意思表示为基础。如执行法院在抵债裁定中未对抵债财产税费承担进行必要的调查和释明，造成执行结果对债权人显失公平，则可以认为债权人的抵债申请是基于重大误解作出而并非其真实意思表示。债权人有权撤回抵债申请，抵债裁定依法予以撤销。

案情简介

一、吉某公司、瑞某公司依据生效判决向江门市中级人民法院申请执行。后被执行人海某贸易公司名下土地使用权（以下简称被执行财产）三次流拍，第三次拍卖保留价为99667257.6元。经协商瑞某公司同意按照上述价格以物抵债，由于按比例瑞某公司可受偿5142.83万元、吉某公司4823.90万元，税费预计1700余万元。

二、江门中院于2015年4月30日作出抵债裁定，将被执行财产抵债给瑞某公司，之后瑞某公司按法院要求补缴受偿差额4823.90万元至法院账户。案涉抵债裁定未对以物抵债的税率及税费承担作出说明。

三、后瑞某公司向江门中院提出执行异议，请求撤销涉案抵债裁定，终止执行分配程序。理由是抵债裁定作出过程中当地土地增值税征收税率及计算方法发生重大变化，按照新的计税方式瑞某公司需承担税费、罚款及滞纳金合计5700余万元且按日增加。以物抵债税费与瑞某公司受偿金额出现倒挂，因此显失公平。

四、江门中院认为，第三次拍卖的《拍卖公告》和《拍卖须知》均明确要求涉案土地使用权的买受人承担过户的全部税费，瑞某公司应明知其接受以物抵债就有义务按照拍卖的同等要求承担全部税费，因此裁定驳回瑞某公司异议。

五、瑞某公司不服上述异议裁定，向广东省高级人民法院申请复议，广东高院作出裁定，支持瑞某公司异议，撤销了江门中院作出的案涉裁定。

六、吉某公司不服广东高院上述裁定，向最高人民法院提起申诉，最高人民法院裁定驳回吉某公司申诉请求，维持广东高院原裁定。

裁判要点

一、《最高人民法院关于人民法院民事执行中拍卖、变卖财产的规定》第十条①规定："执行人员应当对拍卖财产的权属状况、占有使用情况等进行必要的调查，制作拍卖财产现状的调查笔录或者收集其他有关资料。"执行法院在委托评估、拍卖、裁定以物抵债前未对被执行财产的性质是否改变、买受人或承受人应缴纳税费等情况进行必要的调查并将调查获取的相关信息充分披露，导致出现显失公平的执行僵局，则执行行为不符合上述法律规定。

二、以物抵债申请是否可以撤回应以抵债申请人申请以物抵债的真实意思表示为依据，执行法院作出抵债裁定须以抵债申请人的抵债意思表示为基础，如果抵债意思表示不是抵债申请人的真实意思，则抵债裁定应予撤销。

经验总结

截至目前，我国法律行政法规以及司法解释均未对线下司法拍卖过程中产生的税费承担给予明确规范，因此司法拍卖中的税费承担往往成为竞买人或承受人难以躲避的大坑。

一、对于债权人而言

1. 接受以物抵债往往是迫于无奈。尽管如此，在接受以物抵债前还是要对抵债财产的权利负担作详细调查。尤其当抵债财产为土地时，往往附着高额税费或各类罚款等，在执行过程中应尽可能与法院沟通，对上述费用承担作出明确裁定，以合理确定抵债价值，避免出现本案税费与受偿金额倒挂的不利局面。

2. 编者认为，以物抵债承受人并不必然受到司法拍卖中法院税费承担要求的约束。原因有二：

首先，以物抵债的法律依据是《最高人民法院关于人民法院民事执行中拍

① 编者按：《最高人民法院关于人民法院民事执行中拍卖、变卖财产的规定》（2020年修正）第7条。

卖、变卖财产的规定》第十六条第一款，该条规定的适用前提是司法拍卖流拍，即拍卖程序已经结束。因此，应当认为以物抵债与司法拍卖并列，是执行中的一个独立程序。

其次，竞买人与以物抵债承受人的区别在于，竞买人参与拍卖是积极作为，而承受人往往是迫于无奈的被动接受，同时考虑到司法执行的目的本身就在于使债权人尽可能受偿，因此法律给予两者的保护应当是有区别的。至少在法律没有明确规定的前提下，不应该默认承受人与竞买人具有同样的义务负担，否则就会出现本案承受人执行受偿后利益反而再度受损这种本末倒置的荒唐现象。

虽然很遗憾本案最高院的说理较为简略，没有对这一问题进行详细论述。但从裁定结果来看，应当认为还是符合上述逻辑的。

二、对于竞买人而言

被执行财产的权利负担问题需要重点关注，在尽调过程中应尽量保留书面或影音证据。编者在山东某市办理的一个案件，竞买人在竞拍前多次到当地土地管理部门进行询问，均确认存在的土地闲置罚金由原所有人承担。后因短时间内土地出现大幅增值，同时当地主要领导更换，意图将土地出售给另外一家开发商，因此一审出现了 1 亿元卖土地，2 亿元交罚款的荒唐局面。相关人甚至明示竞买人，只要放弃土地就可以退款免除罚金。虽然经过我们的努力，案件几经周折最终在山东高院得到纠正，但由此导致的资金占用成本、房地产市场行情变化损失等却再也无法挽回，教训不可谓不惨痛。

三、2017 年 1 月 1 日开始实施的《最高人民法院关于人民法院网络司法拍卖若干问题的规定》第三十条规定："因网络司法拍卖本身形成的税费，应当依照相关法律、行政法规的规定，由相应主体承担；没有规定或者规定不明的，人民法院可以根据法律原则和案件实际情况确定税费承担的相关主体、数额。"虽然从字面解读该规定仅适用于网络司法拍卖，但传统的线下拍卖与网络拍卖在法律关系上并无分别。因此，如在 2017 年之后出现上述问题，无论申请执行人、被执行人、竞买人都可参照上述规定进行救济（同"延伸阅读"部分之案例）。

相关法条

《最高人民法院关于人民法院民事执行中拍卖、变卖财产的规定》（法释〔2020〕21 号　2021 年 1 月 1 日实施）

第七条　执行人员应当对拍卖财产的权属状况、占有使用情况等进行必要的调查，制作拍卖财产现状的调查笔录或者收集其他有关资料。

第十六条第一款 拍卖时无人竞买或者竞买人的最高应价低于保留价，到场的申请执行人或者其他执行债权人申请或者同意以该次拍卖所定的保留价接受拍卖财产的，应当将该财产交其抵债。

《最高人民法院关于人民法院网络司法拍卖若干问题的规定》（法释〔2016〕18号 2017年1月1日实施）

第三十条 因网络司法拍卖本身形成的税费，应当依照相关法律、行政法规的规定，由相应主体承担；没有规定或者规定不明的，人民法院可以根据法律原则和案件实际情况确定税费承担的相关主体、数额。

本案链接

最高人民法院·江门市新会区吉某置业有限公司与江门市瑞某投资有限公司等借款合同纠纷执行监督一案执行裁定书［（2017）最高法执监56号］

广东省高级人民法院·江门市新会区吉某置业有限公司与江门市瑞某投资有限公司等执行纠纷一案［（2016）粤执复142号］

广东高院认为：关于瑞某公司以物抵债申请是否可以撤销的问题。以物抵债申请是否可以撤回应以抵债申请人申请以物抵债的真实意思表示为依据，执行法院作出抵债裁定须以抵债申请人的抵债意思表示为基础，如果抵债意思表示不是抵债申请人的真实意思，则抵债裁定应予撤销。本案在执行法院三拍流拍后，瑞某公司向执行法院提出两次申请。第一次其表示不同意以物抵债，最好是吉某公司接受以物抵债，瑞某公司收回执行款，收回执行款的比例愿适当退让。第二次抵债申请中，瑞某公司提出，因另一申请执行人吉某公司不同意接受以物抵债，为协助顺利执结案件，同意提供对执行产生的共益等费用提供保证。瑞某公司在两次抵债申请中并未明确表示愿意按照拍卖公告的规定承担土地使用权转移过户中的全部税费。另外，瑞某公司复议申请提出，其在申请抵债前向江门中院、拍卖机构、税务部门了解相关税费问题，被明确告知执行《关于调整江门市房地产开发企业土地增值税预征率及核定征收率的公告（2013年第1号）》6%的核定征收率。瑞某公司向广东高院提交的江门市公共资源交易中心2014年11月4日《国有建设用地使用权挂牌转让公告》复印件中附件《江门市土地矿业权交易中心计费一览表（2013年3月）》显示，商住用地“增值税（卖方负担）”为6%。江门市公共资源交易中心将上述税费计算表作为拍卖文件公开提供给竞买人，瑞某公司以此信息为据申请以物抵债。但根据 2016 年 9 月 6 日江门市地税局的复函，土地增值税按实际增值额分级税率计算。本案涉案土地使用权转移过户应缴税款为 61832555.37 元，滞纳金为 2496864.14 元，且税款滞纳金随逾期缴交的天数的增加继续增大。以缴交 6000 余万元巨额税费为代价接受以物抵债，并非瑞某公司申请以物抵债时的真实意思表示。在土地增值税征收税率及计算方法发生重大变化的情形下，强制瑞某公司接受以物抵债，显失公平。因此，其以物抵债申请可以撤回，江门中院以物抵债裁定应予撤销。

最高院认为：本案审查的焦点问题是以物抵债裁定能否撤销……以缴交 6000 余万元巨额税费为代价接受以物抵债，并非瑞某公司申请以物抵债时的真实意思表示，瑞某公司对本案以物抵债存在重大误解，以物抵债的结果对瑞某公司亦显失公平，广东高院撤销本案以物抵债裁定并无不当，应予维持。

延伸阅读

案例：最高人民法院·施某、许某成执行审查类执行裁定书［（2017）最高法执监 324 号］

目前，法律对司法拍卖或流拍后抵债财产过户时产生的税费问题没有明确规定。实践中，人民法院参照民事交易中自主买卖的相关规定确定司法拍卖或抵债双方的税费承担标准较为常见且相对合理。申请执行人接受以物抵债，其法律地位即相当于买受人一方。

084 专家论证意见对法官判案有用吗？

☞ 阅读提示

一些当事人在诉讼中为求胜诉不惜重金请法学专家对其案件事实进行论证，并向法院提交专家论证法律意见书，试图以此证明对己方有利的案件事实。那么，专家论证是否真的能影响法官裁判呢？

裁判要旨

单方委托学者出具的专家论证法律意见书系法学学者对案件事实的个人意

见，不能反映案件客观事实，人民法院不予采信。

案情简介

一、贵某公司、绿某河公司、张某因与周某萍、博某公司、银某公司民间借贷纠纷一案，贵某公司不服海南省高级人民法院判决，向最高人民法院申请再审，主张有新的证据，足以推翻二审判决。

二、贵某公司向最高人民法院提交了一份《专家论证法律意见书》复印件作为新的证据。该份《专家论证法律意见书》系由贵某公司独自作为委托人，委托法学专家出具。最高法院认为《专家论证法律意见书》不能反映案件客观事实，不予采信，并裁定驳回贵某公司的再审申请。

裁判要点

贵某公司向最高人民法院提交《专家论证法律意见书》复印件拟证明法学学者认为周某萍与贵某公司之间的借贷关系并未实际履行，原审判决对还款事实的认定存在错误。

最高人民法院认为：专家论证法律意见书仅系专家个人观点意见，不能反映案件客观事实，不具有法律效力，人民法院不予采信。

经验总结

一、诉讼一方当事人，委托法学学者对案件事实作出专家论证法律意见书的，鉴于该专家论证法律意见书仅系专家个人观点意见，且并不属于法定证据类型，不会被法院采信，因此须慎重提交专家论证法律意见书。

二、诉讼双方事前约定，就专业性问题共同委托专家进行论证，论证意见书可以作为认定事实的依据，不必另行鉴定。

相关法条

《中华人民共和国民事诉讼法》（2021 年修正）

第六十六条 证据包括：

（一）当事人的陈述；

（二）书证；

（三）物证；
（四）视听资料；
（五）电子数据；
（六）证人证言；
（七）鉴定意见；
（八）勘验笔录。
证据必须查证属实，才能作为认定事实的根据。

本案链接

最高人民法院·海南贵某置地有限公司、海南绿某河旅游发展有限公司民间借贷纠纷再审审查与审判监督民事裁定书［（2020）最高法民申3660号］

贵某公司向本院提交了一份《专家论证法律意见书》复印件作为新的证据，拟证明法学学者认为周某萍与贵某公司之间的借贷关系并未实际履行，原审判决对还款事实的认定存在错误。从内容看，该份证据反映的是法学学者根据贵某公司提供资料提出的对案件事实的个人意见，不能反映案件客观事实，故本院对该份材料不予采信。

延伸阅读

裁判观点1：专家论证法律意见书系专家观点意见，不能作为认定客观事实的根据，不属于《民事诉讼法》第六十三条[①]规定的证据。（与主文案例观点相同）

案例1：最高人民法院·申请再审人贵州西某肥业有限公司与被申请人杨某亮、刘某全股权纠纷申请再审民事裁定书［（2012）民申字第526号］

西某肥业提交的第二组证据材料共11份，拟证明囿某公司和杨某亮故意隐瞒与磷肥厂有65%重大利益分成的事实；杨某亮等人故意保留囿某公司40%股权，不将剩余股权过户至西某肥业名下……证据11.中国政法大学法律应用研究中心于2008年6月13日作出的《关于杨某亮、刘某全涉嫌合同诈骗案专家论证法律意见书》，证明杨某亮在签订《股权转让合同书》之前，虚构钻孔，违背《磷矿地质勘探规范》，伪造磷矿储量，以此进行合同欺诈；在合同签订过程中，故意隐瞒利益分成协议；在合同履行过程中，欺骗西某肥业，擅自保留40%的股权，非法占有他

---

① 编者按：《民事诉讼法》（2021年修正）第66条。

人财产……杨某亮、刘某全质证认为：……关于证据11，不认可其真实性，专家意见书不具有法律效力，且该专家意见书存在多处错误。4. 证据1、2、4、7、9、10在一、二审中已经过质证，不属于新证据。

本院认为：……关于证据11，法律意见书系专家观点意见，不能作为认定本案客观事实的根据，不属于《民事诉讼法》第六十三条①规定的证据……因此，西某肥业提交的第二组证据材料亦不属于再审新证据，本院不予采信。

裁判观点2：诉讼双方事前约定，就专业性问题共同委托专家进行论证，论证意见可以作为认定事实的依据，不必另行鉴定。

案例2：最高人民法院·甘肃某灾害防治工程勘查设计院、甘肃世某金徽房地产开发有限公司建设工程施工合同纠纷再审审查与审判监督民事裁定书［（2021）最高法民申2348号］

关于一审法院未予同意某勘院的鉴定申请是否存在适用法律错误和程序违法的情形的问题。根据一审法院查明的事实，2014年8月，某勘院在案涉工程中就机械人工误工费、基桩工程量增加、场地岩性等争议问题向世某金徽公司致函，世某金徽公司于2014年9月23日向某勘院作出金某地产〔2014〕22号《关于金某财富中心基坑支护及降水工程争议问题的答复函》，对于场地岩性争议的答复意见是："经与你单位现场项目经理协商后，双方同意就此问题召开专家会，以专家会会议纪要的形式明确此问题。"2014年9月24日，世某金徽公司、某勘院及监理单位、主包施工单位（楙某公司）、建筑和地质专家共同就地勘院提出的《金某财富中心岩土工程勘察报告》与现场实际情况严重不符，要求追加费用的问题进行专家论证，经观看开挖时留存的影像照片资料及查阅相关资料，建设方、支护工程施工方、主包单位、地质勘察单位分别陈述，作出2014年9月24日《会议纪要》（地基持力层岩性确定专家论证专题会议），该《会议纪要》载明的专家论证意见为：照片所示与《金某财富中心岩土工程勘察报告》相符，不存在持力层为花岗岩体之说，该《会议纪要》系根据双方当事人的约定，且在双方当事人共同参与的情况下作出的，某勘院并未提交证据证明该《会议纪要》系伪造，故一审法院将该《会议纪要》结合其他证据共同作为认定案涉事实的依据并无不当。在此情形下，一审法院在能够认定施工现场地质岩性的情况下未予支持某勘院的鉴定申请亦无不当，不存在适用法律错误和程序违法的情形。二审法院结合案涉工程已竣工并投入使用，认定即

① 编者按：《民事诉讼法》（2021年修正）第66条。

使鉴定，在建筑物周边取样，亦不能证实某勘院做基坑支护中的每条桩进入花岗岩层的事实符合实际情况。

085 债务人签收催收通知书，并不构成对超过诉讼时效债务的重新确认?

☞ 阅读提示

对于诉讼时效已届满的自然债务，实践中，不乏债务人或因疏忽大意或因法律知识不足而在债权人发出的催款通知书上签字盖章，事后债权人一纸诉状将债务人告上法庭，主张债务人在通知书上的签章行为构成对已届时效债务的重新确认，诉讼时效应重新开始计算。此等情况下，法院会如何认定呢?

裁判要旨

债务人未作出同意履行债务的意思表示的，债务人在催款通知书上签字盖章的行为，不构成对诉讼时效期间已届满债务的重新确认。

案情简介

一、某行屈某支行与某市镇政府于1991年9月至1998年7月签订了系列《借款合同》《借款借据》《贷款契约》等法律文书54份。

二、2007年4月25日，某行屈某支行向某市镇政府发出《贷款逾期催收通知书》，某市镇政府加盖公章，确认收到上述贷款逾期催收通知书。之后每隔一年到两年，某行屈某支行便会向某市镇政府发出催款通知书。

三、2017年3月20日，某行屈某支行与信某公司湖南省分公司签订《债权转让协议》，约定将某行屈某支行对某市镇政府的前述系列债权转让给信某公司湖南省分公司，同年6月15日，某市镇政府收到债权转让通知书。

四、2019年2月1日，某市镇政府签收信某公司湖南省分公司邮寄送达的债务催收通知书。

五、鉴于某市镇政府迟迟不归还借款，信某公司湖南省分公司向法院提起诉讼，请求法院判令某市镇政府还本付息，诉讼过程中，某市镇政府行使诉讼时效经过的抗辩权，对此，信某公司湖南省分公司主张某市镇政府在催款通知书上签字盖章的行为构成对债务的重新确认，其不再享有诉讼时效抗辩权。二审湖南省高级人民法院对信某公司湖南省分公司的前述主张不予支持。

裁判要点

对原债务的重新确认，不仅需要债权人的催收，还需要债务人在催款通知书上签字盖章并同意履行，即债务人除签字盖章外，还需要作出同意履行的意思表示。某市镇政府在案涉催收通知书上的签字仅为收到该催收通知书，并无同意履行的意思表示，并不构成对债务的重新确认。

经验总结

一、对债权人而言：债权人应在法定的3年时效期限内积极主张债权，尽量避免因怠于行使权利而导致诉讼时效经过的情形发生。若因一时疏忽导致诉讼时效经过，单纯地向债务人发出催款通知书，即便债权人在通知书上签字盖章，也不能产生诉讼时效重新起算的效果。此等情况下，建议债权人向债务人发出催款通知书和回执，回执中载明："我单位同意将按上述合同/协议约定及该通知书的要求继续履行还款义务"，并要求债务人在回执上签字盖章后寄回。

二、对债务人而言：虽然单纯地在催款通知书上签字盖章，通常情况下不会被认定为对已届时效的债务的重新确认，但我们仍然建议债务人在收到债权人送达的催款通知书、还款协议等债权确认文书时，一定要反复研读核实，重点关注债权是否已经过诉讼时效，对于诉讼时效届满的债权，尽量不要在债权确认文书上签字盖章。

相关法条

《最高人民法院关于超过诉讼时效期间借款人在催款通知单上签字或者盖章的法律效力问题的批复》（法释〔1999〕7号　1999年2月16日实施）

根据《中华人民共和国民法通则》第四条、第九十条规定的精神，对于超过诉讼时效期间，信用社向借款人发出催收到期贷款通知单，债务人在该通知单上签字或者盖章的，应当视为对原债务的重新确认，该债权债务关系应受法律保护。

《最高人民法院关于债务人签收“贷款对账签证单”的行为是否属于对已经超过诉讼时效的原债务的履行进行重新确认问题的复函》（〔2006〕民立他字第106号）（节录）

我院《关于超过诉讼时效期间借款人在催款通知单上签字或者盖章的法律效力问题的批复》（以下简称《批复》）中所称“对原债务的重新确认”，是指债权人要有催收逾期贷款的意思表示，债务人签字或盖章认可并愿意继续履行债务。你院请示所涉的案件中，安徽省某投资集团有限责任公司（以下简称某投资集团公司）2003年3月向债务人临泉县供某局发出的“贷款对账签证单”，其名称和内容均无催收贷款的明确表示。临泉县供某局局长张某法在“贷款对账签证单”上签署“通知收到”，表明债务人已经收到了“贷款对账签证单”，但不能推定为其有偿还已过诉讼时效债务的意思表示。因此，既不能把本案所涉“贷款对账签证单”简单理解为就是《批复》中的“催款通知单”，也不能把双方当事人发出和签收“贷款对账签证单”的行为视为对原债权债务的履行重新达成了协议。

《最高人民法院关于审理民事案件适用诉讼时效制度若干问题的规定》（法释〔2020〕17号　2021年1月1日实施）

第十九条　诉讼时效期间届满，当事人一方向对方当事人作出同意履行义务的意思表示或者自愿履行义务后，又以诉讼时效期间届满为由进行抗辩的，人民法院不予支持。

当事人双方就原债务达成新的协议，债权人主张义务人放弃诉讼时效抗辩权的，人民法院应予支持。

超过诉讼时效期间，贷款人向借款人发出催收到期贷款通知单，债务人在通知单上签字或者盖章，能够认定借款人同意履行诉讼时效期间已经届满的义务的，对于贷款人关于借款人放弃诉讼时效抗辩权的主张，人民法院应予支持。

本案链接

湖南省高级人民法院·中国信某资产管理股份有限公司湖南省分公司、某市某管理区某市镇人民政府金融不良债权追偿纠纷二审民事判决书［（2019）湘民终1664号］

本院认为，二审的争议焦点为：1. 案涉债权是否已过诉讼时效……

关于焦点1，根据《民法通则》第一百三十五条[①]的规定，向人民法院请求保护民事权利的诉讼时效期间为二年，法律另有规定的除外。本案中，案涉债权最后三笔到期日为1999年7月14日，而某行屈某支行最早催收时间为2007年5月10日，故某行屈某支行在催收案涉债权时，案涉债权早已超过两年的诉讼时效期间。信某公司湖南分公司上诉主张，某市镇政府在催收函上的签字应视为对债权债务的重新确认，案涉债权没有过诉讼时效。本院认为，关于对超过诉讼时效期间借款人在催款通知单上签字或盖章的法律效力问题，最高人民法院曾作出法释〔1999〕7号批复河北省高级人民法院："根据《中华人民共和国民法通则》第四条、第九十条规定的精神，对于超过诉讼时效期间，信用社向借款人发出催收到期货款通知单，债务人在该通知单上签字或者盖章的，应当视为对原债务的重新确认，该债权债务关系应受法律保护。"此后，最高人民法院在（2006）民立他字第106号复函中对法释〔1999〕7号批复进一步释明："我院《关于超过诉讼时效期间借款人在催款通知单上签字或盖章的法律效力问题的批复》（以下简称《批复》）中所称'对原债务的重新确认'，是指债权人要有催收逾期贷款的意思表示，债务人签字或盖章认可并愿意继续履行债务。"故（2006）民立他字第106号复函明确，对原债务的重新确认，不仅需要债权人的催收，还需要债务人签字盖章并同意履行，即债务人除签字盖章外，还需要同意履行的意思表示。（2006）民立他字第106号复函与《民法通则》第一百三十八条[②]"超过诉讼时效期间，当事人自愿履行的，不受诉讼时效限制"以及《最高人民法院关于审理民事案件适用诉讼时效制度若干问题的规定》第二十二条[③]"诉讼时效期间届满，当事人一方向对方当事人作出同意履行义务的意思表示或者自愿履行义务后，又以诉讼时效期间届满为由进行抗辩的，人民法院不予支持"的法律精神也是一致的，对于超过诉讼时效期间构成对原债务的重新确认的条件必须有债务人愿意继续履行的意思表示。根据新法优于旧法的原则，我们对超过诉讼时效的债务的重新确认，应适用之后的法律、司法解释。从一审查明的事实来看，某市镇政府在案涉催收通知书上的意见仅为收到该催收通知书，并无同意履行的意思表示，并不构成对债务的重新确认。一审法院认为案涉债权已过诉讼时效并无不当，本院予以维持。

---

①② 编者按：已失效，被《民法典》吸收。

③ 编者按：《最高人民法院关于审理民事案件适用诉讼时效制度若干问题的规定》（2020年修正）第19条。

延伸阅读

裁判观点：债权人主张债务人签字盖章行为构成对诉讼时效期间已届满债务的重新确认的，债权人须举证证明债务人作出同意履行义务的意思表示或者具有自愿履行义务的行为。

案例1：最高人民法院·中国信某资产管理股份有限公司湖南省分公司、某市某管理区某市镇人民政府金融不良债权追偿纠纷再审审查与审判监督民事裁定书［（2020）最高法民申6203号］

本案中，根据原审查明的事实，案涉最后一笔债权已于1999年底到期，而某行屈某支行最早催收时间为2007年4月25日，故某行屈某支行在催收案涉债权时，案涉债权早已超过两年的诉讼时效期间。《民法通则》第一百三十八条①规定："超过诉讼时效期间，当事人自愿履行的，不受诉讼时效限制。"《最高人民法院关于审理民事案件适用诉讼时效制度若干问题的规定》第二十二条②规定："诉讼时效期间届满，当事人一方向对方当事人作出同意履行义务的意思表示或者自愿履行义务后，又以诉讼时效期间届满为由进行抗辩的，人民法院不予支持。"根据上述规定，对诉讼时效期间已届满债务的重新确认须具备债务人作出同意履行义务的意思表示或者自愿履行义务的要件。本案中，从原审查明的事实来看，某市镇政府对案涉催收通知书签章确认仅表明其收到该催收通知书，并无证据证明债务人有同意履行诉讼时效已经届满的债务的意思表示，并不构成对债务的重新确认。据此，原审法院认定案涉债权已过诉讼时效期间并驳回信某公司湖南省分公司的诉讼请求，并无不当。

案例2：北京市第一中级人民法院·北京文某宏博尔科技股份有限公司与锦州华某开关有限责任公司买卖合同纠纷二审民事判决书［（2021）京01民终8197号］

锦州华某公司虽于2020年9月29日向文某宏博尔公司发出了询证函，但此时诉讼时效已经届满，根据《最高人民法院关于审理民事案件适用诉讼时效制度若干问题的规定》第十九条"诉讼时效期间届满，当事人一方向对方当事人作出同意履行义务的意思表示或者自愿履行义务后，又以诉讼时效期间届满为由进行抗辩的，人民法院不予支持。当事人双方就原债务达成新的协议，债权人主张

---

① 编者按：已失效，被《民法典》吸收。

② 编者按：《最高人民法院关于审理民事案件适用诉讼时效制度若干问题的规定》（2020年修正）第19条。

义务人放弃诉讼时效抗辩权的，人民法院应予支持。超过诉讼时效期间，贷款人向借款人发出催收到期贷款通知单，债务人在通知单上签字或者盖章，能够认定借款人同意履行诉讼时效期间已经届满的义务的，对于贷款人关于借款人放弃诉讼时效抗辩权的主张，人民法院应予支持”的规定，在文某宏博尔公司并未作出同意履行债务的意思表示的情况下，锦州华某公司前述发出询证函的行为不能产生重新计算诉讼时效的法律效果。现锦州华某公司未提供证据证明于2012年5月6日后向文某宏博尔公司主张案涉款项，故锦州华某公司提起本案诉讼已过诉讼时效。

086 股份有限公司设立起一年内发起人转让股份，转让有效吗?

☞ 阅读提示

《公司法》第一百四十一条规定，股份有限公司发起人持有的本公司股份自公司成立之日起一年内不得转让。那么，违反上述规定将产生何种法律后果?

裁判要旨

股份有限公司设立一年内发起人转让公司股份的，如无其他导致合同无效的情况，应当认为转让行为有效，但不能对抗第三人。

案情简介

一、四川汇某基金公司设立于2013年1月28日，注册资本1000万元，其中发起人成都汇某投资公司认缴出资990万元，王某华认缴出资10万元。

二、2014年1月23日，蔡某与四川汇某基金公司签订《四川光华汇某股权投资基金管理股份有限公司出资协议》，同日向四川汇某基金公司转账支付出资款200万元，四川汇某基金公司向其出具收据一份，并向蔡某出具《股权证》一份，载明蔡某系四川汇某基金公司股东，股本金200万元。

三、后蔡某向法院起诉请求确认双方《出资协议》无效，要求被告返还200万元及利息，一二审法院均未支持。

四、蔡某以双方协议违反《公司法》第一百四十一条应为无效协议为由向四川省高级人民法院申请再审。四川高院认为案涉协议属于股权转让协议，虽然违反了《公司法》第一百四十一条的规定，但并未损害第三方利益，应为有效，裁定驳回蔡某申请。

裁判要点

蔡某与四川汇某基金公司签订的协议虽然名为出资协议，但四川汇某基金公司的注册资本未因此发生变化，并不属于发行新股的情形，实为发起人将200万股权转让给蔡某。根据《公司法》第一百四十一条第一款规定，“发起人持有的本公司股份，自公司成立之日起一年内不得转让……”立法之所以对发起人股权转让时间作出此种限制，是由于股份有限公司的发起人对公司的成立及公司成立初期的财产稳定和组织管理具有重要的影响，为了保护其他股东的利益，防止发起人利用设立公司进行投资活动和逃避发起人责任，保证公司成立后一段时期能够顺利经营。四川汇某基金公司2013年1月28日登记设立，其于2014年1月23日与蔡某签订了案涉出资协议，该协议并不损害其他股东、债权人的合法权益，也未损害国家、集体或者第三人利益，公司发起人也无利用股权转让逃避法定义务的情形，故一审、二审法院认定合同有效并无不当，蔡某关于出资协议无效的申请理由不能成立。

经验总结

一、股份有限公司是由发起人作为倡导者设立的，公司的设立宗旨、经营范围、经营方式等一般也都由发起人确定。因此，在公司设立后的一定时间内，发起人应当作为股东留在公司，以保证公司的稳定和运营的连续性。同时，如果允许发起人在公司成立后很短的时间内就进行股份转让，可能会出现发起人不适当地转移投资风险，从而损害第三方利益的情况。因此，法律对发起人转让公司股份作出一定限制，本质上是为了防止发起人不当谋利，保障其他股东、债权人及善意第三方利益。因此，违反《公司法》第一百四十一条规定的协议是否有效，法院审查重点是协议内容是否损害其他股东、债权人及善意第三方利益，是否会使得公司发起人逃避法定义务。如无上述情形，原则上应当认定为有效。

二、由于《公司法》第一百四十一条的存在，违反法律规定受让股权的受让方不能被认定为是善意的。因此，在涉及第三人利益情况下，受让方不得以此对抗善意第三人（见“延伸阅读”部分之裁判规则1）。

需要注意的是，虽然编者认为本文介绍的依据“是否损害第三方利益”这一标准来衡量转让行为效力的裁判观点，与我国民法从最大限度发挥社会财富的流通价值出发，坚持鼓励交易原则、不轻易否定合同效力的立法精神最为契合。但司法实践中确实存在直接判断《公司法》第一百四十一条是效力性还是管理性的强制规定（且观点并不统一），进而明确转让行为有效或无效的裁判观点。我们将相关案例附在文末供读者参考。

相关法条

《中华人民共和国公司法》（2018年修正）

第一百四十一条第一款 发起人持有的本公司股份，自公司成立之日起一年内不得转让。公司公开发行股份前已发行的股份，自公司股票在证券交易所上市交易之日起一年内不得转让。

本案链接

四川省高级人民法院·蔡某、四川光华汇某股权投资基金管理股份有限公司与公司有关的纠纷再审审查与审判监督民事裁定书［（2017）川民申4155号］

本案的焦点问题是蔡某与四川汇某基金公司签订的《四川光华汇某股权投资基金管理股份有限公司出资协议》是否有效。根据一、二审法院查明事实，2013年1月28日，四川汇某基金公司提交《公司设立登记申请书》，载明：公司类型为股份有限公司；设立方式为发起设立；注册资本为1000万元，实收资本200万元；发起人为成都汇某投资公司、王某华；成都汇某投资公司认缴出资990万元，出资时间2015年1月27日前，实缴出资198万元，出资时间2013年1月28日；王某华认缴出资10万元，出资时间2015年1月27日前，实缴出资2万元，出资时间2013年1月28日。蔡某与四川汇某基金公司签订《四川光华汇某股权投资基金管理股份有限公司出资协议》后，于2014年1月23日向四川汇某基金公司转账支付出资款200万元，四川汇某基金公司向其出具收据一份，并向蔡某出具《股权证》一份，载明蔡某系四川汇某基金公司股东，股本金200万元，出资时间为2014年1月23日。

蔡某与四川汇某基金公司签订的协议虽然名为出资协议，但四川汇某基金公司的注册资本未因此发生变化，并不属于发行新股的情形，实为发起人将200万股权转让给蔡某。根据《公司法》第一百四十一条第一款规定，“发起人持有的本公司股份，自公司成立之日起一年内不得转让。公司公开发行股份前已发行的股份，自公司股票在证券交易所上市交易之日起一年内不得转让”。立法之所以对发起人股权转让时间作出此种限制，是由于股份有限公司的发起人对公司的成立及公司成立初期的财产稳定和组织管理具有重要的影响，为了保护其他股东的公众利益，防止发起人利用设立公司进行投资活动和逃避发起人责任，保证公司成立后一段时期能够顺利经营。四川汇某基金公司 2013 年 1 月 28 日登记设立，其于 2014 年 1 月 23 日与蔡某签订了案涉出资协议，该协议并不损害其他股东、债权人的合法权益，也未损害国家、集体或者第三人利益，公司发起人也无利用股权转让逃避法定义务的情形，故一审、二审法院认定合同有效并无不当，蔡某关于出资协议无效的申请理由不能成立。

关于蔡某主张其从未出现在公司股东名册上，也未出现在工商部门登记名册上的申请理由。因为蔡某原审期间主张出资协议无效请求返还投资款，股东名册和工商登记是否已作相应变化，与案涉出资协议的效力问题并无必然联系，故该项申请理由也不能成立。

延伸阅读

裁判观点 1：在法律已经明确规定不得为某种行为的情况下，为该种行为，最终导致的后果应当由行为人自己承担。因此，限售期内受让股份有限公司股份的当事人，不能对抗善意第三方。

案例 1：最高人民法院·亚某盟资产管理有限公司、梁某利二审民事判决书［（2020）最高法民终 421 号］

根据《公司法》第一百四十一条第一款的规定，发起人持有的本公司股份，自公司成立之日起一年内不得转让。法律之所以作出这样的规定，原因在于，股份有限公司是由发起人作为倡导者设立的，公司的设立宗旨、经营范围、经营方式等一般也都由发起人确定。在公司设立后的一定时间内，发起人应当作为股东留在公司，以保证公司的稳定和运营的连续性。如果允许发起人在公司成立后很短的时间内就进行股份转让，可能会出现发起人不适当地转移投资风险，甚至以设立公司的名义非法集资或者炒作股票营利。在法律已经明确规定不得为某种行为的情况下，为该种行为，最终导致的后果应当由行为人自己承担。本案中，某州农商行成立于 2015 年 11 月 20 日，案涉股权冻结时间为 2016 年 11 月 4 日。亦即，在某州农商行成立一年内，案涉股权被人民法院冻结。创某公司和致某公司均是某州农商行的发起人股东，虽然创某公司、致某公司、某州农商行签订了股权转让协议，创某公司、致某公司就股权转让及代持事宜达成了补充协议，创某公司支付了股权转让款，某州农商行在创某公司持有的股金证上添注了受让股份，但上述行为均发生在某州农商行成立一年之内，处于《公司法》规定的股份有限公司发起人股份的限制转让期间，在法定的股份转让限制期限届满前，不产生股权转让交付的法律效力。甘肃省高级人民法院在审理某银行七里河支行与致某公司等金融借款合同纠纷案中，对致某公司持有的某州农商行股权依法采取冻结措施之时，致某公司持有的某州农商行股份仍处于法律规定的限制转让期间，案涉股权尚不符合转让交付的时间条件。据此，创某公司的异议不足以排除对案涉股权的强制执行。

裁判观点2：《公司法》第一百四十一条不属于效力性强制性规定。

案例2：山东省高级人民法院·山东天某贸易有限公司、唐某仁执行异议之诉再审民事裁定书［（2018）鲁民再189号］

本院再审认为，《公司法》第一百四十一条规定的目的在于加重发起人和董事等高级管理人员股东对公司的责任，通过限定转让股份时间，降低其谋取不法利益的可能性。该规定是限制股份转让，并非禁止股份转让，不属于法律法规的效力性强制性规定，违反该规定的股份转让并不当然无效。

裁判观点3：《公司法》第一百四十一条属于效力性强制性规定。

案例3：贵州省遵义市中级人民法院·蔡某、胡某亮股权转让纠纷再审民事判决书［（2019）黔03民再48号］

而《公司法》第一百四十一条第一款规定属于《合同法》第五十二条①关于"有下列情形之一的，合同无效：（一）一方以欺诈、胁迫的手段订立合同，损害国家利益；（二）恶意串通，损害国家、集体或者第三人利益；（三）以合法形式掩盖非法目的；（四）损害社会公共利益；（五）违反法律、行政法规的强制性规定"之规定中的强制性规定，故涉案《股份转让协议》无效，上诉人的上诉请求依法得不到支持。

---

① 编者按：已失效，被《民法典》吸收。

第八章　企业家婚姻家庭必知的法律风险

087 夫妻出资将房屋登记在未成年子女名下，能否避免被强制执行？

☞ **阅读提示**

现实中，有些父母在对外举债之前便将房屋登记于未成年子女名下，以期自己成为被执行人时上述子女名下房屋可以不被执行。那么此种形式上的“隔离墙”是否真的能起到房屋“不会被债权人追及”的效果呢？

裁判要旨

对于债务人登记在其未成年子女名下的房产，如法院结合房屋的购买时间、所有权登记时间、购房款支付和购买后的使用情况等因素认定房屋属于家庭共有财产，则不能对抗执行。

案情简介

一、2004 年 12 月，李某霖、薛某代代其 6 岁女儿李某舸作为买受人签订商品房买卖合同，购买案涉房屋。2005 年 3 月 9 日，该房屋所有权登记被登记在李某舸名下。之后案涉房屋一直用作威某德集团、航某公司、威某德物流公司的经营用房，而李某霖、薛某代系前述公司的实际控制人。

二、2007 年 1 月 10 日，案涉房屋作为 1800 万元贷款的担保物被抵押给中国某银行大连分行。2009 年，案涉房屋作为租赁物对外出租，承租人为李某霖、薛某代实际控制的航某公司。

三、2014 年，李某霖、薛某代、威某德集团与李某泉签订保证合同，约定李某霖、薛某代、威某德集团为威某德物流公司向李某泉的借款提供连带保证责任担保。

四、此后，由于威某德物流公司未按约还款，李某泉将李某霖、薛某代、威某德物流公司、威某德集团等诉至法院，法院判决威某德物流公司偿还李某泉借款本息和违约金，李某霖、薛某代、威某德集团等承担连带偿还责任。

五、进入执行程序后，作为保证人的李某霖、薛某代未履行连带还款义务，李某泉申请执行李某舸名下的案涉房屋。对此，李某舸提起执行异议之诉，请求法院中止对其名下房屋的强制措施，二审辽宁省高级人民法院和再审最高人民法院均不支持李某舸的诉讼请求。

裁判要点

即便案涉房屋登记于案外人李某舸名下，法院综合分析案涉房屋的购买时间、产权登记时间、购房款支付和购买后的使用情况等因素，认定案涉房屋应为李某霖、薛某代的家庭共有财产，可以被执行，案外人李某舸不享有排除强制执行的民事权益。具体而言：

一、李某霖、薛某代购买案涉房屋时，李某舸不满7周岁；

二、案涉房屋由李某霖、薛某代出资，购房款来源于李某霖、薛某代的家庭共同财产；

三、案涉房屋的使用情况，明显超出了李某舸日常生活所需，事实上，案涉房屋一直由李某霖、薛某代占有使用。

经验总结

通过主文案例可知：即使债务人将房屋登记在未成年子女名下，如果申请执行人能够证明该房屋属于家庭共同财产，则房屋仍然可以被执行。

一、对债务人而言

1. 对于意图通过将房屋登记于子女名下规避执行的父母而言，鉴于法院会综合考察房屋购买和登记时间、购房款出资情况、房屋占有使用情况等，并在此基础上判定房屋是否应当被纳入执行范围，我们不建议父母抱有侥幸心理恶意转移财产。

2. 对于确实欲赠送房屋予子女的债务人而言，不应过度控制房屋，不要轻易将房屋用于生产经营，并妥善留存相关证据资料。

二、对债权人而言

对于登记于债务人子女名下的房屋，债权人须保持高度敏感。一旦发现债务人子女名下存在父母赠予的房屋，债权人可在此基础上进一步收集房屋属于家庭共同财产的证据。重点核查房屋购买登记时间、出资情况、房屋占有使用收益情况等。如经核查确实掌握了前述证据，债权人可据此向法院申请将债务人登记于子女名下的房屋纳入执行范围。

相关法条

《最高人民法院关于人民法院办理执行异议和复议案件若干问题的规定》（法释〔2020〕21号　2021年1月1日实施）

第二十四条　对案外人提出的排除执行异议，人民法院应当审查下列内容：

（一）案外人是否系权利人；

（二）该权利的合法性与真实性；

（三）该权利能否排除执行。

本案链接

最高人民法院·李某舸、李某泉申请执行人执行异议之诉再审审查与审判监督民事裁定书［（2020）最高法民申6800号］

本案为申请执行人执行异议之诉。根据李某舸的再审申请主张，本案审查的重点是案外人李某舸是否享有排除强制执行的民事权益。《最高人民法院关于人民法院办理执行异议和复议案件若干问题的规定》第二十四条规定："对案外人提出的排除执行异议，人民法院应当审查下列内容：（一）案外人是否系权利人；（二）该权利的合法性与真实性；（三）该权利能否排除执行。"

根据一、二审判决查明的基本事实，李某霖、薛某代于2004年12月代其女儿李某舸作为买受人签订商品房买卖合同，购买案涉房屋，于2005年3月9日将该房屋所有权登记在李某舸名下，当时李某舸不满7周岁（李某舸于1998年5月出生）；案涉房屋曾于2007年1月10日被用于为中国某银行大连分行营业部办理抵押登记；李某霖、薛某代、威某德集团与李某泉于2014年签订保证合同，约定李某霖、薛某代、威某德集团为威某德物流公司向李某泉的借款5000万元债权提供保证担保，此时李某霖、薛某代尚未离婚（该二人于2014年3月协议离婚），李某舸不满 16 周岁；案涉房屋被用作李某霖、薛某代实际控制的威某德集团、航某公司、威某德物流公司的经营用房，并非由李某舸实际占有使用。一、二审法院综合分析案涉房屋的购买时间、产权登记时间、购房款支付和购买后的使用情况等因素，认定案涉房屋应为李某霖、薛某代的家庭共有财产，并无不当。李某舸主张案涉房屋自 2009 年由其对外出租，但根据其提供的四份《租赁合同》载明，该房屋的承租人亦为李某霖、薛某代实际控制的航某公司，该租赁关系发生于家庭成员与其控制的公司之间，且李某舸当时仍为限制民事行为能力人。案涉房屋的上述抵押、租赁均明显超过李某舸作为未成年人的日常生活所需；案涉房屋由李某霖、薛某代实际出资，亦长期由该二人掌控的公司占有使用，据此可以认定案涉房屋仍作为家庭共同财产经营使用。一、二审法院认定案涉房屋应包括在李某霖、薛某代作为保证人的上述担保责任财产范围之内，并无不当。李某舸申请再审称其对案涉房屋享有排除强制执行的民事权益，缺乏依据，本院不予支持。

延伸阅读

裁判观点 1：债务人将财产登记在子女名下以逃避执行，为保护债权人合法权益，对于债权成立以后，父母出资购买但登记在未成年子女名下的房产应认定为家庭共同财产，用于偿还家庭共同债务。（与主文案例裁判思路相同）

案例 1：最高人民法院·王某轩与贺某明等案外人执行异议之诉再审案裁定书［（2017）最高法民申 3404 号］

一、原判决认定事实有证据证明。（一）原判决认定王某没有独立经济来源不属于缺乏证据证明。本院《关于适用〈中华人民共和国民事诉讼法〉的解释》第九十三条[①]规定“下列事实，当事人无须举证证明：（一）自然规律以及定理、定律；（二）众所周知的事实；（三）根据法律规定推定的事实；（四）根据已知的事实和日常生活经验法则推定出的另一事实；（五）已为人民法院发生法律效力的裁判所确认的事实；（六）已为仲裁机构生效裁决所确认的事实；（七）已为有效公证文书所证明的事实。前款第二项至第四项规定的事实，当事人有相反证据足以反驳的除外；第五项至第七项规定的事实，当事人有相反证据足以推翻的除外。”王某、姚某以王某轩名义签订案涉房屋购房合同时，王某轩仅有 13 岁，属无劳动能力的限制民事行为能力人，王某轩亦未举证证明其通过继承、奖

① 编者按：《最高人民法院关于适用〈中华人民共和国民事诉讼法〉的解释》（2022 年修正）第 93 条。

励、父母之外第三人的赠与、报酬、收益等有合法经济来源。《合同法》第一百八十七条①规定“赠与的财产依法需要办理登记等手续的，应当办理有关手续”。房屋则是需要办理登记等手续的财产，在案涉房屋登记在王某轩名下之前，王某轩尚未取得赠与财产，更谈不上对赠与财产即案涉房产进行合理使用取得收益。因此，原判决认定王某、姚某以王某轩的名义签订案涉房屋购房合同时，王某轩没有独立经济来源不属于缺乏证据证明。（二）原判决认定案涉房屋系家庭共同财产有证据证明。王某、姚某以王某轩名义签订案涉房屋购买合同时间是2010年11月2日，王某与贺某明签订借款合同时间是2012年8月24日，王某、姚某将案涉房屋登记在王某轩名下是2013年6月4日。王某、姚某将涉案18套房屋登记在未成年子女王某轩名下时，王某、姚某尚未归还贺某明借款，因此王某轩认为其取得案涉房屋未损害贺某明利益的理由不成立。另，案涉房屋一直由王某、姚某夫妻用于经营，明显超出王某轩的基本生活需要。因此，原判决综合分析房屋购买时间、产权登记时间、王某对贺某明负债情况及购房款的支付，认定案涉18套房屋应为王某、姚某、王某轩的家庭共有财产有证据证明。

二、原判决适用法律不属确有错误。《物权法》②第十七条规定“不动产权属证书是权利人享有该不动产物权的证明”。第三十三条规定“因物权的归属、内容发生争议的，利害关系人可以请求确认权利。”

据上述规定，不动产权属证书是权利人享有该不动产物权的证明，一般情况下，登记权利人即推定为实际权利人，但有证据证明购房款实际出资人不是登记权利人时，亦要根据实际出资情况确定房屋的归属。王某、姚某对王某轩的赠与是否成立，不影响原判决认定案涉18套房屋应为王某、姚某、王某轩的家庭共有财产，故王某轩认为原判决适用法律错误的理由不成立。

裁判观点2：债权人不能举证证明登记于子女名下的房屋确系家庭共同财产出资购买，仅以父母与子女之间的财产“混同”形态，申请追加子女为被执行人的，对申请执行人的追加申请，法院不予支持。

案例2：江西省高级人民法院·唐某、殷某慧民间借贷纠纷执行审查类执行裁定书［（2019）赣执复130号］

本院认为，本案的争议焦点是追加朱某为本案被执行人的申请是否符合法律规定。

---

①② 编者按：已失效，被《民法典》吸收。

一是关于恶意转移财产的问题。根据《最高人民法院关于适用〈中华人民共和国民事诉讼法〉的解释》第一百八十八条第一项的规定，诉讼参与人或者其他人在法律文书发生法律效力后转移或者无偿转让财产致使人民法院无法执行的，人民法院可以根据《民事诉讼法》第一百一十一条第一款第六项规定，视情节轻重予以罚款、拘留；构成犯罪的，依法追究刑事责任。本案中，首先，朱某瑞已于本案诉讼之前的2004年10月19日死亡，既非本案诉讼参与人，亦非本案被执行人，不属于上述法律规定的主体适用范围。其次，根据执行法院查明的事实，朱某瑞在生前累计从其银行存款账户支取了一定数额的现金，款项去向不明。复议申请人唐某以此为由主张该款项以及尚未查明的款项已由朱某瑞生前转移至第三人（朱某瑞的女儿）朱某名下，依据在于本案第三人朱某按照其总收入情况无力购买其先后于2014年、2017年在广州市增城区永某街和石某镇分别按揭贷款购买的两套住房的事实，但是由于朱某瑞银行存款被取出后去向不明，该由果及因的反推结论因间接证据的链条不具有完整性及排他性，本案原审异议裁定对此事实不予认定符合法律规定。再次，目前尚无证据证明被执行人殷某慧在本案据以执行的民事判决发生法律效力后转移或者无偿转让财产给其女儿朱某致使人民法院无法执行。即使有证据证明该事实存在，依法也应由被执行人殷某慧承担司法制裁或刑事责任的法律后果，复议申请人以此为由申请追加第三人朱某为本案被执行人，与上述法律规定不符。最后，依照《最高人民法院关于民事执行中变更、追加当事人若干问题的规定》第十条的规定，作为被执行人的公民死亡或被宣告死亡，申请执行人申请变更、追加该公民的遗嘱执行人、继承人、受遗赠人或其他因该公民死亡或被宣告死亡取得遗产的主体为被执行人，在遗产范围内承担责任的，人民法院应予支持。本案中，虽然据以执行的生效民事判决已经认定被执行人殷某慧的丈夫朱某瑞为本案债务人之一，但是朱某瑞在本案诉前已经死亡，本案执行依据的民事判决并未判令其承担民事责任，朱某瑞更非本案被执行人。因此，复议申请人唐某以此为由申请追加朱某为本案被执行人，超出上述法律规定的主体适用范围，唐某在复议申请书中对此事实予以认可。

二是关于以“财产混同”方式恶意转移财产的问题。依照《最高人民法院关于民事执行中变更、追加当事人若干问题的规定》第十三条、第十四条、第十六条、第二十条、第二十一条、第二十二条的规定，作为被执行人的公司、法人或合伙企业、合伙等其他组织与股东、合伙人或应当承担债务的其他自然人主体之间存在法律规定的财产混同情形下，申请执行人可以申请追加股东、合伙人或应当承担债务的其他自然人主体为被执行人。本案中，复议申请人唐某所称的朱某瑞、殷某慧夫妻与其女儿朱某之间的财产“混同”形态，并非上述法律规定的公司法人、合伙企业或合伙等组织与股东、合伙人及其他应当承担债务的自然人之间存在的财产混同，其实际主张的是父母子女之间以财产共有形态恶意转移财产，不适用上述法律规定应当追加被执行人情形。

三是关于规避执行的问题。依照《最高人民法院关于依法制裁规避执行行为的若干意见》第二十条规定，人民法院在执行程序中发现有充分证据证明被执行人通过财产混同等方式恶意转移财产规避执行的，执行法院可以通过依法变更追加被执行人或告知申请执行人通过诉讼程序追回被转移的财产。但是依据《最高人民法院关于民事执行中变更、追加当事人若干问题的规定》第一条关于申请变更、追加当事人必需法定条件的规定，由于上述关于依法制裁规避执行的司法文件并未增设执行程序中直接裁定追加、变更被执行人的法定情形，追加、变更被执行人仍然应当依照《民事诉讼法》第二百三十二条①、《最高人民法院关于民事执行中变更、追加当事人若干问题的规定》规定的程序和法定事由予以裁定。如前所述，本案复议申请人唐某所主张的“财产混同”形态，不符合上述法律规定的以“财产混同”方式恶意转移财产情形，复议申请人唐某以此为由申请追加朱某为本案被执行人，其主张超出了上述法律规定适用的范围，可以依法另行诉讼主张权利。

四是关于执行调查的问题。依照《民事诉讼法》第六十四条②、《最高人民法院关于人民法院执行工作若干问题的规定（试行）》第二十八条的规定，当事人对自己提出的主张有责任提供证据，申请执行人应当向人民法院提供其所了解的被执行人的财产状况或线索。当事人及其代理人因客观原因不能自行收集的，可以申请人民法院调查收集。本案中，执行法院对于朱某瑞及被执行人殷某慧的财产情况进行详细调查，并已查明朱某瑞在生前支取一定数额的现金，但是去向无法查明，更无证据证明该款项已流向朱某。对此执行复议申请人唐某应当提供线索，且该线索的提供不属于《最高人民法院关于适用〈中华人民共和国民事诉讼法〉的解释》第九十四条③规定的“当事人及其诉讼代理人因客观原因

---

① 编者按：《民事诉讼法》（2021 年修正）第 239 条。

② 编者按：《民事诉讼法》（2021 年修正）第 67 条。

③ 编者按：《最高人民法院关于适用〈中华人民共和国民事诉讼法〉的解释》（2022 年修正）第 94 条。

不能自行收集的其他证据”范围。因此，复议申请人唐某主张执行法院执行调查存在的问题，与事实不符。

088 离婚协议中关于房屋的分割可否对抗法院的强制执行？

☞ **阅读提示**

实践中，常常出现离婚协议中对夫妻共有房产作出分割约定，但事后由于种种原因未办理变更登记的情况。如果法院基于夫或妻一方债权人的申请而执行房屋，此等情况下离婚协议中关于房屋的分割约定可否对抗法院的强制执行呢？

裁判要旨

夫妻双方离婚协议关于财产分割的约定，系其双方内部约定，在所分割的房屋未办理过户登记前，该房屋的物权并未发生变动。一方以离婚协议的约定主张排除债权人基于生效法律文书确定的与夫妻一方之间的金钱债权的执行，需要满足以下三个要件，第一是离婚协议真实，第二是离婚协议订立于人民法院查封之前，第三是未办理过户登记非因自身原因造成。

案情简介

一、钟某珠系张某来的前妻，双方于 2011 年 5 月 18 日协议离婚，双方在离婚协议中约定：登记于双方名下（双方各占 50%份额）的涉案房屋产权归女方一人即钟某珠所有。双方协议离婚后，该房屋未办理产权变更登记。

二、2017 年，北京市海淀区人民法院就“民某银行北京分行诉以食某天公司、张某来借款合同纠纷一案”作出民事判决书已经发生法律效力。该判决书判令：张某来对以食某天公司债务承担连带保证责任。后民某银行北京分行依据生效的法律文书向北京市海淀区人民法院申请强制执行，北京市海淀区人民法院立案执行后，将该案委托郑州中院执行。

三、进入执行程序后，被执行人未履行生效判决所确定的义务，于是法院裁定查封被执行人张某来名下位于北京市某商铺以及北京市大兴区幸福路某房屋共两套，即案涉房屋。

四、钟某珠以案外人的身份向郑州中院提出书面异议，请求中止对案涉房屋执行。法院驳回后钟某珠提起案外人执行异议之诉。二审河南省高级人民法院和再审最高人民法院均不支持钟某珠关于中止执行的诉讼请求。

裁判要点

一、夫妻在离婚协议中就共有房屋归一方所有的约定具有法律约束力，一方可以基于离婚协议约定要求另一方将房屋过户登记至其本人名下。但离婚协议关于房屋分割的约定，系其双方的内部约定，在所分割的房屋未办理过户登记前，该房屋的物权并未发生变动。

二、离婚后，夫妻一方以离婚协议中房屋归其所有的约定主张排除债权人基于生效法律文书确定的与其配偶之间的金钱债权的执行，应当满足“离婚协议真实”“离婚协议订立于人民法院查封之前”“非因自身原因不能办理过户登记”的要件。

经验总结

鉴于实践中法院对于“离婚协议约定的房屋产权归属能否对抗金钱债权执行”存在不同裁判观点，提出如下建议：

一、离婚协议约定房屋所有权归夫或妻一人或者共有份额变动的，权利人须及时向不动产登记机构申请变更登记，如非因自身原因不能办理所有权变更登记的，权利人须妥善保管相关证据。

二、如未完成不动产所有权变更登记前就遭遇法院采取强制执行，权利人须及时提出执行异议，并在异议被驳回后及时提出执行异议之诉。

相关法条

《最高人民法院关于适用〈中华人民共和国民法典〉婚姻家庭编的解释（一）》（法释〔2020〕22号　2021年1月1日实施）

第六十九条第二款　当事人依照民法典第一千零七十六条签订的离婚协议中关于财产以及债务处理的条款，对男女双方具有法律约束力。登记离婚后当事人因履行上述协议发生纠纷提起诉讼的，人民法院应当受理。

本案链接

最高人民法院·钟某珠、民某银行北京分行再审审查与审判监督民事裁定书［（2020）最高法民申1912号］

本院经审查认为，根据钟某珠的再审申请，本案需审查的问题为：钟某珠对案涉房屋是否享有足以排除执行的民事权益。

根据已查明事实，案涉北京市大兴区兴华光路（二段）××号院25-39号1层至2层××号商铺（产权证号：×京房权证兴字第××号）登记在钟某珠和张某来两人名下，二人对案涉商铺各占50%份额。2011年5月18日，张某来与钟某珠在离婚协议中约定案涉商铺归钟某珠所有，根据《最高人民法院关于适用〈中华人民共和国婚姻法〉若干问题的解释（二）》第八条[①]第一款“离婚协议中关于财产分割的条款或者当事人因离婚就财产分割达成的协议，对男女双方具有法律约束力”的规定，离婚协议关于案涉商铺归钟某珠所有的约定，对钟某珠与张某来均具有约束力。钟某珠可以基于该离婚协议约定，享有要求张某来将案涉商铺过户登记至其本人名下的请求权。但钟某珠与张某来离婚协议关于财产分割的约定，系其双方内部约定，在所分割的房屋未办理过户登记前，该商铺的物权并未发生变动。钟某珠以离婚协议的约定主张排除民某银行北京分行基于生效法律文书确定的与张某来之间的金钱债权的执行，应当满足离婚协议真实、离婚协议订立于人民法院查封之前以及非因自身原因不能办理过户登记的要件。

本案中，张某来与钟某珠2011年5月18日签订离婚协议，该协议的签订在张某来为以食某天公司的债务进行连带保证之前，也在法院查封案涉商铺之前，亦无证据证明离婚协议关于案涉商铺归钟某珠所有的约定系虚假或伪造，故可认定该离婚协议真实有效。但钟某珠与张某来于2011年5月18日离婚，至法院2017年查封案涉商铺时，近六年时间里未办理房屋产权变更手续，从时间上看，钟某珠对办理案涉商铺产权变更登记持消极态度。虽然在离婚时，因案涉商铺上仍有抵押担保，客观上不能办理过户登记，但是离婚后，钟某珠仍然以张某来名义用案涉商铺抵押贷款，表明钟某珠对案涉商铺不办理产权变更登记手续持放任态度，其对案涉商铺未办理过户登记存在过错，故钟某珠享有的民事权益不足以排除对案涉商铺的执行。

---

① 编者按：已失效。

延伸阅读

裁判观点 1：夫妻离婚时协议约定房屋归一方所有的，这种约定并不直接发生物权变动的效果，办理过户登记前该房屋仍属夫妻共同财产。夫妻一方可基于协议约定要求对方主动过户房屋，但无法以离婚协议约定归属自己来对抗法院的执行。（与主文案例观点相同）

案例 1：最高人民法院·周某珠、青岛威某贸易有限公司再审审查与审判监督民事裁定书［（2017）最高法民申 3915 号］

《婚姻法》第十七条①规定，夫妻在婚姻关系存续期间所得的财产，归夫妻共同所有。周某珠与周某海于 1991 年 9 月 27 日结婚，于 2015 年 7 月 28 日自愿离婚；2012 年 10 月，周某海购买位于上海市浦东新区张扬路×××号×××室、×××室房屋。该房屋购买于周某珠与周某海夫妻关系存续期间，虽然只登记在周某海一人名下，但是在周某珠、周某海未举证证明归个人所有的情况下，根据《婚姻法》第十七条②的规定应为夫妻共同财产。《物权法》第九条③第一款规定，不动产物权的设立、变更、转让和消灭，经依法登记，发生效力；未经登记，不发生效力，但法律另有规定的除外。虽然周某珠与周某海于 2015 年 7 月 28 日签订《自愿离婚协议书》，约定涉案房屋归周某珠所有，但是双方未进行不动产物权的转让登记，物权的转让不发生效力，涉案房屋仍属于周某珠与周某海夫妻共同所有。《查封扣押冻结规定》第十四条规定，对被执行人与其他人共有的财产，人民法院可以查封、扣押、冻结。本案涉案债务虽然属于周某海个人债务，但是涉案房屋属于周某珠与周某海夫妻共同所有，人民法院可以执行。

裁判观点 2：非因自身原因而未办理房屋变更登记并排除逃废债务的故意，离婚协议中关于房屋归属的约定可以排除法院的执行。

案例 2：最高人民法院·刘某艳、周某方二审民事判决书［（2018）最高法民终 462 号］

根据《离婚协议书》，刘某艳即取得了对案涉房屋所享有的请求过户登记的权利。但因双方离婚时该房屋尚存在按揭贷款未全部偿还而被办理抵押登记，刘某艳在未全部清偿按揭贷款并办理解押的情况下，无法申请办理过户登记。对此，不能认定刘某艳存在主观过错，该情形属于非因刘某艳自身原因未能及时办

①②③　编者按：已失效，被《民法典》吸收。

理过户登记的情形。该离婚协议是双方在离婚时对夫妻共有财产的处分行为，是一种债的关系，刘某艳据此针对该房屋享有的为债权请求权。刘某艳与郑某协议离婚以及对案涉房屋的分割早于郑某对周某方所负的债务近两年，可以合理排除刘某艳与郑某具有恶意逃避债务的主观故意。虽然周某方提出刘某艳与郑某协议离婚涉嫌转移财产、逃避债务，但未举示相应证据，不能认定刘某艳与郑某的离婚系逃避债务的行为。在此情况下，刘某艳对案涉房屋所享有的请求办理过户的权利与周某方对郑某的保证债权均为平等债权。从权利内容看，周某方对郑某享有的保证债权的实现以郑某实质上所有的全部合法财产作为责任财产范围，并不单一地指向案涉房屋；而刘某艳对案涉房屋所享有的请求办理过户的权利则直接指向案涉房屋本身，其权利针对性更加强烈。从对相关民事主体的利害影响看，男女双方之间的离婚协议，往往基于双方之间权利义务的统筹安排，有关财产的分割也往往涉及其他有关义务的承担，另外还包含了情感补偿、子女抚养以及对一方生存能力等因素的考量，在财产分配上对于抚养子女一方作适当倾斜的情形较为常见。此类离婚财产分割协议，如无明显的不正当目的，亦未严重损害相关利害关系人的合法权益，则既为法律所允许，也为风俗所提倡。保证债权的权利保护，主要体现为交易的平等性和自愿性，并不涉及情感补偿、生活利益照顾等因素，在对相关民事主体的利害影响上，不及于离婚财产分割。另外，夫妻离婚时对共同财产的分割，经过一段时间后，在有关当事人之间以及相关方面已经形成了比较稳定的社会关系，如果不存在合理的必要性，不宜轻易打破这种稳定的社会关系。

裁判观点3：债权人与债务人的债权债务关系如果晚于当事人离婚约定，离婚当事人享有的债权相对于一般金钱债权具有优先性，可以排除强制执行。

案例3：最高人民法院·万某辉、张某英再审审查与审判监督民事裁定书［（2018）最高法民申2777号］

鉴于案涉离婚协议发生于2008年，而成某波承诺对外承担担保责任发生于2011年，即离婚协议在先，夫妻一方对外承担担保责任在后。在没有证据证明张某英与成某波双方系恶意串通逃避债务的情况下，原审判决支持张某英关于停止对案涉房屋强制执行的请求亦无不当。

裁判观点 4：离婚协议中约定夫妻所有房屋归子女所有，子女享有将房屋的所有权变更登记至其名下的请求权，且该约定具有生活保障功能，优于形成在后的一般金钱债权，故可以排除强制执行。

案例 4：最高人民法院·郑州市顺某丰投资担保有限公司、吕某然再审审查与审判监督民事裁定书［（2018）最高法民申 5671 号］

刘某敏夫妻于 2009 年 5 月 21 日签订《离婚协议书》，约定诉争房屋归女儿吕某然所有，该约定是就婚姻关系解除时财产分配的约定，在诉争房屋办理过户登记之前，吕某然享有的是将诉争房屋的所有权变更登记至其名下的请求权。综合比较该请求权与顺某丰公司对刘某敏所形成的金钱债权，吕某然享有的请求权远远早于顺某丰公司对刘某敏形成的金钱债权，具有特定指向，系针对诉争房屋的请求权，且诉争房屋作为刘某敏夫妻婚姻关系存续期间的夫妻共同财产，婚姻关系解除时双方约定归女儿吕某然所有，具有生活保障功能，吕某然的请求权应当优于顺某丰公司的金钱债权。二审判决从吕某然的请求权与顺某丰公司的金钱债权所形成的时间、内容、性质以及根源等方面分析考量，最终认定吕某然对诉争房屋所享有的权利能够阻却顺某丰公司对案涉房屋的执行，并无不当。

089 查封夫妻共有房屋后可否拍卖被执行人配偶的份额？

☞ 阅读提示

实践中大量存在夫妻一方个人债务导致夫妻共同房产被强制执行，被执行人的配偶以案涉房屋系夫妻共同财产为由，主张排除法院的强制执行。那么，法院查封夫妻共有房屋后可否拍卖被执行人配偶的份额呢？

裁判要旨

被执行人的配偶虽然是执行标的房屋的共同共有人，但其共有份额可通过分割标的物的方式实现，亦可通过在案涉房屋变价后保留相应价款的方式实现。被执行人的配偶以其系案涉房屋的共有人，人民法院不得执行其份额为由，主张排除强制执行的，缺乏事实和法律依据。

案情简介

一、李某与单某栋系夫妻，案涉房屋系二人婚姻关系存续期间取得的财产，登记于李某个人名下，属于夫妻共同财产。

二、2017年，因民间借贷纠纷宁某飞起诉李某，请求法院判决李某清偿个人债务，胜诉后李某未按照判决支付欠款，法院裁定拍卖案涉房屋。

三、单某栋以“案涉房屋系夫妻共同财产，其享有足以排除法院强制执行的民事权益”为由提出执行异议，法院裁定中止对案涉房屋的执行。宁某飞提起申请执行人执行异议之诉，要求继续执行案涉房屋。一、二审法院均支持了其诉讼请求。

四、单某栋向最高人民法院申请再审，最高人民法院驳回。

裁判要点

本案的争议焦点是：案外人单某栋对案涉房屋是否享有足以排除人民法院强制执行的民事权益。

案涉房屋上虽确有单某栋的财产份额部分，但亦有李某的财产份额部分，而房屋份额之保留，既可通过分割标的物的方式实现，亦可在变价后保留相应价款的方式实现，依单某栋二审上诉之理由，案涉房屋系不可分割之物，故单某栋可就房屋变现后的价款主张保留其份额，但其直接就房屋主张排除执行的主张不能支持。

经验总结

一、在法院裁定强制执行共同房屋后，被执行人的配偶可在法院指定的期限内协议分割财产或提出析产诉讼。配偶提出析产诉讼的，法院应中止执行。配偶协议分割财产的，不得对抗法院对被执行人在夫妻共有财产中应享有部分的执行。

二、法院因个人债务执行夫妻共同房屋，被执行人的配偶以对房产具有共有权益而提起执行异议之诉，法院一般认为其对房屋享有的民事权益不能排除强制执行夫妻共有房产。

相关法条

《中华人民共和国民法典》（2021 年 1 月 1 日实施）

第三百零八条　共有人对共有的不动产或者动产没有约定为按份共有或者共同共有，或者约定不明确的，除共有人具有家庭关系等外，视为按份共有。

《最高人民法院关于人民法院民事执行中查封、扣押、冻结财产的规定》（法释〔2020〕21 号　2020 年修正）

第十二条　对被执行人与其他人共有的财产，人民法院可以查封、扣押、冻结，并及时通知共有人。

共有人协议分割共有财产，并经债权人认可的，人民法院可以认定有效。查封、扣押、冻结的效力及于协议分割后被执行人享有份额内的财产；对其他共有人享有份额内的财产的查封、扣押、冻结，人民法院应当裁定予以解除。

共有人提起析产诉讼或者申请执行人代位提起析产诉讼的，人民法院应当准许。诉讼期间中止对该财产的执行。

本案链接

最高人民法院·单某栋、宁某飞申请执行人执行异议之诉再审审查与审判监督民事裁定书［（2020）最高法民申 4638 号］

吉林省高级人民法院·单某栋与宁某飞、李某申请执行人执行异议之诉二审民事判决书［（2020）吉民终 183 号］

最高人民法院认为：本案中，原审法院查明，案涉房屋是单某栋和李某婚姻存续期间取得的财产，属于夫妻共同财产。案涉房屋既有单某栋的财产份额部分，亦有李某的财产份额部分。宁某飞根据生效判决请求执行李某对案涉房屋的财产份额，单某栋虽然是案涉房屋的共同共有人，但其共有份额可通过分割标的物的方式实现，亦可通过在案涉房屋变价后保留相应价款的方式实现。单某栋以其系案涉房屋的共有人为由，主张排除人民法院的强制执行，缺乏事实和法律依据；原审法院对单某栋的主张未予支持，并无不当。

二审吉林省高级人民法院认为：本案系申请执行人执行异议之诉，所需审理的关键问题在于案外人单某栋对案涉房屋是否享有足以排除人民法院强制执行的民事权益。

《最高人民法院关于适用〈中华人民共和国民事诉讼法〉的解释》第九十条[①]规定："当事人对自己提出的诉讼请求所依据的事实或者反驳对方诉讼请求所依据的事实，应当提供证据加以证明，但法律另有规定的除外。在作出判决前，当事人未能提供证据或者证据不足以证明其事实主张的，由负有举证证明责任的当事人承担不利的后果。"第九十一条[②]规定："人民法院应当依照下列原则确定举证证明责任的承担，但法律另有规定的除外：（一）主张法律关系存在的当事人，应当对产生该法律关系的基本事实承担举证证明责任；（二）主张法律关系变更、消灭或者权利受到妨害的当事人，应当对该法律关系变更、消灭或者权利受到妨害的基本事实承担举证证明责任。"本案中，案涉房屋虽登记在李某个人名下，但系李某与单某栋婚姻关系存续期间取得的财产，依法应首先推定为夫妻共同所有的财产，因宁某飞并无其他证据足以证明案涉房屋属于李某个人财产，故应承担举证不能的不利后果，可以认定案涉房屋系李某与单某栋的夫妻共同财产，但依物权法规定，夫妻共同所有之财产，在无相反约定的情况下，应视为夫妻共同共有而非按份共有，除依法定程序加以分割或析产外，不能直接将共同共有转为按份共有，且案涉房屋上虽确有单某栋的财产份额部分，但亦有李某的财产份额部分，而房屋份额之保留，既可通过分割标的物的方式实现，亦可在变价后保留相应价款的方式实现，依单某栋二审上诉之理由，案涉房屋系不可分割之物，故单某栋可就房屋变现后的价款主张保留其份额，但其直接就房屋主张排除执行的请求不能支持。至于单某栋在二审中要求确认房屋份额的问题，因本案系宁某飞提起的申请执行人执行异议之诉，其并未提出析产请求，故单某栋可在执行程序中主张保留其份额或另行提起析产诉讼，一审法院判决并无不当。

延伸阅读

裁判观点 1：被执行人的配偶不得排除债权人对夫妻共同财产的执行，仅对拍卖款享有权利，其共有份额可通过变价后保留相应价款的方式实现。（与主文案例观点相同）

案例 1：最高人民法院 · 张某、高某云再审审查与审判监督民事裁定书［（2017）最高法民申 2083 号］

本院认为，本案再审审查的核心问题是：张某的主张是否足以排除强制执行

---

① 编者按：《最高人民法院关于适用〈中华人民共和国民事诉讼法〉的解释》（2022 年修正）第 90 条。

② 编者按：《最高人民法院关于适用〈中华人民共和国民事诉讼法〉的解释》（2022 年修正）第 91 条。

效力。《查封扣押冻结规定》第十四条[①]规定，对被执行人与其他人共有的财产，人民法院可以查封、扣押、冻结，并及时通知共有人。共有人协议分割共有财产，并经债权人认可的，人民法院可以认定有效。查封、扣押、冻结的效力及于协议分割后被执行人享有份额内的财产；对其他共有人享有份额内的财产的查封、扣押、冻结，人民法院应当裁定予以解除。共有人提起析产诉讼或者申请执行人代位提起析产诉讼的，人民法院应当准许。诉讼期间中止对该财产的执行。本案中，张某勋作为生效判决的被执行人，人民法院查封张某勋与张某的夫妻共同财产，符合《查封扣押冻结规定》第十四条[②]第一款的规定，并无不当。该条第二款规定，共有人可以和债权人协议分割共有财产。但张某勋、张某并没有与债权人高某云协商一致对共有财产进行分割，故人民法院继续查封张某勋、张某夫妻共同财产，并无不当。该条第三款赋予共有人提起析产诉讼或者申请执行人代位提起析产诉讼的权利，而非提起析产诉讼的法定义务，张某认为高某云应该积极提起析产诉讼的主张，缺乏法律依据。同时，本案亦不符合《最高人民法院关于适用〈中华人民共和国婚姻法〉若干问题的解释（三）》[③] 第四条“婚姻关系存续期间，夫妻一方请求分割共同财产的，人民法院不予支持”的例外情形，故内蒙古高院不支持张某“先析产再执行”的上诉请求，并无不当。《查封扣押冻结规定》第十四条[④]第一款规定执行法院可以对被执行人与其他人共有的财产进行查封、扣押、冻结，第二款和第三款分别规定了在各方当事人协商一致分割共有财产以及提起析产诉讼情况下的执行方式，在不存在第二款和第三款规定的情形时，应适用第一款的规定。张某关于“该条并未对提起析产后以及协商不成又无人提起析产诉讼时是否能够继续查封作出规定”的主张不能成立。内蒙古高院二审判决认定“在对张某勋、张某夫妻共有财产进行拍卖时，应在夫妻共有财产范围内对张某勋所享有财产份额进行处分，不得损害张某的财产份额”，可见二审判决已经对张某的财产权益给予了适当保护，故张某关于涉案的执行行为对其造成实质性损害的再审事由亦不能成立。

裁判观点 2：对夫妻共同财产进行强制执行必然会损害作为共同共有人的债务人配偶的民事权益。配偶所享有的民事权益足以排除对夫妻共同财产的强制执行。在依程序对夫妻共同财产予以分割前，不能强制执行夫妻共同财产偿还个人

---

①②④　编者按：《查封扣押冻结规定》（2020 年修正）第 12 条。
③　编者按：已失效。

债务，即“先析产再执行”。(与主文案例观点相反)

案例 2：山东省高级人民法院 · 刘某丽与秦某照、顾某等二审民事判决书[（2016）鲁民终 1835 号]

本院认为，夫妻共同财产的法律性质为共同共有。《物权法》第九十五条①规定，“共同共有人对共有的不动产或者动产共同享有所有权”。因此，刘某丽与顾某对涉案房产均享有平等的、不分份额的占有、使用、收益和处分的民事权益，该民事权益及于共同共有财产的全部。因此，对涉案房屋进行强制执行，虽然是为了强制顾某履行其个人债务但实际上必然损害作为共同共有人的刘某丽的民事权益。在执行程序中，为平衡共有人与执行权利人的利益，最高人民法院《查封扣押冻结规定》第十四条②规定，“对被执行人与其他人共有的财产，人民法院可以查封、扣押、冻结，并及时通知共有人。共有人协议分割共有财产，并经债权人认可的，人民法院可以认定有效。查封、扣押、冻结的效力及于协议分割后被执行人享有份额内的财产；对其他共有人享有份额内的财产的查封、扣押、冻结，人民法院应当裁定予以解除。共有人提起析产诉讼或者申请执行人代位提起析产诉讼的，人民法院应当准许。诉讼期间中止对该财产的执行”。根据上述司法解释规定，人民法院有权对共有财产采取保全措施，但强制执行时，应依照规定程序由各共有方协议分割后执行，如未能协议分割的，则应由共有人提起析产诉讼或由申请执行人代位提起析产诉讼，在诉讼未完结期间应中止执行。由上分析，在未按上述规定对共同共有财产进行分割或析产的情形下，案外人刘某丽所享有的民事权益足以排除对涉案房屋强制执行。因此，刘某丽关于中止对涉案房屋进行拍卖的上诉理由符合法律规定，应予支持。

090 是否属于夫妻共同债务，是执行异议之诉的审理范围吗？

☞ 阅读提示

实践中，申请人依据仅载明夫妻一方系债务人的生效法律文书申请执行时，往往会主张案涉债务属于夫妻共同债务，并通过申请追加被执行人、执行

① 编者按：已失效，被《民法典》吸收。

② 编者按：《查封扣押冻结规定》（2020 年修正）第 12 条。

异议之诉等程序，达到执行夫妻全部共同财产的目的。那么，上述路径是否可行，“是否属于夫妻共同债务”这一实体争议是否属于执行异议之诉的审查范围呢?

裁判要旨

夫妻一方请求排除对夫妻共同财产执行的，应按照执行异议之诉的相关规定进行审理，以确定夫妻一方对于执行财产是否享有排除强制执行的权利。执行依据所涉及的债务是否属于夫妻共同债务，不属于执行异议之诉的审查范围。

案情简介

一、2002年9月17日，茆某与王某东登记结婚。2006年5月4日茆某与常州市某南房地产发展公司某阳分公司签订商品房买卖合同，茆某以15.2万元的价格购买了案涉房屋，后该房屋登记在茆某名下。

二、2013年2月15日，王某东向仇某松出具欠条，确认拖欠仇某松水泥、白灰款共计59.7万元。后仇某松向法院提起诉讼，要求王某东给付货款。经法院主持调解，双方达成调解协议，法院制作（2015）蓟民二初字第0325号民事调解书予以确认。

三、因王某东未履行调解协议确定的给付义务，仇某松向法院申请强制执行。在执行过程中，法院查封了茆某名下的案涉房屋。茆某不服，向法院提出执行异议，但遭法院驳回。

四、2018年7月24日茆某以仇某松为被告，以王某东为第三人，向法院提起案外人执行异议之诉。一审天津市蓟州区人民法院和二审天津市第一中级人民法院均以案涉债务系夫妻共同债务为由，认定茆某就涉案房屋及拍卖价款不享有足以排除强制执行的民事权益。再审天津市高级人民法院则在肯定了一审和二审法院裁判结论的基础上，认为债务是否属于夫妻共同债务，不属于执行异议之诉的审查范围。

裁判要点

一、一审法院查封处置涉案房屋符合法律规定，茆某就涉案房屋及拍卖价款尚不享有足以排除强制执行的民事权益。但因涉案房屋系茆某、王某东夫妻共同财产，一审法院在执行涉案房屋及拍卖价款时，应在夫妻共同财产范围内对王某东所享有财产份额进行处分，不得损害茆某的财产份额。

二、案涉执行依据所涉及之债务是否属于夫妻共同债务，不属于案外人执行异议之诉的审理范围。

经验总结

鉴于法院一致认为“债权是否属于夫妻共同债务，不属于案外人执行异议之诉的审理范围”，建议债权人注意以下两点：

一、为保证债权的充分实现，债权人在对自然人提起给付之诉时，注意审查债权是否属于夫妻共同债务，一旦发现债务系夫妻共同债务的线索，则务必将债务人的配偶列为共同被告，并请求法院确定相应债务系夫妻共同债务，以降低胜诉判决执行不到位或债务人通过向配偶转移资产的方式逃废债务的风险。

二、在债务人的配偶就案涉房屋提起执行异议之诉中，债权人以“执行依据所涉及的债权属于夫妻共同债务”为由进行抗辩的，属于无效抗辩。

相关法条

《最高人民法院关于人民法院民事执行中查封、扣押、冻结财产的规定》（法释〔2020〕21号 2021年1月1日实施）

第十二条 对被执行人与其他人共有的财产，人民法院可以查封、扣押、冻结，并及时通知共有人。

共有人协议分割共有财产，并经债权人认可的，人民法院可以认定有效。查封、扣押、冻结的效力及于协议分割后被执行人享有份额内的财产；对其他共有人享有份额内的财产的查封、扣押、冻结，人民法院应当裁定予以解除。

共有人提起析产诉讼或者申请执行人代位提起析产诉讼的，人民法院应当准许。诉讼期间中止对该财产的执行。

本案链接

天津市高级人民法院·茆某、仇某松再审审查与审判监督民事裁定书［（2020）津民申644号］

本院经审查认为，涉案房屋系茆某夫妻关系存续期间取得，应认定为茆某与本案被执行人王某东夫妻共同财产。依照《查封扣押冻结规定》第十四条[①]第一款规定，对被执行人与其他人共有的财产，人民法院可以查封、扣押、冻结，并及时通知共有人。至于该条第二款、第三款规定的共有人协议分割共有财产并经债权人认可、共有人提起析产诉讼或者申请执行人代位提起析产诉讼等情形目前均不存在，故此，一审法院查封处置涉案房屋符合法律规定，茆某就涉案房屋及拍卖价款尚不享有足以排除强制执行的民事权益。但因涉案房屋系茆某、王某东夫妻共同财产，一审法院在执行涉案房屋及拍卖价款时，应在夫妻共同财产范围内对王某东所享有财产份额进行处分，不得损害茆某的财产份额。至于案涉执行依据所涉债权是否属于夫妻共同债务，不属于案外人执行异议之诉的审理范围，虽原判决对此问题予以审理有所不当，但裁判结果正确。

延伸阅读

裁判观点：案外人执行异议之诉中，被执行人的配偶请求排除申请执行人对自己及被执行人名下的房产执行，人民法院依法应当按照案外人执行异议之诉的相关规定加以审理，认定案涉执行财产是否足以排除执行。至于被执行人所负的债务系属于夫妻共同债务还是属于其个人债务，并不属于案外人执行异议之诉的审理范围，人民法院不应予以审理。（与主文案例观点相同）

案例1：最高人民法院·章某真、陈某华二审民事判决书［（2019）最高法民终1868号］

关于陈某华申请执行的案涉债务是否属于夫妻共同债务问题。本院认为，本案章某真提起的系案外人执行异议之诉，请求排除陈某华对自己及宁某田名下的房产执行，依法应当按照案外人执行异议之诉的相关规定加以审理，认定案涉执行财产是否足以排除执行，宁某田所负的债务属于夫妻共同债务还是属于其个人债务，不属于案外人执行异议之诉的审理范围。故原审法院将宁某田的债务是否属于夫妻共同债务加以审理，不妥，本院依法予以纠正。

案例2：最高人民法院·河南省万某建设发展有限公司、赵某汎申请执行人执行异议之诉再审审查与审判监督民事裁定书［（2019）最高法民申2423号］

本院经审查认为，本案系执行异议之诉，执行异议之诉的实体权利判断仅限于对执行标的提出的权利主张，本案中万某公司要求确认该债务为赵某汎与王某的夫妻共同债务，并非针对执行标的提出的争议，该主张不属于执行异议之诉的

---

① 编者按：《查封扣押冻结规定》（2020年修正）第12条。

审理范围，故原审认定该债务未经审判不能确认为王某与赵某汎夫妻的共同债务的基本事实并不缺乏证据证明。

091 配偶一方在保证债务交易中事实受益就能当然认定该债务为夫妻共同债务吗？

☞ 阅读提示

自然人股东作为担保人为公司债务提供担保时，担保之债是否可以认定为股东夫妻共同债务进而执行夫妻共有财产，这经常成为困扰债权人的难题。在股东的配偶确实从保证债务交易中事实获益的情况下，股东一方以个人名义负担的担保之债是否构成夫妻共同债务呢？

裁判要旨

配偶一方以个人名义为公司举债而提供保证，债权人主张“公司盈利而间接增加股东家庭收益，股东配偶分享了债务所得收益，事实上从交易中获益，故而保证债务应属于夫妻共同债务”的，人民法院不予支持。

案情简介

一、林某君与廖某国系夫妻，廖某国系百某家公司的股东。2017 年 5 月 27 日，某州银行与百某家公司签订最高额综合授信合同约定：某州银行向百某家公司提供 5000 万元的授信额度。

二、同日，某州银行与三某公司、来某公司、周某天下公司、惠某公司、廖某国共同签订最高额保证合同，约定以上五保证人对百某家公司向某州银行自 2017 年 5 月 27 日至 2022 年 5 月 19 日的 5000 万元借款提供连带责任保证。

三、2018 年 5 月 18 日，百某家公司向某州银行借款 2360 万元。后百某家公司不能清偿到期债务，某州银行遂向人民法院提起诉讼要求债务人清偿债务，并要求廖某国等保证人承担保证责任。

四、诉讼过程中，某州银行主张：廖某国为案涉借款提供保证，可以通过百某家公司经营盈利而间接增加廖某国在公司的权益，并进一步为其家庭带来收益，故而林某君作为廖某国妻子，在案涉交易中事实受益，案涉债务属于夫妻共同债务。最高人民法院不支持该主张。

裁判要点

本案廖某国作为百某家公司的股东，其以个人名义为公司债务提供担保从而对某州银行负担保证债务。银行主张“在案涉交易中，廖某国通过百某家公司经营盈利而间接为家庭带来收益，林某君作为廖某国妻子因事实受益而应承担责任”，该主张因与我国公司法关于股东与公司的财产及责任相互独立的法定基本原则相违背，配偶一方事实受益并不当然产生婚姻法上夫妻共同债务的法律后果。

经验总结

一、对于公司股东而言：为隔离风险、避免因为公司提供保证而导致整个家庭背负巨额债务，建议股东在保证合同中明确载明“因保证合同而产生的全部债务系个人债务，不属于夫妻共同债务”。

二、对于债权人而言：为避免公司股东通过向配偶转移资产的方式逃废债务，建议债权人在与公司签订借款合同时，要求公司股东和其配偶作为连带共同保证人。

相关法条

《中华人民共和国民法典》（2021 年 1 月 1 日实施）

第一千零六十四条　夫妻双方共同签名或者夫妻一方事后追认等共同意思表示所负的债务，以及夫妻一方在婚姻关系存续期间以个人名义为家庭日常生活需要所负的债务，属于夫妻共同债务。

夫妻一方在婚姻关系存续期间以个人名义超出家庭日常生活需要所负的债务，不属于夫妻共同债务；但是，债权人能够证明该债务用于夫妻共同生活、共同生产经营或者基于夫妻双方共同意思表示的除外。

本案链接

最高人民法院·某州银行股份有限公司、林某君等金融借款合同纠纷其他民事民事裁定书［（2021）最高法民申 4540 号］

本院经审查认为，原审法院已查明，2017 年 5 月 27 日的最高额保证合同上有林某君以保证人三某公司法定代表人身份的签字，而在 2018 年 5 月 18 日另行签订最高额保证合同时，林某君已经不是三某公司法定代表人，该保证合同上并没有林某君的签字。由于案涉两份保证合同上均非林某君与廖某国以夫妻名义共同签署，故原审法院认定案涉债务并非夫妻共同债务，符合《最高人民法院关于审理涉及夫妻债务纠纷案件适用法律有关问题的解释》[①] 第一条关于“夫妻双方共同签字或者夫妻一方事后追认等共同意思表示所负的债务，应当认定为夫妻共同债务”的规定。某州银行还认为本案存在前述司法解释第三条“夫妻一方在婚姻关系存续期间以个人名义超出家庭日常生活需要所负的债务，债权人以属于夫妻共同债务为由主张权利的，人民法院不予支持，但债权人能够证明该债务用于夫妻共同生活、共同生产经营或者基于夫妻双方共同意思表示的除外”中所指的廖某国与林某君共同经营的情形，但所提交的林某君为三某公司法定代表人的证据并不足以证明林某君是以自己个人名义并以廖某国配偶身份与廖某国共同参与经营，故其关于案涉债务为夫妻共同债务的主张因缺乏事实根据而不能成立。某州银行还主张林某君在案涉交易中事实受益而应承担责任，因与我国公司法关于股东与公司的财产及责任相互独立的法定基本原则相违背，林某君事实受益并不当然产生婚姻法上夫妻共同债务的法律后果，故原审法院认定林某君不应承担廖某国相应责任正确。综上，某州银行的再审申请不能成立。

延伸阅读

裁判观点：担保人系债务人大股东或全资股东，对公司有控制权或为主要经营者，在债权人提供证据证明股东的配偶在公司任职或配偶本人、家庭从中获益的，股东为公司提供担保而形成的担保之债系夫妻共同债务。

案例：最高人民法院·赵某、姬某岭金融借款合同纠纷再审审查与审判监督民事裁定书［（2019）最高法民申 2302 号］

姬某岭为青某公司借款提供担保，借款时姬某岭系青某公司的法定代表人和

---

① 编者按：已失效。

大股东。

本院询问中，姬某岭提交其与赵某的离婚协议书，根据该协议书的约定，可以认定获嘉某商行申请法院查封的赵某名下三套房产，均系赵某与姬某岭离婚前的夫妻共同财产，只是在离婚时双方约定归赵某所有。《最高人民法院关于贯彻执行〈中华人民共和国民法通则〉若干问题的意见（试用）》[①] 第四十三条规定："在夫妻关系存续期间，一方从事个体经营或者承包经营的，其收入为夫妻共有财产，债务亦应以夫妻共有财产清偿。"具体到本案，姬某岭虽非从事个体经营或者承包经营，但其经营青某公司的收入已形成夫妻共同财产，其为经营青某公司所产生的债务承担方式应参照该规定。故在赵某未提供证据证明青某公司的收益未形成夫妻共同财产的情况下，本案债务应以赵某与姬某岭的夫妻共同财产以及姬某岭的个人财产清偿。

092 夫妻一方转让名下股权的，是否属于无权处分？

☞ 阅读提示

《民法典》婚姻家庭编明确规定股权收益为夫妻共同财产，但对股权归属问题却未予着墨。那么，在婚姻关系存续期间，以夫妻共同财产认缴/实缴有限责任公司出资但登记在夫妻一方名下的股权，登记方未经另一方同意擅自将股权转让给第三人，是否属于无权处分？

裁判要旨

婚姻关系存续期间所得股权或者以夫妻共同财产出资所形成的股权，并不必然为夫妻共有股权。基于成员权与成员资格分离之禁止的考虑，股权属于股东名册所载之股东的权利。股东对外转让所持有股权的行为为有权处分，无须其配偶的同意。

---

① 编者按：已失效。

案情简介

一、2004年12月22日工某公司设立，股东为：张某田、赵某有、张某华、许某华、张某平五人。

二、2011年10月26日到12月16日，张某田与刘某平签订两份《股权转让协议》，协议约定：张某田将其在工某公司的原始股份额1160万元转让刘某平，此后双方在工商局办理了股东变更登记，张某田退出工某公司。

三、2011年12月26日，张某田将7600万元股权转让款全部退回刘某平。

四、艾某、张某田系夫妻关系。2012年5月23日，艾某、张某田以"案涉股权系夫妻共同财产，股权转让未经艾某同意，属于无权处分"为由向法院提起诉讼，请求判令确认张某田与刘某平签订的股权转让协议无效，并请求法院判令刘某平返还工某公司的股权。

五、一审陕西省高级人民法院和二审最高人民法院均判决驳回艾某、张某田的全部诉讼请求。

裁判要点

股权作为一项特殊的财产权，除其具有的财产权益内容外，还具有与股东个人的社会属性及其特质、品格密不可分的人格权、身份权等内容。如无特别约定，对于自然人股东而言，股权仍属于商法规范内的私权范畴，其各项具体权能应由股东本人独立行使，不受他人干涉。在股权流转方面，我国《公司法》确认的合法转让主体也是股东本人，而不是其所在的家庭。本案中，工某公司股权登记于张某田名下且张某田系工某公司法定代表人，而艾某从未参与过公司生产经营，不具有工某公司股东身份，张某田转让股权无须经过艾某同意，案涉股权转让协议合法有效。

经验总结

一、目前实践中对"夫妻共同财产出资登记于一方名下的股权是否属于夫妻共同财产""登记方未经另一方同意转让股权是否构成无权处分"认识并不统一。

有权处分说认为：股权是股东基于其股东资格而享有的复合性权利。在婚姻关系存续期间以夫妻共同财产出资取得但登记在夫或者妻一方名下的有限责任公司股权，仅得由登记方行使，而非夫妻共同共有，故登记方对于该股权的处分系有权处分。如无与第三人恶意串通损害另一方利益等导致合同无效的情形，登记方应按合同约定协助办理股权变动手续，但基于该股权而取得的收益属于夫妻共同财产。

无权处分说认为：婚姻关系存续期间，以夫妻共同财产出资而取得的有限责任公司股权，即使登记在夫或者妻一方名下，亦为夫妻共同共有，夫妻对共同所有的财产有平等的处理权，故登记方未经配偶方同意擅自向第三人转让股权，属无权处分。因登记方不具有处分权，在配偶方不同意转让股权的情形下，作为受让方的第三人不能取得该股权，仅可主张转让方承担违约责任。

二、对股权受让方而言，在受让股权之前应做好尽调，如果股权出让方有配偶且相关股权系婚姻存续期间取得，股权受让方尽量取得出让方的配偶对股权转让事宜知情且同意的证明。

相关法条

《中华人民共和国公司法》（2018年修正）

第三十二条 有限责任公司应当置备股东名册，记载下列事项：

（一）股东的姓名或者名称及住所；

（二）股东的出资额；

（三）出资证明书编号。

记载于股东名册的股东，可以依股东名册主张行使股东权利。

公司应当将股东的姓名或者名称向公司登记机关登记；登记事项发生变更的，应当办理变更登记。未经登记或者变更登记的，不得对抗第三人。

第七十一条 有限责任公司的股东之间可以相互转让其全部或者部分股权。

股东向股东以外的人转让股权，应当经其他股东过半数同意。股东应就其股权转让事项书面通知其他股东征求同意，其他股东自接到书面通知之日起满三十日未答复的，视为同意转让。其他股东半数以上不同意转让的，不同意的股东应当购买该转让的股权；不购买的，视为同意转让。

经股东同意转让的股权，在同等条件下，其他股东有优先购买权。两个以上股东主张行使优先购买权的，协商确定各自的购买比例；协商不成的，按照转让时各自的出资比例行使优先购买权。

公司章程对股权转让另有规定的，从其规定。

本案链接

最高人民法院·艾某、张某田与刘某平、王某、武某雄、张某珍、折某刚股权转让纠纷二审民事判决书［（2014）民二终字第 48 号］

关于艾某、张某田提出的股权转让未经艾某同意，股权转让协议无效的上诉理由，本院认为，股权作为一项特殊的财产权，除其具有的财产权益内容外，还具有与股东个人的社会属性及其特质、品格密不可分的人格权、身份权等内容。如无特别约定，对于自然人股东而言，股权仍属于商法规范内的私权范畴，其各项具体权能应由股东本人独立行使，不受他人干涉。在股权流转方面，我国《公司法》确认的合法转让主体也是股东本人，而不是其所在的家庭。本案中，张某田因转让其持有的工某公司的股权事宜，与刘某平签订了股权转让协议，双方从事该项民事交易活动，其民事主体适格，意思表示真实、明确，协议内容不违反我国《合同法》[①]《公司法》的强制性规定，该股权转让协议应认定有效。艾某、张某田的该项上诉理由没有法律依据，本院不予支持。

延伸阅读

《民法典》《公司法》以及相关司法解释对股权是否属于夫妻共同财产以及登记于夫或妻一方名下的股权，单方的处分行为是否构成无权处分等问题未予以明确规定，实践中对该问题认识不统一，即便最高人民法院也存在两种完全对立的裁判立场：

裁判观点 1：出资并非取得有限责任公司股权的充分条件，不能仅因出资来源于夫妻共同财产而认定该股权为夫妻共同共有。当股权登记于夫妻一方名下时，该股权的各项具体权能应由股东本人独立行使，股东有权单独处分该股权。(与主文案例观点相同)

案例 1：河南省高级人民法院·赵某越、陈某庆股权转让纠纷二审民事判决书［（2020）豫民终 436 号］

关于案涉《股份买卖协议》效力及是否已经解除问题。赵某越上诉主张赵某魁无权处分夫妻共同财产，案涉协议效力待定。本院认为，赵某越作为赵某魁子女，无权以该事由代曹某英提出上述异议。且出资并非取得有限责任公司股权

① 编者按：已失效，被《民法典》吸收。

的充分条件，当股权登记于夫妻一方名下时，该股权各项具体权能应由股东本人独立行使，股东有权单独处分该股权。故赵某魁作为登记股东，是法律意义上股权的所有人，有权单独与陈某庆签订《股权转让协议》。赵某越所称本案协议效力待定的理由不能成立。

案例2：安徽省芜湖市中级人民法院·俞某春与朱某爱、艾某青股权转让纠纷二审民事判决书［（2016）皖02民终1867号］

关于焦点一，有限责任公司的股东作为出资者，按投入资本额享有所有者权益、决策、管理等权利。股权具有财产性、管理性的双重属性。其财产性权利包括收取股息、红利、股权转让价款等方面，可以为夫妻共同财产，而管理性权利则仅限于公司股东，具有一定的人身属性，其转让应当遵循《公司法》及公司章程的规定。本案中，在俞某春与艾某青婚姻关系存续期间，艾某青投资入股雅某丝公司，如无相反证据，应当认定用于投资的资产系夫妻共同财产。但由于法人具有人格独立性，艾某青用于投资的资产的所有权已经转移给雅某丝公司。艾某青登记为公司的股东，除非公司股东承认俞某春的股东身份，俞某春并不能当然成为公司股东。根据商事行为的“外观主义原则”，未经工商部门登记的股东亦不能对抗第三人，因此，艾某青持有的股权能够被认定为夫妻共同财产的只是股权中的财产性权益。关于焦点二，虽然夫妻共同投资所形成股权的财产性权益属于夫妻共同财产，但股权登记于夫妻一方名下，因为有限责任公司具有人合性，相应管理型权利应当专属于股东个人，而非夫妻双方，受《公司法》和公司章程的约束和调整，故股权转让应当符合《公司法》和公司章程的相关规定。本案中艾某青向朱某爱转让股权，履行了《公司法》及公司章程规定的程序和义务，艾某青的行为系对自己的专属权益的处分，不构成无权处分，故俞某春以其不知情为由主张转让合同无效，无法律依据。关于焦点三，股权登记在夫妻一方的名下，第三人基于工商登记的信赖与股权持有人进行交易，无须查明该交易股权是否为夫妻共同财产。本案中，朱某爱基于对工商登记的信赖，并履行了相关法定程序受让艾某青持有的股权，不存在过错之处。虽然俞某春主张朱某爱受让股权时，股权对应的价值在1000万元之上，但其提交的资产负债表、协调会议记录等证据，均不足以证实该项事实，故无法认定朱某爱与艾某青约定的股权转让价格明显低于其实际价值，其该项上诉理由亦不能成立。

裁判观点2：股权在婚姻关系存续期间取得的，是夫妻共同财产，夫妻双方对该项财产享有平等的占有、使用、收益和处分的权利。（与主文案例观点相反）

案例3：最高人民法院·彭某静与梁某平、王某山、河北金某岸房地产开发有限公司股权转让侵权纠纷二审民事判决书［（2007）民二终字第219号］

彭某静和梁某平用夫妻共同共有财产出资成立公司，在夫妻关系存续期间，丈夫或者妻子的公司股份是双方共同共有的财产，夫妻作为共同共有人，对共有财产享有平等的占有、使用、收益和处分的权利。根据本院《关于适用〈中华人民共和国婚姻法〉若干问题的解释（一）》[①] 第十七条第二项规定："夫或妻非因日常生活需要对夫妻共同财产做重要处理决定，夫妻双方应当平等协商，取得一致意见。他人有理由相信其为夫妻双方共同意思表示的，另一方不得以不同意或不知道为由对抗善意第三人。"彭某静与梁某平转让金某岸公司股权的行为属于对夫妻共同财产作重要处理，二人均应在股权转让合同、股东会决议、公司章程修正案上签名。但是，对于梁某平代彭某静订约、签名的效力问题应当综合本案事实，根据彭某静对于股权转让是否明知、王某山是否为善意等因素予以分析认定。

案例4：最高人民法院·刘某、王某卿离婚后财产纠纷再审审查与审判监督民事裁定书［（2018）最高法民申796号］

卓某公司成立于2004年，是在刘某、王某卿夫妻关系存续期间由王某卿出资设立的有限责任公司，应认定是夫妻共同财产。因二人离婚时签订的《离婚协议书》中未就该公司股权分割问题进行处理，二审判决认定该公司股权属于离婚时未处理的夫妻共同财产，并无不当。根据《最高人民法院关于适用〈中华人民共和国婚姻法〉若干问题的解释（二）》[②]第十六条的规定，人民法院审理离婚案件时，涉及分割夫妻共同财产中以一方名义在有限责任公司的出资额，另一方不是该公司股东的，若夫妻双方不能就股权分割问题达成一致意见，为了保证公司的人合性，应对另一方请求分割的股份折价补偿。因在本案二审审理过程中，刘某坚持要求分割股权，不同意折价补偿，也不同意评估股权价值，二审判决对刘某要求分割股权的诉讼请求不予支持，并无不当。

---

①② 编者按：已失效。

第九章　企业家必知的刑事法律风险

093 安排亲友吃空饷、报销大额招待费，股东需要承担责任吗？

☞ **阅读提示**

安排亲友在公司吃空饷，或者经常在公司大额报销，是实务中经常出现的大股东利用职务便利损害公司利益的情形。在我们办理的很多案件中，小股东查账发现大股东每天在外花天酒地，动辄一天就几万元的报销费用。这种情况下，小股东是否无计可施？

有人认为，只要大股东拿来报账的是真发票，就是合法合规的，毕竟哪个公司都免不了发生业务招待，吃吃喝喝请客送礼再正常不过。但实际上，一旦进入诉讼程序，小股东完成初步的证明责任后，大股东就需要对款项的合法性及合理性进行充分说明和举证。如果大股东无法举证，就要自掏腰包赔偿公司损失。甚至，安排亲友在公司吃空饷、在公司大额报销等，都有可能构成职务犯罪，且起刑点仅为 6 万元。

可以说，股东代表诉讼和职务侵占罪举报，是法律给予小股东的两把“利刃”，小股东如何利用好，大股东又该如何保护自己，确实都大有文章。

裁判要旨

公司存在大额人员工资支出、大额业务招待费报销等情况，且费用支出的合法性、真实性不能确定的，应由实际控制管理公司的股东就有关费用的合理、合法依据进行充分说明和举证，否则其应当向公司赔偿损失。

案情简介

一、汉某公司的股东为陈某喜、姜某辉、张某平、蔡某泉，其中蔡某泉持股80.01%，任法定代表人和执行董事。

二、陈某喜曾以公司盈余分配纠纷案起诉汉某公司，该案审理中，法院委托会计师事务所对汉某公司2010年度、2011年度、2012年度的净利润进行了审计。审计结论中载明：

"鉴定中发现汉某公司内控制度比较薄弱，有些费用的开支不符合财务制度的规定，很多报销凭证只有一个人签字……业务招待费中有大量酒的发票，如2012年11月凭证#11由上海某公司开具内容为酒的发票，金额为68400元，这些费用的发生是否真实，难以确认。"

"从工资发放清单中发现，发放人数从2010年11人增加到2012年45人，工资和福利发放金额从2010年173500元到2012年1845935.10元，公司的业务内容没有显著变化，是否需要这么多人，且公司未提供这些用工人员劳动合同和社保金缴纳情况，在工资发放清单中，大多数都是由蔡某泉代签收的，工资发放的合法性、真实性不能确定。"

三、陈某喜、姜某辉、张某平以蔡某泉为被告，提起股东代表诉讼，请求判令蔡某泉赔偿汉某公司损失，包括侵占公司管理费用（工资和福利费）2536660.10元及侵占公司业务招待费256397.66元等。

四、该案诉讼中，蔡某泉未能对于前述费用产生的合理、合法依据进行充分说明，法院最终完全支持了原告的诉讼请求，判决蔡某泉向汉某公司赔偿损失。

裁判要点

汉某公司财务账目记载混乱，且经司法审计大额人员工资、业务招待费的合法性、真实性不能确定。蔡某泉作为汉某公司的控股股东、执行董事，理应承担全部的举证责任，在其不能就有关费用的合理、合法依据进行充分说明和举证的情况下，应当承担由此给公司造成损失的赔偿责任。

经验总结

一、在股东代表诉讼中，由于原告方通常是小股东，此前不参与公司经营管理，因此举证能力有限，很多情况下只是推测大股东有掏空公司资产之行为，但缺少足够的证据。我们办理该类案件的经验是，小股东可以先通过股东知情权诉讼查账，或者通过强制分红、请求回购股权等诉讼启动司法审计，发现初步证据后，即可启动针对大股东的股东代表诉讼，要求大股东赔偿公司损失。一旦小股东完成了初步的举证责任，大股东就负有对相关款项支出合法性的证明责任，至少需要举证证明合同、流水、发票等相对应，甚至还需对有关款项支出的必要性进行说明。因此，对于实践中经常发生的大额招待费、报销费用等问题，小股东并非无计可施。

二、对于公司老板和高管来讲，务必洁身自好，意识到职务侵占罪的门槛只有 6 万元，不要安插亲友吃空饷、在公司虚假报销，否则就有可能构成职务侵占罪。另外，在本身工资较高时，也不要为了避税，安排亲友代领工资，否则也有被追究职务侵占罪的风险。

相关法条

《中华人民共和国公司法》（2018 年修正）

第一百四十九条　董事、监事、高级管理人员执行公司职务时违反法律、行政法规或者公司章程的规定，给公司造成损失的，应当承担赔偿责任。

本案链接

上海市第一中级人民法院·蔡某泉诉陈某喜损害公司利益责任纠纷一案二审民事判决书［（2017）沪 01 民终 11225 号］

二审争议焦点在于汉某公司经审计查实的工资福利费 2536660.10 元及汉某公司代蔡某泉付款的 40 万元，是否属于蔡某泉的损害行为及结果。另案中，对于汉某公司所作的司法审计显示，汉某公司 2010 年至 2012 年的工资及福利骤增至 2536660.10 元，审计单位对该现象的描述为“公司的业务内容没有显著变化，是否需要这么多人，且公司未提供这些用工人员劳动合同和社保金缴纳情况，在工资发放清单中，大多数都是由蔡某泉代签收的，工资发放的合法性、真实性不能确定”，故认为对实际应发放工资的人数无法确定，无法作审计调整。该案中，人民法院采用了审计的最终结论，但未就上述情形进行重点审查。现陈某喜、姜某辉、张某平作为汉某公司的股东，据此要求蔡某泉予以充分说明，并无不妥。对于汉某公司该部分费用产生的合理、合法依据，蔡某泉作为汉某公司的控股股东、执行董事，理应承担全部的举证责任。蔡某泉在二审中对于该审计报告一并查证的、存在不实的业务招待费、车辆费予以认可，亦印证了汉某公司财务账目记载的混乱，对此蔡某泉是有过错的，应当对汉某公司承担相应的赔偿责任。

延伸阅读

裁判观点：公司高管安排亲友在公司吃空饷且虚领工资 6 万元以上的，构成职务侵占罪。

案例 1：北京市西城区人民法院·唐某职务侵占罪刑事判决书［（2018）京 0102 刑初 125 号］

被告人唐某于 2014 年 6 月至 2017 年 4 月，在北京金某衍生品研究院有限责任公司人力资源岗任职期间，利用办理公司员工薪酬福利的职务便利，采取将其妻、女列入公司员工名单，虚报工资薪酬等方式，将公司资金共计人民币 304 万余元非法占为己有后消费……被告人唐某利用职务上的便利，将本单位财物非法占为己有，数额巨大的行为，侵犯了公司的财产所有权，已构成职务侵占罪，依法应予惩处。

案例 2：上海市第一中级人民法院·蓝某职务侵占罪一案二审刑事裁定书［（2016）沪 01 刑终 1253 号］

蓝某身为公司工作人员，利用其审批录用南京地区外聘员工的职务便利，虚构录用杨某、姚某等外聘员工信息，骗取某公司发放给上述员工的工资，骗取某公司为姚某缴纳了社保，其行为已经构成职务侵占罪。

094 伪造公章虚构合同套取公司资金该当何罪？给第三方的返点是否应计入侵占金额？

☞ **阅读提示**

实践中常有一些公司的管理人员利用职务之便，通过与第三方公司签订虚假合同并让第三方公司开具发票，但让其不实际提供产品或服务的方式，套取公司资金的现象，这些手段看似高明，实际上均涉及刑事犯罪，本文通过案例，向大家介绍虚构合同套取资金是如何构成职务侵占罪的。

裁判要旨

公司高管伪造公章虚构合同骗取公司资金，数额巨大的，构成职务侵占罪。因虚构合同向第三方支付的管理费和税费等均应计入职务侵占的金额，不予扣除。

案情简介

一、2014年8月至2015年10月，邹某在北京某国际旅行社有限公司任营销总监，负责市场营销、与客户进行业务合作以及公司会展和路演等。

二、后邹某因个人债务问题，开始通过虚构合同的方式套取公司资金。具体方式是，邹某通过与其熟悉的供应商签订虚假合同，然后把合同拿给公司财务总监审批；财务总监审批后由公司财务转款给供应商，供应商扣除手续费后再把剩下的钱转给邹某。

三、公司正常的审批程序是签订合同后得向总裁提交付款申请，总裁审批完邹某才能拿着合同去行政部门盖章，然后把合同交给财务总监审批，财务总监审批完了公司才会给供应商转账。但是，邹某与供应商签订的合同是虚假的，上面的公章是邹某伪造的胶皮章。有了假章就可以直接找财务总监审批，财务总监看合同上有章就会审批放款。

四、2015年4月至2015年10月，邹某按照上述方式一共套取了公司160多万元，其中给了协助套取资金的第三方公司7%~15%的返点。

五、公司发现邹某的上述行为后依法进行了刑事控告，北京朝阳区人民法院经审理以职务侵占罪判处邹某有期徒刑五年六个月。

裁判要点

职务侵占罪是指公司、企业或者其他单位的人员，利用职务上的便利，将本单位的财物占为己有，数额较大的行为。

一、在主体方面，职务侵占罪要求的是特殊主体，即“公司、企业或者其他单位的人员”。此处的公司、企业或者其他单位的人员指的是事实上在公司、企业或其他单位任职，并实际负责相应职责的人员。

二、在客体方面，职务侵占罪要求具有“利用职务上的便利，将本单位财物非法占为己有，数额较大或数额巨大”的行为。

首先，利用职务上的便利，核心在于“职务”。其不仅包括直接利用自己岗位形成的便利条件，合法占有公司企业或者其他单位的财物，从而为侵占提供条件；还包括利用所在职位的权力，指挥、影响下属或利用其他人员的与职务、岗位有关的权限。其次，非法占为己有。职务侵占罪要求行为人有“非法占为己有”的目的，进而利用职务上的便利，实施“非法占为己有”的行为。“非法占为己有”的行为包括两类，第一类是将合法持有的单位财物占为己有，进行使用、处分等；第二类是利用职务上的便利，将单位财物骗取、窃取、侵吞、私分从而转化为己有。

三、在犯罪金额方面。根据2016年4月18日最高人民法院、最高人民检察院联合发布的《关于办理贪污贿赂刑事案件适用法律若干问题的解释》第十一条的规定，职务侵占罪中的“数额较大”“数额巨大”的数额起点，按照关于受贿罪、贪污罪相对应的数额标准规定的二倍、五倍执行。该解释第一条规定，贪污或者受贿数额在3万元以上不满20万元的，应当认定为《刑法》第三百八十三条第一款规定的“数额较大”。第二条规定，贪污或者受贿数额在20万元以上不满300万元的，应当认定为《刑法》第三百八十三条第一款规定的“数额巨大”。因此，根据上述规定，职务侵占6万元以上100万元以下为“数额较大”；100万元以上为“数额巨大”。

本案中，邹某身为公司的营销总监，负责公司市场营销，在对外采购广告服务具有一定的决策权，其利用这一职务便利，通过伪造公章、虚构合同的方式骗取财务总监的审批，并将公司的资金160多万元占为己有，已经满足职务侵占罪“数额巨大”的量刑标准。另外，在其辩护律师提出向第三方公司支付的返点应当在职务侵占的金额中扣除时，法院认为该返点是邹某实行职务侵占行为时必然认识到的成本，应当一并计入犯罪数额。

经验总结

一、对公司高管来讲，务必意识到虚构合同套取资金只要金额高于6万元就会构成职务侵占罪，将要面临刑事追责的风险，切不要以为有合同和发票背书就可以蒙混过关。另外，不仅是完全虚构的合同才构成职务侵占，以小业务签大合同（实际业务金额是10万元但是签订100万元的业务合同）的方式套取资金也构成职务侵占罪。

二、对于公司来讲，务必加强合同管理，在审查合同时不仅要审查合同条款的合理性和合法性，还要审查合同背后的交易是否真实，合同相对方是否会真正地提供产品或服务，以免有内鬼通过虚构合同的方式套取资金。如若遇到此种情形可对相关人员以职务侵占罪进行刑事控告。

相关法条

《中华人民共和国刑法》（2020 年修正）

第二百七十一条第一款　【职务侵占罪】 公司、企业或者其他单位的工作人员，利用职务上的便利，将本单位财物非法占为己有，数额较大的，处三年以下有期徒刑或者拘役，并处罚金；数额巨大的，处三年以上十年以下有期徒刑，并处罚金；数额特别巨大的，处十年以上有期徒刑或者无期徒刑，并处罚金。

《中华人民共和国公司法》（2018 年修正）

第一百四十七条　董事、监事、高级管理人员应当遵守法律、行政法规和公司章程，对公司负有忠实义务和勤勉义务。

董事、监事、高级管理人员不得利用职权收受贿赂或者其他非法收入，不得侵占公司的财产。

本案链接

北京市朝阳区人民法院·邹某职务侵占一审刑事判决书［（2017）京 0105 刑初 908 号］

被告人邹某以非法占为己有为目的，利用职务之便，多次虚构合同骗取公司钱款，数额巨大，其行为已触犯了刑法，构成职务侵占罪，依法应予惩处。北京市朝阳区人民检察院指控被告人邹某犯职务侵占罪的事实清楚，证据确实、充分，指控罪名成立。鉴于被告人邹某归案后如实供述，当庭对基本事实予以认可，本院对其依法予以从轻处罚。被告人邹某当庭所作的公诉机关指控的金额与其实际侵占的金额不符，合作公司扣除的税点和管理费等费用不应计入其侵占的实际金额的辩解及其辩护人的此节辩护意见，经查，被告人邹某假借合同利用其他公司接受钱款，其他公司扣除的金额系其明知的犯罪成本，不应从总数中扣除。故以上辩解及辩护意见，本院不予采纳。

延伸阅读

裁判观点：公司高管通过虚构合同套取公司资金数额巨大的，构成职务侵占罪。

案例 1：北京市石景山区人民法院·杨某光职务侵占罪一审刑事判决书［（2013）石刑初字第 86 号］

2005 年，杨某光成立华夏飞某公司并担任董事长兼任总经理。2010 年底，京某公司出资与被告人杨某光签订合作协议，由杨某光担任北京时某引擎科技股份有限公司的总经理，主要负责平板电脑的研发工作。2011 年 1 月至 4 月，被告人杨某光利用职务便利，与深圳市崇某电子有限公司签订虚假的“10 英寸高速 MIDPCB 电路”及“Android2.2 操作系统 ROM”委托开发协议，时某引擎公司为上述协议支付开发费人民币 340 万元。后杨某光将上述款项中人民币 299.418 万元非法占为己有。北京市石景山区人民法院认为，被告人杨某光身为公司管理人员，利用职务便利与其他公司签订虚假合同，将本公司财产非法占为己有，数额巨大，其行为已构成职务侵占罪，依法应予惩处。

案例 2：上海市静安区人民法院·朱某职务侵占罪一审刑事判决书［（2020）沪 0106 刑初 543 号］

朱某利用负责上述学员培训工作的职务便利，通过虚增成本等方式，侵吞公司款项共计 40 万余元，用于个人花费。上海市静安区人民法院认为，被告人朱某身为公司工作人员，利用职务上的便利，将本单位财物非法占为己有，数额较大，其行为已构成职务侵占罪，依法应予惩处。

095 将公司资金转出又以个人增资款名义转入，增加股权比例的，是否构成职务侵占罪？

☞ **阅读提示**

我们在办理股权争议的案件中经常遇到一些股东为增加自己的股权比例，先从公司将资金转入自己的账户，再由自己账户以增资款的名义转入公司账户，在此种情形下，看似公司的资金并没有实质性减少，但是自己的股权比例又增加了。该“巧妙”的行为，是否真的巧妙呢？

裁判要旨

公司股东利用职务上的便利，非法占有公司资金用作个人股份的出资款，增加个人股权比例的，数额较大的，构成职务侵占罪。

案情简介

一、2010年12月24日，许某淦作为大股东，王某作为小股东，二人共同出资设立了淦某公司，许某淦任公司的法定代表人。2012年初，许某淦将淦某公司的法定代表人变更为其二女婿屠某，并将自己持有的淦某公司股权也转至屠某名下。

二、2012年2月20日，许某淦安排屠某以淦某公司的名义与和某公司签订了一份《投资协议书》，约定，淦某公司接受和某公司300万元的投资款，用于开发文旅项目。

三、在和某公司将300万元投资款汇入该账户后，许某淦安排淦某公司的出纳将该款先转入屠某个人账户，然后转至淦某公司账户；用作屠某名下的出资款（增资）并办理了股权变更登记，屠某名下的股权增加。

四、此后，许某淦安排屠某把股权全部转让给苏某，转让价款2500万元，淦某公司由苏某控制。但转让前，许某淦并没有将和某公司300万元的项目投资款入账，也没有将该笔300万元的债务告知苏某。

五、后和某公司起诉淦某公司要求返还300万元投资款并取得胜诉判决。故苏某以屠某侵占淦某公司300万元为由进行报案；屠某到案后声称所有事宜均是其岳父许某淦负责处理，其并不清楚300万元去向。

六、后许某淦投案自首，本案经湖北咸宁市中级人民法院审理认定许某淦构成职务侵占罪，并判处有期徒刑两年五个月。

裁判要点

本案中，许某淦作为公司的实际负责人，利用职务上的便利，非法占有公司300万元资金用作个人股份出资款，数额较大，其行为已构成职务侵占罪。在和某公司向淦某公司账户汇入300万元后，许某淦安排他人将该笔资金从淦某公司账户转出，最终转至屠某个人账户用作向公司认缴的出资款，增加了自己的持股比例。许某淦利用公司流动资金验资，将300万元公司资金转化为个人股权，并通过转让股权获取了经济利益，股权转让后的收益由许某淦个人所有，该行为构成职务侵占罪。

相关法条

《中华人民共和国刑法》（2020年修正）

第二百七十一条第一款　【职务侵占罪】公司、企业或者其他单位的工作人员，利用职务上的便利，将本单位财物非法占为己有，数额较大的，处三年以下有期徒刑或者拘役，并处罚金；数额巨大的，处三年以上十年以下有期徒刑，并处罚金；数额特别巨大的，处十年以上有期徒刑或者无期徒刑，并处罚金。

《中华人民共和国公司法》（2018年修正）

第一百四十七条　董事、监事、高级管理人员应当遵守法律、行政法规和公司章程，对公司负有忠实义务和勤勉义务。

董事、监事、高级管理人员不得利用职权收受贿赂或者其他非法收入，不得侵占公司的财产。

本案链接

湖北省咸宁市中级人民法院·许某淦职务侵占罪二审刑事裁定书［（2020）鄂12刑终137号］

上诉人许某淦作为公司的实际负责人，利用职务上的便利，非法占有公司300万元资金用作个人股份出资款，数额较大，其行为已构成职务侵占罪。许某淦系自首，可从轻或减轻处罚。关于许某淦提出其与苏某之间并不存在真实的股权转让行为，实际是苏某为规避民间高利借贷或套路贷手段；原审法院将归还淦某公司借款的举证责任分配给上诉人属于适用法律错误，应当宣告上诉人无罪的理由。经查，在案证据证明，2012年2月20日淦某公司（乙方）与和某公司（甲方）签订投资协议书，约定甲方投资300万元参与乙方某山佛教文化旅游区开发项目，投资期限为一年，无论项目盈亏，乙方于2013年2月9日应无条件向甲方退还投资款300万元，并支付投资回报款90万元。同月23日，和某公司向淦某公司账户汇入300万元后，许某淦安排他人将该笔资金从淦某公司账户转出，最终转至屠某个人账户用作向公司认缴的出资款，经验资认定后，其以屠某名义持有的淦某公司股权比例增加至65%。许某淦利用公司流动资金验资，将300万元公司资金转化为个人股权，并通过转让股权获取了经济利益，投资协议约定的和某公司投资本金及投资回报款应从股权转让收益中支付。许某淦未将300万元公司借款入账及向公司其他股东王某、黄某等人说明将公司300万元资金作为个人投资增股，也无证据证明其已归还该款，从而造成由淦某公司承担债务及违约责任，300万元借款作为屠某个人出资款增加股权比例，股权转让后的收益由许某淦个人所有，其行为构成职务侵占罪。许某淦与苏某之间是否存在真实的股权转让行为以及其以个人资金为公司支付应付款的行为，均不影响其职务侵占罪名的成立。

延伸阅读

企业家职务侵占罪的18种常见表现形式

根据现行法律法规，综合最高人民法院及各地法院公开审理的相关判例，我们总结出职务侵占罪的主要表现形式（本部分内容节选自唐青林律师、赵启峰律师在中国法制出版社出版的《企业家刑事法律风险防范》一书）：

案例1：董事、监事、经理利用职务之便侵占公司财物

根据《公司法》第一百四十七条，董事、监事、高级管理人员应当遵守法律、行政法规和公司章程，对公司负有忠实义务和勤勉义务。因此，若其利用职权便利侵占公司财产，将构成职务侵占罪。实践中常见的是擅自使用公司财产为自己或者他人购买房屋、汽车或者其他物品，有的甚至直接支取公司财产用于购买土地、厂房等个人用途。如，广州某电器实业公司董事长兼总经理钟某擅自使用公司资金500多万元为家庭成员和公司员工购买房产和车库，并从公司划款时在会计账上作冲平其他应付款处理，被法院认定构成职务侵占罪，钟某以该罪名获刑十年，并处没收个人财产50万元。

案例2：公司股东擅自占有出资企业的财产

股东出资设立公司，其投入的财产及收益已经不再属于个人，而属于公司所有，不能与个人财产混为一谈。如果股东利用其在公司担任职务的便利，将公司财产混同于自己的财产，或者认为公司的财产就是其个人财产，从而利用职务便利擅自占有、私分已为公司所有的财产，或者将该公司财产擅自转让给自己或他人控制的另一公司，均构成职务侵占罪。

案例3：非法占有其他股东的股权

公司股东如果为多人，经常发生股权纠纷。如，为夺取公司控制权利用不正当手段侵占他人股权、被委托持股人侵占委托人股权等。此等情形是构成职务侵

占还仅是一般民事纠纷，有一定争议。但根据《公安部经侦局关于对非法占有他人股权是否构成职务侵占罪问题的工作意见》（2005年6月24日），对于公司股东之间或者被委托人利用职务便利，非法占有公司股东股权的行为，如果能够认定行为人主观上具有非法占有他人财物的目的，则可对其利用职务便利，非法占有公司管理中的股东股权的行为以职务侵占罪论处。

案例4：将公司的股权转让款据为己有

公司股权转让是公司经营中经常出现的现象。公司转让其持有的股权的，其转让款是公司财产。现实中却经常发生公司负责人侵占股权转让款的问题。如，杨某原为北京某大型商场总经理，未经本公司股东会、董事会同意，利用职务之便，伙同他人将本公司资金共计人民币3000万元非法占为己有。其中一个重要的犯罪事实就是在公司转让股权过程中，将公司应收取的300多万元转入其个人账户。

案例5：以公司名义向他人借款之后占为己有或携款逃匿

公司负责人或者其他人员，以公司名义与他人签订借款合同，之后将款项占为己有或携款逃匿。在符合表见代理的情况下，单位应对其借款行为承担偿还责任。行为人利用职务便利、侵占本单位的财产，符合职务侵占罪的特征。

案例6：采取不正当交易手段攫取应归属公司的利益为个人控股的其他企业所有

比较典型的案件是，原长某集团董事长兼总经理田某利用职务便利，使自己控股的某公司以空调设备租赁投资收益的形式非法侵占长某集团的1500多万元，以职务侵占罪被判刑八年，并处没收财产人民币200万元。

案例7：将合法持有的本单位财物进行非法处分或使用，即变持有为所有

即行为人利用职务上主管、管理、经手、使用本公司财物的便利，将公司财产占为己有。如将自己所占有的单位房屋、设备、汽车等财产谎称为自己所有标价出售，或者将仅有居住权的单位房屋过户登记为己有，或者故意隐匿保管物，谎称被盗窃、遗失、损坏等。

案例8：将政府退还公司的土地出让金等款项非法占为己有

如，原辰某公司董事长杨某，以辰某名义出具《申请返还土地出让金报告》，要求当地政府根据双方签署的投资协议，将辰某公司已经支付的土地出让金2257万元全部返还。当地政府将根据《申请返还土地出让金报告》中提供的实际由杨某控制的某商贸公司账户，将上述资金全部退还。该款被杨某用于个人

用途。法院认定其构成职务侵占罪，判刑十二年，并处没收财产人民币 100 万元。

案例 9：利用职务便利不付款即占有本公司产品

如，北京某汽车有限公司副总经理利用其职务便利，伙同他人，采取未付车款提车的方式，骗取该公司奥迪牌轿车七辆，共计价值人民币 400 多万元，法院认定其构成职务侵占罪，判刑六年。

案例 10：虚构不存在的项目或业务占有公司资金

如，北京某信息咨询有限公司项目负责人温某，虚构不存在的业务项目，骗使公司支付“垫资款”168 万元并据为己有。

案例 11：擅自将应归公司所有的代理费、服务费分配给部分高管

如，原重庆市某运输有限公司董事长兼总经理杜某，伙同另两位副总经理，利用管理总公司的职权，将各分公司车辆投保业务收归总公司统一管理，并与保险公司约定，保险手续费由总公司与保险公司结算。在收到保险公司给付的应归总公司的保险代理手续费后，三人利用职务之便，违反公司章程规定的分配处理程序，私下擅自决定将部分保险手续费分配给公司部分高层管理人员。法院认为三人的行为具有利用职务之便，侵占本单位财物的性质，符合职务侵占罪的要件。

案例 12：对公司通过签订合同取得的货款、收入等不入账、据为己有或者擅自用于个人用途

公司通过签订货物销售合同或者服务合同，取得货款或者收入等，属于公司财产，如果行为人利用职务便利，将款项据为己有，或者用于其他个人用途，则符合构成职务侵占罪的特征。如，北京某房产开发公司营销部经理在明知公司不允许员工承揽公司业务的情况下，利用其负责房屋销售的职务便利，在未经公司知晓和同意的情况下，通过其实际控制的另一公司，在销售现场收取客户购房预付款共计人民币 1400 余万元并非法占为己有。

案例 13：擅自支取公司资金归个人使用且不予归还

实践中，不少公司的大股东或者高管利用担任公司重要职务的便利，擅自支取公司资金用于个人，且不归还，甚至采取虚假入账等方式平账。如，广州某房地产开发有限公司董事长兼总经理郑某，利用职务上的便利，单独或指使其他人，从该公司先后划款人民币 300 多万元，用于其在广州市海珠区购买一幅土地的使用权作为其建造私人别墅和别墅装修之用，部分款项以“营业外支出”

入账。

案例14：擅自在公司报销个人费用

这常发生在大股东担任公司法定代表人或总经理的情形下。行为人或认为公司就是自己个人的，随便使用公司资金；或者明知故犯，恶意在公司报销个人费用，侵占公司财产。如广州某房地产开发有限公司董事长兼总经理郑某不仅擅自支取公司资金用于个人别墅的装修，甚至为别墅购买的家具家电等费用以及其家人的医疗费用等，均以不同名义在公司报销。

案例15：制作假工资表或者劳务费用套取公司资金

如，夏某在担任唐山某化工有限公司总经理期间，伙同本公司首席财务官王某、副总经理付某等人，利用各自职务之便，采取制作假工资表的方法，套取公司资金，以发放奖金等名义侵吞公司财物，先后作案23起，获取赃款40多万元，被以职务侵占罪判刑八年。

案例16：购买货物或服务时虚报高价并将差价据为己有

如，魏某原系青岛某生物公司总经理，利用负责采购工程建设钢材的职务便利，指使手下工作人员孙某与钢材供应商青岛某机电公司总经理王某，商定在每吨钢材款的价格上虚报人民币300元。后王某将生物公司支付钢材款中虚报的60多万元转账给魏某。魏某还利用负责某工程项目建设的职务便利，与承建商高某、曹某等预谋，虚报工程款1500多万元，后高某、曹某将生物公司支付的工程款中虚报的1300多万元转账给魏某个人使用。法院以其构成职务侵占罪判刑六年。

案例17：擅自指使本公司员工为个人事务或其自有公司工作，而由本公司承担费用

实践中，部分企业家注册或参股多个公司，经常发生人员混同管理的问题，均存在风险。如，青岛某生物公司总经理魏某利用职务便利，多次指使生物公司员工为其个人注册的吉林某生物科技公司、杭州某生物公司工作，所花费20多万元费用均由青岛某生物公司负担。该行为也被法院认定为职务侵占。

案例18：将银行应收取的贴现利息以“优惠利率”的形式转给贴现企业，再以“银行业务费用”等名义从贴现企业处迂回取回占为己有

如，刘某原为某银行上海张江支行聘用的负责人，担任支行行长。在其任职期间，利用职务便利将银行应收取的贴现利息以“优惠利率”的形式转给贴现企业，再以“银行业务费用”等名义从贴现企业处迂回取回占为己有。由于该

利差款产生于银行的优惠贴现利率与贴现企业实际获取的贴现利率的差额部分，该部分差价款源于银行的优惠政策，其根本上是属于银行应收取的贴现企业的利息，贴现企业系向银行返还利差款。法院因此认定其符合职务侵占罪的客观特征，刘某因此获刑十二年，没收财产人民币 10 万元。

096 董事高管以打借条方式从公司借款并偿还利息的，是否构成挪用资金罪？

☞ **阅读提示**

实践中，经常会有一些公司的董事长、总经理或者大股东，将公司当作自己的提款机，以打借条的方式将公司的资金汇到自己的账户中使用，并向公司支付一定的利息，并认为这是向公司借的钱，而不是贪污或挪用的公司的钱，因此不会违法。果真如此吗？本文将通过案例告诉大家，此种行为，数额较大的，属于典型的挪用资金罪。

裁判要旨

董事高管未经股东会或董事会同意，利用职务上的便利，以借款为名挪用公司资金进行营利活动，或挪用公司资金归他人使用超过三个月未还，数额巨大的，构成挪用资金罪。

案情简介

一、李某为某县汽贸公司董事长兼总经理，全面负责某县汽贸公司的管理工作，是公司一把手。

二、2004 年底至 2005 年初，红某交通运输集团进行改制，李某作为该集团股东之一需入股 30 万元。但是，李某个人资金紧张，无力缴纳入股款，故其以借款为名安排某县汽贸公司的财务人员从公司账户将 30 万元汇入红某交通运输集团作为入股本金。李某该笔 30 万元的借款未经股东会或董事会决议，但是为公司出具了借条。

三、2009 年至 2011 年，李某将 30 万元本金以及 11 万元的利息分期还给了某县汽贸公司。另外，2005年至2011年，李某在红某交通运输集团取得17万元的分红款。

四、2009年9月16日，李某又以写借条的方式，让公司财务人员将某县汽贸公司的资金80万元汇至女儿的账户，用于其女儿在昆明购房，并于4个月后全部归还80万元。其间，李某还支付了80万元借款利息14253.3元。但是，李某该笔80万元的借款也没有经过股东会或董事会决议。

五、此后，某县汽贸公司员工举报李某利用职务之便挪用公司30万元作为入股款使用构成挪用资金罪，要求公安机关查处。此后公安机关立案侦查，最终李某被法院以挪用资金罪判处有期徒刑三年，缓刑五年。

裁判要点

根据《刑法》第二百七十二条的规定，挪用资金罪共有三种行为方式：第一种是挪用本单位资金归个人使用或者借贷给他人，数额较大、超过三个月未还的；第二种是挪用本单位资金归个人使用或者借贷给他人，虽未超过三个月，但数额较大，进行营利活动的；第三种是挪用本单位资金进行非法活动的。其中第一种有数额和时间的要求；第二种没有时间要求，但是有数额和营利活动的要求；对于第三种非法活动来讲既没有数额要求也没有期限要求。

根据《最高人民法院、最高人民检察院关于办理贪污贿赂刑事案件适用法律若干问题的解释》的规定，挪用资金罪前述三种行为方式各自的立案标准是，第一种和第二种都是，当挪用金额达到10万元以上时，即属于挪用资金罪所规定"数额较大"，当挪用金额达到1000万元以上，即属于挪用资金罪所规定的"数额巨大"；第三种是进行立案追究没有数额限制，当挪用金额达到600万元以上时，即属于挪用资金罪所规定的"数额巨大"。

本案中，李某作为公司的董事长兼总经理，属于公司的一把手，拥有主管公司资金的职务便利，其以借款的名义，未经股东会或董事会同意，将30万元公司资金借给自己投资入股，获取红利，属于挪用资金归个人使用；其利用职务便利以打借条的方式从公司借款80万元，用于给自己的女儿买房，且时间超过了三个月未归还，也属于挪用资金归个人使用。虽然其挪用资金后，给公司打了借条并偿还了利息，但是其未经股东会或董事会决议即使用公司资金的行为，已经侵犯了公司的财产权，构成了挪用资金罪的既遂。

经验总结

一、对于公司董事高管来讲，务必知晓若要从公司借款必须经过股东会或董事会的决议，且不可利用职务便利，直接安排财务人员从公司支取款项，否则将有可能构成挪用资金罪；即使通知了股东或董事，只要没有出具书面的股东会或董事会决议，之后也会口说无凭，一旦遭人举报，就有可能构成挪用资金罪。

二、对于公司来讲，一旦发现董事高管等有未经股东会或董事会决议借用资金的情形，可以要求其立即归还，拒不归还的可以挪用资金罪进行刑事举报，督促其尽快还款。

相关法条

《中华人民共和国刑法》（2020 年修正）

第二百七十二条　【挪用资金罪】公司、企业或者其他单位的工作人员，利用职务上的便利，挪用本单位资金归个人使用或者借贷给他人，数额较大、超过三个月未还的，或者虽未超过三个月，但数额较大、进行营利活动的，或者进行非法活动的，处三年以下有期徒刑或者拘役；挪用本单位资金数额巨大的，处三年以上七年以下有期徒刑；数额特别巨大的，处七年以上有期徒刑。

【挪用公款罪】国有公司、企业或者其他国有单位中从事公务的人员和国有公司、企业或者其他国有单位委派到非国有公司、企业以及其他单位从事公务的人员有前款行为的，依照本法第三百八十四条的规定定罪处罚。

有第一款行为，在提起公诉前将挪用的资金退还的，可以从轻或者减轻处罚。其中，犯罪较轻的，可以减轻或者免除处罚。

《最高人民法院、最高人民检察院关于办理贪污贿赂刑事案件适用法律若干问题的解释》（法释〔2016〕9 号　2016 年 4 月 18 日实施）

第五条　挪用公款归个人使用，进行非法活动，数额在三万元以上的，应当依照刑法第三百八十四条的规定以挪用公款罪追究刑事责任；数额在三百万元以上的，应当认定为刑法第三百八十四条第一款规定的“数额巨大”。具有下列情形之一的，应当认定为刑法第三百八十四条第一款规定的“情节严重”：

（一）挪用公款数额在一百万元以上的；

（二）挪用救灾、抢险、防汛、优抚、扶贫、移民、救济特定款物，数额在五十万元以上不满一百万元的；

（三）挪用公款不退还，数额在五十万元以上不满一百万元的；

（四）其他严重的情节。

第六条 挪用公款归个人使用，进行营利活动或者超过三个月未还，数额在五万元以上的，应当认定为刑法第三百八十四条第一款规定的“数额较大”；数额在五百万元以上的，应当认定为刑法第三百八十四条第一款规定的“数额巨大”。具有下列情形之一的，应当认定为刑法第三百八十四条第一款规定的“情节严重”：

（一）挪用公款数额在二百万元以上的；

（二）挪用救灾、抢险、防汛、优抚、扶贫、移民、救济特定款物，数额在一百万元以上不满二百万元的；

（三）挪用公款不退还，数额在一百万元以上不满二百万元的；

（四）其他严重的情节。

第十一条第二款 刑法第二百七十二条规定的挪用资金罪中的“数额较大”“数额巨大”以及“进行非法活动”情形的数额起点，按照本解释关于挪用公款罪“数额较大”“情节严重”以及“进行非法活动”的数额标准规定的二倍执行。

《中华人民共和国公司法》（2018年修正）

第二十一条第一款 公司的控股股东、实际控制人、董事、监事、高级管理人员不得利用其关联关系损害公司利益。

第一百一十五条 公司不得直接或者通过子公司向董事、监事、高级管理人员提供借款。

第一百四十八条 董事、高级管理人员不得有下列行为：

（一）挪用公司资金；

（二）将公司资金以其个人名义或者以其他个人名义开立账户存储；

（三）违反公司章程的规定，未经股东会、股东大会或者董事会同意，将公司资金借贷给他人或者以公司财产为他人提供担保；

（四）违反公司章程的规定或者未经股东会、股东大会同意，与本公司订立合同或者进行交易；

（五）未经股东会或者股东大会同意，利用职务便利为自己或者他人谋取属于公司的商业机会，自营或者为他人经营与所任职公司同类的业务；

（六）接受他人与公司交易的佣金归为己有；

（七）擅自披露公司秘密；

（八）违反对公司忠实义务的其他行为。

董事、高级管理人员违反前款规定所得的收入应当归公司所有。

本案链接

云南省红河哈尼族彝族自治州中级人民法院·李某挪用资金案二审刑事裁定书［（2014）红中刑一终字第22号］

上诉人（原审被告人）李某无视国家法律，违反《公司法》关于公司不得向董事、监事、高级管理人员提供借款，及董事、高级管理人员不得违反公司章程或者未经股东会、股东大会同意，与本公司订立合同的禁止性规定，利用职务上的便利，以借款为名挪用本单位数额巨大的资金进行营利活动，及挪用本单位数额巨大的资金归他人使用超过三个月未还，其行为构成挪用资金罪。上诉人李某关于其主观上没有挪用资金的故意，其行为属于正常借款，不构成挪用资金罪；随案移送的362828.26元不属于涉案款，依法应退还其本人的上诉意见，及辩护人提出的相同辩护意见，均不符合相关法律的规定，本院不予采纳。

延伸阅读

裁判观点：未经股东会或董事会决议，董事、高管挪用公司资金个人使用，数额较大的，构成挪用资金罪。

案例1：广东省高级人民法院·钟某周贪污等二审刑事裁定书［（2013）粤高法刑二终字第68号］

上诉人钟某周挪用九某电器有限公司资金430万元用于钟某辉投资入股银某皮具城的犯罪事实，司法会计鉴定书证实银某皮具城收到九某电器有限公司和张某容划来的款项后，账目记载为“其他应付款——钟某辉”，并未显示是与九某电器有限公司的业务往来款。结合银某皮具城的股东会决议、股东转让出资合同书和工商登记资料所反映2008年1月股东由杨某章变更为钟某辉的事实，可以认定九某电器有限公司划至银某皮具城的430万元是作为钟某辉投资入股银某皮具城的款项，并非二公司之间的业务借款。九某公司会计张某容证实其是按钟某周批条划款至银某皮具城，上诉人钟某周在侦查阶段亦辩称划至银某皮具城的

430万元属于业务借款，不需要经过股东会同意。综上，在案证据足以证实钟某周未经股东会同意擅自挪用资金，而非正常经营中使用资金。

上诉人钟某周作为九某电器有限公司法定代表人、董事长（执行董事）、总经理，在未经董事会或股东大会同意且明知其个人无权私自决定的情况下，仍然利用职务上的便利，指使财务人员划转本单位资金人民币7207万余元归个人使用或借贷给他人，或进行营利活动，其行为已构成挪用资金罪。

案例2：广东省高级人民法院·王某祥挪用资金罪二审刑事裁定书［（2016）粤刑终1154号］

上诉人王某祥虽上诉提出其曾为临沂中某公司垫支，但不否认挪用该公司的资金用于其个人的金某广业公司的经营。根据在案证据，王某祥在临沂中某公司任职副总经理，在临沂中某公司的相关财务报账单上有签名记录，证人证实只有王某祥对相关单据签名后才能在公司报销，可见王某祥有主管公司财务的职务便利。王某祥利用该职务便利条件，在未和其他公司管理人员研究，未经公司董事会或股东大会同意，未经单位领导集体决定的情况下，由其个人决定将临沂中某公司的1770万元挪用至其实际控制的金某广业公司，进行营利活动，其在该部分事实中的行为构成挪用资金罪。

案例3：新疆生产建设兵团第三师中级人民法院·张某、李某放犯国有公司人员失职罪、受贿罪、挪用资金罪、行贿罪二审刑事判决书［（2017）兵03刑终18号］

李某放虽是通某公司的法定代表人，但李某放的任职没有经过国有公司的提名、推荐、任命、批准，也没有经过国家出资企业中负有管理、监督国有资产职责的组织批准或者研究决定，兵团棉某公司在李某放出任相关职务过程中也没有行使相应的人事决定权和任免权。李某放在本案中所从事的是收购、加工籽棉有关的事务性工作，并无国有资产的组织、领导、经营、管理的职责，不属于从事管理国有财产的公务职务活动的国有公司工作人员，但属于通某公司的工作人员。本案中，李某放将通某公司收到的天某公司通过中新某公司转入的籽棉收购款1000万元转入其个人账户，依据天某公司与通某公司签订的《棉花联合收购经营协议》的约定，该账户上的1000万元虽系天某公司所有，但由通某公司与天某公司共同监管。由通某公司占用、使用的籽棉收购款，视为“本单位资金”。李某放将通某公司籽棉收购款1000万元用于归还借款及个人使用，造成尚有640万元未被追回的事实清楚，证据充分。案发时，李某放虽为通某公司的法定代表人，但并不代表李某放可以随意支配公司的财产。涉案的1000万元是天某公司按照与通某公司签订的《棉花联合收购经营协议》汇入的籽棉收购款专户，该账户是由双方共同监管，李某放明知天某公司与通某公司约定的籽棉收购资金专款专用，不得挪作他用，仍利用其收购、加工籽棉，经手支付籽棉款的便利条件，事前未经天某公司监管人员张某的同意，将本单位棉花收购款账户上的1000万元资金存入农信社某城县营业部后转为个人存款，进行营利活动后，作为归还借款及个人使用，挪用资金数额巨大，且有640万元未退还，其行为已构成挪用资金罪。

097 个人决定将公司资金以公司名义出借给他人的，是否构成挪用资金罪？

☞ 阅读提示

在实践中，经常有一些公司高管迫于各种压力，个人决定以公司名义将公司资金出借给其他单位使用，甚至出借后血本无归。在此种情形下，这些决定对外出借资金的高管是否构成挪用资金罪呢？

裁判要旨

挪用本单位资金借贷给他人构成挪用资金罪的，要求挪用人以“个人名义”实施出借行为。以“单位名义”将本单位资金借贷其他单位，且未谋取个人利益的，不构成挪用资金罪。

案情简介

一、张某甲是吉林某甲毡制品厂的董事长，负责厂里的全面工作，属于一把手。

二、在担任董事长期间，张某甲于2009年11月5日，决定将该厂处理废机器款21万元中的8万元借给其妹妹张某丙，用于个人经营；于2009年11月8日，决定将该厂销售回款10万元借给其朋友于某甲，用于个人经营。

三、前述二笔借款均由借款人本人向某甲毡制品厂出具借条，且该种欠条亦收存于该厂财务部门，该厂机关多人也清楚出借事实。而且张某甲并未谋取个人利益。

四、后来有员工以张某甲挪用公司资金向公安机关举报，公安机关以挪用资金罪对张某甲刑事立案侦查，此后检察院以张某甲挪用公司供个人使用构成挪用资金罪为由向法院提起公诉。

五、本案经吉林市船营区人民法院一审、吉林市中级人民法院二审均认为张某甲并没有以个人名义将公司资金出借给他人，不构成挪用资金罪。

裁判要点

《最高人民法院关于如何理解刑法第二百七十二条规定的“挪用本单位资金归个人使用或者借贷给他人”问题的批复》明确指出：“公司、企业或者其他单位的非国家工作人员，利用职务上的便利，挪用本单位资金归本人或者其他自然人使用，或者挪用人以个人名义将所挪用的资金借给其他自然人和单位，构成犯罪的，应当依照刑法第二百七十二条第一款的规定定罪处罚。”根据该批复“挪用本单位资金……借贷给他人”构成本罪的，要求挪用人需“以个人名义”实施出借行为，这是该解释将“以单位名义”实施出借行为排除于犯罪之外的本意所在。

本案中，虽张某甲利用职务便利，指令某甲毡制品厂有关人员经手将该厂资金借给他人，但借款人均明确向该厂出具了“向某甲毡制品厂借款”字样的欠条，且该种欠条亦收存于该厂财务部门，该厂机关多人也清楚出借事实。在此情况下，作为债权人的某甲毡制品厂与作为债务人的借款人均明知债权债务互为对方。根据最高人民法院批复，此情形下张某甲不属于以个人名义将本单位资金出借给他人；另外，检察机关也未提供证据证明，张某甲从前述两笔借款中谋取个人利益，故张某甲不构成挪用资金犯罪。

经验总结

在挪用资金罪中，“归个人使用”是指，个人决定将本单位资金供本人、亲友等自然人或者其他单位使用，并具有下列情形之一的：以个人名义进行的；以单位名义进行，谋取个人利益的。我们在办案过程中，经常遇到公司董事长等公司高管迫于各种压力，个人决定将公司资金以单位名义借给他人使用的情形，该种情形极易被别人认为是为谋取私利，构成挪用资金罪，甚至一些公检法机关的人员也认为这构成挪用资金罪。因此，公司董事长等公司高管在以公司名义对外借款时，务必根据公司章程的规定通过股东会或董事会的决议，并且要与出借方签订借款合同，在财务账簿中依法记载，在对方违约后及时提起诉讼进行追索，以免被他人认为是为谋取个人利益而遭到刑事控告。

相关法条

《中华人民共和国刑法》（2020 年修正）

第二百七十二条第一款　【挪用资金罪】公司、企业或者其他单位的工作人员，利用职务上的便利，挪用本单位资金归个人使用或者借贷给他人，数额较大、超过三个月未还的，或者虽未超过三个月，但数额较大、进行营利活动的，或者进行非法活动的，处三年以下有期徒刑或者拘役；挪用本单位资金数额巨大的，处三年以上七年以下有期徒刑；数额特别巨大的，处七年以上有期徒刑。

《最高人民法院关于如何理解刑法第二百七十二条规定的“挪用本单位资金归个人使用或者借贷给他人”问题的批复》（法释〔2000〕22 号　2000 年 7 月 27 日实施）

公司、企业或者其他单位的非国家工作人员，利用职务上的便利，挪用本单位资金归本人或者其他自然人使用，或者挪用人以个人名义将所挪用的资金借给其他自然人和单位，构成犯罪的，应当依照刑法第二百七十二条第一款的规定定罪处罚。

《全国人民代表大会常务委员会法制工作委员会刑法室关于挪用资金罪有关问题的答复》（法工委刑发〔2004〕第 28 号　2004 年 9 月 8 日实施）

刑法第二百七十二条规定的挪用资金罪中的“归个人使用”与刑法第三百八十四条规定的挪用公款罪中的“归个人使用”的含义基本相同。

《全国人民代表大会常务委员会关于〈中华人民共和国刑法〉第三百八十四条第一款的解释》（2002 年 4 月 28 日实施）

有下列情形之一的，属于挪用公款“归个人使用”：（一）将公款供本人、亲友或者其他自然人使用的；（二）以个人名义将公款供其他单位使用的；（三）个人决定以单位名义将公款供其他单位使用，谋取个人利益的。

《最高人民法院关于印发〈全国法院审理经济犯罪案件工作座谈会纪要〉的通知》(法发〔2003〕167号 2003年11月13日实施)

第四条第二项 ……在司法实践中，对于将公款供其他单位使用的，认定是否属于“以个人名义”，不能只看形式，要从实质上把握。对于行为人逃避财务监管，或者与使用人约定以个人名义进行，或者借款、还款都以个人名义进行，将公款给其他单位使用的，应认定为“以个人名义”。“个人决定”既包括行为人在职权范围内决定，也包括超越职权范围决定。“谋取个人利益”，既包括行为人与使用人事先约定谋取个人利益实际尚未获取的情况，也包括虽未事先约定但实际已获取了个人利益的情况。其中的“个人利益”，既包括不正当利益，也包括正当利益；既包括财产性利益，也包括非财产性利益，但这种非财产性利益应当是具体的实际利益，如升学、就业等。

本案链接

吉林省吉林市中级人民法院·张某甲职务侵占、挪用资金二审刑事裁定书[(2016)吉02刑终282号]

关于抗诉机关提出原审判决适用法律错误，张某甲构成挪用资金罪的刑事抗诉意见，根据本案的事实、证据及相关法律规定，本院评判如下：

根据《刑法》第二百七十二条第一款之规定，归个人使用和借贷给他人是挪用资金罪的两种表现形式。《最高人民法院关于如何理解刑法第二百七十二条规定的“挪用本单位资金归个人使用或者借贷给他人”问题的批复》对挪用本单位资金借贷给他人的情形作具体解释。结合本案事实，认定张某甲将所挪用的资金借给其亲友之行为是否构成挪用资金罪，需判断其是否属于以个人名义出借。借条载明出借人为毡制品厂之内容虽不是判断以个人名义与否的唯一标准，但可作为确认债权债务主体的重要依据，并综合考虑借款均出自毡制品厂相关管理人员之处，借款人系向相关管理人员出具借条，有多名管理人员知悉借款一事，没有秘密进行，并履行了一定的手续，借条留存于毡制品厂财务部门或在财务部门有记载，另考虑张某甲对毡制品厂享有数十万元的债权及毡制品厂财务管理混乱等情况，不宜认定张某甲以个人名义出借。关于抗诉机关提出原审判决适用法律错误，张某甲构成挪用资金罪的抗诉意见，经查，张某甲之行为不符合以个人名义将所挪用的资金借给其他自然人之法律规定，不构成挪用资金罪，故该抗诉意见不成立，不予支持。

延伸阅读

裁判观点：未以个人名义将款借出，也未谋取个人利益的，或者转款经单位领导集体研究决定的，均不能认定为“归个人使用”，不构成挪用资金罪。

案例 1：河南省焦作市中级人民法院 · 李某红挪用资金一案再审刑事判决书［（2015）焦刑再一终字第 5 号］

原审被告人为增加村民小组收入，经与小组会计商量后，将小组预收的宅基地转让款 50000 元，以小组名义借给了沁阳市某有限公司，后又将此事告诉了部分群众代表。原审被告人既未以个人名义将款借出，也未谋取个人利益，其行为不符合挪用资金罪的构成要件，改判无罪。

案例 2：四川省乐山市中级人民法院 · 陈某贵、陈某犯挪用资金罪二审刑事裁定书［（2016）川 11 刑终 172 号］

2008 年 10 月 14 日、2008 年 11 月 26 日绿某公司向栋某公司分别转款 250 万元、100 万元，是经过绿某公司股东会讨论决定而不是二被告人个人决定借款给栋某公司，栋某公司向陈某 1 转款及陈某 2 从栋某公司取款的行为是栋某公司处理本公司财产的行为；2008 年 11 月 13 日绿某公司以付垫资款名义转款 10 万元给栋某公司，现有证据不足以证明陈某 2 将此笔款项取出后归个人使用或者挪作他用。故公诉机关指控被告人陈某 1、陈某 2 犯挪用资金罪证据不足，罪名不能成立。二审法院认为，在案证据证实原审被告人陈某 1、陈某 2 使用资金属于企业行为而非个人行为，由于不符合挪用资金罪的主观要件和《最高人民法院关于如何理解刑法第二百七十二条规定的“挪用本单位资金归个人使用或者借贷给他人”问题的批复》的规定，不能认定二原审被告人犯挪用资金罪成立。抗诉机关的抗诉理由不成立。

098 以股权转让之名，行土地转让之实，构成非法转让、倒卖土地使用权罪吗？

☞ 阅读提示

公司取得建设用地使用权后转让股权的，在实务并不少见。那么，该行为是否合法？本文通过案例来观察实务中是如何认定的。

裁判要旨

为规避工业用地不能买卖的规定，双方决定以股权转让形式实现买卖土地使用权的目的，非法牟利情节严重的，构成非法转让、倒卖土地使用权罪。

案情简介

一、张某正拥有浙江展某公司 100%的股权，并担任公司法定代表人。

二、2009 年 12 月 14 日，张某正以浙江展某公司法定代表人的名义与县国土局签订了一份国有建设用地使用权出让合同，以 955 万元的价格取得了一宗工业用地，并约定张某正的投资强度要达到 4200 万元。此后，张某正对该宗土地进行了打地基等工程后就未再对土地进行投资建设，总的投资额度仅 300 多万元，并没有达到总投资强度的 25%。

三、2011 年 6 月，张某正与华某协商，将前述工业用地以 3300 万元的价格转让给华某。为了规避工业用地不能买卖的规定，双方通过签订浙江展某公司 100%股权转让协议的方式，间接实现土地转让的目的。

四、此后，检察院以张某正非法转让、倒卖土地使用权，非法牟利 1000 多万元，构成非法转让、倒卖土地使用权为由提起公诉；法院经审理判决张某正构成非法转让、倒卖土地使用权罪，并判处三年有期徒刑，罚金 100 万元。

裁判要点

依照我国国有土地使用权转让的相关规定，依法转让土地必须符合土地出让合同的约定，张某正以出让的方式取得国有土地使用权，其合同明确约定必须完成开发投资总额的 25%以上的投资后方能进行转让。但是涉案土地使用权转让时，土地上仅进行了打地基等最基础的投资建设，固定资产投资总额仅 300 余万元，未达到合同约定的投资要求。在前述情形下，张某正名义上转让的是公司股权，实质上转让的是依股权享有并控制的国有土地使用权，系采用阴阳合同的办法，以转让股权为名，行非法转让、倒卖土地使用权之实，且牟利的金额高达 1000 多万元，构成非法转让、倒卖土地使用权罪。

经验总结

虽然部分法院会认为以股权转让方式转让土地使用权的行为构成非法转让、

倒卖土地的犯罪，但是编者认为该种判决是错误的，其混淆了股权转让行为和土地使用权的转让行为。

因为股权转让与土地使用权转让是完全不同的法律制度。股权是股东享有的，并由《公司法》或公司章程所确定的多项具体权利的综合体。股权转让后，股东对公司的权利义务全部同时移转于受让人，受让人因此成为公司股东，取得股权。建设土地使用权则是权利人依法对国家所有的土地享有占有、使用和收益的权利，以及利用该土地建造建筑物、构筑物及其附属设施的权利。股权与建设用地使用权是完全不同的权利，股权转让与建设用地使用权转让的法律依据不同，两者不可混淆。当公司股权发生转让时，该公司的资产收益、参与重大决策和选择管理者等权利由转让方转移到受让方，而作为公司资产的建设用地使用权仍登记在该公司名下，土地使用权的公司法人财产性质未发生改变。

因此，转让房地产公司100%股权的转让合同，本质上仍是一种股权转让行为，而非土地使用权转让行为，股权转让行为合法有效。但考虑到实践中，一些法院错误地认为该行为构成非法转让、倒卖土地使用权罪，企业家也应预防相应的刑事法律风险，在实施相关行为前应当保证符合相关法律法规关于土地使用权转让的条件，或尽量取得当地政府的同意，或者低调行事，不要在当地政府的明确反对下进行。

相关法条

《中华人民共和国刑法》（2020年修正）

第二百二十八条　【非法转让、倒卖土地使用权罪】 以牟利为目的，违反土地管理法规，非法转让、倒卖土地使用权，情节严重的，处三年以下有期徒刑或者拘役，并处或者单处非法转让、倒卖土地使用权价额百分之五以上百分之二十以下罚金；情节特别严重的，处三年以上七年以下有期徒刑，并处非法转让、倒卖土地使用权价额百分之五以上百分之二十以下罚金。

《中华人民共和国城市房地产管理法》（2019年修正）

第三十九条 以出让方式取得土地使用权的，转让房地产时，应当符合下列条件：（一）按照出让合同约定已经支付全部土地使用权出让金，并取得土地使用权证书；

（二）按照出让合同约定进行投资开发，属于房屋建设工程的，完成开发投资总额的百分之二十五以上，属于成片开发土地的，形成工业用地或者其他建设用地条件。

转让房地产时房屋已经建成的，还应当持有房屋所有权证书。

《最高人民法院关于审理破坏土地资源刑事案件具体应用法律若干问题的解释》（法释〔2000〕14号 2000年6月22日实施）

第一条 以牟利为目的，违反土地管理法规，非法转让、倒卖土地使用权，具有下列情形之一的，属于非法转让、倒卖土地使用权“情节严重”，依照刑法第二百二十八条的规定，以非法转让、倒卖土地使用权罪定罪处罚：

（一）非法转让、倒卖基本农田五亩以上的；

（二）非法转让、倒卖基本农田以外的耕地十亩以上的；

（三）非法转让、倒卖其他土地二十亩以上的；

（四）非法获利五十万元以上的；

（五）非法转让、倒卖土地接近上述数量标准并具有其他恶劣情节的，如曾因非法转让、倒卖土地使用权受过行政处罚或者造成严重后果等。

第二条 实施第一条规定的行为，具有下列情形之一的，属于非法转让、倒卖土地使用权“情节特别严重”：

（一）非法转让、倒卖基本农田十亩以上的；

（二）非法转让、倒卖基本农田以外的耕地二十亩以上的；

（三）非法转让、倒卖其他土地四十亩以上的；

（四）非法获利一百万元以上的；

（五）非法转让、倒卖土地接近上述数量标准并具有其他恶劣情节，如造成严重后果等。

《中华人民共和国城镇国有土地使用权出让和转让暂行条例》（2020年修正）

第十九条 土地使用权转让是指土地使用者将土地使用权再转移的行为，包括出售、交换和赠与。

未按土地使用权出让合同规定的期限和条件投资开发、利用土地的，土地使用权不得转让。

本案链接

浙江省武义县人民法院·张某正非法转让、倒卖土地使用权罪一审刑事判决书［（2015）金武刑初字第628号］

被告人张某正违反土地管理法规，非法转让、倒卖土地，情节特别严重，其行为已构成非法转让、倒卖土地使用权罪，公诉机关指控成立，本院予以支持。关于被告人张某正是否构成本罪的问题。被告人张某正作为浙江武义展某健身器材有限公司的法定代表人，在其与某国有土地资源局签订的合同中，双方明确约定投资总额为 4200 万元，土地转让必须完成投资总额的 25%，而涉案土地的投入明显未达到转让条件，被告人张某正名义上转让的是公司股权，实质上转让的是依股权享有并控制的国有土地使用权，系采用阴阳合同的办法，以转让股权为名，行非法转让、倒卖土地使用权之实，其辩护人辩称被告人张某正的该行为仅仅是转让股权，并非转让土地使用权，与事实不符，不予采信。被告人张某正协助公安机关抓获逃犯，有立功情节，归案后和庭审中如实认罪，且已退回部分违法所得，予以从轻处罚。

延伸阅读

裁判观点 1：转让持有土地使用权的公司 100%股权，非法牟利，情节严重的，认定构成非法转让、倒卖土地使用权罪。

案例 1：安徽省淮北市相山区人民法院·邓某甲非法倒卖土地使用权罪一审刑事判决书［（2014）相刑初字第 00002 号］

2007 年 6 月，淮北市人民政府同意对位于南湖路西、南黎路北地块的国有土地使用权进行“招拍挂”出让。被告人邓某甲与谢某甲（已判刑）在得知这一信息之后，为取得该地块土地使用权，由被告人邓某甲出资，谢某甲于 2007 年 10 月 25 日注册成立青某公司。该公司于 2007 年 11 月 7 日被批准有资格从事房地产开发经营业务，股东为谢某甲、谢某乙，法定代表人谢某甲，注册资本 800 万元。

2007 年 11 月 20 日，青某公司向淮北市国土资源局递交竞买申请书，并支付竞买保证金 3500 万元，其中邓某甲出资 800 万元。同年 12 月，青某公司通过“招拍挂”出让的方式竞得到淮国土挂（2007）××号地块的国有土地使用权（位于南黎路北，南湖路西，总面积为 88496. 55 平方米，132. 74 亩），成交价为 6020 万元。此后谢某甲和邓某甲两人便不再支付剩余土地出让金，亦未按照出让合同约定进行开发建设，而预谋对该地块以股权转让的方式进行非法转让牟利。谢某甲、邓某甲二人谈妥对此地块的收益按二八比例分成。

2009 年下半年，谢某甲、邓某甲与国某公司法定代表人李某甲商谈了以股权转让的方式对该宗地块使用权进行转让的相关事宜。2009 年 11 月 21 日，谢某甲、谢某乙二人与国某公司签订股权转让合同，约定将谢某甲、谢某乙所持有的青某公司的全部股权转让给国某公司，转让总价款为7500万元（该价款不包括青某公司未缴纳的土地出让金2520万元）。2010年3月19日，谢某甲、谢某乙又联合签署了《股东会议记录》和《股权转让协议》，重申了股权转让内容。2010年5月6日青某公司递交《土地登记申请书》，2010年5月10日，青某公司获得土地使用权登记。2010年5月12日，由国某公司申请，青某公司的股东由谢某甲、谢某乙变更为国某公司，法定代表人由谢某甲变更为李某甲。至2011年4月，国某公司支付给谢某甲及邓某甲转让款7540余万元（含契税款240余万元）。

法院认为，被告人邓某甲伙同他人以牟利为目的，违反国家土地管理法规，以股权转让的名义非法倒卖国有土地使用权，涉案土地面积132.74亩，情节特别严重，其行为已构成非法倒卖土地使用权罪，应依法惩处。

案例2：浙江省磐安县人民法院·吕某、周某犯非法转让、倒卖土地使用权罪一审刑事判决书［（2015）金磐刑初字第138号］

2008年8月5日，被告人吕某以投资建设年产300万套园林工具生产线项目名义，与磐安新城区建设管理委员会草签了土地出让协议书，磐安某区建设管理委员会将坐落于新城区深泽高头×号的约11亩土地出让给吕某，该宗土地的用途为工业用地，吕某预付了土地出让款100万元。2008年12月24日，吕某经过工商注册登记成立磐安县豪某工具有限公司，其母亲夏某挂名该公司法人代表。2011年上半年，吕某在永康电视台做广告欲转让该宗土地，后来在永康办企业的黄某得知信息即与吕某取得联系。2011年11月，吕某向黄某提议由被告人周某协助办理转让手续，而后三人一起在周某磐安新城区的办公室内商定以股权转让的方式转让土地，转让的价格为420万元，黄某于同年11月29日支付定金20万元。2011年12月9日，吕某代表磐安县豪某工具有限公司就上述土地与磐安县国土资源局签订了《国有建设用地使用权出让合同》，约定该宗土地用于工业项目建设，固定资产总投资不低于1535.76万元。同年12月14日，吕某付清了剩余的土地出让款70.64万元。2012年4月16日黄某付清吕某转让款后，被告人周某明知该土地转让违法，仍以股权转让方式协助吕某、黄某办理了磐安县豪某工具有限公司相关转让手续，并分别向黄某和吕某收取好处费7.5万元和3万元。

法院认为，针对本案被告人及辩护人所提辩解及辩护意见，经查，被告人吕某获得土地使用权后，未按出让合同的规定进行投资开发和利用，就以股权转让的形式将土地作价非法转让、倒卖牟利，其实质是非法转让、倒卖土地使用权；被告人周某明知吕某未在本案所涉的土地中投资开发，转让出让的土地违法，仍积极协助办理相关转让手续，且在黄某无力投资开发本案所涉土地时，又与黄某协商转让、倒卖事项，从中分别获利10.5万元和50万元。因此，被告人周某及三辩护人所提被告人吕某、周某的行为是股权转让，而不是土地使用权转让，二被告人不构成犯罪的辩解和辩护意见，与法不符，本院不予采纳。

案例3：浙江省义乌市人民法院·陈某根、方某、朱某、傅某非法转让、倒卖土地使用权一案［（2013）金义刑初字第1257号］

2007年6月19日，被告人陈某根以义乌市青口红某铅笔厂的名义取得了义乌市××里工业区一块面积13589平方米的工业用地，上交土地出让金444.36万元人民币。后被告人陈某根因资金紧缺等原因，该工业用地一直未按土地出让合同规定进行开发利用。

2010年8月初，被告人陈某根为非法牟利，委托被告人朱某将其所有的工业用地中的一半用于出售。同年8月16日，被告人陈某根、朱某与被告人方某、傅某经过协商，被告人陈某根同意将义乌市青口红某铅笔厂工业用地的一半（6794.5平方米）出售给被告人方某。同时，为规避该工业用地不能买卖的规定，双方决定以股权转让形式实现买卖土地使用权的目的，后由被告人傅某拟定了《股份转让合同》，被告人陈某根以人民币937万元的价格将其所有的一半工业用地出售给被告人方某。被告人方某委托被告人傅某办理了工商变更登记等手续，取得了该工业用地一半的使用权。事后，被告人陈某根支付给被告人朱某15万元好处费，而被告人方某支付给被告人傅某2万元的好处费。

在被告人方某取得义乌市青口红某铅笔厂工业用地一半使用权后，也未对该工业用地进行开发利用。后被告人方某、陈某根经过合谋，准备将其二人共有的20余亩工业用地进行倒卖牟利，并委托了被告人傅某寻找买家。2011年6月10日，被告人陈某根、方某、傅某用同样的方式，将义乌市青口红某铅笔厂的工业用地以总价3160万元的价格出售给黄某，其中被告人陈某根得款1560万元，被告人方某得款1600万元。事后，黄某已将上述款项全部支付给被告人陈某根、方某，办理了工业用地相关的过户手续。被告人傅某收取黄某支付的好处费15万元人民币，收取被告人方某支付的好处费6万元人民币，收取被告人陈某根支付的好处费20万元人民币。

法院认为，被告人陈某根、方某、朱某、傅某以牟利为目的，违反土地管理法规，非法倒卖土地使用权，情节特别严重，其行为均已构成非法倒卖土地使用权罪。公诉机关指控成立，应予支持。

案例4：浙江省绍兴市越城区人民法院·单某、俞某犯非法转让、倒卖土地使用权罪一审刑事判决书［（2015）绍越刑初字第24号］

2010年5月6日，被告人单某、俞某共同出资注册成立港某公司，同年11月23日，港某公司以人民币1260万元的价格竞标拍得绍兴市袍江经济开发区汽车城G2-×地块，并花费人民币22万元对该地块进行了平整。2011年2月22日，被告人单某、俞某以牟利为目的，在未经土管部门许可，且不具备土地使用权转让条件的情况下，以公司股权转让的方式，私自将G2-×地块土地使用权以人民币2800万元的价格转让给温州开某集团有限公司和温州捷某汽车技术服务有限公司，被告人单某、俞某共计非法获利人民币1518万元。

法院认为，被告人单某、俞某以牟利为目的，违反土地管理法规，非法转让土地使用权，其行为均已构成非法转让土地使用权罪，且系共同犯罪。公诉机关指控的罪名成立，本院予以支持。

案例5：浙江省磐安县人民法院·应某国非法转让、倒卖土地使用权罪一审刑事判决书［（2016）浙0727刑初00094号］

依照我国国有土地使用权转让的相关规定，依法转让土地必须符合土地出让合同的约定，诺某斯公司以出让的方式取得国有土地使用权，其合同明确约定必须完成开发投资总额的25%以上的投资以后方能进行转让。涉案土地使用权转让给周某时，土地上仅有土地平整、围墙和挡土墙建设，扣除土地出让金外其他固定资产投资总额仅159.972万元，未达到合同约定的投资要求……应某1获得涉案土地使用权后，未按出让合同规定的期限和条件进行投资开发和利用土地，在政府依法督促按照合同投资建设未果并提出回购要求的情况下，仍以公司股权转让的形式将26.23亩土地作价非法转让，从中牟取非法利益200余万元，情节特别严重，其行为已构成非法转让土地使用权罪。

裁判观点2：一方当事人以股权转让行为触犯非法转让、倒卖土地使用权罪为抗辩理由，法院在民事案件审理中直接认定该行为不可能构成此罪。

案例6：河南省高级人民法院·郭某英、张某奇与何某芝及河南省天某冷饮有限公司股权转让纠纷二审民事判决书［（2014）豫法民二终字第46号］

关于何某芝的行为是否涉嫌非法转让、倒卖土地的问题。《刑法》规定：非法转让、倒卖土地使用权罪，是指以牟利为目的，违反土地管理法规，非法转让、倒卖土地使用权，情节严重的行为。本案中，商丘项目所涉土地是以兆某公司的名义参与竞标并取得土地使用权的，涉案土地的使用权始终登记在兆某公司名下，土地使用权人是兆某公司。何某芝只是兆某公司的实际控制人。《股权转让协议》涉及的只是股权的转让，并没有对土地使用权人进行变更，不是土地使用权的非法转让、倒卖。郭某英、张某奇对此的上诉理由不能成立，本院不予支持。

案例7：江苏省高级人民法院·江苏高某房地产开发有限公司与福某集团有限公司股权转让纠纷再审民事判决书［（2014）苏商再终字第0006号］

《公司法》允许股权自由转让，而土地使用权的转让则须经过政府主管部门的批准。政府批准证书上的土地使用权人是公司，而股权转让并不引起公司名下土地使用权的转让，土地使用权人仍然是公司，因此，股权的任何转让都不会导致批准证书上的土地使用权人的变更，因而不涉及非法转让、倒卖土地使用权问题。高某公司主张涉案权转让触犯《刑法》的申诉理由无事实依据，不能成立。

裁判观点3：以转让公司100%股权方式达到转让土地使用权的目的而签订的股权转让协议合法有效。

案例8：最高人民法院·付某玲、沙某迪等与周某岐、营口恒某房地产开发有限公司等股权转让纠纷二审民事判决书［（2016）最高法民终222号］

合同效力应当依据《合同法》第五十二条①之规定予以判定……上述条款约定的内容属股权转让中的具体措施及方法，并未违反法律法规所规定的效力性强制性规定，亦未损害国家、集体或其他第三人利益。此外，本院已经注意到，该《公司股权转让合同书》存在以股权转让为名收购公司土地的性质，且周某岐因此合同的签订及履行而被另案刑事裁定［（2015）营刑二终字第00219号刑事裁定书］认定构成非法倒卖土地使用权罪，但对此本院认为，无论是否构成刑事犯罪，该合同效力亦不必然归于无效。本案中业已查明，沙某武欲通过控制恒某公司的方式开发使用涉案土地，此行为属于商事交易中投资者对目标公司的投资行为，是基于股权转让而就相应的权利义务以及履行的方法进行的约定，既不改变目标公司本身亦未变动涉案土地使用权之主体，故不应纳入土地管理法律法规的审查范畴，而应依据《公司法》中有关股权转让的规定对该协议进行审查。本院认为，在无效力性强制性规范对上述条款中的合同义务予以禁止的前提下，上

① 编者按：已失效，被《民法典》吸收。

述有关条款合法有效。

案例9：最高人民法院·薛某坪与陆某生、江苏苏浙皖边某市场发展有限公司、江苏明某房地产开发有限公司委托代理合同纠纷二审民事判决书［（2013）民一终字第138号］

薛某坪主张，案涉《股权转让协议》实质是以股权转让形式转移土地使用权的行为，系以合法形式掩盖非法目的，应认定为无效。本院认为，公司股权转让与作为公司资产的土地使用权转让为两个独立的法律关系，现行法律并无效力性强制性规定禁止以转让房地产项目公司股权形式实现土地使用权或房地产项目转让的目的。薛某坪的该项主张无法律依据，本院不予支持。

案例10：最高人民法院·马某泉、马某坚与湖北瑞某置业有限公司股权转让纠纷二审民事判决书［（2014）民二终字第264号］

瑞某公司主张本案所涉合同系名为股权转让实为土地使用权转让，因规避法律关于土地使用权转让的禁止性规定而无效。股权转让与土地使用权转让是完全不同的法律制度。股权是股东享有的，并由《公司法》或公司章程所确定的多项具体权利的综合体。股权转让后，股东对公司的权利义务全部同时移转于受让人，受让人因此成为公司股东，取得股权。依据《物权法》第一百三十五条①之规定，建设土地使用权，是权利人依法对国家所有的土地享有占有、使用和收益的权利，以及利用该土地建造建筑物、构筑物及其附属设施的权利。股权与建设用地使用权是完全不同的权利，股权转让与建设用地使用权转让的法律依据不同，两者不可混淆。当公司股权发生转让时，该公司的资产收益、参与重大决策和选择管理者等权利由转让方转移到受让方，而作为公司资产的建设用地使用权仍登记在该公司名下，土地使用权的公司法人财产性质未发生改变。乘某公司所拥有资产包括建设用地使用权（工业用途）、房屋所有权（厂房）、机械设备以及绿化林木等，股权转让后，乘某公司的资产收益、参与重大决策和选择管理者等权利，或者说公司的控制权已由马某泉、马某坚变为瑞某公司，但乘某公司包括建设用地使用权在内的各项有形或无形、动产或不动产等资产，并未发生权属改变。当然，公司在转让股权时，该公司的资产状况，包括建设用地使用权的价值，是决定股权转让价格的重要因素。但不等于说，公司在股权转让时只要有土地使用权，该公司股权转让的性质就变成了土地使用权转让，进而认为其行为是名为股权转让实为土地使用权转让而无效。股权转让的目标公司乘某公司为有限

① 编者按：已失效，被《民法典》吸收。

责任公司，依据我国《公司法》的规定，依法独立享有民事权利及承担民事责任，公司股东的变更不对公司的权利能力和行为能力构成影响，不论瑞某公司购买乘某公司全部股权是为将乘某公司名下的工业用地土地使用权性质变性后进行房地产开发或是其他经营目的，均不因此而影响股权转让合同的效力。

099 能否私自出售法院查封的财产？

☞ 阅读提示

在实践中，某些被执行人名下的财产被法院查封后，仍然将被查封财产予以处置，该种行为情节严重的，构成非法处置罪。本文将通过几个实际案例，分析非法处置罪的构成要件。

裁判要旨

被法院采取查封、扣押、冻结等强制措施的财产，非经法院判决或裁定，任何个人和组织不得擅自处置。被执行人在明知财产被查封情况下仍然擅自转卖，不仅损害了申请人和购买人的合法权益，还妨害了法院执行工作，损害了司法权威，构成非法处置罪。

案情简介

一、彭某贤系某房地产开发公司实际控制人。2018 年 2 月，某房地产开发公司因商品房预售合同纠纷被邓某起诉，并诉讼保全了该公司 1001 号商铺。后因某房地产开发公司未按调解书履行义务，邓某向法院申请执行。

二、在执行过程中，双方于 2018 年 8 月 10 日达成和解协议，约定某房地产开发公司、彭某贤在 2018 年 10 月 8 日之前向邓某付清全部欠款及违约金约 172.5 万元，如到期未付则通过司法拍卖程序来偿还，后某房地产开发公司及彭某贤仍未按调解协议履行义务。

三、2018 年 4 月 27 日，彭某贤在明知 1001 号商铺被法院查封的情况下，仍以 270 万元的价格将该商铺出售给兰某。2018 年 4 月至 10 月，兰某先后共支付了购房款 253 万元，但彭某贤未将上述款项用于归还邓某的债务，导致法院未对

1001号商铺进行解封，兰某无法办理房屋买卖手续。

四、案发后，彭某贤将53万元购房款退还给兰某，其余购房款一直未能退还，致使兰某经济损失达200万元。

五、此后彭某贤被检察院以非法处置罪提起公诉，法院经审理以彭某贤构成非法处置罪，判处有期徒刑一年半。

裁判要点

《刑法》第三百一十四条规定，隐藏、转移、变卖、故意毁损已被司法机关查封、扣押、冻结的财产，情节严重的，处三年以下有期徒刑、拘役或者罚金。该条规定即为非法处置查封、扣押、冻结的财产罪，该罪的构成要件如下：

一、犯罪的客体。非法处置查封、扣押、冻结的财产罪侵犯的客体为：司法机关查封、扣押、冻结财产的正常秩序。

二、犯罪的客观方面。非法处置查封、扣押、冻结的财产罪在客观方面的表现是：行为人实施了隐藏、转移、变卖、故意毁损已被司法机关查封、扣押、冻结的财产的行为，且情节严重。

（一）本罪的对象——已被司法机关查封、扣押、冻结的财产。需要强调的是，这里的“财产”必须是相关措施已经启动并且尚在持续之中的财产。

（二）本罪的行为方式——隐藏、转移、变卖、故意毁损。

（三）本罪发生的时空范围——从空间范围看，本罪可以发生在民事诉讼、行政诉讼以及刑事诉讼中。从时间上看，本罪既可发生在诉讼前，又可发生在诉讼后，还可发生在执行中。

三、犯罪的主体。本罪的犯罪主体为一般主体自然人。

四、犯罪的主观方面。本罪的主观方面是故意，需要具备对非法处置查封、扣押、冻结的财产的明知要素，在主观上表现为直接故意。间接故意和过失并不构成本罪。

本案中，彭某贤在明知财产被查封情况下仍然擅自转卖，不仅损害了申请人和购买人合法权益，还妨害了法院执行工作，损害了司法权威，满足前述构成要件，应当以非法处置罪处理。

经验总结

对于被执行人来讲，当其名下的财产已经被法院查封、扣押、冻结时，万不可以再进行处置。因为非法处置罪的犯罪客体是，司法机关查封、扣押、冻结财产的正常秩序。即使处置行为事实上并未给申请执行人造成经济损失，但因该种处置行为扰乱了正常的执行秩序，损害了司法权威，实际上已经属于非法处置罪的既遂。

相关法条

《中华人民共和国刑法》（2020 年修正）

第三百一十四条　【非法处置查封、扣押、冻结的财产罪】隐藏、转移、变卖、故意毁损已被司法机关查封、扣押、冻结的财产，情节严重的，处三年以下有期徒刑、拘役或者罚金。

本案链接

吉安市打击拒执犯罪十大典型案例之 10：吉安市青原区人民法院·彭某贤非法处置查封财产案

被法院采取查封、扣押、冻结等强制措施的财产，非经法院判决或裁定，任何个人和组织不得擅自处置。彭某贤在明知财产被查封情况下仍然擅自转卖，不仅损害了申请人和购买人合法权益，还妨害了法院执行工作，损害了司法权威。对彭某贤非法处置查封财产的行为依法追究刑事责任罪，不仅挽回了申请人和购买人的损失，也打击了被执行人的拒执行为，强化了司法公信力和法律权威。

延伸阅读

裁判观点：隐藏、转移、变卖、故意毁损已被司法机关查封、扣押、冻结的财产，情节严重的，构成非法处置罪。

案例 1：运城市中级人民法院·陈某某非法处置查封的财产罪二审刑事裁定书［（2017）晋 08 刑终 103 号］

本院认为，上诉人（原审被告人）陈某某明知土地被人民法院查封，不听法院执行人员劝阻，不顾城建、国土部门的行政处罚和停工通知，实施了在被查封的土地上建设楼房的事实，致已被拍卖的土地无法交付给买受人，其行为已构成非法处置查封的财产罪。关于上诉人陈某某所提自己主客观均不具有非法处置查封的财产罪的情节，应认定无罪及其辩护人认为被告人陈某某不构成非法处置查封的财产罪的理由。经查，证人刘某某、姚某某、赵某、张某、介某、赵某甲的证言及陈某某在侦查机关的供述证明上诉人陈某某明知该土地被法院查封，后又参与竞拍，但是未能拍上，可以证明陈某某主观上明知是该土地是被查封的财产。在平陆县国土资源局、平陆县住房保障和城乡建设局已经作出相关行政处理后仍进行施工行为，客观上造成了被查封财产无法交付给买受人，其行为符合非法处置查封的财产罪的法律规定，故对上诉人陈某某的上诉意见及其辩护人的意见不予采纳。

案例2：贺州市八步区人民法院·周某甲、周某乙非法处置查封、扣押、冻结的财产一审刑事判决书［（2015）贺八刑初字第653号］

本院认为，被告人周某甲、周某乙明知其土地已被法院依法查封，仍擅自将被查封的土地转卖给他人，情节严重。其行为确已触犯《刑法》第三百一十四条之规定，构成非法处置查封的财产罪，应当判处三年以下有期徒刑、拘役或者罚金。公诉机关指控被告人周某甲、周某乙犯非法处置查封的财产罪成立。对于被告人周某甲、周某乙各自的辩护人提出被告人周某甲、周某乙没有造成致使司法机关所裁定查封的财产无法执行的局面，没有达到“情节严重”的后果，不构成非法处置查封的财产罪的辩护意见。经查，本案中被告人周某甲、周某乙已经与凌某甲签订了土地转让协议，并且收取了土地转让的大部分款项，两被告人的行为已经具备非法处置查封的财产罪的全部构成要件，应当认定为犯罪既遂。故对被告人周某甲、周某乙各自的辩护人提出的该辩护意见，本院不予采纳。在共同犯罪中，被告人周某甲、周某乙积极实施犯罪行为，起主要作用，均是主犯，依法应当按照其所参与的全部犯罪处罚。被告人周某甲、周某乙自愿认罪，可以酌情从轻处罚。本院为维护社会管理秩序，打击刑事犯罪活动。

案例3：益阳市中级人民法院·被告人田某某犯非法处置查封、冻结的财产罪一案［（2012）益法刑一终字第16号］

上诉人田某某于2006年6月13日至2008年9月2日、2009年7月16日至2010年3月22日任鸿某公司法人代表，鸿某公司于2007年12月摘牌竞得益阳市迎宾路北侧春晓路以南的土地。2008年4月8日，鸿某公司与南某公司签订建筑工程施工合同，鸿某公司将坐落在益阳市金山路以东、迎宾路以北、十二街区的一栋7层、建筑面积约5000平方米的住宿楼（鸿某公司第三栋住宿楼，含住宿房6层48套住房、车库1层）承包给南某公司施工，实际由曹某科以南某公司的名义建设，于2008年4月开工至2009年3月竣工。2008年5月16日，鸿某公司第三栋住宿楼用地由商住用地改为居住用地，正式取得国土使用权证。

2008年12月1日，鸿某公司因无钱支付工程款，又与南某公司签订补充协议，由曹某科全额垫资建设，鸿某公司将所建的第三栋房屋从西头起3038平方米（约22套）的房屋及400平方米的车库作工程款折价380万元抵偿给曹某科。2008年11月至2009年3月1日，曹某科将22套房屋预售出去，收取50%的购房款，余款在2010年2月田某某办理房屋产权证和国土使用权证后收取；田某某出售19套房屋，收取购房款249万余元。2009年7月，周某农以股权转让合同纠纷向益阳市中级人民法院（以下简称本院）起诉被告人田某某及鸿某公司，同年7月26日，周某农提出财产保全申请，本院于同年8月4日以（2009）益法民二初字第12-1号民事裁定书查封了鸿某公司位于益阳市迎宾路以北金山路以东的第三栋住宿楼（共四梯间48套房屋）及田某某位于江家坪姚家湾村的两套私有房屋，同日发出（2009）益法民二初字第12号公告：任何个人或单位不得对上述房产进行任何形式的处置，并将公告张贴于第三栋楼梯间，8月5日，本院向市房管局发出协助执行通知书，8月6日，田某某签收该裁定书。田某某在明知公司第三栋房屋已被法院查封的情况下，于2009年12月11日、2010年2月5日，未经本院同意，委托公司出纳员姚某云（系田某某之妻）为胡某仲等45户住户办理了房屋产权证和国土使用权证。2010年7月7日，本院作出（2009）益法民二初字第12号民事判决：被告人田某某向周某农支付股份转让欠款392万元，驳回周某农要求鸿某公司承担连带清偿责任的诉讼请求。2011年3月29日，湖南省高级人民法院驳回田某某的上诉，维持原判。同年4月20日，本院因两级法院判决驳回了周某农要求鸿某公司承担连带清偿责任的诉讼请求，裁定解除了对鸿某公司位于迎宾路以北金山路以东的第三栋住宿楼（共四梯间48套房屋）的查封。本院认为，上诉人（原审被告人）田某某身为鸿某公司的法人代表，明知本公司房屋已被司法机关查封、冻结，仍为45套房屋办理了房屋产权证和国土使用权证，变卖被查封、冻结的财产数额巨大，情节严重，其行为已构成非法处置查封、冻结的财产罪。

案例4：奉化市人民法院·吴某犯非法处置查封、扣押、冻结的财产罪一审刑事判决书［（2013）甬奉刑初字第129号］

本院认为，被告人吴某非法处置已被司法机关查封的财产，情节严重，其行为已构成非法处置查封的财产罪。公诉机关指控的罪名成立。对于被告人及其辩护人提出的宁波市中级人民法院对查封西坞街道西坞南路××号的国土使用权的查封不合理，查封的地块共有六个土地使用权证号，查封其中一处就可满足1000

万元的债权的辩解及辩护意见。经查，2007年9月28日奉化市国土资源局公告中写明该地块系外来人口公寓，需整体开发建造，不得对外销售，因此宁波市中级人民法院对西坞街道西坞南路××号的国土使用权整体查封的内容及程序均合法有效。对被告人及其辩护人提出的在房屋出租前对土地使用权查封一事不明知的辩解及辩护意见。经查，除了被告人吴某在公安机关曾供述在房子刚出租的时候，西坞街道的工作人员及公安局经侦大队的民警曾告知其地块已被宁波市中级人民法院查封，当时仅收取了10余套出租房子的定金，但是有证据证明吴某最后共计出租了20套左右的房子，说明吴某在知道土地使用权被查封之后仍然出租了房屋，庭审时，被告人对西坞街道的工作人员及公安局经侦大队的民警曾告知其地块已被宁波市中级人民法院查封的事实是认可的。其他证据有股东叶某、印某等人的证言证实在2011年7月转贷时就已经知道土地使用权被查封的情况，在商量房屋是否出租一事时，叶某及印某均提出土地使用权被查封一事，并且据此反对房屋出租，另外，雪某公司在土地使用权被查封以后多次用电话及发函的方式通知吴某来雪某公司协商此事，沈某及叶某的证言也证实了这一点。以上证据足以认定被告人吴某对土地使用权被查封一事应当是明知的。对被告人及其辩护人提出的对房屋不是出卖是出租的辩解及辩护意见。经查，从租赁协议来看，租期约定为永久或不定，不符合房屋租赁的法律规定，因为法律规定最长20年；同时又一次性收取租金才约定交房，还附上了如果房产证能办出的补价条款。这一系列的行为都是变相买卖的行为，另外，从承租户的证言来看，租户们均证实在租房期间，吴某向租户们传达的就是卖房的信息。对被告人及其辩护人提出的非法处置查封的财产行为情节并不严重的辩解及辩护意见。经查，奉化市国土资源局2007年就该地块的拍卖出让公告中注明，该地块需整体开发建造，不得对外销售。竞拍成功后国土资源局与雪某公司签订的合同的第四条也再次明确，出让的土地用途为商业、住宅（外来人口公寓）。被告人吴某将房屋对外销售，且买方均为西坞当地村民，该行为不仅违反了合同约定，也违背了政府开发该块土地的初衷；从该行为的过程来看，最初决定“出租”房屋之前，也有股东反对吴某的做法，但吴某坚持以此形式筹集资金解决工程款支付问题，导致事态扩大；从该行为的结果来看，吴某采用以租代卖的形式，最终出售房屋20套左右，得款500余万元，且因价格较低，有个别买家甚至坚持买房，严重影响了宁波市中级人民法院对查封财产的处置，客观上严重妨害了宁波市中级人民法院生效判决的执行。本院认为被告人吴某非法处置查封的财产的行为情节严重。因此被告人及其辩护人提出四点辩解及辩护意见与事实和法律不符，本院不予采纳。公诉机关的量刑建议适当。依照《刑法》第三百一十四条之规定，判决如下：被告人吴某犯非法处置查封的财产罪，判处有期徒刑十个月。

案例5：莒县人民法院·刘某犯非法处置查封、扣押、冻结的财产罪一审刑事判决书［（2015）莒刑初字第93号］

根据《查封扣押冻结规定》第二十三条①关于"查封地上建筑物的效力及于该地上建筑物使用范围内的土地使用权，查封土地使用权的效力及于地上建筑物，但土地使用权与地上建筑物的所有权分属被执行人与他人的除外"的规定，本院依法查封了昊某公司内的房产四处，效力及于该房产使用范围内的土地使用权。被告人刘某违反规定，在昊某公司已被本院查封的房产未解封的情况下，将该房产出卖给他人，并办理土地使用权过户手续，致使本院裁定查封的财产无法执行，情节严重，其行为侵犯了司法机关的正常活动，已构成非法处置查封的财产罪，应追究其刑事责任。公诉机关的指控成立，予以支持。被告人刘某到案后，如实供述其犯罪事实，可对其从轻处罚；其具有悔罪表现，宣告缓刑对所居住社区没有重大不良影响，可对其宣告缓刑，并在缓刑考验期限内依法实行社区矫正。被告人刘某关于出卖房产是在法院查封之前，其行为不构成犯罪的辩护意见不能成立，不予采纳。

100 被执行人以他人名义办理银行卡供自己使用，是否构成拒不执行判决、裁定罪？

☞ **阅读提示**

在实践中，有些被执行人自己的账户被法院冻结后，常常会以亲朋好友的名义开设一个账户，供自己使用，以规避执行，该种现象司空见惯，但实际上该种规避执行的行为构成拒不执行判决、裁定罪。本文将通过案例详细分析拒不执行判决、裁定罪的构成要件。

① 编者按：《查封扣押冻结规定》（2020年修正）第21条。

裁判要旨

被执行人以他人名义办理银行卡供自己使用，收到款项后选择隐匿财产，属于有能力执行而拒不执行的情形，构成拒不执行判决、裁定罪。

案情简介

一、2014年至2016年，汪某清陆续收购陈某某的木材，但货款没有付清，陈某某多次催要未果后将汪某清诉至峡江县人民法院。2018年6月8日法院判决汪某清支付陈某某货款386800元。

二、判决生效后，汪某清未履行义务，郭某某于2018年7月19日向峡江县人民法院申请强制执行，当日立案。被执行人在法院发出执行通知书、财产报告令、限制高消费令后一直未履行。

三、汪某清在得知其账号被法院冻结后，为了规避执行，指使其侄女婿全某某在南昌县一个农业银行网点，以全某某名义办理了一张银行卡供自己使用，后继续将该账号提供给高安市国某陶瓷有限公司等，先后共收到款项58410元。

四、汪某清不用上述款项履行生效法律文书所确定的义务，无正当理由转给他人或另作他用。在查明汪某清有转移财产嫌疑后，执行人员于2019年7月17日移送公安机关侦查，公安机关立案后在网上发布通缉令，于2020年4月将其抓获。

五、2021年1月20日，检察机关以拒不执行判决罪，向峡江县人民法院提起公诉。峡江县法院经审理判决汪某清构成拒不执行判决罪，处有期徒刑十个月。

裁判要点

一、拒不执行判决、裁定罪法律分析

《刑法》第三百一十三条规定，拒不执行判决、裁定罪是指对人民法院的判决、裁定有能力执行而拒不执行，情节严重的行为。首先，本罪的犯罪主体是负有执行义务的人，包括被执行人、协助执行义务人和担保人等，自然人和单位均可构成本罪。其次，责任形式是故意，即明知自己负有执行义务，但拒不执行。再次，犯罪客体是除了国家司法秩序外，还有生效法律文书所确认的当事人的合法权益；客观方面表现为有能力履行而拒不履行，情节严重。最后，本罪属情节犯，拒不执行生效判决、裁定的行为并非一经实施即构成犯罪，而是必须达到“情节严重”的程度，才能追究行为人的刑事责任。

二、构成本罪的核心要素

无履行能力致使履行不能，主观上没有逃避执行的意思表示，客观上未实施抗拒执行的行为，不构成此罪。所谓无履行能力导致履行不能，是指行为人无财产可供执行或者不具备履行特定义务的能力，致使无法履行法院生效的判决、裁定。因此，执行实践中，把积极遵守法律但实在无财产可供执行的被执行人，排除在追究拒不执行判决、裁定罪之外。有能力执行而拒不执行应包含如下要素：

首先，行为人有执行能力。这需要看是否有证据证明被执行人有财产，是否有证据证明被执行人存在高消费的行为，是否有证据证明被执行人存在潜在的债权等其他财产。

其次，行为人意识到判决、裁定已经生效。判决、裁定的生效时间与拒不执行行为的起算时间不能同时起算。拒不执行行为的起算时间应视不同情况予以区分。对于协助执行义务人、第三人而言，其前期不清楚法院的裁判情况，只有在收到法院发出的协助执行通知书后才知晓判决、裁定的内容，故以收到法院协助执行通知书之日为起算点。对于被执行人而言，因其比较了解裁判文书的具体内容，故在判决、裁定发生法律效力后，就应当支付财产或者履行特定义务，故时间起算点从判决、裁定发生法律效力之日起。

最后，行为人有逃避或者拒绝执行行为。根据最高院2015年7月20日《关于审理拒不执行判决、裁定刑事案件适用法律若干问题的解释》（以下简称《拒执案件解释》）的规定[①]，行为人有逃避或者拒绝执行行为，可以是使用暴力抗拒执行，如辱骂、群殴执行人员，砸毁执法记录仪、执行车辆，撕毁执行文书、封条等；也可以是“软对抗”，比如通过隐藏、转移财产，无偿、低价转让财产，或者与他人串通，通过虚假诉讼、虚假债务的方式，降低自己的履行能力等。

三、构成本罪的具体情形

“律师京工坊”团队律师基于对多个拒不执行判决、裁定罪真实案例的实证研究，“情节严重”的表现主要有以下几种类型：

1. 拒不申报或不如实申报财产，即被执行人拒绝服从法院报告财产令，不履行或者不如实履行申报财产义务，致使法院不能依法执行裁判的行为。对拒不

---

① 编者按：《关于审理拒不执行判决、裁定刑事案件适用法律若干问题的解释》（2020年修正）第2条。

申报或不如实申报财产的行为，一般只要证明其有执行能力或者部分执行能力，就认定其“情节严重”。

2. 被执行人逃匿、隐藏自己行踪或者离开案件执行地，以逃避法院执行活动。

3. 擅自处置被查封、扣押财产，或者非法妨碍法院查封、扣押财产，即未经执行法院许可违法处置被依法查封、扣押的财产。

4. 隐藏、转移、故意毁损财产或者无偿转让、以明显不合理价格转让财产，目的在于规避法院执行，对隐藏、转移、故意毁损财产或者无偿转让、以明显不合理价格转让财产的，判决一般只要认定其存在这些行为，即认定其“情节严重”。

5. 被司法拘留后仍拒不执行判决、裁定的行为，即被执行人“有能力执行而拒不执行”，经法院司法拘留后仍不履行判决、裁定的行为。

本案中，被执行人汪某清在自己的账户被冻结后，以亲属名义新办银行卡，并使用该银行账户从事经营活动，收到款项后拒绝向法院申报财产情况，是典型的规避执行行为，属于有能力履行而拒不履行的情形，且情节严重，应依法追究其刑事责任。

经验总结

对于被执行人来讲，务必清楚在自己名下的财产被查封扣押冻结之后，如果以他人名义开设账户供自己使用，或将本人的收入要求第三方转入他人账户，或拒绝向执行法院申报财产却仍然进行高消费的，情节严重的，构成拒不执行判决、裁定罪。对于申请执行人来讲，若发现被执行人存在前述情形，可以拒不执行判决、裁定罪来进行刑事控告，以倒逼被执行人还钱。

相关法条

《中华人民共和国刑法》（2020年修正）

第三百一十三条　【拒不执行判决、裁定罪】 对人民法院的判决、裁定有能力执行而拒不执行，情节严重的，处三年以下有期徒刑、拘役或者罚金；情节特别严重的，处三年以上七年以下有期徒刑，并处罚金。

单位犯前款罪的，对单位判处罚金，并对其直接负责的主管人员和其他直接责任人员，依照前款的规定处罚。

《全国人民代表大会常务委员会关于〈中华人民共和国刑法〉第313条的解释》（2002年8月29日实施）

刑法第三百一十三条规定的“人民法院的判决、裁定”，是指人民法院依法作出的具有执行内容并已发生法律效力的判决、裁定。人民法院为依法执行支付令、生效的调解书、仲裁裁决、公证债权文书等所作的裁定属于该条规定的裁定。

本案链接

吉安市打击拒执犯罪十大典型案例之4：吉安市峡江县法院·汪某清拒不执行判决、裁定案

被执行人汪某清在自己的账户被冻结后，以亲属名义新办银行卡，并使用该银行账户从事经营活动，收到款项后拒绝向法院申报财产情况，是典型的规避执行行为，属于有能力履行而拒不履行的情形，且情节严重，应依法追究其刑事责任。发布通缉令后，汪某清仍然心存侥幸拒不归案，而几个月后就被公安机关抓获。在全省法院对拒执犯罪的高强度打击下，所有抗拒执行的被执行人终将难逃法网，任何拒不执行的罪行都会得到正义的审判。

延伸阅读

裁判观点：被执行人以他人名义办理银行卡，用于被执行人日常生产、生活，且被执行人不按照要求申报财产情况的，属于拒不执行判决情节严重的行为。

案例1：黑龙江省齐齐哈尔市建华区人民法院·王某、安某英拒不执行判决、裁定一审刑事判决书［（2018）黑0203刑初124号］

被告人王某、安某英对人民法院的判决有能力执行而拒不执行，情节严重，其行为已构成拒不执行判决、裁定罪。公诉机关的指控事实清楚，证据确实、充分，罪名成立。对王某、安某英的辩护人提出的无罪辩护意见，经查，王某、安某英为逃避生效判决确定履行的义务，以亲属耿某的名义办理银行卡，实际归王某、安某英使用，在案件进入执行程序后，多次发生存取款行为，累计存入金额达人民币256690元，支出金额257493.19元用于偿还其他债务和家庭生活，对判决确定的义务未作任何履行，且不按要求申报财产情况，在被多次行政拘留后仍不履行，属于拒不执行判决情节严重的行为；王某、安某英系夫妻关系，王某对安某英实际使用耿某名下的农行卡不知情，有悖常理，故对该辩解不予采信，因此对辩护人无罪的辩护意见不予采纳。王某、安某英拒不执行判决、裁定，情节严重，依法应判处三年以下有期徒刑、拘役或者管制。王某、安某英自愿认罪，有悔罪表现，如宣告缓刑对其所居住的社区无重大不良影响，可对其从轻处罚，宣告缓刑。公诉机关的量刑建议适当，予以采纳。

案例2：河南省中牟县人民法院·赵某斌拒不执行判决、裁定案［（2017）豫0122刑初33号］

本院认为，被告人赵某斌对人民法院的判决有能力执行而拒不执行，情节严重，其行为已构成拒不执行判决、裁定罪。公诉机关指控其犯拒不执行判决、裁定罪事实清楚，证据确实、充分，本院予以支持。关于被告人称欠马某钱，已将卡及卡上余额为59.3万元给了马某的辩解意见，经查，本案无证据证实被告人欠其亲属马某款，以马某的名义开户银行卡，一直由被告人使用，且判决生效后，该卡仍有转账、支取现金的行为。该辩解意见，本院不予采纳。根据刑法规定，应对被告人处三年以下有期徒刑、拘役或者罚金。

图书在版编目（CIP）数据

企业家必知的 100 个法律风险 / 李斌等编著 . —北京：中国法制出版社，2022. 9
ISBN 978-7-5216-2767-1

Ⅰ. ①企… Ⅱ. ①李… Ⅲ. ①企业法-基本知识-中国 Ⅳ. ①D922. 291. 914

中国版本图书馆 CIP 数据核字（2022）第 120951 号

责任编辑：赵宏　　封面设计：李宁

企业家必知的 100 个法律风险
QIYEJIA BIZHI DE100GE FALÜ FENGXIAN

编著/李斌、王静澄、张德荣、赵宝荣
经销/新华书店
印刷/河北华商印刷有限公司
开本/710 毫米×1000 毫米　16 开　　印张/ 34. 5　字数/ 510 千
版次/2022 年 9 月第 1 版　　2022 年 9 月第 1 次印刷

中国法制出版社出版
书号 ISBN 978-7-5216-2767-1　　定价：149. 00 元

北京市西城区西便门西里甲 16 号西便门办公区
邮政编码：100053　　传真：010-63141600
网址：http：//www. zgfzs. com　　**编辑部电话：010-63141830**
市场营销部电话：010-63141612　　**印务部电话：010-63141606**

（如有印装质量问题，请与本社印务部联系。）